LEXIKON
DER TOURISMUS-WIRTSCHAFT

SCHROEDER

LEXIKON
DER TOURISMUS-
WIRTSCHAFT

Idee, Zusammenstellung:
Günter Schroeder

Herausgeber und Verlag:
TourCon Hannelore Niedecken GmbH

Vertrieb:
FVW International
Postfach 32 34 62 · 20119 Hamburg
Tel. 040/4 14 48-448, Fax 040/4 14 48-449

Schroeder – Lexikon der Tourismuswirtschaft
3. überarbeitete und erweiterte Auflage

Trotz sorgfältiger Bearbeitung müssen wir für Schäden, die durch fehlerhafte Eintragungen und deren Folgen entstehen, jede Haftung ausschließen, auch können etwaige Fehler erst in der nächsten Auflage korrigiert werden. Ein Anspruch auf Beleg- oder Freiexemplare kann nicht geltend gemacht werden.

Alle Rechte, einschließlich des Übersetzungsrechtes in alle Sprachen, vorbehalten.

Nachdruck sowie die Übernahme in Datenbanken, elektronischen Medien – auch auszugsweise – und die Übernahme der systematischen Einleitung sind ausdrücklich untersagt, Zuwiderhandlungen werden auf dem Rechtsweg verfolgt.

TourCon Hannelore Niedecken GmbH, Hamburg

Satz und Druck: Niederelbe-Druck, Otterndorf/NE

ISBN 3-9803236-6-8

Vorwort zur 3. Auflage

Nur wenige Wirtschaftszweige erfreuen sich ständigem Wandel und öffentlichem Interesse in gleicher Weise wie das Tourismusgewerbe. Die Inanspruchnahme einzelner Reisedienstleistungen bis hin zu Organisiertem Reisen ist für die meisten Menschen in den westlichen Industrieländern zugleich alltäglich wie auch wichtiges Statussymbol geworden.

Die vielen Sparten des wachsenden Tourismusgewerbes müssen Phantasie, Qualität und Liebe zum Detail mit Markt- und Kostenbewußtsein verbinden können. Länder und Regionen wetteifern zusätzlich mit ihren klassischen Reizen wie mit „neuen" Standortfaktoren wie Umweltqualität, Kulturevents oder Funsportaktivitäten.

Die Fachterminologie von Reiseveranstaltern, Reisemittlern und Leistungsträgern, von Fremdenverkehrszentralen und Buchungssystemen definiert und typologisiert die Leistungen und prägt Ausbildung und Kommunikation der Tourismusexperten. Sie entwickelt sich mit dem Markt und seinen Medien rasch fort und zwingt den Tourismusbeschäftigten Aktualität und Vertrautheit auf.

Dieses Nachschlagewerk soll erleichtern, die Vielzahl fachspezifisch belegter Begriffe und Neuprägungen zu verstehen und anzuwenden. Dies ist zugleich Grundansatz und Ziel der mitwirkenden Profis aus den verschiedensten Unternehmen und Einrichtungen der Branche wie aus Aus- und Fortbildung.

Die vorliegende dritte Auflage stellt eine umfassende Überarbeitung, Aktualisierung und Erweiterung des Bestandes dar, der um über 1.000 neue Begriffe und Kürzel auf jetzt 4.500 Stichworte angewachsen ist. Mein Dank geht daher an dieser Stelle an all jene, die zum Gelingen dieser Neuauflage tatkräftig, initiativ und kritisch beigetragen haben. Ganz besonders danken möchte ich Stefan Hintz, seit sechs Jahren bei First Business Travel in Braunschweig im Bereich der Geschäftsreisen tätig. Aus diesem direkten Praxisbezug ergaben sich wertvolle Erklärungen aus dem Bereich der Reservierungssysteme, der EDV und aus dem sich ständig wandelnden Reisebüroalltag. A. C. Schröoeder hat entscheidend mitbeigetragen bei der Bearbeitung der Rechtsbegriffe und bei der Erweiterung der aktuellen Wirtschaftsterminologie.

An der aus den Vorauflagen bewährten Methodik und Systematik habe ich bewußt festgehalten. Der kurzen und plausiblen Erklärung wird auch weiterhin der Vorzug vor wissenschaftlicher Vertiefung gegeben, für die es ja bereits eine reiche Fachliteratur gibt. Die Erweiterung umfaßt Begriffe aus tourismusrelevanten Kommunikations- und Informationssystemen, auch die Globalisierung der Wirtschaftsstrukturen, Liberalisierung bei den Verkehrsträgern, das weite Feld der Geschäftsreisen und währungspolitische Entwicklungen haben so ihren Niederschlag gefunden.

Die mit der zweiten Auflage begonnene Koordinierung von Schlüsselbegriffen soll durch themenrelevante Quer- und Weiterverweise umfassendere Recherchen erleichtern.

Allen Lesern wünsche ich Freude und Gewinn aus der Nutzung des Werkes. Wie bisher gilt, daß jedes derartige Fachbuch zugleich von den Wünschen, Ideen und Verbesserungsvorschlägen seiner Leser lebt; sie sind höchst willkommen und werden selbstverständlich beantwortet.

Kempten, Berlin und Braunschweig im August 1998

Günter Schroeder

Der Autor ist Dozent für Betriebswirtschaftslehre im Tourismus und in der Praxis Reiseveranstalter und -mittler auf dem Gebiet des Schiffstourismus.

Abkürzungsverzeichnis

Abk.	Abkürzung
afrik.	afrikanisch
allg.	allgemein
amerik.	amerikanisch
anl.	anläßlich
arab.	arabisch
ausl.	ausländisch
Ausst.	Ausstellung
aut.	automatisch
bek.	bekannt
bes.	besonders
Beschr.	Beschränkung
best.	bestimmte
bez.	bezüglich
Bez.	Bezeichnung
brit.	britisch
Bsp.	Beispiel
bzw.	beziehungsweise
christl.	christlich
d. Gr.	der Große
d. h.	das heißt
dt.	deutsch
durchschn.	durchschnittlich
ehem.	ehemalig
eig.	eigentlich
elektr.	elektrisch
engl.	englisch
etc.	et cetera
europ.	europäisch
e.V.	eingetragener Verein
ev.	evangelisch
evtl.	eventuell
ff.	folgende
folg.	folgende
franz.	französisch
gebr.	gebräuchlich
gem.	gemäß
gen.	genannt
geogr.	geographisch
Ges.	Gesellschaft
ggfs.	gegebenenfalls
griech.	griechisch
i. d. R.	in der Regel
i.d.Z.	in diesem Zusammenhang
i. e. S.	im engeren Sinne
inkl.	inklusive
insbes.	insbesondere
insges.	insgesamt
internat.	international
inzw.	inzwischen
ital.	italienisch
i. w. S.	im weiteren Sinne
jap.	japanisch
Jh.	Jahrhundert
jug.	jugoslawisch
kath.	katholisch
kg	Kilogramm
km	Kilometer
km/h	Kilometer pro Stunde
lat.	lateinisch
lt.	laut
m	Meter
med.	medizinisch
Min.	Minuten
mind.	mindestens
Mio.	Millionen
mögl.	möglich
Mrd.	Milliarden
mtl.	monatlich
nat.	national
norweg.	norwegisch
nördl.	nördlich
o.	oder
o.a.	oder andere
o.ä.	oder ähnliche
öff.	öffentlich
öff.-rechtl.	öffentlich-rechtlich
örtl.	örtlich
österr.	österreichisch
östl.	östlich
polit.	politisch
qm	Quadratmeter
rd.	rund
resp.	respektive
röm.	römisch
san.	sanitär
schott.	schottisch
selbst.	selbständig
sm	Seemeilen
sog.	sogenannt
sonst.	sonstige
span.	spanisch
spez.	speziell
staatl.	staatlich
stat.	statistisch

Abkürzungsverzeichnis

Std. .... Stunde	urspr. ..... ursprünglich	vorw. .... vorwiegend
südl. .... südlich	usw. .... und so weiter	
	u.U. .... unter Umständen	**westl.** ..... westlich
t .... Tonne	u.v.a. .... und viele andere	wiss. .... wissenschaftlich
tägl. .... täglich		
techn. ..... technisch	**v.** .... von	
türk. .... türkisch	v.a. .... vor allem	**zeitl.** .... zeitlich
	ven. .... venezianisch	zw. .... zwischen
u. .... und	vergl. .... vergleiche	z.T. .... zum Teil
u.a. .... und andere, unter anderem	vorm. .... vormals	z.Zt. .... zur Zeit

Der neue Schroeder zum Nachbestellen

Wenn Sie Ihr Büro komfortabel ausrüsten wollen, ist ein Exemplar des Lexikons der Tourismuswirtschaft vielleicht nicht genug. Zum Nachbestellen benutzen Sie am besten die folgende Postkarte.

Bestellkarte

Wir schaffen Übersichten

Bitte freimachen

TourCon
Herrn Joachim Erdmann
Postfach 32 34 62

20119 Hamburg

Leicht und schnell zu bestellen
Damit im Büro jeder gleich Bescheid weiß

Tourcon-BÜcher
mit der Kompetenz der

Ich bestelle ...

☐ Exemplar(e)
Schroeder, Lexikon der Tourismuswirtschaft

zum Preis von
DM 64,90
Für Schüler, Studenten und Auszubildende gegen Nachweis und Vorkasse **DM 48,60**

☐ **Ich möchte ein Probeheft der FVW International**

Testen Sie die größte Fachzeitschrift der Branche. Kostenlos und unverbindlich.
(Geben Sie bitte nur Ihren Absender an.)

FIRMA/FRAU/HERR

STRASSE

PLZ/ORT

DATUM/UNTERSCHRIFT

KONTO-INHABER

KREDITINSTITUT

ORT

2. UNTERSCHRIFT

Einzugsermächtigung.
Ich möchte es einfacher haben und erteile hiermit dem Verlag Dieter Niedecken GmbH bis auf Widerruf die Genehmigung, Rechnungsbeiträge für Bücher des TourCon-Verlags von dem unten aufgeführten Konto abzubuchen, und bestätige dieses mit meiner 2. Unterschrift.

KONTONUMMER

BANKLEITZAHL

Abacus International

A, neben F und P die Tarifbezeichnung im Flugticket für First-Class.

AAA, American Automobile Association, weltweit größter Automobilclub; verleiht zur Hotelklassifizierung „Diamanten", z.b. 5 Diamanten für Ritz-Carlton in Laguna Niguel, südl. von Los Angeles. → Leading Hotels of the World

AAAVyT, Asociación Argentina de Agentes de Viajes y Turismo, Argentinischer Reisebüroverband.

AAC e.V., Arbeitskreis Aktiver Counter, Frankfurt/M., 1981 gegründete Fachvereinigung von Reisebüromitarbeitern/-expedienten. Seine Aufgaben sind die Herstellung besserer Kontakte untereinander (Informationsaustausch), Verbesserung des Informationsflusses durch direkte Kontakte zu den Leistungsträgern, Weiterbildung in kleinen Gruppen, Kontakte zu Kollegen im Ausland. AAC ist Träger des „Touristik Stammtisch Frankfurt (TSF)", eines geselligen Treffs für Reisebüroexpedienten.

AACC, Airport Associations Coordinating Council, von 1972 – 1991 Dachorganisation der 3 Flughafenverbände WEAA, AOCI und ICAA, Sitz: Genf. Interessenvertretung auf internationaler Ebene, bei Konferenzen der ICAO offiziell zugelassen. 1991 durch AACI abgelöst. → AACI, → AOCI, → ICAA, → ICAO, → WEAA,

Aachener Tourismus Studien (ACTS), studentischer Arbeitskreis am geographischen Institut der RWTH Aachen. ACTS ist Mitglied bei FUTURISTA und versteht sich als interdisziplinärer Arbeitskreis, der sich mit der vernetzten Problematik tourismusspezifischer Themen beschäftigt. → FUTURISTA

AACI, Airports Association Council International, Nachfolgeorganisation des AACC seit Januar 1991. Ziele des neuen Zusammenschlusses verschiedener Flughafengesellschaften sind u.a. die Förderung der Zusammenarbeit zwischen den verschiedenen zivilen Flughäfen, deren Interessenvertretung gegenüber offiziellen Gremien und Behörden sowie die Ausarbeitung von Strategien und Maßnahmen für Sicherheit, Umweltschutz und effiziente Flugleitsysteme. Zentrale ist Genf. → AACC

AACO, Arab Air Carriers' Organisation; Zusammenschluß der arabischen Linienluftverkehrsgesellschaften zwecks Zusammenarbeit und fortschreitender Liberalisierung, gegr. 1966 in Beirut.

AAFRA, Association of African Airlines, gegr. 1968, Sitz: Nairobi/Kenia; abgelöst durch AFRAA. → AFRAA

AAGG/DB, ehemaliger Arbeitsausschuß der Gesamtgemeinschaft deutscher DER-Vertretungen mit DB-Lizenz, nimmt die Interessen der DB/DER-Agenturen gegenüber DB und DER wahr. Dieser Sonderausschuß behandelt alle Fragen des Bahnverkehrs sowie die Zulassungsrichtlinien der DB-Agenturen. Ab 1995 Händlerorganisation, die ihre Interessen gegenüber DB und DER formuliert. Seit 1. Oktober 1997 Umbenennung in RBB (Reisebüro-Bahn-Beirat der DER-Vertretungen). → DB-Agenturen, → DER, → RBB

AAR, Association of American Railways, Verband der US-amerikanischen Eisenbahnen, Interessenvertretung mit dem Ziel, die Anteile der Zugreisen am Gesamtverkehr zu erweitern.

AAS, Agency Accreditation Service, Sitz: Frankfurt/M., IATA-Einrichtung für die Bearbeitung der Anträge von Reisebüros zur Erteilung einer IATA-Lizenz und Verwaltung aller Reisebüros mit IATA-Lizenz im Rahmen der Bestimmungen der IATA-Resolution 814. → IATA-Resolution 814, → Joint Council

Abacus crs, Gemeinschaftsunternehmen von Fluggesellschaften im asiatisch-pazifischen Raum, ursprünglich gegründet von Cathay Pacific, Singapore Airlines und Thai Airways, nach Austritt von Thai hat die Abacus Holding folgende Anteilseigner: Worldspan, ANA, Cathay Pacific, China Airlines, Eva Airways, Garuda Indonesia, Dragon Airlines, Malaysia Airlines, Philippine Airlines, Royal Brunei Airlines, Silk Air und Singapore Airlines. A. wird seit 1988 in enger Verbindung mit Pars aufgebaut, beteiligt an Worldspan mit eigenem Rechenzentrum in Singapore. Kooperationsvertrag mit Amadeus. 1998 Wechsel von A. von Worldspan zu SABRE und Gründung von Abacus International. → Abacus International, → Amadeus, → crs, → Pars, → Worldspan

Abacus International, mit Sitz in Singapur, 1998 durch die Abacus International Holding

9

ABB

und SABRE gegründetes Unternehmen. SABRE hält 35%, die Abacus Holding 65%. Das Unternehmen ist frei von Verpflichtungen, die die Holding gegenüber Worldspan eingegangen war. → Abacus crs, → SABRE

ABB, Allgemeine Beförderungsbedingungen, Spielart von AGB im Bereich der Beförderungsverträge. Soweit sie im Linienverkehr aufgestellt werden, gelten einschränkend die für die jeweilige Beförderungsart einschlägigen Gesetze, so z. B. PBefG. ABB sind meist von verschiedenen Schutzvorschriften des AGBG befreit (§ 23 AGBG). Die ABB der Verordnung über die Allgemeinen Beförderungsbedingungen für den Straßen- und O-Bus-Verkehr sowie den Linienverkehr mit Kraftfahrzeugen vom 27. 2. 1970 gelten zwingend ohne daß es der Einbeziehungsvereinbarung der Parteien bedarf. Nach der Verordnung sind die Verkehrsunternehmen befugt, besondere Beförderungsbedingungen zu erlassen. Hierauf ist das AGBG mit Ausnahme des § 2 AGBG anwendbar. → AGB, → AGBG

ABC International, von Reed Telepublishing herausgegebene Nachschlagewerke sind u.a. der World Airways Guide. Das Blaue Buch beinhaltet internationale und inländische Flugdaten für die City-Pairs A-M. Das Rote Buch umfaßt die Fortsetzung der Flugdaten N–Z und den Tariftteil mit sämtlichen Normal- und Excursionstarifen. Der Worldwide Hotel Guide bietet detaillierte Angaben über vielfältige Hotels weltweit. Der Passenger Shipping Guide wird monatlich aktualisiert und beinhaltet umfassende Informationen über den internationalen Passagierschiffsverkehr. Alle Nachschlagewerke sind wichtige Hilfsmittel zur Kundenberatung. Neben den gedruckten Produkten bietet ABC elektronische Datenbanken und Informationswerke wie Utell International an. → AIRIMP, → Jaguar, → Ultra Switch

ABC-Charter, Advanced Booking Charter, Tarifart für Nordatlantik-Gruppenflugreisen seit 1972. Hinsichtlich Vorausbuchung, Zahlung, Teilnehmerzahl und Mindestaufenthalt im Zielland bestanden spezielle Voraussetzungen. A. wurde 1987 durch NAC abgelöst. → ABC-Gemeinschaft, → NAC-Charter

ABC-Gemeinschaft, Gemeinschaft zur Vermarktung des ABC bzw. NAC-Flugtarifs über den Nordatlantik. Die Gemeinschaft bestand über viele Jahre aus den Reisebüroketten ABR, DER und Hapag-Lloyd-Reisebüro unter Federführung von DER. Neuorientierung ab 1989: ABR und Hapag-Lloyd-Reisebüro GmbH waren zum Ausscheiden bereit, eine neue ABC-Gemeinschaft von DER und TUI mit je 50% Anteilen sollte gebildet werden, wobei die Abwicklung beim DER bleiben sollte. Das Bundeskartellamt hat Ende 1990 sowohl die neue als auch die Weiterführung der ursprünglichen Arbeitsgemeinschaft untersagt. → ABC-Charter, → NAC-Charter

ABC-Inseln, Aruba, Bonaire und Curacao in der Karibik gehören zu den „Inseln unter dem Winde".

Abenteuer-Urlaub, Form des Aktivurlaubs, bei der strapaziöse Wanderungen (zu Fuß, mit dem Fahrrad oder Boot usw.) mit ortskundigem Führer durch organisierte Unterkunft, Gepäcktransport usw. ergänzt werden; häufig durch Wüsten, Hochgebirge oder als Survivaltraining (Überlebenstraining) mit abgestuften Anforderungen an die körperliche Belastbarkeit der Teilnehmer. Weitere Reiseleistungen betreffen vor allem die Absicherung von Krankheitsfällen.

Abfahrtsfrequenz, Anzahl der regelmäßig aufeinanderfolgenden Abfahrten eines Liniendienstes in einer bestimmten Zeiteinheit (im Flugverkehr zumeist auf eine Woche bezogen).

Abfertigung im Flugverkehr, findet unmittelbar vor Beginn des Fluges am Flughafenschalter der Luftverkehrsgesellschaft statt und ist nur bis zum Ablauf der Meldeschlußzeit möglich. Die A. ist notwendig zur Ermittlung der tatsächlichen Anzahl der Fluggäste sowie der Anzahl und des Gewichtes der Gepäckstücke; bereits weitgehend elektronisch automatisiert. Abfertigung/Check-in ist auch der Hotelankunft üblich. → ATB, → Check-in, → Chip-in, → E-TIX

Abgaben, Leistungen, die eine öffentl. Körperschaft kraft ihrer Finanzhoheit von Steuerpflichtigen erheben kann. A. werden für einen bestimmten Zweck erhoben, während Steuern im allgemeinen keine direkte Gegenleistung haben. Als Beispiele gelten die Tourismusabgabe sowie die Kurtaxe. → Steuern

Abhilfeverlangen, entspricht der Mängelanzeige verbunden mit der Aufforderung an den Veranstalter, die Mängel zu beseitigen. Beim A. ist eine Fristsetzung zwingend erforderlich, wenn der Reisende zur Selbsthil-

Absatz

fe greifen oder den Reisevertrag wegen erheblichen Mangels kündigen will. Die Einhaltung einer Frist ist jedoch nicht erforderlich, wenn der Reiseveranstalter ernsthaft und endgültig die Erfüllung verweigert. Ebenso, wenn durch ein besonderes Interesse des Reisenden sofortige Abhilfe geboten ist, z.b. wenn der Reiseveranstalter mangels örtlicher Beauftragung schwer erreichbar ist und daher dessen Abhilfe zu spät käme. Wie bei der Mängelanzeige sollte auch das A. möglichst schriftlich oder zumindest unter Zeugen gestellt werden. Es ist an den örtlichen Reiseleiter oder an den Reiseveranstalter zu richten. Bis zur Abhilfe hat der Reiseveranstalter die mit der Abhilfe verbundenen Kosten (Telefon, Taxikosten etc.) zu tragen. → Mängelanzeige

Abkommen über Indossofreiheit, Begriff aus dem Luftverkehr, zwischen Fluggesellschaften dauerwirkende Vereinbarung über die Befreiung der Genehmigungspflicht für die Übertragung von Transportleistungen (z. B. bei Änderung einer Flugbuchung, die den Wechsel auf eine andere Fluggesellschaft veranlaßt). → Endorsement

Abkommen von Chicago, → Chicagoer Abkommen.

ABL, Kürzel für Alte Bundesländer.

Able, crs der ANA (All Nippon Airways). → Abacus crs, → Infini

Aboriginal/Aborigines, australische Ureinwohner. Von seiten der australischen Behörden wird versucht, die A. in das Fremdenverkehrsgeschäft zu integrieren. So werden z. B. Flüge zum Stamm der Tiwi angeboten, denen man beim Fischen, Jagen oder Kochen über die Schulter schauen kann. Für A. sind bestimmte Territorien in Australien reserviert, Nicht-A. dürfen diese nicht betreten.

ABR, Amtliches Bayerisches Reisebüro GmbH. gegr.: 1910. Zu den Gründern des ABR gehörten die königl. bayerischen Staatsbahnen, die Norddeutsche Lloyd AG, die Bayerische Handelsbank AG und die Reisebüroorganisation Thomas Cook & Son. Mit dem erstmals zugesprochenen Verkaufsrecht für Eisenbahnfahrkarten zu Originalpreisen außerhalb von Bahnhöfen kam das Wort „amtlich" in den Firmennamen. Als Mitbegründer der Touropa und der TUI trug das ABR der wachsenden Bedeutung von Pkw und Flugzeugen sowie dem verstärkten Urlaubs- und Geschäftsreiseverkehr Rechnung. Gesellschafter sind mit 55% DB-Deutsche Bahn AG, 45% DER-Deutsches Reisebüro GmbH. Zusammen mit DER und Rominger Reisebüros verstärkter gemeinsamer Marktauftritt. Mit über 80 Filialen in Bayern und Thüringen inzwischen Zweigniederlassung von DER. → DER

Abres, ehemaliges von ABR entwickeltes vollautomatisches Hotel-Reservierungs-System über START mit über 400 angeschlossenen Hotels in allen deutschen Großstädten und Feriengebieten. Buchung über TOUR-Maske, sofortiger Ausdruck und automatische Abrechnung der DER-Hotelgutscheine. Mit Wirkung vom 31. 12. 1991 eingestellt. → START, → TOUR-Verfahren

Abrufarbeit, Form der Teilzeitbeschäftigung. Bei A. werden Lage und Dauer der Arbeitszeit vom Arbeitsanfall im Betrieb abhängig. Der Arbeitnehmer wird je nach betrieblichem Bedarf zur Arbeitsleistung herangezogen. Der Arbeitnehmer befindet sich, sofern er die Arbeit aufnehmen will, in einer ständigen Bereitschaft zur Arbeitsaufnahme. A. ist typischerweise für die Abdeckung von Bedarfs-, Saisonspitzen oder Kampagnen vorgesehen. → Teilzeitbeschäftigung

Abruf-Fax, ermöglicht das Abrufen von Telefaxen von anderen Faxgeräten. Die Gebühren trägt hierbei der Anrufer. → Fax-on-Demand, → Fax-Polling, → Telefax

ABRV, allgemeine Bedingungen für die Reise-Rücktrittskosten-Versicherung, maßgebend für den Versicherungsschutz. A. werden nach § 23 AGBG auch ohne Kenntnisnahme des Kunden Vertragsbestandteil. → Reise-Rücktrittskosten-Versicherung, → Reiseversicherungen

ABS, Avalanche Ballon Secutem, Lawinenrettungsballon, der in den Deckel eines Spezialrucksacks integriert ist und bei allen Tiefschneeunternehmungen eingesetzt werden kann.

Absatz, unter A. versteht man alle Maßnahmen des Unternehmens, die darauf abzielen, die erstellten Güter oder Dienstleistungen zu verwerten. So gesehen umfaßt der A. sowohl den Vertrieb, als auch den Verkauf. In der Marktwirtschaft muß jedes Unternehmen nach den Erfordernissen des Absatzmarktes geführt werden, um seine Produkte auch verkaufen zu können. Im Reiseverkehr

Abschreibung

gibt es eine große Differenzierung des Angebotes, von billigen Campingflügen über Clubreisen bis zu teuren Luxusreisen, um den unterschiedlichen Interessen der Konsumenten gerecht zu werden.

Abschreibung, ist der Ausdruck der Wertminderung eines Vermögensgegenstandes. Dabei werden die Anschaffungs- und Herstellungskosten des Anlagevermögens auf die Jahre der voraussichtlichen Nutzungsdauer verteilt. Durch Abnutzung, Veralterung, technische oder wirtschaftliche Überholung findet ständig eine Wertminderung von Wirtschaftsgütern statt. Diese Wertminderung wird jeweils in der Bilanz berücksichtigt. Die tatsächliche Wertminderung ist ein Kostenfaktor, der steuerlich geltend gemacht werden kann. Wenn diese Kosten im Preis eingebracht werden, ist die Basis für die Neuanschaffung gegeben. Ein Reisebüro kauft sich einen neuen Computer und hat nun die Möglichkeit, die Wertminderung in den nächsten drei Jahren steuerlich geltend zu machen. ↠ Bilanz

Abschwung, der A. ist gekennzeichnet durch Nachlassen der Investitionsneigung, Entspannung/Entlassungen auf dem Arbeitsmarkt, sinkende Preise und rückläufige Einfuhren. ↠ Aufschwung, ↠ Konjunktur

ABTA, Association of British Travel Agents, Britischer Reisebüroverband, dem die meisten der britischen Reisebüros und Reiseveranstalter angeschlossen sind.

AbtBR, Allgemeine Bedingungen für die Versicherung von touristischen Beistandsleistungen und Rücktransportkosten. ↠ Kundengeldabsicherung, ↠ Sicherungsschein

Abwertung, ↠ Aufwertung

ACAC, Arab Civil Aviation Council, gegr. 1965, Sitz: Rabat/Marokko. Diese Luftverkehrsorganisation ist für die Koordination der internationalen Zivilluftfahrtbedingungen im arabischen Raum zuständig.

ACCA, Air Charter Carriers Association, Verband europäischer Charterfluggesellschaften, die Liniencarriern nahe stehen; Interessenvertretung gegenüber der Öffentlichkeit und den Behörden, insbes. bei der EU in Brüssel. 1971 in Rovaniemi, Finnland, gegründet, Sitz ist Anif/Österreich.
↠ IACA

Access, Begriff entstand im Zuge der Automatisierung des Vertriebs. Darunter ist der Zugriff auf die Daten der angeschlossenen Leistungsträger zu verstehen. Je nach crs (SABRE, Worldspan, Galileo, Amadeus u.a.) gibt es unterschiedliche Accessarten; gleiche Begriffe z. B. Multi Access, Direct Access oder Total Access werden nicht immer für gleiche Verbindungsarten verwendet. Beispielsweise gibt es bei SystemOne folgende Accessarten:
- Direct Access
- Complete Access
- By Pass-Funktionen
- Direct link.

Direct Access bedeutet die Möglichkeit, aus dem System eines beteiligten Partners (d.h. einer Fluggesellschaft, eines Autovermieters oder einer Hotelkette) aktuelle Informationen z.B. über Verfügbarkeiten, Tarife oder Flugpläne abzufragen. Man erhält z. B. nach Verfügbarkeitsanzeigen echte und aktuelle Angaben des angefragten Partners (bis zum letzten Platz/Auto/Zimmer). Nach einer Verfügbarkeitsanzeige kann man innerhalb einer bestimmten Zeit (2-3 Minuten) entscheiden, ob man den betreffenden (verfügbaren) Flug (bzw. Auto, Hotelzimmer) buchen möchte oder nicht. Von System One wird die in diesem Zeitraum getätigte Buchung nach Abschluß des PNRs per Teletype Message als Buchung an das System des Direct Access-Partners weitergegeben. Die aufgrund der vorher angezeigten Verfügbarkeit getätigte Buchung muß vom System akzeptiert werden. Das bedeutet, daß man bei über Direct Access getätigten Buchungen auch wirklich eine Buchungsgarantie hat. Der PNR wird in System One aufgebaut und dort gehalten. Dem üblichen System One-Format wird lediglich eine „1" und der Code der betreffenden Fluggesellschaft vorangestellt (z. B. 1 PI A 15 MAY MIAAVL 0700). Direct Access gibt es für folgende Funktionen:
- Flugplananzeigen
- Verfügbarkeitsanzeigen
- Fluginformationen
- Tarifinformationen
- sonstiges Informationsmaterial.

Complete Access Dabei wird die Buchung nach Verfügbarkeitsanzeige noch während des Buchungsvorgangs im Reservierungssystem des Complete Access Partners aufgebaut und nicht erst wie beim Direct

Access nach Abschluß des PNRs. Complete Access bietet die Vorteile von Direct Access, wobei hier direkt (ohne Teletype Messages) im System des Complete Access-Partners mit den SystemOne-Transaktionen gebucht wird.

By-Pass-Funktion, da mit Direct Access nur eine begrenzte Anzahl von Transaktionen in das Format des Zielsystems übersetzt werden kann, müssen die nicht übersetzbaren Transaktionen im Format des betreffenden Systems eingegeben werden (By-Pass). Dabei wird dem Format des betreffenden Partners, eine „1" der Airline Code und ein Schrägstrich vorangestellt (z. B. 1 VA/).

Direct link bezeichnet die Möglichkeit, Informationen anderer Systeme abzufragen.

Total Access wird bei SystemOne nicht verwendet.

Access Plus, Direct Access, Reservierung ist hier bis zum letzten Platz möglich, z.B. bei div. Fluggesellschaften, Amtrak und bei Cruisematch für Kreuzfahrten. → Total Access

Accomodation, Unterbringung, Übernachtung, Beherbergung von Gästen.

Accountable Transaction, abrechnungspflichtige Transaktion, Bezeichnung für jedes Standardverkehrsdokument oder Standardverwaltungsformular, welches in einer vorgeschriebenen Periode an BSP zur Abrechnung gemeldet werden muß. → BSP

ACE International, Association of Conference Executives, internationaler Verband der Kongreß-Manager, gegr. 1971 in Cambridgeshire, Großbritannien. Mitglieder sind vor allem britische, aber auch ausländische Kongreßleiter und Leistungsträger im Kongreßwesen. Ziele sind die Kontaktaufnahme bzw. der Gedankenaustausch zwischen Kongreßveranstaltern und Leistungsträgern, die Förderung der Ausbildung für Einsteiger (Seminarangebot) und die Erhaltung eines hohen Standards der Leistungen. Angebot einer kostenlosen Stellenbörse.

ACE, Auto Club Europa, drittgrößter deutscher Automobilclub; Träger sind die Gewerkschaften.

ACH, Airline Clearing House, Abrechnungsstelle für die Fluggesellschaften untereinander. → IATA-Clearing-House

ACM, Agency Credit Memo, wird von einer Fluggesellschaft ausgestellt, um einem Agenten einen bestimmten Betrag zu erstatten. Eine Belastung erfolgt über ein ADM. → ADM

ACRISS, Association of Car Rental Industry System Standard, Organisation mit Sitz in London, die sich u.a. die Vereinheitlichung von Codes, Voucher, Klassifizierungen usw. im Mietwagenbereich, spez. zur Erleichterung der Darstellung in Computer-Reservierungssystemen (crs) zur Aufgabe gemacht hat. → crs, → Rent-a-car

ACTA, Alliance of Canadian Travel Association, Verband kanadischer Reisebüros und Reiseveranstalter.

ACTOA, Air Charter Tour Operator of America, Berufsvereinigung der Charterflugreisenveranstalter in den USA.

ACTS, → Aachener Tourismus Studien

ACV, Automobil-Club Verkehr Bundesrepublik Deutschland. Sitz in Köln. Service rund um die Uhr für Autoreisende.

AD, Agency Discount. Auf Antrag erhalten IATA-Agenten auf Beförderungspreise der Luftverkehrsgesellschaften von IATA geregelte Ermäßigungen. AD 75 entspricht einem Preisnachlaß von 75%.

Ad hoc schedule, eine Abweichung vom normalen Flugplan durch Streichung oder zusätzliche Einsetzung eines Flugzeuges.

Ad hoc Verkehr, Ursprung des Charterflugverkehrs; Messe-, Incentive-, Kreuzfahreraustausch-, Fußballflüge usw.

ADAC, Allgemeiner Deutscher Automobil Club, mit fast 13,6 Mio. Mitgliedern der zweitgrößte Automobilclub der Welt. Vielfältiges Angebot wie z.B.

• Straßenwacht und Pannenhilfe (bundeseinheitliche Rufnummer der Pannenhilfe: 01802-222222)

• Schutzbriefe

• Touristische Beratung.

ADAC Reise GmbH, u. a. Reiseveranstalter für Auto-Package-Touren, Gesellschafter ist der ADAC.

ADAC TourService Reisetip, zusammen mit der Firma Infoscreen bietet der ADAC seit Mai 1997 dieses kostenlose Informationsprogramm für deutsche Fremdenverkehrs-

Adapter

gemeinden an. Der wöchentlich wechselnde Reisetip wird jeweils am Mittwoch und Donnerstag auf Bildschirmen in U- und S- Bahnstationen in derzeit acht deutschen Großstädten ausgestrahlt. Er dauert in der Regel 20 Sekunden und wird alle 10-15 Minuten wiederholt.

Adapter, Zwischenstecker für elektr. Kleingeräte wie Rasierapparate, Haartrockner u.a. zum Ausgleich unterschiedlicher Spannungswerte (in USA z. B. 110 Volt).

ADAVIS, hauseigenes crs der ADAC-Reise, München.

Additional Driver, Bezeichnung eines zusätzlichen Fahrers bei Mietwagenbuchungen. Insbesondere bei Anmietung innerhalb der USA wird ein Aufschlag für mehrere Fahrer erhoben, um auch für sie zusätzlichen Versicherungsschutz zu gewährleisten.

Add-on, → Anstoßflugpreis

ADFC, Allgemeiner Deutscher Fahrrad-Club, Sitz: Bremen; vertritt die Interessen der Alltags- und Freizeitradler und setzt sich für die Förderung des Radfahrens und die stärkere Nutzung des Fahrrades in Alltag und Freizeit ein. Die Geschäftsstellen und Infoläden bieten den Mitgliedern eine Beratung rund ums Fahrrad an. Im Mitgliedsbeitrag des ADFC ist eine Haftpflicht- und Rechtsschutzversicherung für Radfahrer, Fußgänger und Nutzer des ÖPNV enthalten.

ADIZ/Flugüberwachungszone (FlugüZ), Air Defense Identification Zone, 40 bis 50 km breiter Sperrgürtel für den zivilen Luftverkehr entlang der ehem. bundesdeutschen Ostgrenze (inzwischen aufgehoben).

ADL, Arbeitsgemeinschaft Deutscher Luftfahrtunternehmen, Bonn. Mitglieder sind die 7 deutschen Fluggesellschaften Aero Lloyd, Air Berlin, Condor, Germania, Hapag Lloyd, LTU und LTS, die vorwiegend im Ferienflugverkehr Urlaubsziele - im Linienflugverkehr oder im Bedarfsluftverkehr noch festen Abflugzeiten - anfliegen. Über 50% aller Flugreisen des grenzüberschreitenden deutschen Quellverkehrs erfolgen auf Flügen der ADL. ADL als Interessenvertretung ist mit verkehrspolitischen, technischen und wirtschaftlichen Themen befaßt. ADL ist ehemaliges Mitglied im Präsidium der deutschen Touristikwirtschaft, jetzt im BTW und war einer der Träger des Planungsbüros Luftraumnutzer. → BTW, → Planungsbüro Luftraumnutzer

ADM, Agency Debit Memo, wird von einer Fluggesellschaft ausgestellt, um Agenten mit einem bestimmten Betrag zu belasten. Eine Erstattung erfolgt über ein ACM. → ACM

Administrator, Netzwerkverwalter mit uneingeschränkten Zugriffsrechten. Der A. ist für die Betreuung und Pflege eines installierten Netzwerkes verantwortlich, er kann z.b. Expedienten im START-System an- oder abmelden.

ADONET, Association des Offices Nationaux Etrangers de Tourisme Verband ausländischer Fremdenverkehrsämter in Frankreich, deutsches Mitglied ist die DZT.

ADP, Aeroports de Paris, Gesellschaft zur Koordinierung der Passagierflughäfen Orly und Charles de Gaulle (CDG).

ADSL, Asymmetrical Digital Subscriber Line, A. ermöglicht eine schnellere Datenübertragung mittels Kupferkabeltechnologie. Das Verfahren ist 30- bis 40mal schneller als ISDN. → ISDN

ADT, Atlantic Daylight Time; atlantische Sommerzeit (USA/Kanada).

ADV, Arbeitsgemeinschaft Deutscher Verkehrsflughäfen. Sitz: Stuttgart. ADV ist Dachorganisation der deutschen Verkehrsflughäfen und hat u.a. folgende Aufgaben: Wahrnehmung der gemeinsamen Belange der deutschen Verkehrsflughäfen und Verkehrslandeplätze, die Beratung von Behörden des Bundes und der Länder bei der Vorbereitung und Durchführung von Gesetzen und sonstigen Bestimmungen und Maßnahmen. → Planungsbüro Luftraumnutzer

Advanced Seat Reservation (ASR), Fluggastbuchung mit vorheriger Platzreservierung. Bei einigen Fluggesellschaften erhält man sofort nach Anfrage eine feste Sitzplatznummer zugewiesen, bei anderen wird der Sitzplatzwunsch (Raucher/Nichtraucher, Fenster/Gang) für den Check-in vorgemerkt.

Advantis Canada, → Gemini

ADZ, Allgemeine Deutsche Zimmerreservierung der DZT; entstand durch Kooperation zwischen DEHOGA, DFV und DRV; wurde 1977 in der alten Form aufgelöst. Die vom BMWi veranlaßte Umorganisation bezweckte eine Zentralisierung der Tourismusförderung bei der DZT. → Bundesministerium für Wirtschaft (BMWi), → DZT

14

AEA, Association of European Airlines, Zusammenschluß europ. IATA-Luftverkehrsgesellschaften mit Sitz in Brüssel, gegr. 1973 in München. Deutsches Mitglied ist die LH (seit 1973). AEA vertritt ihre Mitglieder gegenüber den supranationalen Organisationen wie ECAC, EU und ICAO. Vorläufer war das Joint Research Office von Air France, KLM, Sabena, Swissair, das auf Empfehlung des Straßburger Europarates 1954 zum EARB umgewandelt wurde. AEA erhebt in regelmäßigen Abständen Passagierzahlen und veröffentlicht diese in ihrer Verkehrsstatistik. → EARB, → ECAC, → EU/EG/EWG, → Freiheiten der Luft, → ICAO, → Verkehrsrechte

AEG, das Allgemeine Eisenbahngesetz von 1951 enthält die grundlegenden Bestimmungen für alle Eisenbahnen hinsichtlich der Personenbeförderung. → EVO

Aeroflot, ehemalige staatl. sowjetische Fluggesellschaft, ab 1989 IATA-Mitglied, nach eigener Bezeichnung größte Fluggesellschaft der Welt. Nach der Auflösung der Sowjetunion haben die einzelnen Mitgliedsländer der Gemeinschaft Unabhängiger Staaten (GUS) die auf ihren Gebieten stehenden Flugzeuge verstaatlicht und die Flughafeneinrichtungen nationalisiert, allerdings ohne rechtliche Grundlage. A. ist 1994 in eine Aktiengesellschaft umgewandelt worden. Die Mehrheit gehört mit 51% jetzt der Russischen Föderation, der Rest wurde an die Mitarbeiter verkauft.

AETR, frz. Accord européen relatif au travail des équipages des véhicules effectuant des transports internationaux par route. Europäisches Übereinkommen über die Arbeit des im internationalen Straßenverkehrs beschäftigten Personals. Das AETR schafft Regelungen hinsichtlich der Lenk- und Ruhezeiten im grenzüberschreitenden Verkehr zu Nicht-EG bzw. Nicht-EWR-Staaten (=Drittländer in der VO EWG 3820/85). Dabei handelt es sich vor allem um die alten und neuen osteuropäischen Staaten. Praktisch wurden alle wesentlichen Bestandteile der EG-Sozialvorschriften in das AETR übernommen.

AEVO, Ausbildereignungsverordnung, Verordnung über die berufs- und arbeitspädagogische Eignung für die Berufsausbildung in der gewerblichen Wirtschaft.

AFCAC, African Civil Aviation Commission, gegr. 1969 in Addis Abeba, Sitz: Dakar/Senegal. Diese Luftverkehrsorganisation ist für die Koordination des afrikanischen Luftverkehrs zuständig.

Affinity Charter, Sonderflugreise zu ermäßigtem Preis für Affinitätsgruppen, deren Mitglieder derselben Vereinigung, Körperschaft, Firma, Gesellschaft oder anderen Gemeinschaften angehörten, deren Hauptzweck nicht das Reisen war. Keine öffentliche Werbung; inzwischen entfallen.

AFRAA, African Airlines Association, Organisation afrikanischer Linienluftverkehrsgesellschaften. Ziel ist die Durchsetzung einer einheitlichen afrikanischen Luftverkehrspolitik zusammen mit der ICAO. Vorgängerorganisation war AAFRA. → AAFRA, → ICAO

AFTA, Projekt der sechs ASEAN-Länder Thailand, Malaysia, Singapur, Indonesien, Philippinen und Brunei, einer Wirschaftsgemeinschaft analog NAFTA. Ziel ist die Verwirklichung einer ASEAN free trade area in Form einer Freihandelszone ab 2008. → NAFTA

AG, (Aktiengesellschaft), Gesellschaft mit eigener Rechtspersönlichkeit (Kapitalgesellschaft), die ein in Aktien zerlegtes Grundkapital hat und für deren Verbindlichkeiten nur das Gesellschaftsvermögen haftet (§1 AktG). An der Festlegung des Gesellschaftsvertrages (Satzung) müssen sich mindestens 5 Personen beteiligen. Mindestnennbetrag des Grundkapitals sind DM 100.000,–. Die Mitgliedschaft in der Gesellschaft und der Anspruch auf einen Teil des Ertrages (Dividende) wird durch den Besitz von zumindest einer Aktie festgelegt. Bei der Hauptversammlung ist jeder Aktionär nach Maßgabe seines Kapitalanteils (Aktienbesitzes) stimmberechtigt und nimmt an der Wahl des Vorstandes und des Aufsichtsrates teil. Diese Unternehmensform wird vor allem bei größeren Unternehmen (z.B. Fluglinien, großen Reiseveranstaltern) angewendet, da die Aktionäre nicht direkt an die Gesellschaft gebunden sind. → Aktie, → Kapitalgesellschaft, → Unternehmensform.

AGB, Allgemeine Geschäftsbedingungen, „das Kleingedruckte", sind für eine Vielzahl von Verträgen vorformulierte Vertragsbedingungen, die von einem Vertragspartner gestellt worden sind, ohne im einzelnen ausgehandelt zu sein (vgl. § 1 AGBG). Sie gehen in den Vertrag allerdings nur insoweit ein, wie der Vertragspartner, der sie stellt, ausdrücklich oder durch deutlichen Aushang

AGBG

darauf hinweist, daß sie gelten sollen, wie der andere Vertragspartner (Kunde) die Möglichkeit hat, von ihrem Inhalt in zumutbarer Weise Kenntnis zu nehmen, wie sie eindeutig, ohne überraschende Klauseln und ohne unangemessene Benachteiligung des anderen sind (§§ 2, 9 AGBG) und wie dieser mit ihrer Geltung mindestens konkludent einverstanden ist. In der Praxis häufig, z.B. als Allg. Reisebedingungen (ARB), Allg. Beförderungsbedingungen (ABB), Allg. Verkaufsbedingungen (AVB).

AGBG, Gesetz zur Regelung des Rechts der Allgemeinen Geschäftsbedingungen (AGB-Gesetz) vom Dez. 1976. Verbraucherschützendes Gesetz gegen die ausufernde Praxis, Kunden durch unabänderliche, die Schutzfunktionen des Gesetzes aushöhlende allgemeine Vertragsklauseln (AGB) unangemessen zu benachteiligen. Daneben aber auch Schutz von Unternehmen über § 24 AGBG vor mißbräuchlicher Verwendung von AGBs. Durch das AGBG-Änderungsgesetz 1996 (seit Juli 1996 in Kraft), das die EG-Richtlinie über mißbräuchliche Klauseln in Verbraucherverträgen umgesetzt hat, bietet das AGBG jetzt auch Schutz vor Klauseln in Verbraucherverträgen (§ 24 a AGBG). → AGB

AG China, Zielgebiets-Arbeitsgemeinschaft, die sich die Aufgabe gestellt hat, die Probleme des expandierenden China-Tourismus gemeinsam zu lösen. Mitglieder sind u.a. Airtours und Studiosus Reisen. 1992 erfolgte Namensänderung in Arbeitsgemeinschaft für China-Tourismus. Aus dem bis dahin losen Gremium wurde ein eingetragener Verein.

Agenda, Merkbuch; Tagesordnung bei Konferenzen, Meetings u ä.

Agent, Reisemittler; Mittler für Dienstleistungen an Dritte auf Provisionsbasis, Handelsvertreter, z.B. IATA-Agent = Passageverkaufs-Agent, der ordnungsgemäß zur Abrechnung innerhalb des BSP zugelassen wurde. → Reisebüro, → Reisemittler

Agent-Code, ist der IATA-Code, der jeder anerkannten Niederlassung eines Agenten zugeteilt wird.

Agenturvertrag/Handelsvertretervertrag, regelt das Verhältnis des Handelsvertreters zu seinem Geschäftsherrn, d. h. auch das des Reisebüros als selbständigem Gewerbebetrieb zum Beförderungsunternehmer oder zum Reiseveranstalter im Pauschalreiseverkehr (gesetzl. geregelt in §§ 84 ff .HGB). Zu den Pflichten des Handelsvertreters gehört danach, sich um die Vermittlung bzw. den Abschluß von Geschäften im Namen des Geschäftsherrn zu bemühen. Der Geschäftsherr hat dem Handelsvertreter alle erforderlichen Unterlagen und Informationen zur Verfügung zu stellen. Der Handelsvertreter erhält vom Geschäftsherrn für den Abschluß bzw. die Vermittlung von Geschäften eine erfolgsabhängige Provision. Den Ersatz seiner Aufwendungen kann der Handelsvertreter i.d.R. nicht verlangen. Eine zusätzliche Delkredereprovision kann der Handelsvertreter verlangen, wenn er ausnahmsweise für den Erfolg des vermittelten Geschäftes einzustehen hat (Risikoübernahme). Reisebüros und -agenturen werden von Beförderungsunternehmen und Reiseveranstaltern regelmäßig zur Einziehung des Reisepreises ermächtigt. Zur Abdeckung der hieraus und aus Pflichtverletzungen von Reisebüromitarbeitern entstehenden Risiken werden in Agenturverträgen die Stellung von Bankbürgschaften, Vertrauensschaden-Versicherung oder eine Patronatserklärung zugunsten der Geschäftsherren vereinbart. → Bankbürgschaft, → Handelsherr/Geschäftsherr, → Handelsvertreter, → Patronatserklärung, → Vertrauensschaden-Versicherung

Agglomeration, im Handel entsteht A. durch räumliche Zusammenballung mehrerer Handelsunternehmen. Bekannt sind branchengleiche und -ungleiche A.n. Regionale Bereiche werden damit attraktiver (z. B. Fußgängerzonen), Einzugsgebiete werden erweitert. Die höchste Reisebürodichte wird in A.n von Großstädten registriert.

AGM, IATA Annual General Meeting, jährlich zusammentretende Generalversammlung der IATA Mitgliedsgesellschaften auf Präsidentenebene. → IATA

Agora, Marktplatz einer antiken griech. Stadt, auf dem sich das öffentliche Leben abspielte.

AGT, Arbeitsgemeinschaft Touristik, studentische Arbeitsgemeinschaft an der Fachhochschule Worms, Fachbereich Verkehrswesen/Touristik.

AgV, Arbeitsgemeinschaft der Verbraucher, Bonn; privater Verbraucherverband, zum größten Teil aus Bundesmitteln finanziert, setzt sich zusammen aus einer Vielzahl verschiedener Verbände, Länderverbraucherzentralen und interessierter Gruppen, wie Gewerkschaften, Frauenverbände u.a. Wichtigstes Thema ist der Schutz der Verbraucher bei Umwelt-, Rechts- und Wirtschaftsfragen. Im Tourismus tritt die AgV verstärkt in Fragen der ARB, der Pauschalreisen, deren Bezahlung und der Haftung zum Wohle des Verbrauchers öffentlich in Erscheinung. → ARB, → EG Pauschalreiserichtlinie, → EU-Richtlinie für Pauschalreisen

AICHET, Association Internationale du Centre des Hautes Etudes Touristiques, internationaler Verband der Tourismuswissenschaften in Aix-en-Provence, Frankreich. Im Vordergrund steht die Förderung der Tourismusforschung. AICHET verfügt über ein Informationszentrum mit einem Bestand von über 33.000 Werken, er zählt Mitglieder aus mehr als 24 Ländern.

AICR, Amicale Internationale des Sous-Directeurs et Chefs de Réception des Grands Hôtels. → Amicale

AIDA, Kurzfassung der geltenden psychologischen Regeln für einen Werbekontakt:
- Attention (Aufmerksamkeit erzeugen)
- Interest (Interesse wecken durch mehr Information)
- Desire (Wünsche wecken)
- Action (Handlungs-Entscheidung)

Häufig bei Urlaubs-Anzeigen oder Prospekten, in Verkaufsgesprächen und Werbebriefen systematisch angewandt.

AIEST, Association Internationale d'Experts Scientifiques du Tourisme, Bern; Internationale Vereinigung wissenschaftlicher Fremdenverkehrsexperten. Das offizielle Organ der AIEST „Zeitschrift für Fremdenverkehr" wird von den Forschungsinstituten St. Gallen und Bern vierteljährl. gemeinsam herausgegeben. → Fremdenverkehr

AIIC, Association Internationale des Interprètes de Conférence, Internationaler Verband der Konferenzdolmetscher, Sitz: Genf. Hauptziele sind die Vertretung der Interessen ihrer Mitglieder (über 2.500 Dolmetscher in 65 Ländern), die Förderung des Berufsbildes (z. B. durch die Erstellung einer Berufsethik), sowie die Erhaltung der Leistungsqualität im Beruf (z. B. Bestimmung von Ausbildungskriterien oder von technischen Normen bei der Einrichtung von Konferenzräumen). Die AIIC gibt weltweit ein Verzeichnis der Konferenzdolmetscher heraus.

AIP, 1. Agency Investigation Panel, der ehemalige Agenturenüberprüfungsausschuß der IATA/ AISP, der aus Vertretern der Mitglieder eines bestimmten Gebietes (Area) bestand, von Zeit zu Zeit durch den Agenten-Verwaltungsrat (Agency Board) festgesetzt wurde und Aufgaben wahrnahm, die ihm vom Agenten-Verwaltungsrat zugeteilt wurden, hat seine Tätigkeit am 3.10.1990 beendet. Nachfolgeorganisation ist das ASO (Agency Service Office). → ASO **2.** Aeronautical Information Publication, Luftfahrthandbuch. → AISP, → IATA, → ICAO

AIPC, Association Internationale des Palais de Congrès, Internat. Vereinigung der Kongreßzentren, Sekretariat in Brüssel.

AirAgent, Bestandteil des FareNet-Programms der Stinnes-Data-Service GmbH. Die in AirTarif erfaßten und in AirExport kalkulierten Tarife werden beim Import in A. in City-Pairs aufgeteilt und zwecks Preisanfrage automatisch an das crs geschickt. → AirExport, → AirTarif, → FareNet

Airbus, 1. Typenbezeichnung für eine Reihe von Verkehrsflugzeugen. Man unterscheidet die zweistrahligen Kurz- und Mittelstreckenflugzeuge A 300, A 310 und A 320 und die Langstreckentypen A 330 (zweistrahlig) und A 340 (vierstrahlig). **2.** Bezeichnung für den Pendeldienst im amerikanischen Kurzstreckenflugverkehr zwischen zwei Flughäfen mit vereinfachter Abfertigung.

Airbus Industrie S.A., 1970 unter französischer, deutscher, britischer und spanischer Beteiligung gegründetes Unternehmen der Luftfahrtindustrie mit Sitz in Blagnac bei Toulon, Frankreich.

Air Carrier, → Carrier

AirExport, Bestandteil des FareNet-Programms der Stinnes-Data-Service GmbH zur Kalkulation von Nettoraten. → AirAgent, → FareNet

Air Plus, Kreditkarte, ausgegeben von den europäischen Luftverkehrsgesellschaften. → Kreditkarten, → Kundenkarten in der Reisebranche

Air Quest

Air Quest, Flugdatenbank der Complan Reisen GmbH, mit der unter dem Namen Ticket-Pool Billig-Flugtickets von deren Kooperationsmitgliedern vermarktet werden.

Air Shuttle, Pendelluftverkehr zwischen zwei Orten mit hohem Verkehrsaufkommen. Buchung, Abfertigung und Bordservice sind hierbei vereinfacht.

AIR, ehem. Arbeitsgemeinschaft Incentive-Reisen e.V. Oberursel/Ts. seit 1983, Zusammenschluß einer Gruppe von Reisebüros, Veranstaltern und Spezialisten zu einer Fördergemeinschaft für Incentive-Reisen. Ziele: Förderung der Idee und des Absatzes von Incentive-Reisen, einheitliche Regelung von Haftungsfragen, Reisevertrag, steuerliche Behandlung der Produkte beim Abnehmer u.a. (inzwischen aufgelöst).

Air-Sea-Agreement, Abkommen zwischen Luftverkehrsgesellschaften und Seereedereien zwecks gegenseitiger Anerkennung und Austauschbarkeit von Passage-Beförderungsdokumenten.

Air-Sea-Travel, Kombination von Linienflugreisen und Kreuzfahrten, dokumentiert in der Resolution 53 der IATA, ermöglicht bei vollständigem Round Trip Ermäßigungen. → IATA, → IATA-Resolutionen

AIRIMP, Kürzel für ATC/IATA Reservations Interline Message Procedures. Offiziell eingeführt am 1.4.1956. Dieses Codesystem wurde von ATC (Air Traffic Conference of Amerika) und IATA zusammengestellt. Es hat den Zweck, Buchungs- und Reservierungsmitteilungen einheitlich, unmißverständlich, einfach und wirtschaftlich zu gestalten. Die Anwendung für A. ist im ABC-World Airways Guide nachzulesen, z.B. Three-Letter-Codes (Location Identifiers-Coding of Cities/Airports).

Airline-Allianz, verstärkte Zusammenarbeit unter Fluggesellschaften auf stark frequentierten Routen; so z.B. Lufthansa/United/SAS und British Airways (BA) mit American Airlines (AA). Zum Wettbewerbs- und Verbraucherschutz existieren Auflagen der EU-Kommission gegenüber den Allianzen, die im wesentlichen eine Reduzierung auf eine bestimmte Slot-Anzahl vorsehen. → Slots

Airline code number, jeder Fluggesellschaft ist eine Codenummer zugeordnet, z.B. Lufthansa 220 oder SAS 117.

Airline-Codes, → Two-Letter-Codes

Airline Deregulation Act, → Deregulation, → Liberalisierung im Luftverkehr

Airline-Prefix Nummer, → Three Letter Code

AirManager, Bestandteil des FareNet Programms der Stinnes-Data-Service GmbH. Graphische und tabellarische Darstellung von Statistiken.

Airpässe, Rundreisecoupons, die von verschiedenen Fluggesellschaften auf ihren Streckennetzen angeboten werden. Die Anzahl der Flugcoupons kann vorher bestimmt werden. Dabei ist zu beachten, daß die Tickets meistens nur im Ausland ausgestellt werden dürfen und oftmals nur im Zusammenhang mit internationalen Flugscheinen der jeweiligen oder der kooperierenden Fluggesellschaft gültig sind.

Airport-City-Züge, Reisezüge der DB, fuhren von Köln, Mannheim und Ludwigshafen zum Flughafen Frankfurt/M. Diese sog. Tagesrandverbindungen verkehrten seit Sommerfahrplanwechsel 27.5.1990, inzwischen abgelöst durch IC-Airport-Express. → IC-Airport-Express

Airport Fee, → Airport surcharge

Airport Handling Agent, durch BSP autorisierter Agent. Wird von einer Fluggesellschaft berechtigt, in deren Namen Flugscheine auszustellen.

Airport surcharge, Flughafengebühr bei Anmietung eines Mietwagens in den USA.

AirTarif, Nettotarifflugdatenbank der Stinnes-Data-Service GmbH. Bestandteil des FareNet-Programms. → AirAgent, → FareNet, → Negotiated Fares

AIS, Amadeus Information System, steht für das zentrale Amadeus Informationssystem, z.B. über Länder- oder spezielle Airline-Informationen, Service und Neuerungen. → GGAMADE

AISC, Association Internationale des Skål-Clubs, Generalsekretariat in Torremolinos. 1934 von F. Volckaert in Paris ins Leben gerufener Zusammenschluß von Skål-Clubs, in denen Führungskräfte touristischer Berufe sich zu freundschaftlicher Zusammenarbeit begegnen. Die weltweite Skål-Bewegung umfaßt über 500 Skål-Clubs mit über 27.000 Mitgliedern in über 100 Ländern aller Erdteile. → Skål-Club

AISP, Airline Industry Settlement Plan e. V., Betreibergesellschaft des Bank Settlement

Plan (BSP) in Deutschland, Sitz: Frankfurt/M. Zusammenschluß von IATA- und Non-IATA-Fluggesellschaften mit dem Ziel, ein zentrales Abrechnungssystem zu organisieren für von Reisebüros verkaufte firmenneutrale Flugtickets. → BSP

AIT, Alliance Internationale de Tourisme, Sitz: Genf, Zusammenschluß von 54 Automobil- und Touring-Clubs, bekannt durch Hotelklassifizierung. → OTA

AITAL, International Association of Latin American Air Transport, Organisation aller Lateinamerikanischen Luftverkehrsgesellschaften, Sitz: Bogota/ Kolumbien. AITAL ist die letzte Gründung eines regionalen Luftverkehrsverbandes. Gründungsmitglieder sind: IATA, Aero Lineas Argentinas, VARIG. Hauptaufgaben sind Tarif- und Ratenpolitik.

AIVFC, Association Internationale des Villes Francophones de Congrès, internationale Vereinigung französischer Kongreßstädte.

AJT, Fachverband für touristische Aus- und Weiterbildung e.V., 1980 urspr. in Heilbronn und unter dem Namen Aktion Junge Touristik gegründeter gemeinnütziger Verein zur touristischen Aus- und Weiterbildung (bundesweit Kompaktseminare in verschiedenen Bereichen der Tourismusbranche), Sitz: Köln. Weitere Ziele sind der Austausch bzw. die Kooperation mit anderen Branchenverbänden und Seminaranbietern, der Aufbau einer Informationsstelle für Aus- und Weiterbildung. AJT strebt die Einrichtung eines unabhängigen Fachverbandes für touristische Aus- und Weiterbildung an, Mitglied bei FUTURISTA. → FUTURISTA

AKAD, Akademikergesellschaft für Erwachsenenfortbildung mit Sitz in Stuttgart. Im Verbund mit einem Fernstudium und Seminaren kann der Abschluß zum Diplom-Betriebswirt/-in FH erlangt werden. → Berufsausbildung im Tourismus, → Betriebswirt (staatl. gepr.) Reiseverkehr/Touristik

Akklimatisation, Anpassung an ein neues Klima.

AKP-Staaten, Afrika, Karibik und Pazifik, Entwicklungsländer, deren Fremdenverkehr durch die EU-Staaten gefördert werden soll. → EU/EG/EWG, → Lomé-Abkommen

Akropolis, in Griechenland Burgberg mit einer Stadtanlage oder einem heiligen Bezirk, z.B. in Athen.

AKTE, Arbeitskreis Tourismus und Entwicklung, Basel, appelliert für einen Tourismus mit Einsicht. → Tourismus mit Einsicht

Aktien, verbriefen Anteile am Grundkapital einer Aktiengesellschaft. Der Aktionär erwirbt mit einer Aktie Miteigentum an der Gesellschaft. Beispiele für Unternehmen aus der Tourismusbranche an der Börse sind die Deutsche Lufthansa AG oder die Köln-Düsseldorfer Deutsche Rheinschiffahrts AG. → AG

Aktienindex, ein Index ist ein statistisches Hilfsmittel, mit dem Veränderungen gegenüber einem früheren Zeitpunkt sichtbar gemacht werden. Den Ausgangszeitpunkt nennt man Basisjahr. Ein A. beschreibt die Veränderung der Einzeltitel und gibt über die aktuelle Stärke Auskunft. Im DAX, dem Deutschen Aktienindex sind die 30 wichtigsten deutschen Aktientitel enthalten. Der A. in den USA heißt Dow Jones und in Japan Nikkei. → Börse

à la carte, Zusammenstellung einer Speisefolge nach Wahl aus einer Speisekarte. → Menu

à la carte-Küche, im traditionellen Hotelgewerbe gehört zur à la carte-Küche folgende Besetzung:
- 1 Küchenchef
- 1 Partiechef und 3 Commis für den Saucier
- 1 Partiechef und 3 Commis für den Gardemanger
- 1 Partiechef und 3 Commis für den Entremetier
- 1 Partiechef und 1 Comnnis für den Tournant
- 1 Partiechef und 1 Commis für den Patissier

Zum Gesamtpersonalbestand bei der à la carte-Küche eines guten Hotels oder Kreuzfahrtschiffes gehören ca. 40 Personen.

Aktionsplan der EU zur Förderung des Tourismus, Anfang 1993 vom EU-Ministerrat eingeführter Dreijahresplan zur Festlegung der Schwerpunkte im Rahmen der Aktivitäten der EU im Tourismus. Mit einem Etat von 18 Mio ECU soll die zwischenstaatliche Zusammenarbeit gefördert werden (z. B. gemeinschaftliche Fremdenverkehrsstatistik, Entzerrung der Ferienzeiten etc.). Die Interessen des Fremdenverkehrs sollen bei der Entwicklung der verschiedenen Unionspoli-

Al Andalus Expreso

tiken weiterhin vertreten werden (Umwelt, Landwirtschaft, Regionalpolitik etc.), beteiligt sind auch die EFTA-Staaten (die Schweiz ausgenommen). → EFTA, → EU/EG/EWG, → Maastrichter Vertrag

Al Andalus Expreso, spanischer Nostalgiezug der Luxusklasse. Er führt in der Regel einen Unterhaltungs-, einen Bar- und ein bis zwei Restaurantwagen mit. Die Waggons sind wertvoll ausgestattet; es gibt zwei Duschwagen. Die Fahrt mit dem A.A.E. führt von Sevilla oder Madrid als Rundreise über Cordoba und Granada und wird in Deutschland als mehrtägige Pauschalreise angeboten. → RENFE

Alcazar, Name des 1993 geplanten Projektes über den Zusammenschluß zwischen den mittelgroßen Fluggesellschaften KLM, Austrian Airlines, SAS und Swissair. Ziel der Kooperation war der Ausbau eines globalen Streckennetzes, um gegenüber großen Fluggesellschaften eine verstärkte Marktposition zu erreichen. Die vier Partner-Airlines sollten eigenständige Tochtergesellschaften einer Holdinggesellschaft mit dem Namen European World Airlines werden. Ende 1993 scheiterte jedoch das Projekt an der Kritik über den daraus resultierenden Personalabbau, an der Uneinigkeit über die Orte der Hauptdrehscheiben sowie am Mangel einer passenden gesellschaftsrechtlichen Form der Kooperation (z. B. wurde in der Schweiz keine Änderung der nationalen Luftverkehrsgesetze möglich, nachdem die Bevölkerung am 6.12.1992 den EWR-Vertrag abgelehnt hatte).

Alex, crs der Icelandair; Partner von Amadeus. → Amadeus

Algenpest, → Euthrophierung

All-inclusive, touristische Urlaubsangebote, die alle Kosten vor Ort beinhalten. Sie sollten mindestens Vollpension, Tischgetränke, Unterhaltung sowie mehrere Sportangebote umfassen. → Pauschalreise

Allgäu-Schwaben-Takt, Pilotprojekt der DB, integraler Taktfahrplan für einen Regionalverkehr mit mindestens einer Zugverbindung pro Stunde sowie verbesserten Anschlußmöglichkeiten in regelmäßigem Rhythmus. Der Reisende kann ohne Zeitverlust in alle Richtungen umsteigen, da die Züge etwa zur gleichen Zeit aus allen Richtungen eintreffen. → Regionalisierung des Nahverkehrs

Allgäuer Gespräche, zum sanften Tourismus finden seit 1985 an verschiedenen Orten mit wechselndem Teilnehmerkreis, den verschiedensten Umweltgruppen, Kommunen und Reiseveranstaltern statt. Thema der „5. Allgäuer Gespräche" in Kochel a. See, veranstaltet von der Naturfreundejugend Deutschlands und dem Deutschen Naturschutzring, war die Einführung eines europaweiten Gütesiegels. → DNR

Allgemeine Ausstellungen, → Messetourismus

Allgemeine Beförderungsbedingungen, → ABB

Allgemeine Geschäftsbedingungen, → AGB

Allgemeine Luftfahrt, technische Bezeichnung für den Privatflugverkehr; neben dem Linien- und Ferienflugverkehr (Charter-) der 3. Teilnehmer am Flugverkehr.

Allotment, die nach Verkaufsgesichtspunkten regelmäßig ohne Garantiebelegung für mittel- und langfristige Dauergeschäfte reservierte Kapazität, z.B. auf Linienflügen, Ferienflügen, Kreuzfahrtschiffen, in Hotels u.a. → Kontingent

All-Suite-Hotels, Häuser, die ausschließlich Suiten-Hotelzimmer mit mehr Raum-Angebot und weniger Restaurant- und Konferenz-Einrichtungen als Hotels üblicher Art besitzen; die Preise sollen nicht wesentlich über denen für normale Hotelzimmer liegen. Die meisten internationalen Hotelgruppen folgen diesem Trend. Nach DEHOGA ist bei dieser Kategorie wesentlich, daß zu jedem Schlafraum auch ein Wohnraum angeboten wird. A. sind von ihrem Leistungsangebot her Vollhotels, die vornehmlich in Städten anzutreffen sind. Das Service-Angebot umfaßt eine Gastronomie, die sich auch an Gäste wendet, die nicht übernachten.

Alpen-Initiative, im Feb. 1994 von der Schweizer Bevölkerung in einer Volksabstimmung durchgesetzte Initiative zum Schutz der Alpen vor dem Transitverkehr. Damit soll bis 2003 der Güterverkehr mit Lastkraftwagen von einer Schweizer Grenze zur anderen auf die Schiene verlagert werden. Die Durchsetzung dieser Initiative widersprach dem 1992 von der Berner Regierung mit der EU unterschriebenen Alpen-Transitvertrag, der die freie Fahrt für 28 Tonnen schwere EU-Lkws garantieren sollte. → NEAT

Alpen-See-Express (ASE), dieser Turnus-Sonderzug von deutschen Städten zum Süden war bewirtschaftet und führte Schlaf-/Liegewagen und Clubwagen. Ab 1990 erfolgte in Zusammenarbeit zwischen DB, TUI und der DER-Direktion eine Zusammenlegung der drei Zugsysteme TUI-Ferien-Express, Alpen-See-Express und Autoreisezug in der Relation Bozen/Verona ab Hamburg und Düsseldorf. → Autoreisezug (ARZ), → Mitläuferverkehr, → Urlaubs-Express

Alpenbahnen, Alpen überquerende Eisenbahnstrecken, z.b. Gotthard-Bahn, Brenner-Bahn, Semmering-Bahn, Arlberg-Bahn.

Alpenkonvention, im Nov. 1991 unter Initiative der Internationalen Alpenschutzkommission CIPRA unterzeichnetes Übereinkommen zum Schutz der Alpen. Vertragspartner sind die Alpenanrainerstaaten Deutschland, Schweiz, Frankreich, Italien, Liechtenstein und Slowenien sowie die EU (Monaco wird beitreten). Die A. stellt ein umweltverträgliches Wirtschaften und Handeln aller Beteiligten in den Mittelpunkt. Dafür vorgesehen sind acht Arbeitsgruppen, die sich mit folgenden Bereichen befassen: Naturschutz, Raumplanung, Berglandwirtschaft, Tourismus, Verkehr, Bergwald, Energie und Bodenschutz. → CIPRA

Alpenstraße, die Deutsche Alpenstraße von Lindau über Füssen nach Berchtesgaden geht zurück auf den ersten Teilabschnitt Inzell – Berchtesgaden von 1938, der ursprünglichen sog. Queralpenstraße. Für Urlauber und Wochenendausflügler ein sehr beliebtes FV-Gebiet entlang der Berge, Seen und Schlösser. Diese sog. Touristen-Transversale ist nicht – wie zunächst geplant – durchgängig befahrbar. Schloß Linderhof und Wieskirche sind bes. Höhepunkte auf dieser Strecke.

Alpentransversale, Tunnelprojekt unter dem Gotthardmassiv im Bündner Oberland (Schweiz); die A. soll künftig den Verkehr nach Südeuropa entlasten.

Alpha, Buchungssystem der Firma DKS, Roderath zur zeitlichen Optimierung der Beratung bei Last-Minute-Reisen.

Alpha 3, crs der Air France; Partner von Amadeus. → Amadeus

Alta Via, Höhenwanderweg in den ligurischen Bergen. Ausgangspunkt bei Ventimiglia am Meer, verläuft meist entlang der Wasserscheide zwischen Ligurischen Meer und Poebene, durchquert die Seealpen und den Ligurischen Apennin und endet nach 440 km in Ceparana bei La Spezia in der Nähe des Meeres.

Alternative Kosten, → Opportunitätskosten

Altersteilzeit, schafft Anreize für ältere Arbeitnehmer nur noch 50% der Normalarbeitszeit zu arbeiten und dabei 70% der vollen Bezüge und 90% der gesetzlichen Rente zu erhalten. Die Arbeitnehmer müssen älter als 58 Jahre alt sein und in den letzten fünf Jahren mindestens 1080 Kalendertage sozialversicherungspflichtig gearbeitet haben. Im Gegenzug muß das Unternehmen einen Arbeitsplatz für einen neuen und jungen Mitarbeiter schaffen.

AMA, Academy for Management Assistants mit Sitz in Lippstadt. Ausbildung zum Internationalen Hotel- und Touristikassistent. Fünf Semester werden als Vollzeitstudium in Lippstadt absolviert, ein Praxissemester findet in Großbritannien und ein weiteres in Spanien statt.

AMA/Wintertourismus, Stuttgarter Messeverbund von Auto und Motorradausstellung (AMA) und Wintertourismus. Seit 1990 ist neben dem Schneetourismus das Angebot von Sonnenzielen zum Überwintern ein zweiter Bestandteil des Wintertourismus-Angebots dieser Messe. → CMT

Amadeus, Global Travel Distribution S.A, ein 1987 von Air France, Iberia, Lufthansa und SAS gegründetes Computer-Reservierungs-System (crs). Die Zentrale von Amadeus befindet sich in Madrid, das Trainings- und Entwicklungszentrum in Nizza, das Rechenzentrum in Erding bei München. Reisebüros und Reisestellen in Deutschland haben über START Zugriff auf Amadeus und damit auf weltweite Reiseangebote in den Bereichen Flug, Hotel und Mietwagen. Das Leistungsspektrum von Amadeus wird durch eine speziell für die Bedürfnisse des Reisebüros entwickelte Software ergänzt, die Marketing-, Verkaufs- und Reservierungsfunktionen unterstützt. Das weltweite Computer-Reservierungs-System A. ist vollständig in das START System integriert. Außer Linienflügen von zahlreichen Fluggesellschaften bietet A. auch Hotelreservierungen und Mietwagen im In- und Ausland an. A. hat im Rahmen der Allianz mit START deren An-

Amadeus Air

teile im Ausland sowie eine 50-prozentige Beteiligung an der START Informatik in Frankfurt am Main übernommen. Heute sind die Deutsche Lufthansa, Iberia, und Air France mit jeweils 29,2 Prozent, die Continental Airlines mit 12,4 Prozent an A. beteiligt. (Stand August 1998). Für 1998 ist ein Börsengang geplant, bei dem Continental Airlines ihre Anteile verkaufen will. Lufthansa, Air France und Iberia werden an der Kapitalerhöhung nicht teilnehmen, so daß ihr Anteil dann auf 25 % sinkt. → START

Amadeus Air, bietet die Darstellung von Flugplänen, Verfügbarkeiten, Fluginformationen und Sitzplänen. → Access, → Direct Access

Amadeus Calculator, bietet vielfältige Funktionen zum Kodieren, Dekodieren und Berechnen, (z.B. das Kodieren und Dekodieren von Städten, Flughäfen, Ländern oder Fluggesellschaften vom kompletten Namen in den 2- oder 3-Letter-Code oder umgekehrt und das Berechnen von Zeitdifferenzen zwischen Lokalzeit und Reisezielortszeit).

Amadeus Cars, START ermöglicht die weltweite Reservierung von Mietwagen bei Autovermietungen.

Amadeus Corporate, Produktweiterentwicklung von AURA (System zur Vereinfachung und Beschleunigung aller administrativen Aufgaben in Firmenreisestellen), das vor allem für Reisestellen und Reisebüros mit ausgeprägtem Firmenreisedienst konzipiert ist. Es enthält zusätzliche Sonderfunktionen für das Hotel- und Kongreßmanagement. → AURA, → Reisestelle

Amadeus Fares, bietet die flexible Tarifabfrage und Preisberechnung mit Best Buy-Funktionen. → Best Buy-Funktion, → Negotiated Fare

Amadeus Hotels, START-Nutzer haben Zugriff auf vier Hotelreservierungssysteme. Allein über Amadeus stehen zahlreiche Hotels weltweit zur Verfügung.

Amadeus Online Hilfe, Amadeus stellt ein englischsprachiges Online Hilfesystem zur Verfügung. Mit dem Transaktionscode „HE" kann zu vielen Themen und zu allen Amadeus Funktionen sowie allen Transaktionscodes Hilfe angefordert werden.

Amadeus Pro, Reisebüro Management-System von Amadeus, entwickelt aus TAMS. Das benutzerfreundliche Software-Produkt wird auf START-PCs eingesetzt und unterstützt Marketing-, Verkaufs- und Reservierungsfunktionen. Mit neu entwickelter Benutzeroberfläche und Maus-Unterstützung werden die Fehlermöglichkeiten minimiert. → TAMS

Amadeus Pro Res, ist eine graphische Benutzeroberfläche von Amadeus. Das benutzerfreundliche Softwareprodukt wird auf START-PCs mit Betriebssystem OS/2 eingesetzt und unterstützt Marketing-, Verkaufs- und Reservierungsfunktionen. → TAMS

Amadeus Pro Tempo, bietet die gleiche Funktionalität wie Amadeus Pro Res jedoch für das Betriebssystem Windows 95. → Amadeus Pro Res

Amadeus Ticketing, erlaubt die Flugscheinausstellung inklusive E-Tix-, NT-, MANU-, REF- und ATB-Ausstellung. → ATB, → E-Tix, → MANU, → NT-Verfahren, → REF

Amadeus Unison Projekt, Projekt von Amadeus zur Weiterentwicklung im Bereich Fare Quote. → Fare Quote System

Ambiente, Umwelt; Atmosphäre. Für die Entscheidung des Reisepublikums zugunsten eines Reiseziels ist das A. oft von gleich hoher Bedeutung wie Qualitäts- und Leistungsstandard.

AMCO, Automatische MCO. → EMCO

America's Cup, weltbekannte, alljährliche Segelregatta um die Insel Wight, erstmals 1851 organisiert (ihr Name kommt von der amerikanischen Schoneryacht „America", die die erste Regatta gewann). Dieser „Amerika Pokal" findet in Form von Zweikämpfen zwischen Segelbooten - dem Pokalverteidiger und dem Herausforderer - statt. Beide Wettbewerber segeln maximal 7 Wettfahrten, wer zuerst 4 Fahrten gewinnt wird zum Sieger erklärt. Das Segelrennen ist mit einem großen finanziellen Aufwand verbunden.

American Breakfast, erweitertes Kontinentales Frühstück mit Schinken, Eiern, Pfannkuchen, Fruchtsäften usw.

American Express European Corporate Travel Index (ECTI), quartalsweise veröffentlichte statistische Auswertung der Preisentwicklung des Geschäftsreisenmarktes von American Express.

American Plan, → AP

American Society of Travel Agents (Asta), US-Amerikanischer Reisebüroverband.

Amicale, Freundschaftskreis der Empfangsdirektoren und Empfangschefs der führenden Hotels Europas (AICR). → AICR

AMK, Ausstellungen-Messen-Kongresse GmbH, Berliner Messegesellschaft; u.a. Veranstalter der ITB, der weltgrößten Tourismusmesse. Firmiert seit Juli 1993 als Messe Berlin GmbH. → ICC, → ITB

AMR, Holding der American Airlines.

Amsterdamer Vertrag, am 2.10.1997 von den EU-Mitgliedstaaten unterzeichnet, soll bis 1.1.1999 von diesen ratifiziert worden sein. Der AV sieht eine Stärkung des Europa-Parlaments im institutionellen System der Gemeinschaft vor und damit zugleich den Ausbau der demokratischen Legitimation der EG insgesamt. Desweiteren werden weite Teile der Justiz und Innenpolitik sowie des Schengen-Besitzstandes vom Maastrichter Vertrag in den EG Vertrag übertragen. Verbesserung der außenpolitischen Handlungsfähigkeit der EU im Rahmen der Außen- und Sicherheitspolitik. Betonung der Bürgernähe durch Neueinführung des Titels „Beschäftigung", der eine bessere Koordination der nationalen Beschäftigungspolitiken und gemeinsame Pilotprojekte ermöglichen soll. → EU/EG/EWG, → Maastrichter Vertrag, → Schengener Abkommen

Amtrak, National Railroad Passenger Corporation, Gesellschaft zur kommerziellen Nutzung von Anlagen und Diensten der Eisenbahnen für den Personenverkehr in den USA, gegr. 1970. A. ist die bedeutendste Eisenbahngesellschaft der USA und verbindet vor allem im Fernverkehr die Metropolen.

ANCOT, Associazione Nazionale Comuni Termali Italiana; nationaler Verband der ital. Thermalorte.

Angebot, Güter oder Leistungen werden auf einem dafür bestimmten Markt zum Verkauf dargeboten. Je größer die angebotene Menge ist, desto geringer ist der Preis und umgekehrt. Der Preiskampf der Fluglinien, um größere Marktanteile, führt zu immer billigeren Angeboten an Flugreisen.

Animateur-Assistent (Freizeit-/Sportbetreuer), nach den im EU-Berufsprofil beschriebenen beruflichen Anforderungen übernimmt der A.A. die Unterhaltung von Touristen (meist Gruppen jeden Alters) durch die Planung und Durchführung von Spielen und anderen Freizeitaktivitätsprogrammen. Voraussetzung für die Berufsausübung ist der vertraute Einsatz mit den entsprechenden Freizeit- bzw. Sporteinrichtungen und ihrer Instandhaltung. Kenntnisse mindestens einer Fremdsprache werden meist vorausgesetzt. → SEDOC

Animation, aktive Gästebetreuung z. B. in Clubanlagen, wo der Gast durch einen Animateur oder ein Animationsteam zur Eigenaktivität angeregt wird. Animation wurde maßgeblich durch Club Méditerranée S.A. geprägt. → Cluburlaub

Anlaßreisen, sind Besuchs-, Kongreß- oder ähnliche Reisen, die zu einem bestimmten touristischen (Besuch eines Festspiels) oder geschäftlichen (Kongreß) Zweck durchgeführt werden.

Anleihen, (Obligationen) sind Rentenpapiere, die eine Geldforderung des Inhabers gegenüber der ausgebenden Stelle verbriefen und mit einem festen Satz verzinst werden. A. werden von Bund, Ländern, Gemeinden, Unternehmen und Banken ausgegeben und dienen der Finanzierung verschiedener Projekte. A. kann man z.B. von Lufthansa Int. oder der DB AG erwerben.

Anmeldung und Reservierung, das Angebot des Kunden zum verbindlichen Vertragsabschluß und die Annahme des Vertrags durch den Reiseunternehmer. Telefonische Anmeldungen und Buchungen sind in gleicher Weise rechtsverbindlich. Zu Beweiszwecken sollte eine telefonische oder sonst formlose Reiseanmeldung schriftlich bestätigt werden.

Annullierung/Stornierung, bedeuten Aufhebung des geschlossenen Vertrages durch Anfechtung, Rücktritt, Kündigung. Insbesondere kann der Reisende vor Reisebeginn jederzeit vom Reisevertrag zurücktreten, § 651 i BGB. Im übrigen gelten die allgemeinen gesetzlichen Vorschriften. → Aufhebungsvertrag, → Stornokosten

Anrufen im ICE, erlaubt das Anrufen von Fahrgästen während der Zugfahrt. Nach Wahl der Telefonnummer 0161-3625 plus des Anschlusses des jeweiligen Zuges wird der Anrufer mit einem Anrufbeantworter verbunden, der regelmäßig vom ICE-Team abgehört wird.

ANS, Arbeitskreis Neue Städtetouren, Zusammenschluß von Stadtreisen-Teams. Neben den gewöhnlichen touristischen Informationen bietet ANS Einblicke in historische, kulturelle, politische, wirtschaftliche und soziale Bedingungen der Städte. ANS versteht sich als Wegbereiter für umwelt- und menschenfreundliches Reisen, hat Stadtspaziergänge und Stadtspiele, Rundfahrten mit öffentlichen Verkehrsmitteln, Fahrrad- oder auch Bootstouren im Programm und richtet seine Angebote an Gruppen jeden Alters, besonders an Schulklassen.

Anschließerwerbung, Form der Verbundwerbung, bestehend aus einem Träger und einer Anzahl werblich angeschlossener Partner. → Verbundwerbung

Anschlußfahrschein, Fahrschein, der zu einem bereits vorhandenen Fahrschein für eine anschließende Strecke nachgelöst wird.

Anschlußflüge, sie dienen als Zubringerflüge für den Europa- und Interkontinentalverkehr. In Deutschland zu den Verkehrsflughäfen Hamburg, Düsseldorf, Köln, Frankfurt, Stuttgart und München.

Anschlußkabotage, Bezeichnung für die Durchführung innerstaatlicher Verkehre durch ausländische Busunternehmer im Anschluß an eine Beförderung im Rahmen des Pendelverkehrs oder im Rahmen einer sog. Besetzteinfahrt. Die Liberalisierung in der EU ab 1993 ermöglicht Busreisen mit eigenen Fahrzeugen innerhalb eines anderen EU-Staates mit in anderen EU-Staaten aufgenommenen Fahrgästen. A. gilt auch für andere Verkehrsunternehmen. → EU/EG/EWG, → Freiheiten der Luft, 8. Freiheit, → Kabotage, → Liberalisierung

Anstoßflugpreis, Preisberechnungsfaktor im IATA-Tarifwesen; Anwendung nur dann, wenn kein vom Ausgangs- zum Bestimmungsort gültiger Durchgangstarif veröffentlicht ist. Mit der Einführung des neuen Währungssystems werden die Anstoßtarife in der Lokalwährung der Anstoßorte erfaßt und veröffentlicht. Für Konstruktionszwecke werden diese in Lokalwährung gezeigten Anstoßtarife mit der anwendbaren "IATA Rate of Exchange" (ROE) in NUC umgerechnet. Zur Konstruktion eines Durchgangstarifs von dem Anstoßort wird der in Lokalwährung gezeigte Anstoßbetrag genommen, um einen Durchgangstarif in Lokalwährung zu konstruieren. Falls notwendig, kann der so erzielte Durchgangstarif mit der anwendbaren ROE in NUC umgerechnet werden. Zur Konstruktion eines Durchgangstarifs zu einem Anstoßort wird der in NUC veröffentlichte Anstoßbetrag benutzt, um einen NUC-Durchgangstarif zu konstruieren. → Add-on, → Durchgangstarif, → NUC, → ROE

Answerback, Bestandteil der SABRE-Software. Ermöglicht den Fluggesellschaften, eine Buchungsbestätigung in Form eines Buchungscodes zurückzugeben. → Record Return

Antarktis, Bezeichnung für die Land- und Meeresgebiete um den Südpol. → Arktis

Antipoden, griech. „Gegenfüßler", Bewohner des auf der Erdkugel gegenüberliegenden Erdteils.

Antiquitäten, erfreuen sich als Reiseandenken großer Beliebtheit. Da die meisten Länder für deren Ausfuhr keine oder nur eingeschränkte Erlaubnis erteilen, empfiehlt es sich, vor dem Kauf zuverlässige Informationen einzuholen.

ANVR, Algemene Nederlandse Vereiniging van Reisbureaus, Verband der Reisebüros und -veranstalter in den Niederlanden.

Anwender, Fachbezeichnung für einen Computerbenutzer. → User

Anwenderprogramme, Software, die die Speicher- und Rechen-Funktionen des Computers für konkrete Anwendung in Buchhaltung, Textverarbeitung, Datenverwaltung und -übertragung usw. nutzbar macht; Ergänzung zum Betriebssystem. → Betriebssystem

Anzahl Pauschalreisen, → Pauschalreisen-Anzahl

Anzahlung, nach ständiger höchstrichterlicher Rechtsprechung kann bei Vertragsabschluß eine geringe Anzahlung auf den Reisepreis (meist bis 10%) verlangt werden. A. hierüber hinaus oder vollständige Vorauszahlung darf nur verlangt werden bei Aushändigung solcher Reisepapiere, die die Ansprüche des Kunden gegen die Leistungsträger verbriefen, z.B. Flugscheine, Hotelgutscheine u.s.w. Der auf die EU-Pauschalreiserichtlinie zurückgehende neue § 651 k Abs. 4 BGB fordert bei Übersteigen der Anzahlung von 10% oder DM 500,- die Übergabe eines Sicherungsscheines, nach dem im Fall der Insolvenz Reisepreis und Rückreiseaufwendungen versichert bzw. durch Bankversprechen abgedeckt werden. ⇢ Kundengeldabsicherung, ⇢ Sicherungsschein

AOC, Airline Operators Committee, Vereinigung der Stationsleiter der einzelnen auf den jeweiligen Flughäfen vertretenen Luftverkehrsgesellschaften als Interessenvertretung gegenüber Flughafengesellschaften hinsichtlich Versorgung, Passagierabfertigung u. a.

AOCI, Airport Operators Council International, seit 1947, Interessenvertretung der privaten und behördlichen Eigner oder Träger von öffentlichen Flughafenbetrieben in USA.

AOL, America Online Inc., amerikanischer Online-Anbieter mit Sitz in Dulles/Virginia, in Europa vertreten in einem 50/50-Joint-venture durch die Bertelsmann AG in Gütersloh. Als weltweit größter Internet Online-Anbieter mit ca. 70 Einwahlknoten in Deutschland (Stand März 1998), bietet AOL Internetzugang, Homebanking, News, Entertainment, Shopping-Angebote sowie E-mail, Telegramme, Chat und die Möglichkeit der Erstellung einer eigenen Homepage. Übernahme von CompuServe. ⇢ CompuServe

AP, American Plan, Leistungsangebot der Hotels mit Übernachtung und Vollpension, z.B. vor Antritt und nach Beendigung einer Kreuzfahrt.

AP-Element, Adress and Phone-Element. Pflichtbestandteil eines PNRs. ⇢ PNR

Aparthotel, nach DEHOGA ist das A. ein Hotelbetrieb mit beschränkten Dienstleistungen und der Verpflichtung, die vorhandenen Wohnungen und Zimmer hotelmäßig zu nutzen. ⇢ DEHOGA

Apartment, Ferienwohnung; eine Wohneinheit mit einem oder mehreren Räumen und Küche.

APEC, Asian-Pacific Economic Cooperation. Dieser asiatisch-pazifischen wirtschaftlichen Zusammenarbeit sind die wichtigsten Wirtschaftsmächte der Region angeschlossen. APEC wurde 1989 auf amerikanische und japanische Anregung in Canberra/Australien gegründet. Gründungsmitglieder waren USA, Kanada, Australien, Neuseeland, Japan, Südkorea, Thailand, Singapur, die Philippinen, Malaysia, Indonesien und Brunei. China, Taiwan und Hongkong wurden 1991 neu aufgenommen (weitere Staaten dieser Region haben Aufnahmeanträge gestellt). Die angeschlossenen Staaten vertreten mehr als die Hälfte des Weltbruttosozialprodukts. Ziel ist die Koordinierung der wirtschaftlichen Zusammenarbeit im wesentlichen in den Bereichen Handel, Investitionen und Energie. ⇢ AFTA, ⇢ NAFTA

Apex-Tarife, Advance Purchase Excursion Fare, Tarifkonzept der IATA von 1971 für Individualreisende mit Linienmaschinen unter der Auflage einer längerfristigen Vorausbuchung, festgelegter Mindestaufenthaltsdauer im Zielland; Saisontarifunterschiede. Super-Apex mit zusätzlichen Tarifvorteilen, bekannt als Holiday-Tarif. ⇢ Holiday-Tarif

Apollo, amerikanisches crs von Covia als Softwarehersteller. Beteiligt sind: Alitalia, British Airways, KLM, Swissair, United Airlines, US Air; mit Hilfe von Covia im crs Galileo integriert. ⇢ Covia, ⇢ Galileo, ⇢ Gemini

Appartement, ⇢ Apartment

Application, Anwendungsbestimmungen für einen bestimmten Tarif.

Application Sharing, gemeinsames Bearbeiten einer PC-Anwendung von verschiedenen Rechnern aus. Die Anwendung läuft auf einem Rechner und wird vom anderen mitbenutzt. A.S. ist ein Leistungsmerkmal von Videokonferenz-Systemen.

Apron, Begriff aus der Luftfahrt für Flughafen-Vorfeld.

APT, Airline Passenger Tariff, wird von SAS und Swissair in zwei Ausgaben herausgegeben: **1.** Fares – mit weltweiten Tarifen und Sondertarifen sowie Währungs- und Anwendungsbestimmungen der Sondertarife, erscheint monatlich. **2.** Rules – enthält die Ticketing- und Berechnungsregeln für Normal- und Sondertarife sowie allgemeine Ermäßigungen, erscheint vierteljährlich.

AQUA, Automated Quality Users Assurance. A. ist eine von der amerikanischen Firma ASPI entwickelte Software, die bei Flugbuchungen in Amadeus ständig überprüft, ob sich auf Wartelisten befindlichen Buchungen verfügbar oder ob gewünschte Sitzplätze frei geworden sind. Man unterscheidet den Fare Buster, der die günstigste Preisvariante zu den gebuchten Flugverbindungen angibt, den Space Buster, der zyklisch kontrolliert, ob Plätze frei werden und

Aquabus

den Seat Buster, bei dem der gewünschte Sitzplatz ständig nach Verfügbarkeit überprüft wird. Als Weiterentwicklung von A. gibt es den FIRST Quality Manager (FQM). → Queue

Aquabus, Schiffsverbindung auf der Themse mit Katamaranen (Auslegerbooten) zwischen City Terminal, Charing Cross und Londoner Flughafen, City Airport (ehem. Docks). Von hier Flugverbindung u. a. nach Paris, Brüssel und Amsterdam.

Aquädukt, antike römische Bogenwasserleitung; oftmals in zwei oder drei übereinanderliegenden Rinnen wurde das Wasser von den Bergen in Bassins geleitet, z. B. Segovia, Spanien.

Äquatortaufe, Passagiere, die zum ersten Mal im Leben den Äquator überqueren, „müssen" sich der Ä. unterziehen. Die Taufe wird vom Herrscher der Meere in Begleitung seines Hofstaates vorgenommen. Ein Spektakel, das sich ungebrochener Beliebtheit erfreut; auch unter der Bezeichnung Linientaufe bekannt. → Polartaufe

ARA, antirassistischer Arbeitskreis, Berlin, dem u. a. Journalisten, Tourismus-Experten und Ethnologen angehören. Er sieht seine Aufgabe in der Bekämpfung von Diskriminierung und Rassismus im Tourismus und Verhalten von Touristen in der „Dritten Welt"; Erfassung und Vernetzung von positiven Projekten und Widerstandsgruppen; Länderstudien zu Nepal, Tibet, Indien; Öffentlichkeitsarbeit und Seminare. ARA war Mitglied der Arbeitsgemeinschaft „Tourismus mit Einsicht". → Tourismus mit Einsicht

ARB, Allgemeine Reisebedingungen werden als unverbindliche Rahmenbedingungen und Konditionsempfehlung für Pauschalreisen vom Deutschen Reisebüro-Verband e.V. ausgesprochen. Grund für die Konditionsempfehlung ist die relative Lückenhaftigkeit der §§ 651 a-k BGB hinsichtlich der Regelung der Vorauskasse, Preis- und Leistungsänderungsvorbehalten, zur Umbuchung und zu den Rücktrittsvorbehalten des Reiseveranstalters. Die ARB regeln daher insbesondere Zeitpunkt und Art der Reisepreiszahlung, Umfang der zu erbringenden Leistungen, Rücktritt durch den Kunden, Rücktritt und Kündigung durch den Reiseveranstalter, Gewährleistungsansprüche, Beschränkung der Haftung und Verfahrensvorschriften.

Arbeitsgemeinschaft Touristik (AGT), an der Fachhochschule Worms 1979 gegründeter Verein, Hauptaufgaben sind die Ergänzung des Studiums durch Kontakte zur touristischen Praxis sowie die Vertiefung der Zusammenarbeit mit anderen touristischen Arbeitsgemeinschaften. Die AGT ist Mitglied bei FUTURISTA.

Arbeitsgemeinschaft, → ARGE

Arbeitsgruppe, zeitlich befristeter Zusammenschluß mehrerer Personen zur Lösung einer Aufgabe, auch Projektgruppe genannt. Im Gegensatz zum Team kommen die Teilnehmer meistens aus der gleichen Fachdisziplin. → Team

Arbeitskreis TIP Würzburg, Tourismus-Ideen-Praxis, studentische Arbeitsgemeinschaft der Universität Würzburg. Die TIP-Mitglieder kommen aus verschiedenen Studienrichtungen wie z. B. Wirtschaftswissenschaften, Kunstgeschichte, Jura, Geographie und Pädagogik. Ziel ist die Entwicklung „Touristischer Ideen für die Praxis" sowie die Durchführung konkreter Aufgaben vor allem zur Aufwertung des Fremdenverkehrs in der Stadt Würzburg. TIP ist Mitglied bei FUTURISTA.

Arbeitskreis Tourismus und Entwicklung, tourismuskritischer Zusammenschluß, bestehend aus Entwicklungsorganisationen, Hilfswerken und Fachleuten der Tourismuswirtschaft (1977 in Basel gegründet). Er befaßt sich mit den Auswirkungen des Tourismus auf Entwicklungsländer und den Alpenraum und bietet Informationen an, die die Reisenden zu mehr Schonung der Umwelt und des Lebensraumes der Einheimischen anregen sollen. Der Arbeitskreis Tourismus und Entwicklung war Mitglied beim Arbeitskreis Tourismus mit Einsicht.

Arbeitsspeicher, auch RAM (Random Access Memory) genannt. Der A. ist ein temporärer Speicher, dessen Inhalt beim Ausschalten des Computers oder bei einem RESET gelöscht wird. Während der Arbeit mit Programmen werden Dateien im A. zwischengelagert. → RAM, → Reset

Arbeitsstättenzählung, die im Rahmen der Volkszählung 1987 vom Statistischen Bundesamt in Wiesbaden noch für die damalige Bundesrepublik Deutschland durchgeführte A. ergab eine Gesamtzahl von 9.180 Arbeitsstätten von Reisebüros und Reiseveranstaltern. Bei einer angenommenen An-

Arbeitsstättenzählung

Beschäftigte bei Reisebüros und Reiseveranstaltern		davon weibliche Beschäftigte
Gesamtsumme aller Beschäftigten	44 300	61,6 %
davon Teilbeschäftigte	6 303	78,2 %
davon ausländische Arbeitnehmer	1 759	50,0 %
Teilsummen		
a) Arbeitnehmer	37 930	64,8 %
b) Tätige Inhaber	5 209	39,0 %
c) Unbezahlte mithelfende Familienangehörige	1 161	57,3 %

Aufteilung der Betriebe nach an der Beschäftigtenzahl ausgerichteten Größenklassen

Betriebsgröße		Zahl der Betriebe		Gesamtzahl der Beschäftigten Personen
a)	1	Beschäftigter	2 163	2 163
b)	2 bis	4 Beschäftigte	4 685	12 657
c)	5 bis	9 Beschäftigte	1 496	9 474
d)	10 bis	19 Beschäftigte	557	7 256
e)	20 bis	49 Beschäftigte	232	6 741
f)	50 bis	99 Beschäftigte	31	2 052
g)	100 bis	199 Beschäftigte	11	1 600
h)	200 bis	499 Beschäftigte	4	1 292
i)	500 bis	999 Beschäftigte	–	–
k)	über	1000 Beschäftigte	1	1 065
Summe			9 180	44 300

Regionale Differenzierung der Reisebüros und Reiseveranstalter

Bundesländer	Einwohner	Reisebüros und Veranstalter	Beschäftigte	Beschäftigte pro Arbeitsstätte	Reisebürodichte
Baden-Württemb.	9 350 200	1 260	5 547	4,4	7 421
Bayern	11 043 100	1 666	8 275	5,0	6 629
Berlin	1 884 400	605	2 706	4,5	3 115
Bremen	653 600	101	774	7,7	6 471
Hamburg	1 566 700	437	2 666	6,1	3 585
Hessen	5 552 100	1 095	5 940	5,4	5 070
Niedersachsen	7 188 700	786	4 292	5,5	9 146
NRW	16 672 300	2 423	10 885	4,5	6 881
Rheinland-Pfalz	3 606 100	416	1 609	3,9	8 669
Saarland	1 041 200	130	542	4,2	8 010
Schleswig-Holstein	2 612 100	261	1 064	4,1	10 008
Summe	61 170 500	9 180	44 300	4,8	6 663

ARC

zahl von 800 klassischen Reiseveranstaltern und 1.200 Busbetrieben mit Schwerpunkt Reiseveranstaltung (BDO-Erhebung) ergab sich eine Anzahl von 7.180 Hauptwerbsreisebüros. Gleichzeitig wurde eine Gesamtzahl von 44.300 Beschäftigten registriert. Stichtag der Erhebung: 25. Mai 1987.
Definitorische Grundlage:
1. Reisemittler. Vermittlung von Verkehrs-, Unterkunfts- und Verpflegungsleistungen, darunter Vermittlung von Pauschalreisen und Ausflugsfahrten.
2. Reiseveranstalter. Veranstaltung von Urlaubs- und Erholungsreisen, hauptsächlich in Form von Gesellschaftsreisen, wobei den Reisenden meistens Verkehrs-, Unterkunfts- und Verpflegungsleistungen in eigenem Namen als Einheit angeboten werden. Entscheidend für die Zugehörigkeit zu einem der beiden Bereiche ist der Schwerpunkt der wirtschaftlichen Tätigkeit. So fallen z.B. Lotto-Toto-Annahmestellen mit Reiseschalter in der Regel nicht unter o.g. Kategorie, wohl aber der Busbetrieb, der selbst Reisen in eigenem Namen veranstaltet und für den dies den Schwerpunkt seiner Geschäftstätigkeit darstellt. Die Erhebung bezieht sich auf die Arbeitsstätten, nicht auf die Betriebe. Ein Betrieb hat häufig mehrere Arbeitsstätten (z.B. Filialen). Diese Zählung war eine Vollerhebung und bietet daher eine gute Ausgangsbasis für auf die Folgezeit bezogene Berechnungen. Nach Angaben des Stat. Bundesamtes sind auf Basis der Umsatzsteuerstatistik mit den Merkmalen: Anzahl der Steuerpflichtigen, Steuerbarer Umsatz, in der Gliederung nach Bundesländern, Wirtschaftszweigen und Umsatzgrößenklassen 1992 für Gesamtdeutschland 1.418 Reiseveranstalter und 7.063 Reisebüros (Reisevermittlung) gezählt worden (siehe auch Tabellen gem. Volkszählung von 1987).
Nach DER-Analyse wurden für 1994 rd. 17.500 Reisebüros für Gesamtdeutschland ermittelt, davon 2.800 in Ostdeutschland. Als Hauptwerbsreisebüros gelten 11.000, davon 3.833 mit IATA-Lizenz, 2.440 mit DB-Lizenz.
Vom DRV sind 1997 rund 16.200 Reisevertriebsstellen ermittelt worden mit einem Umsatzvolumen von 44 Mrd. DM (ohne Busreiseanteil). Auf Geschäftsreisen entfallen 12 Mrd. und 32 Mrd. DM auf das Privatkundengeschäft. Die ermittelten 16.200 Reisevertriebsstellen unterteilen sich in 5.300 klassische Reisebüros, die Touristik vermitteln und mindestens eine Beförderungslizenz aufweisen. 10.900 Reisebüros vermitteln allein Touristikangebote oder sind Nebenerwerbs-Reisebüros wie Lotto-Annahmestellen oder Vertriebsstellen der Motorclubs. Die Zahl der DB-Agenturen betrug 1997 3.813 und IATA-Agenturen wurden mit einer Anzahl von 4.591 registriert. → DB-Agenturen, → IATA-Agenturen

ARC, Airlines Reporting Corporation führt in den USA das Agenturprogramm für die in der ATA zusammengeschlossenen Luftverkehrsgesellschaften durch. Dies umfaßt u. a. alle Tätigkeiten von der Festlegung der Auswahlkriterien für die Zulassung von Agenturen bis hin zur Abrechnung der verkauften Beförderungsdokumente über den ASP. → ASP, → ATA

ARCEF, Association des Représentants des Chemins de Fer Etrangers en France, Verband der Vertreter ausländischer Eisenbahnen in Frankreich, Sitz: Paris. Deutsches Mitglied ist die Deutsche Bahn AG. → UIC

Archipel, Meeresteil, der mit vielen Inseln besät ist, z.B. Bismarck-A., Inselgruppe im westl. Pazifik. Der Bismarck-A. umfaßt die Admiralitäts-Inseln, Neu-Pommern, Neu-Mecklenburg, Neu-Hannover und Neu-Lauenburg.

Archivierung, zur Datensicherheit empfiehlt sich eine regelmäßige A. seiner Daten. Die A. erfolgt durch Kopieren von Dateien auf andere Datenträger wie z.B. Disketten. → Backup

ARGE, kurz für Arbeitsgemeinschaften von Privatpersonen, Unternehmen, oft auch Kommunen zur Erreichung eines gemeinsamen Ziels, ohne Kompetenzen ausschließlich an ein Mitglied abzugeben. A.n unterliegen meist den Regeln über die Gesellschaft bürgerlichen Rechts (GbR), §§ 705ff. BGB. U.a. Arge Lateinamerika, Arge Südliches Afrika (→ ASA), Arge Australien, Arge Rhein, Arge Oper- und Festspielreisen.

ARGE ALP, Arbeitsgemeinschaft der Alpenländer, Sitz: Innsbruck. Zusammenschluß zur grenzüberschreitenden Zusammenarbeit zwischen den Alpenregionen der Schweiz, Österreichs, Italiens und Deutschlands auf den Gebieten Verkehr, Umweltschutz, Raumordnung und Landwirtschaft; Kultur, Wissenschaft und Sport; Gesundheitswesen, Sozial- und Familienpolitik; Wirtschaft (Arbeitsgruppe Tourismus). Konferenzen, Seminare, Öffentlichkeitsarbeit und Mitwirkung bei der Erarbeitung der Alpenkonvention. Ziel ist die Bewältigung des Fernstraßen-Schwerverkehrs, die Verlagerung des Güterschwerverkehrs von der Straße auf die Schiene. → Alpenkonvention, → CIPRA

ARGE Flugeinkauf, Arbeitsgemeinschaft Flugeinkauf zum gemeinschaftlichen Charter-Flugeinkauf, der über den Einzelbedarf einer Gesellschaft oder Gruppe hinausging. Z.B. der seit 1973 von TUI getätigte Flugeinkauf auch für ITS; war aus Wettbewerbsgründen vom Kartellamt immer wieder neu zu genehmigen. 1990 wurde eine erneute Genehmigung untersagt, die TUI/ITS-Flugleitstelle stand damit zur Auflösung an.

ARGE Karibik, Arbeitsgemeinschaft Karibik, gegr.: 1993, Sitz: Frankfurt/M. Zu ihren Aufgaben gehört die Förderung des Tourismus in der Karibik.

ARIAL, Aeroflot Russian International Airlines, größte privatisierte Nachfolgegesellschaft der vormals 33 sowjetischen Teilgesellschaften, bedient das internationale Streckennetz. → Aeroflot

ARIS, Reservierungs- und Informationssystem von Airtours, Frankfurt/M., eigens für diesen IT-Reiseveranstalter entwickeltes System, an das auch die regionalen Büros angeschlossen sind. Aris übernimmt Reservierungen direkt beim Leistungsträger, es werden Flugscheine und Reiseunterlagen ausgedruckt und, beim IT-Paket bes. wichtig, individuelle Reisebausteine eingebucht.

ARK, Aktion zur Rettung des Kulturerbes, gemeinnütziger Verein, der sich in die Dienste der UNESCO gestellt hat. Von J.P. Koch 1988 in München gegründet. → World Heritage Convention, → UNESCO

Arkadien, Herzlandschaft des Peloponnes im alten Griechenland; nach griech. Sage das ländlich-sorgenfreie, dichterische Schäferland.

Arktis, Bezeichnung für die um den Nordpol liegenden Land- und Meeresgebiete. → Antarktis

Ärmelkanal, Meeresenge zwischen Großbritannien und Frankreich, Verbindung des Atlantik mit der Nordsee; beträchtlicher Fährverkehr, z.B. Calais-Dover. → Kanaltunnel (Eurotunnel)

Arrange Trip, → www.dienstreise.de

Arrival gate, Ankunftsflugsteig. → Departure Gate

ARTA, Association of Retail Travel Agents; US-Vereinigung der Einzelhandelsreisebüros.

ASA, Arbeitsgemeinschaft Südliches Afrika, gegr. 1988 in Frankfurt und erstmals anläßl. der Indaba in Johannesburg vorgestellt. Vereinigung der regelmäßig Südafrika-Programme ausschreibenden Reiseveranstalter mit den Carriern SAA und Lufthansa. Ziele sind Stärkung und Ausbau des Reisebürovertriebsweges.

ASAE, American Society of Association Executives, Gemeinschaft von US-Verbandsfunktionären, sog. Entscheidungsträgern.

ASATA, Association of South African Travel Agents, südafrikanischer Reisebüroverband.

ASEAN, Association of Southeast Asian Nations, gegr. 1967; Staatenbund; Wirtschaftsvereinigung, der folgende Länder angehören: Singapur, Malaysia, Thailand, Indonesien, Philippinen und Brunei. Eine der Hauptaufgaben ist die Förderung des Incoming-Tourismus. Das Jahr 1992 wurde zum „Visit Asean Year" erklärt. ASEANTA ist der regionale Zusammenschluß der Reiseindustrieverbände, denen ihrerseits private Unternehmen angehören.

ASET-Programm, Author System for Education and Training; computergesteuertes Lernprogramm zu Amadeus im Lufthansa-System.

ASI, Amadeus START International, Tochterunternehmen zu gleichen Teilen von Amadeus und START zur Koordinierung und Förderung der Auslandsinteressen, Sitz: Frankfurt/M.

ASO, Agency Service Office. Nach Neueinführung der IATA-Resolution 814 hat diese Institution die Aufgaben des AIP (Agency Investigation Panel) übernommen. → AIP

ASOR-Übereinkommen (Accord relatif aux Services Occasionnels internationaux de voyageurs par Route effectués en Autocar), 1982 entstandene Einigung zwischen der EU, den EFTA-Staaten (außer Island) und der Türkei, regelt die Personenbeförderung mit Omnibussen im grenzüberschreitenden Gelegenheitsverkehr, nicht jedoch im Linien- oder Pendelverkehr. Damit wird

ASP

die innerhalb der EU erfolgte Liberalisierung auf weitere europäische Staaten ausgedehnt. Nach Abschluß des EWR gilt das ASOR-Übereinkommen weiterhin gegenüber der Schweiz und der Türkei. → EFTA, → EWR, → Fahrtenblatt EU/ASOR

ASP, Area Settlement Plan, Flugscheinausstellungs- und Abrechnungsverfahren, wird nur in den USA durchgeführt, analog Bank Settlement Plan (BSP). → BSP

ASR, 1. Arbeitskreis selbständiger Reisebüros, gegr. 1976, Sitz: Frankfurt/Main. Firmiert heute als ASR Bundesverband mittelständischer Reiseunternehmen. Zielsetzungen des ASR sind:

- Erhalt und Ausbau des Mittelstandes im Reisebüro- und Reiseveranstalter-Gewerbe
- Moderne Betriebsführung und Verbesserung der Betriebsergebnisse
- Intensiver Dialog und Erfahrungsaustausch zwischen den Mitgliedsbetrieben durch ERFA-Gruppen, die innerhalb eines Kollegenkreises gleichstrukturierter Unternehmen regelmäßig zusammentreffen
- Abschluß von Rahmenverträgen mit Vorteilen für die Mitglieder
- Verbesserte Altersversorgung aller Mitglieder und deren Angestellte
- Berufliche Information und Bildung auf allen Ebenen
- Beratung und Information in allen gewerblichen Fragen
- Kontinuierliche Nachwuchsförderung.

Der ASR ist ehemaliges Mitglied im Präsidium der deutschen Touristikwirtschaft, jetzt im BTW. Mitgliederstand Oktober 1997: 1953 ordentliche und 206 außerordentliche Mitglieder. Die geplante Fusion mit dem DRV zur Gründung einer neu strukturierten Branchenorganisation war Anfang 1998 nach sieben Monaten Verhandlung gescheitert. Auf der Mitgliederversammlung im Mai 1998 wurde die Umbenennung in BMR (Bundesverband mittelständischer Reiseunternehmen) von der Mehrheit abgelehnt.
2. Advanced Seat Reservation. Automatische Sitzplatzreservierung bei Linienflügen. → Advanced Seat Reservation, → BTW

AST, Anruf-Sammeltaxi, das AST ist ein bedarfsgesteuertes und flächendeckend eingesetztes Verkehrsmittel, das den herkömmlichen Linienbus ergänzt. Einstieg der Fahrgäste nur an gekennzeichneten Abfahrtstellen, Ausstieg jedoch an beliebigen Stellen im Zielgebiet, z.b. vor der eigenen Haustür. Fahrten werden nur nach vorheriger Anmeldung der Fahrgäste bei der AST-Zentrale und mit entsprechend gekennzeichneten Fahrzeugen des Taxigewerbes durchgeführt. Der Fahrgast bezahlt einen Festpreis; Defizite werden durch Städte, Gemeinden oder Verkehrsbetriebe ausgeglichen.

ASTA, American Society of Travel Agents, weltweiter Reisebüroverband, Hauptsitz: Washington, Chapter Deutschland in Frankfurt/M., Mitgliederzahl weltweit über 28 000, Stand: Anfang 1998.

ATA, 1. Air Transport Association of America, Industrieverband der US-Luftverkehrsgesellschaften mit Sitz in Washington. Mitglieder sind die amerikanischen Linien-Luftverkehrsgesellschaften. 2. Association of Travel Agents, Malta; Maltesischer Veranstalterverband, in dem die Mehrzahl der 140 einheimischen Veranstalter/ -mittler organisiert sind.

ATB, 1. Automated Ticket and Boarding Pass, verbindet Flugschein und Bordkarte auf einem Computerdokument. Es ist ein Kombinationsdokument, das aus Flugschein (links) und Bordkarte (rechts) besteht, der Magnetstreifen auf der Rückseite enthält wichtige Daten für weitere Funktionen (z.B. Check-in). Der ATB erleichtert den Fluggesellschaften und Agenturen die Abwicklung. Ein gültiges ATB-Dokument besteht aus:

- Agent Coupon
- Passenger Receipt
- Entsprechende Anzahl an Flight Coupons
- Bei Kreditkarten-Verkauf ein Charge Form, mit Unterschrift des Kunden bei der Agentur verbleibt
- Bei Umschreibungen ein Audit Coupon, der mit dem Ursprungsdokument zur Abrechnung eingereicht wird
- 1 Flugscheinhülle (Cover)
→ ATB-Drucker, → ATB2-Drucker → E-Tix
2. Austrian Travel Business, Touristikmesse (Incoming-Workshop) in Wien, bei ungeraden Jahreszahlen außerhalb Wiens. Veranstalter: Österreich Werbung.

ATB-Drucker, Automatic Ticket Boarder, Gerät zur Ausgabe von ATB-Flugscheinen. → ATB

ATB2-Drucker, neue Generation von ATB-Druckern mit zwei verschiedenen Druckemulationen zum Ausdruck aller im Reisebüro anfallenden Dokumente (keine Applikationsdrucke wie z.B. Word, Excel) wie z.B. ATB-Tickets, Reisebestätigungen, Bahnfahrkarten, Versicherungen etc. → ATB-Drucker

ATBR, → Studentischer Arbeitskreis Tourismus an der Berufsakademie Ravensburg, → Diplom-Betriebswirt BA

ATC, 1. Air Traffic Conference of America, Interessenvertretung der US-amerikanischen und kanadischen Luftfahrtunternehmen. → AIRIMP. **2.** Air Traffic Control, Flugsicherung, Flugleitstelle. **3.** Australian Tourist Commission, nationale australische Tourismusbehörde. **4.** Air Travel Card, Kreditkarte für die Leistungen der Luftverkehrsgesellschaften und IATA-Reisebüros.

ATE, Arbeitskreis Trekking- und Expeditionstourismus, 1993 gegründeter Zusammenschluß von Spezialreiseveranstaltern. Ziel ist die Vertretung der Interessen von Spezialveranstaltern insbes. gegenüber Reisebüros in Fragen von Provision und Sortimentspolitik sowie gemeinschaftliche Tourprojekte. Gemeinsame Verhaltensrichtlinien sind z.B. das Verbot rassistischer bzw. sexistischer Aussagen in Katalogen und die Gestaltung von umweltfreundlichen Reisekonzepten. Langfristig soll das ATE-Logo zum Gütesiegel für Kunden werden.

ATF, 1. Asean Tourism Forum, organisiert u.a. die Reisemesse TRAVEX (Travel Exchange) sowie die ATC-Asean Tourism Conference; gemeinsame touristische Werbeanstrengungen sind geplant. → ASEAN. **2.** Automated Tariff Filing, Tarifdatenbank im Flugverkehr der Reed Travel Group, London.

Athener Abkommen, das A.A. von 1974 regelt international die Fährschiffpassagenhaftung. Es gilt in folgenden Ländern: Großbritannien, Jemen, Tonga, Liberia, Spanien, Argentinien, Bahamas, GUS-Staaten, Polen und ehemals in der DDR. In der Bundesrepublik noch nicht als Gesetz in Kraft getreten. Das Gesetz sieht bis zum Beweis des Gegenteils ein Verschulden des Beförderers oder seiner Verrichtungsgehilfen vor, wenn bei einer Fährschiffspassage folgende Schäden eintreten: Tod oder Körperverletzung eines Reisenden bzw. Verlust oder Beschädigung von Kabinengepäck durch Schiffbruch, Zusammenstoß, Strandung, Explosion, Feuer oder Mängel am Schiff. Bei Verlust oder Beschädigung von anderem Gepäck wird das Verschulden unabhängig von der Ursache vermutet. → Zweites Seerechtsänderungsgesetz

Atlantik, der zw. Europa – Afrika im Osten und Amerika im Westen gelegene Teil des Weltmeeres, bedeckt über 1/5 der Erdoberfläche.

Atlasländer, die Maghrebstaaten Marokko, Algerien und Tunesien.

ATM, Arabian Travel Market, alljährlich stattfindende Reisemesse in Dubai.

ATN, American Express Travel Net, von Siemens Nixdorf unter dem ursprünglichen Namen Scenic Interactive Travel entwickelte Software zur Online-Buchung von Flügen, Hotelzimmern und Mietwagen. Es ist in seiner Funktionalität nicht ganz so umfassend wie das Online-Buchungssystem American Express Interactive (AXI). → AXI

ATO, Airport Ticket Office, Flughafenbüro einer Fluggesellschaft.

Atoll, ringförmiges Korallenriff in tropischen Meeren, umschließt eine seichte Lagune. → Lagune

ATPCO, Airline Tariff Publishing Company. Größte unabhängige Datenbank für Flugtarife, Sitz Washington. Gründete zusammen mit der IATA die Flugtarif-Datenbank „All Fares". Das Government Filling System dient zur Überwachung der Entwicklung der Flugtarife weltweit, die in bilateralen Luftverkehrsabkommen geregelt sind. Enge Zusammenarbeit mit crs-Betreibern.

Audiotex/Service 0190, interaktiver Telefonansagedienst. Auf Fragen des Anrufers antwortet eine computergesteuerte Stimme, die über Sprachausgabe Informationen übermittelt; in der Touristik u.a. Zusammenarbeit mit START Telematik. → START Telematik

Aufbaustudium, in der Fachrichtung Tourismus bieten die Universitäten Berlin und Bielefeld die Möglichkeit, sich in einem zweisemestrigen Studium mit integriertem Praktikum Fachwissen anzueignen. Das sog. Er-

Aufhebungsvertrag

gänzungsstudium Tourismus an der Freien Uni Berlin können Studenten mit abgeschlossenem Hochschulstudium (FH oder Uni) beginnen; ihre Ausbildung erfolgt in den Fächern Tourismus-Management, regionale Fremdenverkehrsplanung sowie wissenschaftliche Reiseleitung und -planung. Das „Weiterbildende Studium Tourismuswissenschaft" an der Universität Bielefeld steht Interessenten mit abgeschlossenem Hochschulstudium und Praxiserfahrung offen. Zugelassen sind auch Berufstätige mit einschlägigem Berufsabschluß und mehrjähriger Berufserfahrung. Die Studienanfänger müssen mindestens 24 Jahre alt sein. Schwerpunkte des weiterbildenden Studiums sind die Tourismusforschung, Management, Infrastrukturplanung und Umweltinterpretation. Nach erfolgreichem Studienabschluß erhalten die Studenten ein Zertifikat.
→ Ausbildungswege im Tourismus/Fremdenverkehr

Aufhebungsvertrag, die Vertragspartner können den geschlossenen Reisevertrag durch vertragliche Abrede wieder aufheben. Dies geschieht einverständlich, im Gegensatz zum Rücktritt und der Anfechtung (einseitige Willenserklärung durch einen Vertragspartner). → Annullierung und Stornierung, → Rücktritt

Auflösung, bezeichnet die wiedergegebene Darstellungsgenauigkeit. Je höher die A. ist, desto detaillierter ist die Darstellung. Bei Druckausgaben wird die A. in dpi angegeben, bei Bildschirmausgaben in Pixel. → dpi, → Grafikkarte, → Pixel

Aufschwimmen, Flutungsvorgang für Schiffe, die im Baudock entstehen; statt Stapellauf. Das Baudock wird geflutet, wobei der ganze Rumpf des Schiffes jedwede Bodenhaftung verliert und dem Element Wasser übergeben wird. → Stapellauf

Aufschwung, der A. ist gekennzeichnet durch ein Steigen der Investitionstätigkeit, steigende Nachfrage nach Arbeitskräften, steigende Preise und höhere Einfuhren. Ein Sinken der Arbeitslosenzahlen bewirkt eine Zunahme der Kaufkraft, da die Personen mehr Geld zur Verfügung haben, und dies bewirkt eine höhere Nachfrage nach Gütern und Dienstleistungen. → Abschwung, → Dienstleistungen, → Güter, → Konjunktur.

Aufwand oder Aufwendungen bezeichnen im Rechnungswesen die Ausgaben eines Unternehmens für die während einer Abrechnungsperiode verbrauchten Güter, in Anspruch genommenen Dienstleistungen und öffentlichen Abgaben, die in der Erfolgsrechnung den Erträgen gegenübergestellt werden (Werteverbrauch). Zu unterscheiden ist zwischen Betriebsaufwand, der für die betriebliche Leistung anfällt, und Neutralem Aufwand. → Erfolg, → Ertrag

Aufwertung, bewirkt eine Veränderung der Wechselkurse. Wird die eigene Währung aufgewertet, erhöht sich die Kaufkraft gegenüber ausländischen Währungen. Ausländische Waren werden durch die Aufwertung beim Einkauf billiger. Gleichzeitig verteuert sich für Ausländer der Einkauf von deutschen Waren und der Aufenthalt in Deutschland, da die Ausländer für ihre Währungseinheit weniger DM erhalten. Abwertungen einer Währung zeigen die umgekehrte Wirkung. Sie verteuern für das abwertende Land die Importe und verbilligen seine Exporte. Reisen in ein Land mit schwacher Währung sind daher besonders günstig.

AUMA, dem Ausstellungs- und Messe-Ausschuß der Deutschen Wirtschaft e.V., Köln, als dem Bundesverband der deutschen Messewirtschaft gehören Verbände und Organisationen der ausstellenden und besuchenden Wirtschaft sowie Messe- und Ausstellungsgesellschaften an. Er vertritt die Interessen der Aussteller, Besucher und Veranstalter von Messen und Ausstellungen in der Bundesrepublik Deutschland und informiert und berät Messe-Interessierte aus dem In- und Ausland. → Messen, Messetourismus

AURA, Administrations-Unterstützung für Reisestellen und andere; Standard-Software von Siemens für VDR-Mitglieder zur Unterstützung der Reisestelle von der Abwicklung einer Reise bis zu ihrer firmeninternen Verarbeitung, wie Erfassen, Suchen und Ändern aller Daten eines Reisevorgangs, Verwaltung von Bahn- und Flugreisen, Storno von Reisevorgängen und Ausstatten des Reisenden mit Zahlungsmitteln. Amadeus und Siemens haben ein gemeinsames EDV-Produkt für den TEMS-Bereich entwickelt, das die spezifischen Anforderungen der Firmenreisestellen abdeckt. Das gemeinsame Produkt ist in die Amadeus-Pro-Produkt- und Release-Konzeption integriert und auf den Einsatz im START-System abgestimmt worden. → Amadeus Pro, → Amadeus Corporate, → Firmendienst, → Reisestelle,

→ TEMS, → VDR (Verband Deutscher Reisestellen e.v.)

Ausbildungswege im Tourismus /Fremdenverkehr, → Aufbaustudium, → Berufsausbildung im Tourismus, → Berufsausbildung im Hotel- und Gaststättengewerbe, → Berufsausbildung im Verkehrswesen, → Betriebswirt (staatl. gepr.) Reiseverkehr/ Touristik, → Diplom-Betriebswirt (FH), → Diplom-Kaufmann (FH), → European Business School (EBS), → Fernstudium für Berufstätige, → Hotelberufsfachschulen, → Hotelfachschulen, → Schule für Touristik, → Touristikfachwirt, → Tourismusstudium, → Universitätsstudium

Ausbooten, Übergang oder Ausschiffung von großen Passagierschiffen auf Reede auf kleinere Barkassen, Tender oder „Schluppen" (Helgoland) mit wenig Tiefgang, mit denen Schiffspassagiere an Land gebracht werden. → Reede, → Tender

Ausflaggen, darunter ist die Löschung eines Schiffes aus dem deutschen Schiffsregister und die anschließende Eintragung in das Schiffsregister eines anderen Landes zu verstehen. Gründe des Ausflaggens:
- Senkung der hohen Personalkosten
- Wegfall der Sozialabgabenpflicht
- die Schiffsbesetzungs- und Ausbildungsordnung (SBAO)
- die strengen deutschen Sicherheitsvorschriften
- steuerliche Vorteile
- Wechselkursschwankungen.

Durch A. ergibt sich ein größeres Kabinenangebot auf Frachtschiffen. Die Reedereien sind nicht mehr durch das deutsches Gesetz gezwungen, eine bestimmte Mannschaftsstärke einzuhalten. Damit werden Kammern frei für Passagiere. → Billigflaggen/-Länder, → Frachtschiffsreisen, → Zweitregister

Ausflügler, für statistische Zwecke des internat. Reiseverkehrs hat die Welt-Tourismus-Organisation (WTO) wie folgt definiert: Ausflügler sind vorübergehende Besucher, die nicht wenigstens eine Nacht im Besuchsland verbringen (einschließlich Teilnehmer an Kreuzfahrten). → Ausflugsverkehr

Ausflugsbus, die Bezeichnung „2-Sterne-Ausflugsbus" war bis Februar 1997 ein RAL-geschützter Begriff der Gütegemeinschaft Buskomfort; wurde im März 1997 durch den Begriff „Standard-Class" ersetzt. → GBK – Gütegemeinschaft Buskomfort, → Klassifizierung der Reisebusse

Ausflugsfahrten, nach PBefG (§ 48 Abs. 1) Fahrten, die der Unternehmer mit Kraftomnibussen oder Pkw nach einem bestimmten, von ihm aufgestellten Plan und zu einem für alle Teilnehmer gleichen und gemeinsam verfolgten Ausflugszweck anbietet und ausführt. Die Fahrt muß wieder an den Ausgangsort zurückführen. Die Fahrgäste müssen im Besitz eines für die gesamte Fahrt gültigen Fahrscheines sein, der die Beförderungsstrecke und das Beförderungsentgelt ausweist. Bei Ausflugsfahrten, die als Pauschalfahrten ausgeführt werden, genügt im Fahrschein die Angabe des Gesamtentgelts anstelle des Beförderungsentgelts. Bei Ausflugsfahrten ist es unzulässig, unterwegs Fahrgäste aufzunehmen. Von der Genehmigungsbehörde können jedoch für Einzelfälle oder für benachbarte Orte Ausnahmen erteilt werden. → PBefG

Ausflugsverkehr, dazu zählt der Spaziergang im nahen Erholungsgebiet ebenso wie der Ganztagsausflug (ohne Übernachtung). Ausflüge werden das ganze Jahr über unternommen. Die Ausgaben für Ausflüge verteilen sich parallel zur Einwohnerzahl auf die verschiedenen Bundesländer. → Tagesausflugsverkehr

Ausgabegeräte, dienen zur Darstellung von im Computer gespeicherten Daten. Häufigste A. sind Drucker, Bildschirm, Lautsprecher. → Eingabegeräte

Ausgaben, Geldausgänge; gesamter Geldabfluß eines Unternehmens innerhalb eines Zeitabschnitts. → Einnahmen

Ausgeschriebener Busreiseverkehr, Reisen eines Busunternehmens, die in einem Katalog bzw. Prospekt ausgeschrieben sind. Es sind in der Regel Ausflugsfahrten nach § 46 PBefG. Der Busunternehmer tritt hier als Reiseveranstalter auf.

Aushilfskräfte, Aushilfstätigkeit, → Teilzeitbeschäftigte

Auslands-Notruf, der ADAC unterhält eine Reihe von A.-Stationen, die allen hilfesuchenden Reisenden zur Verfügung stehen. Die Stationsliste ist über den ADAC oder das Presse- und Informationsamt der Bundesregierung erhältlich.

Auslandsschutzbrief, Versicherungs- und Dienstleistungspaket, das zunächst von Au-

Auslastungsgrad

REISEBÜROMARKT

**Gesamtumsatz des Reisebüromarktes 1997
44 Mrd. DM (1996: 43,1 Mrd. DM)**

Umsatzstruktur Angaben in DM

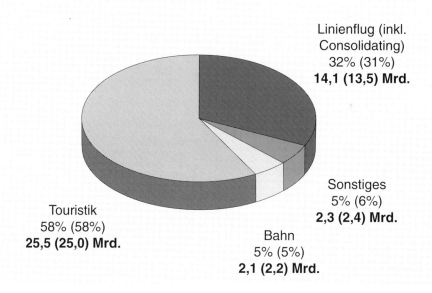

Linienflug (inkl.
Consolidating)
32% (31%)
14,1 (13,5) Mrd.

Touristik
58% (58%)
25,5 (25,0) Mrd.

Bahn
5% (5%)
2,1 (2,2) Mrd.

Sonstiges
5% (6%)
2,3 (2,4) Mrd.

REISEVERTRIEBSSTELLEN

Umsatzstruktur Angaben in DM

	1996	1997	Var.
klassische Reisebüros	5.100	5.300	+4%
Touristik-/Nebenerwerbsreisebüros	11.500	10.900	-5%
Gesamt:	16.600	16.200	-3%
davon IATA-Agenturen	4.489	4.591	+2%
DB-Agenturen	3.609	3.813	+6%

Quelle: DER-Marktforschung

Autobahnen

tomobilclubs v.a. für Mitglieder angeboten wurde. Zunehmend bieten Reiseversicherer und andere Unternehmungen den Service zum Schutz bei Krankheit, Unfall, Kfz-Schäden und anderen Notfällen im Ausland an.

Auslastungsgrad, Ausnutzungsgrad; Meßgröße für das Verhältnis der tatsächlichen zu einer möglichen Inanspruchnahme eines Produktionspotentials, z.B. einer Bus-, Hotel-, Schiffs- oder Flugzeugkapazität.
→ Sitzladefaktor

Ausschließlichkeitsbindung, mit diesem Begriff bezeichnete man die von TUI und NUR praktizierten Vertriebsbindungen in Agenturverträgen. Nach dieser A. durften z.B. die dem Marktführer TUI zugerechneten Fremdreisebüros keine Reisen des zweitgrößten Reiseveranstalters NUR und des Reiseveranstalters ITS verkaufen. Außerdem waren bestimmte Mindestumsatzklauseln für die Reisebüros bindend, die den Großveranstaltern eine Vorzugsverkaufsposition vor den kleineren Veranstaltern erzwangen. Im Mai 1988 wurde diese Art Vertriebsbindung vom Bundeskartellamt für unwirksam erklärt. Auch der Kartellsenat des Berliner Kammergerichts hatte Vertriebsbindungen dieser Art für nicht statthaft erklärt und mit seinem Beschluß zur Aufhebung vom 7. 2. 89 die Anordnung des Bundeskartellamtes bestätigt. Letzte Instanz in dieser Auseinandersetzung war der Bundesgerichtshof, der die Sache am 25. 9. 1990 zur erneuten Verhandlung an das Kammergericht zurückverwiesen hatte. Das Ergebnis eines neuen Verfahrens nach Art. 85 des Vertrages über die Europäische Union (EU), angestrengt von der 9. Beschlußabteilung des Bundeskartellamtes, brauchte nicht abgewartet zu werden. Die großen Reiseveranstalter TUI und NUR Touristic hatten selbst deren Auflösung angekündigt. Mit Wirkung vom 1.11.1994 wurde Vertriebsliberalisierung beschlossen. Vertriebsliberalisierung, → Gesetz gegen Wettbewerbsbeschränkungen

Ausschuß für Fremdenverkehr und Tourismus, eigenständiger Parlamentsausschuß für Tourismus und Fremdenverkehr ab der Legislaturperiode 1990/91, der den vorherigen Unterausschuß abgelöst hat. Mit dieser Aufwertung zum V. können Initiativen direkt ins Plenum des Parlaments eingebracht werden. Organisatorische Unterstützung erfolgt durch ein eigenes Ausschußsekretariat. Wesentliche Aufgaben des V. sind aus der Integration Ostdeutschlands in die Bundesrepublik und die Realisierung des Europäischen Binnenmarktes erwachsen.
→ Bundesministerium für Wirtschaft (BMWi)

Außenhandel, umfaßt die wirtschaftlichen Beziehungen zwischen verschiedenen Volkswirtschaften. Vom Binnenhandel unterscheidet sich der A. dadurch, daß er politische Grenzen überschreitet und deshalb der Einflußnahme der Wirtschaftspolitik der einzelnen Staaten ausgesetzt ist.
→ EU/EG/EWG, → Harmonisierung, → Liberalisierung

Außenmarketing, Entwicklungsziel ist die Positionierung einer verkaufsfähigen touristischen Marke. Zum A. der Reisegebiete gehören Marktforschung, Öffentlichkeitsarbeit, Aufbau des Corporate Identity, effektive Werbung und aktive Verkaufsförderung.
→ Corporate Identity, → Innenmarketing, → Marketing Mix

Ausstellungen, → Messetourismus

Auswärtiges Amt (AA), innerhalb der Bundesregierung liegt die Federführung für Fragen des Tourismus beim Bundesminister für Wirtschaft. Soweit dem Auswärtigen Amt Erkenntnisse über besondere Gefährdung für deutsche Auslandsreisende vorliegen, werden diese an den Bundesminister für Wirtschaft, Referat II A 2, mit der Bitte um Unterrichtung der in Frage kommenden Organisationen weitergeleitet. In einzelnen Fällen unterrichtet das Auswärtige Amt die Öffentlichkeit auch direkt durch Pressemitteilungen oder die Ausgabe von Merkblättern für Reisen in besonders gefährdete Gebiete. Ein vom Auswärtigen Amt und dem Deutschen Reisebüro-Verband eingerichteter Arbeitskreis hat u.a. die Aufgabe, in den Zielländern deutscher Touristen die Zusammenarbeit zwischen den Zielgebietsreiseleitungen und den deutschen diplomatischen Vertretungen in Fällen von Paßverlust, schwerer Erkrankung, Verhaftung o. Tod sowohl von Einzelreisenden als auch Pauschal-/Gruppenreisenden zu verbessern. → Bundesministerium für Wirtschaft (BMWi)

Autobahnen, Fernverkehrsstraßen mit geteilter, gegenverkehrsfreier Fahrbahn und kreuzungsfreien Übergängen, die ausschließlich Kraftfahrzeugen vorbehalten sind. In einigen Ländern ist die Benutzung der A. gebührenpflichtig, z.B. Frankreich, Schweiz, Italien.

Autobahn-Notruf

Autobahn-Notruf, A.-Säulen sind in bestimmten Abständen entlang der Autobahn installiert, um im Bedarfsfall Polizei- oder Hilfsdienste anzufordern. Sie sind den jeweils nächsten Straßenmeistereien angeschlossen.

Autobahn-Raststätten, die zu den A. gehörenden Einrichtungen wie Tankstellen, Autoservice, Gastronomiebetriebe und Erfrischungskioske sowie die sanitären Einrichtungen stehen allen Verkehrsteilnehmern offen. Sie gehören als Autobahn-Nebenbetriebe zur Autobahn Tank & Rast AG, Bonn, die diese Betriebe finanziert, verwaltet und verpachtet und unterliegen einer spez. Versorgungspflicht. Der Service ist rund um die Uhr sichergestellt. → Autobahn Tank & Rast AG

Autobahn Tank & Rast AG, Nachfolgegesellschaft der GFN, Gesellschaft für Nebenbetriebe der Bundesautobahnen mbH, Sitz: Bonn. Autobahnraststätten sind Anlaufstellen für Reisebusse und Individualtourismus. Sie bieten neben dem Autoservice gastronomische Einrichtungen und Erfrischungskioske. A. finanziert, verwaltet und verpachtet diese Betriebe. Planung und Bauausführung erfolgen gemeinsam mit dem BMV. Die A. und die OATG betreiben insgesamt 326 Tankstellen, 329 Restaurants, 54 Motels und 40 Kioske. Die Anlagen werden jährlich von rund 150 Mio. Gästen besucht. Neuer Besitzer wird ab Ende 1998 ein Konsortium um den Münchener Allianz-Konzern. → Autobahn-Raststätten, → Bundesministerium für Verkehr (BMV), → OATG

Automatenaufstellung, dafür ist häufig die Einholung einer bau- bzw. gewerbeordnungsrechtlichen Genehmigung erforderlich. Im übrigen als Vertrag zwischen Aufsteller und Betreiber des Aufstellungsplatzes (z.B. Gastwirt) untypischer, zivilrechtlicher Vertrag mit Elementen der Miete.

Automatisierung, unter A. wird ein Prozeß verstanden, in dessen Verlauf fortschreitend die Erfüllung von im Unternehmen gestellten Aufgaben auf technische Systeme übertragen wird.

Auto Package-Tour, vom Reiseveranstalter ausgearbeitete Streckenvorschläge für die mit privatem Pkw unternommene Urlaubsreise, bei der nur die Unterkünfte (und mögl. Fähren) entlang der Strecke gebucht werden. Hauptanbieter ist die ADAC-Reise GmbH. Ursprung vor 35 Jahren durch Fast-Reisen mit Skandinavien-Touren. Varianten sind die Offene Tour mit oder ohne ausgearbeitete Strecke, Hotelgutscheine ohne festes Datum; Themen-Reisen, wie die Paradores-Tour in Spanien, mit Wohnanhänger oder Campmobil durch die USA. → Teilpauschalreisen

Autoput, starkbefahrene, mautpflichtige Autostraßenverbindung zwischen Österreich und Griechenland über das ehem. Jugoslawien. Gesamtlänge: 1.180 km.

Auto-Reiseruf, zu bestimmten Zeiten sendet der Deutschlandfunk den A.R. In dringenden Fällen fordert er unter Angabe des Namens, des Kfz-Typs und -Kennzeichens sowie des vermuteten Aufenthaltsortes Reisende auf, Kontakt mit der Familie oder anderen Stellen aufzunehmen.

Autoreise-Schutzbrief, Verkehrsservice-Versicherung für die Risiken im Zusammenhang mit der Panne und dem Unfall eines Kraftfahrzeuges.

Autoreisezug (ARZ), Einrichtung der DB. Von 13 Verladestellen in der Bundesrepublik gehen Autoreisezüge nach 22 Zielorten in Österreich, Italien, Kroatien/Slowenien, Ungarn, Griechenland, der Schweiz und Frankreich. In der Bundesrepublik gibt es 11 innerdeutsche Verbindungen in Nord-Süd-Richtung unter Einschluß Berlins. Von den verschiedenen europäischen Eisenbahnverwaltungen wurde 1955 die Kombination von Kfz-Beförderung und Kfz-Insassenbeförderung mit Liege- oder Schlafwagen geschaffen. Autoreisezüge verkehren ganzjährig im Linienverkehr, überwiegend in Nachtfahrten. → Alpen-See-Expreß (ASE), → Autoreisezug DER

Autoreisezug DER, Autoreisezüge des DER fuhren als Tagesreisezüge und führten einen bewirtschafteten Gesellschaftswagen mit; weitere Angebote waren Reiseleitung, Musik und eine Spielecke für Kinder. A.e DER wurden seit 1963 eingesetzt. 1989 sind diese eigenständigen Angebote wegen Unwirtschaftlichkeit aufgegeben worden. Sie werden seitdem 1. im Mitläuferverkehr der DB integriert oder 2. in DB-Regie weiterbetrieben. → Mitläuferverkehr

Autoreisezug-Versicherung, Sachversicherung für Kraftfahrzeuge, die im Autoreisezug befördert werden.

Autovermietung, Autovermietfirmen bieten weltweit alle Arten von Mietwagen für

Selbstfahrer an, direkt oder über Reiseveranstalter/ -mittler, u.a. Avis, Hertz, Europcar InterRent, Sixt, Alamo. Die Firmen bieten i.d.r. vergünstigte Wochenendtarife für ihre Fahrzeuge an. → Rent-a-car

Avalkredit, auch Avalbürgschaft; besondere Form der Kreditgewährung, bei der die bürgende Bank erklärt, für eine Verbindlichkeit ihres Kunden im Falle seiner Zahlungsunfähigkeit einzustehen. Der begünstigte Kunde erhält das im Geschäftsverkehr wichtige bedingte Zahlungsversprechen seiner Bank, das es ihm erlaubt, auf die Sicherheitsleistung oder Hinterlegung von Geld- oder Sachwerten bei seinen Geschäftspartnern zu verzichten. → Bankbürgschaft

AVC, Audio-Visual-Connection, Software von IBM. Mit AVC werden analog Video- und Audio-Elemente digitalisiert.

AvD, Automobilclub von Deutschland, zweitgrößter deutscher Automobilclub inkl. DCC (korporatives Mitglied). → DCC

AVE, Alta Velocidad Espanola, der spanische Hochgeschwindigkeitszug verkehrt seit dem Frühjahr 1992 auf der Strecke Madrid – Sevilla. Die Fahrzeit hat sich um vier auf weniger als drei Stunden verkürzt. → Bullet Train, → ICE, → RENFE, → TGV

AVP, Agent's Validator Plate, Druckplatte für die Ticketausstellung mit dem Namen, Sitz und der IATA-Agenturnummer des Reisebüros.

AVR, allgemeine Bedingungen für die Versicherung von Reisegepäck 1980. → Gepäckbeförderung (Reisegepäck), → Reiseversicherungen, → Reisegepäck-Versicherung, → ABRV, → ABtBR

Award-Ticket, → Prämienticket

AXESS, crs der JAL (Japan Airlines), basiert auf dem Jalcom-System; kann japanische Schriftzeichen auf dem Bildschirm wiedergeben.

Axi, American Express Interactive, Geschäftsreise-Management-Software via Internet von American Express. Ermöglicht dem Kunden die Reiseplanung, Reservierung und Buchung sowie Abrechnung über das weltweite Internet oder über ein betriebseigenes Intranet. A. bietet zudem eine Schnittstelle zu Amadeus. → Amadeus, → Internet, → Intranet

AZP, Abrechnungszentrale Personenverkehr der Deutschen Bahn in Kassel.

Ergänzungen/Notizen

BahnCard

BA-Diplom-Betriebswirt, die Berufsakademie Ravensburg arbeitet im dualen System mit Ausbildungsbetrieben zusammen. Sie schließt ab u.a. mit dem BA-Diplom-Betriebswirt, Fachrichtung Fremdenverkehrswirtschaft. → Diplom-Betriebswirt

Backhaul-Check, bei der Berechnung von Flugpreisen muß die Streckenführung auf einen Mindestpreis hin überprüft werden. Durch den B. soll eine Unterschreitung des veröffentlichten Durchgangstarifs z.b. durch die Ausstellung zweier Oneway-Tickets verhindert werden.

Backlog, Rückstau eines nicht termingerecht abgeflogenen Aufkommens aufgrund fehlender Beförderungskapazität.

Back Office, bei den Reisebüros die Abteilungsbereiche ohne Kundenkontakt wie Buchhaltung und Rechnungswesen.

Back Office System (BOS), EDV-Lösungen für alle im Back Office des Reisebüros anfallenden Arbeiten z.B. in Buchhaltung und Rechnungswesen. Software für das BOS wird auf PC-Basis oder mittlerer Datentechnik vor Ort im Reisebüro angeboten (dezentrale Lösung). Möglich ist auch die Übertragung dieser Arbeiten an Service-Rechenzentren wie DER-Data Informationsmanagement oder Stinnes Data Systems, die gegen Gebühr die Dienstleistung übernehmen (zentrale Lösung). Auch die Kombination zentral/dezentral wird für das BOS eines Reisebüros angeboten. → DER-Data

Backpack, Bezeichnung für einen großen Wanderrucksack.

Backpackers, Rucksack-Reisende und für sie entsprechende Hotels, in Australien entstandene Unterkunftsform, die speziell die Rucksack-Reisenden anspricht und ihnen preiswerte Übernachtungsmöglichkeiten anbietet.

Backup, das Erstellen von Sicherheitskopien von Computerdateien bezeichnet man als B. Eine regelmäßige Datensicherung auf zusätzliche Speichermedien wie z.B. Diskette ist empfehlenswert, um eine hundertprozentige Datensicherheit zu gewährleisten.

Bad, 1. Kurzbezeichnung für einen staatlich anerkannten Kurort mit natürlichen Heilquellen. **2.** Computerprogramm des Staatsbades Bad Salzuflen zur Vereinfachung des Verwaltungsablaufs. → Kurorte

Badearzt, durch regionale Ärztekammer zuerkannte Zusatzqualifikation für Ärzte der Allgemeinmedizin oder Gebietsärzte. Voraussetzung ist die Teilnahme an einem Grundkurs und Fortbildungskursen sowie eine einjährige praktische Arbeit im Ort der geplanten Tätigkeit.

Bädertherapie, therapeutische Methoden mit Meer- oder Salzwasser. → Balneologie, → Thalassotherapie

Bäderverband, → DBV

Badges, Anstecker, die bei Fachmessen dazu dienen, bestimmte Personengruppen einheitlich zu kennzeichnen bzw. ihre Zuordnung zu Einkäufern, Presse oder Ausstellern zu erleichtern. B. in Form von Namensschildern dienen meist zur Kennzeichnung des Standpersonals und zur leichteren Kontaktaufnahme durch die Besucher.

Baggage allowance, zulässiges Freigepäck. → Freigepäckgrenze, → Gepäckbeförderung

Baggage-Claim, Gepäckausgabe auf Flughäfen.

Baggage-Label, Gepäckaufkleber; B.-Tag ist der Gepäckanhänger. → Gepäckbeförderung (Reisegepäck)

Bagtrac, Computersystem mit Rechnern in Paris und Atlanta, bei dem die Daten aller weltweit fehlgeleiteten Gepäckstücke zusammenlaufen und verglichen werden. Das Airline Computer Tracing System erfaßt in einer zweiten Stufe den Inhalt der Gepäckstücke und vergleicht seine Daten mit denen der Fluggesellschaften. Die genannten Systeme tragen zur schnelleren Rückführung des verlorenen Gepäcks bei.

Bahnbus, von DB mit eigenen oder angemieteten Omnibussen betriebener Straßen-Linien- und Gelegenheitsverkehr im Nahverkehrsbereich. → GBB, → ÖPNV

BahnCard, im Oktober 1992 von der DB eingeführte Jahreskarte, die zum Kauf von Bahnfahrkarten mit 50% Ermäßigung auf dem gesamtdeutschen Eisenbahnnetz (auch im ICE) berechtigt. Man unterscheidet die Basiskarte für Einzelreisende zwischen 23 und 59 Jahren (BahnCard für die 2. Klas-

Bahnhof

se und BahnCard First für die 1. und die 2. Klasse). Weitere Versionen der BahnCard: für Senioren (ab 60 J.), Junioren (18-22 J.), Teens (12-17 J.), Kinder (4-11 J.), Ehepartner (Zusatzkarte) und Familien (Ehepaare - auch Elternteile - mit mindestens einem Kind). Die BahnCard gilt 1 Jahr von jedem beliebigen Tag an bis zum Ablauf des gleichen Monats des folgenden Jahres und ist nicht übertragbar. Seit Juli 1995 gibt es die B. in drei Versionen: als Kredit-, Debit- und Rabattkarte. ▸ Bahnreform, ▸ DB

Bahnhof, man unterscheidet folgende Arten von Banhnhöfen:
- Kopf- oder Sackbahnhof: Hauptgleise enden stumpf.
- Durchgangsbahnhof: Hauptgleise gehen durch den B. hindurch.
- Trennungsbahnhof: eine Bahnlinie zweigt am Empfangsgebäude ab.
- Inselbahnhof: der B. ist von den Hauptgleisen inselartig eingeschlossen.
- Turm- oder Brückenbahnhof: die durchlaufenden Bahnlinien liegen nicht auf einer Höhe, sondern kreuzen sich auf Brücken.

Bahnhof Check-in, ▸ Check-in, ▸ Moonlight Check-in

Bahnhofsmission, kirchliche Einrichtung auf allen größeren Bahnhöfen in Deutschland zur Betreuung hilfsbedürftiger Reisender.

Bahnreform, am 1.1.1994 in Kraft getretene Bahnstrukturreform. Die Deutsche Bahn AG soll bis zum Jahr 2002 privatisiert werden, verbunden mit der seit 1996 erfolgten Übertragung der Verantwortung für den Regional- und Nahverkehr auf die Bundesländer und die Kommunen (Regionalisierung). Der Bund behält die Verantwortung für das Schienennetz. Im Rahmen der Privatisierung sollen zwischen 1997 und 1999 die Unternehmensbereiche Personenverkehr, Personennahverkehr, Güterverkehr und Fahrweg der DB in vier Aktiengesellschaften umgewandelt werden. Mit der B. wird versucht, die Wirtschaftlichkeit und Wettbewerbsfähigkeit eines umweltfreundlichen Schienenverkehrs gegenüber dem Individualverkehr und Luftverkehr zu verbessern. ▸ DB - Deutsche Bahn AG

Bahn-Spezialitäten aus Graubünden, sind die Touristik-Streckenangebote der Rhätischen-Bahn: Bernina-, Glacier-, Engadin-, Palm-Express und Arosa-Bahn. ▸ Glacier-Express

BahnTaxi, Angebot für Bahnreisende mit Fahrschein des Fernverkehrs. Ermöglicht die Abholung mit einem Taxi von der Wohnungstür und Fahrt zum Bahnhof oder Fahrt vom Bahnhof zum Endpunkt der Reise innerhalb eines Stadtgebietes zu einem Festpreis. Das B. ist derzeit auf folgenden Bahnhöfen verfügbar: Hamburg Hbf und Hamburg Altona, Hannover Hbf, Köln Hbf, Frankfurt (Main) Hbf, Nürnberg Hbf und München Hbf.

Bai/Bay, größere Bucht eines Seegebietes.

Bakschisch, Almosen; wird in arab./ afrik. Ländern im Gegensatz zum Trinkgeld unabhängig von erbrachter Leistung gefordert. ▸ Trinkgeld

Balneologie, Bäderkunde; balneologische Therapien sind Bäder und Trinkkuren zum Zweck der Normalisierung, Koordination und Synchronisation von Körperfunktionen.

Baltic Train, Urlaubsexpress-Reisezug von Ameropa, Vier-Tage-Verbindung von Berlin über Vilnius, Riga und Tallin nach St. Petersburg mit Schlafwagen.

Bank holiday, Feiertag in England, der im Gegensatz zum public holiday nicht gesetzlich festgelegt ist. Ursprünglich nur Feiertag der Banken und Bankbediensteten, wird er auch im Geschäftsverkehr meist beachtet; z.B. Ostermontag, 2. Weihnachtsfeiertag. ▸ Public holiday

Bankbürgschaft, Bankenzahlungsversprechen. Im Verhältnis Reisebüro zum Reiseveranstalter werden zur Sicherung der Pflichten aus dem Agenturvertrag häufig B.n, ggfs. als Avalbürgschaft/-kredit, gestellt (alternativ zu Vertrauensschaden-Versicherungen). Im Verhältnis Reiseveranstalter zum Reisekunden nach § 651 k BGB gesetzliche Alternative zur Insolvenzschutzversicherung durch Versicherungsabschluß. Der Reiseveranstalter hat dem Kunden durch Übergabe eines Sicherungsscheines (von der Bank ausgestellte Bestätigung) einen unmittelbaren Anspruch gegen die Bank zu verschaffen. ▸ Avalkredit, ▸ Insolvenzschutzversicherung, ▸ Sicherungsschein, ▸ Vertrauensschaden-Versicherung

Bankett, i.e.S. die Festtafel, i.w.S. das Festmahl mit bester Küche, erlesenen Getränken, perfekter Bedienung und dekorativer Ausstattung der Tafel.

Bankgarantie, für Refinanzierungsgeschäfte der Banken bürgen die Schuldner mit einer sogenannten B. Der Inhaber der B., der an den Darlehensvereinbarungen der Banken partizipiert, kann diese am Fälligkeitstag in bares Geld umwandeln. Während es in den USA und in England für den privaten Handel mit B. eine eigene Börse gibt, ist der Handel mit B. in Deutschland untersagt. → Börse, → Wertpapiere

Baptisterium, christl. Taufstätte als selbst. Bauwerk oder Anbau einer Kirche, z.B. B.n in Florenz und Pisa.

Barbecue, Grillparty im Freien mit Geselligkeit und Tanz. Häufig Programmbestandteil bei Karibik-Kreuzfahrten.

Bare Boat Charter, Anmietung eines Schiffes/ Bootes oder einer Yacht auf Zeit, ohne Besatzung, Verpflegung und Treibstoff.

Bargain Finder, unter dem crs SABRE bietet B.F. die Möglichkeit, eine bestehende Reservierung auf den niedrigst verfügbaren Tarif umzubuchen. → BestBuy-Funktion

BARIG Rate, Umrechnungsrate bei Flugtickets ausländischer Flugstrecken, die in Deutschland ausgestellt werden; wird monatlich neu ausgegeben. → BARIG

BARIG, Board of Airline Representatives in Germany, gegr. 1947, Sitz: Frankfurt/M., Interessenvertretung der in Deutschland vertretenen Fluggesellschaften zur Wahrnehmung und Koordinierung gemeinsamer Interessen. Ab Januar 1993 hat sich die FAMA der Organisation angeschlossen. → FAMA

Barock, Kunstrichtung vom Ausgang des 16. bis Mitte des 18. Jhs., ausgehend von Italien. Hauptmerkmale sind kraftvoll bewegte Formen und kurvige Linienführung in Grundriß und Aufbau, z.B. Petersplatz in Rom, Schlösser in Würzburg und Versailles.

Barter Agreement, Gegenseitigkeitsabkommen; Tausch-/Kompensationsvereinbarung zwischen Partnerfirmen, bei der Leistungen nicht in Geld oder Währung ausgeglichen werden, sondern durch z.B Schiffs-/Flugpassagen in vereinbartem Gesamtwert.

Basa, Bahnselbstanschlußanlage, internes Telefonnetz der Deutschen Bahn.

Basar, Kurzfrist-Buchungssystem der TUI in START. In einem einzigen Schritt liefert das System das noch verfügbare Hotelangebot, verbunden mit dem passenden Flug. → START

Basilika, große, rechteckige Kirche, die durch Säulenreihen in ein Mittelschiff mit erhöhter Decke und zwei oder vier niedrigere Seitenschiffe unterteilt ist im Unterschied zur Hallenkirche mit gleich hoher Decke in Mittelschiff und Seitenschiffen.

Baud, Einheit der Übertragungsrate z.b. bei Modems. → DFÜ

Bauernhof, nach DEHOGA ein landwirtschaftlicher Erwerbsbetrieb, z.B. Grünland-, Viehzucht- oder Winzerbetrieb (Voll- und Nebenerwerbsbetriebe). → Ferien auf dem Bauernhof

BAV (Bundesaufsichtsamt für das Versicherungswesen), wurde 1901 durch Reichsgesetz gegründet und durch Bundesgesetz vom 31.7.1951 neu errichtet, Sitz: Berlin. Das BAV untersteht dem Bundesfinanzminister. Es übernimmt die Zulassung und Überwachung der privaten und ihnen gleichgestellten Versicherungsunternehmen (im Tourismus interveniert es z. B. für die Erteilung oder Absage der notwendigen Genehmigung zur Gründung von Kundengeldabsicherungsträgern). → Kundengeldabsicherung

BAV Bundesverband der Autovermieter Deutschlands e.V., Interessenvertretung des Autovermietergewerbes in der Öffentlichkeit, Sitz: Düsseldorf.

Bayous, Flußarme des Mississippi, die sich vom Hauptstrom trennen und direkt den Weg zum Golf nehmen. Damit verliert der Mississippi seine imposante Breite z.B. zwischen Memphis und Vicksburg und bei New Orleans.

B&B, Abkürzung für Bed and Breakfast, d.h. Übernachtung mit Frühstück. → Bed and Breakfast

BDE, Bundesverband Deutscher Eisenbahnen, Sitz: Köln, Spitzenverband der nicht bundeseigenen Eisenbahnunternehmen, der Seilbahn- und Schleppliftunternehmen sowie diverser Kraftverkehrsbetriebe.

BDO, Bundesverband Deutscher Omnibusunternehmer e.V., Bonn, wurde 1980 unter Herauslösung verschiedener Landesverbände aus dem BDP als eigenständige Vertretung des privaten Busgewerbes gegründet. Er schließt heute alle Landesverbände

BDÜ

des privaten Omnibusgewerbes als Dachverband zusammen. Über ihre Landesverbände sind bundesweit ca. 5600 private Unternehmen Mitglied. Vertretung der gewerbepolitischen Interessen auf nationaler und internationaler Ebene. Zentrale Anliegen: Erhaltung und Verbesserung eines leistungsfähigen öffentlichen Personennahverkehrs zu akzeptablen Fahrpreisen auch außerhalb der Ballungsräume, Sicherung der Existenzgrundlagen der Unternehmen im Reiseverkehr, vor allem unter den Rahmenbedingungen des Europäischen Binnenmarktes nach 1992. BDO ist ehemaliges Mitglied im Präsidium der deutschen Touristikwirtschaft, jetzt im BTW. → BTW

BDÜ, Bundesverband der Dolmetscher und Übersetzer e.V., Sitz: Bonn, vertritt die Interessen aller Berufsangehörigen, die aufgrund ihrer fachlichen Qualifikation die Mitgliedschaft erwerben können. Der BDÜ wirkt im parlamentarischen Raum auf die einschlägige Gesetzgebung ein. Hauptziele sind der gesetzliche Schutz der Berufsbezeichnungen „Dolmetscher" und „Übersetzer", die gesetzliche Regelung der Berufsausübung, die Vereinheitlichung des Prüfungswesens, die Sicherung des Leistungsniveaus seiner Mitglieder und die Verdeutlichung des Berufsbildes gegenüber der Öffentlichkeit. Mitglied der internationalen Dachorganisation FIT. → FIT (Fédération Internationale des Traducteurs)

BDV, 1. Bund Deutscher Verkehrsvereine, gegr. 1902; Nachfolger ist der DFV. → DFV.
2. Bundesverband Deutscher Vertriebsfirmen e.V., München, gegr. 1967, Anbieter sog. Werbe- oder Kaffeefahrten/Verkaufsfahrten. Diese Vertriebsfirmen bedienen sich der Direktvertriebsmethode. Als Rahmen dient ein subventioniertes touristisches Programm. In den überwiegenden Fällen tritt die Vertriebsfirma als Reiseveranstalter auf. → Kaffeefahrten

Bearbeitungsgebühr (BAG), Pauschalgebühr, die z. B. nach Änderung einer Buchung mit der Begründung von zusätzlichem Zeit- und Arbeitsaufwand dem Kunden berechnet wird. Für bestimmte Leistungen verlangen manche Veranstalter bzw. Reisebüros die Zahlung einer BAG zusätzlich zum veröffentlichten Preis.

Beaufort-Skala, vom Internationalen Meteorologischen Komitee in Paris anerkannte Windstärkenskala neben der Windgeschwindigkeitsbemessung in Knoten, Meilen/Stunde, km/Stunde und Meter/Stunde; Sie wurde 1806 von dem engl. Admiral und Kartographen Sir Francis Beaufort eingeführt. Die B.-Skala reicht ursp. von Windstärke 0 (Windstille) bis 12 (Orkan), wurde mittlerweile auf 17 erweitert (dies entspricht der Geschwindigkeit der tropischen Orkane). Sie wird z. B. für Segelwetterberichte von Rundfunkanstalten an Fischer oder Freizeitsegler benutzt.

Beauty Farm, → Schönheitsfarm

Bed and Breakfast, preisgünstiges Übernachtungsangebot mit Frühstück bei Einheimischen in englischsprachigen Ländern.

Bedarfsluftverkehr nach festen Abflugzeiten, im Sinne der Luftfahrtstatistik bezeichnet diese Flugart den Anforderungsverkehr, der nach Flugplan, jedoch ohne Beförderungspflicht durchgeführt wird. → Linienflugverkehr

Bedienungsgeld, Teil der Entlohnung im Hotel- und Gaststättengewerbe neben Festgehalt, freier Verpflegung und Unterkunft, sowie zusätzlich vereinnahmtem Trinkgeld (Tip). B. gehört neben dem Verkaufspreis von Speisen und Getränken sowie der MwSt. zur Kalkulation des Abgabepreises. B. ist auch leistungs- und umsatzabhängig. Empfänger sind meist die Beschäftigten mit direktem Kundenkontakt. → Trinkgeld, → Tronc-Verteilung im Gastgewerbe

Beförderungsklasse, sie richtet sich bei verschiedenen Verkehrsträgern nach dem Grad des Reisekomforts und Bordservice. B. ist die Klasse, in der der Passagier tatsächlich befördert wird. Z.B. LH mit 3 Traditionsklassen: First, Business und Economy, DB: Erste und zweite Klasse. → Class codes

Beförderungspflicht, → Grundpflichten

Beförderungsvertrag, die Beförderung von Personen ist Gegenstand eines B.; dieser ist Werkvertrag im Sinne der §§ 631 ff. BGB. Er verpflichtet den Verkehrsträger zur ordnungsgemäßen Beförderung ans Reiseziel, den Fahrgast zur Entrichtung des Beförderungsentgelts. Der B. kommt meist durch den Verkauf eines Fahrausweises zustande und unterliegt den vom Verkehrsträger geschaffenen Allgemeinen Beförderungsbedingungen. Für die Beförderung mit bestimmten Verkehrsmitteln gelten gesetzli-

Beherbergungsvertrag

che Sonderregelungen, so die EVO und §§ 453 ff. HGB, das LuftVG und das PBefG. → ABB, → EVO, → PBefG

Beherbergungsbetriebe, nach der WTO werden folgende Betriebstypen unterschieden:
- **Hotels mit vollem Dienstleistungsservice und Nebenleistungen** (z.B. Restaurationsbetrieb, Bar, Spielcasino),
- **Hotels mit vollem Dienstleistungsservice ohne Nebenleistungen,** die Apartment-Hotels,
- **Pensionen;** gekennzeichnet durch ein niedrigeres Dienstleistungsniveau und weniger Räumlichkeiten,
- **Motels;** in der Regel an Fernstraßen am Stadtrand gelegen, Apartmentvermietung mit Garage oder Abstellplatz für das Auto,
- **Boatels** (Schiffhotels); Unterbringung der Gäste in Schiffskabinen, voller Dienstleistungsservice,
- **Roatels** (rollende Hotels); sie bestehen aus einem zweistöckigen Omnibus mit Schlafgelegenheiten im Oberdeck und Versorgungseinrichtungen im Unterdeck,
- **Berggasthöfe** mit niedrigem Einrichtungs- und Dienstleistungsniveau: genutzt vorwiegend von Bergsteigern und Wintersportlern,
- **Apartments;** in der Regel Unterbringungsmöglichkeiten für mehrere Personen in voneinander abgeschlossenen Unterkünften mit eigener Küche, Eß-, Wohn- und Schlafräumen,
- **Campingplätze,**
- **Ferienhäuser, Chalets** u.a.,
- **Feriendörfer,**
- **Wohnwagen.**

Demgegenüber unterscheidet die amtliche deutsche Beherbergungsstatistik:
- Übernachtungen und Ankünfte in gewerblichen Betrieben mit mehr als 8 Betten (Hotels, Gasthöfe, Pensionen, Hotels garnis),
- Übernachtungen und Ankünfte in Jugendherbergen, Kinderheimen, Erholungs- und Ferienheimen und Schulungsheimen,
- Übernachtungen und Ankünfte in Ferienzentren, Ferienhäusern und Ferienwohnungen,
- Übernachtungen und Ankünfte auf Campingplätzen,
- Übernachtungen in Kursanatorien und Kurkrankenhäusern.

Nicht erfaßt werden Übernachtungen und Ankünfte in Privatquartieren mit oder ohne Entgelt. → WTO

Beherbergungsbetriebe/Merkmalseinteilung, die Merkmalseinteilung für gewerbliche Beherbergungsbetriebe und Gästezimmer in der Bundesrepublik Deutschland wurde gemeinsam vom Deutschen Fremdenverkehrsverband (DFV), Deutschen Hotel- und Gaststättenverband (DEHOGA), Deutschen Reisebüroverband (DRV) und dem Deutschen Industrie- und Handelstag (DIHT) erarbeitet. (s. Tabelle auf S. 44)

Beherbergungsgewerbe, nach DEHOGA gehören dazu folgende Betriebsarten: Hotel, Hotel garni, Hotelpensionen/Pensionen, Fremdenheim, Gasthof, Motel, Aparthotel, Kurhotel, Kurheim. → Aparthotel, → Fremdenheim, → Gasthof, → Hotel, → Hotel garni, → Hotelpensionen/Pensionen, → Kurheim, → Kurhotel, → Motel

Beherbergungsstatistik, von den Statistischen Ämtern des Bundes und der Länder durchgeführte Statistik. Die B. erfaßt die Zahl der Ankünfte und Übernachtungen, sowie die Gästen aus dem Ausland als Herkunftsland in Beherbergungsbetrieben, die über neun oder mehr Betten verfügen. Die B. ist ein wichtiger Indikator für die Entwicklung und die Struktur des Tourismus im Inland (Inlandskonzept).

Beherbergungsvertrag, der zwischen Gast und Unterkunftsbetrieb geschlossene Vertrag, der diesen zur Gewährung von Unterkunft (Zimmer sowie Heizung, Beleuchtung, Bedienung) und jenen zur Leistung des Entgelts verpflichtet. Beim B. handelt es sich um einen Mietvertrag mit teilweise zusätzlichen, atypischen Leistungen, d.h. um einen gemischten Vertrag aus miet- und z.T. dienst-, werk- und kaufvertraglichen Elementen. Es gilt im übrigen die Gastwirtshaftung nach §§ 701 ff. BGB. Nach DEHOGA wird der B. auch als Gastaufnahmevertrag bezeichnet und beinhaltet folgende Regelungen:

1. Der Gastaufnahmevertrag ist abgeschlossen, sobald die Zimmerbestellung vom Beherbergungsbetrieb angenommen ist.

2. Der Gastwirt/Hotelier/Vermieter ist verpflichtet, das reservierte Zimmer zur Verfügung zu stellen. Andernfalls hat er dem Gast Schadenersatz zu leisten.

Behindertenreisen

MERKMALSEINTEILUNG DER BEHERBERGUNGSBETRIEBE

	Betriebstyp R	Betriebstyp P	Betriebstyp G
	Restaurantbetrieb: Haus mit Restaurant	Pensionsbetrieb: Haus mit Verpflegung an Hausgäste	Garnibetrieb: Haus mit Frühstück
Haustyp I	Mindestens 75 v.H. aller Zimmer mit Bad/Dusche und WC Es werden mindestens 20 Gästezimmer angeboten	Mindestens 75 v.H. aller Zimmer mit Bad/Dusche und WC Es werden mindestens 10 Gästezimmer angeboten	Mindestens 75 v.H. aller Zimmer mit Bad/Dusche und WC Es werden mindestens 15 Gästezimmer angeboten
Haustyp II	Mindestens 50 v.H. aller Zimmer mit Bad oder Dusche Es werden mindestens 12 Gästezimmer angeboten	Mindestens 50 v.H. aller Zimmer mit Bad oder Dusche Es werden mindestens 8 Gästezimmer angeboten	Mindestens 50 v.H. aller Zimmer mit Bad oder Dusche Es werden mindestens 10 Gästezimmer angeboten
Haustyp III	Alle Zimmer mit mindestens fließendem Warmwasser	Alle Zimmer mit mindestens fließendem Warmwasser	Alle Zimmer mit mindestens fließendem Warmwasser

Zimmertypen

Zimmertyp 1 Bad/Dusche und WC	Zimmertyp 2 Bad/Dusche	Zimmertyp 3 fließendes Warmwasser
Bei der Bestellung kann unterschieden werden zwischen Zimmer mit Bad und Zimmer mit Dusche		

Für alle drei Zimmertypen gilt folgende Mindestausstattung:

Abschließbare Wohneinheit mit separatem Zugang und Fenster, Heizung (soweit regional üblich und nach Erfordernis der Außentemperatur), Waschbecken im Zimmer oder Bad, Steckdose am Waschbecken, Zimmerbeleuchtung und Bett- oder Nachttischleuchte, Bett, Spiegel, Vorhänge, Kleiderschrank mit Bügeln und Wäschefach, Tisch mit 1 Stuhl pro Bett, Papierkorb, 2 Handtücher pro Gast, WC im Haus, Bad- oder Duschbenutzung im Haus.

3. Der Gast ist verpflichtet, den vereinbarten oder betriebsüblichen Zimmerpreis für die Vertragsdauer zu entrichten. Dies gilt auch, wenn das Zimmer nicht in Anspruch genommen wird. Bei Nichtinanspruchnahme sind die vom Gastwirt eingesparten Aufwendungen sowie die Einnahmen aus anderweitiger Vermietung des Zimmers anzurechnen.

4. Der Gastwirt ist nach Treu und Glauben gehalten, nicht in Anspruch genommene Zimmer nach Möglichkeit anderweitig zu vergeben.

Behindertenreisen, von überwiegend gemeinnützigen und wenigen privaten Spezialveranstaltern, teilweise mit Spezialverkehrsmitteln durchgeführte Ausflüge und Urlaubsreisen. Die begleitenden Betreuer sind seelisch und körperlich auf die Bedürfnisse der Behinderten eingeübt und den spez. Anforderungen gewachsen. Bestimmte Verkehrsmittel verfügen über Spezialeinrichtungen, z.B. für Rollstuhlfahrer, sowie bes. Ausstattung der sanitären Einrichtungen, z.B. DRK-Busse. Große und mittlere Veranstalter in der Bundesrepublik wickeln in der Regel Reisen für behinderte Gäste innerhalb ihres regulären Programms nach individueller Anfrage ab.

Beiboot, zu einem größeren Schiff gehörendes kleines Ruder-, Segel- oder Motorboot mit einer Tragfähigkeit von meist 2 bis 3 Personen, z. B. als Rettungsboot eingesetzt oder auch zum Ausbringen des Ankers bzw. für den Verkehr mit dem Land.

Beirat für Tourismusfragen, der B. wurde 1977 beim Bundesminister für Wirtschaft konstituiert, dessen Aufgabe es ist, den Bundesminister für Wirtschaft in Fragen der Tourismuspolitik zu beraten und durch gutachterliche Stellungnahmen zu unterstützen. Neben den Vertretern der Tourismuswirtschaft, der kommunalen Spitzenverbände und Organisationen sowie Verkehrsträgern gehören dem Beirat Vertreter der Verbraucherverbände, der Presse und der Gewerkschaften an. → Bundesministerium für Wirtschaft (BMWi).

BEJ, Bundesarbeitsgemeinschaft Evangelischer Jugendferiendienste e.V., evangelische Fachstelle für Tourismusfragen mit Sitz in Berlin. Die BEJ zählt 31 Mitglieder (Stand: Nov. 1997) aus den Bereichen Kirchliche Ämter, Werke und Verbände, Reisedienste mit eigener Rechtsfähigkeit. Sie übernimmt Aufgaben im Bereich Aus- und Fortbildung, setzt sich für die Informationsbeschaffung und -verbreitung in Tourismusfragen ein, vertritt evangelische Interessen im Reisebereich und führt Projekte im nichtkommerziellen Unterkunftsbereich durch. Auf ihre Initiative entstand 1988 das Modellprojekt zur Internationalen Jugendarbeit „Intertreff" und 1989 die Informationszentrale „Eurokontakt". → Eurokontakt, → Intertreff

Bellcaptain, im Hotelservice in USA der Hausdiener, der Aufträge entgegennimmt und an Gepäckträger, Taxi u.a. weitergibt. Der Bellboy hat auf Weisung des Concierge Botendienste auszuführen; Bellhop ist der Gepäckträger.

Belly Load, Buchungsanfragen, die den Frachtraum eines Flugzeugs betreffen, wie z.B. Übergepäck, Fahrradbeförderung, Tiere und Transport von Rollstühlen.

Belt, schmale schiffbare Durchfahrt zwischen verschiedenen Meeresteilen, Meerenge.

Benchmarking, (engl. benchmark - Bezugsmarke/Bezugspunkt, benchmark figure - Eckwert/Ausgangszahl/Vergleichszahl) Verfahren, mit dem die eigenen Produkte und Dienstleistungen kontinuierlich an denen der Branchen- oder Marktführer gemessen werden. Im Vordergrund steht dabei die Wettbewerbsposition im Vergleich zu den Mitbewerbern, weniger die Optimierung der unternehmensinternen Leistung. Auch kurz als Konkurrenzbeobachtung bekannt.

Benutzeroberfläche, die B. dient zur Erleichterung der Kommunikation zwischen dem Anwender und dem Programm. Im Gegensatz zu DOS-Versionen, bei denen man kurze englische Befehle eingeben mußte, sind die heutigen B. menügesteuert. Alle Anweisungen lassen sich per Mausklick auf Icons oder die Menüsteuerung aufrufen.

Benzin-Äquivalent, zur Vergleichbarkeit des Primärenergieverbrauches der unterschiedlichen Personenverkehrsmittel Pkw, ICE und Flugzeug verwendete gemeinsame Größe nach der Beziehung 1 kWh = 0,1139 l VK = 0,1050 l Kerosin.

Benzin-Gutscheine, Berechtigungsscheine zum Bezug einer bestimmten Menge verbilligten Kraftstoffs im Ferienland. Z.B. Italien fördert damit den Autotourismus. Außer dem Sonderpreis für Benzin enthält ein Carnet

Bergbahn

manchmal noch Gutscheine für Mautgebühren, Reparatur- und Abschleppdienst B. sind Kfz-gebunden, also nicht übertragbar.
→ Carnet de Passage

Bergbahn, selbständig betriebene Bahn, dient vorwiegend dem Tourismus, z.T. auf Saison beschränkt (Standseilbahnen, Zahnradbahnen, Schwebebahnen).

Bergfahrt, die Fahrt stromauf in der Binnenschiffahrt; dagegen: Talfahrt.

Bergführer, eine mit den Gefahren des Bergtourismus besonders vertraute, ortskundige Person, die Bergwanderer gegen Entgelt auf Bergwanderungen begleitet. Der B. kann direkt oder durch Vermittlung örtlicher Hotels, Reisebüros oder Fremdenverkehrsstellen unter Vertrag genommen werden; er benötigt eine behördliche Zulassung und untersteht einer gesteigerten zivil- und strafrechtlichen Sorgfaltspflicht.

Bergungskosten, Begriff aus der Versicherungsbranche, betrifft die Kosten, die nach einem Unfall zur Deckung der Ausgaben für Suchaktionen nach Verletzten bzw. Toten und deren Transport entstehen.

Berninabahn, Zug der Rhätischen Bahn; 1910 fertiggestellte elektrisch betriebene Touristenbahn von Chur über Thusis und Bergün, durch den Albula nach Pontresina, von dort über den Berninapaß ins Puschlav und weiter zum italienischen Städtchen Tirano. Eine besondere Aufwertung erfuhr die B. durch die Einführung des Bernina-Express im Jahr 1973. → Bernina-Express

Bernina-Express, der Zug verkehrt zwischen Chur (Schweiz) und Tirano (Italien). In viereinhalb Stunden überquert er das südliche Alpenmassiv mit der Berninagruppe. Besonderheit der Strecke ist, daß die Bahn die Paßhöhe von 2253 Metern ohne Tunnel überwindet. → Berninabahn

Berufsakademien, Einrichtungen des tertiären Bildungsbereichs, die Abiturienten in Kooperation mit Wirtschaftsunternehmen ausbilden, ein Studium mit Lehrvertrag. Die vermittelten Abschlüsse wie z.B. Diplom-Betriebswirt (BA) stehen vergleichbar neben berufsbefähigenden Abschlüssen an Fachhochschulen. → Diplom-Betriebswirt

Berufsausbildung im Hotel- und Gaststättengewerbe, es gibt folgende Ausbildungsangebote:

• Fachkraft im Gastgewerbe

Die zweijährige Ausbildung erfolgt im Betrieb und in der Berufsschule. Die Fachkraft im Gastgewerbe ist schwerpunktmäßig in den Bereichen Restaurant, Buffet, Wirtschaftsdienst, Küche und Lager tätig und betreut Gäste.

• Restaurantfachmann/ -frau
Die dreijährige Ausbildung erfolgt im Betrieb und in der Berufsschule. Restaurantfachleute arbeiten im Service, führen selbständig eine Station und wirken bei der Ausrichtung von Veranstaltungen und Festlichkeiten mit.

• Hotelfachmann/ -frau
Die dreijährige Ausbildung erfolgt im Betrieb und in der Berufsschule. Hotelfachleute planen organisieren Arbeitsabläufe im Hotel. Dazu zählen insbesondere der Empfang, die Werbung und Verkaufsförderung sowie der Wirtschaftsdienst.

• Hotelkaufmann/ -frau
Die dreijährige Ausbildung erfolgt im Betrieb und in der Berufsschule. Hotelkaufleute steuern kaufmännische Prozesse im Hotelbetrieb und in der Organisation zur Erreichung der Unternehmensziele. Sie steuern und kontrollieren insbesondere das Rechnungswesen und die Personalwirtschaft.

• Fachmann/ -frau für Systemgastronomie
Die dreijährige Ausbildung erfolgt im Betrieb und in der Berufsschule. Fachleute für Systemgastronomie setzen ein standardisiertes, zentral gesteuertes Gastronomiekonzept in Betriebsstätten um.

• Koch/Köchin
Die dreijährige Ausbildung erfolgt im Betrieb und in der Berufsschule. Köche stellen Speisen her, präsentieren Produkte und planen Menüfolgen.

• Fachkraft für Veranstaltungstechnik (1998 in Vorbereitung).

→ Ausbildungswege im Tourismus/Fremdenverkehr

Berufsausbildung im Tourismus, eine kaufm. Lehre im Reisebüro dauert in der Regel 2 bis 3 Jahre und endet mit der Prüfung zum Reiseverkehrskaufmann/ -kauffrau vor der Industrie- und Handelskammer (IHK). Zur praktischen Ausbildung im Reisebüro gehört ergänzend der Blockunterricht an den Berufsschulen. Ausbildungsinhalt: Kenntnis der Struktur und Funktion verschiedener Reiseverkehrsunternehmen,

Besetzteinfahrt mit anschließender Leerrückfahrt

Unternehmensorganisation, Reisevermittlung und Reiseveranstaltung (Verkehrsmittel und Leistungsträger, Reiseverkehrsgeographie des In- und Auslandes, Markt und Werbung, Beherbergungswesen), Kur- und Fremdenverkehr, Rechnungswesen, Verwaltung einschließlich EDV. Es kann zwischen den Schwerpunkten Reisevermittlung/Reiseveranstaltung und Kur- und Fremdenverkehr gewählt werden. Tätigkeitsbereich: Beratung der Kunden in allen mit Reisen im Zusammenhang stehenden Fragen, Vorbereitung und Organisation der Reisen, Verkauf von Reisedienstleistungen mit Reservierung, Berechnungen und Abrechnungen. Tätigkeit erfolgt meist als Sachbearbeiter. Fortbildung zum Betriebswirt und zum Touristikfachwirt möglich. Die deutsche Tourismuswirtschaft stellt rund 75000 Ausbildungsplätze zur Verfügung. Unter Federführung des Bundeswirtschaftsministeriums wurden Ausbildungsordnungen für Berufe in drei Tourismusbereichen neu erlassen bzw. werden noch angepaßt. Die Ausbildung zum Reiseverkehrskaufmann qualifiziert für eine Tätigkeit in Reisebüros, Verkehrsämtern, Kurverwaltungen oder bei Reiseveranstaltern. Die dreijährige Ausbildung findet im Betrieb und in der Berufsschule statt. Zu einem Drittel der Zeit erfolgt die Spezialisierung in der Fachrichtung Touristik und Reiseverkehr oder Kuren und Fremdenverkehr. Die Ausbildungsangebote in den Bereichen Hotel- und Gaststättengewerbe bzw. tourismusnahes Verkehrswesen sind vielfältig. → Ausbildungswege im Tourismus/Fremdenverkehr, → Berufsausbildung im Hotel- und Gaststättengewerbe, → Berufsausbildung im Verkehrswesen, → Luftverkehrskaufmann/ -frau, → Schiffahrtskaufmann/ -frau

Berufsausbildung im Verkehrswesen, fünf Ausbildungsgänge bereiten auf Berufswege im tourismusnahen Verkehrswesen vor:
• Kaufmann/ -frau für den Verkehrsservice
Die dreijährige Ausbildung im Betrieb und in der Berufsschule erfolgt in dem Schwerpunkt Verkauf und Service oder Sicherheit und Service. Kaufleute für Verkehrsservice sind in Verkehrsunternehmen oder Verkehrsverbünden tätig. Sie beraten bezüglich Service und Sicherheitsleistungen im Personenverkehr und nehmen kaufmännische Aufgaben wahr. Kernaufgabe ist der direkte Kundenservice vor Ort.
• Servicekaufmann/ -frau für den Luftverkehr
Die dreijährige Ausbildung erfolgt im Betrieb und in der Berufsschule. Servicekaufleute im Luftverkehr arbeiten in kundennahen Bereichen von Luftverkehrs-, Flughafen- und Abfertigungsgesellschaften. Sie beraten und betreuen Fluggäste am Boden und in der Luft und werden in allen operativen Bereichen eingesetzt.
• Luftverkehrskaufmann/ -frau
• Kaufmann/ -frau im Eisenbahn- und Straßenverkehr
• Schiffahrtskaufmann/ -frau
→ Ausbildungswege im Tourismus/Fremdenverkehr, → Schiffahrtskaufmann/ -frau, → Luftverkehrskaufmann/ -frau

Berufsgenossenschaften, sind als öffentlich rechtliche Körperschaften Träger der sozialen Unfallversicherung. B. werden nach den Sparten Gewerbe, Landwirtschaft und See unterschieden. Mitglieder sind alle Unternehmer, die regelmäßig Versicherungspflichtige beschäftigen, mit Ausnahme des Bundes, der Länder, der Bundesanstalt für Arbeit, der Gemeinden u. Gemeindeverbände, die selbst Träger der Unfallversicherung sind. Insbesondere sind zu nennen: BG-Binnenschiffahrt, BG-Straßen, BG-U-Bahnen und Eisenbahnen, BG-Nahrungsmittel und Gaststätten.

Berufskraftfahrer/in Fachrichtung Personenverkehr, offiziell anerkannter Ausbildungsberuf im Verkehrswesen. Die zweijährige Ausbildung wird im dualen System angeboten und schließt mit einer Prüfung vor der IHK ab. Ihre Zuordnung in der touristischen Berufsgruppe wird damit begründet, daß B. bzw. Omnibusfahrer über ihre Fahrtätigkeit hinaus auch Tätigkeiten in der Organisation, Reiseleitung und Gästebetreuung übernehmen.

Beschäftigungsgesellschaften, von der Bundesanstalt für Arbeit finanzierte Einrichtungen, unter deren Dach zur Vermeidung von Massenentlassungen Arbeitnehmer für öffentliche Aufgaben eingesetzt werden. B. wurden Anfang der 80er Jahre mit dem Niedergang der Stahlindustrie in Luxemburg und Saarland bekannt. Sie wurden zur Sanierung der dortigen Industriegelände eingesetzt; später in der ehem. DDR zur Verbesserung der Infrastruktur und im Umweltschutz.

Besetzteinfahrt mit anschließender Leerrückfahrt, dabei fährt der Bus mit einer Reisegruppe ins Ausland und kehrt an-

Bessytex

schließend leer wieder zum Ausgangsort zurück. → Leereinfahrt

Bessytex, Telehotel Datenbank, Sitz: Holzkirchen. → Btx

Best Buy-Datenbank, von Nira Verwaltungsgesellschaft, Hannover, entwickelt. Beteiligen können sich alle Consolidators und Other Agents, die Flugtickets auf Netto-Basis an Reisebüros verkaufen sowie Fluggesellschaften mit Direktverkauf an Reisebüros.

Best Buy-Funktion, damit läßt sich über EDV-Systeme der jeweils günstigste verfügbare Preis für die gewünschte Reiseleistungen ermitteln, auch als Hot Key-Funktion bezeichnet. Anwendung von B.B.-Funktionen z.b. im crs Galileo oder Amadeus bei Flugtarifen, auf B.B.-Tarif wird auf Wunsch automatisch umgebucht. → Amadeus, → Bargain Finder, → crs, → Galileo, → Hot Key-Funktion

Best-choice DB, im Rahmen der Counter-Software Kurs 90 der Deutschen Bahn Programm zur Ermittlung des jeweils günstigsten Fahrpreises. → Kurs 90

Best-choice für Schiffsfahrscheine, → DER-Schiffsfahrscheine

Best of the Alps, zehn Traditionsferienorte in den Alpen vermarkten sich unter dieser Dachmarke in den USA und Fernost. In B. sind Urlaubsorte aus Österreich, der Schweiz, Frankreich und Deutschland zusammengeschlossen. Sie präsentieren sich als Ganzjahresreiseziele.

Bestravel, touristisches Reiseangebots- und Informationssystem mit Best Buy-Funktion der Firma Bestravel Information Systems. Die Software läuft unter START Comfort und wird in der Wintersaison 1998/99 in den Markt gehen. → START Comfort

Besucher, für statistische Zwecke des internat. Reiseverkehrs hat die WTO folgende Definition vorgenommen: Besucher sind Personen, die ein Land besuchen, in dem sie nicht ihren gewöhnlichen Aufenthalt haben, unabhängig vom Grund des Aufenthaltes mit Ausnahme der Ausübung einer vom Besuchsort aus entlohnten Beschäftigung. Diese Definition beinhaltet:

- **Touristen,** d.h. vorübergehende Besucher, die wenigstens eine Nacht und weniger als ein Jahr in einem Besuchsland verbringen; ihr Besuchszweck kann wie folgt beschrieben werden: a) Freizeit (Erholung, Urlaub, Gesundheit, Studium, Religion und Sport); b) geschäftliche Tätigkeit, Familie, Mission, Versammlung.

- **Ausflügler,** d. h. vorübergehende Besucher, die keine Übernachtung im Besuchsland verbringen (einschließlich Teilnehmer an Kreuzfahrten). Ausflügler sind nach dieser Definition also keine Touristen.

Betriebsergebnis, Betriebserfolg; im Rechnungswesen wird dafür die Differenz zwischen Gesamterlös und Gesamtaufwand des betrieblichen Leistungsprozesses ermittelt. Das B. stellt eine wichtige Meßgröße zur Beurteilung der Ertragskraft eines Betriebes dar; es wird getrennt vom Unternehmensergebnis ermittelt.

Betriebspflicht, → Grundpflichten

Betriebssystem, grundlegendes Programm (Software), das für jeden Computer erforderlich ist, um seine Rechner-Funktionen und Speicherkapazität nutzbar zu machen. Das B. verwaltet einerseits das technische Grundgerät des Computers (Hardware), um z.B. die Arbeit von Zentraleinheit und Peripheriegeräten zu koordinieren, und verwaltet, koordiniert und steuert andererseits die weitere Software in Form von Anwenderprogrammen. Schließlich hat das B. umfangreiche Hilfsfunktionen bei der Dateiverwaltung, Diskettenformatierung usw. → Anwenderprogramme

Betriebsvergleich IFH, durch Nennung von Struktur-, Umsatz-, Leistungs- und Kostenzahlen, Nettorenditen und Betriebsergebnissen können Reisebüros eigene Stärken und Schwächen in der jeweiligen Vergleichsgruppe erkennen und die Wirtschaftlichkeit bewußt steuern. 1993 nahmen erstmals rd. 1000 Betriebsstätten, darunter 50% Kettenbüros, teil an der von DRV und ASR mit Bundesmitteln finanzierten Gesamtstatistik, die vom Kölner Institut für Handelsforschung (IFH) erhoben wird.

Betriebsvergleich, Instrument zur Ermittlung betriebswirtschaftlicher Kennzahlen eines Betriebes, die im wesentlichen aus Bilanz, Gewinn- und Verlust-Rechnung und betrieblicher Statistik abgeleitet werden und deren systematischen Vergleich. Der interne B. erfaßt die Daten desselben Betriebes über einen bestimmten Zeitraum, hauptsächlich zu den Vorjahresdaten. Beim externen B.

werden diese Daten mit Kennzahlen anderer Betriebe gleicher Größenordnung/Struktur verglichen sowohl regional als auch überregional. Der B. dient der Analyse und damit der Beurteilung eines Unternehmens, i.d.R. mit dem Ziel, die Rentabilität durch Anpassung seiner Strukturen zu verbessern. Der B. gehört zur betriebswirtschaftlichen Beratung der Verbände; durchgeführt von Rechenzentren. ⇢ Reisebürospiegel, ⇢ Rentabilität, ⇢ Stärken-Schwächen-Profil

Betriebswirt (staatl. gepr.) Reiseverkehr/Touristik, nach 2jährigem Studium schließen u.a. die beiden nachfolgenden Fachschulen mit dem staatlich geprüften Betriebswirt Reiseverkehr/Touristik ab:

- Reiseverkehrsakademie Düsseldorf
- Wirtschaftsakademie Schleswig-Holstein

⇢ Diplom-Betriebswirt (FH)

Bett & Bike, Initiative des ADFC, der sich bundesweit mehr als 1200 fahrradfreundliche Gastbetriebe angeschlossen haben. Sie bieten Abstellräume für das Fahrrad, ein erweitertes Radlerfrühstück und Informationen zur Radroute. Generell sind Gäste auch für nur eine Nacht willkommen. ⇢ ADFC

Bewegungstherapie, Heilbehandlung durch Kur- und Krankengymnastik mit Hilfe von Bewegungsbädern, Unterwassergymnastik und -massage sowie Gesundheitssport.

Bewirtungsvertrag, der Vertrag, mit dem der Wirt seine Gäste mit Speisen und Getränken bewirtet, stellt sich als Werklieferungsvertrag dar, auf den die Vorschriften des Kaufrechts im BGB Anwendung finden.

Bezirkskarte, ⇢ Netz- und Bezirkskarten

BfA, Bundesversicherungsanstalt für Angestellte, Sitz: Berlin, Körperschaft des öffentlichen Rechts.

BFS, Bundesanstalt für Flugsicherung, Sitz Frankfurt/M. Diese Bundesbehörde wurde 1953 durch Gesetz installiert und mit den Aufgaben der Sicherung der Luftfahrt, Flugverkehrskontrolle mit Bewegungslenkung, Flugberatung, Flugalarm-, Flugfernmelde- und Flugnavigationsdienst betraut; ab 1993 privatisiert und umbenannt in DFS, verbleibt jedoch in Bundesbesitz. ⇢ DFS, ⇢ Planungsbüro Luftraumnutzer

BGB, Bürgerliches Gesetzbuch; entstanden August 1896, Grundlage des Zivilrechts. Geregelt werden hier u.a. die Grundfragen der tourismusrelevanten Vertragsverhältnisse, ausführlich im Reisevertragsrecht der §§ 651 a-l. Die Konkretisierung der Leistungspflichten erfolgt dann über AGB/ARB und den jeweils mit dem Reisekunden geschlossenen Einzelvertrag.

BHC, ⇢ Backhaul-Check

Biassed Display, unter dieser Bezeichnung sind bei den crs die Displays (Bildschirmausgaben) nach Marketinggesichtspunkten der Betreiber aufgebaut, nicht neutral dargestellt. ⇢ Unbiassed Display

Biennale, im Zweijahresrhythmus stattfindende Festspiele, Aufführungen oder Ausstellungen, z.B. Film-Biennale in Venedig.

Bierlieferungsvertrag, aus verschiedenen Vertragstypen kombiniert. Neben Elementen des Kaufrechts (regelmäßige Getränkebestellung) und des Miet-/Pachtrechts (Schankräume von der Brauerei) sind entscheidend häufig Elemente des Darlehens; aufgrund dieses sog. Brauereidarlehens erhält der Gastwirt Kreditmittel z.B. für die Gaststätteneinrichtung von der Brauerei gegen Bezugsverpflichtung. Die Getränkeabnahme tilgt zugleich laufend das Darlehen.

Big Apple, „The big Apple", in USA werblich geprägter Spitzname für New York/Manhattan.

Big Easy, „The big Easy", in USA werblich geprägter Spitzname für New Orleans.

BIG, Billets Individuels de Groupes, Veranstalterangebote mit der Bahn für Einzelreisen zu Sondertarifen.

BIGT, Billett International Groupe Travailleur, Bahnreiseangebote im Gastarbeiterverkehr von DER und Wasteels.

Bilanz, ist ein auf einen bestimmten Zeitpunkt (Geschäfts- oder Kalenderjahr) bezogener Gesamtabschluß des Rechnungswesens eines Unternehmens. In der B. werden die Aktiva (Vermögenswerte) den Passiva (Eigen- und Fremdkapital) gegenübergestellt.

Bildschirmtext, ⇢ Btx

Bildtelefonieren, Kommunikationsart, bei dem die Teilnehmer nicht nur akustisch miteinander kommunizieren, sondern auch in direktem Blickkontakt miteinander stehen. Bildtelefonverbindungen werden im ISDN über Videokonferenz-Systeme oder über ein spezielles Bildtelefon realisiert.

Bildungsreisen

Bildungsreisen, der Begriff ist nicht klar abgegrenzt gegenüber den Studienreisen. Im 19. Jh. konnten klassische Bildungsreisen mehrere Monate dauern. Sie boten eine Möglichkeit, echte Bildung zu erweitern und die Zeit zur Betrachtung in Muße. Moderne B. dauern bei gedrängtem Besichtigungsprogramm meist nicht länger als zwei Wochen. Ganz allgemein werden heute eher Reisen mit dem Ziel der Weiterbildung (z.b. Sprachen, Informatik) als B. bezeichnet. → Studienreisen

Bildungsurlaub, der größte Teil der abhängig beschäftigten Bevölkerung hat Anspruch auf Bildungsurlaub bei Fortzahlung des Arbeitsentgelts und der Sozialabgaben durch den Arbeitgeber. Trotz Inanspruchnahme von Leistungen des Tourismus wird der B. nicht dem Tourismus zugerechnet.

Bildungswerk der Omnibusunternehmer e.V. 1979 unter Übernahme und Erweiterung des Fortbildungsangebotes des AJO-Arbeitskreis Junger Omnibusunternehmer des WBO gegründet. Das bundesweit angebotene Fortbildungsprogramm orientiert sich an aktuellen Fragen und Problemen des Busgewerbes zu den Bereichen:
- Management und Führungsverhalten
- Betriebswirtschaft
- Arbeits- und Sozialrecht
- Marketing und Öffentlichkeitsarbeit
- Mitarbeiterschulung für Busfahrer, Reiseleiter und Hostess
- EDV und neue Medien → WBO

Billig-Flaggen/-Länder, zunehmend seltener melden Reedereien ihre Kreuzfahrtschiffe in westlichen Industrieländern an. Die Registrierung der Schiffe in B.-Ländern erfolgt aus betriebswirtschaftlichen Gründen. Länder mit weniger strengen Vorschriften, mit einem sog. Offenen Register, im internat. Sprachgebrauch auch FoC-Flag of Convenience oder Gelegenheitsflagge, sind z.B. Liberia, Panama usw. → Ausflaggen

Billigflüge, eine breite Angebotspalette und hohe jährliche Zuwachsraten im Touristik- und Geschäftsreiseverkehr kennzeichnen im Zuge der Liberalisierung in Europa und weltweit die Märkte. Nicht ausgenutzte Kapazitäten der Fluggesellschaften haben Niedrigpreise zur Folge. Billigflüge gewinnen am Weltmarkt immer mehr Bedeutung. Das geltende Recht sieht im IATA-Verbund und dessen angeschlossenen Agenturen eine Preisbindung vor; damit dürfte der Graumarkt keine eigentliche Existenzberechtigung haben.
In der Regel läßt sich auch festlegen, daß der höhere Gesamtpreis für das Ticket mehr Komfort und Service bedingt. Oftmals erweist sich die Suche nach dem geeigneten Ticket als zeitraubend und schwierig, deshalb lohnt vor der Buchung ein Preisvergleich. Allerdings kann der Preis nie das einzige Kriterium bleiben, ebenso bedeutend sind die Wahl der Fluggesellschaft, die Gültigkeit der Tickets, der Service sowie Interlining und Stornobedingungen, Maschinentyp u.ä. → Graumarkt, → Interlining, → Liberalisierung im Luftverkehr

Billing and Settlement Plan, → BSP

Billing and Settlement Plan Committee, → BSPC

Billing and Settlement Plan Panel, → BSP Panel

Billing Period, Abrechnungszeitspanne des BSP, über die eine Abrechnung erstellt wird; sie kann aus einer oder mehreren Meldeperioden bestehen. Der Zeitraum wird vom BSP-Komitee (BSPC) festgelegt. → BSP, → BSPC

Bingo, 1. beliebtes Lottospiel; auf Kreuzfahrtschiffen ist B. fester Bestandteil der Unterhaltung. **2.** BINGO, Business International Nongovernmental Organizations, multinationale Organisationen. Diese Gruppe stellt den größten Teil der internationalen Kongresse.

Binnenmarkt, Wirtschaftsraum, in dem überall gleiche Bedingungen für den Kapital-, Dienstleistungs- und Warenverkehr herrschen und in dem jeder Bürger Wohn- und Arbeitsort frei wählen kann. Der Europäische Binnenmarkt ist zum 1. Januar 1993 verwirklicht worden.

Binnenschiffahrt, Personen- und Güterschiffahrt auf bundesdeutschen Flüssen, Seen und Kanälen; die Weiße Flotte (Personenschiffahrt) besteht aus mehr als 800 Fahrgastschiffen; Gesamtkapazität: rd. zu 225.000 Personen. Rd. 15 Mio. Menschen sind alljährlich zu Gast an Bord dieser Schiffe auf kurzen Ausflugsstrecken oder mehrtägigen Kabinenschiffsreisen. Saison von Ostern bis Herbst. → KD, → Mittelständische Personenschiffahrt

Binnenverkehr, Verkehr innerhalb des eigenen Netzes; Ausgangs- und Zielpunkt liegen innerhalb der Staatsgrenzen. Gegensatz: Transitverkehr. → Transit

Bioklima, nach dem Deutschen Bäderkalender wird bei der Luftschicht, in der der Mensch lebt, wie folgt unterschieden: thermisch schonend, reizschwach, reizmild, reizmäßig, reizkräftig; aktinisch reizschwach, reizmild, reizmäßig, reizkräftig.

Biosphärenreservat, hat das Ziel, Natur zu schützen sowie Kulturlandschaften zu pflegen und nachhaltig zu entwickeln. Durch Forschung in diesen Regionen sollen neue Wege für ein Zusammenleben von Mensch und Natur entwickelt, erprobt und beispielhaft umgesetzt werden. Das deutsche Netz der B. ist Teil eines weltweiten Netzes, das gegenwärtig 300 Gebiete in 75 Ländern umfaßt. Zum Teil wurden Besucherzentren eingerichtet.

Biotop, Lebensraum, Lebensstätte. Von einer Lebensgemeinschaft oder einer bestimmten Organismenart besiedelter Raum innerhalb eines Ökosystems, durch physikalische und chemische Faktoren gekennzeichnet und dadurch zur Besiedlung für bestimmte Lebewesen geeignet.

Bistro, 1. Französische Variante des Cafés bzw. Schankbetriebs. Das Angebot ist auch aus Kaffee, Cappuccino, Espresso, heiße Schokolade und franz. Weine im offenen Ausschank beschränkt; als Speisenangebot auf wenige Gerichte der franz. Küche. Charakteristisch für die Einrichtung sind kleine runde Tische und leichte Stühle. **2.** Angebots- und Informationssystem des Instituts für Freizeitanalysen (IFF) mit rund 170 Flugpauschalreiseveranstalter, Hotelinfo, Ähnlichkeitssuche, Counter-Memos, Reisewunschmaske und Gesamtpreisberechnung (Stand Feb. 1998), mit Schnittstellen zu START, Stinet, Merlin und zukünftig auch zu Galileo.

Bistrobus, Doppelstöcker mit den Annehmlichkeiten eines Speisewagens. Auf der oberen Ebene bietet er in Schlafsesseln Platz für 50 Personen, unten befindet sich das Bistro mit 4 Tischen, 16 Sitzplätzen und der Bordküche.

Bit, Kurzwort aus dem engl. binary digit (binäre Ziffer), bezeichnet die kleinsten Speichereinheiten in der EDV bei der die Signale in den logischen Zuständen „0" und „1" dargestellt werden.

BIT, Borsa Internationale del Turismo, Internationale Tourismus-Messe in Mailand, findet jedes Jahr im Februar statt.

BITS, Bureau International du Tourisme Social, internat. Büro für Sozialtourismus, Sitz: Brüssel.

BIX, **1.** Bildschirm-Informations Systems GmbH, Spezialverlag in Worms bietet folgende Produkte an: BIX-Einmaleins, BIX-Kapital, BIX-Datenbanken in BTX, BIX-Handbuch der Reisebranche. **2.** BIX-Infox-Vakanzsystem für Flugpauschalreisen, Anbieter Institut für Bildschirmtext und Telematik Worms und Infox Bonn. **3.** BIX-Hotelreservierungssystem. Anbieter Institut für Bildschirmtext und Telematik Worms. → Btx, → START, → START Telematik

Blank Software, → WBS Blank Software

Blaue Europa-Flagge, Umweltzeichen, das seit 1987 jeweils für ein Jahr an vorbildliche Urlaubsorte und Sportboothäfen in allen EU-Staaten verliehen wird. Die Kampagne um die B. setzt sich aus einem Wettbewerbs- und einem Informationsteil zusammen. Die am Wettbewerb beteiligten Urlaubsorte haben bestimmte Kriterien hinsichtlich Wasserqualität, Abwasser, Strandqualität und Strandverwaltung sowie Umweltinformation am Urlaubsort zu erfüllen. Die beteiligten umweltorientierten Sportboothäfen erfüllen u.a. Kriterien hinsichtlich des Hafens und seiner Umgebung, Ausrüstung und Einrichtungen im Hafen sowie Umweltinformation für Wassersportler. Um alle Teilnehmer über den Verlauf der Initiative zu unterrichten und Anregungen zu weiterem Umwelthandeln zu geben, werden Umweltinformationsveranstaltungen durchgeführt. Von den 10.000 Stränden der EU haben 1461 im Jahr 1994 rückwirkend für 1993 eine Blaue Europa-Flagge erhalten. 1990 wurde die Initiative erstmals auch für Orte an Flüssen und Seen durchgeführt. → DGU, → FEEE

Blauer Fink-Ordner, Länderinformation/-briefe zur Vorbereitung und Durchführung von Auslandsreisen, dreibändiges Werk in loser Blattform mit ständiger Aktualisierung, erscheint im Verlag Fink, Kümmerly + Frey, Stuttgart. → Länderbrief

Blaues Band, Auszeichnung für das jeweils schnellste Schiff in Nordatlantikfahrt zwischen Europa und Nordamerika. Gegenwärtig wird der Rekord zwischen Ambrose Light und Bishop's Rock noch von dem Schnell-

BLD

dampfer „United States" mit 3 Tagen, 10 Stunden, 40 Minuten mit einer Durchschnittsgeschwindigkeit von 35,59 Knoten über eine Distanz von 2.942 sm aus dem Jahr 1952 gehalten.

BLD, Berufsverband der Luftfahrt in Deutschland e.V., Sitz: Düsseldorf. Ziel ist die Interessenvertretung der in der nichtstaatlichen Luftfahrt beschäftigten Berufsluftfahrer (Cockpit-Besatzungen) und Führungskräfte. Mitwirkung bei behördlichen und gesetzgeberischen Maßnahmen in der Luftfahrt und der Flugsicherheit.

BLND, bei Flugbuchungen Abkürzung für sehbehinderten Passagier. → AIRIMP, → SSR

Bleifreies Benzin, in der Bundesrepublik und der Schweiz sind die Tankstellen bereits grundsätzlich auf diesen umweltentlastenden Kraftstoff um- bzw. eingestellt. Allgemein ist vor Auslandsreisen eine Vorinformation bei den Automobilclubs anzuraten.

Blinder Passagier, Person, die sich ohne gültiges Ticket an Bord eines Schiffes oder Flugzeugs schmuggelt und erst auf der Reise entdeckt wird oder sich stellt.

Blindflug, bezeichnet das Fliegen nach Instrumenten bei Nebel- bzw. Schlechtsichtlagen.

Blizzard, Schneesturm in den Vereinigten Staaten und Kanada.

Block-Police, Versicherungsscheine vom Block, die von Geschäftsstellen der Versicherer, den Abschlußagenten, aber auch von Reiseveranstaltern und Beförderungsunternehmen bereitgehalten und nach Eintragung weniger Daten ausgehändigt werden.

Blockcharter, → Pro-Rata-Charter, → Teilcharter

Blocked space code-share, → Allotment

Blockzugbildung, Bezeichnung der DB bei IC/EC-Zügen für die Trennung der Wagen 1. und 2. Klasse durch das Zugrestaurant. → EC-Netz, → IC-Intercity

Blue Train (Bloutrein), komfortabler Zug, der Kapstadt und Pretoria in Südafrika miteinander verbindet. Die Fahrt über 1608 km beansprucht etwa 25 Stunden. Der Fahrpreis beinhaltet drei Mahlzeiten, es steht ein Gesellschaftswagen zur Verfügung. Der B.T. durchquert die Weinanbaugebiete nahe Kapstadt und erreicht weiter nördlich die frühere Diamantenstadt Kimberley und kurz vor dem Ziel Johannesburg. Es gibt für diesen Zug ein eigenes Reservierungsbüro in Johannesburg.

BMIS, Reportingsystem der DB für elektronische Großkundenabonnements (GKT). Hierbei werden sämtliche Reisedaten gespeichert und können nach folgenden Merkmalen ausgewertet werden: Umsatz Gesamtkunde, Umsatz ausgewählte Unternehmensteile, Umsatz nach Tarifangeboten, Streckenauswertungen, Nutzung von Tarifangeboten auf definierten Strecken und Umsatz der beteiligten Firmen-Reisebüros oder Verkaufsstellen. → GKA-Großkundenabonnement, → GKT

BO Kraft, Betriebsordnung Kraftverkehr, Verordnung für den Betrieb von Kraftfahrunternehmen im Personenverkehr. Diese Verordnung gilt für Unternehmen, die Fahrgäste mit Kraftfahrzeugen (Omnibus, Taxi, Mietwagen) befördern, soweit sie den Vorschriften des PBefG unterliegen. → PBefG

Bö, plötzlich auftretendes Stärkerwerden des Windes von nur kurzer Dauer. Man unterscheidet die „schwarze Bö", gewitterähnlich, ohne elektrische Entladung und die „weiße Bö", die aus heiterem Himmel kommt und nur am Aufschäumen des Wassers erkennbar ist.

Boarding Card/Boarding Pass, Bordkarte zum Einsteigen in Flugzeuge und auf Schiffe.

Boarding-Haus, Angebotsform am heimischen Wohnungsmarkt für „Privat auf Zeit wohnen"; gemeint ist die Bereitstellung von Apartments für Geschäftsleute, die beruflich bedingt über einen längeren Zeitraum Arbeitsplatz und -ort wechseln müssen. Büroservice ist meist angegliedert.

Boarding House, das engl. B. entspricht bezüglich der Möglichkeit des längeren Anmietens von Wohnraum unserer Pension, erlaubt darüber hinaus jedoch auch die Aufstellung eigener Möbel. Eine komplette Küche sowie andere beherbungsspezifische Einrichtungen und Dienste können in Anspruch genommen werden. Nach DEHOGA wendet sich das Angebot des B.H. meist an Langzeitnutzer im urbanen Umfeld. Die Zimmer sind von ihrer Ausstattung her an privaten Wohnungen ausgerichtet. Der Service schwankt von sehr geringem Angebot bis hin zu einem hotelmäßigen Room-Service. → Pension/Hotelpension

Boarding Pass, engl. für Bordkarte. Er wird meist am Flughafen, direkt am Abfertigungscounter der Airlines und gegen Vorlage des Flugtickets ausgestellt. Die Bordkarte enthält die Sitznummer des Passagieres, der sie beim Einsteigen ins Flugzeug vorzeigt. Mit dem neuen ATB Verfahren ist die Bordkarte jedoch schon im Ticket enthalten. → Abfertigung im Flugverkehr, → ATB, → Ground handling

Boarding time, Zeit, an der mit dem Einsteigen der Passagiere ins Flugzeug begonnen werden kann.

Bodendienste, Bodenabfertigung im Flugverkehr. → Abfertigung im Flugverkehr, → Ground handling

Bodensee-Werbung, → Internationale Bodensee-Werbung

Böfa, Börse für Alleinreisende, Sitz: Hamburg. Ihr Zweck ist die Verbesserung der Situation Alleinreisender u.a. durch Zusammenführung reiseinteressierter Einzelpersonen.

Boeing Company Inc., 1916 gegründetes amerikanisches Unternehmen der Luftfahrtindustrie mit Sitz in Seattle, USA. Hersteller der Flugzeugtypen B. 727, B. 737, B. 747, B. 757, B. 767. 1997 Übernahme von McDonnell-Douglas Corp. → McDonnell-Douglas Corp

Börse, ist der Marktplatz für Wertpapiere. Der Börsenhandel findet an bestimmten Orten (in der Bundesrepublik Deutschland sind dies Berlin, Bremen, Düsseldorf, Frankfurt, Hamburg, Hannover, München und Stuttgart) und zu bestimmten Zeiten statt. Es gibt auch Börsen für Devisen und Waren. → Aktienindex, → Devisen, → Wertpapiere

Bonität, Begriff für die wirtschaftliche Leistungsfähigkeit einer Person oder Firma, die einen Kredit in Anspruch nehmen möchte. Maßstab ist die Kreditgewährung ist die Kreditwürdigkeit. Dabei werden bestimmte Anforderungen an die persönliche Integrität und die wirtschaftliche Lage des Kreditnehmers gestellt. Im Reisegeschäft ist die Vergabe von Verkaufslizenzen (Beförderungsgesellschaften, Reiseveranstalter) meist abhängig von bestimmten Voraussetzungen hinsichtlich Gestellung einer Bankbürgschaft, Beschäftigung von Fachpersonal und Prüfung der Bonität. → Verkaufslizenzen

Bonus-Programm, Spezialtarifart der großen Fluggesellschaften zum Zweck der Kundenbindung. Ihren Mitglieder-Fluggästen werden Vorteile meist in Form von freien bzw. vergünstigten Flugmeilen oder anderen Leistungen (Hotel-Übernachtungen, Autovermietung) gewährt. Beispiel eines Bonusprogramms ist das „Miles & More"-Programm der Deutschen Lufthansa. → Frequent Flyers, → Miles & More

Booten, Hochladen des Betriebssystems durch Systemstart oder Reset.

Bootshaus, 1. Schuppen zum Schutz der im Wasser liegenden Yacht. **2.** Klubhaus eines Wassersportvereins.

Bora, kalter Nordoststurm an der Adria.

Bord-Akkreditiv, kann bei längeren Kreuzfahrten eröffnet werden. Dabei wird dem Schiff ein bestimmter Betrag angewiesen, über den der Fahrgast an Bord jederzeit verfügen kann.

Bordkarte, → Boarding Pass

BordRestaurant, Speiseraum in Zügen für bis zu 24 Personen im ICE und bis zu 32 Personen im IC/EC. → Mitropa

Bordshops, Einkaufsmöglichkeiten an Bord in Bordshops oder Shopping Centers für vorwiegend Verbrauchsgüter des gehobenen Bedarfs wie Drogerieartikel, Freizeitmoden, kulinarische Besonderheiten, Schmuck und Andenken.

Boss, (Business Opportunities Sourcing System), von der kanadischen Regierung finanzierte Datenbank, die den Zugang zu Informationen über touristische Leistungsangebote Kanadas ermöglicht (z. B. Veranstaltungen, Sehenswürdigkeiten, Hotels, Transportmittel etc.). Diese Informationen sind derzeit über Gemini, Apollo und Sabre abrufbar. Geplant sind der Anschluß an Amadeus, Galileo und System One, die Erstellung einer Liste der kanadischen Verkehrsbüros weltweit und die Bereitstellung von weiteren allgemeinen Reisedaten über das Land (Einreise- und Zollbestimmungen, Bank- und Währungsinformationen, Notdienste, Einkaufstips etc.).

Botel, Kurzwort aus Boot und Hotel. Ein stillgelegtes Schiff, das als schwimmendes Hotel benutzt wird. → Hotelschiffe

BR, British Rail, Staatl. Eisenbahn des Vereinigten Königreichs von Großbritannien und Nordirland. Seit April 1994 privatisiert.

Branchenfremder Vertrieb, Vermarktung von Reiseprodukten über andere Kanäle als die üblichen Fachreisebüros, z.B. Langzeitversuche an den Schaltern der Bundespost, über Lebensmittel-Supermärkte, über Filialen bekannter Kaffeeröster und Tankstellen. Zum B.V. kann man auch den Absatz über den Versandhandel rechnen.

Brand/Branded goods, Marke, Warenzeichen; Sorte. Branded goods (products) ist der engl. Fachausdruck für Markenartikel; in der Marktforschung speziell im Zusammenhang mit dem Markenbewußtsein seitens der Verbraucher gebräuchlich.

BRAVO, British Reservations Added Value Operation, nationales elektronisches Touristik-Reservierungssystem der BTA zur weltweiten Buchung von Unterkünften, Restaurants, Unterhaltung und Transport in Großbritannien. → BTA

Break-even-Point, Gewinnschwelle, Begriff aus der Kostenrechnung. Wenn das Umsatzvolumen zur Deckung der fixen und variablen Kosten ausreicht, ist der B. erreicht, d.h., ab hier beginnt die Gewinnzone.

Brenta-Kanal, Wasserstraße entlang der prächtigen Villen des ital. Baumeisters Andrea Palladio (1508-1580) zwischen Venedig und Padua (30 km Länge); beschauliche Fahrten mit der Barke „Burchiello".

Briefing, Einsatzbesprechung, Flugbesprechung; inzw. gängiger Begriff für mündliche Absprache/Informationsausgabe vor dem Veranlassen einer Maßnahme.

Browser, von engl.: „to browse" = blättern oder schmökern. Zugangsprogramm für die Benutzung des World-Wide Web im Internet. Damit ein Anwender auf eine bestimmte Seite des Internets zugreifen kann, gibt er deren Adresse in seinen B. ein. Dieser stellt die Verbindung zu dem Server her, der die Daten nun zuschickt. Aufgabe des B. ist es nun, diese Daten zu interpretieren, und sie als Text, Bild, Video- oder Tonsequenz darzustellen. → World Wide Web

BRT/BRZ, die Größe eines Schiffes wird in Bruttoregistertonnen/-raumzahl ausgedrückt. Die Registertonne ist ein Raummaß und entspricht 2,83 cbm. Die BRT umfaßt mit gewissen Ausnahmen den gesamten umbauten Raum eines Schiffes und gilt als Maß für die Größe. Das Verhältnis zwischen Passagierzahl und BRT/BRZ ist ein Indiz für Komfort: je größer die Tonnage gegenüber der Anzahl der Passagiere, desto mehr Platz steht den Fahrgästen zur Verfügung. Bei Neubauten wird der Begriff BRZ eingeführt. Hierbei wird der gesamte umbaute Raum eines Schiffes ohne die bisher üblichen Ausnahmen eingemessen und das Ergebnis mit einem Zahlenfaktor multipliziert. Die Vermessung von Schiffen ist insofern wichtig und notwendig, als diese Größenangaben das Maß für die Berechnung von Hafenliegegebühren, Kanalpassagen etc. sind.

Brücke, in der Schiffahrt die Kommandobrücke, von der aus ein Schiff geleitet wird.

Brunch, Kombination aus Breakfast und Lunch als Buffet für Spätaufsteher; bes. beliebt zum Wochenende.

Bruttoinlandsprodukt (BIP), im Unterschied zum Bruttosozialprodukt (BSP) nimmt das BIP nicht die per saldo aus der übrigen Welt empfangenen Erwerbs- und Vermögenseinkommen eines Landes auf. Die Entwicklung des BIP dient als Wachstumsindikator. Die Umstellung von BSP auf BIP in der Statistik erfolgte in der Bundesrepublik Deutschland 1993, nachdem die USA und Japan bereits umgestellt hatten. BIP mißt die Produktion von Waren- und Dienstleistungen in einem Wirtschaftsgebiet unmittelbar und harmoniert besser mit weiteren wichtigen Konjunkturanzeigern wie Produktion, Auftragseingang, Umsatz und Beschäftigtenzahl. → Bruttosozialprodukt.

Bruttopreise, beim System der B. werden vom Produzenten unverbindliche Endverbraucherpreise empfohlen. → Nettopreise

Bruttosozialprodukt, das B. ist ein Maß für die wirtschaftliche Leistung einer Volkswirtschaft und entspricht dem Wert aller Güter und Dienstleistungen, die während einer bestimmten Periode (i.d.R. ein Kalenderjahr) produziert werden.

BSP, 1. Kürzel für Bruttosozialprodukt. 2. Billing and Settlement Plan; Abrechnungsverfahren der Fluggesellschaften mit den Reisebüros (IATA-Agenturen) in der Bundesrepublik. BSP bedeutet für IATA-Agenturen durch die einheitliche Abrechnung der Flugscheine über ein Rechenzentrum sowie zentrales Inkasso durch eine Clearingstelle eine wesentliche Vereinfachung. Die BSP

Airline ist zur Teilnahme am BSP-Abrechnungsverfahren zugelassen. BSP Area ist das Land oder die Gruppe von Ländern, in denen ein BSP operiert. BSP Panel ist der BSP-Ausschuß, der aus allen IATA-Mitgliedern besteht, die planmäßige Flugdienste in das Land/Gebiet eines BSP unterhalten und/oder dort ihre Verkehrsdokumente durch Agenten ausstellen lassen, sowie NON-IATA Luftverkehrsgesellschaften, die am BSP teilnehmen. Beim BSP werden die nachfolgenden Abkürzungen sehr häufig verwendet.

AAL	Agenten-Abrechnungsliste
AAS	Agency Accreditation Service
ACM	Agency Credit Memo
ADM	Agency Debit Memo
AISP	Airline Industry Settlement Plan
AVP	Agent´s Validator Plate
BSP	Billing and Settlement Plan
CANX	Canceled, ungültige Reisedokumente
CCCF	Credit Card Charge Form
CIP	Carrier Identification Plate
CK	Check Digit
CRS	Computer Reservation and Ticketing System
EBT	Excess Baggage Ticket
HOT	Hand-Off-Tape
LVG	Luftverkehrsgesellschaft
MD	Miscellaneous Document
MPD	Multiple Purpose Document
OPATB	Off Premise Automated Ticket and Boarding Pass
OPTAT	Off Premise Transitional Automated Ticket
SCNR	Stock Control Number (OPATB)
SVD	Standardverkehrsdokument
SVF	Standardverwaltungsformular
TC	Transportation Credit
TDNR	Ticket Number
UATP	Air Travel Card/Air Plus Card
UTP	Unit Transaction processed

→ AISP, → IATA

BSP Panel, BSP-Ausschuß, der aus allen IATA-Mitgliedern besteht, die planmäßige Flugdienste in das Land oder Gebiet eines BSP unterhalten und dort ihre Verkehrsdokumente durch Agenten ausstellen lassen, sowie Non-IATA-Carriern, die am BSP teilnehmen. → BSP, → Non-IATA-Carrier

BSP-Airline, ist eine Luftverkehrsgesellschaft, die am Billing and Settlement Plan (BSP) teilnimmt. → BSP

BSP-Area, Land oder Gruppe von Ländern, die am Billing and Settlement Plan (BSP) teilnehmen. → BSP

BSPC, Billing and Settlement Plan Committee, wird aus Vertretern von Mietgliedsfluggesellschaften des BSP zusammengesetzt. → BSP

BSR, Bankers´ Selling Rate, offizieller Bankverkaufskurs für Währungen in Deutschland als Grundlage der Flugpreisberechnung. → BARIG-Rate

BTA, British Tourist Authority, Britische Tourismuszentrale. → BRAVO

BTC, Baltic Sea Tourism Commission, Sitz in Norrköping/Schweden. Mitglieder: Polen, St. Petersburg und Kaliningrad, Estland, Lettland und Litauen sowie die westlichen Länder Finnland, Schweden, Dänemark, Norwegen und Deutschland. Die BTC hat 125 Mitglieder (Stand März 1998) aus zehn Ländern, Fremdenverkehrsämter, Flug- und Bahngesellschaften, Fähren, Hotels, Veranstalter und Reisebüros, die sich unter anderem gemeinsam auf Messen präsentieren. Erstellung eines Entwicklungs- und Kooperationskonzepts für länderübergreifenden Tourismus in der Ostseeregion; u.a. werden präsentiert: die Wikingerroute, die Via Hansa und die Bernsteinstraße sowie Ostsee-Kreuzfahrten auf traditionellen Schonern. B. ist Veranstalter der BTC Reisemesse im September 1998 in St. Petersburg.

BTF, International Brussel Travel Fair; Reisemesse für Fachbesucher, alljährlich in Brüssel.

BTG, Bildungszentrum für Tourismus und Gastronomie. Sitz in Husum. Eine Einrichtung der Wirtschaftsakademie Schleswig-Holstein in Lübeck mit u.a. Vorbereitung auf das IATA-Diplom und Touristikfachwirt/-in mit anerkanntem IHK-Abschluß.

BTL, Bolsa de Turismo de Lisboa, erster Reisemarkt in Lissabon im Jan. 1989.

BTM, Berlin Tourismus Marketing GmbH, Marketingverband zur Förderung des Berlin-Tourismus.

BTS, Bus-Touristik-Service, überregionaler Zusammenschluß von Busunternehmen zum gemeinsamen Einkauf und zur Produktvermarktung. → Kooperation

BTW, Bundesverband der Deutschen Tourismuswirtschaft. 1995 gegründet mit Sitz in Bonn. Dachorganisation der verschiedenen deutschen Tourismusverbände und Leistungsträger; gegründet zur Vertretung der gemeinsamen gesamtpolitischen Interessen und Belange gegenüber Politik, Wirtschaft und Öffentlichkeit.

Btx, Bildschirmtext. Frühere Bezeichnung für den Online-Dienst der Deutschen Telekom (abgelöst durch den Begriff T-Online), bei dem zentral gespeicherte Daten abgerufen und mit Hilfe eines Modems auf einen eigenen Bildschirm dargestellt werden können. Wird z.b. von deutschen Fremdenverkehrsregionen als Anbieter genutzt. Btx ist ein offenes System, die Bedienung ist einfach und preisgünstig, der Informationsumfang ist nahezu unbegrenzt und rund um die Uhr abrufbereit. Bessytex = Zimmervermittlung, System über Btx im Online-Verfahren. Start/Btx = Bildschirmtext für Reisebüros im Rahmen einer geschlossenen Benutzergruppe. Seit 1993 ist das Btx-System in das Datenübertragungssystem Datex-J integriert. → Datex-J, → T-Online

Btx-Rb, jetzt START-Btx-Rb GmbH, Frankfurt/M. → START-Btx-Rb

Buchung, → Anmeldung und Reservierung

Buchungs- und Reservierungssysteme (elektronisch), → crs

Buchungsklasse, für eine Verkehrsgesellschaft ist die Buchungsklasse der Parameter zur ertragsorientierten Steuerung der Kapazitätsausnutzung in der Buchungsphase, z.B. bei Lufthansa gab es bis 1990 5 B.n: First, Business und 3 in Economy; seit 1990 kann Lufthansa mit Hilfe der EDV bis zu 30 Preisklassen steuern. → Class codes, → Yield control.

Buchungsmaske, über eine B. lassen sich über sog. Eingabefelder formularartig buchungsrelevante Daten eingeben.

Buchungssteuerung, Begriff für ertragsorientierte Auslastung bei den Leistungsträgern. → Yield Control

Bucket Shops, nicht lizenzierte Reisemittler in Großbritannien, die Flugscheine mit Preisnachlässen verkaufen.

Budget, ist ein Finanzplan für eine bestimmte Zeitperiode. In einem B. werden die voraussichtlichen Einnahmen den vorhersehbaren Ausgaben gegenübergestellt. Wir unterscheiden Budgets privater und öffentlicher Haushalte. In diesem Sinne wird vor allem von dem B. des Bundes, der Länder und Gemeinden gesprochen.

Buffet-Breakfast, reichhaltiges Buffet-Frühstück mit Selbstbedienung zur Auswahl, im Übernachtungspreis eingeschlossen oder, wie bei den meisten US-Hotelgruppen, extra zu zahlen.

BUGA, Bundesgartenschau, → Gartenschau

Bugstrahlruder, Kreuzfahrt- und Fährschiffe neuerer Bauart haben zum besseren Manövrieren ein Bugstrahlruder, das mit Wasserdüsen oder Propeller das Schiff zur Pier oder von der Pier drückt.

Bullet Train (Tokaido Sanyo Shinkansen), japanischer Hochgeschwindigkeitszug, der die 1069 km zwischen Tokyo und Fukuoka in nur fünf Stunden und 57 Minuten zurücklegt. Die Strecke führt vom weltweit größten und geschäftigsten Bahnhof in Tokyo in östliche Richtung über Nagoya, Kyoto und Hiroshima bis nach Fukuoka auf der Insel Kyushu. Insgesamt verbinden vier Shinkansen-Linien die vier Hauptinseln und stehen in Konkurrenz zum Flugzeug. Einzelne Zugfahrkarten für den B.T. können nur in Japan erworben werden, es bietet sich u.U. der Kauf eines Rail Pass beim japanischen Fremdenverkehrsamt an. → AVE, → ICE, → TGV

BUND, Bund für Umwelt- und Naturschutz Deutschland e.V., bundesweit organisierter Umweltschutzverband mit Sitz in Bonn. Er zählt über 150.000 Mitglieder und ist in allen Bundesländern mit Kreis- und Ortsverbänden vertreten. Zu seinen Themen gehört auch die Belastung des Naturhaushaltes durch Freizeitaktivitäten. Seine Aufgabe sieht er u.a. in der Entwicklung von Formen eines umwelt- und sozialverträglichen Tourismus wie auch in der Entwicklung von Konzepten für eine Umweltverträglichkeit im Bereich des Sports. BUND war Mitglied im Arbeitskreis Tourismus mit Einsicht. → Tourismus mit Einsicht

Bund-Länderausschuß Fremdenverkehr, → Länderausschuß Fremdenverkehr

Bundesanstalt für Flugsicherung, → BFS

Bundesbank, deutsche, → Notenbank

Bundesministerium für Wirtschaft

Bundeseisenbahnvermögen, die Zusammenführung der Sondervermögen des Bundes Deutsche Bundesbahn und Deutsche Reichsbahn hat diesen neuen Begriff entstehen lassen. Mit der am 1. Januar 1994 in Kraft getretenen Bahnstrukturreform ist die jahrzehntelange Teilung auch auf dem Gebiet des deutschen Eisenbahnwesens endgültig beendet worden. Die Neugliederung der Eisenbahn des Bundes hat damit gleichzeitig ihren Anfang genommen und als wichtigsten Schritt die Herauslösung der eigentlichen Eisenbahnaufgaben und deren Organisierung in handelsrechtlicher Form bewirkt. Verblieben sind neben diesem von der DB AG wahrgenommenen unternehmerischen Bereich Restaufgaben, die der öffentlichen Verwaltung obliegen und auch nach der Privatisierung weiterhin von dieser auszuführen sind wie Versorgung der Beamten, Liegenschaften der Bahn, Verwertung von Grundbesitz sowie Dienststellen in acht Städten; B. ist die Restbehörde der Bahn. ▸ DB, ▸ DBH, ▸ DR, ▸ Regionalisierung des Nahverkehrs

Bundesgartenschau, ▸ Gartenschau

Bundesministerium der Justiz, auf dem Gebiet des Tourismus ist die Abteilung I, Referat I B2 zuständig für das Reisevertragsrecht.

Bundesministerium für Ernährung, Landwirtschaft und Forsten, für Landtourismus und Urlaub (Ferien) auf dem Bauernhof ist Referat 525 zuständig. Aufgaben des Referats: besondere Angelegenheiten der Gesellschaft im ländlichen Raum, Nebenerwerbslandwirtschaft sowie Angelegenheiten der Freizeit und Erholung.

Bundesministerium für Familie, Senioren, Frauen und Jugend, das Referat 213 ist zuständig für Familienforschung, Demographie, Freizeitpolitik, Familienerholung, Statistik, familiengerechte Verbraucherpolitik. Es ist organisatorisch der Abteilung 2 des Ministeriums Familienpolitik angegliedert. Schwerpunktaufgaben sind:

- Koordinierung der Freizeitpolitik der Bundesregierung
- Grundsatzfragen von Freizeit, Erholung und Tourismus
- Freizeitpolitische Maßnahmen im Hinblick auf den Urlaub
- Bundeswettbewerbe „Familien-Ferien"

- Zusammenarbeit mit und Förderung von Organisationen im Freizeitbereich
- Öffentlichkeitsarbeit im Freizeitbereich; Maßnahmen zur Information über Freizeit- und Urlaubsmöglichkeiten, insbesondere für Familien
- Freizeitforschung
- Grundsatzfragen der Familienerholung
- Förderung von Bau und Einrichtung von Familienferienstätten
- Zusammenarbeit mit den Bundesländern im Bereich der Familienerholung und mit den Arbeitskreisen für Familienerholung
- Internationale Zusammenarbeit im Bereich der Familienerholung

Bundesministerium für Verkehr (BMV), das BMV ist zuständig für folgende Arbeitsbereiche: Luft- und Seeverkehr, Straßen- und Binnenschiffahrtsverkehr. Seiner Aufsicht unterliegen u.a. die Deutsche Bahn AG, das Luftfahrtbundesamt, die Bundesanstalt für Flugsicherung. Mit Beginn der Liberalisierung im europ. Luftverkehr fungiert das BMV nur noch eingeschränkt als Genehmigungsbehörde für die Gewährung von Tarifen, Sondertarifen und Provisionsabweichungen an Reisebüros durch die Fluggesellschaften. U.a. speziell **1.** Verkehrspolitische Grundsatzabteilung (A), Referat A 11: Internationaler Verkehr I: Bilaterale Verkehrsbeziehungen; Völkerrecht, Entwicklungshilfe (Koordinierung internationaler und nationaler Fragen des Tourismus). **2.** Abteilung Luft- und Raumfahrt (LR): Alle Angelegenheiten der Luftfahrt und des Weltraumrechts, soweit das Bundesministerium für Forschung und Technologie nicht zuständig ist. Referat LR 12: Luftverkehr I - Fluglinienverkehr, allgemeine Angelegenheiten des Luftverkehrs; Referat LR 13: Luftverkehr II - Luftfahrtpolitik, gewerblicher Gelegenheitsverkehr (Charter). Nach BMV sind Linien- und Ferienflugverkehr (Charter) gleichberechtigt - bis hin zur Slot Vergabe. ▸ BFS Bundesanstalt für Flugsicherung, ▸ LBA - Luftfahrtbundesamt, ▸ Liberalisierung im Luftverkehr

Bundesministerium für Wirtschaft (BMWi), die Zuständigkeit und damit Federführung für Fragen des Tourismus liegt beim Bundesminister für Wirtschaft Abteilung II: Mittelstandspolitik; Dienstleistungswirtschaft; Forschung und Technik; Bildungspolitik.

Bundesministerium für wirtschaftliche Zusammenarbeit und Entwicklung

Unterabteilung II D ist zuständig für Grundsatzfragen der Mittelstandspolitik; Freie Berufe; Dienstleistungen; Bildungs- und Tourismuspolitik. Das für die Tourismuswirtschaft und Tourismusförderung zuständige Referat II D 2 befindet sich seit 1993 in Berlin. Seine Hauptaufgaben sieht das BMWi in der Sicherung günstiger Rahmenbedingungen für die Entwicklung der Tourismuswirtschaft, wofür deren Wachstumspotentiale gestärkt, durch Deregulierung und Liberalisierung unternehmerische Energien freigesetzt, Wettbewerb gewährleistet und der Strukturwandel vor allem für mittelständische Unternehmen gewährleistet werden soll. Weitere Aufgabenschwerpunkte liegen dabei in der Beobachtung der Tourismusmärkte mit ihren Besonderheiten und im Ausbau der internationalen Zusammenarbeit. Mit einer Reihe von Maßnahmen soll der Aufbau einer marktorientierten Tourismuswirtschaft in Ostdeutschland vorangetrieben werden; hierzu gehören die zügige Privatisierung touristischer Einrichtungen ehemals durch die Treuhandanstalt unter Fachaufsicht des BMWi, öffentliche Investitionsförderung; Förderung von Unternehmens- und Existenzgründungsberatungen, Förderung der Vermarktung durch die DZT, Weiterbildungsförderung durch das DSF, Entwicklung der touristischen Infrastruktur im Rahmen der Gemeinschaftsaufgabe „Verbesserung der regionalen Wirtschaftsstruktur". → Beirat für Tourismusfragen, → BVS, → DSF, → DZT, → Öffentliche Investitionsförderung, → Treuhandanstalt

Bundesministerium für wirtschaftliche Zusammenarbeit und Entwicklung (BMZ), das Referat 202, Arbeitsgruppe Touristeninformation Dritte Welt ist zuständig für Touristeninformation, Qualifizierung des Dritte-Welt-Tourismus. Es unterstützt im Rahmen entwicklungspolitischer Arbeit auch auf dem Sektor des Ferntourismus eine Palette von Informations- und Qualifizierungsmaßnahmen. → DSE, → GTZ

Bundesverband der Gästeführer, der von den städtischen Fremdenführern gegründete Verband hat seinen Sitz in Köln. Mitglieder sind die bundesdeutschen qualifizierten Gästeführer. Der Verband vertritt deren Interessen gegenüber den Behörden und der Öffentlichkeit mit u. a. einheitlichem Berufsbild und strebt eine Verbesserung ihrer wirtschaftlicher Stellung an. → FEG

Bundesverkehrswegeplanung, zur B. gehören das Schienennetz der Deutschen Bahn, die Bundesfernstraßen, die Bundeswasserstraßen und die Luftverkehrswege. Zur Koordinierung der Aufgaben von Verkehrssicherheit, regionaler Erschließung, bedarfsgerechtem Ausbau, Energieeinsparung und Umweltschutz sowie der hierzu nötigen Planungen und Investitionen hat die Bundesregierung den Bundesverkehrswegeplan 1991-2012 erstellt. → Funktionsbereiche der Transportleistungen, → Wegsicherung, (s. Tabelle)

Burghotel, Gastronomie- oder Hotelbetrieb, der ganz oder teilweise in historischen Gebäuden geführt wird. Ausstattung und Standard der B. sind sehr unterschiedlich.

Bürgschaft, Vertrag, durch den sich der Bürge gegenüber dem Gläubiger eines Dritten (des sog. Hauptschuldners) verpflichtet, für die Erfüllung einer Verbindlichkeit des Hauptschuldners einzustehen. → Bankbürgschaft, → Hauptschuldner

Bürokaufmann/-kauffrau, kaufmännische Grundausbildung in der Reisebranche. → Berufsausbildung im Tourismus

Bürotel, Hotel, das entsprechend den besonderen Bedürfnissen von Geschäftsreisenden eingerichtet ist. Ziel ist es, mit Hilfe von Computeranschluß, Sekretariats- und Dolmetscherservice Büroarbeit zu ermöglichen.

Bus, 1. Verkehrsmittel, das eingesetzt wird im
- öffentlichen Personennahverkehr: Stadtbus, Überlandbus
- im Reiseverkehr

Als Reiseverkehrsmittel durch größere Mobilität und überschaubarere Größe der Reisegruppen Bahn und Flugzeug überlegen, solange die Anforderungen an das Reiseverkehrsmittel nicht nur auf die Distanzüberwindung zwischen Abfahrts- und Zielort beschränkt ist. **2.** Die Bezeichnung „1-Sterne-Bus" war bis Februar 1997 ein RAL-geschützter Begriff der Gütegemeinschaft Buskomfort. Ab 1.1.1995 ersetzt durch die neue Bezeichnung Transport Class. Ab dem 1.3.1997 ersetzt durch die neue Bezeichnung „Tourist-Class". → GBK, → Klassifizierung der Reisebusse, → ÖPNV - Öffentlicher Personennahverkehr, → RAL

Buschenwirtschaft/Besenwirtschaft, → Straußwirtschaft

Buschenwirtschaft/Besenwirtschaft

INVESTITIONSSTRUKTUR 1991 – 2012

auf der Grundlage des Bundesverkehrswegeplans 1992 sowie des
(1.) Bundesschienenwegeausbaugesetzes und des
4. Fernstraßenausbauänderungsgesetzes

	BVWP '92		BVWP '85	
	Gesamtinvestitionen 1991–2012		Gesamtinvestitionen 1986–1995 (nur alte Bundesländer)	
	Mrd. DM	%	Mrd. DM	%
1. Schienennetz DB/DR*	213,6	39,7	35,0	27,8
2. Bundesfernstraßen	209,6	38,9	50,1	39,7
3. Bundeswasserstraßen	30,3	5,6	8,0	6,4
Zwischensumme	453,5	84,2	93,1	73,9
4. Luftfahrt	**	**	2,3	1,8
5. GVFG-Finanzhilfen****	82,6	15,3	27,8	22,0
6. übrige Investitionen	2,7	0,5	2,9	2,3
SUMME	538,8	100,0	126,1	100,0

davon: Investitionen für Neu- und Ausbau bzw. Hauptbautitel Straßenbau

	Mrd. DM	% von Gesamt	% von Neu- u. Ausbau	Mrd. DM	% von Gesamt	% von Neu- u. Ausbau
1. Schienennetz DB/DR	118,3	22,0	48,8	25,6	20,3	45,5
2. Bundesfernstraßen***	108,6	20,2	44,7	26,2	20,8	46,5
3. Bundeswasserstraßen	15,7	2,9	6,5	4,5	3,6	8,0
SUMME	242,6	45,1	100,0	56,3	44,7	100,0

*): Allgemeine und streckenbezogene Investitionszuschüsse des Bundes auf Basis »status-quo-Bedingungen« des Rechtsstatus der Bahnen

**): Investitionen des Bundes in die Flugsicherung entfielen ab 1993 durch Privatisierung

***): Hauptbautitel (BAB-Erweiterung und -Neubau, Bundesstraßenneubau) jeweils mit Grunderwerb-Bedarfsplaninvestitionen

****): Finanzhilfen nach dem Gemeindeverkehrs-Finanzierungsgesetz für den öffentlichen Personennahverkehr und den kommunalen Straßenbau

Business Budget

Business Budget, Bezeichnung eines Sonderpreises in der Business-Klasse bei der skandinavischen Fluggesellschaft SAS.

Busreisen, bei typischen B. umfaßt der Leistungsumfang mehr als bloßen Transport und Unterkunft. Typische B. sind: Festspiel-, Rund-, Städte- und Studienreisen sowie Kurzurlaubsreisen. Sie werden von Busreiseveranstaltern in eigenen Programmen ausgeschrieben oder im Mietomnibusverkehr den Vorstellungen einer geschlossenen Gruppe entsprechend zusammengestellt. → Festspielreisen, → Kurzreisen/Kurzurlaubsreisen, → Mietomnibusverkehr, → Rundreisen, → Städtereisen, → Studienreisen,

Bustourismus, bei der Hauptenurlaubsreise ist der B. entsprechend der Marktentwicklung mitgewachsen und liegt in den vergangenen Jahren konstant bei ca. 10%. Gleichzeitig ist der Markt im Wandel begriffen. Während die Ferienzielreise stagniert, erreicht der B. dort seine Zuwachsraten, wo er mit qualitativ hochwertigen Angeboten neue Kundenschichten gewinnen kann. Als klassisches Verkehrsmittel für den Zweit- oder Mehrfachurlaub kommen bei typischen Busreiseangeboten Komfort und Bequemlichkeit des Busses dem Erholungs- und Erlebnisbedarf des Reisegastes entgegen. → Ferienzielreisen, → Hauptenurlaubsreise, → Reiseanalyse (RA), → Verkehrsmittel

Buy and Fly, Lufthansa Sonderflugpreisaktion. Die Buy and Fly-Tarife werden kurzfristig veröffentlicht und haben einen festen Verkaufszeitraum (14 Tage) und Reisezeitraum (4 Wochen).

Buy Bye Touristik, gemeinsame Tochtergesellschaft von First und LTU, arbeitet im Vertrieb mit Stinet-Frontoffice-System; speziell bei kurzfristigen Reiseangeboten.

Butterfahrten, Schiffsfahrten außerhalb der Hoheitsgewässer in internationalen Gewässern, bevorzugt genutzt zum Einkauf zollfreier Waren (ursprünglich hauptsächlich Butter). Die Passagiere dürfen bei diesen Fahrten nicht von Bord gehen. → Duty-free

BVS, 1. Bundesanstalt für Vereinigungsbedingte Sonderaufgaben, ab Januar 1995 Rechtsnachfolgerin der Treuhandanstalt. Sie soll die nicht erledigten Aufgaben der Privatisierung, der Abwicklung und der Vertragskontrolle abschließen. **2.** Bestandsverwaltung und Verbrauchskontrolle von automatischen Standardverkehrsdokumenten. Der Agent kann dabei online die benötigte Menge an Dokumenten bei der Druckerei bestellen. → Treuhandanstalt

By Pass-Funktionen, → Access

Byte, Zusammenfassung von acht Binärstellen (8 Bit), kleinste adressierbare Informationseinheit. → Bit

Byzantinische Kunst, stand im Dienste des Oströmischen Reiches und der Kirche (5. Jh. bis 1453). Heute fast ausschließlich in der Kirchenarchitektur erkennbar; vorwiegend überkuppelte Zentralbauten (Hagia Sophia in Istanbul, San Vitale in Ravenna). Weitere Kennzeichen sind Mosaikkunst und Tafelmalerei (Ikone). Letztere wurde von den Balkanländern und Rußland übernommen und weitergeführt.

C, neben D, J und Z die Tarifbezeichnung im Flugticket für Business Class.

CAB, 1. Kurzform für Taxi in USA. 2. Civil Aeronautics Board, Luftverkehrsbehörde der USA, die 1978 für die Einleitung und Durchführung der Liberalisierung im Luftverkehr zuständig war. Nach Auflösung 1984 im Rahmen der Deregulation gingen die weiteren Aufgaben auf das DOT (Department of Transportation, das amerik. Verkehrsministerium) über. → Deregulation

Cab-Charge-Karte, cab charge, engl. Taxi-Preis, 1994 in Berlin begonnenes Pilotprojekt zum bargeldlosen Bezahlen in Taxen. Die C. besitzt einen Magnetstreifen mit gespeichertem Namen und der Anschrift des Benutzers. Sie wird in ein Gerät eingeführt, in das der Fahrer den Preis eintippt. Der Kunde erhält einen Kassenbon als Beleg, die Rechnung wird zugeschickt. Dieses Zahlungsverfahren ist für den Fahrgast bequem und erhöht zugleich die Sicherheit der Taxifahrer vor Raubüberfällen. Zukünftig soll es die sog. Berlin-Card geben, mit der das bargeldlose Zahlen auch in anderen Bereichen (z.B. Museum) möglich wird.

Cabin Attendants, oder Cabin Crew, engl. Bezeichnung für das Servicepersonal auf Passagierflugzeugen. → Flugbegleiter

Caesar, Veranstaltersoftware für mittelgroße Reiseunternehmen bietet moderne Kommunikationslösungen wie E-mail, modularen Aufbau und die Verbindung von verschiedenen Anwendungen. Entwickelt vom dem Systemhaus CST/DCS aus Hanau mit dem Ziel, dem Endkunden eine Online-Buchung per Internet zu ermöglichen. Für Busreiseveranstalter ab 500 Teilnehmern gibt es die Software Caesar Win.

Café, Gastronomiebetrieb mit Kaffeeausschank als Hauptumsatzträger. Das Angebot umfaßte ursprünglich nur Heißgetränke wie Kaffee, Tee usw. und Kuchen, Torten und Gebäck. Heute bieten die meisten Betriebe auch kleine Zwischenmahlzeiten an.

Cafeteria, Gastronomiebetrieb, der grundsätzlich auf Selbstbedienung eingestellt ist und nur ein begrenztes Angebot an Speisen und Getränken anbietet. Der Gast bedient sich entlang einer Auswahltheke, an deren Ende sich die Kasse befindet; Tische und Stühle sind bereitgestellt.

Calculator, engl., 1. Rechner, Rechenmaschine, Rechentabelle. 2. Amadeus Service Funktion, mit der ohne Unterbrechung des Buchungsvorgangs Reisezeiten berechnet, Three Letter Codes entschlüsselt sowie Orte, Länder und Fluggesellschaften kodiert werden können.

Call Center, internes oder externes Unternehmen, bietet Service-Leistungen in der Telekommunikation, wie z.B. Bestellannahme, Reservierung, Einrichtung oder Übernahme von Vertriebsaufgaben für Dienstleistung, Industrie und Handel. Man unterscheidet das aktive C. mit Telefonmarketing und Akquisition vom interaktiven C, das ankommende Gespräche per Sprachsteuerung in die gewünschte Abteilung weiterleitet oder Serviceinformationen weitergibt.

Calling Card, verschiedene Gesellschaften bieten Telefonkarten für den internationalen Gebrauch an. Nach der Wahl einer gebührenfreien Telefonnummer des Kartenanbieters wird der Nutzer zur Eingabe eines Codes aufgefordert. Im Anschluß wird die gewünschte Verbindung hergestellt. Die Telefonate werden per Rechnung bezahlt.

Campanile, freistehender Glockenturm ital. Kirchen, z. B. San Marco in Venedig.

Campingflüge, Voraussetzung zur Nutzung der preiswerten planmäßigen Ferienflüge ist die Buchung einer Pauschalreise, bestehend aus Flug und Unterkunft. Auch Unterkunft auf gewerblich betriebenen Campingplätzen erfüllt die Voraussetzung einer Flugpauschalreise. Nur-Flug- Ticketverkäufe über Reiseveranstalter/Reisemittler sind entweder auf 15% der Sitzplatzkapazität eines Flugzeugs beschränkt oder formal überhaupt nicht zulässig. Mittlerweile gibt es allerdings eingefahrene Wege, diese Bestimmungen zu umgehen und beispielsweise Pro-forma-Hotelgutscheine in den Ticketpreis zu integrieren („Wegwerf-Voucher"), um C. den Anschein von Pauschalreisen zu geben. → Pauschalreisen

Campingplatz, umzäunte Fläche, die als Campingplatz offiziell ausgewiesen ist. C. werden von einem Platzhalter betrieben und stehen zum Wohnen in Zelten oder Wohnwagen jedermann offen. C. verfügen über hygienische und hauswirtschaftliche Ein-

Camping-Tourismus

richtungen, Liegewiesen, Spielplätze und je nach Standort über Schwimmbäder, Tennis- und Golfplätze sowie Einkaufsmöglichkeiten. Sie sind nach ihrer Ausstattung kategorisiert. Der Platzhalter hat die aufgenommenen und übernachtenden Personen in ein Fremdenverzeichnis einzutragen und ist über die Anzahl der Übernachtungen gegenüber dem Stat. Bundesamt berichtspflichtig. Nach Definition des Stat. Bundesamtes gelten Gelände, auf denen zur Beherbergung Wohnwagen und Zelte bereitstehen, nicht als C., sie sind als Ferienwohnung anzusehen. → Fewo - Ferienwohnung, → Klassifizierung der Campingplätze

Camping-Tourismus, Freizeitwohnen in beweglichen Unterkünften und Wohngelegenheiten. Hinsichtlich Standort und Aufenthalt unterscheidet man
- Feriencamping in landschaftlich schöner Lage, zwischen 1 und 3 Wochen
- Tourismuscamping an verkehrsgünstigen Standorten, zwischen 1 und 3 Tagen
- Wochenendcamping in Naherholungsgebieten, regelmäßig 2 Tage.

Nach Unterkunftsart unterscheidet man
- Zelt
- Faltanhänger
- Wohnmobil (Motorcaravan)
- Wohnwagen (Caravan)
- Wohncontainer
- Mobilheim

→ DCC, → Mobilheime, → Naherholung/Naherholungsverkehr, → Wohnmobil, → Wohnwagen

Campingvertrag, beim C. handelt es sich um einen Mietvertrag mit zusätzlichen, atypischen Leistungen, vergleichbar dem Beherbergungsvertrag, mit dem Unterschied, daß die Mietsache kein Raum, sondern ein Geländestück ist. Außerdem gilt regelmäßig mangels Gastwirtseigenschaft des Campingplatzinhabers nicht die verschärfte Gastwirtshaftung nach § 701 ff. BGB. → Beherbergungsvertrag

Canadian Pacific, Transkontinentalzug, der von Küste zu Küste Kanadas viereinhalb Tage benötigt. Ausgangs- oder Endpunkt der Fahrt ist Halifax in Nova Scotia, von dort führt die Strecke über Montreal, Winnipeg, Edmonton und Jasper bis nach Vancouver in British Columbia. Insgesamt werden dabei etwa 6000 km zurückgelegt. Buchun-

gen in Deutschland erfolgen bei der Generalvertretung der kanadischen Eisenbahngesellschaft VIA-Rail in Ahrensburg.

Cancellation Fee, → Stornokosten

Cancellation, Annullierung, Stornierung, z.B. eines Vertrags zwischen Leistungsträger und Veranstalter und/oder Reisemittler. → Annullierung/Stornierung, → Stornokosten

Candle-Light-Dinner, festliche Abendmahlzeit bei Kerzenschein; wird vielfach in historischen Gebäuden veranstaltet.

Canyoning, von touristischen Veranstaltern angebotene Abenteuersportart mit Klettern in Felsspalten und Abseilen in Schluchten.

Car Rental, → Rent-a-car

Caravan, Sammelbezeichnung für mobile Unterkünfte, die entweder von Automobilen gezogen werden oder selbst über einen Motor verfügen. Man unterscheidet: 1. die eigentliche C.-Wohnanhänger unterschiedlicher Bauweise, Größe und Ausstattung mit Wohn-, Koch- und Schlafeinrichtungen. 2. Reisemobile, auch Campingbus oder Motor-C. mit fest eingebauter oder herausnehmbarer Wohn-, Koch- und Schlafeinrichtung; Kfz-Gewicht von 2,4 Tonnen aufwärts. 3. Mobilheime, deren Beweglichkeit aufgrund ihrer Größe stark eingeschränkt ist. → Mobilheime, → Wohnanhänger, → Wohnmobil

CarMaster, Mietwagenreservierungsprogramm unter Galileo, ermöglicht einen einfachen Zugriff auf zahlreiche Mietwagenanbieter weltweit und vielfach sofortige Bestätigung der Buchung auch zu Sondertarifen. → Galileo.

Carina, Reservierungssystem der ANZ (Air New Zeeland); mit crs SABRE über Direct Access gekoppelt. → Direct-Access, → SABRE

Carnet de Passage, Grenz- oder Zolldokument, für mehrere Länder gültig und berechtigt zu mehreren Fahrten desselben Fahrzeugs ins Ausland. → Triptik, → Zollpassierschein

Carrera, Datenbank der Herzog HC, Frankfurt/M. mit Verbindung zu nationalen und internationalen Reservierungssystemen; Inhalte sind: Hotelgruppen, Einzelhotels, Mietwagenfirmen und andere touristische Gesellschaften. C. ist Leistungsträger in

START, über START sind Reservierungen bei C. möglich. → Leistungsträger

Carrier (air)-Identifikation-Code, → Two-Letter-Code

Carriers own Agent, → Other Agents

Carrier, gemeinhin die Fluggesellschaften (genauer: Air Carrier). C. steht auch für alle anderen Beförderungsunternehmen.

Carry-on items, engl. Bezeichnung für das Handgepäck, das während des Fluges mit in die Kabine genommen werden kann. → Handgepäck

CARS Plus, Mietwagenreservierungsprogramm unter SABRE mit sofortiger Buchungsgarantie. → SABRE

Carsharing, hierbei wird von mehreren Personen gemeinsam ein Auto genutzt. I. d. R. erwirbt eine Organisation (Verein, Genossenschaft o.ä.) ein oder mehrere Autos und stellt diese ihren Mitgliedern, die kein eigenes Auto besitzen dürfen, zur Verfügung. Rein rechnerisch gesehen teilen sich 10-15 Personen ein Auto. Dieses Modell ist auch unter der Bezeichnung Sta(d)t-Auto oder Stadtteil-Auto bekannt.

Cash Payment, neben Barzahlung auch die Zahlung mit Scheck.

Cash Time, Software der Firma Classware aus Freiburg zur Abrechnung von Beratungsleistungen, Reisekosten und Spesen.

CASH, Computer Aided Sales for Hotels; EDV-Programmpaket (Software) der Best-Western Hotelgruppe.

Cash-flow, Kennzahl (geldliche Stromgröße), die den in einer Periode erwirtschafteten Zahlungsmittelüberschuß angibt. C. dient zur Beurteilung des finanziellen Ergebnisses eines Unternehmens, ist mithin Ausdruck der Innenfinanzierungskraft; wird für die Bewertung eines Unternehmens herangezogen. Eine vereinfachte C.-Rechnung wird nach folgendem Muster aufgestellt: Ergebnis des Gewinn- und Verlust-Rechnung (Bilanzgewinn/-verlust) zuzüglich Abschreibung, zuzüglich außerordentliche Aufwendungen, abzüglich außerordentliche Erträge. Der so ermittelte Betrag kann vom Unternehmen zur Eigenfinanzierung und/ oder Schuldentilgung eingesetzt werden.

Casual, Bekleidungsempfehlung für den Abend; leger.

CAT, 1. City Air Terminal, Abfahrtspunkt der Flughafenbusse. 2. Clear Air Turbulence, Turbulenz in wolkenfreier Luft.

Catering, Passagierversorgung bei Flugzeugen und Schiffen; Begriff geht zurück auf die Stadtküche. Noch heute werden Kantinen von dieser mit (Mittag-)Essen versorgt. Heute versteht man unter C. Vollserviceleistung mit Lieferung kompletter Bankett- oder Party-Arrangements in die Räume des Bestellers. Bekanntes venezianisches Catering-Unternehmen ist LIGABUE S.p.A. mit Versorgung von über 300 Kreuzfahrtschiffen, arktischen Forschungsstationen und Ölbohrinseln; bietet komplette Verpflegungslogistik.

CATTEC, Comité des Associations de Techniciens du Tourisme de l'Europe Communautaire, Sitz: Paris. Zusammenschluß der Verbände für Tourismusfachkräfte in der EU. Diese Organisation wurde 1990 auf der Lissabon Tourismusmesse (BTL) von italienischen, spanischen, portugiesischen und französischen nationalen Verbänden für Tourismusfachkräfte gegründet. Ziel ist die Verbesserung der Leistungen im Reisebüro durch Ausbildung und Fortbildung. Angestrebt wird die Definierung eines Status für Reisebürofachkräfte in der EU sowie die Einführung einer beruflichen Ethik.

CBR, Caravan, Boot und Internationaler Reisemarkt, München; Touristische Publikumsmesse mit angeschlossenen Fachbesucherteilen MRM (Modell-Reisebüro-München) und MPB (Münchner Partner Börse) für Kontakt zwischen Leistungsträgern, Reiseveranstaltern und Vertretern ihrer Agenturen. → MRM

CCCF, Credit Card Charge Form, ist auszufüllen wenn ein Agent ein manuelles Flugdokument gegen Kreditkarte ausstellt.

CCH, Congreß Centrum Hamburg wird von der Hamburg Messe und Congreß GmbH betrieben. Diese Gesellschaft ist Mitglied der AIPC, der ICCA und der GCB. CCH verfügt über 17 Säle, von denen der größte fast 3000 Plätze bei Reihenbestuhlung bietet. Mit Berlin zusammen gehört das CCH zu den größten Kongreß-Komplexen der Bundesrepublik Deutschland. → AIPC, → GCB → ICC, → ICCA

CD-ROM, Compact Disc - Read Only Memory. Nicht wiederbeschreibbare, optische Platte mit hoher Speicherkapazität.

CDW-Collision Damage Waiver

CDW-Collision Damage Waiver, Auto-Haftpflichtversicherung, ähnlich Vollkasko ohne Selbstbeteiligung, bei Rent-a-car in USA.

CEH, Conférence Européenne des Horaires des Trains Voyageurs, Konferenz europ. Eisenbahnverwaltungen. → EFK

CEMT, Conférence Européenne des Ministres des Transports, Europäische Konferenz der Verkehrsminister. 1953 gegründete Internationale Regierungsorganisation, bestehend aus den EU- sowie aus EFTA- und außereuropäischen Staaten. Ziel ist die Zusammenarbeit bzw. Koordinierung im innereuropäischen Verkehrswesen. Ihre Beschlüsse bleiben für die Mitglieder jedoch unverbindlich.

CFL, Société Nationale des Chemins de Fer Luxembourgeois, Nationale Gesellschaft der Luxemburgischen Eisenbahnen.

Chalets, Schweizer Landhäuser, die auch an Touristen vermietet werden, Bezeichnung gilt auch in anderen französischsprachigen Ferienregionen.

Chapter 11, Reorganisationsverfahren aus dem US-amerikanischen Konkursrecht, das unter der Aufsicht der US-Behörden für in Zahlungsunfähigkeit geratene Firmen eingeleitet wird. C. 11 ermöglicht den betroffenen Unternehmen, ihre Aktivitäten fortzusetzen und schützt sie vor dem Vergleichsverfahren. Angestrebt wird die Verbesserung der finanziellen Lage durch Sanierung und die Rückzahlung der Schulden an die Gläubiger. Fand in der Tourismus-Branche z.B. bei großen US-Fluggesellschaften (TWA, Continental Airlines) Anwendung.
→ Insolvenz, → Konkurs, → Vergleich

Chapter, 1. Kapitel. 2. Regionale Niederlassung einer Vereinigung/eines Verbandes, z.B. PATA German Chapter e.V.

Charter (Schiff), von einem Seereiseveranstalter oder einer Interessengruppe gemietetes Schiff zur Vermarktung in eigener Regie. 1. als Vollcharter = ganz. 2. als Blockcharter = teilweise/gemeinsame Regie. → Bare Boat Charter, → Pro-Rata-Charter, → Teilcharter, → Vollcharter

Charter, Vertrag über die Anmietung eines Fahrzeuges zu Lande, in der Luft oder zu Wasser, mit oder ohne Besatzung, zur Beförderung von Personen oder Gütern.
→ Bare Boat Charter, → Pro-Rata-Charter, → Teilcharter, → Vollcharter

Charterbroker, Dienstleistungsunternehmer (Makler, Agent, Mittler) zwischen Leistungsträgern wie Fluggesellschaften und Reedereien einerseits und Reiseveranstaltern, Reisebüros und Incentive-Agenturen andererseits, eingeschaltet beim Zustandekommen von maßgeschneiderten Angeboten / Abschlüssen, in besonderen Fällen auch mit Hilfe von speziellen Computerprogrammen.

Charterflug, Begriff der Luftfahrtstatistik für „sonstige Charterflüge", wie Personen- und Frachtbeförderung im Tramp- und Anforderungsverkehr, wobei eine Einordnung zu den üblichen Flugarten nicht möglich ist. Zum C. zählen auch die Flüge mit Affinitätsgruppencharter, Special-Event-Charter oder als Krankentransport über 5,7 t maximal zulässiges Startgewicht (MTOW = Maximum Take Off Weight). → Tramp- und Anforderungsverkehr

Charterflugverkehr, nach Luftfahrtstatistik keine gesonderte Verkehrsart. Diese unterscheidet nach 1. Linienverkehr, 2. Gelegenheitsverkehr, 3. Überführungsflug. Da in Deutschland verkehrsrechtlich Flüge des planmäßigen Ferienflugverkehrs nur als Pauschalflugreisen angeboten werden können, werden Flüge, die ganz oder in Kontingenten an Reiseveranstalter vermietet (verchartert) werden, oft als „Charterflüge" bezeichnet. Auch Linienflüge können gleichermaßen verchartert werden. Für alle Flüge des gewerblichen Luftverkehrs gelten die gleichen Sicherheitsstandards sowie die anderen Vorschriften des Luftfahrtbundesamtes (LBA). → ABC-Charter, → Bedarfsluftverkehr nach festen Abflugzeiten, → Gelegenheitsverkehr, → Linienflugverkehr, → NAC-Charter

Charterline, Verkaufs- und Buchungssystem mit einheitlicher Plattform für die Geschäftsprozesse einer Charterfluggesellschaft, entwickelt von Lufthansa Systems.
→ LH-Systems GmbH

Charterverkehr, im Luftverkehr bedeutungsgleich mit Gelegenheitsverkehr (Nicht-Linienverkehr). Im Gegensatz zum Linienverkehr trägt hierbei der Ercharterer das Auslastungsrisiko. → Gelegenheitsverkehr

Chat, Gesprächsraum des Internetanbieters für Diskussionsaustausch der Teilnehmer zur Abrundung ihres Online-Angebotes.

Check Digit, ist eine Prüfziffer auf Flugscheinen, um die Richtigkeit einer Serie von Ziffern mathematisch zu überprüfen.

Chipkarte

Check-in Counter, Abfertigungsschalter.

Check-in zu Hause, Serviceeinrichtung für Airline-Kunden, die die Wartezeit an den Flughäfen abkürzt, mit Zubringerdienst TVS (Transfer Verbund System GmbH) die Gäste abholt und durch die Sicherheitskontrollen begleitet. ▸ Check-in

Check-in, Fluggastabfertigung am Boden. Bezeichnung gilt auch für die Anmeldung im Hotel oder bei Kreuzfahrtschiffen. ▸ Abfertigung im Flugverkehr

Check-in-deadline, letzte Möglichkeit des Eincheckens am Flugschalter.

Check-in-time, Zeitpunkt, an dem mit dem Einchecken der Fluggäste begonnen werden kann.

Check-in-Zeit, zeitlicher Gesamtvorgang, dem sich der Passagier vor Abflug am Abfertigungsschalter der Fluggesellschaft zur Gepäckaufgabe, Empfang der Bordkarte sowie dem Passieren der Paß- und Sicherheitskontrollen unterziehen muß. C. auch vor der Fahrt mit Kreuzfahrtschiffen. ▸ ATB, ▸ Check-in

Check-out, Abfertigung nach dem Flug oder der Abmeldung an der Hotelrezeption. ▸ Abfertigung

Chefsteward, er ist verantwortlich für alle Stewards und Stewardessen im Bedienungsbereich, er hat nach dem Einchecken für die Plazierung der Passagiere an den Tischen zu sorgen und ist in seinem Zuständigkeitsbereich Anlaufstelle für Wünsche und Beschwerden. ▸ Maitre d'Hôtel, ▸ Steward/Stewardess

Chennai, neuer Name der indischen Stadt Madras.

Chiariva, Kürzel für Chiari und Sommeravia. Auf dem europ. Kontinent wurde das älteste Reisebüro 1878 in Mailand gegründet. Es organisierte die erste Gruppenreise rund um die Welt; noch heute bedeutend im Tourismus; u.a. Vertreter der KD in Italien. ▸ KD

Chicagoer Abkommen, (Abkommen von Chicago), genauer engl. Titel ist „Convention on International Civil Aviation", deutsch: Abkommen über die internationale Zivilluftfahrt. 1944 nahmen 54 Staaten an der ICAO-Konferenz teil, ohne die damalige UdSSR. Ziel der Konferenz war, analog der „Freiheit der Meere" eine einheitliche und weltumspannende Regelung für die internationale Zivilluftfahrt zu schaffen. Hintergrund war die Tatsache, daß im 2. Weltkrieg der regelmäßige Luftverkehr über den Nordatlantik Wirklichkeit geworden und für die Ausweitung dieses überzeugenden Verkehrsträgers kein natürliches Hindernis mehr gegeben war. Dem ausgehandelten Kompromiß stimmten 52 der 54 anwesenden Staaten zu. Weitere Abkommen wurden gebilligt, wie z. B. die Transportvereinbarung - International Air Transport Agreement, die die 5 Freiheiten des Luftverkehrs regeln. Außerdem wurde im Abkommen von Chicago die friedliche Regelung der Beziehungen unter den Vertragsstaaten auf dem Sektor der Zivilluftfahrt festgeschrieben. Das Abkommen setzt sich aus 4 Hauptteilen und 95 Artikeln zusammen. Die endgültige Fassung wurde von der ICAO-Konferenz 1954 in Montreal ratifiziert. ▸ Freiheiten der Luft, ▸ ICAO

Child (CH), internationaler IATA-Code für Kinder-Passagiere (von zwei Jahren bis einschließlich vollendetem 11. Lebensjahr). Begleiteten Kindern werden im innerdeutschen Raum 50% und auf internationalen Strecken 10% des Erwachsenen-Tarifs berechnet. Sie haben Anspruch auf einen eigenen Sitzplatz.

ChipCard, Reisende mit Handgepäck können mit Hilfe der C. am Chip-in-Automaten oder am Check-in-Counter einchecken. Bei Reisenden mit Gepäck muß es auch mit elektronischem Check-in am Counter aufgegeben werden. In Frankfurt bereits mit Kofferaufgabestellen an den Chip-in-Automaten.
▸ Abfertigung im Flugverkehr, ▸ Boarding, ▸ Check-in, ▸ Chip-in, ▸ E-Tix

Chip-in, Bezeichnung für Check-in ohne Ticket. Mit Hilfe der ChipCard ist es für Reisende mit Handgepäck möglich, sich mit Hilfe des Chip-in-Automaten einzuchecken. Beim Vorgang des Chip-in wird vom Terminal automatisch eine Bordkarte ausgedruckt. An einigen Flughäfen wird die ChipCard aber auch für das Boarding eingesetzt.
▸ Abfertigung im Flugverkehr, ▸ Boarding, ▸ ChipCard, ▸ Chip-in-Automat

Chip-in-Automat, ein Terminal, das ein Einchecken mit Hilfe der ChipCard zuläßt. Die Chip-in-Automaten stehen meist direkt am Gate oder in der Abflughalle. ▸ Abfertigung im Flugverkehr, ▸ Boarding, ▸ ChipCard, ▸ Chip-in

Chipkarte, Kreditkartengroße Speicherkarte - als intelligente SmartCard mit Rechner-

Chronohygiene

system ausgestattet - mit Funktionen im Rahmen der Autorisierung.

Chronohygiene, Begriff aus dem Kurwesen, der meint Bewußtsein für Körperrhythmik.

Chronomedizin, Begriff aus dem Kurwesen der besagt, daß alles der natürlichen Körperzeit unterworfen ist und ideale und ungünstige Zeitpunkte hat.

Cicerone, Reiseführer. → Reiseführer

CIE, Consortium for International Education, Los Angeles, USA, bietet ein ausgedehntes akademisches Studienreiseprogramm für amerikanische College-Studenten, Lehrer, Dozenten an. Die Reisen werden im Stil eines Fortbildungsseminars unter Berücksichtigung spezifischer Interessen der einzelnen Colleges durchgeführt. Oft stehen Abschlußprüfungen am Ende der Reisen, die durch Europa, den Mittelmeerraum und Mexiko führen.

CINA, Commission Internationale de la Navigation Aérienne, durch das Pariser Luftverkehrsabkommen 1919 geschaffener ständiger Ausschuß zur Überwachung und Weiterentwicklung der Bestimmungen dieses Abkommens. Nachdem ihre Funktionen von der ICAO übernommen worden waren, wurde die Commission 1948 aufgelöst. → Pariser Luftverkehrsabkommen, → ICAO

CIP, 1. Commercial Important Person; Person, der im Geschäftsleben bestimmte Aufmerksamkeit entgegengebracht wird, wie z.B. Vorzug bei der Abfertigung im Servicebereich. C.s werden auch als Hons (Honourables) bezeichnet (bei Lufthansa: Honorary Pin Holder). → VIP, → Frequent Flyers/Travellers. 2. Carrier Identification Plate; Kennzeichnungsplakette, die dem Agenten von einer Mitglieds-LVG zur Verfügung gestellt wird, um sie für die Ausstellung von Verkaufsdokumenten im BSP zu benutzen. → BSP, → LVG

CIPCE, Centre d'Information et Publicité des Chemins de Fer Européens, Informationszentrale der europäischen Eisenbahnen, Sitz: Rom.

CIPRA, Commission Internationale pour la Protection des Régions Alpines, Internationale Alpenschutzkommission, Sitz: Vaduz (Liechtenstein). Wurde auf Initiative des Europarats als Dachverband der Natur- und Umweltschutzverbände der Alpenländer gegründet. Mitglieder sind die Alpenländer Deutschland, Österreich, Schweiz, Italien, Liechtenstein, Frankreich und Slowenien. Ziel ist der Schutz und die Erhaltung der Alpenregion, insbes. gegen den Tourismus und den Schwerverkehr durch Erarbeitung von Regelungen für den Landschaftsschutz und die Raumplanung. Workshops und Seminare. Mitglied bei der IUCN. → Alpenschutzkonvention, → IUCN

Circle Trip (CT), nach IATA-Beförderungsbedingungen Luftreise auf einer durchgehenden Rundflugstrecke mit gleichem Ausgangs- und Endpunkt. Die Wahl eines weiteren Verkehrsmittels ist möglich, wenn eine direkte, planmäßige Luftverbindung zwischen 2 Punkten nicht gegeben ist. Ermäßigter Rundreisetarif; er ist niedriger als die Summe der für die einzelnen Teilstrecken zu entrichtenden Beträge.

City-Bahn, Reisezug der Deutschen Bahn. Auf Strecken in Ballungs- und Verdichtungsräumen mit besonders hohem Verkehrsaufkommen werden neugestaltete Fahrzeuge mit Großraum-Abteilen eingesetzt mit mehr Komfort als in der S-Bahn. Die C. bietet einen Mehrzweckraum für sperriges Gepäck, Fahrräder, Kinderwagen und Rollstühle. Sie fährt mindestens im 60-Minuten-Takt und verbindet z.B. Köln-Gummersbach und Hamburg-Stade.

Citybus, Zusatzangebot zum regulären ÖPNV mit dem Ziel, den Einkaufsverkehr vom Pkw auf ÖPNV umzulenken und so die Attraktivität des ÖPNV zu steigern. Der Citybus verbindet das Stadtzentrum mit den umliegenden Stadtteilen. Charakteristisch sind beispielsweise der dichte Takt mit guter Merkbarkeit, der Knotenpunkt zur Verknüpfung aller Linien, der Einsatz von kundenfreundlichen Bussen (Niederflurbusse) und ein durchgehendes Corporate Design. → ÖPNV

City Card, durch den Kauf einer C.C. erhält man in vielen Städten Rabatte auf Museumsbesuche, Veranstaltungen und andere touristische Leistungen. Einige Karten erlauben zudem die kostenlose Benutzung von Bahn und Bus innerhalb der Stadtgrenzen.

City Check-in, neues Stadtbüro-Konzept der Lufthansa mit umfassendem Informations- und Kommunikationsangebot, das den Bedürfnissen der Geschäfts- und Privatreisenden entgegenkommt, Abfertigungseinrichtung allerdings ohne Gepäckaufgabe; La-

Clubschiff

denbüros gibt es bereits in allen von der Lufthansa angeflogenen deutschen Städten und in den wichtigsten Hauptstädten Europas. → Abfertigung im Flugverkehr

City-Code, → Three-Letter-Code

City Jet, Lufthansa-Eigenbezeichnung der Boeing 737.

City Manager, wurden in einem Modellprojekt in 3 bayerischen Städten eingesetzt, die sich zunächst für die Dauer von 2 Jahren mit Problemen der Stadtentwicklung beschäftigen sollen. Im wesentlichen geht es dabei um Verbesserung der Lebensqualität in den Innenstädten, auch und besonders im Hinblick auf Freizeit- und Tourismusbelange.

CityNightLine, CNL, Nachtreisezug der DB auf den Strecken Dortmund/Köln/Bonn - Frankfurt/Main - Linz/Wien, Berlin/Dresden/Leipzig - Freiburg - Basel - Zürich und Hamburg/Hannover - Freiburg - Basel - Zürich mit großen Zweibett-Schlafabteilen mit Garderobe, Tisch, zwei Stühlen sowie eigener Dusche/WC (De-Luxe), Einbett-Abteilen mit Waschgelegenheit (Komfortkategorie), Zweibett- oder Vierbett-Abteilen mit Waschgelegenheit (Economy), sowie speziellen Ruhesessel. → DACH-Hotelzug, → Hotelzüge

City-Pair, 1. Darstellung des Flugangebots zwischen zwei Städten; auch für die Verkehrsstatistik. 2. Bei RES-START Information über bestehende Flugverbindungen zwischen zwei Orten mit verfügbarer Sitzplatzkapazität. → CPE, → RES (Reservierung), → START

City-Pass, → City Card

CitySoft/GermanSoft, START Reservierungssystem. Im Rahmen des Joint-venture mit Siemens Nixdorf Österreich und Siemens wird CitySoft/GermanSoft weiterentwickelt und seit 1996 auch international unter dem Namen EuroSTART vermarktet. Es ermöglicht die Buchung der Angebote des Tourismus, des Fremdenverkehrs und der Städte im Reisebüro. → EuroSTART.

CIV, Convention Internationale concernant le Transport des Voyageurs et des Bagages par Chemins de Fer. Im 19. Jh. geschlossener Staatsvertrag über den Eisenbahn-Personen- und Gepäckverkehr. Er bildet die Grundlage für den durchgehenden internationalen Personen- und Gepäckverkehr zwischen Europa, Asien und Afrika. → TCV

Class Codes, Klassendefinition als Abstufung des Leistungsangebots am Boden und an Bord eines Beförderungsmittels. Klassen sind die Qualitätsstufen des Produktes. Z.B. wird bei Fluggesellschaften die Abstufung für jedes Produktsegment vorgenommen nach Tarifklasse - Preis; Buchungsklasse - Reservierung; Sitzklasse - Kabinenausstattung; Serviceklasse - Service. Das unverwechselbare Gesamtprodukt einer Luftverkehrsgesellschaft wird durch die jeweilige Ausprägung dieser einzelnen Stufen und die Qualifikation für deren Inanspruchnahme gebildet.

Class room style, Sitzordnung vergleichbar dem Klassenzimmer, bevorzugt bei Seminaren und Schulungen. → Parliamentary style

Clearing Bank, Inkassostelle des BSP. Zuständig für den Einzug von Zahlungen von Agenten, Überweisung der fälligen Beträge an die Luftverkehrsgesellschaften und Überwachung sowie Bericht hinsichtlich Zahlungsproblemen seitens der Agenten. → BSP

Clearing-House, → IATA-Clearing-House

Clef d'Or, Internationale Vereinigung der Portiers, 1939 in Frankreich gegründet, nach dem Krieg konstituiert, Sitz: Paris. C. hat seinen Namen nach dem Zunftzeichen, zwei gekreuzten goldenen Schlüsseln. Ziele dieser Vereinigung sind die Interessenvertretung des Berufsstandes und ganz bes. die Heranbildung des Nachwuchses, da Portier kein selbständiger Lehrberuf ist. → Portier/Concierge

CLIA, Cruise Lines International Association, nordamerik. Kreuzfahrtreedereien-Verband.

Closed Shop, 1. Der Versuch, sich im Produktions- oder Vertriebsbereich zum eigenen Vorteil zu zweit oder mehreren abzusprechen und anderen den Zugang zu den Gruppenvorteilen zu verwehren. 2. Als C.-Betrieb auch Bezeichnung für die verselbständigte Auftragsbearbeitung in Rechenzentren. 3. Begriff für die Gruppe der geschlossenen elektronischen Vertriebssysteme (crs). Bezeichnet generell Unternehmen mit Gewerkschaftszwang im anglo-amerikanischen Tarifsystem.

Clubschiff, Kreuzfahrtschiff mit clubähnlichem Ambiente. Das Clubschiff AIDA bietet insbesondere jüngeren Menschen vielseitige Sport- und Unterhaltungsmöglichkeiten

67

Cluburlaub

ähnlich einem Ferienclub. Es gibt keinen Kleiderzwang, kein Trinkgeld und keine festen Plätze im Restaurant. Weitere Clubschiffe: Club Med 1 und Club Med 2, Star Flyer.

Cluburlaub, Urlaubsart, die auf die Idee von G. Blitz mit dem ersten Clubdorf von 1950 auf Mallorca zurückgeht. Das Konzept berücksichtigt das Bedürfnis vieler Urlauber nach aktiver Erholung; neben den vielfältigen Sportangeboten und geselliger Animation gehört auch eine bestimmte Architektur zur Club-Philosophie. C. wird als Vollpauschalreise angeboten. Anbieter sind z.B. Robinson-Club (TUI), Club Méditerranée und Club Aldiana (NUR). Kritiker beklagen den Getto-Charakter dieser Clubanlagen, die meist fern der gewachsenen Siedlungen in den Urlaubsländern liegen. → Animation, → GO

CMT, Internationale Ausstellung für Caravan-Motor-Touristik, Stuttgart, seit 1968 im Januar jeden Jahres.

C&N Touristic AG, am 1. November 1997 von Lufthansa und Karstadt gegründetes Unternehmen als Fusion von Neckermann und Condor mit den Geschäftsfeldern Flug, Veranstalter, Hotel und touristischer Vertrieb mit Firmensitz in Kronberg. In das Gemeinschaftsunternehmen werden jeweils 90 Prozent Anteile von Condor und NUR eingebracht. Die weiteren je 10 Prozent verbleiben bei den bisherigen Muttergesellschaften Lufthansa und Karstadt. (s. Tabelle S. 74)

CNL, → CityNightLine

Co-Branding, Begriff für ein Partnerschafts- und Lizenzsystem, bei dem Produkte von anderen Unternehmen unter eigenem Namen und Image vertrieben werden, z.B. Visa-Kreditkarte durch Noris-Verbraucherbank (eine Quelle-Tochtergesellschaft).
→ Brand/Branded goods, → Kreditkarten

Cockpit, Pilotenkabine im Flugzeug.

Code-Sharing-Vereinbarung, Marketingvereinbarung zwischen Luftfahrtgesellschaften zur besseren Nutzung von Verkehrsrechten und Optimierung der Flugauslastung. C. erlaubt einer Fluggesellschaft den Verkauf einer Strecke unter der eigenen Flugnummer (Code), die sie jedoch nicht selbst in voller Länge mit eigenen Flugzeugen fliegt. Unter dem Vorzeichen der C. durchgeführte Flüge gelten als Direktflüge. Diese erscheinen bei den crs an vorderer Stelle und werden damit erfahrungsgemäß vom Expedienten vorrangig verkauft. C. besteht z.B. zwischen Lufthansa und United Airlines. Kostenaufteilung dieser gemeinsamen C. erfolgt durch kommerzielle Vereinbarungen der Fluggesellschaften untereinander. → crs, → Pool

Codierung, Abkürzungssystem zur vereinfachten Darstellung, insbes. bei Telex-Information. Z.B. aus dem LH-Handbuch für Fernschreibverkehr: acct - account = Konto; avbl - available = verfügbar; grp - group = Gruppe; z.B. Hotelschlüssel: Alba = 1 Zimmer mit Bett; Danid = 4 Zimmer mit je 1 Bett; Quai = Abholung vom Hafen.

Columbarium, röm. und frühchristl. Gemeinschaftsgrabanlage, die im Aussehen einem Taubenschlag ähnelt.

com, dieses Kürzel in der Internet-Adresse weist auf kommerziellen Anbieter hin und wird auch Domain genannt. Weitere Kürzel beschreiben Art oder Standort des Internet-Rechners: .edu (Universitäten und Bildungsinstitute in den USA), .net (Netzwerkbetreiber und Online-Dienste), .org (private, nicht kommerzielle Organisationen). Der Zusatz .de kennzeichnet ein deutsches Internet-Angebot. → Internet-Adresse

COMECON, Council of Mutual Economic Aid, Rat für gegenseitige Wirtschaftshilfe (RGW), gegründet 1949, Sitz: Moskau; Wirtschaftsgemeinschaft des Ostblocks unter Führung der UdSSR. Im Unterschied zu seinem westlichen Gegenstück, der Europäischen Gemeinschaft (EG), leitete das Comecon seine Ziele nicht von einem einheitlichen geographischen Wirtschaftsraum ab und hatte keine übergeordnete juristische Instanz. Geschäfte zwischen einzelnen Comecon-Ländern wurden zu festgelegten Vertragspreisen in der künstlichen Währungseinheit des Transfer-Rubels abgewickelt. Die Wirtschaftsorganisation der früheren Ostblockstaaten hat sich 1990 in Budapest selbst aufgelöst. → EU/EG/EWG

Commercial SABRE, elektronische Verbindung von Firmenkunden mit einer SABRE-Reiseagentur zum Überspielen von Buchungsdaten. → SABRE

Common check-in, Fluggastabfertigung an jedem Flugschalter.

Commission, Provisionsvergütung für Vermittlungsgeschäfte; Einkunftsart der Reisemittler. → Provision

Consolidator

Commuter Airline, Regionalfluggesellschaft. → Regionalluftverkehr

Company Profile, Eingabemaske unter Amadeus zur Erfassung von Firmendaten. → Customer Profile

Company Rate, → Corporate Rates

Compas, Computer Oriented Metering Planning und Advisory System, elektronisches Steuerungssystem in der Flugsicherung, das die Fluglotsen bei der Planung der Landungen unterstützt; C. kann helfen, die langen Warteschlangen zu vermeiden und den Treibstoffverbrauch zu reduzieren.

Complete Access, → Access

Complimentary Upgrade, Entgegenkommen eines Leistungsträgers oder Reiseveranstalters gegenüber einem Kunden in Form einer kostenlosen Aufwertung der gebuchten Leistung, z.B. beim Flug durch First anstatt Business class bzw. Business anstatt Economy, bei der Kreuzfahrt z.B. durch eine Kabine auf einem höheren bzw. besseren Deck oder einer Außen- anstatt einer Innenkabine. C.-ticket steht für Freifahrtschein, C.-room für Gratiszimmer.

CompuServe, 1979 in den USA gegründeter Netzwerkanbieter für kommerzielle Datendienste, auch in Europa zugänglich. Zugang erfolgt vom PC über feste Datenleitungen oder Modem. Im Netzwerk können neben dem weltweiten Versenden elektronischer Post auch sog. „Online-Foren" oder auch „Newsgroups" erreicht werden, virtuelle Treffpunkte, an denen sich beliebig viele Computerbenutzer zu Diskussionen einwählen können. Die Themenpalette reicht von Computeranwendungen über allgemeinwissenschaftliche Bereiche bis zu Alltagsthemen. Einige Firmen bieten zudem kommerzielle Postfächer mit Produktinformationen, Hilfestellungen und Software an. Durch die direkte Einwahl in das CompuServe-Netzwerk besteht die Möglichkeit, unter Angabe der Kreditkartennummer die bestellten Programme direkt auf den heimischen PC herüberzuladen. CompuServe-Benutzer haben Zugriff auf das weltweit erreichbare Internet. 1997 wurde CompuServe von dem Online-Anbieter AOL übernommen. → AOL, → Internet

Computerreservierungssysteme, → crs

Concierge, Beschließer. → Portier/Concierge

Concorde, schnellstes Passagierflugzeug der Welt mit ca. 2.000 km/h oder Mach 2 auf Transatlantikflügen. Seit 1976 im Einsatz. Geschwindigkeitsrekord 1990 auf der Strecke New York-London (5.890 km) = 2 Std. 56 Min. C.s werden von British Airways und Air France geflogen. Super-Concorde, Projekt eines neuen brit.-franz. Überschall-Verkehrsflugzeugs. Nach Plänen der Luft- und Raumfahrtkonzerne Aerospatiale und British Aerospace könnte dieses Nachfolgemodell über 200 Sitze (bisher 120) verfügen und mit einer Geschwindigkeit von Mach 2,2 bis 2,5 (ca. 2.500 km/h) fliegen.

Conditions of Carriage, Beförderungsbedingungen. → IATA-Beförderungsbedingungen

Confirm, richtiger: Amadeus Confirm, crs-Kooperation zwischen SABRE und Amadeus zur erleichterten Buchung von Hotels und Autovermietungen. Durch Joint Venture mit AMR besitzt Amadeus die Rechte, C. in Europa, dem Nahen Osten und Afrika aufzubauen. → Amadeus, → SABRE

Congestion, Stauung; Kapazitätsengpässe beim Flugverkehr (in der Luft und auf dem Boden).

Conjunction-Ticket, Verbindungsflugschein/Anschlußflugschein; nach Art. 1 der IATA-Beförderungsbedingungen muß für einen Fluggast bei mehr als 4 Flugstrecken ein zusätzliches C. (oder mehrere) ausgestellt werden; es bleibt jedoch bei einem Beförderungsvertrag. → IATA-Beförderungsbedingungen

Connection Build, bei Galileo im Linienflugbereich sucht C.B. nach den günstigsten Verbindungen für eine Reise und ermittelt die kürzeste, direkte Verbindung unter allen möglichen Routen in der Datenbank bei max. vier Umsteigeverbindungen.

Connectivity, Bezeichnung für bes. hochwertige Verbindungen; bei den crs mögliche technische Verbindung zwischen globalen Reisevertriebssystemen (z.B. zwischen Amadeus und Galileo). → Amadeus, → crs, → Galileo

Consolidator, 1. Der C. bündelt Umsatz; tritt als Großhändler auf (sog. Sammelladungsgemeinschaft); im Tourismus trifft der C. Sonderabkommen über Flüge, Hotelkapazitäten, Kreuzfahrten und Mietwagen und gibt die eingekauften Plätze (Paxe) zu eigenen Preisen an seine Kunden ab. **2.** Begriff im Luftverkehr, sog. Luftfracht-Sammella-

Content Provider

der, der nicht als Agent der Luftverkehrsgesellschaften, sondern im Auftrag seiner Kunden als Frachtführer (Indirect Carrier) auftritt und den Sammelverkehr im eigenen Namen durchführt. In IATA-Resolution 810 festgelegt. Die Übertragung gleicher Funktionen auf die Personenbeförderung mit dem Ziel niedrigerer Tarife oder Raten bildet sich aus Wettbewerbsgründen immer stärker heraus.

Content Provider, Unternehmen, die das Internet zum Verbreiten von Informationen, Werbung und Verkauf nutzen.

Continental Breakfast, einfaches Frühstück, bestehend aus Kaffee (Tee; Kakao), Brötchen (Brot), Butter und Konfitüre, im Gegensatz zum American Breakfast. → American Breakfast

Contour, Software für den Städtetourismus mit Auskünften, Unterkunftsvermittlung, Organisation von Stadtführungen oder Rundfahrten, entwickelt von der Firma Alphatron.

Contours, Ecumenical Coalition on Third World Tourism, Ökumenische Koalition für den Tourismus in der Dritten Welt. Internationaler, in Bangkok ansässiger Zusammenschluß mehrerer ökumenischen Organisationen aus Afrika, Asien, Südamerika sowie aus dem Mittleren Osten und der Karibik. Contours befaßt sich mit den Auswirkungen des Tourismus auf das Leben der Einheimischen in Dritte Welt-Ländern, vertritt ihre Interessen, gibt verschiedene Publikationen heraus und war Mitglied beim Arbeitskreis Tourismus mit Einsicht. → Tourismus mit Einsicht

Convenience Foods, Fertiggerichte-Systeme mit Microwellengeräten und Konvectomaten, ermöglichen schnelle Serviceleistung.

Convention, Kongreß; Zusammenkünfte in der Art heutiger internat. Kongresse mit z.T. Tausenden von Fachleuten gehen auf den Wiener Kongreß von 1815 zurück. Diese Zusammenkünfte werden meist von Spezial-Kongreß-Veranstaltern organisiert. Nach einer Studie über das Tagungs- und Kongreßgeschäft (über 50 Personen) von DZT, DEHOGA, GCB und VDSM bestand in Westdeutschland ein Volumen von 16,8 Mio. Tagungs- und Kongreßteilnehmern, davon 1,2 Mio. Ausländern. Man geht von einem weltweiten Volumen von 8.370 Veranstaltungen aus. → DEHOGA, → DZT, → GCB, → Kongreßtourismus, → Pre- and Post Convention-Tours, → VDSM

Cook, → Thomas Cook

Cooperative Advertising, Gemeinschaftswerbung mehrerer Firmen, einer Branche oder eines Verbandes.

Copyright, Urheberrecht.

Corda, crs von KLM, Galileo-Gesellschafter.

Corporate Cards, Kreditkarten für Firmenkunden.

Corporate Design, → Corporate Identity

Corporate Identity (CI), Öffentlichkeitswirkung sämtlicher Erscheinungsformen eines Unternehmens, z.B. in Design, Architektur, Werbestil sowie Unternehmensstil, Informationspolitik, Personal- und Serviceverhalten, Dienstleistungen usw. Von der Geschlossenheit eines attraktiven Erscheinungsbildes hängt die Überzeugungskraft eines Unternehmens oder einer Marke ab, vorausgesetzt, daß diese Qualität glaubhaft mit der Qualität der angebotenen Produkte oder Dienstleistungen korrespondiert und beide damit dauerhaft miteinander assoziiert werden können. Die Elemente der Unternehmensidentität strahlen kontinuierlich nach innen auf die Mitarbeiter und nach außen auf die Öffentlichkeit als besonderes Image ab.

Corporate-Info-Flyway, derzeitiges Versuchsprogramm der Deutschen Lufthansa bei Großkunden. Ermöglicht Sekretärinnen den Zugriff über die Internet-Technologie auf Amadeus, um von dort aus Linienflugbuchungen vornehmen zu können. Nach der Testphase soll auch die Buchung von Mietwagen und Hotels möglich sein. Weiterhin kann die Sekretärin den Stand des Miles and More-Kontos ihres Chefs abfragen. → Lufthansa-Info Flyway

Corporate Rates, Sonderpreise/Ermäßigungen für Großabnehmer, wie Firmen und Organisationen, mit einer bestimmten Mindestabnahme von Hotelübernachtungen, Mietwagen, Flügen usw. Angeboten werden Quartals- oder Jahresabonnements. → GKA - Großkundenabonnement, → Jahresnetzkarte (UP)

Corporate Travel Assistant, Electronic-Mail-System von START-Amadeus zur Erleichterung der Kommunikation zwischen Travel Manager im Unternehmen und Firmenreisedienst sowie innerhalb der Unternehmen zwischen Reisestelle und Reisenden. Gemeinsam von First Business Travel und Siemens-Nixdorf entwickelt.

Corporate Traveller, → www.dienstreise.de

Costar, Cost analysis Report, Management Informationssystem der Reiseorganisation Thomas Cook. Damit können Sparpotentiale bei Firmenreisekosten in den wesentlichen Sparten Geschäftsreisen mit Flug, Bahn, Mietwagen und Hotel, Urlaubsreisen, Reiseschecks und Geldwechsel erfaßt werden.

COTAL, Confederación de Organizaciones Turisticas de la America Latina; Latin American Confederation of Tourist Organizations. Aufgabe ist die Förderung des Tourismus nach Lateinamerika.

COTASUR, Comisión de Turismo de America del Sur, Lima, South America Travel Commission, im Februar '89 auf Initiative der Foptur (Peruanisches Fremdenverkehrsamt) gegründet. Mitgliedsländer sind Argentinien, Bolivien, Brasilien, Chile, Ecuador, Kolumbien, Paraguay, Peru, Uruguay und Venezuela. Wesentliche Aufgabe der C. ist die weltweite Vermarktung der genannten 10 Länder auf touristischem Gebiet. Die Aktivitäten der C. werden mit Hilfe der EU, der Weltbank, mit Geldern aus UNO-Fonds und des Fonds zur Integration Südamerikas finanziert. Ein Motto lautet z.B. „Südamerika - 10 Länder - ein Reiseziel". → Foptur

Cottage, engl. Bezeichnung für ein kleines Haus auf dem Lande oder auch für ein einfaches Ferienhaus.

Couchette, Liegebetten in den Liegewagen der Bahn; auch auf Schiffen anstelle von Liegesesseln.

Counter, Schalter für Beratung und Abfertigung in Hotel, Reisebüro usw.; Counter-Personal hat den direkten Kontakt zum Gast/Kunden.

Counter-Beirat, Groß- und Spezialveranstalter bestimmen oder wählen aus dem Kreis der Agenturen bestimmt mit dem Verkauf bestens vertraute Personen aus zwecks Optimierung der Zusammenarbeit zwischen Reisebüro und Veranstalter. Themen-Beispiele des C.: Konditionen, Provisionen, Teilnahme und Kosten für Agenten-Info-Reisen, Beanstandungen usw. → Vertreterausschuß (VA), → Vertriebsgemeinschaft

Coupé, französisch, 1. Wagenform; 2. Bahnabteil.

Couponanzeige, Anzeigenwerbung mit eingedrucktem Rücksendeabschnitt zur Anforderung von weiterem Informationsmaterial oder Aufgabe von Bestellungen. Der Anzeigenrücklauf kann sowohl der Erweiterung der Kundenkartei dienen als auch bei entsprechender Kennzeichnung den Einschaltwert des Werbeträgers ermitteln.

Covia, Tochterunternehmen der United Airlines, betreibt deren Reservierungssystem Apollo. Gesellschafter durch Kapitalbeteiligung sind British Airways, US-Air, KLM, Alitalia und Swissair. → Apollo, → Gemini

CP, Continental Plan, Code für Leistungsangebot der Hotels mit Übernachtung und Frühstück.

CPE, City-Pair-Extended-Verfahren bei START; zuerst auf dem amerik. Markt eingeführt, jetzt auch auf europ. Märkten. Angebotsdarstellung im Flugbereich, in 3 Gruppen gegliedert: 1. Direktflüge; 2. Umsteigeverbindungen mit zwei Nostop-Flügen; 3. Umsteigeverbindungen mit 3 Non-stop-Flügen. System ist außerdem nach Abflugzeiten geordnet. → Direct Flight, → Non-Stop-Flight, → RES, → START

CPU, Central Processing Unit, der Prozessor als Zentraleinheit eines Computers. In dem Prozessor eines Computers wird das Rechen- und Steuerwerk, das für alle Berechnungen zuständig ist, und die Steuereinheit, die den Datenaustausch zwischen den Speicherkomponenten steuert, zusammengefaßt. Umgangssprachlich auch Chip. → Computer

Crew, Besatzung eines Flugzeugs, bestehend aus 1. Cockpit-Crew für die technische Durchführung und 2. Cabin-Crew, verantwortlich für die Betreuung der Fluggäste. Bezeichnung gilt auch für Schiffsbesatzung.

crs, computergestütztes Reservierungssystem, wird allgemein für EDV-Systeme mit Informations- und Reservierungsfunktionen angewandt, ursprünglich Computer Reservation and Ticketing Systems; crs haben ihren Ursprung in den USA und erhielten dort mit der Einführung der Deregulierung des Flugverkehrs ihre große Bedeutung. Nur Fluggesellschaften mit leistungsfähigen crs waren in der Lage, schnell und effektiv mit Tarifänderungen auf Nachfrage und Wettbewerb zu reagieren. Von der EU-Kommission wurde ein Verhaltenskodex erlassen, der eine Kündigungsfrist von höchstens 3 Monaten zum Jahresende zwischen dem

Cruise Director

Betreiber eines elektronischen Buchungssystems (crs) für Luftverkehrsgesellschaften und den Nutzern zuläßt. Brüssel schreibt den crs-Betreibern und beteiligten Fluggesellschaften absolute Neutralität vor und setzt für Verstöße Sanktionen fest. Inzwischen bieten crs über das Leistungsangebot im Linienflugbereich hinaus über Kooperationen und Vernetzungen ein Bündel von Leistungen an, z.b. Buchung von Hotelzimmern, Mietwagen, Pauschalreisen, Eisenbahn- und Schiffstickets usw. ⇢ Super crs

Cruise Director, Chef der Bordreiseleitung; auf Kreuzfahrtschiffen ist der C. der wichtigste Mann/die wichtigste Frau für Planung und Durchführung des ausgeschriebenen Programms; als Leiter/-in verantwortlich für den Gesamtablauf, Moderator/-in für die Abendprogramme und -ausflüge. C. untersteht dem Hotelmanager. Zu seinen Mitarbeitern gehören: Gästebetreuer, Tour-(Ausflugs-)Manager und der gesamte Entertainment-Bereich mit Künstlern, Musikern, Lektoren, Sport- und Fitneß-Lehrern usw. ⇢ Kreuzfahrten, ⇢ Reiseleiter

Cruise Match II, für Reiseagenturen in USA computergestütztes Buchungssystem für Kreuzfahrten der wichtigsten Reedereien sowie Direct Access zu diversen Reservierungssystemen. Direkter Zugriff auch für europäische Reiseveranstalter (Seetours seit 1995) und Reisebüros. ⇢ Cruise Vision

Cruise Vision, PC-Version von Cruise Match II der Cruiseship Information Systems Inc., Florida, mit optischer Verkaufshilfe in Bild und Farbe mit Decksplänen der Schiffe, Kabinenordnung und Routenkarten. ⇢ Cruise Match II, ⇢ SABRE-Vision

Cruise-Only-Reisebüros, Reisebüros, die sich nach US-Vorbild auf den Verkauf von Seereisen spezialisiert haben.

Cruising speed, engl. Ausdruck aus dem Flugsektor, bezeichnet die Reisegeschwindigkeit.

CSM (Convention Service Manager), auch Konferenz-Koordinator, ist beim Hotel- oder örtlichen Kongreßbüro beschäftigt und hat die Aufgabe, der veranstaltenden Organisation während der Konferenz/Tagung in allen Belangen zu helfen. Der CSM steht in Verbindung mit sämtlichen Abteilungen des Konferenzhauses und bemüht sich um die technische Ausstattung, das Bankett oder die Auf- und Einteilung der Räume.

CT, ⇢ Circle Trip

CT Corps Touristique, Korps (Freundeskreis/Vereinigung) offizieller ausländischer Vertreter für Fremdenverkehr und Eisenbahnen in der Bundesrepublik Deutschland, Frankfurt/M.

CTIP, Coalition für Travel Industry Parity. US-Amerikanischer Reisebüroverband.

CTM, California Travel Market, jährlich stattfindende Reisefachmesse für Kalifornien.

KENNZEICHEN DER VIER GROSSEN CRS IM VERGLEICH

	Amadeus		Galileo		Sabre		Worldspan	
	Zugänge	Standorte	Zugänge	Standorte	Zugänge	Standorte	Zugänge	Standorte
Deutschland	34 017	15 258[1]	1220	370	2283	1720[6]	k.A.	k.A.
Europa, Nahost, Afrika	81 240	29 172[1]	k.A.	14 785	k.A.	k.A.	k.A.	k.A.
Nordamerika	26 687	7 409[2]	k.A.	15 404	k.A.	k.A.	k.A.	k.A.
Lateinamerika, Karibik	12 995	5 894	k.A.	1 424	k.A.	k.A.	k.A.	k.A.
Asien/Pazifik/Australien	5 548	2 585	k.A.	5 001	k.A.	k.A.	[8]	[8]
Weltweit	122 516	42 038[3]	1 520 000	36 614	137 000	32 000	k.A.	14 700
Buchungen (in Mill.)	309,0[4]		336,1		347,7[7]		k.A.	
Umsatz (in Mill. US$)	1150[4]		1350[5]		1780[8]		k.A.	

[1] Nur in Amadeus aktive START-Terminals. [2] Amadeus System One. [3] Plus mehr als 8000 Airline-Büros mit 60 000 Zugängen. [4] 1996. [5] Netto-Gewinn 157,7 Mill. Dollar. [6] Inklusive 1000 Dial-up-Locations. [7] 1996. In den ersten drei Quartalen 1997 ein Plus von 3,6 Prozent. [8] Netto-Gewinn 205 Mill. Dollar nach Sonderposten.

CTO, 1. Caribbean Tourism Organization, hervorgegangen aus CTA (Caribbean Tourism Association) und CTRC (Caribbean Tourism Research and Development Centers), amtliche Touristik-Organisation der Karibik, Sitz: Bridgetown/Barbados, Auslandsvertretung: New York. Für die Vermarktung in Europa ist das CTO-Büro in London zuständig, Frankfurter Büro bei der Steigenberger Consulting. Hauptaufgabe ist die Vermarktung der karibischen Inseln als Ganzjahresziel. **2.** City Ticket Office, Stadtbüro einer Fluggesellschaft, meist genutzt als Bezirksverkaufsleitung oder Niederlassung mit Reservierungs-, Akquisitions- und Buchhaltungsabteilung. **3.** Cyprus Tourism Organisation, Cyprischer Fremdenverkehrsverband.

Cunard Line, älteste Reederei im Liniendienst auf dem Nordatlantik. Mit seinem Raddampfer Britannia und deren Schwesterschiffen eröffnete Sir Samuel Cunard im Juli 1840 den ersten regulären Post- und Passagierdienst, und damit begann die Entwicklung des Transport- und Kommunikationswesens zwischen der Alten und der Neuen Welt. C.L. ist mit ihren 10 Kreuzfahrtschiffen eine der größten Kreuzfahrt-Reedereien der Welt. Flaggschiff ist die RMS QE2, Queen Elizabeth 2, der letzte Oceanliner über den Atlantik. → Blaues Band, → Kreuzfahrten, → Transatlantik-Reisen

Curtis-C, hoteleigenes zentrales Reservierungssystem der Radisson SAS Hotelgruppe.

Customer Focus, Unternehmenskonzept von ABB Asea Brown Boveri AG, Mannheim, beim Deutschen Patentamt geschützt. Dabei handelt es sich nicht nur um ein Re-engineering-Programm, daneben verbindet und integriert es auch die Neuausrichtung der Unternehmenskultur auf kundenorientierte Mitarbeiter mit Elementen wie Zeitorientierung, Total Quality Management und Optimierung des Einkaufs. Mit diesem Konzept wird das Gesamtunternehmensdenken auf die Bedürfnisse der Kunden ausgerichtet, um Produktivität, Motivation und Wettbewerbsfähigkeit zu steigern. → Qualitäts management

Customer Profile, von AMADEUS bereitgestellte Datenbank, in der die Daten zu den Reisegewohnheiten und Reservierungswünschen der Stammkunden gespeichert werden können. Es ermöglicht die automatische Übernahme der Kundenwünsche in die Flugbuchung. Hierbei wird zwischen drei Arten von Profilen unterschieden: das Traveller Profile für Privatkunden, das Company Profile für die Daten einer Firma (Firmenprofil) und das Traveller Profile für personenbezogene Daten von Reisenden, die einer Firma angehören. → Company Profile, → Traveller Profile.

Customer Satisfaction Index CSI, START-Index zur Kundenzufriedenheit, wird auf der Grundlage von Umfragen eines Marktforschungsinstituts elfmal pro Jahr ermittelt. Bewertet werden System (Verfügbarkeit, Antwortzeiten), Helpdesk (Erreichbarkeit, Freundlichkeit, Dauer bis zur Lösung eines Problems), Technischer Support (Beurteilung von Technikern), Training und Regionalbüros (Besuchshäufigkeit, Beratungsqualität).

Cutas, hauseigenes crs der Cathay Pacific.

CVS, convertable seat, engl. Bezeichnung für einen verstellbaren Sitz auf Linienflügen.

TOURISTIK-BETEILIGUNGEN KARSTADT UND LUFTHANSA

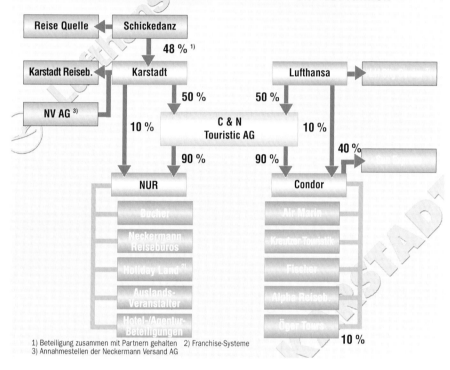

1) Beteiligung zusammen mit Partnern gehalten 2) Franchise-Systeme
3) Annahmestellen der Neckermann Versand AG

KONTROLLIERTER VERTRIEB VON TUI UND NUR

		1997 Vertriebsstellen	1997 Umsatz in Mill. DM	
Karstadt NUR NVAG Holiday Land Reisequelle Alpha LH City Center	C & N	1211	5052	Gelbes Lager
Hapag-Lloyd TUI	HTU	644	3993	
First Thomas Cook TIP Reisen	First	560	3194	Rotes Lager

Quelle: FVW-Dokumentation »Deutsche Reisebüro-Ketten- und Kooperationen 1997«

Data Base

D, neben C, J und Z die Tarifbezeichnung im Flugticket für Business Class.

D1, Mobilfunknetz der Telekom-Tochter DeTeMobil, erreichbar unter der Vorwahlnummer 0171. → Mobilfunk

D1-TravelService, Serviceleistung unter dem Mobilfunknetz D1 zum Buchen von Reisen, Hotels Flügen und Mietwagen. → D1

D1-VerkehrsinfoService, Serviceleistung unter dem Mobilfunknetz D1 zur Information über die aktuellen Verkehrsmeldungen und Stauprognosen.

D2, Mobilfunknetz der Mannesmann Mobilfunk GmbH, erreichbar unter der Vorwahlnummer 0172. → Mobilfunk

D-8, (developing eight) wurde von Vertretern acht islamischer Staaten im Jahr 1997 gegründet. Dabei handelt es sich um folgende Entwicklungsländer: Türkei, Iran, Ägypten, Nigeria, Pakistan, Bangladesch, Malaysia und Indonesien. Jedoch ist nicht klar, welche Funktion die D-8 ausüben soll. Nicht klar ist, ob der Staatenbund rein wirtschaftliche oder auch politische Interessen wahrnehmen soll. Langfristiges Ziel ist die Schaffung einer Freihandelszone. → Integration

DAAT, Donau-Alpen-Adria-Tour, Fernwanderweg (E6) mit einer Länge von mehr als 1.000 km von Passau bis Rijeka/Adria.

DACH-Hotelzug, gemeinsame Tochtergesellschaft von DB, ÖBB und SBB mit CityNight-Line-Nachtreisezügen zwischen Dortmund - Frankfurt a.M. - Wien, Berlin/Dresden - Basel - Zürich und Hamburg - Basel - Zürich, mit speziellen Ruhesesseln, Economy-, Komfort-, und De-Luxe-Abteilen. → CityNightLine, → Hotelzüge

Dachmarken-Strategie, langfristige Vertriebssteuerung für miteinander verbundenen Produkte unter einer gemeinsamen Marke mit Hilfe der Schirmmethode, z.B. TUI-Produktfamilie.

DACH-Tagung, Treffen der Reisestellenverbände aus Deutschland (D), Österreich (A) und der Schweiz (CH). → VDR

Dachverband Tourismus, Vorhaben zur Schaffung eines handlungsfähigen Dachverbandes der deutschen Tourismusindustrie, der der Bedeutung der beiden Bereiche Tourismus (außen) und Fremdenverkehr(innen) als Wirtschaftsfaktoren gerecht wird. Er soll die jetzigen Tourismus- und Fremdenverkehrspräsidien ablösen. Die gesamte Tourismusindustrie unter Einschluß der großen Verkehrs- und Leistungsträger Lufthansa, Deutsche Bahn und Reedereien in einem Dachverband gebündelt, könnte die Interessen dieser Dienstleistungsbranche gegenüber den nationalen und internationalen Behörden sowie der Öffentlichkeit wirkungsvoller vertreten; vergleichbar dem Handwerkerverband oder dem Bundesverband der deutschen Industrie. Dieses Projekt ist durch die Gründung des BTW 1995 realisiert worden. → BTW

DAG, Deutsche Angestellten-Gewerkschaft, zusammen mit HBV und ÖTV Tarifpartner des Arbeitgeberverbandes der Reisebüros und Reiseveranstalter. → DRV-Tarifgemeinschaft

Damage Report, Schadenbestätigung eines Carriers über eine Beschädigung.

Dampflok, die Antriebsmaschine der D. nutzt die Expansionskraft des Wasserdampfes zur Fortbewegung aus. → Lok

Dampf-Nostalgie, Angebot der DB für Fahrten mit historischen Dampfzügen. Die Preise richten sich je nach Programm und den Zusatzleistungen. Es besteht Reservierungspflicht.

Dampfschiff, auch Dampfer, Abk. D oder SS (engl. steam ship). Ein durch Dampfmaschinen angetriebenes Schiff. → Schaufelraddampfer

Dardanellen, Meeresstraße, die das Marmarameer mit dem Ägäischen Meer verbindet.

Darvin, Anwenderprogramm (Software) für das Reisebüro, abhängig von Betriebssystem SCO XENIX (Siemens START-PC erforderlich), leistet Kundenverwaltung, Buchungen und Belegdruck, Marketing- und Umsatzanalysen u.a. → Anwenderprogramme, → UNIX/XENIX

Darwin, (ehemals Spirit), Reservierungssystem für den Vertrieb des deutschen Tourismus. Es ermöglicht die Buchung der Angebote des Tourismus, des Fremdenverkehrs und der Städte im Reisebüro. Entwickelt von der Firma Alphatron. → EuroSTART, → Spirit

Data Base, Datenbank. → Datenbank, → Datenmanagement

Datas II

Datas II, Computer Reservierungssystem der Delta Airlines, Fusion mit Pars zum neuen crs Worldspan. → Pars, → Worldspan

Daten-Marktplatz, für Tourismus, er ist Teil des Europäischen Information Super Highway. Auf dem D.M. können ab Mitte 1995 Anbieter (Points of Offer - PO) ihre Produkte präsentieren und dabei alle Multimedia-Instrumente wie Sprachausgabe und Video-Clips nutzen. Points of Sale (PS), etwa Reisebüros, haben Online-Zugriff und können die Angebote abrufen, buchen und kombinieren. Technische Voraussetzung für PS sind ein 486er PC und eine ISDN-Leitung. → Europäischer Information Super Highway

Datenautobahn, auch Information Highway, Datennetz, das die digitale Übertragung von Schrift, Bild und Ton ermöglicht. Die Endgeräte sind durch Glasfaserkabel miteinander verbunden. Da derzeit noch kein marktreifes Empfangsgerät mit den Funktionen von Personalcomputer, Fernsehgerät und Telefon zur Verfügung steht, sollen als Zwischenlösung Personalcomputer für den TV-Empfang aufgerüstet oder Fernsehgeräte mit Computertechnologie und Telekommunikationsfähigkeiten ausgestattet werden. In den USA gehört der Aufbau einer D. zu den vorrangigen nationalen Aufgaben; in Baden-Württemberg läuft seit Mitte 1994 Deutschlands Pilotversuch zum Einsatz einer D. In dem Fünfjahresprojekt mit 4000 Teilnehmern aus privaten Haushalten, Universitäten und Unternehmen werden bereits vorhandene digitale Netzstrukturen sowie Telefon, Fax, Computer und Fernsehen als Endgeräte genutzt.

Datenbank, engl.: Data Base, große in Dateien in einem Computer gespeicherte Menge von Daten, die von einem D.-Managementsystem verwaltet werden; Zusammenfassung von logisch zusammengehörenden Dateien, auf deren einzelne Datenelemente nach unterschiedlichen Kriterien zugegriffen werden kann. → Timatic

Datenfernübertragung, DFÜ, mit D. wird die Übermittlung von Dateien über große Entfernungen mit Hilfe von Modems bezeichnet. → Modem

Datenmanagement, organisatorische und technische Planung, Verwaltung und Kontrolle der Datenverarbeitung von der Erhebung bis zur Entsorgung von Daten. → Datenbank

Datenschutz, der im Bundesdatenschutzgesetz (BDSG) geregelte Schutz vor Mißbrauch personenbezogener Daten (Einzelangaben über persönliche oder sachliche Verhältnisse einer bestimmten oder bestimmbaren natürlichen Person) bei der Datenverarbeitung zur Wahrung der Persönlichkeitsrechte Betroffener, insbes. des informellen Selbstbestimmungsrechtes. → Datensicherheit

Datensicherheit, in der betrieblichen Datenverarbeitung das Ergebnis aller technischen und organisatorischen Maßnahmen zum Schutz von Daten vor Verfälschung, Zerstörung und unzulässiger Weitergabe. Ziel ist die Gewährleistung der jederzeitigen Vollständigkeit und Korrektheit aller Daten.

Datensicherung, → Backup

Datenträger, Sammelbezeichnung für alle Speichermedien, auf denen Dateien dauerhaft abgelegt werden können. Übliche D. sind Disketten oder Festplatten.

Datex-J, von der Telekom aus der technischen Basis des Btx-Dienstes entwickeltes Zugangsmedium zur dialogorientierten Datenkommunikation mit direkter Bildschirmausgabe, ermöglicht auch die Übermittlung von Daten zur Weiterverarbeitung in Personalcomputer oder anderen Rechnern. D.-J spricht einen breiten Anwenderkreis an (das „J" steht für „jedermann"), indem es sowohl für Btx-Endgeräte als auch für Datenterminals geeignet ist. Laut Telekom reicht das Serviceangebot von der aktuellen Nachricht über Börsen- und Wirtschaftsdaten, dem Zugang zu Datenbanken, Fahr- und Flugplänen, Mietwagenreservierungen, Kartenbestellung, Produktinformationen, dem elektronischen Telefonbuch, amtlichen Statistiken, dem Zugriff auf das eigene Giro- oder Wertpapierkonto, Tips und Telesoftware für den PC bis hin zum Informationsaustausch mit anderen Teilnehmern. → Btx

Datex-P-Leitung, öffentliches Datenleitungsnetz der Telekom. Neben START und Btx ist D. eine 3. Möglichkeit, mit der Reiseveranstalter Reisemittler ihre Angebote über ein crs verfügbar machen. Schnelle Zugriffszeit bei Online-Reservierung, jedoch nicht wirtschaftlich, da pro Veranstalter im Reisebüro jeweils ein Terminal erforderlich ist.

Datumsgrenze, der 180. Längengrad. Beim Passieren dieses Längengrades von West nach Ost wird ein Tag zweimal gezählt, von Ost nach West wird ein Tag überschlagen.

DAV, Deutscher Alpenverein; u.a. Betreiber einer Vielzahl von bewirtschafteten Berghütten, der mit Einschränkungen auch für Nichtmitglieder Tages- und Übernachtungsbewirtschaftung bereithält. Auch Veranstalter von Bergsportreisen.

Da Vinci, Softwarepaket der Firma Bewotec konzipiert für mittelständische Paket-Reiseveranstalter.

Daylight Saving Time (DST), engl. Bezeichnung für die sog. „Sommerzeit", d. h. die gegenüber der Zonen- bzw. Standardzeit um meist eine Stunde vorverlegte Zeit während der Sommermonate. Die Sommerzeit wurde 1980 in Deutschland eingeführt, sie dient der besseren Nutzung des Tageslichtes.

DB-Agenturen, Reisebüros mit der Berechtigung zum Verkauf von Bahn-Fahrausweisen zu amtlichen Originalpreisen. Die Lizenz für den Verkauf wird durch den Generalagenten der Deutschen Bahn, die Deutsche Reisebüro GmbH (DER-Direktion), Frankfurt/-Main, vergeben. Die Vergabe ist an folgende Voraussetzungen gebunden:

- kundenbezogenes Erscheinungsbild der Vertriebsorganisation,
- Gewährleistung der Qualität des Verkaufs, Wirtschaftlichkeit und finanzielle Sicherheit der Geschäftsabwicklung,
- Gleichbehandlung aller Interessenten.
→ DER

DB-Deutsche Bahn AG, Abk. DB AG, mit der Vereinigung von Bundesbahn und Reichsbahn (DR) ab 1.1.1994 Umwandlung in eine Aktiengesellschaft, deren Aktien zu 100% im Besitz der Bundesrepublik sind. Sitz: Berlin, Sitz der Verwaltung: Frankfurt am Main. Privatwirtschaftlich geführtes Verkehrs- und Dienstleistungsunternehmen. 1949 aus den Reichsbahnstrecken der drei westlichen Besatzungszonen als DB Deutsche Bundesbahn gebildet und nach der Wiedervereinigung mit DR Deutsche Reichsbahn als Verkehrsträger der ehem. DDR verschmolzen. Bundesweit verfügt die DB über mehr als 6.000 Bahnhöfe, davon 260 in Großstädten und Ballungsräumen mit einem Personalbestand von rd. 220.000 Mitarbeitern. Das Schienennetz ist 38.450 km lang und in einem neuen Geschäftsbereich zusammengefaßt (Stand Dezember 1997). 1999 steht die Deutsche Bahn AG vor einer grundlegenden Strukturveränderung. Das Eisenbahnneuordnungsgesetz sieht vor, die DB in einer zweiten Stufe der Bahnreform nunmehr in einen mehrstufigen Konzern mit selbständigen Aktiengesellschaften unter dem Dach einer Management-Holding zu überführen. Das operative Geschäft wird von 1999 an von fünf Unternehmensbereichen für die Geschäftsfelder Fernverkehr, Nahverkehr, Güterverkehr, Fahrweg und Personenbahnhöfe wahrgenommen, die jeweils durch eine Führungsgesellschaft geleitet werden. Es sind dies:

- DB Reise & Touristik AG (bisher Geschäftsbereich Fernverkehr)
- DB Regio AG (bisher Geschäftsbereich Nahverkehr)
- DB Cargo AG (bisher DB Cargo)
- DB Netz AG (bisher Geschäftsbereiche Netz/Umschlagbahnhöfe)
- DB Station & Service AG (bisher Geschäftsbereich Personenbahnhöfe)
→ Bundeseisenbahnvermögen, → DBH, → DR,

DB-Lizenzen, → Verkaufslizenzen

DB Reise & Touristik, Firmenname für den künftig eigenständig operierenden und im Zuge der Bahnreform zur AG umgewandelten Geschäftsbereich Fernverkehr innerhalb der DB Holding. → DB-Deutsche Bahn AG

DB-Städtereisen, Ameropa-Veranstalterprogramm für Bahn-Pauschalreisen.

DBH, Deutsche Bahn Holding, 1991 wurden nahezu alle Beteiligungen der DB und der DR in dieser Gesellschaft zusammengefaßt. DBH war eine 100%-ige Tochtergesellschaft der DB AG. Maßgebliche Touristikbeteiligungen wurden gehalten an:

- Ameropa
- DER mit ABR und Rominger Reisebüros
- Deutsche Touring
- DFO
- DVB
- Mitropa
- TUI

Anfang 1995 ist die DBH aufgelöst und sind alle Beteiligungen auf die Deutsche Bahn AG übertragen worden.

DBV, Deutscher Bäderverband e.V., Bonn. Die primäre Aufgabe des Deutschen Bäderverbandes e.V. ist die Bemühung um die Förderung des Kur- und Bäderwesens

DCC

sowie die Erhaltung der hierzu notwendigen Ressourcen der Natur. Der Deutsche Bäderverband wird korporativ von sechs weiteren Bundesverbänden getragen, die ihrerseits die verschiedenen wissenschaftlichen, therapeutischen und wirtschaftlichen Komponenten des Kurwesens repräsentieren:

- Wirtschaftsverband Deutscher Heilbäder und Kurorte e.V. als Zusammenschluß der rund 260 staatlich anerkannten Kurortunternehmungen;
- Verband Deutscher Badeärzte e.V. als Interessenvertretung der in den Kurorten praktizierenden Badeärzte;
- Vereinigung für Bäder- und Klimakunde e.V. die wissenschaftliche Gesellschaft für die Vertreter der Kurortmedizin, der Bädertechnik, der Geologie, der Geochemie und Geophysik, und anderer angrenzender Wissenschaftsdisziplinen;
- Verband Deutscher Heilbrunnen und Verband Deutscher Heilbrunnen-Großhändler als Organisationen der Produzenten und Vertreiber der Versandheilwässer sowie seit der deutschen Einheit der Heilbäderverband der neuen Bundesländer.

Neben der gesundheitspolitischen Tätigkeit hat der DBV in enger Zusammenarbeit mit dem DFV federführend tourismuspolitische Entwicklungen eingeleitet und fortgeführt (z. B. Qualitätsnormen), die in gesetzliche Bestimmungen übergegangen sind und der gesamten Fremdenverkehrswirtschaft als Orientierung dienen. Mit Strukturreform in dieser Form im Oktober 1998 aufgelöst und neugegründet als Deutscher Heilbäderverband. → Deutsches Fremdenverkehrspräsidium, → DFV

DCC, Deutscher Camping-Club e.V. München. Nach Schätzungen des DWIF finden jährlich rd. 44,8 Mio Urlaubscampingübernachtungen und ca. 60 Mio Übernachtungen auf Dauercampingplätzen in Deutschland statt. Einschließlich Dauercamping und kleinerer Anlagen schätzt das DWIF eine Gesamtzahl von rd. 5.000 Campingplätzen in Deutschland mit nahezu 800.000 Stellplätzen für Urlaubs- und Dauercamper. 1993 gab es in Deutschland über 800.000 Caravans und Wohnmobile. → Camping-Tourismus

DCS, Dillon Communication Services, Hamburg, dezentrales Reservierungssystem für Leistungsanbieter wie Reiseveranstalter, Ferienhausanbieter, Busreiseveranstalter und Ferienfluggesellschaften mit den Möglichkeiten, über Umbrella-Anschluß am START-crs teilzunehmen, die Last-Minute-Datenbank „Elektronik Infox" zu nutzen oder auf das Reservierungspotential der Merlin-Software (entwickelt von Bewotec, Bergisch-Gladbach) in Verbindung auch mit Backoffice Programm Jack zurückzugreifen. Ursprünglich hatte DCS den kostengünstigen Umbrella-Anschluß Robin an das START-System für kleinere Reiseveranstalter geschaffen. 1998 Übernahme von 51% des Softwarehauses Travel Management Systems (TMS), Vermarktung als Merlin Office. → Merlin Office, → TMS

DDSG, Erste Donau-Dampfschiffahrts-Gesellschaft, gegr. 1829, Sitz: Wien, nationale österreichische Donaureederei. DDSG-Donaureisen GmbH war bis 1992 auf den Kreuzfahrten- und Ausflugssektoren tätig, seit 1993 nur noch im Tagesausflugsdienst. DDSG-Cargo GmbH wurde 1993 an die Stinnes AG verkauft. Inzwischen aufgelöst.

Deadline, Schlußtermin, z.B. bei Anmeldungen zu einer Veranstaltung.

DEAF, bei Flugbuchungen Abkürzung für tauber Passagier. → AIRIMP, → SSR

Debitoren, lat. Schuldner. Buchführungsbegriff für Abnehmer, die Güter oder Dienstleistungen auf Kredit bezogen haben; zu aktivieren in der Bilanz als Umlaufvermögen. → Kreditoren

Debriefing, Nachflugberatung bzw. Zusammentreffen der Besatzungsmitglieder nach einem Flug.

Decision maker, sog. Entscheidungsträger, leitende Personen mit Einfluß auf bestimmte Entscheidungen. → Multiplikatoren

Deck, Schiffsdeck, das den Schiffsrumpf abdeckt; auf größeren Schiffen Bezeichnung für die einzelnen Etagen. Der Preis für die Kabinenunterbringung steigt proportional zum jeweils höher gelegenen Deck.

Deckspassagiere, Passagiere, die auf einem Fährschiff keine Kabine in Anspruch nehmen.

Deckungszusage, Begriff aus der Versicherungsbranche, bezeichnet die Vereinbarung, durch die vor dem endgültigen Vertragsabschluß bzw. vor Zahlung der Erstprämie ein vorläufiger Versicherungsschutz eintritt (auch vorläufige Deckungszusage genannt). Dieser Schutz gilt bis zur Entscheidung des Versicherers und des Versicherungsnehmers, den engültigen Vertrag abzuschließen oder abzulehnen.

Decoder, Zusatzgerät zur Codierung und Decodierung von Daten, d. h. Entzerrung von verschlüsselt ausgestrahlten Sendungen. Der D. wird in die Schnittstellen zwischen zwei Datenstationen integriert, die mit verschiedenen Darstellungscodes arbeiten.

Deflation, Gegenteil zur Inflation. → Inflation

DEG, Deutsche Investitions- und Entwicklungsgesellschaft m.b.H., Sitz: Köln, bundeseigenes Finanzierungsinstitut. Die DEG fördert Investitionen der deutschen Wirtschaft in der Dritten Welt durch Beteiligungen an Unternehmen in Entwicklungsländern und/oder Gewährung langfristiger Darlehen. Von der DEG finanzierte Projekte sind in der Mehrzahl Joint Ventures, an denen ein deutsches Unternehmen als Finanz- und Technologiepartner und ein lokales Unternehmen im Investitionsland beteiligt sind. Die Rolle des deutschen Investitionspartners kann auch von einem Unternehmen aus einem anderen EU-Land übernommen werden. Z.B. als Projekte in Ägypten: Dar al Siaha, Kairo Hotelschiff und SSH South Sinai Hotels S.A.E., Helopolis/Kairo. Nach ihren neuen Unternehmensgrundsätzen will die DEG nur noch solche Projektunternehmen finanzieren, die „gleichermaßen rentabel, umweltverträglich und entwicklungspolitisch sinnvoll" sind. Dazu wird eine Umweltverträglichkeitsprüfung (UVP) erstellt. → Umweltverträglichkeitsprüfung (UVP)

DEGEFEST, Deutsche Gesellschaft für Förderung und Entwicklung des Seminar- und Tagungswesen e.V., Waldbronn, 1984 als berufsständische Vereinigung gegründet. Erarbeitete zusammen mit IHK Koblenz das Berufsbild „Tagungsfachmann".

DEHOGA, Deutscher Hotel- und Gaststättenverband e.V., Bonn, Interessenvertretung des Gastgewerbes auf Bundesebene für die ideellen, beruflichen, wirtschaftlichen, steuerlichen, sozial- und tarifpolitischen Belange des deutschen Hotel- und Gaststättengewerbes. Ihm obliegt es, die Berufsbildung und wissenschaftliche Forschungsarbeit auf diesen Gebieten zu fördern und Öffentlichkeitsarbeit durchzuführen. Diese Interessenvertretung erfolgt gegenüber Legislative und Exekutive, gegenüber den politischen Meinungsbildnern und der Öffentlichkeit sowie gegenüber einer Vielzahl von Behörden, Verbänden und Organisationen. Der DEHOGA und seine Landesverbände sind die Sozial- bzw. Tarifpartner der Gewerkschaft Nahrung, Genuß, Gaststätten (NGG) und deren Unterorganisationen. Durch seine Bemühungen um eine stetige Verbesserung der äußeren und inneren Rahmenbedingungen dient der DEHOGA den unmittelbaren Interessen jedes einzelnen Betriebes und der gesamten Branche. Grundlage und Voraussetzung für jeglichen Tourismus ist ein gesundes und leistungsfähiges Hotel- und Gaststättengewerbe als Hauptleistungsträger des Fremdenverkehrs in der Bundesrepublik Deutschland. Mitglieder des Deutschen Hotel- und Gaststättenverbandes sind dessen regionale Mitgliedsverbände. Der DEHOGA ist Teil des Deutschen Fremdenverkehrspräsidiums. → Deutsches Fremdenverkehrspräsidium

De-Hosting, CRS-Verhaltenskodex, der die Trennung der Rechner-Zentrale einer Fluggesellschaft von deren Resevierungssystem vorsieht (Host = Zentralrechner; Host to Host = CRS-Rechner-Rechner-Verbindungen). → crs

Dekapolis, der griechisch-römische Zehn-Städte-Bund umfaßte zehn Städte im nördlichen Jordanien, Syrien und Palästina (1. Jh. v. Chr.). Neben Jerash zeigt Pella im Jordantal die bemerkenswertesten Altertümer aus der Zeit der Dekapolis-Städte.

DEKRA, Deutscher Kraftfahrzeug-Überwachungsverein, Aufgabenstellung vergleichbar dem TÜV. Schwerpunkt auch in der Beratung und Zertifizierung im Bereich Qualitätsmanagement im Omnibusbetrieb. → TÜV

Delfi, Durchgängige Elektronische Fahrplaninformation, ein vom Bundesverkehrsministerium ins Leben gerufenes ÖPNV-Informationssystem. Über Internet ist es möglich, sich alle Nahverkehrsfahrpläne aller deutschen Städte darstellen zu lassen. Die Deutsche Bahn plant, das ÖPNV/Delfi-System in ihr START-System EVA einzubinden (EVA-Plus). → EVA, → EVA-Plus

Delkredere, → Agenturvertrag/Handelsvertretervertrag

Denied Boarding Compensation (DBC), Entschädigungsleistung aufgrund der Überbuchung eines Fluges an einen Fluggast, der trotz eines gültigen Flugscheines und bestätigter Buchung nicht innerhalb einer bestimmten Zeit an seinen vorgesehenen Zielort befördert werden kann. → Überbuchen

Denied Boardings, diejenigen Passagiere, die trotz O.-K.-Buchung wegen Überbuchung ihren Flug nicht antreten können. Je nach Verzögerung der Weiterbeförderung erhalten diese D.B. Entschädigungen in unterschiedlicher Höhe. → Denied Boarding Compensation (DBC), → Überbuchen

DEPA, Abk. für engl.: deportee, accompanied by an escort). Bei Flugbuchungen Abkürzung für eine Person, die einen Passagier begleitet. → AIRIMP, → SSR

Departure-Gate, Ankunftsflugsteig. → Arrival-Gate

Dependance, Nebengebäude, baulich selbständiger Teil z.B. eines Hotels ohne Wirtschaftsräume wie Restaurant, Café o.ä.

Deposit, Akonto- oder Abschlagszahlung, Anzahlung auf die Gesamtsumme eines Reisevertrages, einer Hotelbuchung etc.

Depot-System, Vertriebssystem, bei dem sich der Einzelhändler verpflichtet, das gesamte Angebot des Herstellers abzunehmen. Der Einzelhändler agiert als Kommissionär, d.h., er kauft und verkauft in eigenem Namen auf fremde Rechnung. Der Hersteller gewährt in Gegenleistung Gebietsschutz und unterstützt den Händler mit Marketing- und Schulungsmaßnahmen.

Depression, beschreibt den Tiefstand einer Konjunktur und ist durch ungenügende Auslastung der Produktionsfaktoren, Arbeitslosigkeit, niedrige Einkommen, Stagnation der Einfuhren, sinkende Kaufkraft und langsames Wachstum des BIP gekennzeichnet. → Konjunktur

DER, Deutsches Reisebüro GmbH, Frankfurt/ M., 1917 gegründet und 1918 in MER (Mitteleuropäisches Reisebüro) umbenannt. Auf Beschluß des Alliierten Kontrolrates mußte der Name 1946 wieder abgelegt werden, seitdem heißt das Unternehmen DER (Deutsches Reisebüro GmbH). Gesellschafter ist die DB mit 100 %. Mit insgesamt 407 Vertriebsstellen (davon 356 DER-eigene Niederlassungen, 51 Derpart-Mehrheitsbeteiligungen, ist DER nach Umsatz die größte Reisebüro-Vertriebskette in Deutschland; rund 7000 lizenzierte Agenturen sind registriert. Als Veranstalter ist DER mit einer Vielzahl von Spezialprogrammen (Dertour) tätig, z.b. Dertour Bootstouren u.a. Daneben ist DER Generalagent der DB sowie vieler Reedereien, Hotelgruppen und anderer Touristikunternehmen. → MER

DER-Part Reisevertrieb, Reisevertrieb GmbH, Frankfurt/M., 1979 gegründet als Kooperationsbasis für das mittelständische Reisebüro-Gewerbe, Vertriebsverbund. Gesellschafter sind DER und über 200 Reisebüroinhaber zu gleichen Teilen. Das Leistungsangebot für diese Kooperation unterscheidet nach den Vertriebsalternativen Vertriebs- und Businessmanagement. → Kooperation

DER-Reiseakademie, mehrtägige Produktschulungsveranstaltung, die von DER und DER-Tour speziell für ihre Expedienten organisiert wird. Voraussetzung für die Teilnahme ist das Erreichen von Mindestumsatzgrößen und eine aktive Beteiligung der Mitarbeiter im Verkauf. Ziel ist die Erhöhung der Buchungen durch Motivation und bessere Produktkenntnisse jeweils des Veranstalters, des Gastgeberlandes sowie der Sponsoren (diverse Leistungsträger).

DER SFS-Lizenz, damit können Reisebüros DERTRAFFIC-Schiffsfahrscheine ausdrucken. → SFS

DER-Schiffsfahrscheine über START, Reservierung und Buchung von Schiffahrten. Mit Hilfe der automat. Preisberechnung zeigt das START-System für die angefragte Fahrt grundsätzlich den günstigsten Tarif an, sog. Best-choice-Verfahren mit derzeit 19 angeschlossenen Reedereien für Fähren, KD-Ausflugsschiffen usw. Bei der Verschiedenheit der Tarifsysteme der einzelnen Reedereien bedeutet das für die Beratung eine große Erleichterung.

Derdata Informationsmanagement, Dienstleistungsunternehmen im Bereich EDV, bis 1991 100 Prozent Tochtergesellschaft des DER, dann Ausgründung zu eigenständiger GmbH (59,9% DER, 40,1% START), seit Februar 1998 eine Tochter von Lufthansa Systems. Systems hält 59,9 % der Anteile, 40,1 % verbleiben bei der START Holding GmbH. Geschäftsbereiche: Reisebüro-Markt, Firmendienst, Leistungsträgerabrechnung/Clearing, Informationstechnologie, Softwareentwicklung und Rechnungswesen-Dienstleistungen. → BSP, → Reisebürospiegel, → START Holding GmbH

Deregulation, Abbau von Wettbewerbsbeschränkungen durch Aufhebung bürokratischer Vorschriften. Prozeß hin zur Liberalisierung in einem europ. Binnenmarkt ab 1993. Ursprünglich auf den Luftverkehr in USA bezogener Fachbegriff, der die Aufhebung der zum Schutz des einst jungen Gewerbes geschaffenen Anordnungen und Reglementierung vorsah, sowie die Entlassung der Luftverkehrsindustrie in den freien Wettbewerb. Bekannt als „Airline Deregulation Act" vom 1.11.1978. → Liberalisierung im Luftverkehr, → EU/EG/EWG

DERTRAFFIC-Schiffsfahrschein, international anerkanntes Originalreisedokument von über 100 Reedereien. → Voucher

Desert Express, Touristikzug seit 1998 von Windhuk nach Swakopmund über 400 km als Bahnsafari durch Namibia.

Destination (D), Zielort, Bestimmungsort, Zielgebiet; bei Flügen und Schiffahrten der im Beförderungsvertrag genannte letzte Landeplatz.

Destination Management, Instrumentarium zur strategischen Entwicklung und Vermarktung von Innovation und ganzheitlich marktfähigen Kerngeschäften von Tourismusregionen im globalen Wettbewerb.

Deutsche BA, Deutsche BA Luftfahrtgesellschaft mbH, Sitz: Flughafen München. Seit 1992 fliegt die D. BA im Linienverkehr auf innerdeutschen Strecken. Mit einer offensiven Preispolitik tritt sie in Konkurrenz zur Deutschen Lufthansa. Weiteres Geschäftsfeld ist der Charterflug. Gesellschafter waren die Deutsche BA Holding (65%), Commerzbank (19%) und Berliner Bank (16%). Seit 1.4.1989 alleiniger Gesellschafter Deutsche BA Holding, damit verbunden stärkere Einbindung in die British-Airways-Gruppe.

Deutsche Gesellschaft für Freizeit, → DGF

Deutsche Gesellschaft für Reiserecht e.V., → DGFR

Deutsche Hanse, → Hanse/Hansestädte

Deutsche Hotelklassifizierung, seit Herbst 1996 steht mit der „Deutschen Hotelklassifizierung" allen Mitgliedsverbänden ein bundesweit einheitliches Modell zur Klassifizierung von Beherbergungsbetrieben zur Verfügung. Die D. H. trägt dem Umstand Rechnung, daß in- und ausländische Gäste nach einer verläßlichen Hotelübersicht, insbesondere über die mittelständischen Unternehmen, verlangen. Darüber hinaus erfordern leistungsfähige, computergestützte Informations- und Reservierungssysteme die Verwendung einheitlicher Kurzbotschaften zur Charakterisierung des Dienstleistungsangebots der Hotels. Die D. H. ist ein dynamisches, marktgerechtes System von internationalem Standard. Sie bietet ein aussagekräftiges Raster über den gesamten Bestand an Beherbergungsbetrieben in Deutschland. Es werden objektive Kriterien wie Zimmerausstattung und Dienstleistungsangebot bewertet; subjektive Eindrücke werden nicht berücksichtigt. Die Bewertungskriterien und -modalitäten der D. H. werden von Gremien der Fachgruppe Hotels im DEHOGA verbindlich festgelegt und deren bundesweit einheitliche Anwendung sichergestellt. Mit der organisatorischen Durchführung haben die Landesverbände des DEHOGA in der Regel eigens Gesellschaften beauftragt. Vielfach sind die Landesverbände des DEHOGA hierzu Kooperationen mit ihren Landesfremdenverkehrsverbänden eingegangen. Die Klassifizierung erfolgt anhand eines Erhebungsbogens, den der Hotelier ausfüllt. Dieser wird per elektronischer Datenverarbeitung ausgewertet. Die Betriebe werden daraufhin in fünf international übliche Sternekategorien eingeteilt. Die Klassifizierung gilt für zwei Jahre. In jedem einzelnen Fall werden Plausibilitätskontrollen und zusätzlich ausreichend Stichproben nach dem Zufallsprinzip durch eigens gebildete Kommissionen zur Einhaltung dieser Richtlinien durchgeführt. Um die Neutralität der Bewertung zu gewährleisten, gehören den entsprechenden Kommissionen in der Regel sowohl Vertreter der zuständigen Tourismusverbände als auch des Gastgewerbes an. Verbleibende Unstimmigkeiten werden in einem Schlichtungsverfahren bei der Industrie- und Handelskammer ausgeräumt. Einer Eigenvergabe von Sternen durch die Beherbergungsbetriebe wird durch die D. H. ein Riegel vorgeschoben. Die D. H. kennt 22 obligatorische Kriterien (Muß-Kriterien), die mit zunehmender Anzahl der Sterne schärfere Anforderungen stellen. Hinzu kommen zusätzliche fakultative Kriterien (Kann-Kriterien) aus den Bereichen:

Deutsche Lufthansa (DLH)

- Allgemeine Hausbeschreibung/Einrichtung,
- zusätzliche Dienstleistung,
- Freizeit- und Fitneßeinrichtungen,
- Konferenz- und Bankettmöglichkeiten

Hier müssen für die einzelnen Sternekategorien Mindestpunktzahlen erreicht werden. Es gilt das Prinzip: Je mehr Sterne, desto mehr Merkmale müssen vorhanden sein.

Die Klassifizierung erfolgt nur auf freiwilliger Basis. Ein Ausstieg ist zu jeder Zeit möglich. Aufgrund der Transparenz der Kriterien kann jeder Betrieb im vorhinein ermitteln, in welche Kategorie er eingestuft werden will. Beteiligen können sich alle konzessionierten Beherbergungsbetriebe mit mehr als 8 Betten. Neben den klassischen Hotels also auch Hotel garnis, Gasthöfe und Pensionen. (siehe Grafik: DIe Kategorien der Deutschen Hotelklassifizierung)

Die Kategorien der Deutschen Hotelklassifizierung

Luxus
Unterkunft für höchste Ansprüche

- Einzelzimmer 18 m², Doppelzimmer 26 m²
- Suiten
- 24 Std. besetzte Rezeption mit Concierge-Bereich
- Alle Zimmer mit Dusche/WC, davon 80 % mit Bad/WC
- Hotelhalle mit Getränkeservice, Restaurant, Hotelbar
- Konferenz- und Bankettmöglichkeit

First Class
Unterkunft für hohe Ansprüche

- Einzelzimmer 16 m², Doppelzimmer 24 m²
- Alle Zimmer mit Dusche oder Bad/WC
- Frühstücksbuffet und Zimmerservice
- Bademantel auf Wunsch, Kosmetikspiegel, Fön
- Alle Zimmer mit TV-Anschluß
- Empfangshalle, Restaurant, Hotelbar

Komfort
Unterkunft für gehobene Ansprüche

- Einzelzimmer 14 m², Doppelzimmer 18 m²
- 90 % der Zimmer mit Dusche oder Bad/WC
- Erweitertes Frühstück oder Frühstücksbuffet
- 12stündig besetzte Rezeption, Telefon im Zimmer
- 70 % der Zimmer mit TV-Anschluß
- Restaurant

Standard
Unterkunft für mittlere Ansprüche

- Einzelzimmer 12 m², Doppelzimmer 16 m²
- 50 % der Zimmer mit Dusche oder Bad/WC
- Getränkeautomat
- Sitzgelegenheit pro Bett
- Tisch

Tourist
Unterkunft für einfache Ansprüche

- Einzelzimmer 8 m², Doppelzimmer 12 m²
- Empfangsdienst
- Kontinentales Frühstück
- Fließend Kalt-/Warmwasser
- Kofferablage
- Aufenthaltsraum

Deutsches Fremdenverkehrspräsidium

Deutsche Lufthansa (DLH), ursprünglich entstanden 1926 nach Zusammenschluß der Deutschen Aero Lloyd mit der Junkers Luftverkehr AG als „Deutsche Luft Hansa Aktiengesellschaft". Nationale Verkehrsfluggesellschaft der Bundesrepublik Deutschland. Eine der weltgrößten IATA-Fluggesellschaften. Nach dem Kriege als Luftag (AG für Luftverkehrsbedarf) am 6.1.1953 neugegründet. Umbenannt in Deutsche Lufthansa AG am 6.8.1954. Im Sinne der Verkehrswirtschaft ein gemischtwirtschaftliches Unternehmen. Seit Oktober 1997 vollständig privatisiert. Sitz der Hauptverwaltung ist Köln, die Werft ist in Hamburg, die Betriebsbasis in Frankfurt/Main ansässig.

Zahlreiche Beteiligungen im Tourismus wie Passage:
- Condor Flugdienst
- Lufthansa City Line
- Lauda Air
- Touristik:
- C&N Touristic
- Lufthansa City Center

Vertriebssysteme:
- Amadeus Travel Distribution
- START Holding

Catering:
- LSG LH Service / Sky Chefs

Deutsche VerkehrsBank AG, Sitz und Zentrale: Frankfurt am Main, gegründet 1923 als Deutsche Verkehrs-Kredit-Bank AG (DVKB). Beraterbank der Verkehrswirtschaft mit diversen Vetriebseinheiten für das Firmenkundengeschäft. Über die Tochtergesellschaften ReiseBank AG und CashExpress GmbH werden über 55 Geschäftsstellen betrieben, die touristische Dienstleistungen anbieten. Am Grundkapital sind die DG Bank Deutsche Genossenschaftsbank mit 62,2%, die genossenschaftlichen Sparda-Banken, deren Zentralbank die Deutsche VerkehrsBank ist, mit 15%, die KRAVAG-HOLDING AG mit 10% und die Deutsche Bahn AG mit 1% beteiligt; die restlichen Aktien sind breit gestreut.

Deutsche Zentrale für Tourismus, → DZT

Deutscher Bäderkalender, vom Deutschen Bäderverband herausgebenes Informationswerk über das Bäderwesen und die anerkannten Heilbäder und Kurorte in der Bundesrepublik Deutschland. → DBV

Deutscher Fremdenverkehrsverband, → DFV

Deutscher Hotel- und Gaststättenverband, → DEHOGA

Deutscher Museumsbund e.V., der Dach- und Fachverband der deutschen Museen, Sitz: Karlsruhe. Hauptaufgaben sind die Unterstützung der Museen bei der Gewährung ihrer finanziellen und personellen Grundvoraussetzungen sowie die Beratung zu Museumsfragen. Herausgabe der Zeitschrift „Museumskunde".

Deutscher Naturschutzring, Dachverband der deutschen Natur- und Umweltschutzorganisationen. → DNR

Deutscher Reisebüro- und Reiseveranstalter-Verband, → DRV

Deutscher Reisebüroverband, → DRV

Deutscher Reisemonitor, touristische Marktuntersuchung, erfaßt seit 1988 auf der Grundlage von kontinuierlichen Repräsentativbefragungen die wichtigsten Kennzahlen des Reiseverhaltens der Deutschen. Er ist als Teil des Europäischen Reisemonitors mit den Kennzahlen der Reisemärkte aller anderen europäischen Länder vergleichbar. Organisiert von IPK München ermittelt die Marktstudie die Summe aller Übernachtungsreisen der Deutschen. Der Reisemonitor befragt im Rahmen der Infratest-Studie Mobility täglich 150 Personen per Telefon. → Euromonitor

Deutscher Städtetag, 1905 in Berlin gegründet ist der D.S. ein freiwilliger Zusammenschluß von mittlerweile über 6.000 Städten der Bundesrepublik Deutschland mit insgesamt 51 Millionen Einwohnern. Der D.S. hat die Aufgabe der Vertretung der Interessen ihrer Mitglieder gegenüber Regierungen und Parlamenten sowie die Beratung ihrer Mitglieder.

Deutscher Tourismusverband, → DFV

Deutsches Fremdenverkehrspräsidium, Präsidium der Spitzenverbände des deutschen Fremdenverkehrs, Interessenvertretung der einzelnen angeschlossenen Verbände gegenüber Öffentlichkeit und Politik. Setzt sich zusammen aus: DFV, DEHOGA, DBV, DZT und DRV. Arbeitet projektbezogen. → Tourismus-Präsidium, → DFV, → DEHOGA, → DBV, → DRV, → DZT

Deutsches Grünes Kreuz, 1950 in der Bundesrepublik Deutschland gegründeter Verband zur Abwehr von Gefahren für Mensch und Umwelt, Sitz: Marburg/Lahn. Sein Anliegen ist die Gesundheitsvorsorge der Touristen, u.a. mit einem Computer-Impfprogramm, Hinweisen auf Infektionsrisiken und Ratschlägen für die Vorsorge gegen Erkrankungen im Urlaub, die nach Reisezielen geordnet über Disketten von Reiseveranstaltern und -büros zur Kundenberatung bezogen werden können. → Quarantäne, → Tropenkrankheiten

Deutsches Kundenbarometer, Marktuntersuchung seit 1992 über Kundenorientierung und Wettbewerbsfähigkeit von Unternehmen und Organisationen in Deutschland, durchgeführt vom Emnid-Institut, Bielefeld, im Auftrag der Deutschen Marketing-Vereinigung e.V., Düsseldorf, in Zusammenarbeit mit der Deutschen Bundespost Postdienst als Exklusivsponsor. In computergestützten Einzelinterviews über Telefon werden Kundenbeziehungen zu einer Vielzahl von Branchen und Unternehmen untersucht; aus der Tourismusbranche Reiseveranstalter und in- und ausländische Urlaubsregionen.

Deutsches Küstenland, Werbegemeinschaft, die anfangs nur auf dem britischen Markt unter dem Namen „Top of Germany" auftrat. D.K. hat ihre Marketingaktivitäten auf Österreich und die Schweiz ausgedehnt. Der Werbegemeinschaft gehören die FV-Organisationen Schleswig-Holstein, Nordsee-Niedersachsen, die Lüneburger Heide sowie Hannover, Berlin, Hamburg, Lübeck, Bremen und Kiel an. Im Rahmen der Verbundwerbemaßnahmen beteiligt sich auch die DZT an den Marketingaktivitäten. Diese umfassen die Beteiligung an den wichtigsten Fachmessen, Presseveranstaltungen, Anzeigenwerbung, Workshops und Studienreisen. → DZT, → Werbegemeinschaft

Deutsches Seminar für Fremdenverkehr (DSF), → DSF

Deutsches Touristik-Institut e.V. (DTI), gegr.: 1986, Sitz: Stockdorf/München, Fortbildungsinstitut mit Seminarveranstaltungen für Verkaufsmitarbeiter und Führungskräfte; Verkaufs- und Managementtraining, Rechtsseminare u.a., Organisation und Durchführung von Fernschulungskursen, Grundlagenforschung im Tourismus. Bekannt durch die seit 1984 alljährlich durchgeführte Reisebürostudie. Umbenannt in DTI Management Consulting GmbH. → DTI Management Consulting GmbH

Devisen, i.e.S. auf fremde Währung lautende Guthaben bei ausländischen Banken. Sie sind Gegenstand des Devisenhandels. I.w.S. zählen dazu auch im Ausland zahlbare Wechsel und Schecks, die auf fremde Währung lauten. Ausländische Banknoten und Münzen gelten nicht als D., man bezeichnet sie als Sorten. D.-Bestimmungen sind Regelungen der Ein- und Ausfuhr der einheimischen Währung eines Landes. → Reisezahlungsmittel, → Sorten, → Zwangsumtausch

Devisenkurs, → Wechselkurs

DFO, Deutsche Fährgesellschaft Ostsee, Tochtergesellschaft der DB, vereinigt die Fährverbindungen der DB auf der Ostsee von Puttgarden nach Rødby, Warnemünde nach Gedser (Vogelfluglinie zusammen mit Scandlines) und von Rostock und Sassnitz nach Trelleborg (Königslinie zusammen mit Scandlines) bzw. Rønne auf Bornholm. → DBH

DFS, Deutsche Flugsicherung GmbH, Sitz: Frankfurt/M., privatisierte ehemalige Bundesanstalt für Flugsicherung. → BFS

DFV, Deutscher Fremdenverkehrsverband e.V., Bonn, wird von seinen Mitgliedern, den Landes- und regionalen Fremdenverkehrsverbänden sowie Städten und kommunalen Spitzenverbänden wie dem Deutschen Landkreistag, dem Deutschen Städtetag und dem Deutschen Städte- und Gemeindebund getragen. Dazu kommen fördernde Mitglieder wie KD, ADAC u.a., Zweck des Verbandes:

- Vertretung der Interessen der deutschen Fremdenverkehrsverbände und der Mitgliedsstädte gegenüber Legislative und Exekutive des Bundes
- Zusammenarbeit mit anderen Verbänden und Institutionen auf Bundesebene unter Wahrung der Interessen der Mitglieder und ihre Vertretung bei der Deutschen Zentrale für Tourismus (DZT) Koordinierung der Zusammenarbeit der Mitglieder des Verbandes, Unterrichtung, Beratung und Beistand in Fachfragen
- Öffentlichkeitsarbeit und Marketing auf Bundesebene
- Förderung der Aus- und Fortbildung der im Fremdenverkehr tätigen Personen

Digital

- Förderung der Forschung und Lehre auf dem Gebiet des Fremdenverkehrs. Das Schwergewicht der Arbeit des Verbandes liegt in der Wahrnehmung der fremdenverkehrspolitischen Aufgaben gegenüber dem Deutschen Bundestag und der Bundesregierung. Der Deutsche Fremdenverkehrsverband ist bestrebt, in Verbindung mit den Leistungsträgern des Fremdenverkehrs und seinen Partnern die deutsche Fremdenverkehrswirtschaft abzusichern. Sein Hauptanliegen ist es, dem Haupturlaub in Deutschland wieder zu mehr Bedeutung zu verhelfen. Der DFV ist Teil des Deutschen Fremdenverkehrspräsidiums. Ab Oktober 1998 Umbenennung in Deutscher Tourismusverband. → DZT, → Fremdenverkehr, → Fremdenverkehrsstellen

DGF, Deutsche Gesellschaft für Freizeit, Sitz: Düsseldorf; Dachverband der im Freizeitbereich engagierten Spitzenverbände und Fachberater der Bundesregierung über das Ministerium für Familie, Senioren, Frauen und Jugend. → Bundesministerium für Familie, Senioren, Frauen und Jugend

DGFR, Deutsche Gesellschaft für Reiserecht e.V., 1992 in Berlin gegründeter Verein zur Förderung der Entwicklung des deutschen und internationalen Reiserechts im Interesse der Wissenschaft und aller am Tourismus Beteiligten. DGFR organisiert wissenschaftliche Veranstaltungen, monatliche Fachpublikation „Reiserecht aktuell".

DGT, Deutsche Gesellschaft für Tourismuswissenschaft. Sitz Dresden. Aufgaben sind Förderung der Wissenschaft und Forschung im Tourismus, Weiterentwicklung der Lehre und Ausbildung für den akademischen Nachwuchs.

DGU- Deutsche Gesellschaft für Umwelterziehung e.V., die Gesellschaft (Sitz: Hamburg) wurde von Pädagogen aus Schulen und Universitäten gegründet und verfolgt auf nationaler Ebene die Ziele, vorhandene Einrichtungen zur Umwelterziehung zu nutzen und Initiativen zu ihrer Verbreitung zu unterstützen. Auf Veranstaltungen und von ihr geförderten Seminaren und Tagungen sowie in Informationsgesprächen steht vor allem die Intensivierung der unmittelbaren Umwelterfahrungen von Kindern, Jugendlichen und Erwachsenen im Mittelpunkt. Die Gesellschaft ist Herausgeber und Förderer entsprechender Publikationen, Gutachten und Studien, sie fördert die internationale Zusammenarbeit, vor allem mit der Stiftung für Umwelterziehung in Europa (FEEE), deren deutscher Zweig die DGU ist. → Blaue Europa-Flagge, → FEEE

Diagramm, übersichtliche Darstellungsform von in Abhängigkeit stehenden numerischen Werten. Geschäftsgrafiken mit der Darstellung von Umsätzen oder Verkaufszahlen werden normalerweise in der Form von D. dargestellt.

Dial SABRE, kostengünstiges auf Windows basierendes Softwarepaket von SABRE, das über Telefonleitungen Zugriff auf die Kernfunktionen des SABRE-Systems bietet.

Dienstleistungen, umfassen jene Wirtschaftsbereiche, in denen die wirtschaftliche Betätigung in der Erbringung bestimmter Leistungen besteht. D. werden auch als tertiärer Sektor der Wirtschaft bezeichnet. Dazu zählen der Handel, der Verkehr, der Fremdenverkehr, das Geld-, Kredit- und Versicherungswesen sowie Teilbereiche des Gewerbes.

Dienstleistungsabend, ab 1989 in der Bundesrepublik Deutschland eingeführt. Danach können am Donnerstag die Einzelhandelsgeschäfte bis 20.30 Uhr geöffnet bleiben. Das Ladenschlußgesetz gilt nicht für Reisebüros, da diese keine Waren verkaufen.

Dienstleistungsbilanz, Exporte und Importe von Dienstleistungen werden in der D. aufgezeichnet. Zu den Dienstleistungen gehören: Ausgaben bzw. Einnahmen aus dem Reiseverkehr, Transportleistungen, Versicherungen, Patente, Ausgaben von Angehörigen ausländischer Streitkräfte im Inland. Die Exporte an Dienstleistungen überwiegen vor allem wegen der hohen Ausgaben aus dem Reiseverkehr im Ausland. → Dienstleistungen, → Zahlungsbilanz

Dienstreisen, diesen liegt i.d.R. ein unmittelbarer betrieblicher Anlaß zugrunde. Sie beruhen überwiegend auf Verhandlungen mit Geschäftspartnern bzw. Kunden oder dienen der Durchführung eines Auftrages wie der Vorbereitung von Veranstaltungen oder von Objektausschreibungen in Katalogen. → Fachstudienreisen

Digital, Arbeitsweise des Computers, der nur genau definierte Werte verarbeiten kann. Alle Informationen setzen sich in der digita-

DIHT

len Verarbeitung aus wahr oder falsch zusammen. Diese Signale lassen sich über Datenleitungen weitaus schneller transportieren, auch in vielfacher Menge parallel auf einer einzigen Leitung. Bekanntestes Beispiel ist die neue digitale Telefontechnik ISDN, die selbst auf einer Kupferkabelleitung alter Art die parallele und wesentlich schnellere Datenübertragung mehrerer Telefongespräche und EDV-Anwendungen erlaubt, allerdings dort aber keine Datentransfer-Geschwindigkeit wie bei der Nutzung von Glasfasern oder Breitbandkabeln ermöglicht. Das Gegenteil der digitalen ist die analoge Verarbeitung, bei der eine Größe innerhalb einer bestimmten Bandbreite beliebige Zwischenwerte annehmen kann. Die Umwandlung von analogen in digitale Anweisungen heißt Digitalisierung. → Analog, → ISDN

DIHT, Deutscher Industrie- und Handelstag, Sitz: Bonn. Er ist die Spitzenorganisation der deutschen Industrie- und Handelskammern. Im Rahmen der Geschäftsführung des DIHT gibt es ein Referat, das sich mit Fragen der Tourismuswirtschaft beschäftigt. Ebenfalls zum DIHT gehört ein Arbeitskreis Fremdenverkehr sowie ein Tourismusausschuß. → Berufsausbildung im Hotel- und Gaststättengewerbe, → Berufsausbildung im Tourismus

DIN ISO 9000 ff, DIN steht für Deutsches Institut für Normung e.V., international anerkannte deutsche Normungsorganisation für Aufstellung und Definition von Normenvorschriften. Die DIN ISO 9000 ff stellt eine internationale Normenreihe als Empfehlung zum Aufbau von Qualitätsmanagementsystemen dar. Da es ein universell geeignetes Qualitätsmanagement aufgrund unterschiedlichster Anforderungen nicht geben kann, muß es unternehmensindividuell angepaßt werden. In der DIN ISO 9001 werden die Entwicklung, Produktion, Montage und Wartung zertifiziert, in der DIN ISO 9002 der Produktion, Montage und Wartung sowie in der DIN ISO 9003 die Endprüfung. → ISO, → Zertifizierung

Dinks/Dinkis, „Double income - no kids", kinderlose Ehepaare mit zwei Einkommen, im Branchen-Jargon die bevorzugte, zahlungskräftige Zielgruppe für hochwertige Urlaubsreisen-Angebote.

Dinner Dancing, hatte auf Passagierschiffen lange Tradition. Zwischen den einzelnen Gängen der Menüs spielte Musik zum Tanz.

Heute noch üblich auf Cunards Queen Elizabeth 2, dem einzigen und letzten Transatlantik-Liner.

Diplom-Betriebswirt BA, dem FH-Diplom gleichgestellter Studienabschluß an Berufsakademien (staatliche Studienakademien). Drei Berufsakademien bieten ein tourismusorientiertes Studium mit einer Dauer von sechs Semestern an. Im viertel- oder halbjährigen Turnus wird entsprechend dem Dualen System zwischen wissenschaftlicher Ausbildung an der Berufsakademie und praktischer in den Betrieben gewechselt. Zulassungsvoraussetzungen sind die fachgebundene bzw. allgemeine Hochschulreife und ein Ausbildungsvertrag mit einem Betrieb.

• Berufsakademie Berlin, Rheinpfalzallee 82, 10318 Berlin
• Berufsakademie Ravensburg, Marienplatz 2, 88212 Ravensburg
• Berufsakademie Sachsen, Schachtstraße 128, 08359 Breitenbrunn

Diplom-Betriebswirt (FH), akademischer Grad, der von verschiedenen Fachhochschulen nach erfolgreicher Beendigung eines tourismusorientierten Studiums verliehen wird. Dieses Studium kann an den Hochschulen in München und Heilbronn im Fachbereich Tourismus bzw. Tourismusbetriebswirtschaft absolviert werden. Mehrere Fachhochschulen haben innerhalb des Fachbereiches Wirtschaft bzw. Betriebswirtschaft einen vergleichbaren Studiengang eingerichtet. Die Regelstudienzeit beträgt zumeist acht Semester einschließlich eines oder zweier Praxissemester, die der Studierende in Unternehmen absolviert. Zulassungsvoraussetzungen sind die Fachhochschul- oder Hochschulreife und z.T. die Erfüllung des Numerus clausus. Darüber hinaus ist in einigen Fällen eine praktische Vorbildung nachzuweisen. Durch Austauschprogramme der Hochschulen können Studien- oder Praxiserfahrungen im Ausland gesammelt werden. Studienmöglichkeiten bieten:

• Fachhochschule Düsseldorf, Fachbereich Betriebswirtschaft, Franz-Josef-Strauß-Straße 5, 94469 Deggendorf
• Fachhochschule Gelsenkirchen, Abteilung Bocholt, Fachbereich 7 Wirtschaft, Stenerner Weg 14a, 46397 Bocholt

Direktinkasso

- Fachhochschule Heilbronn, Fachbereich Tourismusbetriebswirtschaft, Kulturmanagement, Max-Planck-Straße 39, 74081 Heilbronn
- Fachhochschule Kempten/Neu Ulm, Fachbereich Betriebswirtschaft, Immenstädter Straße 69, 87435 Kempten
- Hochschule für Technik, Wirtschaft und Kultur (FH) Leipzig, Fachbereich Wirtschaftswissenschaften, Postfach 66, 04251 Leipzig
- Fachhochschule München, Fachbereich Tourismus, Am Stadtpark 20, 81243 München
- Fachhochschule Rheinland-Pfalz (Abt. Ludwigshafen/Worms), Fachbereich Betriebswirtschaft VIII, Erenburger Straße 19, 67549 Worms
- Fachhochschule Schmalkalden, Fachbereich Wirtschaft, Blechhammer, 98574 Schmalkalden
- Fachhochschule Stralsund, Fachbereich Wirtschaft, Zur Schwedenschanze 15, 18435 Stralsund
- → Diplom-Betriebswirt (BA), → Diplom Kaufmann (FH),

Diplom-Betriebswirt (FH) - Fernstudium,
→ Fernstudium für Berufstätige

Diplom-Kaufmann (FH), akademischer Grad, der von verschiedenen Fachhochschulen nach erfolgreicher Beendigung eines tourismusorientierten Studiums verliehen wird. Dieses Studium entspricht in Inhalt und Dauer etwa dem der Betriebswirte (FH) und kann an den genannten Hochschulen aufgenommen werden.

- Fachhochschule Harz (Wernigerode), Fachbereich Wirtschaft, Friedrichstraße 57-59, 38855 Wernigerode
- Fachhochschule Wilhelmshaven, Fachbereich 4 Wirtschaft, Friedrich-Paffrath-Straße 101, 26389 Wilhelmshaven
- Hochschule für Technik, Wirtschaft und Sozialwesen (FH) Zittau/Görlitz, Fachbereich Wirtschaftswissenschaften, Am Obermarkt 17, 02826 Görlitz
   → Diplom-Betriebswirt (BA), → Diplom-Betriebswirt (FH)

Direct-Access, direkter Zugriff bei einem crs auf das Reservierungssystem eines Leistungsträgers (Airline etc.); diese Rechner-Rechner-Verbindung eröffnet die Möglichkeit, Information über die Verfügbarkeit „bis zum letzten Platz" zu erhalten. → Access

Direct Connect Availibility, Abfragemaske unter SABRE Total Access, bei der nach Abfrage automatisch beim Anbieter in dessen Datenbank der aktuelle Buchungsstand abgefragt werden kann. → SABRE, → SABRE Total Access

Direct Connect Sell, stellt unter SABRE Total Access automatisch die Verbindung zu Fluggesellschaften, Hotel-Reservierungszentralen sowie Autovermietungen her und nimmt in deren Systemen Buchungen vor, die daraufhin mit Buchungsbestätigung an SABRE zurückgeschickt werden. → SABRE, → SABRE Total Access

Directional Fare, richtungsgebundener Flugpreis, d.h. der Tarif gilt nicht in beide Richtungen.

Direct Flight, Flug zwischen zwei Orten mit der Möglichkeit der Zwischenlandung, jedoch ohne Umsteigen und unter Beibehaltung der Flugnummer. D. ist nicht notwendig Non-Stop-Flight. → Non-Stop-Flight

Direct Links, bedeutet für die Reisebüros bei den crs den Zugriff auf Informationen, die in den internen Reservierungssystemen von Leistungsträgern gespeichert sind. Flüge, Hotelzimmer, Mietwagen können bis zur „last seat availability" (= die Letztverfügbarkeit von Kapazitäten) abgefragt und mit Buchungsbestätigung gebucht werden. → Access, → crs, → Direct Access

Direct Mailing, ist die häufigste Form der Direktwerbung als gezielte, durch Post zugestellte schriftliche Werbung. → Direktwerbung

Directory, 1. Adreßbuch, Telefonbuch. Auch für Verzeichnis oder Gesamtprospekt, der z.B. über Hotels oder Ferienparks informiert. **2.** Inhaltsverzeichnis der Daten auf Datenträgern wie z.B. Festplatte oder Diskette.

Direkter Vertrieb, Vertriebssystem, bei dem der Verkauf der Produkte vom Leistungsträger oder Reiseveranstalter direkt an den Kunden erfolgt; auch Direktvertrieb, Direktverkauf, Direktabsatz. → Eigenvermarktung

Direktflug, → Direct Flight

Direktinkasso, im Gegensatz zum Inkasso durch die Reisebüros, bedeutet D. die Zahlungsabwicklung mit dem Kunden durch den Reiseveranstalter. Dadurch entfällt für das Reisebüro Gestellung einer Bürgschaft oder einer Vertrauensschadensversicherung.

Direktorat D für Tourismus

Direktorat D für Tourismus, diese Stelle koordiniert ab Juni 1998 die Tourismusaktivitäten der EU-Kommission und löst damit die bislang zuständige Generaldirektion XXIII ab. → EU/EG/EWG

Direktstrecke, → Direct Flight

Direktveranstalter, unter Verzicht auf Zusammenarbeit mit Reisebüros direkte Vermarktung zum Kunden.

Direktverbindung, → Direct Flight

Direktvertrieb, → Branchenfremder Vertrieb, → Direkter Vertrieb, → Fremdvertrieb

Direktwerbung, alle Formen der individuellen, nicht persönlichen werblichen Kommunikation zwischen Anbieter und Nachfrager, vorrangig durch Werbebriefe, Prospekte und Kataloge. D. dient nicht grundsätzlich dem Direktgeschäft, sondern kann daneben das Beratungsgespräch im Reisebüro durch „Vorverkauf" erleichtern, indem bestimmten Zielgruppen interessengerechte Informationen übermittelt werden. → Direkter Vertrieb

Direttissima, Hochgeschwindigkeits-Schienenstrecke Rom-Florenz über 262 km Länge. → TAV

DIRG, Deutschland Informations- und Reservierungsgesellschaft, Träger- und Servicegesellschaft für ein bundeseinheitliches Reservierungssystem. → City Soft/German Soft, → Spirit

Diskobucht, Bucht in Grönland, deren vom Wetter begünstigte Häfen an der Süd-Westküste in den Monaten Juni bis September von Kreuzfahrtschiffen angelaufen werden.

Diskontsatz, ist der Zinssatz, den die Notenbank den Kreditinstituten beim Ankauf von Wechseln berechnet. Eine Erhöhung des D. bewirkt eine Verteuerung der Kredite und dämpft somit die Investitionstätigkeit. Folge ist ein schwaches Wirtschaftswachstum mit geringen Preissteigerungen. → Lombardsatz, → Reposatz

Disneyland, Vergnügungspark der Walt Disney Corporation, wurde 1955 in Anaheim, Kalifornien, eröffnet; ab Mai 1998 ergänzt durch Tomorrowland. Ein zweiter Vergnügungspark in Orlando, Florida, bestehend aus EPCOT (Experimental Prototype Community of Tomorrow) und dem Magic Kingdom kam 1971 hinzu, 1988 am gleichen Platz die Disney MGM Studios. 1998 Eröffnung von Animal Kingdom als weiterem Themenpark. Für Disney-Urlauber wurden dort die Hotels Swan und Dolphin (Eröffnung im Juli 1990) erbaut. Neben den Beherbergungseinrichtungen enthalten sie große Konferenzräume. Zwei weitere Hotels, das Yacht Club Resort und das Beach Club Resort, wurden dort im Herbst 1990 eröffnet. In New Orleans entstand eine weitere Freizeitanlage zur Wiederbelebung der Mississippi-Romantik mit den Hotels Port Orleans Resort und Dixi Landings Resort (Eröffnung 1991). In Tokio eröffnete Walt Disney Attractions 1983 seine erste Anlage im Ausland, 1992 eine weitere in Paris. → Disneyland Paris, → Freizeitparks, → Themenparks

Disneyland Paris, erster Vergnügungspark der Walt Disney Corporation in Europa, in Marne la Vallée, 32 km östlich von Paris. Eröffnung 1992 unter dem Namen Euro Disneyland (1994 in Disneyland Paris umgenannt). D.P. bietet mit 5 Themen/Ländern (Main Street, USA, Fantasyland, Frontierland, Adventureland und Discoveryland), 39 Attraktionen, Paraden und Shows, das ganze Jahr über Unterhaltung sowie Freizeitaktivitäten nach Jahreszeit (Golf, Tennis, Eislaufen, Radfahren, Fitneßclub etc.). Sechs Hotels, ein Bungalow-Campingplatz und ein modernes Kongreßzentrum im Hotel New York. Als größter europäischer Themenpark verzeichnete D.P. im ersten Jahr 11 Mio Besucher. → Disneyland, → Freizeitparks, → Themenparks

Distanzhandelsrichtlinie der EU, Richtlinienentwurf der EU für Verbraucherschutz im Fernabsatz wie z.B. bei telefonischen Bestellungen.

Diversifikation/Diversifizierung, Ausweitung eines bestehenden Produktprogramms auf benachbarte (ergänzende) Güter oder neue Produkte.

DJH, Deutsches Jugendherbergswerk. → Jugendherbergen

DMARS, Direct Multi Access Reservation System, Reservierungssystem der DNATA (Emirates) mit über 400 Terminals in der Golfregion. → DNATA

DNATA, Dubai National Air Travel Agencies, Sitz: Dubai; Vertrieb für Emirates, die staatl. Fluglinie der Vereinigten Arabischen Emirate. → DMARS

DNR, Deutscher Naturschutzring, Dachverband der Deutschen Natur- und Umweltschutzorganisationen mit über 100 selbständigen Organisationen, hat einen Entwurf zur Einführung eines Euro-Gütesiegels „Sanfter Tourismus" vorgelegt, eines Gütesiegels für umweltverträglichen und sozialverantwortlichen Tourismus mit Forderungen an Reiseveranstalter, Fremdenverkehrsbetriebe, -orte und -regionen. Vorbild für diese Öko-Auszeichnung ist der vom Umweltbundesamt vergebene „Blaue Umweltengel".

DOJ - Double Open Jaw, doppelte Gabelreise im IATA-Luftverkehr (im Reiseantritts- und Umkehrgebiet), Ausgangsort der Hinreise und Ankunftsort der Rückreise im Reiseantrittsgebiet und Ankunftsort der Hinreise und Abflugsort der Rückreise im Umkehrgebiet sind nicht identisch.
→ Gabelreise/Open Jaw (OJ)

Dolmen, prähistorische, von Menschenhand gefertigte Grabkammern aus großen Steinblöcken. Ihre Entstehung wird auf ca. 2500 v. Chr. geschätzt. Sie befinden sich überwiegend in West- und Nordeuropa. In Nordwest-Afrika und Süd-Indien gehören die D. in die vorchristliche Eisenzeit.

Dolmus, Sammeltaxi oder Minibus, ein wichtiges Verkehrsmittel in der Türkei. Dolmus, türk. für „ voll", fährt erst ab, wenn auch der letzte Platz belegt ist und läßt nach Bedarf aussteigen.

Dolphin, Reservierungssystem der Reederei P & O European Ferries zur Vereinfachung der Fährbuchungen.

Domestic Traffic, Inlandsverkehr, Binnenverkehr. → Binnenverkehr

Domizilschutz, Versicherung im Rahmen der Reisegepäck-Versicherung für Fahrten und Gänge am ständigen Wohnort des Versicherungsnehmers. → Reisegepäck-Versicherung

Donaubörse, → TGD

Dong-Fang-Hong-Klasse, „Der Osten ist rot"-Klasse bei Massenpassagierschiffen auf dem Jangtse in der VR China. Mit bis zu 2000 Passagieren vollgepackt bis zur 5. Klasse, erfüllt sie vorwiegend Beförderungsfunktionen.

Doppelbuchung, für dieselben Passagiere doppelt vorgenommene Buchung für Flug, Hotel oder andere Leistungen. → Überbuchen

Doppeldecker, urspr. alter Flugzeugtyp mit zwei übereinander angeordneten Tragflächen. Bezeichnet auch doppelstöckige Omnibusse und Doppelstockwagen der DB.

Doppel-Städtereisen, Variante der Städtereisen mit längerer Zeitplanung. Hier ist der Bus das häufigste Beförderungsmittel, z.B. Wien - Budapest oder Rom - Florenz, per Flug: Moskau - St. Petersburg. → Städtereisen, → Verkehrsmittel

Doppel-Währung, VR China konfrontierte bis 1994 Touristen mit einer Doppel-Währung. Die Bezeichnung für die allgemeine Währung ist „Renmimbi" (RMB), die Grundeinheit „Yuan" zu je 100 „Fen". Als Devisenausländer tauschte der Tourist die entsprechenden Noten, die Foreign Exchange Certificates (FEC) ein, für die die gleichen Geldeinheiten galten. In Freundschaftsläden, Ausländerhotels usw. wurden die FEC als alleiniges Zahlungsmittel akzeptiert; bei der Ausreise wurde einzig dieses FEC-Geld gegen Vorlage der Umtauschquittung zurückgetauscht. FEC sind 1994 ohne Zeitangabe für ungültig erklärt worden und werden auch von den Banken nicht mehr ausgegeben. Der Wechselkurs der Landeswährung Renmimbi wird seit Anfang 1994 täglich nach Angebot und Nachfrage neu festgesetzt.

Doppelzimmer, Zimmer mit zwei zusammenstehenden Betten oder einem großen Bett oder zwei Betten, die zusammengestellt werden können, für zwei Personen.

Dorfhotel, ein umweltfreundliches Hotelkonzept der TUI für Sport- und Naturliebhaber sowie Familien mit Kindern.

Dormants, ruhende oder vorübergehend nicht genutzte Streckenrechte von Fluggesellschaften. → Verkehrsrechte

double-Schlafwagenabteil, → Schlafwagen

Dover, weltgrößter Fährhafen, Verwaltung liegt in den Händen des Dover Harbour Board, 55.000 Schiffsbewegungen p.a., ca. 15 Mio. Passagiere, alle 8 Min Ankunft bzw. Abfahrt von Schiffen der P&O Stena Line und Seafrance; Tragflügelboote (Jetfoil), Luftkissenfahrzeuge (Hovercraft). Nach Öffnung des Kanaltunnels (Eurotunnel) Ende 1994 erschwerte Wettbewerbsbedingungen für den Fährschiffsverkehr. → Kanaltunnel (Eurotunnel)

Download

Download, Datentransfer bei Online-Verbindungen, wobei Daten von einem anderen PC oder einem Datennetz-Server in den eigenen PC geladen werden, um sie dort weiterzuverwenden. → Upload

Downtown, in USA u.a. englischsprachigen Ländern Bezeichnung für Innenstadt, Stadtzentrum, Geschäftsviertel.

DPT, Deutscher Eisenbahn-Personen-, Gepäck- und Expressguttarif gilt im jeweiligen Geltungsbereich als Basis der Beförderungsbedingungen.

DR-Deutsche Reichsbahn,
1. Vor 1945 Zusammenfassung der im Reichsgebiet vorhandenen Strecken der 11 Staatsbahnen des Deutschen Reiches, wie Badische, Bayerische, Hessische, Oldenburgische, Preußische, Sächsische, Württembergische, Main-Neckar, Mecklenburgische, Friedrich-Franz, Preußische Militär-Eisenbahnen und Reichsbahnen in Elsaß-Lothringen.
2. Eisenbahnverkehrsträger der ehem. DDR, der alte Name wurde hier beibehalten, mit einem Streckennetz von 14.000 km. Verschmelzung mit DB nach der deutschen Wiedervereinigung. Ab Januar 1994 im Rahmen der Bahnstrukturreform als DB-Deutsche Bahn AG privatisiert. → DB-Deutsche Bahn AG

Drachenfliegen, von touristischen Veranstaltern angebotene Flugsportart, bei der der im Gurt hängende Pilot mit Hilfe von sog. Hängegleitern in der Luft steuern kann.

Drehkreuz im Luftverkehr, geplantes und gezieltes Zusammenführen von Flugzeugen an einem Flughafen zum Zweck einer möglichst kurzfristigen Umverteilung der Passagiere auf ausgehende Flüge. Hauptdrehkreuz in der Bundesrepublik ist Frankfurt. München ist ein großes Drehkreuz im Ferienflugverkehr. → Hubs and Spokes

DREMOD, Daten- und Rechenmodell „Schadstoffemissionen aus dem motorisierten Verkehr in Deutschland 1980 - 2010".

Driving License, → Führerschein

DRM, Dienstreise Management, von IBM für den Firmendienst in Reisebüros bzw. unternehmenseigenen Reisestellen entwickelt. Mit Hilfe der Software Travel & Safe wird die Reise vom Mitarbeiter des Unternehmens selbst am Bildschirm abgewickelt.

DRS, Deutscher Reisepreis-Sicherungsverein, Gemeinschaftsgründung 1994 von DRV, Europäischer Reiseversicherungs AG und der VVDG-Verlags- und Industrieversicherungsdienste GmbH (Springer-Konzern), der den von der EU vorgesehenen Kundenschutz vor Veranstalterinsolvenz bei gebuchter Pauschalreise gewährleisten soll. → EU-Richtlinie über Pauschalreisen, → Insolvenzschutzversicherung, → Kundengeldabsicherung

DRTV, Direct Response TV, direkter Vertrieb über den Fernseher. Test von ABR mit Direktverkauf von Urlaubsreisen über Privatfernsehen.

DRV, Deutscher Reisebüro-Verband e.V., Frankfurt/M., gegr.: 1950. Der Bundesverband der deutschen Reisebüros und Reiseveranstalter nimmt die Interessen der deutschen Reisebürobranche wahr, vor allem der Reiseveranstalter (Produzenten von Pauschalreisen) und der Reisebüros (Reisemittler). Für seine Mitglieder erbringt der DRV Leistungen, die von einem modernen Wirtschaftsverband erwartet werden. Hierzu zählen insbes. folgende Aufgaben, die in der Satzung des Verbandes verankert sind:

- Feststellung der branchenüblichen Geschäftsbräuche, Ausarbeitung von Empfehlungen und Herausgabe von Ordnungswerken

- Bekämpfung unlauterer Geschäftsmethoden, um das Ansehen des Gewerbes zu fördern und zu pflegen

- Gewährung von Rat und Hilfe in Rechts- und Steuerangelegenheiten für seine Mitglieder im Rahmen des Aufgabenbereiches des Verbandes

- Förderung der Wirtschaftlichkeit der Mitgliedsbetriebe durch Maßnahmen zur Verkaufsförderung bzw. Rationalisierung oder durch Betriebsanalysen

- Fortbildung der Fachkräfte und Förderung eines geeigneten Nachwuchses

- Durchführung von Schiedsgerichtsverfahren.

Nach Beschluß der Mitgliederversammlung vom Nov. 1990 hat der DRV seine Funktion als Arbeitgeberverband aufgegeben. Der DRV ist Teil des Deutschen Fremdenverkehrspräsidiums sowie Teil des DTW. Die DRV-Service GmbH betreibt den kommerziellen Teil der Verbandsarbeit, wie z.B. die Vermarktung von Seminaren. Mitgliederstand November 1997: 4044 ordentliche und 820 außerordentliche (ab 1998 umbenannt in assoziierte) Mitglieder. Ab 1998 geändert in Deutscher Reisebüro- und Reiseveranstalter-Verband, geführt von einem ehrenamtlichen Präsidenten und einem Generalsekretär. → BTW, → Deutsches Fremdenverkehrspräsidium, → DRV-Tarifgemeinschaft, → Tourismus-Präsidium

DRV-Service, → DRV

DRV-Tarifgemeinschaft, diese Vereinigung hat ab 1991 die Arbeitgeberfunktion des DRV-Wirtschaftsverbandes übernommen und vertritt damit die Interessen der Reisebranche gegenüber den Gewerkschaften in Tarifverhandlungen mit DAG, HBV und ÖTV. Ab 1998 ist die Geschäftsführung der D. ausgegliedert und auf die Dachorganisation Vereinigung der Hessischen Unternehmerverbände und des Verbands der Metall- und Elektrounternehmen Hessen übertragen worden. → DRV

DRV-Umweltauszeichnung, → Umweltpreis

Dry Lease/Dry Charter/Trockencharter, Vercharterung allein des Flugzeugs (ohne Besatzung) im Unterschied zu Wet Lease/Wet Charter/Naßcharter.

DSB, 1. Danske Statsbaner, staatliche Eisenbahn des Königreichs Dänemark; Fährverkehr. Zusammen mit DFO wird die Strecke Puttgarden - Rødby bedient, die sog. „Vogelfluglinie" (19 km). Umbenannt in Scandlines. → Vogelfluglinie. **2.** Deutscher Schaustellerbund e.V., Sitz: Bonn, Interessenvertretung DSB ist Mitglied im Deutschen Fremdenverkehrsverband (DFV). → DFV

DSE, die Deutsche Stiftung für internationale Entwicklung mit ihrer Zentralstelle für Auslandskunde führte seit 1973 zusammen mit dem Studienkreis für Tourismus die inzwischen entfallenen entwicklungspolitischen und landeskundlichen Fortbildungsseminare für Reiseleiter von Fernreisen durch und unterstützte damit das BMZ. Die generelle Zielsetzung dieses Engagements bestand in dem Versuch, die bei Fernreisenden vorhandenen Informationslücken über die aktuelle Realität in den Ländern der Dritten Welt schließen zu helfen. Damit sollte eine Voraussetzung geschaffen werden, bestehende Vorurteilsstrukturen zu den Themen Unterentwicklung, Entwicklungshilfe, Entwicklungspolitik und Dritte Welt auch im Rahmen einer Fernreise bewußt zu machen. → Bundesministerium für wirtschaftliche Zusammenarbeit (BMZ)

DSF, Deutsches Seminar für Fremdenverkehr, gegr. 1964, Sitz: Berlin, dient der Weiterbildung der Beschäftigten in Verkehrsämtern, Reisebüros, bei Veranstaltern und im Gastgewerbe mit jährlich mehr als 60 Seminarprogrammen. Mitglieder des 1980 institutionalisierten Trägervereins sind die Spitzenorganisationen des deutschen Tourismus. → Bundesministerium für Wirtschaft (BMWi)

DSG, Deutsche Service-Gesellschaft der Bahn mbH, Sitz: Frankfurt/M., Zuständigkeitsbereich: Planung und Steuerung von Serviceleistungen in Zügen und Bahnhöfen der DB. DSG ist ein Tochterunternehmen der DB und Nachfolgerin der Mitropa in Westdeutschland nach 1945. Frühere Bezeichnung: Deutsche Schlafwagen- und Speisewagen-Gesellschaft. Wird seit 1994 in ganz Deutschland wieder unter dem Namen Mitropa geführt. → Mitropa

DTC, Deutscher Touring Automobil Club mit Sitz in München. Pannenhilfe rund um die Uhr für Autoreisende.

DTI, Deutsches Touristik Institut e.V., Stockdorf/München. → Deutsches Touristik-Institut e.V. (DTI)

DTI Management Consulting GmbH, ehemals Deutsches Touristik Institut e.V., Stockdorf/München. → Deutsches Touristik-Institut e.V. (DTI)

DTM, Deutschland Tourismus Marketing GmbH, Frankfurt/Main, mit der Gründung der DTM am 1. Januar 1997 wurden erstmalig Partner zusammengeführt, die im Tourismus sowohl auf Bundesebene als auch in der Wirtschaft tätig sind. Neben den Landesverbänden und dem Deutschen Bäderverband ist die Deutsche Bahn AG ein bedeutender Partner. Ziel der DTM ist es, Reisen innerhalb Deutschlands zu fördern. Dazu werden mit den Ländern, Regionen und Städten verstärkt Pauschalangebote ausgearbeitet und dem Verbraucher präsentiert. Flyer, Plakate in Reisebüros und Roadshows in Zusammenarbeit mit der DIRG sind Bestandteile der Marketingkampagnen, welche jedes Jahr unterschiedliche Themen ansprechen. Ab 1999 wird die DTM aufgelöst und geht in die Deutsche Zentrale für Tourismus (DZT) über. → DIRG, → DZT

Dumpingpreise

Dumpingpreise, gehen auf eine Kalkulationsmethode zurück, bei der gewisse Kosten unberücksichtigt bleiben. Sie kommen oft dann zur Anwendung, wenn neue Märkte erschlossen werden sollen. Fluggesellschaften versuchen über extrem niedrige Preise Mitbewerber aus dem Markt zu drängen.

Dupes, engl. Kurzform für duplicate booking.
→ duplicate booking

Duplicate booking, Doppelbuchung für ein und denselben Gast. → Doppelbuchung, → Dupes

Durchgangstarif, oder Punkt-zu-Punkt-Tarif, der für eine Flugreiseroute direkt aufgestellte Tarif im IATA-Tarifwesen (nur auf Direktstrecken), der meist niedriger ist als die Summe der Teilstreckentarife. Veröffentlichte D. haben grundsätzlich Vorrang vor einer möglichen Kombination von Einzeltarifen.
→ Anstoßflugpreis, → IATA

Duty-free/Duty-free-shop, zoll- und steuerfreie Einkaufsmöglichkeit für Reisende mit gültigem Auslandsticket auf Schiffen, Flughäfen und in Flugzeugen. Das Warenangebot umfaßt Tabakwaren, Spirituosen, Kosmetika und andere Luxusartikel. Der erste D.-shop wurde in Shannon eingerichtet. Seit Wirksamwerden des grenzfreien Binnenmarktes in Europa hat diese Einrichtung ihre Berechtigung verloren. Bis 1999 noch können alle Auslandsreisenden inkl. der Schengen-Passagiere steuerfrei einkaufen.
→ Schengener Abkommen

DVB, bis Juli 1997 gebräuchliche Abkürzung der Deutschen VerkehrsBank AG. → Deutsche VerkehrsBank AG

DVKB, → Deutsche VerkehrsBank AG

DVWG, Deutsche Verkehrswissenschaftliche Gesellschaft, veranstaltet regelmäßig das Luftverkehrsforum in Frankfurt/M. mit derzeit aktuellen Themen wie Regelung der Slot-Vorgabe, Erweiterung der Flugkapazitäten, Harmonisierung der Luftkontrolle. Herausgabe einer Schriftenreihe im Luftverkehr.

DWIF, Deutsches Wirtschaftswissenschaftliches Institut für Fremdenverkehr an der Universität München, gegr.: 1950; Forschungsinstitut für Auftragsforschungen im Fremdenverkehrsbereich, kein Ausbildungsinstitut. → Wirtschaftsfaktor Tourismus

DZT, Deutsche Zentrale für Tourismus e.V., Frankfurt/M. Nach ihrer Satzung hat die DZT die Aufgabe, für den Tourismus nach der Bundesrepublik Deutschland zu werben und dabei die Zusammenarbeit mit den dafür maßgeblichen nationalen und internationalen Stellen zu pflegen. Ziele sind Sicherung und Ausbau der touristischen Position Deutschlands im Wachstumsmarkt Tourismus. Das bedeutet:

- Steigerung der Zahl der Ausländerübernachtungen
- Steigerung der Einnahmen aus dem Ausländerreiseverkehr
- Erhöhung des Marktanteils im internationalen Tourismus
- Beratung und Förderung strukturschwacher Regionen, Verbesserung der Markttransparenz
- Sicherung und Schaffung von Arbeitsplätzen in der mittelständischen Fremdenverkehrswirtschaft

Im Marketingplan für die Jahre 1998 - 2000 werden als große Themen die EXPO, Goethe und Bach sowie das Basisthema „Burgen, Schlösser und Ritter" festgelegt.

Die DZT hat 17 Mitglieder, die sich aus den übrigen Spitzenverbänden des Fremdenverkehrspräsidiums und touristischen Großunternehmen wie Deutsche Lufthansa, Deutsche Bahn etc. zusammensetzen. Die Deutsche Zentrale für Tourismus ist eine weitgehend finanziell von der Bundesregierung geförderte Fremdenverkehrsorganisation. Sie ist Teil des Deutschen Fremdenverkehrspräsidiums. Ab 1999 übernimmt sie die Aufgaben der Deutschland Tourismus Marketing GmbH (DTM) und wird somit auch für das Inlandsmarketing zuständig sein. → Bundesministerium für Wirtschaft (BMWi), → DFV, → DTM, → Incoming-Tourismus

DZT Deutschland-Information, → Tour Base

D-Zug, Schnellzug der DB. Züge dieser Gattung bedienen größere Strecken und halten nur an Anschlußbahnhöfen, Knotenpunkten und Grenzbahnhöfen; sie führen Wagen der 1. und 2. Klasse, zuschlagfrei. D. sollen künftig durch Zugsystem Interregio ersetzt werden.

E, die grüne Scheibe mit dem weißen E steht für „Europa", sie sorgt für vereinfachte Grenzkontrollen. Man kann nach Vorzeigen dieser Scheibe die Grenzen in langsamer Fahrt passieren, sofern keine Stichprobenkontrolle vorgenommen wird. Das erleichterte Verfahren zur Grenzabfertigung gilt bereits für den Übergang nach Frankreich, Österreich, den Beneluxländern und Dänemark. → Schengener Abkommen

EARB, European Airlines Research Bureau, 1964 auf Empfehlung des Straßburger Europarats gegründet mit dem Ziel, die Koordinierung des Linienflugverkehrs in Europa zu fördern. EARB löste das ursprünglich von Air France, KLM, Sabena und Swissair etablierte Joint Research Office ab. → AEA.

Eastbound, Flugreisen in östlicher Richtung. → Westbound.

Eastern & Oriental Express, von J.B. Sherwood betriebener Luxuszug verkehrt seit Oktober 1993 wöchentlich einmal auf der Strecke Singapur-Bangkok, Bangkok-Singapur. Der E & O, wie er kurz genannt wird, Rekonstruktion eines Luxuszuges im Nostalgie-Look, fährt mit Loks und 22 Waggons, darunter drei Speisewagen, Presidential Car, Salon- und Aussichtswagen auf der 1943 km langen Strecke, deren landschaftliche Höhepunkte sich dem Reisenden tagsüber präsentieren. Deutscher Vertrieb: Venice Simplon-Orient-Express, Düsseldorf. → VSOE Ltd.

Easylink, touristisches Reiseangebots- und Informationssystem mit Best Buy-Funktion der Firma DCS für Merlin-Nutzer. → Merlin

Easy Ticket, Angebot der Regionalfluggesellschaft Eurowings. Dabei können Linienflugtickets per Telefon gebucht werden, Zahlung kann mit Angabe der Kreditkartennummer erfolgen, Übernahme des vorbereiteten Tickets vor dem Einchecken am Flugscheinschalter.

Easy Travel, Online-Version für Reiseplanungen von Lufthansa Airplus. Das ehemalige Programm PC Reiseplaner wurde in E.T. umbenannt. Das Programm kann als Internet-Version eingesetzt oder in ein firmeneigenes Intranet eingebunden werden. Im ersten Fall greifen die Nutzer auf den Server bei Airplus zu, im zweiten Fall auf den des eigenen Unternehmens.

EATA, East Asia Travel Association, Dachverband der offiziellen Fremdenverkehrsbüros von Japan, Hongkong, Philippinen, Singapore, Südkorea, Thailand, Taiwan sowie deren nationale Fluggesellschaften, u.a. Deutschland-Vertretung in Frankfurt/M., ständiges Generalsekretariat in Tokio. Ziel der EATA ist im wesentlichen die Tourismusförderung dieser ostasiatischen Regionen und Stärkung der Auslandsreiseströme in EATA-Länder.

EBO, Eisenbahn Bau- und Betriebsordnung vom 8. Mai 1967 die den Bau und den Betrieb von regelspurigen Eisenbahnen des öffentlichen Verkehrs regelt, enthält technische Vorschriften über Bahnanlagen, Bahnbetrieb, Personal und Ordnung auf dem Gebiet der Bahnanlagen, zuletzt geändert durch das Gesetz zur Neuordnung des Eisenbahnwesens vom 27. Dezember 1993.

EBT, Excess Baggage Ticket, Standard-Übergepäckschein nur für Airport Handling Agents für Gepäck, das der Fluggast über die erlaubte Freigepäckmenge hinaus mitnehmen möchte. Die Gebühr wird am Flughafen per EBT kassiert. → Airport Handling Agent

ECA, UN Economic Commission for Africa, Unterorganisation der Vereinten Nationen (UNO), unterstützt den Ausbau des Tourismus in Afrika durch die Finanzierung von Gutachten und Studien, die als Basis für nationale Tourismusprojekte dienen können. → UNDP

ECAC, European Civil Aviation Conference, Europäische Zivilluftfahrtkonferenz, gegr.: 1954, Sitz: Paris. ECAC ist eine Regionalgliederung der ICAO. Der Organisation sind 35 europäische Staaten angeschlossen. Aufgabenschwerpunkte sind die Förderung der Entwicklung, Wirtschaftlichkeit und Koordinierung des europäischen Luftverkehrs sowie die Unterstützung der Ziele der ICAO in Europa. → Harmonisierung, → ICAO, → Liberalisierung im Luftverkehr

ECATRA, European Car and Truck Rental Association, Europ. Mietwagen-Verband, Sitz: Düsseldorf.

ECE, UN Economic Commission for Europe, Unterorganisation der Vereinten Nationen

EC-Karte

(UNO), unterstützt den Ausbau des Tourismus in Europa durch die Finanzierung von Gutachten und Studien, die als Basis für nationale Tourismusprojekte dienen können. → UNDP

EC-Karte, Basis für Eurocheques und EC-Karten ist ein Girokonto. In vielen europäischen Ländern können Touristen mit EC und der dazu gehörigen Geheimzahl bezahlen oder sich an Geldautomaten bedienen. Die EC wird überall dort akzeptiert, wo das rotblaue EC-Zeichen angebracht ist. Aus Sicherheitsgründen sollten EC und Eurocheques immer getrennt voneinander aufbewahrt werden.

Eckpreis, Angebot mit einem Minimum an Basisleistungen; durch ergänzende Zusatzleistungen fällt der Endpreis zwangsläufig höher aus. Mit dem Mittel der Eckpreise dokumentieren Veranstalter ihre Leistungsfähigkeit. Für den touristischen Verbraucher (zur endgültigen Entscheidung seiner Urlaubsreise besorgt er sich durchschnittlich 8 Kataloge) sind die Eckpreise von entscheidender Bedeutung.

ECLA, UN Economic Commission for Latin America, Unterorganisation der Vereinten Nationen (UNO), unterstützt den Ausbau des Tourismus in Lateinamerika durch Finanzierung von Gutachten und Studien, die als Basis für nationale Tourismusprojekte dienen können. → UNDP

ECLG, European Consumer Law Groups, Europ. Verbraucherschutzgruppe, nimmt starken Einfluß auf die europ. Gesetzgebung hinsichtlich des Verbraucherschutzes bei Charterreisen, z.B. auf Richtigkeit und Vollständigkeit der Katalogangaben. → Kundengeldabsicherung, → Pauschalflugreiseverkehr, → Sicherungsschein

EC-Netz, Eurocity, Zugsystem der Bahn. EC verkehren als schnelle Tages- und Nachtverbindungen zwischen über 200 europ. Städten. Den Reisenden wird ein bei allen am EC-Netz beteiligten Bahnen einheitlicher Qualitätsstandard geboten. Zugbildung mit ausschließlich klimatisierten Wagen der 1. und 2. Klasse, Zugrestaurants; Grenzkontrollen ohne Zeitverlust im fahrenden Zug. Innerhalb der Bundesrepublik Deutschland ähnliches IC-Netz. → IC-Intercity

ECODATA, von der EU unterstütztes internationales Kooperationsvorhaben zur Gründung einer Europäischen Tourismus-Umwelt-Datenbank (Zentrale in Athen). Hauptziele sind die Schaffung einer europaweiten Transparenz und Vergleichbarkeit von Reisezielen, die Analyse und Bewertung der Zusammenhänge zwischen Umweltsituation und Tourismus in den Ferienregionen, die Erstellung von Maßnahmeprogrammen zur Verbesserung der Situation vor Ort und die Schaffung von Grundlagen für ein erfolgreiches touristisches Umweltmarketing. Touristische Leistungsträger bzw. Anbieter sowie Touristen und verschiedene Organisationen bzw. Behörden bilden den Anwenderkreis der Umwelt-Daten, die einheitlich in 30 Ländern erhoben werden.

ECoNETT, wird derzeit vom WTTC zusammen mit IBM und mit Unterstützung der EU-Kommission, Generaldirektion XXIII (Tourismus), als „Mastergate zu Tourismus und Umwelt in Europa" mehrsprachig aufgebaut. Die zunehmende Fülle an Publikationen, Veranstaltungshinweisen, Kontaktadressen und Projektbeschreibungen ist vor allem für berufliche Interessierte eine wahre Fundgrube. ECOTRANS wird für die Rubrik „good practise" die TIP-Informationen quer durch Europa entsprechend aufbereiten und zur Verfügung stellen. → ECOTRANS-Service TIP, → WTTC

Ecomost, European Community Models of Sustainable Tourism. Ziel dieses IFTO-Projektes ist es, Methoden und praxisnahe Instrumente für einen wirtschaftlich tragfähigen, zukünftige Generationen nicht belastenden Tourismus zu entwickeln. → IFTO

Economy Class, Bezeichnung für Touristenklasse (zumeist im Luftverkehr); bei vielen Beförderungsunternehmen nachgeordnete Klasse; in USA auch „Coach Class". → Beförderungsklasse

ECO-Tour, wird von den Naturfreunde Internationale, Wien, in Zusammenarbeit mit dem Deutschen Naturschutzring (DNR), Bonn, und dem Nederlands Instituut voor Volksentwikkeling en Natuurvriendenwerk (NIVON), Amsterdam, aufgebaut. Unterstützt wird das Projekt von der EU-Kommission, Generaldirektion XIII (Telekommunikation). Weitere Partner sind das Institut für Integrativen Tourismus und Freizeitforschung (IITF), Wien, und der Verein Ökologischer Tourismus in Europa (ÖTE), Bonn. Ab September 1998 soll E. mit mehreren Tausend Reiseangeboten zum zentralen Informationsdienst für die Urlaubsplanung aller Internet-Nutzer werden, die bei ihrer Reiseent-

scheidung auch an Umweltkriterien denken. Beherbergungsbetriebe, Urlaubsorte und -regionen, Reiseangebote und die besten Modelle aus zahlreichen Ländern werden dargestellt. In Verbindung mit dem ECOTRANS-Service TIP können die Nutzer dann auch nachsehen, welchen Kriterienkatalog der Gasthof in Tirol, Mecklenburg-Vorpommern oder Dänemark erfüllt hat und welche Erfolge der Tourismusanbieter mit seiner neuesten Umweltmaßnahme erzielt hat.
↦ ECOTRANS-Service TIP

ECOTRANS, Europ. Dokumentations- und Informationsnetz zum Thema Tourismus und Umwelt ECO steht dabei für Umwelt, Ökologie und „Trans" für Informationstransfer. E. ist ein internationales Netzwerk von Fachleuten und Organisationen aus Tourismus und Umwelt. Der gemeinnützig orientierte Verein mit Sitz in München hat sich der Förderung eines dauerhaft umweltgerechten und sozialverantwortlichen Tourismus verpflichtet. Unter der Maßgabe, Ökologie und Ökonomie als zusammengehörig zu betrachten, zählen internationaler Erfahrungsaustausch und Transparenz der positiven und der belastenden Wirkungen von Tourismus zu den Hauptaufgaben des Vereins. Auftraggeber und Partner sind die EU, Ministerien und Behörden, Vereine und Verbände, Schulen und Universitäten, Tourismusanbieter und Medien. ↦ ECODATA

ECOTRANS-Service TIP, das europäische Expertennetz E. baut mit Unterstützung der Deutschen Bundesstiftung Umwelt einen neuen Bildungs- und Informationsservice mit allen Umweltauszeichnungen im Tourismus, ausgewählte Preisträger und erfolgreiche Umweltpioniere aus ganz Europa mit Kriterien und Schlüsselinformationen auf. Die Sammlung und Nutzung der Informationen für den TIP erfolgt in Zusammenarbeit mit einem breiten Partnernetz aus Fachleuten, Tourismus- und Umweltverbänden, dem Studentenverband FUTURISTA, dem World Travel and Tourism Council und den Naturfreunden Internationale. Dabei gilt es auch, spezifische Interessen der Tourismus- und Umweltverbände zu berücksichtigen, die sich je nach eigener Aufgabenstellung mit dem Thema „Tourismus und nachhaltige Entwicklung in Europa" befassen und ihrerseits eine Arbeitshilfe durch den TIP erwarten. ↦ FUTURISTA

ECPAT, End Child Prostitution in Asian Tourism, internationale Organisation zur Bekämpfung der Kinderprostitution im Tourismus in Asien, Sitz: Paris.

ECTAA, European Commission of Travel Agents' Associations, Group of National Travel Agents' and Tour Operators' Association within the EU, Verband der Europäischen Reisebüroverbände, Sitz: Brüssel; seit 1988 Nachfolgeorganisation des EG-Groupements, eines lockeren Zusammenschlusses, der seit 1961 existierte. Mitglieder sind die nationalen Reisebüro- und Reiseveranstalterverbände der EU-Mitgliedstaaten. Deutsches Mitglied ist der DRV. E. ist Gesprächspartner der internationalen Organisationen anderer Sektoren, Interessenvertretung gegenüber EU-Institutionen. Derzeit ist der ungarische Verband MUISZ assoziiertes Mitglied. Die Osterweiterung wird diskutiert. ↦ DRV, ↦ EG-Groupement, ↦ Liberalisierung, ↦ UFTAA

ECTI, ↦ American Express Corporate Travel Index (ECTI)

ECTWT, Ecumenical Coalition on Third World Tourism, Bangkok; E. war Mitglied im Arbeitskreis „Tourismus mit Einsicht". ↦ Tourismus mit Einsicht

ECU, European Currency Unit, europäische Währungseinheit, die im Rahmen des europäischen Währungssystems 1979 geschaffen wurde; Kunstwährung. Die ECU dient bislang nahezu ausschließlich als Buchgeld, nicht als Reisezahlungsmittel in der Bundesrepublik Deutschland. Sie wurde eingeführt als Bezugsgröße für die Leitkurse der am EWS teilnehmenden Ländern, dient außerdem als Finanzierungs- und Zahlungseinheit der EU-Notenbanken. Im Maastrichter Vertrag wurde festgelegt, daß der Wert der ECU dem des Euros entsprechen muß. Der derzeitige ECU-Kurs liegt bei rund 1,97 (Mai 1998). ↦ Euro, ↦ EWS, ↦ Maastrichter Vertrag

EDIT, European Education and Training in Tourism, Studiengang zum Internationalen Touristikassistenten mit zweijähriger Ausbildung über allgemeine Kenntnisse in Wirtschaftsdisziplinen, Fachwissen in Tourismus- und Umweltpolitik, Reise- und Vertragsrecht etc. Kontakt über Wirtschaftsinstitut Angell, Freiburg. ↦ Internationale(r) Touristikassistent(in)

Editor, Computerprogramm zum Eingeben, Ändern und Betrachten von Daten. Fast alle Anwendungsprogramme haben einen integrierten E.

EDS

EDS, Eisenbahndienstsache, nicht mehr verwendeter Ausdruck für interne Post der DB, die mittlerweile mit der Deutschen Post AG befördert wird.

EEF, Europäischer Entwicklungsfonds, gewährt nichtrückzahlbare Zuschüsse und zinsbegünstigte Darlehen der EU an AKP-Staaten im Rahmen des Lomé-Abkommens. → AKP-Staaten, → EU/EG/EWG, → Lomé-Abkommen

EFCO, European Federation of Camping Site Organisations, Verband Europäischer Campingplatzhalter, Sitz: Gloucester (UK). Organisation zur Interessenvertretung der Caravan- und Campingplätze in Europa, zählt hauptsächlich Mitglieder aus den EU-Mitgliedsstaaten.

EFK, Europäische Reisezug-Fahrplankonferenz, hat die Regelung des internationalen Eisenbahn-Reiseverkehrs und die Behandlung von Fragen der Zollabfertigung und der Grenzkontrolle zum Ziel. → CEH

EFTA, European Free Trade Association, Europäische Freihandelsgemeinschaft, 1960 in Kraft getreten, Sitz: Genf. Alle Mitgliedsländer (Finnland, Island, Norwegen, Österreich, Schweden und Schweiz) sind im Ministerrat, der dreimal jährlich tagt, gleichberechtigt vertreten. Ziele: Der EFTA-Vertrag enthält ein Verbot von Ausfuhrzöllen und der Einführung von mengenmäßigen Einfuhrbeschränkungen; keine Bestimmungen über den Agrarsektor. Die Tourismusinteressen werden durch die ETC (Incoming) vertreten. Gemeinsamer Plan von EFTA und der damaligen EG zur Bildung von EWR, Europäischer Wirtschaftsraum, geht auf die erste gemeinsame Ministerkonferenz 1984 in Luxemburg zurück. 1994 haben sich die Länder Österreich, Finnland und Schweden für den Beitritt zur EU ab 1995 entschieden. → ETC, → EU, → EU/EG/EWG, → EWR

EG-Binnenmarkt, → EU/EG/EWG

EG-Groupement, Groupement des Unions Nationales des Agences de Voyages de la C.E.E., Brüssel. Seit 1961 waren die nationalen Reisebüroverbände der EG-Mitgliedstaaten in dieser Organisation zusammengeschlossen. Der Vorsitz wechselte alle 2 Jahre. Die Geschäftsführung lag bei einem Generalsekretär mit Sitz in Brüssel. Ziel dieses Zusammenschlusses war die gemeinsame Bearbeitung von Fragen und Problemen aus dem EG-Bereich, von denen Reiseveranstalter und Reisebüros in der EG berührt wurden. → ECTAA

EG-Pauschalreiserichtlinie, Richtlinie des Rates der EG vom 13. Juni 1990 über Pauschalreisen zur Schaffung und Vereinheitlichung eines Verbraucherschutzrechtes auf dem Gebiet der Pauschalreisen. E. war bis 31.12.1992 von den EG-Mitgliedsstaaten in innerstaatliches Recht umzusetzen. Die §§ 651 a-k BGB sind seit 1.11.1994 in Ausführung der Richtlinie geändert worden. Gestattet in Art. 8 den Mitgliedsstaaten, „zum Schutz des Verbrauchers" strengere Rechtsvorschriften zu erlassen oder aufrechtzuerhalten. Umsetzung der E. in der Bundesrepublik mit Optimierung des Verbraucherschutzes durch Insolvenzschutzversicherung für Pauschalreisen, die nach dem 31. Oktober 1994 angetreten wurden. → EU-Richtlinie für Pauschalreisen → Kundengeldabsicherung, → Pauschalreisen, → Sicherungsschein

E-Hotel, Hotelreservierungssystem der Firma FAO-Travel. Das System berücksichtigt weltweit alle Sommerpreise der Hotelketten und ermittelt das günstigste Angebot. Buchung ist per Telefon, Telefax oder E-mail sowie über das Internet möglich.

EIB, Europäische Investitionsbank, gibt Darlehen für nationale und regionale Entwicklungsprogramme der EU an die AKP-Staaten; damit soll der Tourismus gestärkt werden und zur wirtschaftlichen Entwicklung beitragen. → AKP-Staaten

EIBTM, The European Incentive & Business Travel & Meetings Exhibition, bedeutendste europäische Fachmesse für Incentive- und Geschäftsreisen sowie Tagungen mit internationalem Publikum. Sie findet alljährlich im Mai in Genf statt und wird begleitet von Vorträgen und Seminaren.

Eigenkapitalhilfeprogramm (EKH), Hilfsprogramm der deutschen Bundesregierung auf dem Tourismussektor. Das EKH-Programm wurde für antragsberechtigte ERP-Darlehensnehmer, also förderungsfähige Existenzgründer und Unternehmer aus der ehem. DDR ins Leben gerufen. Die Förderungsmittel erfüllen Eigenkapitalfunktion; Privatpersonen können damit zusätzliche „risikotragende" Mittel zur Verstärkung der Eigenkapitalbasis zur Verfügung gestellt werden. Anträge werden über die Hausbank oder die Deutsche Ausgleichsbank in Bonn gestellt. → ERP-Mittel

Eigentouristik, Bezeichnung für den Marktauftritt von Reisebüros/Reisemittlern als Eigenveranstalter durch Zusammenstellung von einzelnen Leistungselementen zur Pauschalreise und deren Vertrieb durch Katalogausschreibung bzw. Angebot für geschlossene Gruppen mit Spezialreisen oder zu besonderen Zielen. → Eigenvermarktung, → Insolvenzschutzversicherung, → Reiseveranstalter

Eigenveranstalter, Verkehrs-/Leistungsträger, der im Direktverkauf neben der Beförderung zusätzliche Leistungen wie Übernachtung, Rundreisen, Transfers u.a. anbietet. → Insolvenzschutzversicherung, → Reiseveranstalter, → Stopover-Programm

Eigenvermarktung, Direktvermarktung in- und ausländischer Fremdenverkehrsorganisationen mit ihren örtlichen, regionalen und nationalen Produkten mit Unterstützung der eigenen Buchungszentrale unter Ausschaltung der Reiseveranstalter; auch Eigenvertrieb, Eigenverkauf, Eigentouristik.

Eilzug, DB-Züge zur Bedienung mittellanger Strecken, halten nur an Stationen, die ein ausreichendes Fahrgastaufkommen bringen. Nicht zuschlagspflichtig. E. wurde 1995 in Regional Express RE umbenannt.

Ein- und Ausschiffung, Abfertigungsvorgang vor dem Ablegen und nach Beendigung einer Schiffsreise.

Eingabegeräte, Sammelbegriff aller Geräte in der EDV, über die Daten in den PC eingegeben werden können. Typische E. sind Tastatur, Maus und Scanner. → Ausgabegeräte

Ein-Kupon-Meilen (TPM), Teilbereich des Meilensystems; zwischen zwei Orten veröffentlichte „Ticketed Point Mileages" sind grundsätzlich in beiden Richtungen anwendbar und stellen in der Regel die kürzeste Flugstrecke dar. → Meilensystem

Einloggen, Anmelden bei einem Online-Dienst durch Angabe der Benutzer-Kennung und des Paßwortes.

Einmalprämie, Begriff aus der Versicherungsbranche, im Gegensatz zur laufend zahlbaren Jahresprämie, Zahlung eines einmaligen Beitrages für ein nach Zeit und Höhe begrenztes Risiko.

Einnahmen, Geldeingänge; Zunahme des Geldmittelbestandes eines Unternehmens in einer Periode.

Einreisebestimmungen, Bestimmungen, die der Reisende für die regelrechte Einreise in andere Länder oder sogar für den kurzen Aufenthalt in Transitländern beachten muß: Vorlage eines gültigen Reisepasses mit oder ohne Visa, Besitz einer Rückfahr- bzw. Rückflugkarte, Gesundheitsbestimmungen (z. B. vorgeschriebene Impfungen, empfohlene Malariaprophylaxe etc.), Zoll- und Devisenbestimmungen (hier hat der Reisende eventuell auch Bestimmungen zu beachten, die in seinem Ausgangsland gelten, z. B. für die Ausfuhr von Devisen oder Gütern). → Visum

Einwahlknoten, verbinden Netz und Online-Teilnehmer. E. sind mit dem Telefonnetz verknüpft und werden bei Nutzung eines Modems aktiviert. → Modem.

Einwegschlüssel, in modernen Hotels und auf neueren Schiffen werden die Schlösser der Zimmer-/Kabinentüren elektronisch gesichert. Der herkömmliche Schlüssel wird dabei durch eine Lochkarte ersetzt, der ein Code eingestanzt ist.

Einzelplatzbuchung im Charterflugbereich, → Campingflüge, → Eigenvermarktung, → Pauschalflugreiseverkehr, → Selbstvermarktung,

Einzelunternehmen, werden durch eine natürliche Person betrieben. Diese entscheidet alle internen Geschäftsangelegenheiten weitgehend frei. Der Unternehmensinhaber haftet auch unmittelbar mit seinem gesamten Vermögen für Schulden des Unternehmens. Diese Form ist besonders für kleine und mittlere Unternehmen geeignet. → Genossenschaften → Kapitalgesellschaft, → Personengesellschaft, → Unternehmensform.

Einzelversicherung, Versicherungsvertrag mit einem Versicherungsnehmer und einem Versicherten, im Gegensatz zur Kollektiv- und zur Gruppenversicherung.

Eisberg, abgebrochenes Endstück des Inlandeises oder der Polargletscher, das im Meer schwimmt und mit nur etwa $1/7$ seiner Größe über der Wasseroberfläche sichtbar wird. Gefahr besteht für die Schiffahrt bis ungefähr 40° Breite.

Eisbrecher, Schiff, das mit Hilfe starker Antriebsleistung die Schiffahrtswege von Eis freihält; Fähren erreichen das z.T. mit eigener Kraft, z.B. Finnjet.

**Eisernes Tor, **Donaudurchbruch bei Orsova zwischen Banater und Ostserbischem Gebirge; in der Enge von Kasan wird der Strom auf 170 m eingeengt.

EITM, Europäisches Institut für Tourismusmanager, Bussy-St. Georges nahe Paris, bietet Ausbildung zum Tourismusmanager an in einem zehnmonatigen Intensivkursus à 30 Wochenstunden. Teilnahmebedingungen sind ein achtmonatiges Vorlaufstudium sowie Englisch- und Französichkenntnisse. Die Ausbildung wird u. a. von Accor (Hotelkonzern) und American Express unterstützt.

EKH, Eigenkapitalhilfeprogramm. → Eigenkapitalhilfeprogramm (EKH)

Electronic Travel Authority, ETA, ermöglicht die Beantragung eines „elektronischen Visums" für Australien über das START Amadeus-System. Nach Eingabe der erforderlichen Kundendaten wie Name, Paßnummer, Nationalität usw. wird dann beim Einchecken bei an ETA teilnehmenden Fluggesellschaften geprüft, ob eine VISA-Genehmigung vorliegt.

Elektronische Geräte im Flugverkehr, können die empfindlichen Flugzeugsysteme stören und dürfen deshalb während des gesamten Fluges nicht benutzt werden. Hierzu zählen Funkgeräte, ferngesteuertes Spielzeug, CD-Player und PC´s bzw. Laptops mit Druckern, drahtloser Maus oder CD-ROM wie auch Mobiltelefone (Handys).

Elektronischer Vertrieb, der Verkauf von Reiseprodukten wird überwiegend über elektronische Reisevertriebssysteme (crs) gesteuert sowohl über direkten Vertrieb mit Bildschirmtext (Btx), Datex-J, Audiotex (dialogfähiges Telefon) und Automaten in direktem Zugang des Kunden zu Buchungsmasken als auch im Vertrieb durch Reisebüros über die bekannten computergestützten Reservierungssysteme wie START/Amadeus, Galileo, SABRE, u.a. → Audiotex, → Btx, → crs, → Datex-J, → Galileo, → SABRE, → START/Amadeus, → Worldspan

Elektronisches Ticketing (E-Tix), Ticketing-Verfahren unter Amadeus zur Erstellung von elektronischen Tickets für das Fliegen ohne Papierticket auf ausgewählten Flugstrecken. Das herkömmliche Papierticket wird dabei auf einen elektronischen Datensatz reduziert. Der Kunde erhält seine Bordkarte an speziellen Terminals an den Flughäfen, bei denen er sich durch seine Kreditkarte, HON- oder Senatorkarte, Vielfliegeroder Miles and More-Karte identifiziert. Für E-Tix werden gegenüber herkömmlichen Flugscheinen zeitweise Rabatte gewährt.

Elementarereignisse, versicherungsspezifischer Begriff für Sturm, Hagel, Sturmflut, Hochwasser, Überschwemmung, Bergrutsch und Erdbeben.

EMA, Excess Mileage Allowance, Extrameilen, sie werden für bestimmte Streckenführungen gewährt. E. können von den addierten TPM abgezogen werden, bevor man die Summe mit den MPM vergleicht, um einen evtl. anfallenden Meilenaufschlag (EMS) zu berechnen. Beschreibung der E. im Deutschland-PT, Abschnitt C. → EMS, → MPM, → PT → TPM

E-mail, (Electronic Mail), elektronische Post oder Nachrichten werden als Datenbestand von einem zum anderen Computer übertragen. E-mail ist heute einer der meistgenutzten Dienste im Internet. Die Zuordnung erfolgt über die Vergabe von Internet-Adressen. → E-mail-Adresse

E-Mail, Electronic Mail, Briefverkehr, der durch die Verbindung von PC und Telefonnetz mit Modemunterstützung ermöglicht wird. → Modem

EMCO, elektronische MCO, auch AMCO, automatische MCO, ähnlich dem E-Tix-Verfahren ermöglicht die EMCO die maschinelle Erfassung und Ausstellung von MCO´s für Aufzahlungen oder Umbuchungsgebühren für elektronische Tickets. → E-Tix. → MCO

EMECA, European Major Exhibition Center Association, europäischer Messeverband. Ziel der EMECA ist die Förderung des Messestandortes Europa und der Erfahrungsaustausch zwischen europäischen Mitgliedsmessegesellschaften in technischer und administrativer Hinsicht. Einziges deutsches Mitglied ist zur Zeit die Messe Frankfurt/M.

EMITT, East Mediterranean International Travel & Tourism, Internationale Tourismusmesse in Istanbul. Erstmals 1999.

Emissionen, die von einer Anlage oder einem Produkt an die Umwelt abgegebenen Luftverunreinigungen, Geräusche, Strahlen, Wärme, Erschütterungen oder ähnliche Erscheinungen. → Immissionen, → Smog

Empfangschef im Hotel, als Abteilungsleiter untersteht der E. dem Generaldirektor. Dem E. unterstehen das gesamte Empfangspersonal, die Portierloge (Concierge), die Reservierungsabteilung und die Telefonabteilung. → Hausdame, → Portier/Concierge

EMS, 1. Extra Mileage Surcharge, Meilenaufschlag, der erhoben werden muß, wenn die TPM trotz anwendbarer Extrameilen höher sind als die MPM. Hierbei gilt die Formel TPM : MPM. Damit wird ein Prozentsatz berechnet, der den prozentualen Preisaufschlag auf den abgelesenen Durchgangstarif für den jeweiligen Sektor bildet. 4 Stellen hinter dem Komma werden beachtet, das Ergebnis wird in 5er Schritten aufgerundet:

Ergebnis	Preisaufschlag
von 1.0001-1.0500	5%
1.0501-1.1000	10%
1.1001-1.1500	15%
1.1501-1.2000	20%
1.2001-1.2500	25%

1.2501 u. höher ist nicht gestattet.
→ EMA, → MPM, → TPM

2. EURO MAIL Service, Kurier Gepäck, Service der DB innerhalb Deutschlands und ins Ausland. Unter der Tel.-Nr. 0180/3320520 kann ein Kurier Gepäck-Träger bestellt werden, der Koffer und anderes Gepäck aus der Wohnung abholt und „von Haus zu Haus" an den gewünschten Ort befördert. Das Gepäck-Ticket wird zu einem Festpreis zusammen mit dem Fahrschein gekauft.

EMTA, Eastern Mediterranean Tourist Association, Tourismusverband Östliches Mittelmeer, 1993 anläßlich der WTM in London gegründet, Sitz: Kairo. Ihm gehören zunächst die Länder Ägypten, Israel und Türkei an. Ziele dieser Wirtschaftskooperation sind die Koordinierung des touristischen Marketings und der Aufbau der für den Tourismus notwendigen Infrastruktur unter Berücksichtigung des Schutzes von Natur, Umwelt und der kulturellen Sehenswürdigkeiten dieser Länder. → WTM

EN, → EuroNight

ENA, Europäischer Notfallausweis. Er wurde von der EU-Kommission in Zusammenarbeit mit den nationalen Gesundheitsministerien erarbeitet. In der Bundesrepublik gibt es ihn seit 1.7.1987. ENA ist ein auf freiwilliger Basis mitgeführtes Dokument, das für Arzt und Träger bei Unfällen oder medizinischen Notfällen von lebensrettender Bedeutung sein kann. Zu erwerben ist ENA u.a. beim deutschen Bundesverlag, Postfach 120380, 53005 Bonn.

Endorsement, engl. Fachausdruck aus dem Flugsektor. Bei Änderung einer Flugbuchung, dem Wechsel von einer Fluggesellschaft auf eine andere, ist eine Genehmigung (endorsement) zwischen beiden Verkehrsgesellschaften erforderlich. Ohne diese ist die Übertragung des Flugtickets auf den neuen Carrier nicht möglich.
→ Abkommen über Indossofreiheit

Endorsement waiver, eine vertragliche Vereinbarung zwischen Fluggesellschaften, die eine gegenseitige Ticketakzeptanz vorsieht.
→ Endorsement, → Umschreibung

Englischer Service, Begriff aus der Gastronomie; beim E. S. werden die Teller auf einen beigestellten Servicetisch gestellt. Der Kellner präsentiert zunächst dem Gastgeber die Hauptplatte, um dann für jeden Gast den Teller anzurichten und von rechts einzusetzen. Zum Nachservieren werden die Platten auf einem Rechaud (Wärmeplatte) auf dem Servicetisch bereitgehalten. Zum E. S. gehören weiter das Kochen, Flambieren, Tranchieren und Filieren von Fleisch und Fisch sowie die Soßenzubereitung am Tisch. Dieser Service wird auch als Guéridon-Service bezeichnet nach dem beigestellten Servicetisch = Guéridon.
→ Französischer Service, → Russischer Service

ENIT, Ente Nazionale Italiano per il Turismo, Nationale Italienische Tourismusbehörde.

Enquête-Kommission, Organ des Deutschen Bundestages, das sich im Gegensatz zum Untersuchungsausschuß aus einem Kreis von Parlamentariern und Sachverständigen, hauptsächlich Universitätsprofessoren, zusammensetzt. Die Mitglieder werden im Einvernehmen der Fraktionen benannt und vom Präsidenten/Präsidentin berufen. Mit der E.K. hat sich der Bundestag einen eigenständigen Bereich der Begegnung mit der Wissenschaft geschaffen. Aufgabe der E.K. ist es, wichtiges Material zum aufgetragenen Thema zusammenzustellen und dadurch gesetzgeberische Entscheidungen über umfangreiche und bedeutsame Sachkomplexe vorzubereiten. Diese Arbeitsweise der E.K. wurde mit der kleinen Parlamentsreform von 1969 eingeführt.
→ Tourismus-Enquête

Entertainer, Unterhaltungskünstler, der Leistungen auf einem bestimmten Gebiet der Unterhaltung (Gesang, Tanz, Schauspiel,

Entgelt

Conférence) erbringt. In USA werden E. gezielt ausgebildet.

Entgelt, geldlicher Gegenwert; in der Kostenrechnung zu zahlender Gegenwert für beschaffte Waren bzw. erbrachte Dienst- oder Arbeitsleistungen oder der Anspruch auf Zahlung eines geldlichen Äquivalents für abgesetzte Güter bzw. erbrachte Dienstleistungen. E. ist auch Oberbegriff für Beschaffungsentgelt (-ausgabe) und Erlös. → Erlös, → Umsatz

Enthaftungserklärung, → Haftungserklärung

Entremetier, in der à la carte-Küche ist der E. für warme Beilagen zuständig. → à la carte-Küche

EP, European Plan, Code für das Leistungsangebot der internationalen Hotels bei Übernachtung ohne Frühstück o. sonst. Verpflegung.

EPA, Elektronische Platzbuchungsanlage. Über diese Funktion können über START Zugreservierungen der DB und deren angeschlossene europäische Partnerbahnen für Einzelreisende und Gruppen mit bis zu 36 Personen für Sitzplätze, Schlaf- und Liegewagen vorgenommen werden, innerhalb Deutschlands auch Reservierungen für Autoreisezüge (ARZ), Rail & Road, Park & Rail.

Epcot-Center, 1982 eröffneter Themenpark, Bestandteil der Disney World in Florida, befaßt sich mit Technik und Kultur verschiedener Länder. → Freizeitparks, → Themenpark

E-Plus, Mobilfunknetz der E-Plus Service GmbH als Tochterunternehmen des Netzbetreibers E-Plus Mobilfunk GmbH, erreichbar unter der Vorwahlnummer 0177. → Mobilfunk

ERA, European Regional Airlines Association. Organisation der Regionalfluggesellschaften in Europa, Sitz: Surrey/GB. Mit Stand vom August 1998 vereint die ERA derzeit 74 Fluggesellschaften, darunter sind u.a. Eurowings und Deutsche BA sowie über 139 sonstige Mitglieder (Flughäfen, Flugzeug- und Ausrüstungshersteller sowie andere Organisationen). → Regionalflugverkehr

ERASMUS (European Community Action Scheme for the Mobility of University Students), 1987 eingeführtes Programm zur Förderung der Mobilität im Hochschulbereich innerhalb der EU. Das Programm umfaßte z. B. auch den Austausch von EU-Studenten und Dozenten zwischen Touristikhochschulen. Ende 1994 ausgelaufen und durch SOKRATES (Maßnahmen zur allgemeinen Bildung) ersetzt. → SOKRATES

Eremitage, Einsiedelei. Pavillon in den Park- und Gartenanlagen des 18. Jh., auch kleines einsames Schloß, z.B. Eremitage in St. Petersburg; heute Museum und beliebtes Touristenziel.

Erfa-Gruppe, Kooperationsmodell; Zusammenarbeit von Reiseunternehmen durch regelmäßigen Erfahrungsaustausch zwecks Optimierung der Unternehmensergebnisse. → Kooperation

Erfolg, im Rechnungswesen die Differenz zwischen Ertrag und Aufwand (Unternehmensergebnis).

Erfüllungsgehilfe, der Leistungsträger ist im Verhältnis zum Kunden als Erfüllungsgehilfe (§ 278 BGB) des Reiseveranstalters anzusehen, mit der Folge, auch für etwaiges Verschulden des E. bei der Vertragserfüllung einstehen zu müssen; z.T. gilt dies entsprechend auch für den Reisemittler. → Leistungsträger, → Reisemittler, → Reiseveranstalter

Ergänzungsfahrscheine, → Wechselverkehr

Ergänzungsluftverkehr, ADV definiert E. als Luftverkehr mit kleinen Verkehrsflugzeugen zwischen Verkehrsflughäfen auf Relationen, die wegen niedrigen Verkehrsaufkommens mit großen Flugzeugen nicht kostendeckend betrieben werden können. → ADV, → Commuter Airline

Ergänzungsstudium, → Aufbaustudium

Erholung, Wiederherstellung der körperlichen, geistigen und seelischen Leistungsfähigkeit nach vorhergehender Belastung. Sie ist notwendig zur Erhaltung der Gesundheit und kann am Feierabend, Wochenende, im Urlaub oder der Kur erfolgen. Innerhalb der E. unterscheidet man die verschiedenen Phasen in der Reihenfolge Entmüdung, Entspannung, Erholung. Vielfach ist ein Ortswechsel hilfreich, doch können je nach Bedarf schon bestimmte E.-Techniken am Wohnort wie Massagen, Bäder oder Spaziergänge diesem Zweck dienen. Bei Ortswechsel bieten sich als E.-Einrichtungen E.-Heime, Ferienlager, Tageserholungsstätten, Sanatorien und Kurkliniken an. Für Kinder, Jugendliche, Mütter und Senioren gibt es besondere E.-Einrichtungen.

Erholungsheim, Beherbergungsstätte, die nur einem bestimmten Personenkreis zugänglich ist (Vereins- oder Organisationsmitglieder, Betriebsmitglieder und deren Angehörige, von sozialen Einrichtungen Betreute) und in der Speisen und Getränke nur an Hausgäste abgegeben werden. → Sozialtourismus

Erholungsorte, nach DBV Orte, die klimatisch und landschaftlich begünstigt sind und vorwiegend der Erholung dienen. Sie verfügen über einen artgemäßen Ortscharakter und entsprechende Erholungseinrichtungen. → DBV

Erlebnisurlaub, beim E. sucht der Urlauber seine Erholung weniger in der Entspannung als in der Auseinandersetzung mit ungewohnten körperlichen und geistigen Anforderungen in zumeist fremder Umgebung, im Unterschied dazu: Abenteuer-Urlaub. → Abenteuer-Urlaub

Erlös, Entgelt (Gegenwert) der am Markt abgesetzten Güter und erbrachten Dienstleistungen. Gesamterlöse sind die Summe sämtlicher Provisions- und sonstiger Erlöse während einer Rechnungsperiode.

ERP-Mittel, European Recovery Program, 1947 von den USA geschaffenes Hilfs- und Aufbauprogramm mit Geschenken und Krediten für die durch den 2. Weltkrieg zerstörten europäischen Länder (Westeuropa). Nach seinem Initiator, dem damaligen US-Außenminister G. K. Marshall auch Marshall-Plan genannt. Die bei der Bank deutscher Länder (heute Bundesbank) aufgelaufenen Mittel aus der Kredittilgung der deutschen Wirtschaft wurden 1953 in das Eigentum der Bundesrepublik Deutschland überführt und bilden seither das „ERP-Sondervermögen" des Bundes. Dieser Kapitalfonds dient heute mit Kreditgewährung durch Vorzugszinsen u.a. zur Förderung der mittelständischen Wirtschaft, zur Exportförderung von Anlagegütern in Entwicklungsländer sowie in jüngerer Zeit zur Umwandlung des DDR-Wirtschaftssystems in Marktwirtschaft und Heranbildung eines gesunden Mittelstandes. Im Tourismus u.a. zum Aufbau von mittelständischen Reiseunternehmen, Errichtung, Erweiterung, Umbau oder Modernisierung von Hotels, Pensionen und Gaststätten sowie Autobahn-Raststätten; Campingplätzen, Stadtrundfahrtbussen. Förderungsfähig sind auch Gemeinschaftsunternehmen (Joint Ventures). → Mittelstand

Ersatzperson, kann jemand eine gebuchte Reise nicht antreten, so bietet ihm das Gesetz (§ 651 b BGB) bis zum Reisebeginn die Möglichkeit, dem Veranstalter eine Ersatzperson zu benennen, die statt seiner bereit ist, die Reise anzutreten. Dies kann der Veranstalter nur dann ablehnen, wenn die Ersatzperson den Reiseerfordernissen nicht genügt, z.b. wenn sie bei Jugendreisen die Altersgrenze überschritten hat oder wenn dem behördliche Anordnungen entgegenstehen, wie z.b. fehlendes Visum oder vorgeschriebenes Impfzeugnis.

Erscheinungsbild, → Corporate Identity (CI)

Erstattungsgrenze, Begriff aus der Versicherungsbranche, prozentuale oder summenmäßige Begrenzung der Entschädigung.

ERTMS, European Rail Traffic Management System, Konzeption der europäischen Eisenbahnen zur Verbesserung der drahtlosen Betriebsleittechnik. Auf längere Sicht wird der Mobilfunk, möglicherweise auch die satellitengestützte Kommunikation, zusammen mit neuen Zugsteuerungs- und Sicherungsverfahren (ETCS) herkömmliche Signaltechnik ersetzen. → ETCS

Ertrag, Begriff aus dem Rechnungswesen für Wertzuwachs im Betrieb innerhalb eines bestimmten Zeitraumes, d.h., die von einem Unternehmen für die Produktion von Gütern und Dienstleistungen zugerechneten Einnahmen in einer Periode. Der Betriebsertrag entstammt der betrieblichen Leistungserstellung, andernfalls handelt es sich um den Neutralen Ertrag.

ESAE, European Society of Association Executives, Sitz: Genf, Europäische Vereinigung der Tagungsveranstalter mit 150 Mitgliedsverbänden. Aufgabe ist die Durchführung von Familiarization Trips in attraktive Kongreßstädte, die den Mitgliedern neue mögliche Tagungsplätze bekannt machen sollen. → Familiarization Trips

ESM, Elektronische Schreibmaschine für EPA. → EPA

Esterel, nationales Vertriebssystem in Frankreich, u.a. mit den Partnern Air France, Air Inter und UTA; Zusammenarbeit mit Amadeus. → Amadeus

ETA, 1. Electronic Travel Authority. **2.** estimated time of arrival, voraussichtliche Ankunftszeit eines Fluges. → Electronic Travel Authority

101

Etagenhausdame

Etagenhausdame, sie untersteht der Hausdame und ist in größeren Betrieben für eine Hoteletage verantwortlich. Ihr unterstehen die Wäschebeschließerin, die Büglerin, die Näherin sowie die Garderobenfrau und das Zimmermädchen. → Hausdame

Etat, auch Haushaltsplan oder Budget einer öffentlich rechtlichen Körperschaft (Bund, Länder oder Gemeinden). Dabei werden den geplanten Ausgaben die geplanten Einnahmen eines Haushaltsjahres, gegenübergestellt. Das Haushaltsrecht ist in den Artikeln 109 - 115 Grundgesetz geregelt.

ETC, European Travel Commission; Zusammenschluß der nationalen Tourismusorganisationen 23 westeuropäischer Länder und Ungarn mit dem Ziel der Tourismusförderung nach Europa (Incoming-Funktion). Deutsches Mitglied ist die DZT. Neben Marktforschung und Marketing-/Werbe- und PR-Aktionen im Verbund mit der Industrie gehören auch die Durchführung von Kongressen, Workshops und Travel Marts sowie die Pflege von Kontakten zu anderen Organisationen zu den Aufgaben der ETC. → DZT, → EFTA, → EU/EG/EWG, → Europäisches Tourismusjahr, → Incoming-Tourismus,

ETCS, European Train Control System, neuentwickeltes Zugsteuerungs- und sicherungssystem der europäischen Eisenbahnen als übergeordnetes Betriebssystem für grenzüberschreitenden Hochgeschwindigkeitsverkehr im Rahmen des European Rail Traffic Management Systems (ERTMS). → ERTMS

ETD, estimated time of departure, voraussichtliche Abflugzeit bei Flügen.

ETDC-European Travel Data Center, → Euromonitor

ETI, Europäisches Tourismus Institut → Europäisches Tourismus Institut

E-Tix, → Elektronisches Ticketing

E-Tix, Elektronisches Flugticket der LH während einer Testphase für ticketloses Fliegen. Die Testpersonen identifizieren sich am Flughafen durch ihre Chipkarte. → Ticketloses Fliegen

Etmal, die von einem Schiff von Mittag eines Ortes bis zum Mittag des nächsten Ortes zurückgelegte Strecke in Seemeilen. Das Erraten des Etmals ist ein beliebtes Wettspiel an Bord.

ETTFA, European Tourism Trade Fairs Association, Zusammenschluß von 10 europäischen Tourismusmessen, Sitz: Brüssel. Mitglieder sind: BIT Mailand, BTL Lissabon, EIBTM Genf, FITUR Madrid, HOLIDAY WORLD Dublin, HOLIDAY WORLD Prag, REISELIV Oslo, TTW Montreux, TUR Göteborg und WTM London. Ziel ist die Sicherung hochqualitativer Leistungen auf Messen und die Förderung des Messetourismus in Europa durch Kooperation zwischen Mitgliedern (z. B. gemeinsame Werbeaktionen bzw. Öffentlichkeitsarbeit, Standardisierung der Beschilderung in den Hallen oder der Farbkodierung auf Namensschildern für Aussteller, Besucher etc.). → EMECA

EU, Europäische Union, mit dem Inkrafttreten des Maastrichter Vertrages ab 1.11.1993 und Erweiterung der Zusammenarbeit der damals 12 Mitgliedsstaaten über eine gemeinsame Außen- und Sicherheitspolitik, kurz GASP, sowie die Innere Sicherheit mit den Aufgabengebieten der Justiz- und Fahndungsbehörden hat sich die ehemalige EG umbenannt in EU. Allerdings hat nur die EG eine eigene Rechtspersönlichkeit. Sie allein kann klagen und verklagt werden, Kredite aufnehmen. Im „Rat der Europäischen Union" sitzen die Staats- und Regierungschefs der Mitgliedsstaaten. Im Januar 1995 sind die Länder Österreich, Finnland und Schweden der EU beigetreten. Daneben bildet die EU ab 1995 eine Freihandelszone mit den drei baltischen Republiken Estland, Litauen und Lettland. Im Juni beschloß der Europäische Rat auf seiner Tagung in Amsterdam (Maastricht 2) Beitrittsverhandlungen mit Ungarn, Polen, Estland, der Tschechischen Republik, Slowenien und Zypern aufzunehmen. → EU/EG/EWG, → Euro

EU-Richtlinie über Pauschalreisen, für Reisen, die nach dem 31.10.1994 angetreten werden, ist der Verbraucherschutz durch das Gesetz zur Durchführung der E. weiter verbessert worden. Die gesetzlichen Vorschriften über den Reisevertrag gelten für Pauschalreisen, nicht aber für die reine Vermittlung einer einzelnen Reiseleistung wie Linienflug oder Ferienwohnung. Der Reiseveranstalter haftet für die Gesamtheit aller Reiseleistungen, die er in einem Prospekt anbietet, in eigener Verantwortung. Die sog. Vermittlerklausel, durch die früher Reiseveranstalter die Haftung auf die einzelnen Leistungsträger wie Beförderungsunternehmen oder Hotels abschieben konnten, ist grundsätzlich wirkungslos. → Insolvenzschutzversicherung, → Kundengeldabsicherung, → Sicherungsschein

EU/EG/EWG, Europäische Union/Europäische Gemeinschaft/Europäische Wirtschaftsgemeinschaft; Gründung der EWG 1957 durch Bundesrepublik Deutschland, Frankreich, Italien, Belgien, Niederlande und Luxemburg mit Unterzeichnung der Römischen Verträge. Änderung 1965 in EG durch Ausweitung der bisherigen Ziele zu einer Wirtschafts- und Währungsunion und einer politischen Union. Nach Erweiterung über Dänemark, Griechenland, Großbritannien, Irland, Portugal und Spanien 12 Mitgliedsstaaten. Mit dem Gemeinschaftsrecht haben die zwölf Mitgliedsstaaten der EG eine eigene, dem nationalen Recht der Mitgliedsstaaten z.T. übergeordnete Rechtsordnung geschaffen mit dem Ziel der Rechtsangleichung. Die EG bezweckte bis 1992 die Errichtung eines gemeinsamen Marktes, dessen Hauptmerkmale eine Zollunion, ein gemeinsames Wettbewerbs- und Kartellrecht, Diskriminierungsverbote und Subventionsregelungen sowie die Schaffung von Niederlassungsfreiheit für die Gemeinschaftsbürger und von Freizügigkeit des Waren-, Dienstleistungs-, Kapital- und Zahlungsverkehrs sein sollten. Die Organe der EU sind:

- der Rat der Europäischen Gemeinschaft, gebildet aus Regierungsvertretern der Mitgliedsstaaten (Regierungschefs und Ressortminister); maßgebliches Organ für die Gesetzgebung der EG und die Repräsentation nach außen.
- die Kommission der Europäischen Gemeinschaft mit insgesamt 17 von den Regierungen der Mitgliedsstaaten entsandten weisungsunabhängigen Vertretern (Kommissaren); sie verfügt über Initiativ-, Exekutiv- und Legislativrechte vor allem auf den Gebieten des Wirtschaftsrechtes. Die Kommission vertritt die Interessen der Gemeinschaft v.a. gegenüber den nationalen Regierungen.
- Für die europäischen Belange des Tourismus ist im Rahmen der Kommission die Generaldirektion XXIII zuständig. Ihr obliegen u.a. Koordination und Information der EG-Tourismuspolitik sowie Unternehmenspolitik, Handel und Sozialwirtschaft. Für Tourismusbelange ist ab Juni 1998 das Direktorat D zuständig.
- Das Europäische Parlament (EP), das aus direkt gewählten Abgeordneten der Mitgliedsstaaten besteht, doch bisher gegenüber den vorgenannten EG-Organen nur untergeordnete Legislativ- und Exekutivbefugnisse hat und für diese hauptsächlich beratend tätig wird. Zum EP gehört u.a. der Ausschuß für Verkehr und Tourismus.

Daneben besteht als gemeinsamer Gerichtshof der EG-Staaten der Europäische Gerichtshof (EuGH), der für die einheitliche Anwendung, Auslegung und Fortentwicklung des Gemeinschaftsrechts zuständig ist sowie für die Entscheidung von Streitigkeiten über die Rechtmäßigkeit von Handlungen der Mitgliedsstaaten und der Gemeinschaftsorgane. Mit Inkrafttreten des Maastrichter Vertrages am 1.11.1993 Umbenennung der EG in EU-Europäische Union. Im Januar 1995 durch den Beitritt der Länder Österreich, Finnland und Schweden Erweiterung der EU zur 15er-Gemeinschaft. Daneben bildet die EU ab 1995 eine Freihandelszone mit den drei baltischen Republiken Estland, Litauen und Lettland. Im Juni 1998 beschloß der Europäische Rat auf seiner Tagung in Amsterdam (Maastricht 2) Beitrittsverhandlungen mit Ungarn, Polen, Estland, der Tschechischen Republik, Slowenien und Zypern aufzunehmen. → Direktorat D für Tourismus, → EU, → Euro

Eurail-Fahrplan, Auswahl der besten europ. Städteverbindungen mit der Eisenbahn.

Eurailpass, preisgünstige Netzkarte für Reisen auf den Bahnstrecken bestimmter Länder, zur Nutzung vieler Omnibuslinien und einiger Schiffahrtslinien Europas. Der E. kann erworben werden von Einzelreisenden und Gruppen von drei bis fünf Personen mit ständigem Wohnsitz außerhalb Europas, Marokkos, Tunesiens, Algeriens, der GUS-Staaten und der Türkei sowie Angehörigen der in Deutschland stationierten Streitkräfte der USA und Kanadas. Erhältlich sind: Eurailpass (1. Klasse), Eurail Flexipass (1. Klasse), Eurail Saverpass (1. Klasse), Eurail Youthpass (2. Klasse) und Youth Flexipass (2. Klasse). Der E. wird bei der DB als Incoming-Verkehr geführt.

Eurailspeed, seit 1992 informiert der Weltkongreß Eurailspeed im Dreijahresabstand über die weltweite Entwicklung moderner Bahntechnologie.

Euregio

Euregio, Europäische Region. Grenzüberschreitender Zusammenschluß auf kommunaler und regionaler Ebene verschiedener europäischer Länder mit möglicher Teilnahme von Privatpersonen und Verbänden zum Abbau von Grenzproblemen und zur Förderung gemeinsamer Interessen, spez. Tourismus. Regionale Entwicklungsprogramme der EU in Form von Strukturfonds unterstützen die wirtschaftliche Entwicklung dieser Grenzregionen, z.B. Euregio Allgäu-Tirol-Vorarlberg.

Eurelios, Buchungssoftware für Firmenkunden der Euro Lloyd Reisebüro GmbH.

Euro, ist der Name der Einheitswährung für die Mitgliedstaaten der EU. Im Juni 1989 legte der Europäische Rat von Madrid einen Plan zur Einführung einer einheitlichen Währung in drei Stufen vor. Die 1. Stufe begann am 1.1.1990 mit der Verpflichtung der Mitgliedstaaten, sich Konvergenzprogramme vorzulegen. Die 2. Stufe hat am 1.1.1994 begonnen und zielt auf eine Konvergenz der Wirtschaftspolitiken der Mitgliedstaaten ab. Die dritte Stufe soll am 1.1.1999 mit der unwiderruflichen Festlegung der Wechselkurse beginnen. Unmittelbar anschließend wird der Euro als gemeinsame Währung eingeführt. Im Maastrichter Vertrag Art. 109 EGV sind die Konvergenzkriterien, deren Erfüllung zur Teilnahme an der Währungsunion berechtigt, niedergeschrieben: (1) Die Inflationsrate darf nicht mehr als 1,5 Prozentpunkte über dem Mittelwert der drei Mitgliedstaaten mit der geringsten Inflation liegen. (2) Der durchschnittliche langfristige Nominalzinsatz darf um nicht mehr als 2 Prozentpunkte über dem entsprechenden Satz in den drei Mitgliedstaaten mit den niedrigsten Zinssätzen liegen. (3) Die nationalen Haushaltsdefizite dürfen 3% des Bruttosozialprodukts nicht übersteigen. (4) Die öffentliche Verschuldung darf 60% des Bruttosozialprodukts nur übersteigen, wenn die entsprechende Entwicklung rückläufig ist. (5) Ein Mitgliedstaat darf seine Währung in den zwei Jahren vor der Überprüfung der Kriterien nicht abgewertet und die Bandbreite von +/- 2,25% gegenüber den anderen Währungen nicht überschritten haben. 1998 entschieden die Finanzminister der Mitgliedstaaten, welche Länder zur Teilnahme an der Währungsunion berechtigt sind. → EU/EG/EWG, → Maastrichter Vertrag

Euroberlin France, Gemeinschaftsunternehmen von Air France und Lufthansa für Flüge zwischen Berlin und mehreren Städten im Bundesgebiet seit 1. Nov. 1988. Beteiligungsverhältnis: AF 51% - LH 49%. Damit erhielt LH zum ersten Mal die Möglichkeit, am Berlin-Flugverkehr teilzunehmen, was bis dahin durch das Besatzungsstatut verhindert wurde. Mit der deutschen Wiedervereinigung aufgelöst.

Eurobolsa, Tourismus-Messe, nur für europäische Einkäufer, wird seit 1991 durchgeführt, jedes Jahr in einer anderen Stadt Mexikos. → Tianguis Touristico

Eurochambres, Vereinigung europäischer Industrie- und Handelskammern. → DIHT

Eurocheque, gegen Ausgabe von Eurocheques und Vorlage der E.-Karte können Waren und Dienstleistungen im Wert bis zu DM 400,- erworben bzw. in Anspruch genommen werden, oder der Gegenwert wird auf Wunsch in Landeswährung bar ausgezahlt, wobei die ausgebende Hausbank die Einlösung innerhalb bestimmter Fristen bis zur Garantiesumme garantiert. Das gilt sowohl für inländ. Kreditinstitute als auch für Kreditinstitute anderer west- und osteuropäischer Länder und einiger Länder Nordafrikas. E. sind verbreitete Reisezahlungsmittel mit begrenzter Sicherheit. Die Vereinbarung mit Banken aus 14 europ. Ländern geht auf das Jahr 1969 zurück. → Reisezahlungsmittel.

Eurocontrol/Europäische Flugsicherungsbehörde, 1960 gegründete Organisation, Sitz: Brüssel, von mehreren europ. Staaten geschaffen, um aktuelle Probleme der Flugsicherung zu behandeln und im Luftraum über 7400 m eine von nationalen Beschränkungen unabhängige Verkehrslenkung durchzuführen. In Zukunft soll sie die nationalen auf 12 Punkte in Europa verteilten Verkehrssteuerungszentralen koordinieren, z.B. Maastricht. Deutsches Mitglied ist die DFS, Deutsche Flugsicherung GmbH, neben 16 weiteren nationalen Organisationen. Mit dem EATCHIP-Projekt soll künftig eine Integration und Harmonisierung der verschiedenen europäischen Flugsicherungssysteme erreicht werden. → BFS, → DFS, → Flugsicherung

Euro Disneyland, → Disneyland Paris

Euro-Domino, Sparangebot von 18 europäischen Bahnen zum „Jahr des Tourismus" 1990. E.D. war vor allem interessant bei Bahnreisen ins Ausland, wenn mindestens

Europäisches Tourismus Institut GmbH

2 Länder außerhalb des Heimatlandes besucht wurden. Abgelöst und unter gleicher Bezeichnung für Netzfahrscheine auf 27 Bahnen und die Fährverbindung Brindisi (Italien) - Korfu - Patras (Griechenland). Mit E.D. bucht man an 3, 5 oder 10 beliebig wählbaren Tagen innerhalb eines Monats freie Fahrt mit der jeweiligen europäischen Bahn. Für Anreise mit DB und Durchfahrtländer gibt es 25% Ermäßigung.

Euro-Gütesiegel „Sanfter Tourismus",
→ DNR

Eurokontakt, 1989 auf Initiative der BEJ (Bundesarbeitsgemeinschaft Evangelischer Jugendferiendienste e. V.) entstandene Informationszentrale in Zusammenarbeit mit dem Deutschen Büro „Jugend für Europa". Ihre Aufgabe besteht darin, Gruppen aus ganz Europa den Zugang zu Unterkünften der über 70 gemeinnützigen Träger der Jugend- und Sozialarbeit in Deutschland zu erleichtern. Der Aufbau der Infrastruktur wird aus dem Bundesjugendplan unterstützt.

Eurolining, Europäischer Linienbus-Unternehmensverband, bundesdeutsches Mitglied ist die Deutsche Touring GmbH.

Euromonitor, der European Travel Monitor erfaßt kontinuierlich und länderweise vergleichbar die wichtigsten Reisedaten der Europäer. Dazu wird zweimonatlich in allen europäischen Ländern durch repräsentative Umfragen mit Hilfe einheitlicher Fragebögen die Reisetätigkeit im Hinblick auf Auslandsreisen abgefragt (Basis: computergestützte Telefonbefragung von rd. 400.000 Europäern ab 14 Jahren p.a. in 40 Ländern in zweimonatigem Rhythmus). Es werden alle Reisen ab einer Übernachtung erfaßt. Die Untersuchung erhebt standardmäßig die Zahl der Reisen und Übernachtungen, der Reiseziele, -dauer, -kosten, -organisation, -monat und Verkehrsmittel, daneben detaillierte Daten zu Zielgruppen und Marketingregionen. Die European Travel Intelligence Center S.A., Luxemburg, beauftragt in den einzelnen Ländern jeweils eines der führenden Meinungsforschungsinstitute mit der Durchführung der Untersuchung, die Auswertung der Ergebnisse erfolgt durch das European Travel Data Center. → Deutscher Reisemonitor, → GET-International

EuroNight, (EN) Nachtreisezug auf den Strecken Hamburg Altona - Wien, Oostende - Wien und Amsterdam - Wien mit Sitz-, Liege- und Bettplätzen. → Hotelzüge

Euro-Pow Wow, Reisemarkt für den Tourismus in die USA speziell für europäische Reiseveranstalter; erstmals 1990 in Paris.
→ Pow Wow

Europabus (EB), Zusammenschluß der touristischen Straßenverkehrsdienste von 14 europäischen Eisenbahnverwaltungen. Das Europabus-Liniennetz, das ca. 200 Städte in ganz Europa verbindet, umfaßt ca. 80.000 km. Die Europabus-Linien führen durch touristisch bes. interessante Gebiete. Trägerin des EB-Verkehrs in Deutschland ist die Deutsche Touring GmbH.

Europa-Flagge, → Blaue Europa-Flagge, → DGU, → FEEE

Europäische Landschaft des Jahres, die Naturfreunde Internationale (NFI) bezeichnen damit jeweils für zwei Jahre eine grenzüberschreitende Region, die durch Industrie und menschliche Einflüsse besonders gefährdet ist. Damit soll zu deren Schutz beigetragen werden. Landschaft des Jahres 1993/94 war das deutsch-polnische Odermündungsgebiet, 1995/96 waren es die Alpen.

Europäischer Information Super Highway, für Tourismus, steht seit Mitte 1995 in neun europäischen Ländern zur Verfügung und bietet touristische Points of Offer, etwa Reiseveranstaltern, and Points of Sale, z.B. Reisebüros, mit Hilfe von TIM und MNET den Zugriff auf den gemeinsamen Daten-Marktplatz. → Daten-Marktplatz, → MNET, → TIM

Europäisches Reisebüro ERB GmbH, Holding als Nachfolgerin der ehem. Reisebüros der DDR-Gruppe, gliederte sich nach der Umwandlung in: Reisewelt (Reisebüro-Kette), Trend-Reisen (Outgoing-Veranstalter) und ERB-Tours (Incoming-Veranstalter). Vorübergehend im Besitz der Treuhandanstalt. Wurde 1992 von ITS übernommen, fungiert heute als deren Reisebürokette Reisewelt-Europäisches Reisebüro GmbH.

Europäisches Tourismus Institut GmbH (ETI), an der Universität Trier GmbH, grenzüberschreitende Tourismusinitiative des Bundeslandes Rheinland-Pfalz, des Großherzogtums Luxemburg und der deutschsprachigen Gemeinschaft Belgiens in Zusammenarbeit mit der Universität Trier. ETI organisiert u.a. eine Repräsentativbefragung zu Reisebiographien über das langfristige Reiseverhalten der Deutschen.
→ Reisebiographien

105

Europäisches Tourismusjahr

DIE GRÖSSTEN EUROPÄISCHEN REISEKONZERNE
(Alle Umsatz- und Gewinnangaben in Mrd. DM)

	HTU[1]		Airtours UK[2]		C & N[3]		Thomson		Kuoni[4]		LTU		First Choice	
Veranstalter Heimatmarkt	TUI Deutschl. HL-Seetour.	6,396 0,270	Airtours	2,708	NUR De.tsch. Condor Tour.	4,058 1,333	Thomson	4,501	Kuoni CH	0,970	LTT	3,070	First Choice Unijet Hayes&Jarv.	2,263 0,878 0,148
Veranstalter Ausland	TUI NL TUI Öst., ITV	1,704	SLG, NALG Sun, FTI	1,236	NUR Benelux NUR Österr.	0,976	Budget Fritidsresor	1,565	Kuoni Ausland	1,810			Signature (Kanada)	0,636
Veranstalt.-Umsatz		8,100		6,914		6,010		6,066		2,780		3,070		3,925
Airlines (Anzahl der Flugzeuge)	HL-Flug	23	Airtours Int. Premiair	39	Condor	37	Britannia	41	Edelweiss	3	LTU	25	Air 2000 Leisure Int.	23
Reisebüros Europ. (Anzahl der Vertriebsstellen)	TUC, TUI NL Hapag-Lloyd Imholz, etc.	1000	Going Places Ving Spies	800	Neckermann Holiday Land	512	Lunn Poly Budget	850	Kuoni Reiseb.	100				
Hotel/Schiff	Riu, Grecotel Robinson etc. HL-Seetour.	123 4	Sunwing Airt. Cruises	40 4	Iberostar Aldiana	34								
Kons. Umsatz		9,8		7,4		7,0		6,5				5,0		3,9
Gewinn vor Steuern 1996/97		0,383		0,342		0,251		0,319		0,159		k.A.		0,048
Umsatzrendite (%)		ca. 3,9		5,5		ca. 3,6		6,3		3,2		k.A.		1,7

1) Hapag-Touristik Union ohne Jet Air Belgien (50 Prozent Beteiligung), 2) ohne Costa Crociere (50 Prozent), FTI anteilig einbezogen, 4) Kuoni besitzt im Ausland Veranstalter in Großbritannien, Frankreich, den Niederlanden, wurde entsprechend der Beteiligung (29 Prozent) einbezogen. Die Scandinavian Leisure Group (SLG) betreibt Italien, Spanien, Österreich (NUR-Beteiligung 51 Prozent) und in Fernost (Hongkong, Indien). Nicht berücksichtigt wurden die Akquisitionen des italienischen Veranstalters Gastaldi (Umsatz 300 Mill. DM) und der Geschäftsreisekette Euro Lloyd (Umsatz 1,07 Mrd. DM) im laufenden Jahr.
Veranstalter in Schweden, Norwegen, Dänemark, Finnland und Polen, die North American Leisure Group in Kanada und den USA. 3) Condor mit Rumpfgeschäftsjahr Januar bis Oktober 1997, NUR Österreich (49 Prozent)

Euro START

Europäisches Tourismusjahr (EJT '90), das Jahr 1990 war von ETC und der gesamten Tourism Action Group der EG zum Europäischen Tourismusjahr erklärt worden. Neben den EG-Ländern waren auch die EFTA-Staaten in verstärkte Überseewerbung für das touristische Produkt Europa (Incoming) einbezogen. → ETC, → Incoming-Tourismus, → Tourism Action Group

Europakanal, Rhein-Main-Donau-Großschifffahrtsweg, Verbindung zw. Nordsee und Schwarzem Meer, durchgängig befahrbar seit 1994. Umweltpolitischer Problemabschnitt: Altmühltal.

EUROPAN, European Protected Areas Network. → FÖNAD

Europass, preisgünstiges, unabhängiges Reisen mit Netzkarte für das gesamte DB-Schienennetz und bis zu vier weiteren europäischen Ländern einschließlich der DFO-Fährstrecken, der Europabuslinien „Romantische Straße" und „Burgenstraße" und der Tagesfahrten der KD für Personen mit ständigem Wohnsitz außerhalb Europas, der Türkei, der GUS-Staaten, Marokkos, Algeriens und Tunesiens. Der E. wird bei der DB als Incoming-Verkehr geführt.

Europastraße, Straßenverbindung (und z.T. Fährverbindung) über mehrere europ. Länder, wobei die örtlichen Autobahnen und Fernstraßen mit einbezogen werden Die E. dient dem überregionalen Fernverkehr und verfügt über eine gehobene Ausstattung, z.B. „E 3" mit u.a. Fährverbindung zwischen Finnland und Schweden.

European Business School (EBS), hessische Privathochschule in Oestrich-Winkel/Rheingau. Neben den traditionellen wirtschaftswissenschaftlichen Studiengängen, verbunden mit wechselnden Praktika, bietet EBS seit 1990 Management-Programme auf den Gebieten Touristik-, Hotel- und Luftfahrtmanagement.

European Manager of Tourism (EMT), seit 1993 gibt es für Spitzenkräfte im Tourismus die Möglichkeit einer Ausbildung über je ein Semester in Frankreich, Spanien, Schottland und Österreich in der jeweiligen Landessprache. Der Ausbildungsschwerpunkt liegt in Frankreich auf einem Praktikum in der Touristik, in Spanien in der Entwicklung und Planung von Tourismusgebieten, in Schottland im Marketing und in Österreich im Hotel- und Restaurantmanagement. Für Österreich ist das ITM-Internationales Institut für Tourismus und Management mit Sitz in Krems und Semmering zuständig. Weitere Ausbildungsstätten sind in Toulouse, Zaragoza und Glasgow.

European Tourism Management, internationaler Studiengang, der von vier europäischen Tourismus-Hochschulen in Großbritannien, Frankreich, den Niederlanden und der Bundesrepublik (Fachhochschule Heilbronn) angeboten wird. Um für die erwartete Internationalisierung der Tourismuswirtschaft in den 90er Jahren gerüstet zu sein, werden die Studenten in europäischem Recht, internationalem Marketing, Finanzmanagement, Tourismusplanung und Sprachen unterrichtet. Die einjährigen Kurse schließen mit einem Diplom ab. Zulassungsvoraussetzungen zu diesem Aufbaustudium sind ein abgeschlossenes Hochschulstudium mit wirtschaftswissenschaftlichem Schwerpunkt, berufliche Erfahrung im Tourismus sowie gute Kenntnisse in zwei Fremdsprachen. → Aufbaustudium, → Diplom-Betriebswirt

European-Timetable, Kursbuch der europäischen Bahn- und Schiffsverbindungen, 12mal jährlich herausgegeben von Th. Cook Publications. → Kursbuchstelle

Eurosoft, Software der Ruhrgebiet Tourismus GmbH (RTG) zur gegenseitigen Buchung und Abfrage von Kontingenten; entwickelt vom Softwarehaus Intours.

Eurostar, auch TGV Eurostar, Name des Hochgeschwindigkeitszuges, der seit Inbetriebnahme die Städte London (Waterloo), Paris (Gare du Nord) und Brüssel (Gare de Midi) in 3 Std. 15 Min. verbindet. E. entstand aus einer Kooperation zwischen den Französischen, den Belgischen Eisenbahnen (SNCF und SCNB) und der British Rail über deren gemeinsame Filiale European Passenger Service (EPS). Der Zug besteht aus 18 Wagen (jeweils sechs und zehn 1. und 2. Klasse-Wagen sowie zwei mit Bar ausgestatteten Wagen) und bietet insgesamt 794 Sitzplätze. Die Passagiere werden ähnlich wie Fluggäste behandelt (Pflichtreservierung, Gepäck-Einchecken, Einsteigen 30 Min. vor der Abfahrt, Sicherheitskontrollen beim Einchecken etc.). → Eurotunnel, → Le Shuttle

Euro START, crs-Projekt für Reisebüros zur Einrichtung direkter Informations- und Buchungsmöglichkeiten bei regionalen FV-Organisationen, erweitert über Abrechnung,

107

Eurotop

Hotelgutscheine u.a. START-Leistungen. Grundlage bildet TIS, Tourismus-Information System, Tirol, in Kooperation mit Siemens Nixdorf. Zielsetzung ist die Schaffung eines europäischen Standards. → City Soft/ German Soft

Eurotop, Informations- und Reservierungssystem für touristische Leistungen auf Basis digitaler Datenkommunikation; ISDN-Service für den Reisemarkt in Frankreich, Großbritannien und der Bundesrepublik Deutschland. Betreiber des gemeinsamen Projekts in Europa ist Eucom. → Btx, → ISDN

Euro-Train, technische Kombination des deutschen ICE und des französischen TGV. Geplant ist eine 375 km lange Hochgeschwindigkeitsstrecke innerhalb Taiwans zwischen Taipeh und Kaohsiung.

Eurotunnel, Verkehrsverbindung zwischen England (Großbritannien) und dem europäischen Festland mit zwei je 50 km langen Tunnelröhren, wobei 37 km unter Wasser liegen. Dieser Tunnel unter dem Ärmelkanal zwischen Folkstone (Dover) und Sangatte (Calais) dient als Eisenbahntunnel mit je 7,3 m Durchmesser für Huckepack- und Hochgeschwindigkeitszüge (die Fahrzeit zwischen London und Paris wird auf 3 Stunden reduziert, die zwischen Brüssel und London auf 3 Std. 15 Min.). Eine 3. Tunnelröhre dazwischen mit einem Durchmesser von 4,5 m dient als Lüftungs- und Wartungstunnel. E. wurde am 6.5.1993 eingeweiht, die Inbetriebnahme erfolgte 1994. Neben dem TGV Eurostar, der ausschließlich Passagiere auf den Hochgeschwindigkeitsstrecken London-Paris-Brüssel befördert, übernimmt der Zug „Le Shuttle" den Pendelverkehr zwischen beiden Ufern, sowohl für Passagiere als auch für Fahrzeuge und Fracht. → Eurostar, → Le Shuttle

Euro-Währung, Gewinner Tourismus. Nach Erhebungen der Bayerischen Landesbank profitiert der Tourismus insbesondere vom Beginn des Euros, nachdem er naturgemäß stark mit dem Ausland verflochten ist. Von der Einführung der gemeinsamen europäischen Währung auf die Touristikbranche ausgehende Effekte sind demnach:

1. Die bisher bei den Reiseveranstaltern entstehenden Fremdwährungskosten entfallen. Auf bis zu 5 % der Reisekosten werden die Aufwendungen für Wechselkurs- und Zinsrisiken sowie Wechsel- und Überweisungsspesen geschätzt. EU-weit ergibt sich so ein jährliches Einsparvolumen von rund 8 Milliarden DM. Diese Kosten entstehen bisher hauptsächlich dadurch, daß die Touristikunternehmen ihre Reisekapazitäten bereits 1 bis 1½ Jahre im voraus buchen und die Währungen absichern müssen.

2. Die europäischen Touristen sparen die bisher beim Devisentausch anfallenden Gebühren und Differenzen zwischen An- und Verkaufskursen der benötigten Devisen ein. Das Einsparpotential dürfte schätzungsweise bis zu 3 Milliarden DM pro Jahr erreichen. Diese Entlastung der Reisekasse dürfte zum Großteil reinvestiert werden in Form von längeren oder teureren Reisen, verbunden mit zusätzlichen Umsätzen der Reisebranche.

3. Ein großer einheitlicher Währungsraum wird für Reisende aus Nicht-EU-Ländern attraktiver. Gerade die fernreisenden Europatouristen aus anderen Kontinenten besuchen meist mehrere Länder pro Urlaub und profitieren dabei von den künftig entfallenden Unannehmlichkeiten des Devisenumtausches.

4. Die Euro-Zone dürfte zusätzliche Investoren aus dem Nicht-EU-Raum anlocken, da sie sich zur weltweit führenden Tourismusregion entwickeln wird. Empfängt doch Euroland von außerhalb schon heute jährlich rund 90 Mio. Besucher und damit fast doppelt so viele Gäste wie die USA.

Profitieren wird letztendlich der Urlauber, weil dank der verbesserten Preistransparenz und dem dadurch verstärkten Anbieterwettbewerb in der Reisebranche die Einsparungen weitgehend an diesen weitergegeben werden.

Eustar, → Genesis

Euthrophierung, Überdüngung; die Anreicherung der Gewässer mit Pflanzennährstoffen wird samt ihren Folgen als Euthrophierung bezeichnet. Das Überangebot von Nährstoffen im Wasser kann die massenhafte Vermehrung von Wasserpflanzen, z.B. Algen, bewirken. Durch das vermehrte Absterben von Pflanzen wird beim anschließenden Verfaulen übermäßig viel Sauerstoff verbraucht. Darüber hinaus können sich auch giftige Stoffe, wie Schwefelwasserstoff, Ammoniak oder Methan bilden.

Die Folge ist das „Umkippen" des Gewässers, das Gewässer ist biologisch tot. Sichtbare Zeichen sind das Fischsterben in größerem Ausmaß oder der Algenteppich. → Ökologie

EUTO, European Union of Tourist Officers, Sitz: Genf, europäischer Dachverband der nationalen Berufsverbände der Kur- und Tourismusfachleute. Mitglieder sind automatisch auch alle Mitglieder des VDKF. Hauptanliegen des Verbandes sind Zusammenarbeit und fachlicher Gedankenaustausch. EUTO ist kein Wirtschaftsverband. → VDKF

EU-Tourismusförderung, → Direktorat D für Tourismus

EU-Tourismusstatistik, wird ab 1997 viermal p.a. mit 25.000 Interviews vom Landesamt für Datenverarbeitung und Statistik in Nordrhein-Westfalen erhoben. Die EU verpflichtet die Bundesregierung, eine Erhebung aller Übernachtungsreisen an das statistische Amt Eurostat in Luxemburg zu liefern.

EVA, elektronisches Fahrplan- und Verkehrsauskunftssystem der DB. Gespeichert sind alle Zugauskünfte aus dem Kursbuch der DB sowie der Bahnen Österreichs, Luxemburgs und der Niederlande. Auf Wunsch erhält der Reisende einen Ausdruck eines Reiseplans.

Evangelischer Arbeitskreis Freizeit - Erholung - Tourismus, FET in der Evangelischen Kirche in Deutschland (EKD), Sitz: Hannover, wurde 1960 von der Synode der EKD eingesetzt. Ziel ist die Qualifizierung und Koordinierung der kirchlichen Arbeit auf dem Gebiet von Freizeit und Tourismus (Analyse der Entwicklung in der Freizeitforschung, Öffentlichkeitsarbeit etc.). Mitglieder sind 8 landeskirchliche Einrichtungen sowie 17 kirchliche Werke, Verbände und Institutionen, die im Bereich Tourismus und Freizeit aktiv sind.

EVA-Plus, Erweiterung der elektronischen Fahrplan- und Verkehrsauskunft durch die Integration des gesamten deutschen ÖPNV. → Delfi, → EVA

Event Tourismus, zeitlich gezielt auf ein Ereignis hin veranlaßte Reisen wie Teilnahme an Kunst-, Musik- und Sportveranstaltungen.

EVI, Europäisches Verkehrsinstitut der Techn. Universität Dresden. Forschung und Beratung auf den Gebieten Verkehr, Telekommunikation, Freizeit und Tourismus.

EVO, die Eisenbahn-Verkehrsordnung von 1938 enthält die grundlegenden Bestimmungen der Personenbeförderung für alle Eisenbahnen. → AEG, → Beförderungsvertrag

EWI Europäisches Währungsinstitut, das E. hat mit Beginn der 2. Stufe der WWU am 1. Januar 1994 seine Arbeit aufgenommen. Aufgabe des E. ist es, die Koordinierung der geldpolitischen Zusammenarbeit zu stärken, die Endstufe der WWU technisch und organisatorisch vorzubereiten und die Entwicklung der ECU zu überwachen. Das E. löste den Ausschuß der EG-Zentralratspräsidenten ab. Oberstes Leitungsgremium ist der EWI-Rat, dem der Präsident des EWI und die Präsidenten der nationalen Zentralbanken der EU angehören. Sitz des EWI ist wie auch auch später der Sitz der EZB Frankfurt am Main. → EZB Europäische Zentralbank

EWR, Europäischer Wirtschaftsraum. Durch Integration der EU-Staaten und der Rest-EFTA-Staaten (außer Schweiz) am 1.1.1994 in Kraft getreten; damit Schaffung des größten gemeinsamen Marktes der Welt. Ziel ist eine größtmögliche Freizügigkeit im Austausch von Waren, Dienstleistungen, Personen und Kapital. Der Plan zu EWR geht auf die erste gemeinsame Ministerkonferenz der damaligen EG und der EFTA von 1984 in Luxemburg zurück. → EFTA, → EU, → EU/EG/EWG

EWS Europäisches Währungssystem, das EWS ist ein System fester, aber anpassungsfähiger Wechselkurse. Es wurde 1979 in Kraft gesetzt. Seine Regeln sind in einem Abkommen zwischen den am System beteiligten EG-Notenbanken festgelegt worden. Ziel des EWS ist es, in der Gemeinschaft eine Zone monetärer Stabilität zu schaffen. Zwischen den Teilnehmerwährungen sind Leitkurse festgelegt, von denen die Wechselkurse nur um einen bestimmten Prozentsatz nach oben oder nach unten abweichen dürfen. Bei Erreichen der Schwankungsmargen sind die Zentralbanken zur Kursstützung verpflichtet. Ende 1996 nahmen bis auf Griechenland, Großbritannien und Schweden alle Unionsmitglieder am Wechselkursmechanismus teil. Mit Beginn der WWU wird ein reformiertes EWS in Kraft treten, das sogenannte EWS II, bei dem der Euro Bindeglied des Systems ist.

Excess Baggage, → Gepäckbeförderung (Reisegepäck), → Übergepäck

Exclusive Class

Exclusive Class, → GBK, → Klassifizierung der Reisebusse, → Luxus-Class

Excos, Extra Courtesy, bedeutet im Luftverkehr ein bes. Entgegenkommen gegenüber bestimmten Personenkreisen, wie z.b. Müttern mit Kleinkindern, Behinderten und Kranken.

Excursion Tarif, internationaler Sondertarif im IATA-Tarifwesen, wird meistens mit folgenden Einschränkungen angeboten. Maximalaufenthalt 2, 3 oder 6 Monate, Mindestaufenthalt von 6 Nächten im Zielgebiet. Der Flug kann jederzeit kostenlos umgebucht oder umgeschrieben werden.

Existenzaufbauberatung, allgemeine Beratung innerhalb von zwei Jahren nach Existenzgründung. Diese Existenzgründungshilfe, die nach der Gründung eines Reiseunternehmens einsetzt, soll sich mit wirtschaftlichen, organisatorischen und technischen Problemen der Unternehmensführung befassen und dazu beitragen, Schwierigkeiten in der Anlaufphase der Selbständigkeit zu beseitigen.

Existenzgründungsberatung, Existenzgründungshilfe durch Verbände, IHK und Unternehmensberatungsbüros bei Neugründung, Betriebsübernahme oder tätiger Beteiligung an einem bestehenden Unternchmen. Die Beratung vor der Gründung eines Reiseunternehmens soll vor allem klären, ob und in welcher Weise die Pläne in wirtschaftlicher und technischer Hinsicht tragfähig sind. Der Beratungsbericht erleichtert den Zugang zu Krediten und Finanzierungshilfen.

Expedient, Alltagsbezeichnung für eine Fachkraft im Reisebüro, zuständig für die technisch-organisatorische Reisevorbereitung, wie Buchung, Verkauf von Fahrausweisen u.ä. → Berufsausbildung im Tourismus, → Kaufmann/Kauffrau für Reiseverkehr und Touristik, → Reiseberater

Expedientenkarten, Servicekarten von Reiseveranstaltern und Leistungsträgern. Vertriebsbindungsinstrument mit z.T. erheblichen Vergünstigungen für Reisebüromitarbeiter, z.B. Travel Partner Card von Stena Line, LTU Touristik Agency Card/Partner 2000.

Expeditions-Kreuzfahrten, → Expeditions-Tourismus

Expeditions-Tourismus, Tourismus, der in Anlehnung an Forschungsreisen in wenig erforschte Zielgebiete führt. Es handelt sich dabei meist um kleinere Reisegruppen, die, durch Vorträge und Informationsschriften vorbereitet, unter kundiger wissenschaftlicher Leitung auf Expeditionsreise gehen. Kritiker werfen dem E. vor, dem Ausverkauf bedrohter, schutzloser Völker Vorschub zu leisten. Expeditions-Kreuzfahrten führen mit spez. zu diesem Zweck gebauten oder umgerüsteten Schiffen (z.B. Eisbrechern) in Zielgebiete mit extremen Klimabedingungen, z.B. Nord-West-Passage; zu den Polen.

Experts, Informations- und Motivationsprogramm der Lufthansa zur schnelleren Kommunikation mit den Reisebüros. Das Konzept konzentriert sich auf folgende Themenbereiche: Info: mit gezielten Informationen über Lufthansa, z.B. Geschäftsreise-Angebote; Success: Informationen über berufliche und private Weiterbildungsmöglichkeiten durch Seminare und Workshops; Experience: Erfahrungsaustausch für die tägliche Arbeit, z.B. spezielle Flugangebote oder Peps; Fun: bietet u.a. Einkaufsmöglichkeiten im sog. Experts-Shop.

Expo, Universal Exposition, → Weltausstellung

Export, beschreibt die Ausfuhr von Gütern und Dienstleistungen eines Landes. → Import

Expreßreservierung, Last-Minute-Reservierung bei der DB bis unmittelbar vor Abfahrt des Zuges. Die Plätze dafür sind besonders gekennzeichnet.

Externe Werbung, → Innere Werbung

EZB Europäische Zentralbank, die Errichtung einer E. wird mit der endgültigen Festlegung der Wechselkurse und dem Eintritt in die Endstufe der Wirtschafts- und Währungsunion notwendig. Die E. soll nach dem Maastrichter Vertrag spätestens ab 1999 die europäische Geldpolitik unabhängig von Weisungen der Mitgliedsstaaten führen. Vorbild ist die Deutsche Bundesbank. Sitz der E. wird Frankfurt am Main sein. → Maastrichter Vertrag

Fachmann/ -frau für Systemgastronomie

F, in der Luftfahrt neben P und A Abkürzung für „1.Klasse". → First Class

F II, F two, free ticket, Freiflugschein für Agenten (mit Status „seats available") bei Chartergesellschaften, das Ticket ist mit zwei parallel gezogenen Linien gekennzeichnet.

FAA, 1. DB-Fahrkartenverkauf aus Automaten für den Nahverkehr. → ÖPNV **2.** Federal Aviation Administration, Luftfahrtbundesamt der USA mit Sitz in Washington.

Fachagentur für Seereisen, Gütesiegel für qualifizierte Reisebüros. Wird vom FiE-Verlag, Hamburg, (nach Auflösung des SPKD) vergeben, wenn folgende Bedingungen erfüllt sind:
1. das Reisebüro befaßt sich überwiegend mit dem Verkauf von Reisen und den hiermit zusammenhängenden Dienstleistungen.
- Es ist für das allgemeine Publikum zugänglich.
- Es ist zu normalen Geschäftszeiten geöffnet.
- Es ist mit Beratungsplätzen ausgestattet.
2. Das Reisebüro beschäftigt mindestens zwei Fachkräfte, die über eine abgeschlossene Ausbildung als Reiseverkehrskaufmann/-frau oder eine dreijährige Tätigkeit im Reisebüro verfügen. Es muß der Nachweis erbracht werden, an Studienreisen auf Schiffen oder an seetouristischen Seminaren teilgenommen zu haben.
3. Es sind moderne, technische Einrichtungen vorhanden, z. B. Telex, Telefax, START, Btx, Video.
- Das Reisebüro ist bereit, für Seereisen zu werben.
- Es hat Vertretungen von namhaften Veranstaltern und/oder Verkehrsträgern.
- Es ist andernfalls bereit, dem beratenden Notar einen Bonitätsnachweis vorzulegen.
- Es akzeptiert, daß die Berechtigung, den Namen „Fachagentur für Seereisen" zu führen, einer Überprüfung unterliegt.
Durch die Vergabe wird die Kompetenz für Seereisen bestätigt. Der Jahresbeitrag dient zur Mitfinanzierung gemeinsamer Werbung und Verkaufsförderungsaktionen für Kreuzfahrten und Fährschiffsreisen. → SPKD

Fachhochschulen, bilden zusammen mit den Universitäten, Kunsthochschulen und anderen Fachhochschulen den Hochschulbereich. Es ist die besondere Aufgabe der Fachhochschulen, durch anwendungsbezogene Lehre eine Bildung zu vermitteln, die zu selbständiger Anwendung wissenschaftlicher Methoden und künstlerischer Tätigkeiten in der Berufspraxis befähigt. Daneben werden an Fachhochschulen anwendungsbezogene Entwicklungsaufträge durchgeführt und der Wissenstransfer gefördert.
→ Diplom-Betriebswirt (FH), → Diplom-Kaufmann (FH)

Fachkraft im Fremdenverkehrsamt, nach den im EU-Berufsprofil beschriebenen beruflichen Anforderungen sind ihre Haupttätigkeitsbereiche der Empfang und die Information von Touristen auf lokaler bzw. regionaler Ebene sowie die Beratung über angebotene touristische Leistungen. Sie wirkt beim Aufbau von kulturellen Veranstaltungen und Freizeitprogrammen, beim Erstellen/Aktualisieren von Prospekten und Hotelverzeichnissen sowie ggfs. bei der Vermittlung/Buchung von touristischen Angeboten mit. Voraussetzung für die Berufsausübung ist die Beherrschung der üblichen Kommunikationsmittel inklusive EDV-Geräte sowie mindestens einer Fremdsprache. → SEDOC

Fachkraft im Gastgewerbe, → Berufsausbildung im Hotel- und Gaststättengewerbe

Fachkraft für Veranstaltungstechnik, → Berufsausbildung im Hotel- und Gaststättengewerbe

Fachkunde-Nachweis, im Gegensatz zu anderen europäischen Ländern gibt es in Deutschland keine Berufszulassungsregelung für die Ausübung des Reisebüro- bzw. Reiseveranstaltergewerbes (d. h. bei Gründung eines Reiseunternehmens wird kein Studiennachweis oder Mindestgrad an Erfahrung in der Branche verlangt). Aufgrund der für die Führung eines solchen Unternehmens benötigten Fachkompetenz fordert der DRV eine minimale Fachkunderegelung z. B. in Form eines sog. „Fachkunde-Nachweises". Dieser würde dann als Voraussetzung für die Erteilung einer Gewerbeerlaubnis gelten. → Gewerbeanmeldung

Fachmann/ -frau für Systemgastronomie, → Berufsausbildung im Hotel- und Gaststättengewerbe

Fachmesse

Fachmesse, orientiert sich als thematisch gewichtete Absatzveranstaltung hauptsächlich am Fachbesucher, im Unterschied zur fachlich nicht gegliederten Universalmesse.
→ Messetourismus

Fachpresse, in Deutschland gibt es eine breite Palette touristischer Fachzeitschriften mit unterschiedlicher Zielgruppenorientierung (s. Tabelle).

Fachschule für Touristik, Rodalben/Rheinland-Pfalz, bietet berufsbegleitende Weiterbildung in dreijährigem Teilzeitunterricht mit Abschluß „Staatlich geprüfter Betriebswirt für Touristik". Weitere F. n befinden sich in Gerolstein bei Daun, Erfurt, Cochem, Lübeck und Weilburg.

Fachsortiment, tiefes, umfassendes Sortiment eines Handelsbetriebs, der sein Angebot überwiegend auf ein Fachgebiet konzentriert. → Sortiment, → Sortimentsgestaltung/-politik

Fachstudienreisen, Studienreisen mit fachlichem Schwerpunkt unterschiedlicher Berufsgruppen. In der Reisebranche unentgeltliche oder verbilligte Informationsreisen für Mitarbeiter von Reisebüros und Reiseveran-

Touristische Fachpresse

ASR Aktuell Telegramm Mitgliederzeitung des ASR Bundesverband mittelständischer Reiseunternehmen Frankfurt/M., alle 6 Wochen **Bus Aktuell** München, 14-tägig im Wechsel mit Omnibusrevue **Bus Blickpunkt** Bensheim, 12mal jährlich **Busplaner International** München, 8mal jährlich **CIM Conference & Incentive Management** Dreieich, 6mal jährlich **Das Reisebüro** Mitgliederzeitung des Deutschen Reisebüroverbandes e.V. Frankfurt/M, 10mal jährlich **Einkaufshandbuch für Touristiker** Regionen-Programme-Hotel Hamm, 1mal jährlich **FVW International** Fachzeitschrift für Touristik und Geschäftsreiseverkehr Hamburg, 28mal jährlich **Geschäftsreisehotels in Deutschland** Hamm, 1mal jährlich	**Geschäftsreisemarkt** Business Travel Management **News & Traveldepot** Frankfurt/M, 12mal jährlich **Hotels und Tagungsstätten in Deutschland** Tagung Schulung-Präsentation-Konferenz Hamm, 1mal jährlich **Incentive Congress Journal** Hofheim/Taunus, 4mal jährlich **Incentives & Events** Hamm, 1mal jährlich **Omnibusrevue** In Kombination mit Bus aktuell München, 14-tägig im Wechsel mit Bus Aktuell **RB Marketing** München, bis zu 5mal im Monat **Reisebüro Bulletin** Darmstadt, wöchentlich	Reisebüro Nachrichten Frankfurt/M., 24mal im Jahr **Reisen und Tagen in Europa** Geschäftsreise-Konferenz-Meetcentive Hamm, 1mal jährlich **TI Geschäftsreise Brief** Informationsdienst für Planer, Entscheider und Leistungsträger im Geschäftsreiseverkehr 14-tägig **TI Geschäftsreise Magazin** Fachzeitschrift für Travel Management Hamburg, monatlich **TM Touristik Management** München, monatlich **Touristik Aktuell** Wiesbaden, 47mal im Jahr **Touristik Report** Bad Homburg, 27mal im Jahr **Travel Tribune** Frankfurt/M., wöchentlich **TW Tagungs-Wirtschaft/Convention Industry** Frankfurt/M., 7mal im Jahr

Fakultativ

staltern, die der beruflichen Fortbildung dienen und überwiegend betriebliches Interesse des Arbeitgebers voraussetzen. Soll eine F. steuerlich nicht als geldwerter Vorteil gewertet werden, müssen strenge Voraussetzungen erfüllt sein bis zur Teilnahmebestätigung als Nachweispflicht. → Dienstreisen, → Informationsreise

Facility, Raum, Einrichtung; Hilfsmittel für die Durchführung von Veranstaltungen und Festarrangements. Bezeichnung auch für die Bereiche Sport, Spiel, Fitneß in Hotels, auf Schiffen usw.

FAG, Flughafen Frankfurt/Main AG, Betreiber des größten deutschen Flughafens mit breitem Spektrum von Service-, Gastronomie- und Einkaufseinrichtungen.

Fähren, universelle Beförderungsmittel für Personenverkehr, Pkw, Bus, Caravan, Campmobile, Bootstrailer u.a. mit umfangreichem Gepäck sowie für Lkw als direkte und meist kürzeste Verbindung von Küste zu Küste. In der Nebensaison auch Kurzreisen-Programme mit Unterhaltung an Bord. In Europa sind mehr als 600 Fährdienste im Einsatz. Seit 1945 haben sich die Fährschiffe von der ersten bis zur heutigen vierten oder Jumbo-Generation entwickelt. → Jumbofähren, → Kurzreisen, → Pauschalreisen

Fahrgastschiff, Schiff mit Einrichtungen für mehr als zwölf Fahrgäste; muß den entsprechenden behördlichen Bestimmungen genügen. → Passagierschiffe

Fahrkarte, Schein, der gegen Entgelt den Inhaber zur Benutzung von Zügen berechtigt. Die F. enthält die Bezeichnungen der Strecke, Zuggattung, Preis, Entfernung und Wagenklasse. Es gibt Pauschalpreise für Netz-, Monats-, Bezirks- und Wochenkarten sowie Ermäßigungen für Senioren und Kinder/Jugendliche. → Ticket

Fahrplan/Flugplan, Übersicht über im voraus festgelegte und veröffentlichte Fahrzeiten des Linienverkehrs zu Land, zu Wasser und in der Luft mit Ausgangs-, Halte- und Endpunkten. → ABC International, → Flugplan/ Timetable, → Grundpflichten, → Kursbuch, → OAG

Fahrplangutscheine, werden von der Deutschen Bahn ausgegeben und berechtigen zum Einlösen gegen ein Exemplar des Kursbuches, eines beliebigen Regionalkursbuches, einem Disketten-Set „Städteverbindungen" oder einem CD-Rom-Set (Kursbuch auf CD).

Fahrplanpflicht, → Grundpflichten

Fahrrad am Bahnhof, Fahrradverleih der DB an ausgewählten Bahnhöfen mit z.T. ganzjährigem Mietservice.

Fahrradtourismus, neben der Fortbewegung auf dem Rad ist der Wechsel der Unterkunft typisches Merkmal. Beliebt sind Fahrten auf Radfernwegen z.B. entlang der Donau zwischen Passau und Wien. In Deutschland existieren rund 170 touristische Radfernwege mit etwa 35000 km Strecke.

Fährschiffspassagen-Haftung, → Zweites Seerechtsänderungsgesetz

Fahrt ins Blaue, Ausflugsfahrt mit Bus oder Bahn, bei der das Ziel für die Teilnehmer als Überraschung gedacht und diesen zunächst nicht bekannt ist.

Fahrtenblatt EU/ASOR, das Fahrtenblatt stellt das Kontrolldokument im grenzüberschreitenden Personenverkehr gemäß ASOR-Abkommen bzw. Verordnung Nr. 624/92 dar. Es enthält Angaben über das Fahrzeug, das Unternehmen, den Fahrer, die Anzahl der Fahrgäste, die Fahrtroute, eventuelle örtliche Ausflüge und Art des Verkehrsdienstes (Gelegenheitsverkehr, Pendelverkehr). Das Fahrtenblatt mit Übersetzungen muß grundsätzlich und vollständig mitgeführt werden. → ASOR, → EU/EG/ EWG

Fährunternehmen, Unternehmungen, die mit eigenen Fähren bestimmte Fährverbindungen zwischen verschiedenen Ländern oder innerhalb eines Landes auf dem Meer, einem See oder Fluß unterhalten.

Fahrverbot für LKW, neben dem Sonntagsverbot gibt es für LKW ein zusätzliches Fahrverbot auf allen wichtigen Autobahnen an den Samstagen zwischen dem 1. Juli und dem 31. August jeweils von 7 bis 20 Uhr.

Fährversicherung, Sachversicherung für Kraftfahrzeuge, die mit einer Fähre befördert werden. → Zweites Seerechtsänderungsgesetz

FAKT, Freiburger Arbeitskreis für Touristik an der Akademie für Touristik Freiburg. → FUTURISTA

Fakultativ, wahlfrei; dem eigenen Ermessen überlassen (Gegensatz: obligatorisch), z. B. ein in einem Pauschalarrangement nicht

113

Fakultative Versicherung

enthaltener Leistungsteil, der zusätzlich zu buchen und zu zahlen ist. ⇢ obligatorisch

Fakultative Versicherung, Versicherung, die man freiwillig abschließen kann, wenn man keiner Versicherungspflicht unterliegt (z. B. Rentenversicherung bei Selbständigen).

Fallreep, an die Bordwand gehängte schräge Treppe für den bequemen Übergang von einem Boot an Bord des Schiffes.

FAMA, 1. Fachverband Messen und Ausstellungen e.V., Nürnberg, Zusammenschluß von Messe- und Ausstellungsveranstaltern, die schwerpunktmäßig Regionalausstellungen, aber auch eine Reihe überregionaler Fachmessen durchführen. Seine Aufgaben sind die Mitarbeit in allen Fragen des Fachgebietes, die Zusammenarbeit mit allen am Messe- und Ausstellungswesen beteiligten Behörden, Instituten, Verbänden und der Fachpresse, die Beratung und Erteilung von Gutachten in Fachfragen, die Förderung des Messe- und Ausstellungswesens und die Schulung und Weiterbildung im Fachgebiet. ⇢ Messetourismus. **2.** Foreign Airlines Management Association, 1969 in Frankfurt/M. gegründete Interessenvertretung der Spitzenrepräsentanten der in Deutschland vertretenen ausländischen Luftverkehrsgesellschaften. F. hat sich im Januar 1993 der BARIG angeschlossen. ⇢ BARIG

FAMAB, der Fachverband Messe- und Ausstellungsbau e.V., Rheda-Wiedenbrück, ist ein Zusammenschluß der Fachunternehmen in der Bundesrepublik Deutschland auf dem Gebiet des Messe- und Ausstellungsbaus. Er arbeitet in allen Fragen des Fachgebietes mit den zuständigen Behörden, Messegesellschaften, Instituten, Verbänden und der Fachpresse zusammen, berät und erteilt Gutachten in Fachfragen der Messestandgestaltung. FAMAB-Mitglieder sind durch einen Servicering miteinander verbunden und unterstützen sich gegenseitig. ⇢ Messetourismus

Familiarization Trip (Fam Trip), meist kostenfreie Informationsreise für Multiplikatoren (Reisebüroinhaber o. Expedienten) zum Kennenlernen und zur Markteinführung neuer Reise- und Tagungsangebote. ⇢ Fachstudienreisen, ⇢ Informationsreise

Familienerholung, staatlich oder kommunal bezuschußter Sozialtourismus, der einkommensschwachen Familien mit drei oder mehr Kindern den gemeinsamen Urlaub er-möglichen soll. Die Förderung der Familienferienstätten variiert in Einzelheiten in den Bundesländern. Die im Rahmen der F. geförderten Urlaubsaufenthalte müssen primär in einer im jeweiligen Bundesland gelegenen Ferienstätte bzw. an einem als Familienferienort anerkannten Platz verbracht werden. ⇢ Sozialtourismus

Familienferienort, staatlich geförderter Fremdenverkehrsort, der in besonderer Weise der Familienerholung dient. ⇢ Familienerholung, ⇢ Familiengerecht

Familiengerecht, nach den vom DFV erarbeiteten Merkmalen für einen f. Urlaubsort sind folgende Voraussetzungen zu erfüllen: mindestens 5 Kleinkinderbetten, Kinderbeaufsichtigung, mindestens eine Gaststätte, die Kinderteller anbietet. Das Urlaubsangebot muß für eigene Schlafmöglichkeit im Zimmer der Eltern Kinderermäßigung vorsehen; ebenso Ermäßigungen bei Halb- bzw. Vollpension nach Alter der Kinder gestaffelt. Ferner muß das als f. gekennzeichnete Urlaubsangebot ein Schwimmbad mit Nichtschwimmerteil und Planschbecken, markierte Wanderwege, Kinderspielplatz, besondere Kinderattraktionen (Kinderfeste, Märchenwald, Hobbykurse u.ä.) beinhalten, ebenso die Nähe zu Wald, Fluß oder Seen oder anderen attraktiven Wanderzielen. Gefordert wird weiter eine zureichende Verkehrsverbindung, ein Postamt und ein Geldinstitut sowie medizinische Versorgung in zumutbarer Entfernung. ⇢ DFV

Familienheimfahrten von Bundeswehrangehörigen und Zivildienstleistenden, kostenfreies Angebot der DB für Wehrpflichtige und Zivildienstleistende für eingetragene Strecken im Berechtigungs-/Dienstausweis. Keine Berechtigung für ICEs. ⇢ Zivildienstreisen

Familienpaß, DB-Angebot für Familien - auch Elternteile - mit mindestens 3 Kindern, die alle noch im elterlichen Haushalt wohnen und für die Kindergeld bezogen wird. Der unentgeltliche F. berechtigt zum Lösen von Fahrscheinen zum halben normalen Fahrpreis. Kinder von 4 bis 11 Jahren zahlen ein Viertel des Fahrpreises.

Familotel, Zusammenschluß von mehr als 20 Hotels mit kinderfreundlichem Angebot. Die Kinderbetreuung durch geschultes Personal muß in den Hotels 35 Stunden pro Woche garantiert sein. Das Informationsbüro hat seinen Sitz in Amerang/Chiemsee.

Family Plan, Unterkünfte, bei denen Kinder kostenlos im Zimmer der Eltern übernachten können.

Fango, Mineralschlamm vulkanischen Ursprungs, der mit Wasser zu Brei verrührt für Packungen in der Kurmedizin verwendet wird.

Fantasia, crs der Qantas Airlines. Zur Vermarktung des Buchungssystems fungiert APD, Asia Pacific Distribution. APD/Fantasia ist an SABRE angeschlossen. → SABRE

Fare-break-point, Tarifberechnungspunkt, von dem aus mit anderen Tarifen kombiniert werden kann.

Fare Calculation Extension Sticker, Standardaufkleber für einen manuellen Flugschein, bei dem die Preisberechnungsspalte nicht ausreicht, um die gesamte Reiseroute aufzulisten.

FareNET, Buchungssystem für Linienflüge der Stinnes-Data-Service GmbH. Bietet den direkten Vergleich von IATA-Tarifen und Graumarktpreisen auf dem Bildschirm. Zusätzliche Funktionen sind die Einblendung einer Weltkarte und eine Datenübernahme aus der Kundendatei. F. setzt sich zusammen aus den Komponenten AirTarif, AirExport, AirAgent und AirManager.

Fare Quote System, Flugtarife und -bestimmungen in crs im Unterschied zur Buchform von ABC (roter Teil) und OAG. → ABC-International, OAG, → crs

Fast food, 1. Bezeichnung aus dem Amerik. für „Schnelle Verpflegung". Zumeist zum Verzehr vorbereitete, bereits abgepackte Speisen. **2.** Meist zentral geführte Gastronomiebetriebe (Ketten- und Systemgastronomie), die zur sog. Versorgungsgastronomie gehören. Filialbetriebe mit gleichartigem Verpflegungsangebot; z.B. McDonalds.

FAST, Future Automated Screening for Travellers, biometrisches Identifikationssystem zur Vereinfachung der Grenzkontrollen, das sekundenschnell die Linien einer Hand erfaßt und diese Daten zusammen mit den Paßangaben per Satellit an das Reiseziel sendet. Bei der Ankunft können die Reisenden per Handauflegen auf einen Bildschirm die automatischen Kontrollen passieren.

Fax-on-demand, unter einer bestimmten Telefonnummer können vorher hinterlegte Text- und Grafikinformationen von einem Telefaxgerät mit demand-Funktion abgerufen werden. → Sprachdialogsystem

Fax-Polling, unter einer bestimmten Telefonnummer kann der Anrufer aus einem beliebigen Pool vorher hinterlegter Text- und Grafikinformationen eine Auswahl treffen und diese von einem Telefaxgerät mit Demand-Funktion abrufen. → Sprachdialogsystem

F + B Manager, Food and Beverage Manager im Hotelbereich, auf Kreuzfahrtschiffen (Wirtschaftsdirektor). Als Leiter dieses Ressorts für den wirtschaftlichen Einsatz von Speisen und Getränken verantwortlich. → Food and Beverage

FBMA, Food and Beverage Manager Association, Verband der Wirtschaftsdirektoren. → F + B Manager

FCU, Fare Construction Unit; bis 30.6.1989 Tarifberechnungseinheit zur währungsneutralen Darstellung von Beförderungstarifen im Luftverkehr, diente der Berechnung/Konstruktion von nicht publizierten Passagetarifen in Lokalwährung und orientierte sich an der Reiseart; Oneways, direkte Hin- und Rückflüge, Rundreisen und Gabelflüge bestimmten den Flugpreis. Wurde inzwischen durch NUC ersetzt. FCU geht zurück auf FCU = Fare Calculation Unit. Diese basierte auf den Sonderziehungsrechten (SZR) des Internationalen Währungsfonds als stabile Tarifberechnungseinheit im internationalen Luftverkehr. Die Neueinführung wurde 1975 in Nizza von der IATA beschlossen, womit die bislang auf US-Dollar und Brit. Pfund beruhenden Basiswährungen entfielen. → Flugpreisberechnung, → NUC Neutral Unit of Construction, → Währungsangaben IATA-Luftverkehr

FD-Zug, Fern-Express der DB, qualifizierter Schnellzug, der größere Strecken bediente und nur an Anschlußbahnhöfen und Knotenpunkten hielt; der Zug führte Wagen der 1. und 2. Klasse; zuschlagfrei. 1992 von Interregio und IC/EC abgelöst.

FDSV, Fachverband deutscher Sprachreisen-Veranstalter, Stockstadt/M., Zusammenschluß wichtiger Sprachreisen-Veranstalter und Interessenvertreter zur Förderung des Gesamtarrangements, z.Zt. 15 Unternehmen, mit selbstauferlegten Richtlinien, hinsichtlich der Sprachkurse; Qualitätsnormen. → Sprachreisen

FEC-Geld, Foreign Exchange Certificates; in China Zahlungsmittel für Devisenausländer.

Fee-based-pricing

F. sind 1994 ohne Zeitangabe für ungültig erklärt worden und werden von den Banken nicht mehr ausgegeben. Der Wechselkurs der Landeswährung Chinas Renmimbi wird seit Anfang 1994 nach Angebot und Nachfrage täglich neu festgesetzt. →Doppelwährung

Fee-based-pricing, Gebührensystem für Dienstleister und Informationsanbieter anstatt einer Provisionsvereinbarung. Bei Woodside Travel Trust (deutscher Partner ist FAO Travel, Frankfurt/M.) Umstellung der Abrechnung mit Firmenkunden für Geschäftsreisen auf Festpreis anstatt Provision. →Woodside Travel Trust

Feedback, Rückkoppelung, z.B. zum Abschluß eines erfolgreich durchgeführten Wettbewerbs mit Incentive-Reisen (Fotoalben zur Erinnerung u ä.).

FEEE - Foundation for Environmental Education in Europe, Stiftung für Umwelterziehung in Europa. In Zusammenarbeit mit der Kommission der Europäischen Gemeinschaften führt die Stiftung, deren deutscher Zweig die DGU ist, die Kampagne um die Blaue Europa-Flagge an den europäischen Küsten zwischen Mittelmeer und Ostsee durch. Sportboothäfen und Strandgemeinden können mit der Flagge ausgezeichnet werden, wenn sie sich in besonderem Maß um den Umweltschutz und die Umweltinformation bemühen. →Blaue Europa-Flagge, →DGU

FEG, Fédération Européenne des Associatons des Guides Touristiques, Europäische Vereinigung der nationalen Verbände der Gästeführer, Sitz: Brüssel.

Feiertag, arbeitsfreier Tag, meist aufgrund eines staatlichen oder kirchlichen Gebots neben den Sonntagen bzw. Wochenenden. Staatliche Feiertage haben feste Daten. F. werden gerne zu Ausflügen oder Kurzurlaubsreisen genutzt. →Ausflugsverkehr, →Kurzreisen/Kurzurlaubsreisen

FEM, Fédération Européenne des Motels, Sitz: Bern, gegr. 1956, europ. Motel-Vereinigung.

Ferien, seit dem Römischen Reich werden die Tage als F. bezeichnet, an denen das Gericht nicht zusammentrat. Mehrtägige oder -wöchige Arbeitspause, schulfreie Zeit (an Schulen, Fachhochschulen, Universitäten, Gerichten, Theatern u.a.), auch Synonym für Urlaub. Von den drei Haupt-Ferienzeiten Frühjahr (Ostern), Sommer und Winter (Weihnachten) sind die Sommer-F. durch ihre Länge die bedeutendsten. Zur Entzerrung des Reiseverkehrs und für eine bessere Auslastung der Feriengebiete haben die Bundesländer eine Regelung vereinbart, nach der der Beginn der Schulferien länderweise unterschiedlich ist und sich von Jahr zu Jahr verschiebt. →Ferienordnung, →Jahresfreizeit, →Rollierendes System →Urlaub

Ferien auf dem Bauernhof, Sammelbezeichnung für ein spezielles Urlaubsangebot bestimmter, in landschaftlich reizvollen Regionen gelegener landwirtschaftlicher Betriebe (Kost und Logis bzw. Ferienwohnungen). F. werden von über 20.000 Urlaubsbauernhöfen in der Bundesrepublik angeboten, ein Großteil davon mit dem von der DLG vergebenen RAL-Gütezeichen. F. erschließen kleinbäuerlichen Betrieben mit meist nur mäßigen agrarischen Produktionsbedingungen an industriefernen, aber landschaftlich reizvollen Standorten ein Zusatzeinkommen. Sie dienen speziellen Urlaubsansprüchen bestimmter Bevölkerungsgruppen (Familien mit Kindern, einkommensschwachen Schichten). Fachministerien, Bauernverbände und die DLG (Deutsche Landwirtschaftsgesellschaft) fördern diesen landwirtschaftlichen Betriebszweig.

Ferienclub, Angebot zum Urlaub innerhalb eines Clubdorfes, oft mit sportlicher Orientierung, z B. Club Méditerranée, Club Aldiana, Club Robinson. Typisches Freizeitangebot in F.: Animation. →Animation, →Cluburlaub

Feriendienst (FEDI), der Feriendienst der Gewerkschaften der ehem. DDR verfügte über 710 eigene Ferienheime und über 300 unter Vertrag stehende Privatunterkünfte und Hotels. Da auch die Betriebsgewerkschafts-Organisationen über 12.000 Ferieneinrichtungen verfügten, konnten jährlich 5,2 Millionen Gewerkschafter und Familienangehörige dort Ferien verbringen zum Selbstkostenpreis, durch Beitragsmittel subventioniert. F. firmierte seit Juli 1990 als FEDI - Feriendienst GmbH und mußte Anfang 1991 Konkurs anmelden.

Feriendorf, Ansiedlung von Ferienhäusern, -bungalows, -wohnungen und -appartements gehören als Beherbergungsbetriebe zur Einrichtung der Parahotellerie, entstanden als Zwischenform von Hotel und Camping oder, wie z.B. in der Schweiz, kombiniert von Hotel und Chalet. F. eignen sich vor allem zum Familienurlaub. Mietfreies Wohnrecht kann von Mitgliedern bestimmter Timesharing Holiday-Gesellschaften durch Kauf von Aktien erworben werden. → Parahotellerie, → Timesharing Holiday

Ferienfluggesellschaften, Fluggesellschaften, die vorwiegend Reiseziele anfliegen, die Urlaubsziele der Deutschen sind. Sie übernehmen im Auftrag von Reiseveranstaltern die Beförderung von Pauschalflugreisenden im Bedarfsluftverkehr nach festen Abflugzeiten oder als Linienflüge. → ADL, → Ferienflugverkehr

Ferienflugverkehr, innerhalb der EU-Staaten erfolgt Beförderung im Bedarfsluftverkehr nach festen Abflugzeiten (Charter) oder als Linienflug. F. unterliegt zu Destinationen außerhalb der EU, sofern er als „Bedarfsluftverkehr nach festen Abflugzeiten" (Charter) durchgeführt wird, verkehrsrechtlich gewissen Beschränkungen und Auflagen, die auch von Ziel zu Ziel verschieden sind. → Ferienfluggesellschaften

Ferienhaus, freistehendes Haus oder Reihenhaus, das jedermann zugänglich ist und in dem Gäste zum vorübergehenden Aufenthalt gegen Entgelt aufgenommen werden. Grundstück oder Grundstücksanteil sind der alleinigen Nutzung durch die Gäste für die Dauer ihres Aufenthaltes vorbehalten. Den Gästen stehen ein eigener Sanitärbereich und eine Kochgelegenheit zur Verfügung. In der Regel ist im Haus kein hotelmäßiger Service vorhanden.

Ferienheim, → Erholung, → Erholungsheim, → Sozialtourismus

Ferienparks, eine Kombination von Fewos, Bungalows o. Hotels und Urlaubsclub innerhalb der Parahotellerie. Man unterscheidet 3 Formen der Übernachtung: 1. den Einzelbungalow, 2. das Appartementhaus und 3. das Komforthotel mit Freizeiteinrichtungen. Touristisch sind 2 wesentliche Bedürfnisse mit dieser Konzeption zu befriedigen: a) längerer Urlaub im eigenen Ferienhaus, b) gleichzeitig möglichst große Erlebnisvielfalt und Bewegungsfreiheit. → Naturparks, → Parahotellerie

Ferienstraßen, → Touristikstraßen

Ferienticket, Reisende, die einen Hin- und Rückfahrschein mit einem Fahrpreis für die 1. Person von mindestens 199,- DM (100,-

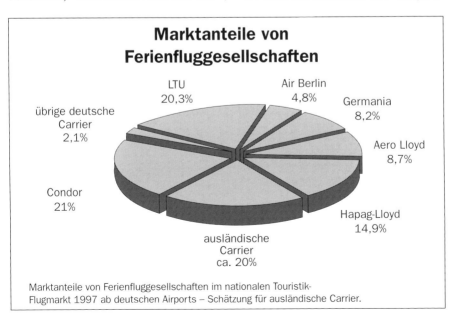

Marktanteile von Ferienfluggesellschaften

Marktanteile von Ferienfluggesellschaften im nationalen Touristik-Flugmarkt 1997 ab deutschen Airports – Schätzung für ausländische Carrier.

Ferienzentrum

DM für BahnCard-Kunden) vorlegen, können zu einem Festpreis ein F. für die 1. oder 2. Klasse dazuerwerben. Es gilt auf angegebenen DB-Strecken in 26 festgelegten Urlaubsregionen.

Ferienzentrum, Großanlage für touristische Zwecke; oft mit integriertem Freizeitzentrum. Ein F. besteht aus einer geplanten Einheit von Appartements oder Bungalows, Geschäften, Bank, Post, Sporthalle, Schwimmbad/Wellenbad u.a., z.B. Weißenhäuser Strand/Ostsee. Dt. Ferienzentren haben ihren Ursprung in der staatl. Zonengrenzland-Förderung von 1965 (erhebl. Steuervorteile für private Anleger).

Ferienzielreisen, nach dem PBefG (§ 48 Abs. 2) Reisen zu Erholungsaufenthalten, die der Unternehmer mit Kraftomnibussen nach einem bestimmten, von ihm aufgestellten Plan zu einem Gesamtentgelt für Beförderung und Unterkunft mit oder ohne Verpflegung anbietet und ausführt. Das Reiseziel muß für alle Teilnehmer gleich sein; die Teilnehmer sind an den Ausgangspunkt der Reise zurückzubefördern, wobei auf der Rückfahrt nur solche Reisende befördert werden dürfen, die der Unternehmer auch zum Reiseziel befördert hatte. Die Veranstaltung von F. ist genehmigungsbedürftig; im Gegensatz zum Linienverkehr besteht keine Beförderungs- und Betriebspflicht. → Linienverkehr/Bus, → PBefG, → Zielgebietsbusse

Ferienzielverkehr, Busreiseart, bei der sich die Leistung des Verkehrsmittels auf den bloßen Transfer zwischen Abfahrts- und ausgeschriebenem Ferienzielort beschränkt. Zum Leistungspaket gehören neben der Beförderung Unterkunft und gegebenenfalls verschiedene Verpflegungsformen. Ferienzielverkehre aus dem Quellenland Bundesrepublik führen vorrangig an die spanische Costa Brava und die italienische Adria-Küste. → Zielgebietsbusse

Fernflug, Luftverkehr zwischen verschiedenen Kontinenten, meistens als Interkontinentalflug bezeichnet. → Langstreckenverkehr

Fernreisebus, die Bezeichnung „4-Sterne-Fernreisebus" war bis Februar 1997 der RAL-geschützte Begriff der Gütegemeinschaft Buskomfort. Ab dem 1.3.1997 ersetzt durch die neue Bezeichnung „First-Class". → GBK, → Klassifizierung der Reisebusse

Fernreisen, Spezialprogramme von Reiseveranstaltern mit Flugreisen in außereuropäische Länder.

Fernstudium für Berufstätige, mit Studienschwerpunkt Touristik und Studienabschluß Diplom-Betriebswirt/-in (FH) an der Süddeutschen Hochschule für Berufstätige in Lahr/Schwarzwald (AKAD) seit 1993. Der Aufbau des erwachsenengerechten Studiums für Berufstätige erfolgt durch einen Methodenverbund von Fernlehrlektionen und Präsenzveranstaltungen. → Kulturtourismus-Management

Ferry Flug, gehört zur Kategorie der Überführungsflüge. Es wird unterschieden nach 1. gewerblich: Bereitstellungsflug von/zu einem Plan- oder Charterflug. 2. nichtgewerblich: Überführungsflug vom Hersteller oder von/ zu Instandhaltungsmaßnahmen.

FESPO, Ferien-, Sport- und Freizeitmesse, erstmals Januar 1991 in Zürich. Diese Publikumsmesse wendet sich an Aussteller aus den Bereichen Ferienregionen, Reisebüros und -veranstalter, Leistungsträger und sonst. touristische Institutionen.

Festspielreisen, Busreiseart mit besonderer Zielgruppenorientierung. Qualitativ hochwertige Kurzreise, bei der neben einem Fernreisebus höchster Qualitätsstufe ein erstklassiges Hotel sowie Eintrittskarten und Transfer am Festspielabend zum Arrangement üblich sind. Als eine besondere Form der Städtereise erreicht sie ein anspruchsvolles Publikum. Je nach Reisedauer und Reiseziel gehören Stadtrundfahrt und Sonderarrangements zum Reiseprogramm. Festspielreisen werden auch per Flug oder Bahn angeboten. → Kurzreisen/Kurzurlaubsreisen, → Städtereisen

Feuerschiff, meist signalrot gestrichenes Schiff mit einem bestimmten Leuchtfeuer-Signal zur Kennzeichnung nautisch wichtiger Stellen. Z.B. vor großen Flußmündungen oder Riffs verankert, wie Elbe 1. rd. 25,3 Seemeilen seewärts von Cuxhaven; wurde zu Beginn des 19. Jh. als erstes „Leuchtschiff" ausgelegt. Bemannte Feuerschiffe werden inzwischen durch kleinere vollautomatisierte, fernüberwachte Miniaturschiffe ersetzt. → Leuchtfeuer

FeWo - Ferienwohnung, Beherbergungsart auf der Basis der Selbstverpflegung, überwiegend zum Familienurlaub genutzt. Nach

DEHOGA eine in sich geschlossene Einheit mit mehreren getrennten Räumen und notwendigen Nebenräumen wie Küche und Bad.

Fewotel, Software der Firma Intours Partners zur Verwaltung von Ferienwohnungen, Pensionen und Hotels.

FIA, Fédération Internationale de l'Automobile. Internationaler Automobilverband, Sitz: Paris. → Tourism Action Group

FICT, Fédération Internationale de Centres Touristiques, internationaler Verband der touristischen Zentren, Sitz: Metz (Frankreich). Ziele sind die Pflege persönlicher Kontakte und menschlicher Beziehungen, der Erfahrungsaustausch, die Förderung der beruflichen Leistungen durch Zusammenarbeit und die Stärkung des Verständnisses zwischen Völkern durch den internationalen Fremdenverkehr. Mitglieder sind leitende Angestellte von Kurorten, Verkehrsvereinen bzw. -ämtern.

FIF, Forschungsinstitut für Freizeit und Tourismus, früher Forschungsinstitut für Fremdenverkehr, ist der Rechts- und Wirtschaftswissenschaftlichen Fakultät der Universität Bern angegliedert. Seine Anliegen sind: Humanisierung der Lebensverhältnisse im Alltag, Freizeit und Tourismus im Einklang mit Mensch und Natur, Vernetzte Betrachtung von Gesellschaft, Wirtschaft und Umwelt. FIF war Mitglied im Arbeitskreis „Tourismus mit Einsicht". → Tourismus mit Einsicht

Fifth Avenue, Pracht-Einkaufsstraße in New York mit z.B. dem legendären „Tiffany".

FIJET, Fédération Internationale des Journalistes et Ecrivains du Tourisme, weltweite Vereinigung von Reisejournalisten, Sitz: Paris. Bundesdeutsche Mitgliedsorganisation ist ITMJ. → ITMJ

Fiktiver Umkehrpunkt, → Goldener Umkehrpunkt

File Key, auch Record Locator, engl. Ausdruck aus dem Flugbereich. Nach Abschluß einer Buchung erteilt das Reservierungssystem automatisch einen F. mit dem die Buchung jederzeit identifiziert werden kann. Besteht aus einem 6stelligen Buchstaben- und Zahlencode und wird auf dem IATA-Flugschein in der Spalte „Booking Ref" eingetragen. → crs

Finca, typisches spanisches Landhaus, z.B. auf Mallorca. Fincas werden verstärkt als Feriendomizile angeboten.

Finca-Ferien Mallorca, vom Landschaftsministerium der Balearen und der EU unterstütztes Programm „Ferien auf dem Bauerngut". Die in der Asociation Agroturismo Balear zusammengeschlossenen Fincas, von denen einige Swimmingpool, Tennisplatz, Reitpferde und Mietfahrräder anbieten, liegen in bes. reizvollen Gegenden des mallorquinischen Inlands.

Fink-Ordner, → Blauer Fink-Ordner

Finnres, crs der Finnair; Partner von Amadeus. → Amadeus

FIR, Flight Information Region, Fluginformationsgebiet, z.B. FIR Athen ist mit seinem Fluginformationsdienst (FIS = Flight Information Service) und dem Flugalarmdienst (Alerting Service) zuständig für den Überflugverkehr von und nach Fernost, Inlandsflugverkehr und Flugverkehr vom Ausland nach Griechenland und in die Türkei. → Flugsicherung

Firmenabonnements, → Corporate Rates

Firmendienst, Spezialservice von Vollreisebüros für Wirtschaftsunternehmen, meist räumlich getrennt vom Counter für Publikumsberatung/-verkauf von Urlaubsreisen. Der F. ist auf die speziellen Reisebedürfnisse der Geschäftsreisen sowie Tagungen und Messen ausgerichtet; korrespondiert mit Firmenreisestellen. → Corporate Rates, → GKA, → Reisebüros, → Reisestelle

Firmenreisestelle, → Reisestelle

FIRST, 1973 als nicht rechtsfähiger Verein durch regional führende Reisebürounternehmen gegründet mit dem Ziel, leistungsfähige Vollreisebüros als Fachgeschäfte zu profilieren. Der Anspruch, „führend in Reise, Service und Touristik" zu sein, führte zum Firmennamen f.i.r.s.t. 1976 wurde die FIRST Reisebüro GmbH & Co KG gegründet. Zu den Aufgaben gehören seitdem auch die Übernahmen von und Beteiligungen an Reisebüros und Veranstaltern sowie deren wirtschaftliche Führung. Die Gründung der FIRST Reisebüro Management GmbH als Franchisegeber der Handelsmarke FIRST Reisebüro, FIRST Business Travel, Discount Travel und seit Januar 1995 FIRST Conventions & Incentives wurde im Dezember 1992 vollzogen; Sitz: Düsseldorf. Ab 1995 zusätzlich FIRST Business Travel International als internationales Franchise Unternehmen in Europa und Übersee. Seit

119

FIRST Quality Manager

1. Januar 1998 wurde durch die bisherigen Gesellschafter zusammen mit der FIRST Reisebüro GmbH & Co KG die FIRST Reisebüro Management GmbH & Co KG (Holding) mit den vier Geschäftsbereichen FIRST Reisebüro, Thomas Cook, FIRST Business Travel und kaufmännischer Bereich gegründet. Gesellschaftsanteile halten: BS&K-Gruppe 39,7 %, TCT - Touristik Beteiligungs GmbH & Co KG 20,8 %, Hartmann-Gruppe 16,1 %, Jonen 5,0 &, Hamburger Abendblatt 6,7 %, Menzel 8,3 % sowie weitere Gesellschafter 3,4 %).

FIRST Quality Manager, FQM, Weiterentwicklung von Aqua. → Aqua

FIRST Travel net, Internetsoftware von FIRST, ermöglicht das Buchen von Flugreisen durch den Kunden. Die Hinterlegung wichtiger Angaben im Persönlichkeitsprofil und die Einbindung der Reiserichtlinien einer Firma werden hierbei berücksichtigt.

FIRST Urlaubsfon, Direktvertrieb über Telefonverkauf von FIRST, seit 1995 möglich. → FIRST

First-Class, → Klassifizierung der Reisebusse

FIT, 1. Foreign Individual Traveller, Einzelreisender, der seine Auslandsreise im voraus buchte und bezahlte. **2.** Führungs-Intensiv-Training, achtwöchiges Seminar in Benshcim. Dic chcm. Sommer-Akademie für Führungskräfte wurde seit 1989 jährlich von GBTV (Gesellschaft für Betriebswirtschaft in Touristik und Verkehr mbH) organisiert. **3.** Fédération de l'Industrie du Tourisme, belgischer Tourismusverband, Sitz: Brüssel. **4.** Frauen im Tourismus, Vereinigung, die das Ziel hat, über die Schulung der eigenen Fähigkeiten zur Weiterentwicklung im Arbeitsbereich Führungsaufgaben zu übernehmen. **5.** Expedientenangebote der Singapore Airlines, vergleichbar den LH-PEP-Flügen. → PEP **6.** Flight Inclusive Tour, Flugpauschalreisen, die ursprünglich auf Sondertarifen (FIT-Rates) der Linienfluggesellschaften und Hotels basierten. → IT-Reisen

FITEC, Fédération Internationale du Thermalisme et du Climatisme, Internationale Bädervereinigung mit Sitz in Paris. Mitglieder sind die nationalen Bädervereinigungen aus 28 Nationen. Hauptschwerpunkt liegt im gesundheitspolitischen Bereich. → DBV

Fitneß Center, Zusammenfassung von Einrichtungen wie Gymnastikraum, Sauna, Massage, Schwimmbecken etc. zur Förderung von Gesundheit und Leistungsfähigkeit.

FITUR, Institucion Ferial de Madrid, Internationale Touristikfachmesse in Madrid, alljährlich im Januar.

FIYTO, Federation of International Youth Travel Organizations, Vereinigung Internationaler Jugendreise-Organisationen, Sitz: Kopenhagen.

Fjell, Bezeichnung für die Hochflächen Skandinaviens oberhalb der Waldgrenze von 300-700m ü.M., gekennzeichnet durch Moose, Flechten und Sträucher.

Fjord, langgestreckter, ins Landesinnere hineinragender Meeresarm.

FKA, Abk. für Fahrkartenausgabe der DB.

FKK, Freikörperkultur, FKK wurde zum Zweck eines naturnahen Lebens von F-Vereinigungen eingerichtet. Dachverband ist der Verband für Freikörperkultur. FKK-Bereiche an Badestränden; FKK-Badezeiten werden immer häufiger angeboten.

FKM, die Gesellschaft zur freiwilligen Kontrolle von Messe- und Ausstellungszahlen, Köln, in der nahezu alle deutschen Messe- und Ausstellungsveranstalter vertreten sind, trägt durch vergleichbare und kontrollierte Daten über Besucher, Flächen und Aussteller zur Klarheit und Wahrheit im Messewesen bei. Die Daten werden im jährlich erscheinenden FKM-Bericht (Ausgaben in deutscher, englischer und französischer Sprache) veröffentlicht. → Messetourismus

Flächentarifvertrag, regelt die Arbeitsbedingungen, Arbeitszeiten, Lohnfortzahlung u.a. Der F. garantiert, daß in den Unternehmen einer Branche innerhalb eines Tarifgebiets die gleichen Mindeststandards gelten und somit gleiche Ausgangsbedingungen gegeben sind. Ohne F. wäre Die Gefahr von Sozialdumping gegeben.

Flagge, zur Kenntlichmachung z.B. der Nationalität eines Schiffes zeigt ein Schiff seine Nationalflagge; Handelsflagge; Signalflagge zur Übermittlung von Nachrichten.

Flaggenwesen in der Seeschiffahrt, das Führen einer Flagge ist im Völkerrecht geregelt; nur Schiffe, die in einem Staat der UN (Völkergemeinschaft) registriert sind, dürfen das Recht der Hochseeschiffahrt, den völkerrechtlichen Grundsatz der Freiheit der

Flugleitstelle

Meere, in Anspruch nehmen. In der Bundesrepublik ist das Flaggen- und Registerrecht im wesentlichen durch 2 Gesetze geregelt, das Flaggenrechtsgesetz (FlRG) und seine Durchführungsverordnungen sowie die Schiffsregisterordnung (SchRO). → Freiheit der Meere

Flaggschiff, 1. Repräsentativstes Schiff einer Reederei oder Flotte. 2. Führungsschiff eines Flottenverbandes mit Einsatzkommando, z.b. bei Großveranstaltungen wie „Rhein in Flammen", an der mehr als 60 Schiffseinheiten teilnehmen.

Fleet, Bezeichnung für Kanal.

Fleiperverkehr, kombinierte Beförderung von Personen mit Flugzeug und Eisenbahn.

Fliegen ohne Ticket, → Ticketloses Fliegen

Flip Chart, Gestell mit großformatigem Papierblock zum Abreißen oder Umschlagen, als Tafelersatz bei Schulungen.

Floatel/Boatel, Wortbildung für schwimmendes Hotel, spez. Luxusjacht, z.B. Irish River Floatels Ltd. auf dem Shannon.

Flotte, Gesamtheit der Handels- und Kriegsschiffe eines Staates; im engeren Sinne nur ein bestimmter Teil oder zu einem bestimmten Zweck zusammengestellte Schiffe. Bezeichnung gilt auch für die Gesamtheit der Schiffe einer Reederei oder der Flugzeuge einer Luftverkehrsgesellschaft.

Flugart, nach Flugartengliederung des Statistischen Bundesamtes (StaBuA) unterscheidet man 1. Linienverkehr und linienähnlicher Verkehr. 2. Gelegenheitsverkehr (Nicht-Linienverkehr). 3. Überführungsflug. → Gelegenheitsverkehr /Luftverkehr, → Linienflugverkehr, → Überführungsflug

Flugbegleiter, auch Kabinenpersonal; Bezeichnung für das Servicepersonal auf Passagierflugzeugen. Die Anzahl der F. ist abhängig vom Flugzeugtyp. → Steward/Stewardess

Flugdatenschreiber, → Flugschreiber

Fluggastrisiko, das in der Unfallversicherungsprämie frei eingeschlossene Luftfahrtrisiko.

Fluggesellschaften, → Luftfahrtunternehmen

Flughafen Zubringer Service (FZS), Transfer-Service von der Haustür zum Flughafen, Mithilfe beim Gepäcktransport und Check-in, z.B. in Freiburg Airliner FZS.

Flughafen, nach Anhang 14 des Chicagoer Abkommens ein festgelegtes Gebiet zu Lande oder Wasser, eingeschlossen alle Gebäude, Anlagen und Einrichtungen, die entweder ganz oder teilweise für Start, Landung und Bergung von Luftfahrzeugen bestimmt sind. Nach LZO sind Flughäfen Flugplätze, die nach Art und Umfang des vorgesehenen Flugbetriebs einer Sicherung durch einen Bauschutzbereich nach § 12 des Luftverkehrsgesetzes bedürfen. Flughäfen werden genehmigt als:

- Flughäfen des allgemeinen Verkehrs (Verkehrsflughäfen).
- Flughäfen für bes. Zwecke (Sonderflughäfen).

Die Genehmigung eines Flughafens wird von der Luftfahrtbehörde desjenigen Landes erteilt, auf dessen Gebiet das Gelände liegt. → Chicagoer Abkommen, → LZO

Flughafensteuern, ein vereinfachter nichtamtlicher Sammelbegriff der Luftfahrtunternehmen für Steuern, Gebühren oder Entgelte, die sie selbst oder ihre Fluggäste im Zusammenhang mit der Flugzeug- oder Fluggastabfertigung zu zahlen haben. Gegenwärtig werden unter diesem Begriff in der „Taxbox" des Flugscheins in Deutschland ausgewiesen: Luftsicherheitsgebühr (fluggastbezogen) sowie die variablen Landegebühr bzw. das variable Landeentgelt (fluggastbezogen) der deutschen Flughäfen (auch PSC oder PFC).

Flughafentransfer, → Flughafen Zubringer Service (FZS)

Flugketten, im Charter- oder Bedarfsflugverkehr (Ferienflugverkehr) vereinbaren die Fluggesellschaften mit den Reiseveranstaltern meist eine Anzahl von Abflügen in wöchentlichem Rhythmus zu bestimmten Zeiten mit der gleichen Flugnummer. F. sind auch bekannt unter der Bez. Kettenflüge.

Flugleitstelle, Bündelung von Flugeinkauf und -abwicklung einiger Reiseveranstalter zum gemeinsamen Einkauf und Ausgleich der Flugkapazitäten untereinander. Gemeinsame Bewältigung von Unregelmäßigkeiten, Insolvenzen bei gestrandeten Kunden, Katastrophen. Durch Einkaufskonzentration entsteht schwer kontrollierbare Nachfragemacht. Laut Bundeskartellamt verstoßen F. gegen das GWB (Gesetz gegen Wettbewerbsbeschränkungen). → Gesetz gegen Wettbewerbsbeschränkungen (GWB)

Steuern und Gebühren im Flugreiseverkehr

Abweichend von den Verfahren in anderen Staaten werden in der Bundesrepublik Deutschland spezielle Ein- oder Ausflug*steuern* nicht erhoben.

Dafür wird der touristische Flugreisende hier mit 2 verschiedenartigen luftfahrtspezifischen Gebühren konfrontiert.

Einerseits hat er indirekt mit der Zahlung des Preises für den Flugschein *Flughafenentgelte* zu entrichten, die aufgrund spezieller Entgeltordnungen von den deutschen Flughafenbetreibern erhoben werden und direkt von den Luftverkehrsgesellschaften zu zahlen sind.

Sämtliche gewerblichen Luftfahrzeugbetreiber haben nach diesen Entgeltordnungen sog. *Variable* und *fixe* Entgelte zu entrichten. Variable Entgelte ergeben sich aus der Zahl der beförderten Passagiere, fixe Entgelte bemessen sich am zulässigen Abfluggewicht sowie den Lärmemissionen des Luftfahrzeuges, häufig aber auch nach Tageszeiten und grenzüberschreitendem/nicht grenzüberschreitendem Verkehr. Diese fluggastbezogenen Gebühren, Abgaben oder Entgelte werden auch als Passenger Service Charge (PSC) oder Passenger Facility Charge (PFC) bezeichnet. Abgrenzung und Definition sind international sehr unterschiedlich. Während beispielsweise in den USA die PFC aufgrund gesetzlicher Regelung für Investitions- oder Infrastrukturausbaumaßnahmen zusätzlich (in Höhe und Zeitraum beschränkt) vom Flughafen erhoben werden kann, dient in Deutschland die „variable Landegebühr" oder das „variable Landeentgelt" entsprechend den ICAO-Standards der Deckung der mit der Abfertigung der Fluggäste verbundenen Aufwendungen, die beim Flughafenunternehmen anfallen. Seit 1996 sind die Luftfahrtunternehmen in Deutschland dazu übergegangen, diese Entgelte als PSC zu bezeichnen und sie gegenüber den Fluggästen im Flugschein (taxbox) als Teil von „Flughafensteuern" auszuweisen, obwohl es sich lediglich um genehmigte Entgelte handelt.

Auf der anderen Seite werden von den Luftfahrtbehörden der Länder zum Teil direkt die sog. *Luftsicherheitsgebühen* erhoben. Diese werden fällig für die gemäß § 29c des Luftverkehrsgesetzes erforderliche Durchsuchung der Passagiere sowie des von Ihnen mitgeführten Gepäcks zum Schutz vor Flugzeugentführungen und Sabotageakten. Hierfür ist lt. dem Gebührenverzeichnis zur Kostenverordnung der Luftfahrtverwaltung in der Bundesrepublik Deutschland eine Rahmengebühr in Höhe von 4,- bis 9,50 DM pro Passagier, in Abhängigkeit von dem unterschiedlichen Personal- und Sachaufwand auf den einzelnen Flughäfen, von den räumlichen und baulichen Voraussetzungen und der Anzahl der zu kontrollierenden Fluggäste, vorgesehen. Die Gebührenhöhe wird jeweils für jeden deutschen Flughafen einmal jährlich neu festgelegt und in den Nachrichten für den Luftfahrer veröffentlicht.

Steuern und Gebühren im Flugreiseverkehr

Es wird angestrebt, diese Gebühren auch bei Charterflügen in die Kosten für den Flugschein mit einzubeziehen (bei Linienflügen bereits generelle Praxis), um den Passagier die umständliche Barzahlung beim Einchecken zu ersparen.

Es werden in den jeweiligen Gebührenordnungen der Flughäfen auch „Besonderheiten" im Flugverkehr berücksichtigt. So sind z.b. keine Landegebühren zu entrichten für Notlandungen wegen technischer Störungen am Luftfahrzeug oder wegen ausgeübter oder angedrohter Gewaltanwendung - sofern der Flughafen nicht ohnehin planmäßiger Zielflughafen ist. Ausweichlandungen sind keine Notlandungen.

Hingegen ist der nach dem Höchstabfluggewicht des Luftfahrzeugs bemessene Teil der Landegebühr bereits bei einer Bodenberührung mit unmittelbar anschließenden Beschleunigen und Starten des Luftfahrzeuges fällig.

Die Belegung des Flugverkehrs mit Steuern oder Gebühren ist im internationalen Verkehr gängige Praxis. Aufgrund der Vielfältigkeit und aus Aktualitätsgründen können hier nicht alle Länder mit Ihren jeweiligen Steuern und Gebühren aufgezählt werden. Hingewiesen sei hier nur auf einige wenige Beispiele: so zahlt man z.B. in Ägypten eine Ausstellungs- und Dokumentgebühr, Argentinien erhebt u.a. eine Finanzsteuer, Australien eine Lärmsteuer für alle Passagiere, die Sydney auf der Reise im Ticket eingetragen haben, Ekuador verlangt eine Regierungs-Beförderungssteuer, Griechenland eine Flughafen-Entwicklungssteuer, die Republik Jemen einen Schulbuch-Beitrag, Nicaragua eine `Hacienda`-Steuer, Sao Tome und Principe erhebt eine Öffentliche Hilfs-Steuer und für Flugscheine in die Vereinigten Staaten von Amerika muß u.a. eine US-Einreisekontroll-Gebühr, US-Zollgebühr, Tier-/Pflanzen-Gesundheitsinspektions-Gebühr (APHIS) und die Passenger Facility Charge bezahlt werden.

Eine Auflistung aller Steuern und Gebühren kann man dem PT entnehmen.

Stefan Hintz
Braunschweig, im August 1998

Fluglinienverkehr

Fluglinienverkehr, im Sinne des Chicagoer Abkommens jeder planmäßige Luftverkehr, der mit Luftfahrzeugen die öffentliche Beförderung von Fluggästen, Post oder Fracht durchführt, im Unterschied zum Gelegenheitsverkehr. → Chicagoer Abkommen, → Gelegenheitsverkehr

Flugpersonal, Personal, das sich während des Fluges an Bord der Maschine befindet. Im allgemeinen sind es: Pilot, Co-Pilot, Funker, Chef-Steward bzw. Chef-Stewardessowie Stewards und Stewardessen. → Crew

Flugplan/Timetable, im voraus festgelegte und veröffentlichte Aufstellung aller Abflug- und Ankunftszeiten einer Luftverkehrsgesellschaft in einer bestimmten Flugplanperiode. F. werden zwecks Optimierung der Slots auf IATA-Flugplankonferenzen aufeinander abgestimmt und bedürfen der behördlichen Genehmigung. Die Angaben des F. sind nicht Bestandteil des Beförderungsvertrages. → Slots

Flugplanperiode, man unterscheidet 2 Flugplanperioden: Sommer vom 1.4. bis 31. 10. und Winter vom 1.11. bis 31. 3. des Folgejahres, beide zusammen bilden das Flugplanjahr.

Flugpreisberechnung, Grundlage für das Flugpreisberechnungssystem bildet die jeweilige Währung des Landes, in dem das Ticket beginnt. Wichtig für die Berechnung des Flugpreises sind neben der Reiseart (z.b. One Way, Round Trip) der Ort der Flugscheinausstellung und der Verkaufsort. Deshalb sind vor jeder Berechnung Reiseart und Verkaufsart zu klären. Es wird unterschieden nach den Verkaufsarten:

- SITI, für den Normalfall
- SOTI, für die meisten vorausbezahlten Flugscheine (PTA)
- SOTO, Ticketkauf und -ausstellung im Ausland
- SITO, eher der Ausnahmefall.

→ One Way (OW), → PTA, → Round Trip (RT), → SITI, → SITO, → SOTI, → SOTO,

Flugrouten, in der IATA-Fachsprache auch Richtungscodes, Routings oder Global indicators genannt, die Streckenführung eines Fluges vom Ausgangs- bis zum Zielort, innerhalb der IATA-Verkehrsgebiete. Bei Langstrecken kann es zwischen zwei Orten mehrere Streckenkombinationen geben, was sich auf die Preisberechnung auswirkt.

Es gelten folgende Flugrouten bzw. Richtungscodes und ihre entsprechenden Kodierungen mit zwei Buchstaben: AP (Atlantik-Pazifik, zwischen TC2 und TC 3 über TC1), AT (Atlantik, zwischen TC1 und TC1/3 über Atlantik), EH (Eastern Hemisphere), PA (Pazifik, zwischen TC2 und TC1 über Pazifik), PO (Polaroute, über den Pol via Alaska), SP (Südpolarroute), TS (Transsibirienroute, via Moskau), WH (Western Hemisphere). → Richtungscodes

Flug-Rundreise, → Round Trip (RT)

Flugschein/Flugticket, Schein, der gegen Entgelt zur Beförderung mit Flugzeugen berechtigt. Er enthält im wesentlichen den Namen der Luftverkehrgesellschaft, die Strecke, das Flugdatum, den Preis, die Klasse und den Namen des Passagiers. Der F. dient als Passage-Beförderungsdokument, Vertragsdokument zwischen Fluggast und der ausstellenden Luftverkehrsgesellschaft sowie als Versicherungsdokument für den vorgesehenen Flug. Er enthält Abrechnungs-, Aussteller-, Beförderungs- und Fluggastcoupon. → BSP

Flugscheinhinterlegung, wenn der Kunde sein Flugticket bei der Reiseagentur nicht abholen kann, oder wenn die Zeit für einen Postversand nicht ausreicht (z. B. bei Spätbuchungen), kann der Flugschein direkt am Flughafen, d. h. am Counter der gewählten Fluggesellschaft, hinterlegt werden. → TOD

Flugschreiber, auch Flugdatenregistriergerät oder „Black Box", elektrisches Gerät an Bord von Flugzeugen zur fortwährenden Aufzeichnung von Flugdaten (Geschwindigkeit, Höhe, Kurs, Luftdruck in der Kabine usw.) in feuer- und bruchsicherem Gehäuse, dient zur Rekonstruierung und Aufklärung von Flugunfällen.

Flugsicherheitsgebühr, Gebühr, die das Bundesverkehrsministerium auf Veranlassung der Bundesländer ab 1.7.1990 für den erhöhten Aufwand an Sicherheitsleistungen von Polizei, Überwachungsdiensten und Sprengstoffexperten auf bundesdeutschen Flughäfen erhebt. Diese Sicherheitsgebühr stößt sowohl bei den Fluggesellschaften, die aus ihrer gesamtschuldnerischen Haftung gegenüber den Länderregierungen heraus zur Abführung der Gebühr verpflichtet sind, als auch bei Reisebüros, Reiseveranstaltern und deren Verbänden auf rechtliche Bedenken.

Formal Dinner

Flugsicherung, der Begriff beinhaltet den Flugverkehrskontrolldienst sowie Fluginformationsdienst und -alarmdienst eines Landes. Die Aufgaben der Flugsicherung, spez. Verkehrssteuerung als wesentlichste Aufgabe, nimmt in der Bundesrepublik Deutschland die DFS, Deutsche Flugsicherung GmbH, Frankfurt/M., wahr. → BFS, → DFS, → Eurocontrol, → FIR,

Flugsteig, → Gate

Flugunterbrechung, → Stopover

Flugverkehr, der gesamte zivile, gewerbliche und militärische Luftverkehr auf bestimmten Flugstraßen.

Flugzeit, unter Flugzeit ist die reine Flugdauer zu verstehen, während die Reisezeit auch die Zeiten zum Umsteigen miteinschließt.

Flüsterjets, Düsenflugzeuge (Linien und Charter), die bei steigendem Verkehrsaufkommen die strengen Lärmschutzbedingungen auf deutschen Flughäfen erfüllen/ unterschreiten. Dabei kommt der Reduzierung der Lärmbelastung beim Start besondere Bedeutung zu. → ICAO

Fly- and Cruise-Arrangement, kombiniertes Kreuzfahrten-Angebot mit An- und Abreise per Flugzeug. Im Inklusivpreis sind die jeweils günstigsten Flugtarife enthalten, in fast allen Fällen auch der Transfer zwischen Flughafen und Schiff.

Fly and drive, Kombinationsangebot aus Flug und Mietwagen; überwiegend genutzt bei individueller Urlaubsgestaltung oder Geschäftsreisen.

Fly and meet, unter diesem Stichwort werden auf deutschen Verkehrsflughäfen oder in deren Nähe Konferenzräume angeboten. Der ADV gibt die Broschüre „Konferenzräume auf Flughäfen" heraus. → ADV

Fly and stay, Angebot der Lufthansa mit zusätzlichen Dienstleistungen wie Übernachtungen in Hotels, z.B. solchen, die der LH angeschlossen sind. → IT-Flugpassagetarife (-preise,) → IT-Reisen

FNNPE, Föderation der Natur- und Nationalparke Europas, politisch unabhängige internationale Naturschutzorganisation zur Förderung der Kontakte zwischen den Parken sowie der internationalen Zusammenarbeit bei der Errichtung von neuen Parken, Sitz: Grafenau. Bildungsangebot, Vorträge, Diskussionen und Veröffentlichung der dreisprachigen Zeitschrift das „Europäische Bulletin - Natur und Nationalparke". FNNPE zählt derzeit 16 Mitglieder aus europäischen Ländern Ost und West, darunter FÖNAD (Föderation der Natur- und Nationalparke Europas, Sektion Deutschland e.V.). → FÖNAD

Föhn, warmer, trockener Fallwind bes. in den nördlichen Alpentälern.

Follow-me, auf Flughäfen Leitfahrzeug, das Flugzeuge zur Abstellposition lotst.

Follow-up, Phase nach dem Kick-off; Follow-up zur laufenden Aktualisierung des Incentive-Reisen-Wettbewerbs; im besonderen in dieser Phase Erinnerungs- und Motivationsanstöße.
→ Incentive-Reisen, → Kick-off

FÖNAD, Föderation der Natur- und Nationalparke Europas, Sektion Deutschland e.V., Sitz: Grafenau. Ziel ist der Schutz der Natur, insbes. in den Natur- und Nationalparken sowie in Biosphärenreservaten in Deutschland. Entwicklung der Datenbank EUROPAN (European Protected Areas Network), die einen Überblick über die jeweils aktuellen Stand der touristisch interessanten Angebote in den Schutzgebieten anbietet sowie Planunghilfen und Anregungen für Verbesserungen touristischer Angebote.
→ FNNPE

Food and Beverage, Begriff aus dem Hotelwesen, kennzeichnet den Bereich Einkauf, Einsatz und Absatz von Nahrungsmitteln und Getränken. Kürzel: F + B. → F + B Manager

FOPTUR, Fondo de Promocion Turistica Peru, staatl. peruanisches Fremdenverkehrsamt. Innerhalb der SATC ist FOPTUR mit seinen Büros in Europa, USA und Japan für die Verkaufsförderung der Leistungen der Südamerika-Programme zuständig.
→ COTASUR, → SATC

Förde, Bezeichnung für eine tiefer einschneidende Bucht an der Ostküste Holsteins, entspricht etwa dem Wort Fjord, z.B.: Flensburger Förde.

Formal Dinner, festliches Essen zu einem bestimmten Anlaß mit vorgeschriebener Garderobe; bei Kreuzfahrten zum Kapitänsempfang und Farewell-Dinner; Wohltätigkeitsveranstaltungen (spez. in USA).
→ Welcome Dinner

Formal

Formal, formelle Kleidung zu besonders festlichen Anlässen.

Forschungskreis Tourismus-Management (FTM), an der Universität Trier 1992 gegründete Studentenarbeitsgemeinschaft. Projektdurchführung in verschiedenen Bereichen und Organisation von Symposien. FTM ist Mitglied bei FUTURISTA.

Forum, 1. Marktplatz römischer Städte, zugleich Mittelpunkt des öffentlichen Lebens. 2. Öffentliche Diskussion von Experten mit unterschiedlicher Auffassung zu einem Themenkreis, bei der auch Teilnehmer aus dem Auditorium zu Wort kommen.

FOTVE, Fédération des Offices du Tourisme des Villes Européennes, Europäischer Städteverband für Tourismus, gegr.: 1991 von 70 europ. Städten (u.a. Heidelberg) aus 13 Ländern, Sitz: Paris. Seine Hauptaufgaben sind die Vertretung der Interessen der Städte gegenüber der Politik sowie die gemeinsame Entwicklung von Marketing- und Vertriebsstrukturen.

FP, → Family Plan

FQM, → FIRST Quality Manager

Frachtschiffsreisen, Seereisenangebot auf Fracht- und Containerschiffen, sog. Kombischiffen. F. werden vorwiegend von Individualisten wahrgenommen, deren Motivation im wesentlichen auf dem Freisein von gesellschaftlichen Zwängen beruht. Bei F. bestimmt die Ladung den Fahrplan; damit besteht vielfach Ungewißheit über den Tag der Abreise, die Zahl der anzulaufenden Häfen und die genaue Reisedauer. Während bei Stückgutfrachtern häufiger die Möglichkeit zu Landausflügen gegeben ist, geht es bei Reisen mit Kistendampfern mit kurzen Landaufenthalten eher präzise zu. Durch Um- und Ausflaggung hat sich das Kabinenangebot auf Frachtschiffen wieder erhöht. → Ausflaggen, → Kombischiffe

Franchising, Vertriebssystem, bei dem Marken- oder Know-how-Geber sowie F.-nehmer rechtlich selbständige Unternehmer sind. Der F.-nehmer übernimmt gegen Entgelt den Namen des F.-gebers aufgrund vertraglicher Vereinbarungen, die z.B. diverse Dienstleistungen in den Bereichen Marketing und Verwaltung beinhalten. Auch die Verpflichtung zum Bezug bestimmter Waren oder Dienstleistungen, deren Absatz nach genau festgelegten Marketing-Kriterien zur Wahrung eines einheitlichen Erscheinungsbildes zu erfolgen hat, kann Vertragsbestandteil sein. F. findet vorzugsweise bei Hotelketten und Fast-food-Gruppen Anwendung, z.T. auch im Reisebürogewerbe, z.B. Atlas, TUI. → Corporate Identity (CI), → Franchisingvertrag, → TUI-UrlaubCenter

Franchisingvertrag, atypischer Vertrag mit wahlweise Elementen von Dienst-, Pacht-, Kauf- und Lizenzvertrag usw. Typischerweise Verlizenzierung eines Warenzeichens sowie Know-how zur begrenzten Benutzung (mit Auflagen) durch den Franchisenehmer.

Frankfurter Tabelle, das Landgericht in Frankfurt/M., am Sitz zahlreicher Reiseveranstalter, hat aus der Vielzahl der Fälle um Minderung des Reisepreises wegen Reisemängeln, mit denen es befaßt war, eine Tabelle von Regelsätzen für einen prozentualen Abschlag vom Gesamtpreis entwickelt. Die genannten Prozentsätze sollen einen unverbindlichen Anhaltspunkt für die Berechnung des Wertes einzelner mangelhafter Leistungen bei Pauschalreisen geben. → Minderung, → Pauschalreisen, → Reisemängel

Französischer Service, Begriff aus der Gastronomie. Hierbei werden die angerichteten Platten dem Gast von der linken Seite aus präsentiert oder der Kellner legt mit dem Vorlegebesteck vor. Die Beilagen werden dabei gesondert gereicht. Serviceart wegen der schnellen Abwicklung besonders bei Festessen und Gruppen. → Englischer Service, → Russischer Service

Frauen-Reisebörse, seit 1987 gibt es eine F., deren Zweck die Vermittlung passender Reisepartnerinnen ist. Damit soll Nachteilen wie Aufpreis für Einzelzimmer, Single-Tisch u.ä. entgegengewirkt werden, jedoch auch der Möglichkeit einer Zufallsreisepartnerin mit anderen Interessen. Eine vergleichbare Reisebörse für Männer gibt es nicht.

Frauenhotel, das erste F. auf dem europ. Kontinent wurde 1989 in Berlin eröffnet. Das „Artemisia" ist für Geschäftsfrauen sowie alleinreisende Frauen und Frauengruppen gedacht.

Free Call, für den Anrufer kostenfreie Rufnummern. Bisher Service 01 30. Seit dem 1. Januar 1998 werden diese Rufnummern auf Freecall 0800 umgestellt. → Toll Free

Free TV, Bezeichnung für alle Fernsehsender-Angebote, die ohne Zahlung einer Abonnementgebühr empfangen werden können. Dazu zählen öffentlich-rechtliche Anstalten (ARD, ZDF, Dritte Programme) ebenso private Sender (Sat 1, RTL, Kabel 1 oder Vox).

Freelance, Unabhängiger; selbständig. Im Tourismus Bezeichnung für Repräsentanzen, Vertretungen, die nicht ausschließlich an eine Firma/einen Leistungsträger gebunden sind, z.b. nicht festangestellte Journalisten einer Zeitung oder Reiseleiter eines Reiseveranstalters u.a. Abrechnung auf Honorarbasis.

Freie Universität Berlin, Institut für Tourismus. → Aufbaustudium

Freigast, engl.: Non Revenue Passenger. Fluggast, der weniger als 25% des normalen, anwendbaren Flugpreises bezahlt. Die Ermäßigung setzt i.d.R. eine herabgesetzte Buchungs- und Beförderungspriorität voraus. → Zahlgast

Freigepäck, → Gepäckbeförderung (Reisegepäck), → Gepäckbeförderung bei Atlantik-Flügen

Freihafen, gegenüber dem übrigen Land ist der Freihafen Zollausland, hier können von See unverzollt Waren eingeführt, verarbeitet, gelagert und wieder ausgeführt werden.

Freihandelszone, Bezeichnung für die Vereinigung mehrerer Staaten zu einem Zollgebiet, in dem Binnenzölle und Mengenbeschränkungen im Warenverkehr abgebaut werden. Allerdings können die Mitgliedsländer im Gegensatz zur Zollunion gegenüber Drittländern eigene, von den anderen Partnerländern abweichende Außenzölle erheben. Beispiele für F. sind die EU, EFTA und NAFTA. Die Freihandelsbewegung gründet sich im wesentlichen auf die der engl. Ökonomen des frühen 19. Jh. Adam Smith, David Ricardo und John Stuart Mill.

Freiheit der Meere, dieser Grundsatz wurde 1941 in der Atlantik-Charta im Artikel 7 proklamiert. Er bedeutet in Kurzfassung den ungehinderten Zugang und die Befahrung der Weltmeere für Schiffe aller Nationen.

Freiheiten der Luft, Basis für die internationalen Verkehrsrechte im Luftverkehr sind die 5 Freiheiten der Luft, die in Chicago durch die Luftverkehrskonferenz definiert wurden. Die ICAO-Konferenz mit dem Chicagoer Abkommen von 1944 wollte eine einheitliche und weltumfassende Regelung für die internationale Zivilluftfahrt aufstellen. Im einzelnen lauten diese abgestuften Einflugrechte in die nationalen Lufträume:

- **Erste Freiheit** Recht, das Hoheitsgebiet des Vertragsstaates ohne Landung zu überfliegen.
- **Zweite Freiheit** Recht zur nichtgewerblichen Zwischenlandung (technische Landung), z. B. für Kraftstoffaufnahme, Reparatur oder Personalwechsel nicht jedoch zum Absetzen oder Aufnehmen von Fluggästen, Fracht oder Post.
- **Dritte Freiheit** Recht, Fluggäste, Fracht und Post im Heimatstaat aufzunehmen und im Staatsgebiet des Vertragspartners abzusetzen.
- **Vierte Freiheit** Recht, Fluggäste, Fracht und Post im Vertragsstaat aufzunehmen, um sie in den Heimatstaat zu befördern. Der Verkehr der dritten und vierten Freiheit wird auch als „Nachbarschaftsverkehr" bezeichnet.
- **Fünfte Freiheit** Recht, Fluggäste, Fracht und Post zwischen zwei Vertragsstaaten außerhalb des Heimatstaates der Luftverkehrsgesellschaft zu befördern. Der Flug muß im Heimatstaat beginnen oder enden. Erweitert wurden diese 5 Freiheiten der Luft durch weitere 3 Kombinationen, die offiziell allerdings nicht anerkannt sind:
- **Sechste Freiheit** Kombination von Rechten der dritten und vierten Freiheit (Beförderung von einem Vertragsstaat über den Heimatstaat in einen anderen Vertragsstaat oder umgekehrt). Da es sich, bezogen auf dem jeweiligen Vertragsstaat, um Verkehr nach oder von einem anderen (dritten) Staat handelt, wenn auch mit Zwischenlandung oder Umsteigen im Heimatstaat, besteht eine starke Ähnlichkeit zur fünften Freiheit.
- **Siebte Freiheit** Recht zur Beförderung ausschließlich zwischen Drittstaaten, ohne Verbindung mit dem Heimatstaat der Luftverkehrsgesellschaft (in der Praxis des Linienverkehrs kaum anzutreffen).
- **Achte Freiheit** allgemein unter der Bezeichnung „Kabotage" bekannt, erlaubt die Beförderung von Fluggästen, Fracht und Post zwischen zwei oder mehreren Flughäfen desselben ausländischen Staates.

Diese Freiheiten im Luftverkehr lehnen sich an den 1941 in der Atlantik-Charta proklamierten Grundsatz der „Freiheit der Meere" an. → Chicagoer Abkommen, → Freiheit der

Freiheiten der Luft

Die Freiheiten im internationalen Luftverkehr

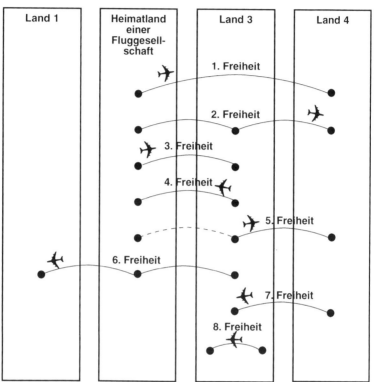

1. **Freiheit:** Das Recht, ein Land auf dem Weg in ein anderes zu überfliegen. 2. **Freiheit:** Das Recht zu einer technischen Zwischenlandung (Tanken, Reparaturen), ohne daß Passagiere, Fracht und Postsendungen be- und entladen werden dürfen. 3. **Freiheit:** Das Recht, Passagiere, Fracht und Post vom Heimatland in das Zielland zu transportieren. 4. **Freiheit:** Das Recht, Passagiere, Fracht und Post vom Zielland in das Heimatland zu transportieren. 5. **Freiheit:** Das Recht, Passagiere, Fracht und Post zwischen zwei Drittländern zu transportieren, wobei die Verbindung im Heimatland starten und enden muß. 6. **Freiheit:** Das Recht, Passagiere, Fracht und Post zwischen zwei Drittstaaten zu transportieren, wobei eine Zwischenlandung im Heimatmarkt der Fluggesellschaft erforderlich ist. 7. **Freiheit:** Das Recht, Passagiere, Fracht und Post zwischen Drittstaaten zu befördern, wobei keine Berührung mit dem Heimatland erforderlich ist. 8. **Freiheit:** Das Recht, Inlandsverkehr in einem Drittland zu betreiben (Kabotage).
Die Freiheiten eins bis fünf wurden von den Staaten in der Chicagoer Konferenz festgelegt. Mit dem zunehmenden Luftverkehr entwickelten sich erweiterte Flugstreckenvarianten, für die sich ohne festgeschriebene Definitionen weitere drei Freiheitsbezeichnungen eingebürgert haben.

Meere, → Freiheiten der Luft/5. Freiheit, → ICAO, → Kabotage, → Transit-Vereinbarung, → Transport-Vereinbarung, → UN-Seerechtskonferenz.

Freiheiten der Luft/5. Freiheit, die fünfte der 5 Freiheiten der Luft ist im Rahmen der beschlossenen Liberalisierung weggefallen, Beschränkungen des Luftverkehrs sind aufgehoben. Bei der Schaffung eines gemeinsamen europ. Binnenmarktes ist seit 1993 allen Gesellschaften aus den Mitgliedsländern das freie Niederlassungsrecht zugestanden worden, Verkehrsrechte stehen uneingeschränkt zur Verfügung. Z.B. kann eine deutsche Fluggesellschaft auch Strecken zwischen Großbritannien und Frankreich bedienen. → Freiheiten der Luft, → Niederlassungsfreiheit

Freilichtmuseum, Museum kulturgeschichtlich wertvoller Bürger- oder Bauernhäuser, Werkstätten, Fabrikanlagen usw. Die Gebäude sind meist so aufgestellt, daß ihre ursprüngliche Zweckbestimmung kenntlich wird.

Freischreiberklärung, Formular über den Verlust oder Diebstahl eines Flugdokuments. → Enthaftungserklärung, → Haftungserklärung

Freizeit-/Sportbetreuer, → Animateur-Assistent (Freizeit-/Sportbetreuer)

Freizeitberater/in im Tätigkeitsfeld Urlaub/Tourismus bzw. Kur/Rehabilitation, v. a. in Feriendörfern bzw. in Fremdenverkehrsorten einsetzbare Fortbildungsqualifikation. Über die Planung und Durchführung von Urlaubsaktivitäten (inkl. Animation im Breitensport) hinaus, hat der Freizeitberater die Anregung zur Geselligkeit und Kommunikation zwischen Urlaubern, sowie die Beratung im Bereich Urlaubsplanung und -gestaltung als Aufgabe. Im Bereich Kur/Rehabilitation wird er ebenfalls auf die gesundheitsbezogene bzw. -gerechte Planung und Gestaltung von Freizeitaktivitäten vorbereitet, die z. B. in Kurorten, Gesundheitszentren, Sanatorien etc. angeboten werden.

Freizeitindustrie, gilt als Sammelbegriff für alle freizeitbezogenen Produktions- und Dienstleistungsunternehmen.

Freizeitpädagogik, die Vermittlung der sinnvollen Wahrnehmung von Freizeit und Urlaub; wird bes. bei der Ausbildung von Animateuren und Reiseleitern angewandt. → Animation, → Reiseleiter

Freizeitparks, umzäunte Einrichtungen unter freiem Himmel, für deren Benutzung ein Eintrittsgeld erhoben wird. Sie dienen vorwiegend der touristischen Naherholung und werden meist von Familien mit Kindern oder Gruppen besucht. Neben bestimmten Attraktionen, die nur besichtigt oder erlebt werden, wird auch die Möglichkeit zu sportlicher Betätigung gegeben, z.B. in der perfektesten Form: Disneyland in Florida. In der Bundesrepublik Phantasialand bei Brühl/Rhld. und Ferienpark Rust. Auch manche Themenparks sowie Zoo-Anlagen, Vogelparks und Safari-Parks zählen zu dieser Gruppe. → Disneyland, → Themenparks

Fremdenführer, örtlich eingesetzter Führer, der Besuchern die Sehenswürdigkeiten einer Stadt oder einer Stadt und/oder deren Umlandes nahebringt. → FSR, → Local Guide, → Reiseleiter, → Sightseeing, → Stadtbilderklärer

Fremdenheime und Pensionen, Beherbergungsstätten, die jedermann zugänglich sind, in denen Speisen und Getränke aber nur an Hausgäste abgegeben werden. Nach DEHOGA ist ein Fremdenheim ein Pensionsbetrieb einfacherer Art.

Fremdenverkehr, Gesamtheit aus Reiseverkehr und damit verbundenen Aufenthalten an fremden Orten zum Zweck der Erholung, Gesundheitspflege, der Geselligkeit, des Sports, politischer, beruflicher und wissenschaftlicher Kontakte. Der Fremdenverkehr hat sich zu einem wichtigen Wirtschaftszweig entwickelt. Als Dienstleistungssektor mußte er ein differenziertes Informations- und Verteilungssystem aufbauen. Dieses stellt sich dar auf Ortsebene (Verkehrsämter, Verkehrsvereine, Kurverwaltungen, Betriebe von Heilbädern; Beherbergungsbetriebe, Vermieter von Ferienwohnungen, von Fremdenverkehr abhängige Betriebe; Reisebüros), auf Kreisebene (Kreisverkehrsämter, Kreisverkehrsvereine, Zweckverbände, Fremdenverkehrsgemeinschaften), auf Länderebene (Landesverbände, regionale Fremdenverkehrsverbände, regionale Bäderverbände, regionale Hotel- und Gaststättenverbände, Reisebüros und Verkehrsträger mit regionalem Bezug), auf Bundesebene (Deutscher Fremdenverkehrsverband, Bundesfachverbände, Organisationen sowie Institutionen, überregionale Reiseveranstalter und Reisemittler, Verkehrsträger bzw. Unternehmen mit überregionalem Bezug) und auf internationaler

Ein Anliegen des Autors:

Tourismus und/oder Fremdenverkehr ?

Nach wie vor ist der Begriff Tourismus nicht klar und endgültig definiert, vor allen Dingen nicht verbindlich abgegrenzt gegenüber den Begriffen Fremdenverkehr und Reiseverkehr. Bei den angegebenen Definitionen wurden deshalb die von Praxis und Wissenschaft umgangssprachlich und gewohnheitsmäßig gebrauchten Bezeichnungen übernommen. Grundsätzlich ist festzustellen, daß diese Begriffe synonym verwendet werden.

Nach Auffassung des Verfassers beschreibt Tourismus i.w.S. als Oberbegriff sowohl den Aus- und Einreiseverkehr eines Landes mit den Besuchszielen, die sich auf Freizeit mit Erholung, Urlaub, Gesundheit, Studium, Religion und Sport, sowie geschäftliche Tätigkeit, Familie. Mission und Versammlung gründen als auch das Binnenreisegeschäft der Bewohner eines Landes. Tourismus i.e.S. kennzeichnet daneben im wesentlichen den grenzüberschreitenden Ferien- und Reiseverkehr mit Besuchern, die wenigstens eine Nacht und weniger als ein Jahr im Besuchsland verbringen.

Fremdenverkehr gehört nach dieser Definition zum Binnenmarkt und in die Region. Reiseverkehr bezieht sich auf die Art der Beförderung und die Verwendung der verschiedenen Verkehrsmittel.

Die großen nationalen und internationalen Organisationen bezeichnen alle Arten von hereinkommenden und hinausgehenden Reiseströmen als Tourismus. Das hat sich so eingebürgert. Allerdings ist auch in unserem jetzt größeren Deutschland die Bezeichnung Fremdenverkehr noch nicht aus dem Sprachgebrauch wegzudenken. Zu sehr haben sich die inländischen Gremien an diesen Begriff gewöhnt: das ist nicht nur eine Generationsfrage. Nichtsdestoweniger ist eine Bereitschaft zum Umdenken dort festzustellen, wo eine Reihe von Fremdenverkehrsstellen sich zu Städte-Informationen (ehemaliges DDR-Vokabular) oder Tourismus- bzw. Touristikstellen entwickelt hat. Meist erfolgt die Umbenennung gleichzeitig mit der Privatisierung. Der zunehmende Gebrauch z.b. der Bezeichnungen Gäste-Information, Gästeverkehr, Gästebetreuung und Gästeführer ist zu begrüßen. Der wenig freundliche Ausdruck Fremdenverkehr oder gar internationaler Fremdenverkehr wäre demnach nur noch ein Wortungetüm?

Das ist offenbar nicht der Fall, denn auch der 1990 neu installierte und bei der Regierungsbildung 1994 bestätigte Ausschuß für Fremdenverkehr und Tourismus (jetzt Vollausschuß, der dem vormaligen Unterausschuß nachfolgte) soll der Reisebranche insgesamt zu mehr Geltung verhelfen und die enorme Wirtschaftskraft und Dynamik dieses Sektors verdeutlichen. Aus politischer Sicht stehen die beiden Begriffe somit gleichwertig nebeneinander. Also ein deutsches Phänomen? In dieser Form, eindeutig ja. Andere Länder pflegen ihre eigenen Unterscheidungen.

Bleibt die Statistik. Und hier hat bekanntlich die Welttourismus-Organisation (WTO) im Juni 1991 in Ottawa eine allgemeine Definition für den Begriff Tourismus gefunden und verabschiedet, der sich das Statistische Bundesamt im wesentlichen angeschlossen hat. Nach dieser Definition bezeichnet der Begriff Tourismus die Aktivitäten von Personen, die sich an Orte außerhalb ihrer gewohnten Umgebung begeben und sich dort nicht länger als ein Jahr zu Freizeit-, Ge-

Ein Anliegen des Autors

schäfts- und anderen Zwecken aufhalten, wobei der Hauptreisezweck ein anderer ist als die Ausübung einer Tätigkeit, die vom besuchten Ort aus vergütet wird. Damit ist eine verbindliche Grundlage geschaffen, die Abgrenzung und Vergleichbarkeit hinsichtlich der Märkte, Regionen, Länder, Zeiträume und Kategorien ermöglicht.

Und wie erleben wir die weitere Entwicklung?
1995 wurden Tourismus- und Fremdenverkehrspräsidien in unserem Land aufgelöst und ein lange geforderter BTW Bundesverband der deutschen Tourismuswirtschaft installiert, in dem jetzt sowohl die führenden nationalen Tourismusverbände als auch die bekannten Leistungsträger Mitglieder sind. Mit dem BTW ist ein starkes schlagkräftiges Gremium entstanden mit Fachleuten, die auch politisch dem Tourismus ein größeres Gewicht verleihen können. Einzig der DFV steht vorläufig noch abseits.

Der BTW verfügt über ein Brüsseler Büro und hat somit die nötigen vor-Ort-Möglichkeiten einer politischen Interessenvertretung für Europabelange realisiert.

So wird sich wohl im weltweiten Kommunikationsumgang der Begriff Tourismus auf lange Sicht als gemeinsame Klammer statt Fremden- und Reiseverkehr in der Fachsprache durchsetzen.

„Tourismus braucht keiner. Ferien jeder."
Ferien statt Tourismus, wie momentan von der Schweiz vorgegeben, ist wohl einzig von diesen auf Werbestrategien zugeschnitten, um Rückstände gegenüber früheren Zeiten wieder aufzuholen. Dieser Slogan impliziert weniger Aufklärung als er spektakulär vom negativen Massentourismus mit seinen Folgen umlenkt und auf eine heile Welt Ferieninsel Schweiz aufmerksam macht. Nostalgie verpflichtet.

Natürlich wird es langfristig Aufgabe und Verpflichtung der Verantwortlichen in Politik und Management bleiben, negative Images vom Tourismus und seiner massierten Ausprägung zu vermeiden wie u.a. Sextourismus, Kriminalität, Terrorismus und Sicherheit, Qualität und Umweltvorsorge bei Luft und Wasserreinheit, also umwelt- und sozialverträglichen Tourismus zu ermöglichen, der den Urlaubern Entspannung und Erholung bereitet.

Mehr und Ausführlicheres zum Thema ist unter folgenden Stichwörtern zu finden:
Tourismus, Touristische Nachfrage, Touristisches Angebot, Touristik, Touristen, Besucher, Massentourismus, Sanfter Tourismus, Urlaubsreisen, Individualreisen, Pauschalreisen, Incoming-Tourismus, Outgoing-Tourismus, Leistungsträger, Verkehrsmittel, Reiseveranstalter, Reisebüros, Reiseleiter, Urlaubsanspruch, Ferien, Berufsausbildung im Tourismus, Kaufmann/Kauffrau für Reiseverkehr und Touristik, Tourismusstudium, Tourismus mit Einsicht, WTO Welt-Tourismus-Organisation, WTTC, Wirtschaftsfaktor Tourismus, Reiseverkehrsbilanz, Tourismus-Präsidium, Bundesministerium für Wirtschaft (BMWi), Dachverband Tourismus, Ausschuß für Fremdenverkehr und Tourismus, Fremdenverkehr, Fremdenverkehrsstellen, Fremdenverkehrsverband, Berufsausbildung im Hotel- und Gaststättengewerbe, Deutsches Fremdenverkehrspräsidium, Bund-Länderausschuß Fremdenverkehr, Kur- und Bäderwesen, Gastgewerbe, Gästeankünfte, Gästebetreuer, Gästeführer, Gästeinformation, Tagesausflugsverkehr, Bundesverband der Deutschen Tourismuswirtschaft (BTW).

Fremdenverkehrsabgabe

Ebene (internationale Fremdenverkehrs-Organisationen). Nach einer Definition (1954) von AIEST, resp. Hunziker und Krapf, ist „Fremdenverkehr der Inbegriff der Beziehungen und Erscheinungen, die sich aus dem Aufenthalt Ortsfremder ergeben, sofern durch den Aufenthalt keine Niederlassung zur Ausübung einer dauernden oder zeitweilig hauptsächlichen Erwerbstätigkeit begründet wird". Der Begriff Fremdenverkehr wird meist synonym (im Inland) zum Tourismus (grenzüberschreitend) gebraucht; er wird vielfach auch durch den Begriff Reiseverkehr ersetzt (siehe dazu auch „Ein Anliegen des Autors" S. 104 + 105).
→ Tourismus

Fremdenverkehrsabgabe, aufgrund kommunaler Satzung können Gemeinden für das Anbieten von Fremdenverkehrseinrichtungen Beiträge erheben. Im Gegensatz zu Kurbeiträgen werden hier jedoch Geldleistungen von denjenigen Unternehmen und freiberuflich Tätigen erhoben, die aus der geschaffenen touristischen Infrastruktur einen Vorteil ziehen können, wie z.B. Gastronomie, Einzelhandel und Ärzte.
→ Kurtaxe/Kurbeitrag

Fremdenverkehrsausschuß, → Ausschuß für Fremdenverkehr und Tourismus

Fremdenverkehrsgebiet, für den Fremdenverkehr geeignete oder durch ihn geprägte Landschaft mit einer Reihe von Fremdenverkehrsorten. Neben Beherbergungsbetrieben, anderen Freizeitwohnmöglichkeiten und Gastronomiebetrieben werden je nach Standort Kuranlagen, Bäder, Sportanlagen, Wanderwege u.a. sowie touristische Verkehrsmittel angeboten, z.B. Ausflugsschiffe, Bergbahnen, Skilifte usw.

Fremdenverkehrsgemeinschaften, → Fremdenverkehrsstellen

Fremdenverkehrsorganisation, gleichzusetzen mit einem Verkehrsverein, Verkehrsamt, einer Kurverwaltung etc.; im allgemeinen sind es alle Institutionen, die an ihrem Ort privatwirtschaftlich oder staatlich den Tourismus fördern.

Fremdenverkehrspräsidium, → Deutsches Fremdenverkehrspräsidium, → Tourismus-Präsidium

Fremdenverkehrsstellen, auf kommunaler Ebene gehören dazu Verkehrsämter, Verkehrsvereine und Kurverwaltungen. Zusammen mit Unternehmen, Orts- und Kreisverbänden der Unternehmenszweige und Berufsgruppen gestalten diese das örtliche Fremdenverkehrsangebot und nehmen in Selbstverwaltung die Angelegenheiten auf Ortsebene wahr. Die kommunalen Fremdenverkehrsstellen unterstehen meist der unmittelbaren Verwaltung der Kommunen. Die Finanzierung dieser Stellen erfolgt aus dem kommunalen Haushalt bzw. bei Fremdenverkehrsvereinen aus Mitgliedsbeiträgen und Zuwendungen öffentlicher Mittel. Weiterhin existieren privatwirtschaftliche Organisationsformen. Aufgaben auf Ortsebene sind vor allem die Gestaltung einer dem Ort oder dem Kreis angepaßten Infrastruktur, die Gewinnung von Gästen durch geeignetes Marketing, die Gästebetreuung vor Ort und die Zimmervermittlung. Auf regionaler Ebene haben sich darüber hinaus einzelne Gemeinden zur effektiveren Wahrnehmung der Fremdenverkehrsaufgaben zu Fremdenverkehrsgemeinschaften zusammengeschlossen. Auf Landesebene sind die Fremdenverkehrsgemeinden meist zu Landesfremdenverkehrsverbänden zusammengefaßt. Gleiches gilt für Betriebe bzw. Orts- und Kreisverbände des Hotel- und Gaststättengewerbes. Außerdem vertreten sieben Landes-Bäderverbände die spezifischen regionalen Interessen ihrer Heilbäder und Kurorte. Diese Verbände sind in der Regel als eingetragene Vereine organisiert und finanzieren sich vorwiegend aus den Mitgliedsbeiträgen, die Fremdenverkehrsverbände teilweise auch aus Zuwendungen öffentlicher Mittel. Hauptaufgaben auf Landesebene ist das Marketing im weitesten Sinne für das Verbandsgebiet bzw. die Betreuung und die Beratung der Mitglieder. Darüber hinaus kooperieren die Verbände beratend mit den Landesregierungen und setzen sich bei anderen Spitzenorganisationen (DZT, DFV) für die Probleme der Region und der Mitglieder ein. In die Hoheit der Länder fallen vor allem die Förderung der touristischen Infrastruktur der Region, die Gewerbeförderung, die Förderung des Kurwesens und des Sozialtourismus. Weiterhin unterstützen die Länder Marketingmaßnahmen und Forschungsprojekte. Hierdurch gewinnen die Länder Einfluß auf die Gestaltung der Fremdenverkehrspolitik in den Kommunen. Unter der bundeseinheitlichen Rufnummer 1 94 33 (nach der jeweiligen Ortsvorwahl) können rd. 5000 FV-Ämter oder Büros für Tourismus, Stadtinformation oder Zimmernachweis angewählt werden.

→ DBV, → DFV, → DZT, → Kurverwaltung,

Führerschein

→ Verkehrsamt, → Verkehrsverein, → Zimmernachweis

Fremdenverkehrsverband, als F. bezeichnet man den Zusammenschluß mehrerer FV-Organisationen zumeist auf Bundesländer-Ebene. Daneben gibt es Zusammenschlüsse mehrerer privatwirtschaftlicher FV-Organisationen bundesländerübergreifend, wie z.b. Historic Highlights of Germany oder Wonderful Nine in Niedersachsen. F.e unterhalten häufig auch kommerzielle Tochter-Organisationen für Unterkunftvermittlung, Werbung und andere Gewerbetätigkeiten, weil sie als gemeinnützige Institutionen derartige Aufgaben nicht selbst wahrnehmen dürfen. → Historic Highlights of Germany, → Wonderful Nine

Fremdreisebüro, selbständiges, unabhängiges Reisebüro mit Agenturvertrag, im Gegensatz zur Eigenvertriebsstelle der Reiseveranstalter. Als F. wird dieses aus der Sicht der Veranstalter bezeichnet.

Fremdvertrieb, Absatzsteuerung über unabhängige, selbständige Reisebüros mit und ohne Agenturvertrag je nach Veranstalter und Leistungsträger. TUI und LTU vertreiben ihre Produkte überwiegend über Fremdvertrieb. → Branchenfremder Vertrieb, → Direkter Vertrieb

Frequent Flyer-Clubs, Werbe- und Marketinginstrument der Fluggesellschaften mit dem Ziel der Kundenpflege und Stammkundenbindung. → Bonus-Programm

Frequent Flyers/Travellers, in der Luftfahrt für Vielflieger, denen als Stammkunden oft Rabatt-Tarife (Vielflieger-Abonnements) geboten werden. → Corporate Rates

Frequenz, Bedienungshäufigkeit; Anzahl der Flug-, Schiff-, Bahn- und Busdienste, die im Linienverkehr innerhalb eines bestimmten Zeitraums auf einer bestimmten Strecke durchgeführt werden.

Freundeskreis Alleinreisender e.V., Sitz: Hamburg. Ziel ist die Förderung internationaler Begegnung und der Integration Benachteiligter (Behinderter, Älterer) sowie die Verbesserung der Situation der Einzelurlauber, ca. 1800 Mitglieder (Okt. 1997), denen das interne Mitteilungsblatt „Börse für Alleinreisende" (BöfA-Reisepost) bei der Suche nach Reisepartnern helfen soll.

Front Office, Empfangsbereich im Hotel und auf Kreuzfahrtschiffen, mit dessen Personal der Gast bei Ankunft und Verabschiedung engen Kontakt hat, F.O. Manager = Empfangschef.

Front-Office-System (FOS), Amadeus Reservierungs- und Verkaufssystem. → TAMS

FSR, Förderverein zur Schulung von Reiseleitern, Sitz: Hagen. Hauptaufgabe ist die Schulung von Reiseleitern für Veranstalter mit Schwerpunkt Standort-/Studien- und Rundreiseleitung; Weiterbildungsseminare. Herausgeber des Handbuchs „Destination Reiseleitung". → Fremdenführer, → Reiseleiter

FTE, Kürzel für Forschung und technologische Entwicklung im Rahmen der EU mit dem Ziel der europäischen Technologiegemeinschaft. Im Vordergrund der FTE-Politik der EU steht die Erhaltung und Stärkung der industriellen Wettbewerbsfähigkeit.

FTI, Frosch Touristik International. Sitz in München. Einer der führenden deutschen Reiseveranstalter. Zum Konzern gehören u.a. CA Ferntouristik, LAL Sprachreisen, Frosch Touristik, Club Valtur und Sport Scheck Reisen. Seit 1998 hält der britische Reisekonzern Airtours plc 29,03 % der Anteile an FTI mit einer Option auf den Rest im Jahr 2002.

FTM, Forschungskreis Tourismusmanagement an der Universität Trier. → FUTURISTA

FTP, (File Transfer Protocol), Verfahren zur Übertragung von Daten zwischen verschiedenen Rechnern. Dient vor allem dem Download. Weitere Internet-Dienste sind z.B. HTTP oder Telnet. → Download, → HTTP, → Telnet.

F + U, Akademie für Touristik, Heidelberg, gemeinnützige Bildungseinrichtung für Fortbildung und Umschulung, bildet zum Touristikfachwirt und Betriebswirt Fachrichtung Touristik aus.

Führerschein, internationaler, der i. F. berechtigt zum Führen von Kraftfahrzeugen außerhalb des Gebietes der Bundesrepublik Deutschland. Im allgemeinen wird der i.F. nur noch in seltenen Fällen benötigt; für einige Staaten (z.B. USA und Kanada) ist die Ausstellung eines i. F. jedoch anzuraten. Die Gültigkeit des i.F. beträgt 3 Jahre. Für die Antragstellung sind ein Lichtbild, Personalausweis oder Reisepaß und der Deutsche Führerschein erforderlich.

133

Fulton, Robert

Fulton, Robert, der amerikanische Ingenieur F. baute 1807 den 160 t schweren Raddampfer „Claremont" mit einer Wattschen Dampfmaschine und fuhr damit auf dem Hudson stromaufwärts. Mit dieser Entwicklung leitete F. das Ende der reinen Segelschiffahrt ein. Mit der Verdrängung der Segelschiffe durch die Dampfkraft wurde nicht nur eine revolutionierende Erhöhung der Leistungsfähigkeit des Land- und Wasserverkehrs erreicht, sondern vor allem eine Verbilligung des Transports von Personen und Gütern.

Fun ships, Bezeichnung für die Musikdampfer/Kreuzfahrtschiffe in der Karibik, auf denen Amerikas Unterhaltungsindustrie bei leichter Muse zum Verweilen an Bord einlädt. Diese Vergnügungsdampfer bieten Unterhaltung à la Broadway mit Glamour-Shows. Bekannte Entertainer begeistern hier ein überwiegend verwöhntes amerikanisches Publikum. Daneben locken unzählige Spielautomaten, die sog. Einarmigen Banditen, sowie Roulette und Blackjack in jeder denkbaren Form. → Kreuzfahrten

Fünf vor Flug, Last-Minute-Vertriebs-System von FTI und Flugbörse. → FTI

Fünfte Jahreszeit, sie beginnt am elften November und endet am Aschermittwoch. Das „närrische Treiben" in den Hochburgen im Rheinland heißt im Raum Düsseldorf und Köln Karneval, in Mainz Fastnacht, im bayerisch-österreichischen Raum Fasching. Höhepunkte der närrischen Zeit sind der Donnerstag vor Aschermittwoch (Weiberfastnacht) sowie je nach Gegend der Rosenmontag oder Veilchendienstag. Touristisch genutzt von Reiseveranstaltern für Programmausschreibungen.

Funktionsbereiche der Transportleistungen, sind: Wegsicherungs-, Beförderungs-, Abfertigungs- und Hilfsfunktionen.
→ Wegsicherung

FUR, Forschungsgemeinschaft Urlaub und Reisen e.V., gegründet: Juli 1994 in Frankfurt/M., Sitz: Hamburg. Zweck des Vereins ist die Vorbereitung und Durchführung von Untersuchungen über das Reiseverhalten der Deutschen und deren Umsetzung in Marketingmaßnahmen. Nach dem Konkurs des StfT - Studienkreis für Tourismus, Starnberg, fungiert FUR als neutraler Träger von Urlaub und Reisen (U+R), der Nachfolgeuntersuchung der Reiseanalyse (RA). → Reiseanalyse (RA), → Urlaub + Reisen (U + R)

Fusion, Verschmelzung; Unternehmenszusammenschluß; die Vereinigung von zwei oder mehreren selbständigen Unternehmen zu einer rechtlichen und wirtschaftlichen Einheit. Es gibt zwei Arten der F.: 1. Eines der sich vereinigenden Unternehmen bleibt bestehen. Das übrige oder die übrigen Unternehmen übertragen ihr Vermögen auf das fortzuführende Unternehmen. 2. Bei der Fusion durch Neubildung übertragen die fusionierenden Unternehmen ihre Vermögen auf ein dazu neu gegründetes Unternehmen. Im Tourismus sind beide Formen zu finden.

Futour, Zusammenschluß von Architekten und Verkehrsplanern, Forst-Ingenieuren und Hotelberatern, Pädagogen und Psychologen, Geographen und Ernährungswissenschaftlern zur interdisziplinären Arbeit und Entwicklung umfassender ganzheitlicher Konzepte für einen umwelt- und sozialverträglichen Tourismus.

FUTURISTA e.V., internationaler Dachverband studentischer Arbeitsgemeinschaften im Tourismus, der neben einer interdisziplinären Tourismusforschung Einfluß auf Qualität und Quantität der touristischen Ausbildung nimmt (z. B. durch Workshops, Symposien, Vorträge etc.), um verantwortungsvolle Führungskräfte für die Branche hervorzubringen. F. wurde 1992 in München gegründet. Mitglieder sind Arbeitsgemeinschaften von Berufsakademien, Fachhochschulen, Hochschulen und Universitäten. Der Name steht für die zukunftsorientierte („futur") Vereinigung internationaler Touristikstudenten (international student tourism association = „ista").

FV - Fremdenverkehr, → Fremdenverkehr

FVA - Fremdenverkehrsamt, → Fremdenverkehrsorganisation, → NTO

FVV - Fremdenverkehrsverband, → Fremdenverkehrsverband, → Fremdenverkehrsstellen

FVW-Dokumentationen, neben 30 Ausgaben jährlich veröffentlicht die FVW zusätzlich folgende 3 Dokumentationen:

- Deutsche Veranstalter in Zahlen
- Europäische Veranstalter in Zahlen
- Reisebüro-Ketten und Kooperationen

Galileo

G7-Gruppe, die Finanzminister und Notenbankchefs der USA, Japans, Deutschlands, Großbritanniens, Frankreichs, Italiens und Kanadas treffen sich regelmäßig als Vertreter der Gruppe der größten westlichen Industrieländer in wechselnden Gastländern. Zu ihren Aufgaben gehört die Koordinierung in den Bereichen
- Geldpolitik/Geldwertsstabilität
- Haushaltspolitik/-stabilität
- Wachstum und Handel.

Die G7-Gruppe, dieser Club der reichen Industrieländer mit nur 12% der Weltbevölkerung bei 75% des Welt-Bruttosozialprodukts, ist aus der Gruppe von 5 Staaten (G5) 1985 hervorgegangen. Italien und Kanada traten ein Jahr später bei. Bei den Beratungen der G.7 sind auch die Vertreter des IWF, Internationaler Währungsfonds, mit der Aufbereitung der geforderten Wirtschaftsdaten zugegen. Weltwirtschaftsgipfel.

G8-Gruppe, seit 1993 werden zu den G7-Treffen auch Vertreter Rußlands hinzugezogen. Daneben gibt es auch noch die G10-Gruppe, zu der neben den 7 wichtigsten Industrieländern noch Belgien, die Niederlande, Schweden, die Schweiz und als assoziiertes Mitglied Saudi-Arabien gehört. Der Name ist irreführend, da der Gruppe mehr als 10 Mitglieder angehören. → G7-Gruppe, → Weltwirtschaftsgipfel.

Gabelreise/Open Jaw (OJ), wird im Rahmen der Flugpreisberechnung im wesentlichen wie ein Round Trip behandelt. → DOJ, → Flugpreisberechnung, → OJ, → OOJ, → Round Trip (RT), → SOJ, → TOJ,

GAD, Die Gastronomische Akademie Deutschlands e.V., wurde 1959 in Bad Soden/Taunus gegründet. Ideenträger war Eugen Lacroix (1886 - 1964) und Walter Bickel (1882 - 1982). Die GAD ist eine ideelle und unabhängige Vereinigung. Sie tritt nach ihrer Satzung zur Förderung der Volksgesundheit und für die Erhaltung der Kochkunst und Tafelkultur ein. Mitglieder sind Ernährungswissenschaftler, Ärzte, Fachschriftsteller, Hoteliers, Restaurateure, Fachleute des Weinbaues und anderer spezifischer Sachgebiete. Fördernde Mitglieder unterstützen die Aktivitäten des G. Sie hat korrespondierende Mitglieder in vielen Ländern. Aktivitäten sind z.b. jährlicher literarischer Wettbewerb mit der Goldenen Feder als höchster Auszeichnung, Fortbildungsseminar für Lehrer an berufsbildenden Schulen und betriebliche Ausbilder, Speisekarten-Wettbewerb. Die GAD beantwortet Fachanfragen, nimmt Stellung zu aktuellen Themen und veröffentlicht insbesondere für den Bildungsbereich Regeln und Empfehlungen. Das Sekretariat befindet sich in der Röntgenstraße 1, 23701 Eutin.

GAFF, Geographischer Arbeitskreis für Freizeit und Fremdenverkehr, Berlin, hat sich im Herbst 1985 konstituiert. Ein Teil seines geographischen Arbeitsfeldes ist der Tourismus als gesamtgesellschaftliches Phänomen. Er untersucht die wirtschaftlichen, sozialen und ökologischen Aspekte des Tourismus. GAFF war Mitglied im Arbeitskreis „Tourismus mit Einsicht". → Tourismus mit Einsicht

Galileo, 1987 durch die Gründungsmitglieder British Airways, Swissair, KLM und Covia, der Tochtergesellschaft von United Airlines gegründetes crs ist G. neben Amadeus das zweite große europäische Computer-Reservierungs-System, weltweit führend mit einem Marktanteil von 30%. Covia liefert die Basissoftware für und kooperiert mit G. Weitere Beteiligungen von Alitalia, Austrian Airlines, Aer Lingus, TAP Air Portugal, USAir, Sabena, Olympic Airways und Air Canada. Galileo Distribution Systems ist eine Partnerschaft, die zum Zweck der Entwicklung und Vermarktung einer neuen Generation computerisierter Reservierungs- und Informationssysteme gegründet wurde. Das System bietet über nur eine Tastatur -und Sprache Zugriff auf das umfangreiche Programm folgender Dienstleistungen: Flugpläne und Platzverfügbarkeit für Hunderte von Fluggesellschaften auf der ganzen Welt, internationale Flugpreisangebote und US-interne Flugpreise, weltweite Hotel- und Mietwagendienste, Rundreisen, Fähren, Eisenbahnen, sowie reisebezogene Leistungen wie Geldwechsel, Theaterkarten und Eintrittskarten für Sportveranstaltungen. 1988 wird die Galileo Deutschland GmbH in Frankfurt gegründet.1993 fusionieren Apollo und G. zu Galileo International mit dem Rechenzentrum in Chicago, USA. G. bietet folgende Zusatzsoftware an:

• **Galileo Availibility,** über dieses Display unter Galileo erhält man eine einmalige Auf-

135

Galileo Corporate Travelpoint

listung der verfügbaren Plätze aller beteiligten Fluggesellschaften. Es ermöglicht den direkten Zugriff auf das Verfügbarkeitsdisplay des fluglinieneigenen Systems.

• **Galileo Corporate Travelpoint,** gemeinsame Buchungssoftware von Galileo International und Internet Travel Network (ITN) für Großkunden. G.C.T. ermöglicht die Darstellung von bevorzugten Leistungsträgern (Hotel, Flug, Mietwagen) und hilft bei der Durchsetzung von Reiserichtlinien, indem Ausnahmen automatisch zur Prüfung an den Travel Manager weitergeleitet werden.

• **Galileo Product Directory,** der elektronische Katalog für Reiseinformationen und -service unter Galileo bietet vielfältige Buchungsmöglichkeiten für zusätzliche Reisedienstleistungen.

• **Galileo Relay Productivity Tools,** Benutzeroberfläche unter Galileo, zur Automatisierung und individuellen Anpassung von vorgegebenen Aufgaben. Über den Queue Manager lassen sich Aufgaben der Queue-Bearbeitung individuell erledigen. Über das Tool: Booking File to Client File kann aus einer Buchung ein personenbezogener File erstellt werden, ähnlich den Customer Profiles unter Amadeus. Über Response Capture lassen sich Buchungsanfragen durch automatisches Kopieren und Einfügen von Galileo-Antworten optimieren. → Benutzeroberfläche, → Customer Profiles, → Queue

• **Galileo Sell,** Buchungsmaske unter Galileo für Linienflüge aus einem Verfügbarkeitsdisplay mit umgehender Reservierungsbestätigung. Mit Cancel- und Rebook-Funktionen, der schnellen Änderung der Flugroute ohne Neuanfang, und dem Short-Cut lassen sich die Flugreservierungen optimieren. → Abacus, → Amadeus, → Apollo, → Covia, → crs, → SABRE, → Short-Cuts, → Super crs

Game Lodge, Busch-Camp (kein Zoo), z.B. Mala-Mala-Lodge in Südafrika, Ausgangspunkt für Tierwelt-Erkundungen.

GA-Mittel, Bund/Länder-Gemeinschaftsaufgabe; GA-Mittel sorgen für Verbesserung der regionalen Wirtschaftsstruktur und Infrastruktur und damit auch für Förderung des bundesdeutschen Fremdenverkehrs durch Schaffung und Sicherung von Arbeitsplätzen.

Gangway, Fluggasttreppe; Landungssteg zwischen Schiff und Kai.

Garantiefonds, Sicherungssystem in einigen europ. Ländern, mit dem Käufer von Pauschalreisen gegen den finanziellen Kollaps von Reiseveranstaltern oder Reisebüros abgesichert sind. Im Falle der Insolvenz erfüllt der Fonds aus den von den Mitgliedern erbrachten Beiträgen die finanziellen Verpflichtungen des zahlungsunfähig gewordenen Unternehmens. → Insolvenzschutzversicherung, → Kundengeldabsicherung, → SGR,

Gardemanger, in der à la carte-Küche ist der G. für die kalte Küche zuständig.
→ à la carte-Küche

Gartenschau, internationale Gartenbau-Ausstellungen, Bundes- und Landesgartenschauen sind gärtnerische Leistungsschauen mit wirtschaftlicher Zielsetzung. Das begleitende Freizeitangebot reicht von Blumenschauen über diverse Veranstaltungen, Spielanlagen und gastronomische Angebote bis hin zur Einrichtung von Ausstellungsbahnen, die ebenso wie die Gartenschauanlagen anschließend zumeist als Freizeiteinrichtungen weiterbenutzt werden. Gartenschauen sind beliebte Ziele von Tagesausflügen oder Kurzurlaubsreisen. In Magdeburg wird 1999 die BUGA ausgerichtet, 2001 wird sie in Potsdam unter dem Motto „Gartenkunst zwischen gestern und morgen" stattfinden. → BUGA

Gast im Schloß Reisen GmbH, Sitz: Mannheim, Vereinigung der Burg- und Schloßhotels und historischen Herbergen.

GAST, 1. Gemeinschaft Autofreier Schweizer Tourismusorte. Dem Zusammenschluß gehören u.a. Saas-Fee und Zermatt an. **2.** Internationale Fachmesse für Gastronomie und Fremdenverkehr in Klagenfurt/Österreich.

Gastarbeitercharter, im Luftverkehr Bezeichnung für Flüge des Gelegenheitsverkehrs im sog. Tramp- und Anforderungsverkehr. Diese Flugart kennzeichnet die Beförderung von Gastarbeitern (Migrantworker) mit Familienangehörigen nach und von ihrem jeweiligen Heimatland. → Tramp- und Anforderungsverkehr

Gastaufnahmevertrag, → Beherbergungsvertrag

Gästeankünfte, international üblicher Begriff für stat. Zwecke zusammen mit der Anzahl der Übernachtungen (WTO).

Gästebetreuer, Fortbildungsqualifikation für Fachkräfte im Fremdenverkehr bzw. im Hotelgewerbe. Vermittlung von Fachkenntnissen in der Betreuung von Gästen z. B. in Hotels, Clubanlagen, Feriendörfern, Kur- und Fremdenverkehrsorten etc. Gelernt wird die Planung und Durchführung von Freizeitprogrammen (Spiele, Sport etc.) sowie ihre Werbung innerhalb der Ferienstätte.

Gästeführer, seit Mitte der achtziger Jahre Bezeichnung für den früheren Fremdenführer. Abschluß nach dem G.-Lehrgang mit Kenntnissen der jeweiligen Stadt und/oder deren Umland sowie der Beherrschung von mindestens zwei Fremdsprachen zum „Freiberuflichen Gästeführer für Touristik". → Bundesverband der Gästeführer, → Fremdenführer, → Sightseeing

Gästehaus, 1. Häufig nur Dependance eines Hotels etc.; Synonym für Pension. → Pension. 2. Wird vielfach von großen Firmen, Hochschulen und kirchlichen Einrichtungen zur Unterbringung von Betriebsangehörigen, Geschäftsfreunden und Besuchern unterhalten. Hierbei werden Verpflegungs- und Übernachtungsleistungen zu nicht gewerblichen Zwecken gewährt.

Gästeinformation, → Tourist-Information, → Zimmernachweis

Gästezimmer, 1. Zimmer in Ferienregionen im privaten bzw. kleinen Pensionsrahmen mit familiärem Charakter und kleinem Frühstücks-/Restaurationsbetrieb. 2. G. auch in Messestädten zum Ausgleich vorübergehender Zimmerknappheit.

Gastgewerbe, Gesamtheit der gewerblichen Gaststätten und Beherbergungsbetriebe.

Gasthaus, Gaststätte ohne Übernachtungsmöglichkeiten.

Gasthöfe, Beherbergungs- und Verpflegungsstätten, die jedermann zugänglich sind; als Aufenthaltsraum steht lediglich der Gastraum zur Verfügung. Haupttätigkeit ist die Abgabe von Speisen und Getränken. Nach DEHOGA sind Gasthöfe Beherbergungsbetriebe, denen ein Schank- oder Speisebetrieb angeschlossen ist.

Gastronom, offiziell „Staatlich geprüfter Gastronom" gen., Fortbildungslehrgang an der Hotelfachhochschule Heidelberg.

Gastronomie, Gesamtheit der Gaststätten als Teil des Gastgewerbes. → Gastgewerbe

GATE, Gemeinsamer Arbeitskreis Tourismus und Ethnologie. Sitz in Hamburg. Umsetzung ethnologischer und sozialverträglicher Konzepte im Tourismus. Information und Weiterbildung für Reisende und Mitarbeiter der Tourismusbranche. Rundbrief erscheint 2 x jährlich.

Gate, Flugsteig am Flughafen, an dem die Passagiere sich nach dem Check-in versammeln bevor sie ins Flugzeug einsteigen.

Gateway, 1. Einfahrt, Zugang. Im internationalen Luftverkehr Bezeichnung für Großflugplätze mit Fernstreckenverbindungen (Eingangstor zum jeweiligen Land). Für Kreuzfahrten in der Karibik wird Miami als Ausgangs- und Ankunftshafen ebenfalls als G. bezeichnet. **2.** In der EDV Bezeichnung für einen Verbindungsrechner zwischen unterschiedlichen Systemen. → Drehkreuz im Luftverkehr, → Hubs and Spokes

GATT, General Agreement on Tariffs and Trade, Allgemeines Zoll- und Handelsabkommen, 1947 mit der Zielsetzung gegründet, durch Abbau von Zoll- und Steuerhemmnissen Liberalisierung durchzusetzen. Über neue Feihandelsregeln soll weltweit mehr Wachstum erreicht werden. Nachfolgeorganisation ab 1994 ist die Welthandelsorganisation (WTO) in Genf. → Welthandelsorganisation

GBB, Geschäftsbereich Bahnbus. Der bisher öffentlich-rechtlich organisierte GBB wurde Ende 1989 in handelsrechtliche Gesellschaften umgewandelt, um bessere Voraussetzungen für verschiedene Formen der Kooperation zu bieten und im Nahverkehr besser vor Ort planen zu können. → Bahnbus

GBK, Gütegemeinschaft Buskomfort e.V., Böblingen-Hulb, wurde 1974 von Busunternehmen gemeinsam mit den Verbänden RDA, BDP und WBO sowie einigen Busherstellern gegründet. Ziel der Gütegemeinschaft ist eine qualitativ ausgeprägte und leistungsmäßig transparente Struktur des Busreisemarktes. Hierfür hat die Gütegemeinschaft ein Klassifizierungssystem zur Gütekennzeichnung von Reisebussen aufgestellt, und betreibt Verbraucherberatung nach Marketinggesichtspunkten. Tätigkeitsfelder der GBK sind weiterhin die Gemeinschaftswerbung für den Bus und die Busreise und die Einführung von Qualitätsmanagement in den Mitgliedsunternehmen. Im Jahr 1997 gab es 764 Unternehmen mit 1.867 klassifizierten Reisebussen. ⟶ Klassifizierung der Reisebusse, ⟶ Kriterien zur Klassifizierung von Reisebussen

GbR, (Gesellschaft des bürgerlichen Rechts, BGB-Gesellschaft § 705 BGB) ist die im Bürgerlichen Gesetzbuch geregelte Grundform der nicht rechtsfähigen Personengesellschaft. Beruht auf einem Gesellschaftsvertrag zwischen mindestens 2 Personen, der den Zweck der Gesellschaft bestimmt. Die G. endet grundsätzlich durch Ausscheiden eines Gesellschafters. ⟶ Unternehmensform

GCB, German Convention Bureau, das Deutsche Kongreßbüro in Frankfurt/M., wird unterstützt und finanziert durch die Spitzenverbände der Reiseindustrie, Verkehrsunternehmen, führende Tagungsstädte, Hotels und Reisebüros. Es handelt sich um eine nicht gewinnorientierte Einrichtung zur Förderung und Werbung für das Kongreßland Bundesrepublik Deutschland und, in Verbindung damit, Werbung für touristische Anschlußprogramme. Entsprechend einem Untervertrag mit der DZT und in deren Auftrag akquiriert das GCB das Tagungs- und Kongreßgeschäft im Ausland. ⟶ DZT, ⟶ Tagungsstätten

GDG, Gemeinschaft Deutscher Groß-Messen; in dieser Vereinigung sind die Messestädte Düsseldorf, Frankfurt/M., Hannover, Köln und München zusammengeschlossen.

GDS, Global Distribution Systems, weltweite computergestützte Vertriebssysteme. ⟶ Amadeus, ⟶ crs, ⟶ Galileo, ⟶ SABRE, ⟶ Worldspan

Gebirgsbahn, i.d.R. ganzjährig betriebene Bahn in gebirgigem, mitunter steil ansteigendem Gelände mit meist zahlreichen Tunnels, Dämmen und Stützmauern sowie Schutzeinrichtungen gegen Steinschlag, Lawinen und Schnee, z.B. Zugspitzbahn, Brenner-Bahn, Mont-Cenis-Bahn, Gotthard-Bahn.

GEBTA, Guild of European Business Travel Agents, Zusammenschluß von auf Geschäftsreisen spezialisierten Reiseunternehmen fast aller europäischer Länder. Sitz in Brüssel.

Gelbfieber, durch Stechmücken übertragene Infektionskrankheit mit hohem Fieber, Schüttelfrost und Kopfschmerzen. Entsprechend dem Verbreitungsgebiet von Gelbfieber verlangen einige Staaten bei direkter Einreise eine Gelbfieberimpfung.

Gelegenheitsreiseveranstalter, Reiseveranstalter, die nur gelegentlich und außerhalb ihrer gewerblichen Tätigkeit Pauschalreisen veranstalten wie z.b. Clubs, Vereine, Sozialeinrichtungen.

Gelegenheitsverkehr, 1. Im Luftverkehr: gem. Luftfahrtstatistik Gewerblicher Verkehr zur Beförderung von Personen, Fracht und Post, der nicht im Linienverkehr und linienähnlichen Verkehr durchgeführt wird. Zum Gelegenheitsverkehr zählen: Pauschalflugreiseverkehr, Tramp- und Anforderungsverkehr, Taxiflug, gewerblicher Rundflug, Schulflug und sonstige Flüge. ⟶ Pauschalflugreiseverkehr, ⟶ Taxiflug, ⟶ Tramp- und Anforderungsverkehr. 2. **Im Busverkehr:** In Abgrenzung zum Linienverkehr versteht das Personenbeförderungsgesetz (PBefG) hierunter den Verkehr von Mietfahrzeugen und Taxen, aber auch Ausflugsfahrten und Ferienzielreisen. ⟶ Ausflugsfahrten, ⟶ Ferienzielreisen, ⟶ PBefG

Gemeinschaftsflüge, durch Code-Sharing-Abkommen zwischen Fluggesellschaften vereinbarte Strecken unter der selben Flugnummer; sie gelten als Direktflüge. Die kooperierenden Fluggesellschaften erhoffen sich mit dieser Marketingmaßnahme finanzielle Vorteile. ⟶ Code-Sharing-Vereinbarung

Gemeinschaftsunterkunft, Zimmer mit mehr als fünf Betten für entsprechend viele Personen.

Gemini, Computer-Reservierungssystem (crs) der Gemini Group Automated Distribution Systems Inc., Toronto, für Air Canada und PWA (Holding der Canadian Airlines). G. kooperierte ab 1990 mit Covia und erhielt durch Vertrag Exklusivrecht zur Nutzung der Apollo-Software in Kanada. Im November 1993 wurde G. aufgelöst. Canadian Airlines wechselte zu SABRE über. Nachfolgegesellschaft für Air Canada ist Advantis Canada, Winnipeg. ⟶ Apollo, ⟶ Covia, ⟶ crs, ⟶ Galileo

Generaldirektion XXIII, ⟶ EU/EG/EWG

Generaldirektor im Hotelbereich, der geschäftsführende Direktor (engl. General Manager) einer Hotelgesellschaft bzw. -kette. Als oberster Manager bestimmt er die Marketing- und Personalpolitik sowie die Strate-

Geringfügige Beschäftigung

gie in den Bereichen Public Relations, Ein- und Verkauf mit dem Ziel, möglichst hohe Auslastungsquoten und Gewinne zu erreichen. Ihm sind die Hoteldirektoren bzw. die Regionaldirektoren (bei Hotelketten) unterstellt.

Generalist, Bezeichnung für den Reiseveranstalter, dessen Angebotspalette ein breites Publikum anspricht durch die Vielfalt der angebotenen Reiseziele bzw. -länder, Reisearten (Badeurlaub, Städtereisen etc.), Unterkunftsformen, Verkehrsmittel etc.

Generalkonsulat, die deutschen Generalkonsulate sind Auslandsvertretungen der Bundesrepublik mit entsandten Kräften im Unterschied zu den ortsansässigen Honorarkonsulaten. Neben den Aufgaben in den Bereichen Paß- und Visaerteilung, Rechts- und Amtshilfe etc. leisten sie im Einzelfall für Deutsche im Ausland auch Konsularhilfe. → Konsularhilfe

Genesis, 1995 in den USA gestartetes crs-System des US-Unternehmens Ustar, im überwiegenden Besitz von Reisemittlern. Soll in Europa Mitte 1999 unter dem Namen Eustar angeboten werden.

Genius-Reisecomputer, vom Institut für Freizeitanalyse der Universität Bochum im Rahmen eines Forschungsprojektes entwickelte Software. Sie erstellt einen sog. „Persönlichen Reisekatalog", indem sie sich durch die Preisteile der Veranstalter arbeitet, um das Pauschalangebot mit dem besten Preis-Leistungs-Verhältnis im gewünschten Zielgebiet zu ermitteln.

Genossenschaften, zielen auf eine gemeinsame Förderung des Erwerbs und der Geschäfte der Mitglieder durch einen gemeinsamen Geschäftsbetrieb. Der Genossenschaftsvertrag legt den Zweck der G. fest. Geschichtlich gesehen haben sich G. aus Hilfsvereinen für Gewerbetreibende, Bauern und Konsumenten entwickelt. Heute kommt vor allem den landwirtschaftlichen Produktions-, Absatz- und Kreditgenossenschaften (Raiffeisenkassen) eine besondere Bedeutung zu, daneben aber auch den gewerblichen G. (Volksbanken), sowie den Konsumgenossenschaften. → Einzelunternehmen, → Kapitalgesellschaft, → Kreditgenossenschaften, → Personengesellschaft, → Unternehmensform

Gepäckbeförderung (Reisegepäck), diese ist unterschiedlich nach Verkehrsträgern ge-

regelt. Beim Ferienflug (Charter) gilt die Freigepäckgrenze bis 20 kg zzgl. Handgepäck pro Gast, auch bei Großraumflugzeugen. Beim Linienflug werden bis zu 20 kg Gepäck (Business und 1. Klasse 30 bzw. 40 kg) oder eine bestimmte Anzahl von Gepäckstücken pro Fluggast frei befördert, Handgepäck je nach Beförderungsklasse zusätzlich mit Gewichtsbegrenzung ohne Aufpreis. Was über die Freigepäckgrenze hinausgeht, kann gegen Aufzahlung als Übergepäck mit dem übrigen Reisegepäck aufgegeben werden. Bei Flügen in die USA, nach Kanada und bei innerdeutschen Flügen ist die Bemessungsgrundlage nicht das Gewicht, sondern die Anzahl der Gepäckstücke und deren Abmessungen (Piece Concept). Für die Beförderung von Sportgeräten bestehen Sonderbestimmungen. → Excess Baggage → Piece Concept

Gepäckbeförderung bei Atlantik-Flügen, → Piece Concept

Gepäckmarke, ist ein ausschließlich zur Identifizierung des aufgegebenen Gepäcks ausgestellter Schein, dessen Gepäckanhängeteil am aufgegebenen Gepäckstück befestigt und dessen Gepäckidentifizierungsteil dem Fluggast ausgehändigt wird.

Gepäckpool, im Flugticket mit „PL" abgekürzter Hinweis auf eine gemeinsame Gepäckabfertigung mehrerer Fluggäste.

Gepäckträger-Service, kann telefonisch beim DB-Service-Point, beim ICE - bzw. IC/EC Team oder über T-Online bestellt werden. Der Preis beträgt 5,- DM für 1 oder 2 Gepäckstücke sowie 2,50 DM für jedes weitere Gepäckstück. → T-Online

Gerichtsstand, er nennt das jeweils zuständige Gericht. Ist als Vereinbarung in Verträgen insbes. im „Kleingedruckten" (AGB) nur noch unter Kaufleuten zulässig. Im übrigen gelten für die örtliche Zuständigkeit im Zusammenhang mit im Tourismus üblichen Verträgen die Regeln der Zivilprozeßordnung (ZPO). → Reisevertrag/Reisevertragsrecht

Geringfügige Beschäftigung, Für diese Form der Arbeit entrichten weder die Arbeitgeber, noch die Arbeitnehmer Sozialversicherungsbeiträge. Im Gegenzug müssen aber gewisse Bedingungen (maximale Wochenarbeitszeit von 15 Stunden, maximale Entlohnung von DM 620.- im Westen und DM 520.- im Osten) nicht überschritten werden. Jeder Arbeitnehmer darf nur eine geringfügige Beschäftigung annehmen, um die Sozialversicherungspflicht nicht zu umgehen. → Sozialversicherungsbeiträge

German Rail Pass, preisgünstiges, unabhängiges Reisen mit Netzkarte für das gesamte Schienennetz der DB einschließlich der DFO-Fährstrecken; Buslinien der Deutschen Touring und der KD-Schiffahrten für Personen mit ständigem Wohnsitz in Übersee sowie Angehörige der in Deutschland stationierten alliierten Streitkräfte. Der G. wird bei der DB als Incoming-Verkehr geführt.

German Soft, noch in der Aufbauphase befindliches Informations- und Reservierungssystem für die Fremdenverkehrsregionen in Deutschland. Träger ist die START GmbH, die damit regionalen Anbietern den bundesweiten Verkauf ihrer touristischen Leistungen ermöglichen soll. German Soft wird nach dem Modell von Iris entwickelt, dem Informations- und Reservierungssystem in Schleswig Holstein. Zusammen mit City Soft soll ein umfassendes und flächendeckendes Angebot für den deutschen Fremdenverkehr angeboten werden.
→ City Soft, → City Soft/German Soft

Germanischer Lloyd, Gesellschaft für die Einstufung von Schiffen nach Größe, Bauart und Tragfähigkeit in bestimmte Gefahrenklassen, diese Klassifizierungen bilden die Grundlage für die Einhaltung von Schiffssicherheitsstandards und die Versicherungsprämienregelung. → Zweites Seerechtsänderungsgesetz

Gesamterlös, Summe sämtlicher Erlöse (bei Reisebüros: Provisionserlöse) und sonstiger Erlöse während einer Zeiteinheit/ einer Rechnungsperiode.

Gesamtheit von Reiseleistungen, nach gültiger Rechtsprechung müssen den Pauschalreisekunden zwei Hauptleistungen als Leistungsbündel angeboten werden.
→ Hauptleistungen

Geschäftsbesorgungsvertrag, § 675 BGB; G. ist jede entgeltliche und selbständige Tätigkeit in fremdem Interesse. Um eine G. handelt es sich z.B. bei der Tätigkeit des Reisemittlers für den Reiseveranstalter. Der G. liegt hier den einzelnen Geschäften, die der Reisemittler stellvertretend für den Reiseveranstalter abschließt, zugrunde. In der Regel beinhalten die zwischen Reiseveran-

stalter und -mittler geschlossenen Handelsvertreter-, Agentur-, Dienstverträge u.ä. auch einen G., ohne daß dies allerdings ausdrücklich im Vertrag genannt werden müßte. Falls nicht schon ausdrücklich im Vertrag festgelegt, ist der Reisemittler dem Reiseveranstalter aus dem Geschäftsbesorgungsverhältnis verpflichtet, zur Herausgabe von allem, was er aus seiner Tätigkeit erlangt usw. Im Regelfall kommen auch G.e zwischen Kunde und Reisebüro zustande.
→ Agenturvertrag/Handelsvertretervertrag, → Reisemittler, → Reiseveranstalter

Geschäftsreisen, alle Reisen, die aus beruflichen Gründen unternommen werden und steuerlich abgesetzt werden können. Sie werden also nicht aus privater Kasse finanziert. Nach LH-Angaben für deren internationales Linienaufkommen zählen dazu: 85% bei Inlandsflügen, 56% bei Europaflügen, 39% bei Interkontinentalflügen. Zu den Geschäftsreisenden zählen außer Unternehmern, Managern und leitenden Angestellten z.B. auch Firmenbesucher, selbst. Vertreter, Techniker und Monteure im Außendiensteinsatz, Messe- und Kongreßbesucher bzw. -teilnehmer und Profi-Sportler.

Geschenkgutscheine, 1. Von Reisebüros ausgestellte G. berechtigen dem Empfänger zu einer beliebigen Verwendung für touristische Leistungen innerhalb des ausstellenden Reisebüros oder innerhalb einer Reisebürokette zu einem vorab durch den Käufer festgelegten Betrag. 2. werden von der Fahrkartenausgabe der DB ausgegeben. Berechtigen zum Kauf von Fahrscheinen aller Art, Zuschlägen, Reservierungsausweisen, ARZ-Beförderungsscheinen, Bahn-Cards oder Versicherungen. G. gelten 5 Jahre ab Ausgabetag. → Reisegutschein

Geschützte Feiertage, sie gelten im Unterschied zu den arbeitsfreien gesetzlichen Feiertagen de facto als Werktage, mit ihnen wird die Glaubensfreiheit des einzelnen Staatsbürgers geschützt. Die Bundesländer bestimmen darüber, ob ein Tag als gesetzlicher Feiertag staatlich anerkannt oder nur als geschützter Feiertag definiert wird.

Gesellschaftsreisen, im Handbuch „Die Gesellschaftsreise" (1961) wird von den Autoren Klatt und Fischer im Gegensatz zur Einzelreise wie folgt definiert: „eine für eine Personenmehrheit nach festem Programm öffentlich ausgeschriebene, von einem Reise-

Gewinn

leiter begleitete Reise längerer Dauer, in deren Preis mindestens Beförderung, teilweise, wenn nicht volle Verpflegung, Bedienungsgelder sowie alle anderen Abgaben eingeschlossen sind". Nach den Kriterien der Beförderung (Leistungsträger) sprechen die Autoren von Bahn-, Bus-, Flug- und Schiffsreisen. Die Art der Unterbringung führt zur Unterscheidung nach Hotel- und Zeltreisen, die Dauer und Art des Aufenthaltes nach Aufenthalts- und Rundreisen. Bei der Charakterisierung der Reisemotive wird nach Erholungs-, Bildungs- oder Kulturreisen und Pilgerreisen unterschieden. Die vier Jahreszeiten letztendlich brachten 1961 eine Aufteilung in Frühjahrs-, Sommer-, Herbst- und Winterreisen. Heute spricht man nur noch selten von G.n.; Reisen in der Gruppe werden nach dem Plan des Reiseveranstalters überwiegend als Pauschalreisen ausgeschrieben im Unterschied zu den Individualreisen. → Individualreisen, → Pauschalreisen

Gesetz gegen Wettbewerbsbeschränkungen (GWB), regelt das sog. Kartellrecht. Ziel des GWB ist es, markt- und wettbewerbsverhindernde Verträge, Absprachen und abgestimmtes Verhalten unter Unternehmen zu verbieten. Von Bedeutung war insbes. § 18 (Aufhebung von Ausschließlichkeitsbindungen):

1. Die Kartellbehörde kann Verträge zwischen Unternehmen über Waren oder gewerbliche Leistungen mit sofortiger Wirkung oder zu einem von ihr zu bestimmenden künftigen Zeitpunkt für unwirksam erklären und die Anwendung neuer, gleichartiger Bindungen verbieten, soweit sie einen Vertragsbeteiligten I. in der Freiheit der Verwendung der gelieferten Waren, anderer Waren oder gewerblicher Leistungen beschränken oder II. darin beschränken, andere Waren oder gewerbliche Leistungen von Dritten zu beziehen oder an Dritte abzugeben, oder III. darin beschränken, die gelieferten Waren an Dritte abzugeben, oder IV. verpflichten, sachlich oder handelsüblich nicht zugehörige Waren oder gewerbliche Leistungen abzunehmen, und soweit

a) dadurch eine für den Wettbewerb auf dem Markt erhebliche Zahl von Unternehmen gleichartig gebunden und in ihrer Wettbewerbsfreiheit unbillig eingeschränkt ist oder

b) dadurch für andere Unternehmen der Marktzutritt unbillig beschränkt oder

c) durch das Ausmaß solcher Beschränkungen der Wettbewerb auf dem Markt für diese oder andere Waren oder gewerbliche Leistungen wesentlich beeinträchtigt wird.

2. Als unbillig im Sinne des Absatzes 1 Buchstabe b ist nicht eine Beschränkung anzusehen, die im Verhältnis zu den Angebots- oder Nachfragemöglichkeiten, die den anderen Unternehmen verbleiben, unwesentlich ist. → Ausschließlichkeitsbindung, → Vertriebsliberalisierung

Gesundheitsbestimmungen, → Einreisebestimmungen

Gesundheitsvorsorge im Tourismus, kundenorientierter Service vor der Urlaubsreise durch Information und verantwortungsbewußte Beratung am Counter. → Blauer Fink-Ordner, → Deutsches Grünes Kreuz, → Einreisebestimmungen, → Länderbrief, → Natur-Reiseapotheke, → Reiseapotheke, → TIM, → TIP-Info-Datenbank

GET-International, Gütegemeinschaft Europäischer Tourismusberater; Generalsekretariat in Küßnacht/Schweiz, deutsches Mitglied: IPK, München. → Euromonitor

Gewerbeanmeldung/Gewerbeordnung, gem. § 14 der Gewerbeordnung erfolgt bei Neugründung eines Reiseunternehmens die Anmeldung beim zuständigen Gewerbeamt. Für Kapitalgesellschaften wie z.B. GmbH ist außerdem die Eintragung ins Handelsregister vorgeschrieben. → Lizenzierung

Gewerbefreiheit, nach der Gewerbeordnung ist der Betrieb eines Gewerbes grundsätzlich jedermann gestattet. Erforderlich ist lediglich eine Anzeige der Gewerbeeröffnung bei der örtlichen Gewerbeaufsichtsbehörde. Eine etwaige Untersagung erfordert den Nachweis der Unzuverlässigkeit des Gewerbetreibenden oder der von ihm beauftragten Personen, insbes. bei Nichteinhaltung gesetzlicher Regeln des Sozial-, Arbeits-, Umweltrechts etc. → Gewerbeanmeldung/Gewerbeordnung, → Lizenzierung

Gewichtigkeitsgrenze für Vereine, derjenige Umsatz pro Jahr, für den Vereine keine Körperschafts- und Gewerbesteuer zu entrichten haben. → Schwarzgastronomie, → Schwarztouristik

Gewinn, ist betriebswirtschaftlich gesehen der Überschuß der erzielten Beträge über die aufgewendeten Kosten (Material, Löhne, Zinsen für Fremdkapital, Abschreibungen). → Gewinn- und Verlustrechnung, → Verlust

Gewinn- und Verlustrechnung

Gewinn- und Verlustrechnung, ist ein Teil des Jahresabschlusses, der durch Gegenüberstellen der Konten, Aufschluß über das Zustandekommen des Betriebsergebnisses geben soll. Das HGB schreibt in § 275 eine Mindestgliederung vor.

GfbV, Gesellschaft für bedrohte Völker, Göttingen, kämpft gegen Diskriminierung exotischer Völker in deren Ländern.

GfM-Getas, Gesellschaft für Marketing-, Kommunikations- und Sozialforschung mbH, Hamburg; gehört zur brit. AGB-Gruppe. 1986 entstanden durch den Zusammenschluß der 1945 in Hamburg gegründeten GfM (Ges f. Marktforschung) und der seit 1957 in Bremen tätigen Getas (Ges. f. angewandte Sozialpsychologie). → Reiseanalyse (RA), → StfT, → Urlaub + Reisen (U+R)

GFN, Gesellschaft für Nebenbetriebe der Bundesautobahnen mbH. → Autobahn Tank & Rast AG

GGAMADE, unter dieser Abfrage sind die AIS-Seiten (Amadeus Information System) in deutscher Sprache abrufbar. → AIS

Giant´s Causeway, der „Damm der Riesen" liegt im Norden Nordirlands. Er wird aus 40.000 sechseckigen Basaltsäulen gebildet.

Gigabyte, Abk. GByte. Maßeinheit der Informationseinheit. 1 G. entsprechen 1.024 Megabyte oder 134.217.728 Byte bzw. 1.073.741.824 Bit. → Bit, → Byte, → Megabyte

Gimmicks, engl., bezeichnet im Incentive-Jargon die kleinen Geschenke, mit denen versucht wird, die Motivation der Mitarbeiter einer Firma z. B. während eines Verkäuferwettbewerbes aufrechtzuerhalten.

GIT, Group Inclusive Tour, Gruppentarif für Pauschalreisen mit Linienflügen. Dabei sind alle Flugstrecken von den Teilnehmern gemeinsam zurückzulegen. Abweichungen bedingen Zuschläge. Die Mindestteilnehmerzahl liegt je nach Reise bei 6 oder mehr Personen. → IT-Flugpassagetarife (-preise), → IT-Reisen

Gîtes de France, private Beherbergungseinrichtungen in Frankreich; G. können kleine Landhäuser, Wohnungen in Bauernhäusern wie auch Landsitze oder Mühlen sein. Diese preisgünstigen Einrichtungen befinden sich meist abseits der touristischen Wege.

Give aways, Werbegeschenke.

GKA-Großkundenabonnement,
1. DB-Großkundenabonnement: Dieses spezielle Angebot der Deutschen Bahn AG richtet sich an Firmen, Verbände und Behörden, deren Mitarbeiter häufig mit der Bahn reisen. Man unterscheidet Großkundenabonnements mit Wertkontingenten von DM 3.000,-, DM 12.000,- und DM 30.000,-. Die Fahrausweise werden vom Kunden zu beliebigen Fahrten selbst ausgestellt. Die Ersparnis beträgt 15%, 17,5% und 20%, je nach Wert des GKA. Die Geltungsdauer des GKA ist 1 Jahr mit flexiblem Gültigkeitsbeginn. Die GKA-Fahrscheine hingegen gelten für einfache Fahrt 2 Tage (auch im Nahverkehr) sowie 1 Monat für Fahrscheine für Hin- und Rückfahrt, gerechnet vom ersten Geltungstag der Hinfahrt, für die Hinfahrt und die Rückfahrt jeweils 2 Tage. Ermäßigungen werden auch auf anfallende IC-Zuschläge gewährt. Als Tariffundstelle ist der DPT II DB/DR IV b, Preistafel DB „Großkundenabonnement" (GKA) (Nr. 9) angegeben. Mit GKA Fahrscheinen können auch ICE-Züge benutzt werden. Hierzu muß auf dem Fahrschein allerdings die ICE-Relation eingetragen werden. Als Weiterentwicklung des GKA gibt es das GKT (elektronisches GKA).

2. Euro-GKA: Fahrausweise des Euro-GKA werden für Strecken bestimmter Bahnen ausgegeben (derzeit Frankreich und Schweiz). Die Fahrausweise dürfen nur
• von einem Abgangsbahnhof der DB nach einem Zielbahnhof im Ausland und
• von einem Abgangsbahnhof im Ausland nach einem Zielbahnhof der DB ausgestellt werden.
Für Strecken innerhalb des Bereichs einer beteiligten Bahn dürfen keine Euro-GKA Fahrscheine ausgegeben werden. Ansonsten gelten die Bestimmungen des DB-GKA.
3. Lufthansa-GKA: Angebot ist eingestellt worden. → Corporate Rates, → GKT, → Miles & More

GKT, Weiterentwicklung des GKA, bei dem die Fahrscheine auf den Namen des Mitarbeiters über START elektronisch gebucht und gleichzeitig über eine Kundennummer statistisch erfaßt werden können. Zusätzlich zum GKT bietet die DB das Management-Informationssystem BMIS an, über das sämtliche Reisedaten registriert werden können. → BMIS, → GKA

Goldenes Vlies

Glacier-Express, Touristik-Bahnangebot in der Ost-West-Verbindung der Schweiz, er verbindet die Gletscher des Engadin mit denen des Wallis und die Bernina mit dem Matterhorn. → Bahn-Spezialitäten aus Graubünden

Gläserner Zug, ein auf elektrifizierten Strekken in Deutschland, Österreich und der Schweiz eingesetzter Aussichtstriebwagen von 20,6 m Länge, der durch 72 Fensterscheiben den Blick auf die Landschaft freigibt. Erstmals 1935 auf der Eisenbahnausstellung in Nürnberg vorgestellt. Seit 1936 regelmäßig für Ausflugsfahrten im Einsatz.

Glass Bottom Boat, Ausflugsschiff mit gläsernem Boden, das den Blick auf das Geschehen unter der Wasseroberfläche ermöglicht, häufig eingesetzt am Great Barrier Reef in Australien oder auch in Florida, USA.

Global Airline, Begriff für Luftverkehrsgesellschaften, die mit kombinierten Streckennetzen weltumspannende Verbindungen bieten, z.B. Kooperationsabkommen der Deutschen Lufthansa mit United Airlines, SAS, Thai Airways, Air Canada und Varig zur Star Alliance. → Code-Sharing-Vereinbarung, → Marketing-Merger, → Mega Carrier, → Star Alliance

GlobalFares, Tarifdatenbank unter Galileo, überprüft bei Buchung die günstigsten Flugpreise (Best Buy-Funktion) und die damit verbundenen Tarifbedingungen, alle anfallenden Gebühren und das im Flugpreis enthaltene Höchstgewicht für Gepäck. → Best Buy-Funktion → Galileo.

Global indicators, → Flugrouten

Globalisierung, meint dauerhafte weltumspannende Aktivitäten der Unternehmen und bedeutet, daß das Kapital jederzeit auf dem gesamten Globus zugreifen kann. Die außenwirtschaftlichen Verflechtungen über Handel und Direktinvestitionen haben in den letzten 20 Jahren zugenommen. Der Welthandel ist schneller gewachsen als die Weltproduktion, da immer mehr Staaten an den internationalen Austauschbeziehungen teilnehmen und seit 1990 viele neue Staaten durch Teilung entstanden sind. → EU/EG/EWG, → Integration, → Standortfaktoren

Globetrotter, Weltenbummler; notorischer Reisender.

Globus Travel Backoffice- und Reservierungssystem, Buchungssoftware für kleinere Reisebüros, entwickelt von der Firma Globus Travel.

GmbH, Gesellschaft mit beschränkter Haftung, ist eine rechtsfähige Kapitalgesellschaft mit beschränkter Haftung der Gesellschafter. Sie erfordert mindestens einen Gesellschafter und ein Stammkapital von DM 50.000,- und eignet sich besonders für kleinere Unternehmen, da eine starke persönliche Bindung der Gesellschafter vorliegt. → Kapitalgesellschaft, → Personengesellschaft, → Unternehmensform

GMT, Greenwich Mean Time, mittlere Greenwich-Ortszeit, basierend auf dem Null-Meridian. → Ortszeit, → Weltzeit, → Zeitzone.

GNR, Gruppe Neues Reisen e.V., Sitz: St. Peter-Ording, gemeinnütziger Verein, der seit seiner Gründung 1978 ein Forum zum tourismuskritischen Gedankenaustausch bietet. Mitbegründer der ehem. Arbeitsgemeinschaft „Tourismus mit Einsicht". → Tourismus mit Einsicht

GO, Gentil Organisateur, interne Bezeichnung für den Animateur beim Club Méditerranée (CM), sorgt für die Freizeitgestaltung der Gäste nach vorgegebenem Konzept. GM, Gentil Membre, ist bei CM die interne Bezeichnung für den Gast im Club. → Animation, → Cluburlaub

Go as you please, Hotelscheckprogramm in Großbritannien mit offenen Hotelschecks für Übernachtung und Frühstück. Programm, bei dem nur die erste Nacht vorreserviert wird, danach Weiterreservierung nach Belieben des Gastes. → Voucher

Goldene Reisekutsche, alljährlich vom Jaeger-Verlag seit 1969 vergebene Auszeichnung mit Gold-, Silber- und Bronzemedaillen für hervorragende Gestaltung touristischer Werbemittel.

Goldener Umkehrpunkt, Einsparung beim Kauf von Flugtickets auf legale Weise. Der kundige IATA-Agent konnte auf bestimmten Routen durch Festlegung eines fiktiven Umkehrpunkts die Verbilligung eines Tickets ermöglichen; seit 1990 über crs. → NUC, → Flugpreisberechnung

Goldenes Horn, Hafenbucht von Istanbul, eine Bucht des Bosporus.

Goldenes Vlies, nach griech. Sage das Fell des goldenen Widders, der Phrixos durch

Golfreisen

die Lüfte nach Kolchis trug; zurückgeholt von den Argonauten. Beliebtes Thema bei Kreuzfahrt-Programmen. → Kreuzfahrten

Golfreisen, touristische Pauschalreisen, die den Reisenden zusammen mit Anreise und Unterkunft zusätzlichen Zugang zu Golfplätzen erlaubt. Als typische Begriffe aus diesem Bereich seien hier erwähnt:
Abschlag (teebox): Startraum für den ersten Schlag auf jeder Spielbahn
AS (hole in one): Einlochen des Balles vom Abschlag aus mit einem Schlag.
Bag: Schlägertasche
Birdie: ein Schlag weniger als die Sollzahl für die jeweilige Spielbahn
Bogey: ein Schlag mehr als die Sollzahl für die jeweilige Spielbahn
Bunker: Hindernis aus Sand oder Gras
Caddie: tragen die Schlägertasche (bag) oder ziehen den Caddywagen
Club: Sammelbegriff für Golfschläger
Driver: der Schläger für den Abschlag
Eagle: zwei Schläge weniger als die Sollzahl der jeweiligen Spielbahn
Eisen: Schlägertyp mit flachem Kopf von Nummer 1 (weite Schläge) bis Nummer 9 (kurze Schläge) sowie Nummer 10 für ganz kurze Schläge
Green: das kurzgeschnittene Grün rund um die Fahne
Greenfee: Spielgebühr auf fremden Plätzen
Handicap: System zum Vergleich der Spielstärken einzelner Spieler.
Par: angegebene Sollschläge für einzelne Spielbahnen
Proshop: Verkaufsstätte für Golfausrüstung.
Putt: Schlag mit dem Putter auf dem Grün Richtung des Lochs.
Rough: Hohes Gras oder Wiese, von der aus der Ball sehr schwer zu spielen ist.

Golfstrom, die für Europa lebenswichtige Strömung als Fortsetzung der nordäquatorialen Strömung. Der Aufstau im Golf von Mexiko verbindet sich beim Abfließen durch die Floridastraße mit dem Antillenstrom und setzt sich an der Küste der Vereinigten Staaten nach Norden bis Neufundland fort, wo die Strömung als Atlantikstrom bis zur europäischen Küste gelangt. Dem Verlauf eines Zweiges des Golfstroms durch den Ärmelkanal und seines weiteren Weges nordwestlich der ostfriesischen Inseln sind die milden Winter dort mit mittleren Temperaturen im Januar und Februar von etwa +1°C zu verdanken.

Go Show, Flugreisender, der ohne Reservierung versucht, am Flughafen einen frei gewordenen Platz zu bekommen. Gilt auch für Hotelzimmer oder Kabinen. → No Show

Gotik, Stilbezeichnung für die hoch- und spätmittelalterliche Epoche der abendländischen Kunst (Kirchenbau, Malerei, Bildhauerei). Beginn in Frankreich um 1150, in Italien um 1420 von der Renaissance abgelöst. Hielt sich in anderen Teilen Europas bis nach 1520. Hauptkennzeichen sind im Kirchenbau Spitzbogen, Kreuzrippengewölbe, Strebewerk und Maßwerkfenster, z.B. bei den Kathedralen von Chartres, Reims, Canterbury und den Domen von Magdeburg, Schwerin und Mailand.

Grachten, Wasserstraßen in holländischen Städten, z.B. in Amsterdam Prinsengracht, Keizersgracht. Grachtenrundfahrten sind Touristenattraktionen.

Grand Canyon, 350 km lange und 6-30 km breite Schlucht in Nevada, USA. Der G. C. ist zum größten Teil zum Nationalpark erklärt und einer der meist besuchten Touristenattraktionen der USA.

Grand-Hotel, i.d.R. Begriff für ein Hotel, das in seiner großzügigen baulichen Gestaltung, der Einrichtung seiner Räume und seiner technischen und sanitären Einrichtung den Durchschnitt der am Orte und in einem größeren, regionalen Umkreis befindlichen Hotels überragt. Das Grand-Hotel muß in einem für sich abgeschlossenen Hause betrieben werden, eine Zahl von mindestens 100 elegant eingerichteten Zimmern aufweisen und ein erstklassig geführtes Restaurant haben. Den Gästen sollen großzügig bemessene Gesellschaftsräume, Lese- und Schreibzimmer, Konferenzsäle, Eß- und Frühstücksräume zur Verfügung stehen. Das Personal des Grand-Hotels soll sich zum größten Teil aus Angestellten zusammensetzen, die Fremdsprachen sprechen. → Hotel

Gratuity, bei Kreuzfahrten in USA Bezeichnung für Trinkgeld. → Tip, → Trinkgeld

Graumarkt, die Flugtarife für Flüge von der Bundesrepublik Deutschland unterliegen der vorherigen Genehmigung durch das Bundesverkehrsministerium. Durch die Überkapazität vieler Fluggesellschaften, die nicht alle Plätze zu den offiziellen Tarifen fül-

Grundpflichten

len können, entsteht ein Angebot von Flugscheinen, die billiger sind als die vom Ministerium genehmigten Preise. Der Vertrieb erfolgt über vielfältige Wege, hauptsächlich über Ticket-Großhändler. Diese untertarifierten Flugscheine sind zwangsläufig nur für die Dienste der ausstellenden Gesellschaft zu benutzen und unterliegen oftmals einschränkenden Konditionen (keine Umbuchung, keine Verlängerung, keine Streckenänderung etc.). Beim Verkauf sind Reisebüros verpflichtet, die Kunden auf Umstände und Risiken aufmerksam zu machen, die mit der Benutzung dieser Flugscheine zu nicht genehmigten Preisen verbunden sind.
↪ Flugpreisberechnung, ↪ IATA

Graumarkt-Tickets, untertariflich und damit zumeist illegal verkaufte Flugscheine.

Great Barrier Reef, längstes lebendes Korallengebilde der Welt vor Queensland, Australien (rd. 2.000 km).

Great Circle, Bezeichnung für die Route Europa-Nordamerika zur Zeit der großen Transatlantikliner.

Great South Pacific Express, ab Ende 1998 entlang der australischen Ostküste (Caims - Brisbane - Sydney) fahrender Luxuszug der einheimischen Queensland Rail und der Londoner Orient-Express-Gruppe. Gebaut für maximal 90 Passagiere in 20 Waggons im edwardianischen Stil. Offizielle Jungfernfahrt am 23. April 1999.

Green Globe, der „Grüne Globus", länderübergreifendes Aktionsprogramm zur Reduzierung von tourismusinduzierten Umweltbelastungen. Umweltauszeichnung des WTTC. Das Programm deckt alle Bereiche der Reiseindustrie ab und liefert praktische Informationen über Müllmanagement, Ressortentwicklung sowie die Nutzung alternativer Stromquellen und das Sparen von Wasser und Energie. Beitretende Unternehmen verpflichten sich zur Verbesserung umweltbedingter Praktiken nach den Rio-Richtlinien (1992). Anlaufstelle für Interessenten ist das Londoner Büro des WTTC. ↪ WTTC

Green Leaf, das „Grüne Blatt", Auszeichnung der PATA für umweltbewußten Tourismus.
↪ PATA

Greyhound-Busse, Überlandbusse, die in den USA mit einem Streckennetz von 160.000 km rund 14.000 Städte verbinden. Für eine Vielzahl von Orten, die weder über einen Flughafen noch über eine Eisenbahnstation verfügen, sind sie das einzige öffentliche Verkehrsmittel im Liniendienst. Das Unternehmen wurde 1913 von C. E. Wickman gegründet. Deutsche Generalagentur ist ISTS Intercontinental Reisen, München.

Großer Belt-Tunnel, nach dem Kanaltunnel zweitgrößtes Brücken- und Tunnelprojekt in Europa. Die 17 km lange Verbindung der Hauptinsel Seeland mit der Insel Sprogö wurde 1996 für den Eisenbahnverkehr freigegeben und verbindet damit die dänische Hauptstadt Kopenhagen mit dem europäischen Festland. ↪ Eurotunnel

Großkundenabonnements, ↪ Corporate Rates, ↪ GKA-Großkundenabonnement

Großraumflugzeug, Bezeichnung für Flugzeuge mit großen Kapazitäten, die im Passagiertransport über zwei Mittelgänge verfügen, z. B. Boeing 747 und 767, Airbus 300, DC10, IL 86, Tristar und MD 11.

Großrechner, großes Computersystem, an das mehrere Tausend Terminals angeschlossen werden können. Auch das Start-System wird über einen G. gesteuert.

Ground handling, engl. für Bodenabfertigungsdienstleistungen an Flughäfen. Seit 1991 (EU-Verordnung 82/91) dürfen im EU-Gebiet diese Leistungen nicht mehr ausschließlich von Flughäfen, sondern auch von den Fluggesellschaften durchgeführt werden.

Groundhostess, auch Bodenstewardeß, bezeichnet das weibliche Bodenpersonal am Flughafen, d. h. hauptsächlich die Counterkräfte (im Unterschied zur Bordhosteß, die an Bord von Flugzeugen eingesetzt wird).

Grundpflichten, für den Betrieb des öffentlichen Verkehrs bestehen 4 Grundpflichten:
1. Betriebspflicht - Im Linienverkehr die Pflicht zur ordnungsgemäßen Einrichtung und Aufrechterhaltung des Personenbeförderungsbetriebes nach PBefG. Im Vordergrund steht das Allgemeininteresse, allerdings unter Berücksichtigung der Rentabilität. 2. Fahrplanpflicht - Die Pflicht zu einem im voraus festgelegten und veröffentlichten Fahrplan. 3. Beförderungspflicht - Im Linienverkehr ist nach PBefG der Beförderer im Rahmen der regelmäßigen Kapazitäten zur Beförderung verpflichtet, soweit seine Allg. Beförderungsbedingungen eingehalten werden. 4. Tarifpflicht - Die Pflicht eines im vor-

145

Grüner Koffer

aus festgelegten und veröffentlichten Preisverzeichnisses, von Tarifeinheit und -gleichheit. → ABB, → Öffentlicher Verkehr, → ÖPNV, → PBefG

Grüner Koffer, Ökologischer Tourismus in Europa (Ö.T.E.) e. V. plant Gütesiegel für umweltverträglichen Tourismus. Bisher wurden nur die Kriterien zur Auszeichnung von Fremdenverkehrsorten ausformuliert. Längerfristig wird auch die Auszeichnung von Reiseveranstaltern und Beherbergungsbetrieben angestrebt (für die letzteren besteht jedoch eine Absprache mit DEHOGA, der zunächst allein seinen Wettbewerb „So führen Sie einen umweltfreundlichen Betrieb" durchführen will). → Ökologischer Tourismus in Europa (Ö.T.E.) e. V.

Grüner Pfeil, dieses an Straßenkreuzungen angebrachte Verkehrszeichen erlaubt Kraftfahrern das Rechtsabbiegen auch bei roter Ampel. Vor dem Abbiegen muß angehalten werden, denn Fußgänger und Radfahrer haben immer Vorfahrt. Seit dem 1. März 1994 gilt das aus der ehem. DDR übernommene Verkehrszeichen für Gesamtdeutschland.

Grüne Versicherungskarte, im grenzüberschreitenden Kfz-Verkehr geforderter Nachweis einer bestehenden Kfz-Haftpflichtversicherung.

Gruppenreisen, 1. Von Verkehrsträgern begünstigte Reiseform, bei der, abhängig von der Gruppenstärke, Ermäßigungen oder die Anrechnung von Freipersonen gewährt werden. **2.** Angebot der DB für Bahnreisen von mindestens 6 erwachsenen Teilnehmern. Die Preisberechnung ergibt sich unter Berücksichtigung von Teilnehmerzahl, Wagenklasse, Orientierungspreis und der Verkehrszeit.

Gruppenversicherung, Versicherungsvertrag für Gruppen von Personen wie z. B. Berufsverbände oder Firmen, deren Mitglieder bzw. Mitarbeiter meist in den Genuß von vergünstigten Versicherungsleistungen kommen.

GSA, General Sales Agency, Generalvertretung für eine Reederei, eine Airline, einen Incoming-Veranstalter, eine Hotelgruppe o.ä.

GSTAR, von der Raumfahrtabteilung der General-Electric gebauter Satellit zur Übertragung von Daten, Telefongesprächen und Fernsehsendungen. Eingesetzt seit Sept.

1988. Damit wurden Buchungen von Übernachtungen, Restaurantplätzen und Konferenzräumen über den Weltraum möglich. Kunde dieser Satellitendienstleistung ist u.a. die Hotelkette „Days Inns of America".

GT, Group Travel bedeutet im internat. Luftverkehr, daß bestimmte Personengruppen unter besonderen Voraussetzungen preisgünstiger reisen. Preisermäßigung seitens der Carrier gibt es für 1. Angehörige der Fluggesellschaften, 2. Schiffsbesatzungen (GS), 3. Militärgruppen (GM), 4. Affinitätsgruppen (GA), 5. Common interest group travel (CG) wie z.B. Gesellschaftsreisen zu sportlichen Veranstaltungen oder Studienreisen, 6. Inclusive Tours (GV) - Pauschalreisegruppen, 7. frei zusammengestellte Gruppen, deren Antrag allerdings von der IATA genehmigt sein muß. → GIT, → IT-Flugpassagetarife (-preise)

GTM, Germany Travel Mart, Incoming Fachreisemarkt für Reisen in die Bundesrepublik Deutschland, Veranstalter ist die DZT. → Detoura, → DZT

GTZ, Deutsche Gesellschaft für technische Zusammenarbeit, Eschborn. Im Auftrag des BMZ (Bundesministerium für wirtschaftliche Zusammenarbeit) fördert die GTZ die technische Zusammenarbeit zwischen der Bundesrepublik Deutschland und den Partnerländern in der Dritten Welt in Form von Studien, Berichten und Gutachten. Zu den wichtigsten Instrumenten der deutschen Entwicklungspolitik gehört auch die Tourismusförderung. → Bundesministerium für wirtschaftliche Zusammenarbeit (BMZ)

Guadalajara-Abkommen, sog. Charterabkommen; Zusatzabkommen zum Warschauer Abkommen zur Vereinheitlichung von Regeln über die von einem anderen als dem vertraglichen Luftfrachtführer (carrier) ausgeführte Beförderung im internat. Luftverkehr. Gilt als Ergänzung zum Haftungsrecht, beschlossen im Sept. 1961 von der Internationalen Luftprivatrechtskonferenz in Guadalajara (Mexiko). → Haager Protokoll, → Warschauer Abkommen (WA)

Guéridon-Service, → Englischer Service

Guest Relations Manager, diese anglo-amerikanische Bezeichnung bezieht sich auf bestimmte Angestellte in Luxushotels mit amerikanischem Management. Der G.R.M. übernimmt die Sonderbetreuung der VIP-Kunden.

Güter

Guest-Ranch, → Ranch-Urlaub

Guten-Abend Ticket, Angebot der DB für Zugfahrten von 19.00 Uhr bis 2.00 Uhr des folgenden Tages für die 1. oder 2. Klasse, mit oder ohne ICE-Berechtigung. Die Fahrscheine zum G. können nur an Verkaufsstellen erworben werden, die höchstens 30 Tarif-Km vom Abgangsbahnhof entfernt sind.

Güter, sind bewegliche und unbewegliche materielle sowie immaterielle Mittel, die direkt (Konsumgüter) oder indirekt (Produktivgüter) der Befriedigung menschlicher Bedürfnisse dienen. → Dienstleistungen

Aufruf

Womit reiste die Königin von Saba?
Wohin trug der fliegende Teppich Prinz Selim?
Warum nahm Goethe sein Bett mit auf die italienische Reise ?

Nun, diese Fragen brennen uns nicht auf den Nägeln. Aber sicher haben auch Sie schon darüber nachgedacht, welche touristischen Wissensschätze in den diversen Privat-, Firmen- und öffentlichen Archiven schlummern mögen und wie man sie heben könnte. – Auch mich beschäftigt der Gedanke an die Einrichtung eines Tourismus-Museums seit langem. Und selbstverständlich haben sich sogleich weitere Fragen aufgedrängt:

▷ Wie würde ein solches Museum aussehen?
▷ Welche Schwerpunkte sollten gesetzt werden?
▷ Wem könnte es in erster Linie von Nutzen sein?

Leider stießen auch nach Erscheinen der 2. Auflage des Lexikons meine Gedanken und Fragen zu diesem Thema auf weniger Resonanz als erhofft. Für Beiträge und Zusendungen aus den verschiedenen Touristikunternehmen möchte ich mich jedoch an dieser Stelle noch einmal bedanken.

Erneute Überlegungen in dieser Richtung waren die Folge eines Besuches im Berliner Pergamonmuseum, wo mir aus dem babylonischen Schrifttum ein Vertrag über das Ausleihen eines Schiffes nebst Reisegeld für eine Geschäftsreise aus der Zeit des Königs Samsu-ditana (1625-1595 v. Chr.) ins Auge fiel.

Natürlich kann und will ich nicht ein Museum aufbauen, das sich mit den Zeugnissen einer jahrhunderte- oder gar jahrtausendealten Reisekultur beschäftigt. Mein Interesse gilt der Touristikentwicklung seit 1841 mit Thomas Cooks erster organisierter Reise und Johannes Romingers Gründung des ersten deutschen Reisebüros 1842.

Mein Aufruf geht in erster Linie an meine älteren Kollegen/innen in der Reisebranche und bereits aus dem aktiven Geschäft bzw. Dienst ausgeschiedenen ehemaligen Führungskräfte, mit denen ich zusammen die Idee und spätere Einrichtung des Tourismus-Museums vorzugsweise in Berlin realisieren möchte.

Günter Schroeder
Im August 1998

Haftungserklärung

H, neben Y und M die Tarifbezeichnung im Flugticket für Economy Class.

Haager Protokoll, Protokoll zur Änderung des Warschauer Abkommens von 1929.
→ Guadalajara-Abkommen, → ICAO, → Warschauer Abkommen

Hafen, der vor Seegang geschützte und mit einem Quai, Pier oder einer Mole ausgebaute Liegeplatz zur sicheren Be- und Entladung oder Reparatur der Schiffe. → Reede

Hafenabgaben, -gebühren, -gelder sind diejenigen Gelder, die ein Schiff dafür entrichtet, daß es einen Hafen mit seinen sämtlichen Anlagen, wie Einfahrt, Festmachen, Frischwasser- und Ölübernahme nutzt. Die H. werden bemessen nach der Größe eines Schiffes, nach BRT/BRZ. Der Reeder oder Veranstalter gibt diese Gebühren vielfach - separat ausgewiesen - an den Kunden weiter. → BRT/BRZ

Hafenagenten, übernehmen die Versorgung und Betreuung von Schiffen in fremden Häfen. Die hierauf spezialisierten Agenturen reservieren Liegeplätze, organisieren Lotsen und Schleppereinsatz, übernehmen die Versorgung mit Treibstoff, Ersatzteilen, Wasser und Lebensmitteln. Darüberhinaus fungieren sie als Nachsendeadresse für Schiffs- und Passagierpost. In vielen Fällen werden auch Landausflüge sowie die Abfertigung zu- oder aussteigender Fahrgäste arrangiert.

Hafenbahnhof, Bahnstation in unmittelbarer Nähe der Schiffsanlege- bzw. -landeplätze zur direkten Abfertigung des Personen- und Güterverkehrs, z.B. Genua.

Hafenkapitän, von der Stadt bzw. Gemeinde beauftragte amtliche Person, die die Verwaltung eines Hafens übernimmt. Der Hafenkapitän weist den am Hafen angekommen Yachten einen Liegeplatz zu und zieht das entsprechende Hafengeld ein, in kleineren Häfen auch Hafenmeister genannt. → Hafenabgaben

Haff, flaches Gewässer, von der See durch Inseln oder einen Dünenstreifen getrennt, z.B. an den Küsten Pommerns und Ostpreußens. → Lagune

Haftung bei Pauschalreisen, der Reiseveranstalter steht als Vertragspartner des Reisenden für die vertragsgemäße Erbringung der Leistung ein. Weicht die erbrachte von der vereinbarten Leistung ab, kann der Reisende Gewährleistungs- und Schadensersatzansprüche nach § 651 c bis f BGB geltend machen. Dies sind Abhilfe, Minderung, Kündigung oder Schadensersatz. Den Reiseveranstalter trifft allein das Risiko der Durchführung der Reise. Daneben kann er auch für Unfälle und sonstige Schäden während der Reise haften, soweit ihn hierfür ein Organisations- oder Aufsichtsverschulden trifft (§ 823 BGB). Ohne Vereinbarung einer Haftungsbeschränkung (§ 651 h BGB) haftet der Reiseveranstalter auch für das Verschulden seiner Erfüllungsgehilfen, insbes. der Leistungsträger. → Erfüllungsgehilfe, → Frankfurter Tabelle, → Kündigung, → Kundengeldabsicherung, → Leistungsträger, → Minderung, → Reisemängel, → Reiseveranstalter, → Reisevertrag/Reisevertragsrecht, → Schadensersatz

Haftung bei Schiffspassagen, (See-, Fährpassagen und Beförderung auf Binnengewässern) → Zweites Seerechtsänderungsgesetz

Haftungsbeschränkung, der Reiseveranstalter kann die Haftung für Schäden des Reisenden, die nicht Körperschäden sind vertraglich auf den dreifachen Reisepreis beschränken (§ 651 h BGB). Das Recht des Reisenden auf Abhilfe, Minderung oder Kündigung (§§ 651 a-e BGB) fallen nicht hierunter. Sofern die Voraussetzungen eines Anspruchs auf Schadensersatz (§ 651 f BGB) vorliegen, haftet der Reiseveranstalter auf vollen Schadensersatz. Die Haftungsbeschränkung ist zulässig, soweit der Schaden des Reisenden weder vorsätzlich, noch grob fahrlässig herbeigeführt worden ist bzw. soweit der Reiseveranstalter für den dem Reisenden entstehenden Schaden allein wegen eines Verschuldens eines Leistungsträgers verantwortlich ist. Ein eigenes Verschulden des Reiseveranstalters darf für den Schaden nicht mitursächlich sein.

Haftungserklärung, in Zusammenhang mit verlorenen oder verlegten Flugscheinen oder anderen Transportdokumenten auszustellendes Formular. Mit Hilfe der E. kann ein Ersatzdokument beantragt werden. → Freischreibklärung, → Haftungserklärung

Halbpension

Halbpension, beinhaltet ein Frühstück und eine warme Mahlzeit pro Tag in Hotel oder Pension. → MAP

Hallenbetriebe, zu diesem Leistungszweig gehören die Stadt-, Sport- und Mehrzweckhallen. Diese wieder sind vielfach Voraussetzung für Aktivitäten anderer Dienstleistungsunternehmen, z B. im Messe- und Kongreßwesen. Hallenbetriebe sind touristisch stark genutzt für Veranstaltungen wie Tagungen, Kongresse, Workshops, Ausstellungen, Sportveranstaltungen u.ä. → Convention, → Messetourismus, → VDSM

Hallig, kleine Wattinsel, die nicht eingedeicht und deshalb häufig von Flut bedroht ist, z.b. Hallig Hooge.

Handel, gehört im Rahmen der Volkswirtschaft zum Bereich der Distribution. Seine Aufgabe ist die eines Mittlers zwischen Produktion und Konsum. Ein typisches Beispiel aus der Tourismusbranche sind die Reisebüros oder der Handelsvertreter nach § 84 HGB. Der H. tritt in drei Erscheinungsformen auf: Einzelhandel, Großhandel, Außenhandel.

Handelsbilanz, ist die Gegenüberstellung der Werte der Warenein- und ausfuhr. Sind die Warenexporte größer, als die Importe, so spricht man von einer aktiven Handelsbilanz. Im umgekehrten Fall liegt eine passive Handelsbilanz vor. → Zahlungsbilanz

Handelsgastronomie, Restaurants in Kaufhäusern, wie Karstadt, Horten, Hertie, Kaufhof etc.

Handelsherr/Geschäftsherr, hier der Reiseveranstalter oder Beförderungsunternehmer, für den Reiseagenturen, Reisebüros und sonstige Reisemittler als Handelsvertreter tätig werden. Im Reisegewerbe bestimmt der H. (Veranstalter) den Endverbraucherpreis einer Reise. Der Handelsvertreter ist an diesen Endpreis gebunden, darf ihn nicht unterschreiten und erhält auf diesen Provision. In jüngster Zeit wird der Handelsvertreter-Status von Reisebüros juristisch angezweifelt (Bundeskartellamt). Führt dieses zu einer Aufhebung des Handelsvertreter-Status, so müssen Reiseveranstalter ihren Reiseagenturen die Arrangements zum Nettopreis liefern und haben keinen Anspruch mehr auf Beachtung vorgegebener Endpreise (Wegfall der Preisbindung, erheblicher Wettbewerb zwischen den Reisebüros durch gegenseitige Preisunterbietung).

→ Handelsvertreter, → Preisbindung, → Rabattgesetz, → Rabattverbot beim Verkauf von Pauschalreisen, → Reisemittler, → Reiseveranstalter, → Verkaufslizenzen

Handelsmarken, Eigenmarken der Handelsorganisationen, dienen durch aktives Handelsmarketing vorwiegend der eigenen Unternehmensprofilierung. Sie werden ausschließlich in den angeschlossenen Ketten/ Filialgeschäften angeboten. Handelsmarken fungieren meist als preisgünstigere Alternative zu den Markenartikeln; sie sind dem Preiswettbewerb entzogen; sorgen häufig für Handelsspannenverbesserung.

Handelsregister, eine vom Amtsgericht für den jeweiligen Bezirk geführte öffentliche Aufzeichnung der Vollkaufleute, ihrer Firmen, ihrer Vertretungsverhältnisse und ggf. ihrer Gesellschaftsverhältnisse.

Handelsvertreter, Reiseagenturen, Reisebüros und sonstige Reisemittler arbeiten regelmäßig als H. für einen oder eine Vielzahl von Reiseveranstaltern oder Beförderungsunternehmen usw. Aufgrund Handelsvertreter- oder Agenturvertrages arbeitet der H. als selbständiger Gewerbetreibender, der zwischen Kunde und Reiseveranstalter (Pauschal-)Reiseverträge vermittelt und abschließt, i.d.R. ohne selbst für Wirkungen und Erfolg des Reisevertrages verantwortlich zu sein. Gesetzliche Regelungen finden sich unter anderem in §§ 84ff. HGB. → Agenturvertrag/Handelsvertretervertrag, → Reisemittler, → Reiseveranstalter, Handelsherr/Geschäftsherr

Handgepäck, nach z.Z. gültigen Sicherheitsbestimmungen ist in der Bundesrepublik dem Fluggast die Mitnahme von einem Stück Handgepäck erlaubt. Vor dem Einsteigen wird dieses kontrolliert.
→ Freigepäck, → Gepäckbeförderung

Hand-Off-Tape, → Hot

Hängebrücke, Brücke, die an mindestens zwei festen Stützen aufgespannt ist. Die längste H. der Welt ist im April 1998 in Japan dem Verkehr übergeben worden. Sie mißt 3.911 m Länge, die Spannweite von Pfeiler zu Pfeiler beträgt 1.991 m. Sie verbindet die Stadt Kobe mit der Insel Awaji. Das Bauwerk gilt als erdbebensicher.

Hanse/Hansestädte, der Bund der Hanse bestand im Mittelalter bis zum 17. Jh. und reichte mit über 90 Häfen und Reichsstäd-

Hauptleistungen

ten von Flandern bis nach Reval. Der ursprünglich nur wirtschaftlichen Interessen dienende Bund erhielt durch die Kölner Konföderation vom 19. November 1367 auch politische Bedeutung. Der Hauptort Lübeck war Appellationsgericht für alle Hansestädte, die nach eigenem Lübischen Recht zu richten hatten. In den Hansetagen kamen die Ratsendeboten der Städte zusammen, um die Angelegenheiten des Bundes zu beschließen. Der Rückgang der Macht der Hanse begann mit dem Erstarken des Nationalbewußtseins, das viele der Hansestädte den Interessen der regierenden Fürsten unterordnete. Ein weiterer Grund war in der Entdeckung Amerikas zu suchen, welche den bisher dominierenden Ostsee-Westsee-Handel nun in überseeische Gebiete ausdehnte. Mit Beginn des 17. Jh.s war der stolze und mächtige Städtebund der Hanse nur noch dem Namen nach ein Bündnis. Der Dreißigjährige Krieg brachte die völlige Auflösung. Der „Hansetag der Neuzeit" findet in regelmäßigen Abständen in jeweils wechselnden ehem. Hansestädten statt; der 8. „Hansetag der Neuzeit" 1988 in Köln. Diese Zusammenkünfte dienen überwiegend der Fremdenverkehrsförderung.

Hapag-Lloyd AG, entstand am 01.September 1970 durch die Fusion der beiden Reedereien Hamburg-Amerikanische Packetfahrt Actien-Gesellschaft (HAPAG) und Norddeutscher Lloyd (NDL), die 1847 bzw. 1857 gegründet, zu dem Zeitpunkt bereits seit über 130 Jahren in der Seeschiffahrt tätig waren. Heute verfügt der Konzern neben der Linienschiffahrt und der Spedition über eine breitgefächerte Palette von touristischen Aktivitäten. Sie umfaßt die Bereiche Hapag-Lloyd Fluggesellschaft, Hapag-Lloyd Geschäftsreisen, Hapag-Lloyd Reisebüro und die Hapag-Lloyd Seetouristik. Mehrheitsaktionär ist mit 99,2% die Preussag AG, Hannover (s. Tabelle S. 160). → TUI

Happy Hour, Cocktailstunde in Bars und Restaurants, in den Getränke verbilligt angeboten werden, meist vor dem Abendessen.

Hardcopy, bedeutet Bildschirmausdruck. Mit H. ist es möglich, eine komplette Bildschirmseite auf einem Drucker auszudrucken. So ist die H. heute noch ein wichtiges Element im Reisebüro, um die Buchungen zu verwalten. In naher Zukunft soll hier das papierlose Büro Abhilfe schaffen.

Hardware, Sammelbegriff für alle für den EDV-Bereich benötigten Geräte. Zur H. zählen die einzelnen Bausteine, wie z.B. Drucker, Monitor, Bildschirm und Tastatur aber auch einzelnen Bauteile dieser Geräte wie Platine, Festplatte und Diskette. Im Gegensatz zur H. unterscheidet man die Software. → Software

Harmonisierung, in Vorbereitung des EG-Binnenmarktes ab 1993 zeitliche Übergangsphase bis zur eigentlichen Liberalisierung und damit Feststellung eines einheitlichen Binnenmarktes. H. bedeutet: Schaffung einheitlicher Wettbewerbsbedingungen, -Voraussetzungen in Rechts-, Steuerfragen u.a. für alle EG-Mitgliedsländer, z.B.
- Harmonisierung der Normen für Lizenzen
- Einheitliche Regelung der Flugdauer der Piloten
- Abbau der steuerlichen Unterschiede
- Harmonisierung von Reiserecht, Verbraucherschutz und Zulassungsbedingungen für Reisemittler.
→ Liberalisierung, → EU/EG/EWG, → Deregulation

Haupterwerbsreisebüro, zu dieser Kategorie gehören alle Reisemittler, die im Haupterwerb als klassische Reisebüros mit mindestens einer Beförderungs- und einer Touristik-Hauptlizenz fungieren wie auch Reisevertriebsstellen mit ausschließlich Touristik-Verkaufslizenzen. → Reisebüros, → Reisemittler, → Verkaufslizenzen

Hauptländer, hauptsächliche Zielländer eines Reiseveranstalters oder einer Fluggesellschaft.

Hauptleistungen, sind diejenigen Leistungen einer Pauschalreise, die als Mindestbestandteil einer solchen Reise erbracht werden, z.B. Unterkunft, Verpflegung, Transport, Transfer, Reiseleitung. Gem § 651 a, Abs. 1 BGB des Pauschalreisevertrages wird der Reiseveranstalter verpflichtet, dem Reisenden eine Gesamtheit von Reiseleistungen zu erbringen. Der Reisende ist verpflichtet, dem Reiseveranstalter den vereinbarten Reisepreis zu zahlen.

Danach werden dem Pauschalreisekunden zwei Hauptleistungen als Leistungsbündel angeboten. Diese Leistungen müssen einander gleichwertig sein.

Beispiele aus der Rechtsprechung für zwei Hauptleistungen:

Hauptschlüssel

- Beförderung und Unterkunft
- Unterkunft und Hobbykurs
- Unterkunft und Sport
- Beförderung und Mietwagen
- Kreuzfahrt mit Verpflegung
- Fly and Drive-Programme
- Unterkunft und Kunstführer
- Beförderung und Verkaufsveranstaltung (Werbefahrt)
- Segeltour und Skipper.
  → Leistungsträger, → Pauschalreisen, → Reiseveranstalter, → Reisevertrag/Reisevertragsrecht

Hauptschlüssel, mit ihm lassen sich alle Schlösser zu den Gästezimmern eines Hotels öffnen. → Hausdame, → Pass-Key

Hauptschuldner, ursprünglicher Schuldner bei der Bürgschaft, z.B. als Darlehensnehmer, dem der Bürge zur Seite tritt, indem er sein Vermögen als zusätzliche Sicherheit anbietet. → Bürgschaft

Haupturlaubsreise, bei der Beschreibung des Urlaubsreiseverhaltens werden bei U+R wie früher bei der RA die Eckdaten jeder Urlaubsreise erfaßt. Zusätzlich wird der subjektive Stellenwert jeder Reise erhoben. Die jeweils wichtigste Reise des vergangenes Jahres gilt als Haupturlaubsreise. Nach RA 98 für 1997 47 Mio., davon organisiert mit Hilfe der Reisebüros 20,4 Mio., ohne Hilfe der Reisebüros 26,6 Mio. H.n. → Reiseanalyse (RA), → Urlaub + Reisen (U+R), → Urlaubsreisen

Hausboot, meist komfortabel eingerichtetes Fahrzeug, das als Sommer-/Ferienwohnung dient. Es besteht aus einem Ponton, über ein Aufbau oder Deckshaus aufgesetzt ist, z.B. liegen auf dem Dal-See bei Srinagar in Kashmir H.e als Touristenunterkünfte. Zu jedem H. gehört eine „Shikara", eine Gondel, ähnlich der venezianischen Gondel. In Kashmir ist das H. ein Relikt aus engl. Kolonialzeit, als nur dem Kashmiri Landbesitz erlaubt war. Engl. Bewohner erbauten zum Ausgleich schwimmende Häuser mit 3 bis 4 großen Doppelschlafzimmern mit Garderobe und Bad sowie Speisezimmer und Terrasse. In Frankreich und den Niederlanden dienen Hausboote häufig als Ersatz fester Wohnungen. In Nordamerika u.a. Ländern können Hausboote auch als langsame Rundreise-Fahrzeuge genutzt werden.
→ Beherbergungsbetriebe

Hausdame, sie gehört zum Hotelpersonal, früher auch Beschließerin genannt. Sie untersteht dem Empfangschef oder seinem Stellvertreter. Ihr unterstehen die Abendhausdame, Etagendame, Zimmermädchen, Abendzimmermädchen, Hausdiener, Garderobiere, Reinigungspersonal, Wäschekammer und Schneiderei.

Haus des Gastes, Begegnungsstätte in Kur-, Erholungs- und Ferienorten, bietet Aufenthalts- und Veranstaltungsmöglichkeiten. Oft auch Sitz der jeweiligen Kurverwaltung. → Erholungsorte, → Kurort, → Kurverwaltung,

Hausordnung, der Inhalt von Mietverträgen und Verträgen mit Elementen des Mietvertrags wird häufig mitbestimmt durch die H. als Zusammenfassung aller Regeln, die den Gebrauch der Mietsache mitbestimmen. Sie wirkt im Verhältnis zum Vermieter und der Mieter untereinander nur, wenn sie Vertragsbestandteil durch Kenntnisnahme und Einverständnis geworden ist.

Haus- und Wohnungstausch, in den Bereich der Parahotellerie gehört die Idee, Urlaubsinteressenten Haus- und Wohnungstausch nach Katalog anzubieten, z.B. Swiss Chalets über Interhome, Holiday Service mit 7000 Angeboten international. Eine erste Organisation wurde 1957 gegründet mit dem Ziel, Universitätsdozenten beim kurzfristigen Wechsel des Arbeitsplatzes die Wohnungssuche zu erleichtern. → Parahotellerie

Havarie, Große Havarie sind alle Schäden, die dem Schiff oder der Ladung oder beiden zum Zweck der Errettung beider aus einer gemeinsamen Gefahr von dem Kapitän oder auf dessen Geheiß vorsätzlich zugefügt werden, sowie auch die durch solche Maßregeln ferner verursachten Schäden, desgleichen die Kosten, die zu demselben Zweck aufgewendet werden. Große Havarie wird von Schiff, Fracht und Ladung gemeinschaftlich getragen. Alle nicht zur Großen Havarie gehörigen durch einen Unfall verursachten Schäden und Kosten sind besondere Havarie; die besondere Havarie wird von den Eigentümern des Schiffes und der Ladung von jedem für sich allein getragen. Die Eigentümer der geretteten Werte sind den Eigentümern der verlorenen oder geschädigten Werte ausgleichspflichtig.

Hazienda, Bau im span. Kolonialstil, Vorbild für Hotelbauten u.a. in Süd-Kalifornien.

HBV, Gewerkschaft Handel, Banken und Versicherungen, Düsseldorf, Tarifpartner zusammen mit ÖTV und DAG gegenüber dem Arbeitgeberverband der Reisebüros und Veranstalter. ↠ DRV-Tarifgemeinschaft

Headline point, Bezeichnung des Ortes in der Kopfspalte eines Tarifhandbuches, von dem aus die Tarifpreise gelten. ↠ Sideline Point

Hearing, Anhörung von Sachverständigen zu einem Thema, auch Podiumsdiskussion unter Mitwirkung der Teilnehmer.

HEDNA, Hotel Electronic Distribution Network Association, Hotelorganisation, in der vor allem die großen Hotelketten Mitglieder sind. Interessenvertretung mit dem Ziel der verbesserten Darstellung der Hotelleistung in den crs-Systemen.

Heidelberger Fremdsprachen-Institut, Akademie für Sprachen, Wirtschaft und Touristik, unterhält Studiengänge in der Aus- und Weiterbildung u.a. zum Internationalen Touristikassistenten und Staatl. gepr. Betriebswirt/-in Touristik. ↠ Betriebswirt (staatl. gepr.) Reiseverkehr/Touristik, ↠ Internationale(r) Touristikassistent(in)

Heilbäder, als H. gelten nach DBV Orte mit natürlichem Heilmittel des Bodens, die wissenschaftlich anerkannt und kurmäßig bewährt sind. Sie verfügen über artgemäße Kureinrichtungen und entsprechenden Kurortcharakter; sie sind zur Bekanntgabe der wissenschaftlich anerkannten Hauptanzeigen und Gegenanzeigen verpflichtet. Erhebung einer Kurtaxe nach Maßgabe der mit ihr abgegoltenen Leistungen. ↠ DBV, ↠ Kurtaxe

Heilbronner Weg, beliebter Höhenwanderweg über den Allgäuer Hauptkamm. Seinen Namen erhielt er durch die finanzielle Patenschaft der Alpenvereins-Sektion Heilbronn.

Heilbrunnen-Betrieb, es gelten folgende Voraussetzungen: natürliches Heilwasser durch Gewinnung am Quellort, Kennzeichnungsbestimmungen natürlicher Heilwässer bei Vermarktung (Beachtung des gesetzlichen Bestimmungen) und der Hinweis auf die Art der Abfüllung (naturbelassene Abfüllung).

Heilklimatische Kurorte, müssen in waldreichen Frischluftgebieten liegen und in Daueranalysen nachweisen, daß sie frei von Industrieabgasen, nebelarm und grundsätzlich in ruhiger Lage angesiedelt sind. Nach DBV verfügen sie über wissenschaftlich anerkannte und kurmäßig bewährte klimatische Eigenschaften, die durch Klimastationen überwacht werden, artgemäße Kureinrichtungen und entsprechenden Kurortcharakter. Sie sind verpflichtet zur Feststellung und Bekanntgabe der ärztlich erprobten und wissenschaftlich anerkannten Heilanzeigen und Gegenanzeigen. Erhebung einer Kurtaxe nach Maßgabe der mit ihr abgegoltenen Leistungen. ↠ DBV

Heilquellen, verfügen nach DBV über natürliche Heilmittel des Bodens, artgemäße Kureinrichtungen und entsprechenden Kurortcharakter. Sie sind verpflichtet zur Feststellung und Bekanntgabe der wissenschaftlich anerkannten Hauptheilanzeigen und Gegenanzeigen. ↠ DBV

Heimarbeit in der Reisebranche, mit zunehmender Vernetzung von Datensystemen haben Mitarbeiter in der Reisebranche die Möglichkeit, zu Hause mit dem Computer zu arbeiten und gleichzeitig fest in den Betrieb (Reisebüro/-veranstalter/Leistungsträger) eingebunden zu sein. Durch flexible Arbeitsbedingungen werden auf diese Weise verstärkt neue Arbeitsplätze geschaffen. ↠ Telecommuting

Heliport, Hubschrauber-Basis o. Hubschrauber-Airport (New York, London etc.).

Help-Desk, engl. aus dem EDV-Bereich, telefonischer Hilfsdienst zur schnellen Klärung von technischen Störungen bei Computern. Neben großen crs-Anbietern, die den Reisebüros spezielle Anlaufstellen zur Verfügung stellen, bieten manche Reiseveranstalter auch eigene, direkt auf ihr Produkt bezogene EDV-Serviceleistungen an. ↠ crs

HERA, Heilbronner Reiserechtsarchiv, Forschungsprojekt im Fachbereich Touristikbetriebswirtschaft an der Fachhochschule Heilbronn. Das Archiv enthält eine umfangreiche Sammlung von Urteilen aus dem Bereich des Reiserechts.

Heritage Card, Kulturausweis für Irlandtouristen und Einheimische, der für ein Jahr freien Eintritt zu allen staatlichen Sehenswürdigkeiten der Republik Irland gewährt.

Hermes, Hardware Kabelsystem, datentechnisches Übertragungsnetz für grenzüberschreitende EDV-Anwendung im Eisenbahnbereich. Mit H. kann z.B. RDS übertragen werden. ↠ RDS

Hermes Touristik, Last-Minute-Veranstalter von Otto Reisen und Reiseland.

HGB, Handelsgesetzbuch, seit Mai 1897, regelt als Sonderprivatrecht wesentliche Teile des zwischen Kaufleuten geltenden Rechts (Kaufmannseigenschaft, Registereintragung, Firma, Vollmachten; Handelsvertreterschaft, Gesellschaften, Bilanzierungsrichtlinien, Sonderregeln für Handelsgeschäfte), ergänzt das BGB.

HGV, Hochgeschwindigkeitsverkehr, Schienenverkehr in Europa und weltweit mit Geschwindigkeiten über 200 km/h. Das europäische Hochgeschwindigkeitsnetz besteht neben den Neubaustrecken aus Ausbaustrecken (200 - 250 km/h) und Ergänzungsstrecken (bis 200 km/h). Mit Hochgeschwindigkeitszügen können Entfernungen bis 1.200 km in Tagesverbindungen und für Entfernungen bis 2.500 km im Nachtreiseverkehr wettbewerbsfähig angeboten werden. Direkter Wettbewerb HGV mit dem Flugzeug bei Kurzstrecken, wobei der Schienenverkehr Kurzstreckenflüge ersetzen kann. Bei Mittel- und Langstrecken besteht Komplementarität HGV und Luftverkehr. Die Idee des HGV geht zurück auf die sechziger Jahre mit derartigen Projekten in Japan und danach in Europa mit der Direttissima Rom - Florenz und der TGV-Strecke Paris - Lyon. → AVE, → Bullet Train, → Eurostar, → ICE-Sprinter, → ICE 2/2, → ICE-Intercity Express, → PBKA, → TGV, → Transeuropäische Netze

High School Year, Angebot der Sprachreisen-Veranstalter von Schüler-Sprachreisen vorwiegend in die USA, nach Kanada oder Australien; ähnliche Programme in europ. Ländern. Dabei besucht der Schüler für ein Jahr die Schule des Gastlandes, wird Mitglied der Gastfamilie und lebt in allen Belangen, Rechten und Pflichten wie ein einheimischer Jugendlicher seines Alters.

Hijacking, amerik. Bezeichnung für die Entführung von Flugzeugen oder z.B. auch eines Kreuzfahrtschiffes (MS Achille Lauro). Der Begriff entstand in der Prohibitionszeit in USA, wo bei Überfällen die Gangster ihrem Opfer befahlen: „Hands up high, Jack".

Hindenburgdamm, Verbindung vom Festland (Niebüll/Schleswig-Holstein) zur Insel Sylt. Die 11 km lange Eisenbahnstrecke besteht seit 1927. Weitere Verkehrsanbindungen durch Fähren und Flugzeuge.

Hinweispflicht, der Reiseveranstalter oder das Reisebüro sind verpflichtet, den Kunden über die Paß- und Visabestimmungen, Impfungen und gesundheitliche Vorbeugemaßnahmen, die Abfahrts- und Ankunftszeiten, Zwischenstationen und Anschlußverbindungen sowie Name, Anschrift und Telefon der Vertretung des Reiseveranstalters vor Ort, zu informieren. → Informationspflicht

HIP, High Intermediate Point, höher tarifierter Zwischenort innerhalb eines Sektors in der Flugtarifberechnung.

Hispaniola, („Klein Spanien"), in zwei Staaten (Haiti und Dom. Republik) geteilte Insel in der Karibik. Nach Kuba zweitgrößte Antilleninsel. Hier landete Kolumbus 1492 auf seiner Entdeckungsreise in die Neue Welt. Ferienziel in den Tropen.

Historic Highlights of Germany, Werbegemeinschaft der historischen deutschen Städte Lübeck, Bremen, Münster, Bonn, Trier, Würzburg, Heidelberg, Regensburg, Freiburg, Augsburg und nach der deutschen Einheit erweitert um Potsdam und Rostock. Seit der Gründung 1975 als „Die historischen Zehn" gehören die DB, LH und die DZT der Werbegemeinschaft an. Geschäftsstelle in Heidelberg.

Historic Ten, → Historic Highlights of Germany

Historische Städte Deutschlands, → Historic Highlights of Germany

Hit, 1. Bezeichnung für einen erfolgreichen Zugriff auf eine Webseite im Internet. **2.** Angebot der TUI als jeweilige Einzelleistungen. Man unterscheidet Hit-Flug, Hit-Bahn, und Hit-Hotel. **3.** Harzer Interessenverband für Touristik, Wernigerode bei der Fachhochschule Harz mit dem Abschluß Diplomkaufmann/-frau Fachrichtung Fremdenverkehr und Tourismus (FH).

Hobby-Ferienkurse, werden in einer Vielzahl von Ferienorten angeboten, vom Malen und Töpfern bis zu Sprach- und Informatikkursen, meist mit Teilnahmebescheinigung und Nachweis der erlangten Fertigkeiten.

Hobby-Reisen, in der Branche auch unter dem Begriff Special Interest Tours geläufig. Reisen mit besonderen inhaltlichen Schwerpunkten (Sport, Kunst, Studien etc.). → Special Interest Tours, → Studienreisen

Hochkonjunktur, die H. ist gekennzeichnet durch Vollbeschäftigung und Auslastung der Produktionsfaktoren, starkes Wirtschaftswachstum, Engpässen auf dem Arbeitsmarkt und hoher Kaufkraft. → Konjunktur

Hochsaison, Zeiten, in denen der größte Teil der Bevölkerung Haupturlaub macht; 1. Hauptferienzeit im Sommer und zu Ostern, 2. Skisaison im Winter.

Höchstversicherungssumme, von Versicherungsunternehmen festgelegter Höchstbetrag der Versicherungssumme.

Hodeo, Holiday Dates Exchange Operation, Informationssystem, mit dem die Abteilung Tourismus der Generaldirektion XXIII der EU-Kommission künftig die Feriendaten aller Mitgliedsländer aufbereiten wird, um so zu einer zeitlichen Entzerrung der Touristenströme zu kommen. → EU/EG/EWG

Höhere Gewalt, in einem Fall von Unruhen, Bürgerkrieg, Epidemien, behördlichen Anordnungen und Naturkatastrophen im Zielgebiet kann sowohl der Veranstalter, als auch der Kunde formlos vom Reisevertrag zurücktreten, sofern die Gefahr zum Zeitpunkt der Buchung nicht vorhersehbar war (§ 651 BGB).

Holding, 1. Im Wirtschaftsleben Dach-Unternehmen eines aus mehreren Einzelfirmen bestehenden Konzerns. 2. Im Luftverkehr spez. Bezeichnung für Warteschleife oder Warteraum; die Luftzone, in der Flugzeuge bis zur Landung kreisen.

Holiday 2.1, Backoffice-Software der Firma G & U EDV Lösungen mit Stammdatenverwaltung, Buchungsmodul und Kontoführung.

Holiday-Abteil, in Verbindung mit Fahrscheinen zum Mitfahrer-Fahrpreis, Spar- oder Super-Sparpreis kann ein H. gebucht werden. Es sind maximal 2 ganze Schlafabteile als single, double, T3, special oder T2 buchbar. → double, → Mitfahrer-Fahrpreis, → Schlafwagen, → single, → Sparpreis, → special, → Super-Sparpreis, → T2, → T3

Holiday Banking, → Urlaubskauf auf Raten

Holiday World, 1. Reisefachmesse in Dublin, alljährlich im Januar. 2. Reisefachmesse in Prag, regelmäßig im Februar.

Holiday-Tarif, im Luftverkehrstarifwesen auch als Super Apex der IATA-Fluggesellschaften bekannt. Der Kunde fliegt z.B. bei der Lufthansa in der Tourist Class der Linienmaschine zum Spartarif (bis zu 65% Ermäßigung des Normaltarifs). Dieser Sondertarif ist oft Grundlage für Programme von Reiseveranstaltern, z. B. DER nach den USA und Kanada, in die Karibik, nach Süd- und Mittelamerika, Nahost/ Mittelost/ Afrika, Fernost und Australien. Wichtige Bedingungen des H. sind:
- Mindestaufenthalt 14 Tage, Höchstaufenthalt zwischen 1 Monat und 1 Jahr, je nach Destination
- Flugscheinkauf und Bezahlung innerhalb von 24 Stunden nach Buchung
- Stornierung, Reiseänderung sind vor bzw. nach Reiseantritt nur unter bestimmten Bedingungen oder gegen Gebühr möglich
- Kinderermäßigung je nach Flugziel und Alter zwischen 25 und 90%.
→ Apex-Tarife

Holidex, hauseigenes crs der Holiday Inn-Hotelgruppe.

Holzklasse, umgangssprachliche Bezeichnung für die Economy-Klasse im Flugverkehr. → Economy Class

Homebanking, Steuerung von Finanztransaktionen über den heimischen PC. Die direkte Verbindung zur Bank wird durch ein Modem hergestellt.

Homepage, Startseite eines Internet-Providers oder privaten Anbieters zur Darstellung seiner Organisation. Mitglieder von Online-Diensten können kostenlos auf entsprechende Einrichtungsprogramme zugreifen.

Homeservice, Heimverkauf; zusätzliche Serviceleistung, bei der die Urlaubsberatung und der Reiseverkauf nach Absprache z.B. in der Wohnung des Kunden durchgeführt wird. → RVA

Homeshopping, Angebote verschiedener Online-Dienste. Einkaufen per Auswahl aus der Datenbank. Bequem bestellen von zu Hause aus. Bisher realisiert von großen Versandanbietern.

Homestay-Aufenthalte, Angebote der Sprachreisen-Veranstalter von Schüler-Sprachreisen, bei denen das Zusammenleben mit einer einheimischen Familie des Gastlandes im Vordergrund steht. H.A. werden vorwiegend in den USA und Kanada angeboten.

HON (Honorable Person), engl. Ausdruck aus dem Flugbereich, bei dem der Passagier, der in der exklusivsten Klasse reist und von den Fluggesellschaften mit entsprechender Aufmerksamkeit behandelt wird. In der Beförderungsklassenordnung der Airlines haben HON-Fluggäste Vorrang vor den VIPs. → VIP

Honorarkonsul

Honorarkonsul, in 280 Städten der Welt gibt es neben den berufskonsularischen Vertretungen (Botschaften und Generalkonsulate) auch nebenamtliche Honorarkonulate, die gegen Aufwandsentschädigung in sehr eingeschränktem Umfang konsularische Aufgaben wahrnehmen, z.b. Annahme und Weiterleitung von Anträgen. Da der H. die örtlichen Verhältnisse gut kennt, können sich Reisende in Notlagen ggfs. auch an ihn wenden. → Konsul, → Konsularhilfe, → Konsulat

HORECA, Hotel-Restaurant-Café; im internationalen Verband HORECA, dem weltweiten Zusammenschluß gastgewerblicher Verbände, sind über 30 Mitgliedsländer organisiert. Betreuung durch das Generalsekretariat in Zürich. Die 1949 gegründete Organisation verfolgt auf internationaler Ebene folgende Ziele:
- Förderung des Berufsstandes,
- Förderung der beruflichen Aus- und Weiterbildung,
- Erfahrungs- und Gedankenaustausch

Horizontale Kooperation, → Kooperation

Hospitality Suite, Hotelsuite für Empfänge u.ä. Veranstaltungen.

Hospiz, Beherbergungsbetrieb im Eigentum einer kirchlichen oder karitativen Gemeinschaft.

Host, 1. alle Internet-Daten liegen auf sogenannten Host-Rechnern und werden durch das Netz miteinander verbunden, hierbei wird der angerufene Computer als H. bezeichnet. 2. Hauptcomputer in einem Netzwerk, auch Server genannt. → Server

Hostess, Betreuungsperson für Gäste und Kunden, z.B. bei Konferenzen, Messen oder Tagungen; an Bord von Flugzeugen (Stewardess), in Zügen/Bussen und auf Schiffen.

HOT, Hand-Off-Tape, bezeichnet ein Datenband oder -träger, welches alle Teile der Ticketdaten oder anderer Verkaufsdokumente beinhaltet. Es wurde in Übereinstimmung mit den Spezifikationen, wie sie separat als Data Interchange Specifications Handbook mit Genehmigung des BSPC vom Plan-Management publiziert wurden, erarbeitet. → BSPC

Hotel, Beherbergungsstätte, die jedermann zugänglich ist und in der ein Restaurant vorhanden ist; daneben stehen weitere Aufenthaltsräume zur Verfügung. In der Beherbergung wird die Haupttätigkeit gesehen. Nach DEHOGA sind Hotels Beherbergungsbetriebe mit angeschlossenem Verpflegungsbetrieb für Hausgäste und Passanten. Sie zeichnen sich durch einen angemessenen Standard ihres Angebots und durch entsprechende Dienstleistungen aus. Ein Hotel soll folgende Mindestvoraussetzungen erfüllen:
- 20 Gästezimmer,
- Ausstattung der Gästezimmer zu einem erheblichen Teil mit Bad/DU und WC,
- Hotelempfang.

Nach Aufenthaltsdauer der Gäste definiert Glücksmann Hotels nach den beiden Haupttypen als Familienhotel und Passantenhotel. Das Hotel in einem Ferienzentrum gilt danach als Familienhotel, das Bahnhofs- oder Flughafenhotel als Passantenhotel. → Beherbergungsbetriebe, → DEHOGA

Hotelagent, Vermittler von Hotelplätzen oder Beherbergungskapazitäten spez. bestimmter Ferienregionen an Reiseveranstalter, Reisebüros.

Hotel auf Schienen, neue Einrichtung zur Entschärfung der Übernachtungsengpässe während internat. Messen. H.s kommen auf Schienen zum entsprechenden Standort. Prototyp wurde erstmals vorgestellt während der IVA Hamburg 1988. Die Zimmer verfügen über hotelüblichen Komfort. → Hotelschiffe

Hotelausstellungen, häufig finden Firmenpräsentationen in Hotels statt, deren Foyers und Bankett räume in spezielle Ausstellungsflächen umgestaltet werden. Möglichkeit, die auch für Fachausstellungen (Workshops) im Anschluß an Verbandstagungen genutzt wird. → Workshop

Hotelberufsfachschulen, können kombiniert mit der betrieblichen Ausbildung, d.h. am Anfang oder am Schluß der Ausbildung, für 1 Jahr besucht werden. Private, staatlich anerkannte Hotelberufsfachschulen gibt es in
- Bad Reichenhall,
- Bad Wiessee,
- Bad Kreuznach,
- Dortmund,
- München-Pasing,
- Neuötting-Alzgern.

Der Besuch kann ganz oder teilweise auf die Ausbildungszeit angerechnet werden, bei

Hotelklassifizierung

einer minimalen betrieblichen Ausbildungszeit von 2 Jahren. → Berufsausbildung im Hotel- und Gaststättengewerbe

Hotel Check-in Counter, Schalter für die Fluggast-Abfertigung. → Abfertigung im Flugverkehr

Hoteldirektor, der Leiter eines einzelnen Hotelbetriebes. In Hotelgesellschaften bzw. -ketten (auch Resident Manager) untersteht er dem Generaldirektor. Der Hoteldirektor verteilt die Aufgaben an die ihm unterstellten leitenden Angestellten. Sein Ziel ist es, möglichst hohe Auslastungzahlen und Gewinne zu erreichen, wobei er bei wichtigen Entscheidungen oft Anweisungen seines Generaldirektors bzw. andernfalls Vorbehalte des Inhabers zu berücksichtigen hat.

Hotel Features, Abk.: HF, engl., nähere Beschreibung des Hotels, z.B. Anschrift, Lage, Zimmerkategorien usw.

Hotelfachmann/-fachfrau, der Hotelfachmann hat im allgemeinen die gleichen Aufgaben wie der Kaufmannsgehilfe, weniger jedoch für die kaufmännische als mehr für die organisatorische Seite. Seine Ausbildung ist ebenso wie beim Kaufmannsgehilfen breit angelegt und vermittelt Kenntnisse in allen Betriebsbereichen. Dadurch finden beide Nachwuchskräfte Tätigkeits- und Einsatzmöglichkeiten im gesamten Hotel; in Küche, Magazin, Keller und Service, am Büfett und Empfang oder auf der Etage. Im kaufmännischen Bereich, in Verkauf, Einkauf, Werbung und Vertrieb, im Rechnungs- und Personalwesen oder Hotelsekretariat. → Berufsausbildung im Hotel- und Gaststättengewerbe

Hotelfachschulen, an H. kann der Abschluß des „staatlich geprüften Betriebswirtes" Fachrichtung Hotel- und Gaststättengewerbe (4 Semester) bzw. des „staatlich geprüften Gastronoms" (2 Semester) erworben werden.

Mit diesem Abschluß und entsprechender persönlicher Eignung sind Absolventen der Hotelfachschulen prädestiniert, Aufgaben im mittleren Management des Hotel- und Gaststättengewerbes wahrzunehmen. Eingeschlossen ist die Ausbildereignung nach der AEVO für die gewerbliche Wirtschaft. In der Bundesrepublik bestehen folgende Hotelfachschulen:

• Staatl. Fachschule für das Hotel- und Gaststättengewerbe, Berlin

• Wirtschaftsschule für das Gaststätten- und Hotelgewerbe Dortmund,

• Staatliche Hotelfachschule Hamburg,

• Hotelfachschule Heidelberg,

• Fachschule für das Hotel- und Gaststättengewerbe Saarbrücken

• Fachschule für das Hotel- und Gaststättengewerbe, Hannover.

Weitere H. in Stadthagen, Lübeck, Bad Wörishofen, Garmisch-Partenkirchen, Marburg Leipzig, Bad Reichenhall, Emden, Koblenz, Neuötting, Pegnitz und Regenstauf.

Hotelführer, → Hotelklassifizierung

Hotel Garni, Beherbergungsstätte, die jedermann zugänglich ist, in der nur Frühstück gegeben wird. Nach DEHOGA Hotelbetrieb, der Beherbergung, Frühstück, Getränke und höchstens kleine Speisen anbietet.

Hotel Guide, Hotelverzeichnis, z.B. von Hotelketten mit genauer Beschreibung der einzelnen Häuser. → Directory

Hotelismus, Begriff, sowohl anerkennend als auch abfällig gebraucht für die mit Beginn des 20. Jh. zunehmende Tendenz, die großen Ozeandampfer im Stil der beliebten Kurhotels Europas zu bauen. Dabei spielten die Vielzweckräume eine zentrale Rolle. Atrienartige Palmengärten waren das strukturelle und dekorative Herzstück der neuen Schiffe. Urheber dieser Neuerung war A. Ballin, Direktor der Hapag, der in sein Flaggschiff AMERIKA ein Ritz-Carlton-Restaurant einbauen ließ. → Hapag-Lloyd

Hotelkaufmann/-frau, → Berufsausbildung im Hotel- und Gaststättengewerbe

Hotelkette, verschiedene Häuser, die unter gleichem Namen weltweit Gäste aufnehmen. Der Betreiber des jeweiligen Hauses zahlt Pacht an den Kapitalgeber (die Gesellschaft). Die Häuser werden in der Regel nach gleichem Konzept geführt. → Franchising

Hotelklassifizierung, internationale, Es gibt keine einheitliche i. H., vielfach wird deshalb der Preis als Maßstab für die Qualität genommen. In Frankreich, Spanien etc. gibt es dagegen vom Staat erlassene Richtlinien zur H. (meist mit 1 - 5 Sternen je nach Kategorie). Verschiedene bekannte nationale und internationale Hotelführer benutzen eigene Klassifizierungen wie z.B.

157

Hotelklassifizierung der Urlaubshotels

- Michelin Hotel- und Restaurantführer,
- Varta-Führer (ab der 32. Ausgabe sind alle Daten auch über Btx abrufbar),
- VIF, Die besten Hotels',
- Institutional Investor,
- Schweizer Hotelier Verein,
- Pro Bahn,
- Gault Millau.

Diese Hotelführer legen kein vollständiges Verzeichnis aller Hotels und Restaurants vor, sondern treffen eine gezielte Auswahl. Der Bewertung liegen international übliche Bewertungskriterien zugrunde, die z.T. auf regelmäßigen Überprüfungen durch Inspektoren beruhen, wie auch auf den Erfahrungen der Gäste. Klasseneinteilung und Komfort z.B. bei Michelin: Großer Luxus und Tradition, Großer Komfort, Sehr komfortabel, Mit gutem Komfort, Mit ausreichendem Komfort, bürgerlich, Hotel ohne Restaurant, Restaurant vermietet auch Zimmer. → Deutsche Hotelklassifizierung, → Hotelklassifizierung der Urlaubshotels, → Kriterien zur Hotelklassifizierung, → SHV-Schweizer Hotelier Verein

Hotelklassifizierung der Urlaubshotels, an Urlaubshotels werden von den Reiseveranstaltern meist eigene Maßstäbe gelegt, die nicht mit den landesüblichen Standards übereinstimmen müssen; bei TUI z.B. tragen nur ausgewählte Häuser das Select-Zeichen. → Kriterien zur Hotelklassifizierung

Hotelmeister, staatlich anerkannte Meisterprüfung im Hotelgewerbe. Voraussetzung für die Zulassung ist der Abschluß einer Berufsausbildung in einem anerkannten Ausbildungsberuf wie z. B. Hotelfachmann. Bewerber müssen außerdem eine unterschiedlich lange berufliche Erfahrung mitbringen. Nach bestandener Prüfung ist der Hotelmeister zur Ausbildung von Auszubildenden berechtigt.

Hotelpension/Pension, nach DEHOGA ist eine Hotelpension/Pension ein Betrieb, der sich von den Hotels durch eingeschränkte Dienstleistungen unterscheidet. Mahlzeiten werden nur an Hausgäste verabreicht. Die Bezeichnung „Hotelpension" ist häufiger in Städten zu finden.

Hotelreservierungsvertrag, Vertrag zwischen Reiseunternehmen und Hotelier über die verbindliche Belegung einer Mehrzahl von Zimmern mit Kunden des Reiseunternehmens. Gegenstand des Vertrages sind Anzahl und Art der Zimmer nebst Verpflegung und weiteren Leistungen. Ein eigenes Vertragsverhältnis zwischen Hotelier und Reisekunden kommt hierbei nicht zustande. Der Hotelier ist vielmehr, wie auch bei der Pauschalreise, als Leistungsträger Erfüllungsgehilfe des Reiseunternehmens. → Beherbergungsvertrag, → Option/ Optionsvertrag

Hotelring Berlin, Zusammenschluß der 10 Berliner City-Hotels; Werbegemeinschaft bei Messen u.a. → Werbegemeinschaft

Hotelschiffe, Kabinen- und Kreuzfahrtschiffe werden zur Erweiterung der örtlichen Beherbergungskapazität auch stationär als Hotelschiffe genutzt, bes. in Nebensaisonzeiten, z.B. bei internat. Messen; KD-Schiffe in Köln, Düsseldorf, Frankfurt und Basel; QE 2 von April bis Juni 1989 in Yokohama zum 200jährigen Stadtjubiläum als Hotel- und Restaurationsschiff. Entlang den italienischen Küsten lagen im Sommer 1990 Kreuzfahrtschiffe als Hotelschiffe anläßlich der Fußball-Weltmeisterschaft. Pauschalangebote dieser Art kommen von der britischen Gesellschaft World Cup Cruise. H. waren auch für Sportgroßereignisse, wie die Olympischen Spiele in Barcelona, Fußball-Europameisterschaft in Schweden und -Weltmeisterschaft in den USA eingesetzt. → Beherbergungsbetriebe, → Cunard Line

Hotelzüge, nach dem internationalen Eisenbahnverband UIC ist für die nationalen Eisenbahnverwaltungen vorgesehen, die Nachtzüge mit 3 neu gebildeten Wagenkategorien und einem Spezialservice auszustatten. Dazu gehören ein spezieller Servicewagen mit Empfang, Aufenthaltsraum, Bar und Restaurantbereich in einem. Alle drei Klassen werden von einem Serviceteam betreut. Zum Hotelangebot gehören: Ein Wagen der Kategorie Luxus mit zwölf großräumigen, vollklimatisierten Abteilen, die jeweils mit 2 Betten und separaten Sitzgelegenheiten und Tisch ausgestattet werden sollen. Jedes der „Zimmer" des Doppelstockwagens wird eine eigene Dusche und WC besitzen sowie Telefon, Weckeinrichtung, Schaffnerruf, Radio, Safe und Bar. Der Komfortwagen soll zwei Personen zu einem günstigen Preis Privatsphäre bieten. Im Vergleich zum Liegewagenabteil, in dem jetzt bis zu sechs Personen untergebracht sind, wird es im Doppelstockwagen 22 Abteile geben, die neben den zwei Betten auch eine

Waschgelegenheit haben sollen. Im Sleeper-Wagen werden 68 Liegesessel mit Wadenstützen und Kopfhöreranschluß installiert. Einzelsitze trennen Kofferboxen zum Gang. Hotelzug Luna wurde mit dem Sommerfahrplan 1989 zwischen Münster und München-Ost als Nachtexpreß mit je 3 Liege- und Schlafwagen, einem Servicewagen in der Zugmitte sowie einem Autotransportwagen probeweise eingesetzt. Hotelzug Talgo des spanischen Herstellers Talgo verkehrt im Nachtreiseverkehr u.a. auf den Strecken Madrid - Paris und Zürich - Barcelona, klimatisiert, ausgestattet mit Zweibett-Abteilen mit Dusche und geschlossener Toilette, Vierbett-Abteilen und Waschgelegenheit und Liegesessel (Sleeper), Servicewagen mit Bar und Restauration für Frühstück. Seit 1992 verkehrt H. T. auch auf den Strecken Hamburg - Basel - Zürich, Wien - Frankfurt - Dortmund und Berlin/Dresden - Basel - Zürich. → CityNightLine (CNL), → DACH-Hotelzug, → Liegewagen, → Neigezüge → Pendolino, → Schlafwagen

Hot-Key Funktion, → Best Buy-Funktion

Hotline, speziell eingerichtete, oft unter Einsatz eines Bereitschaftsdienstes durchgehend nutzbare Telefonlinie zur Klärung von Notfallsituationen bzw. zur schnellen Erledigung bestimmter Vorgänge (z.B. bei dringenden Umbuchungen infolge des Ausfalls eines Leistungsträgers).

HOTREC, Committee of the Hotel and Restaurant Industry in the European Community. Zusammenschluß der Hotel- und Gaststättenverbände in den Ländern der Europäischen Gemeinschaft als Vertretung des Gastgewerbes. Deutsches Mitglied ist DEHOGA. Hauptaufgabe der H. ist die Interessenvertretung dieses Wirtschaftszweiges gegenüber den Organisationen der EU. → DEHOGA

House-sitting, kostengünstige Hausbetreuung und -sicherung gegen Wohnmöglichkeit bei Abwesenheit der Hausbesitzer.

Housekeeping, Hotelabteilung für Pflege, Reinigung und Ausstattung des Hauses und insbesondere der Zimmer. Das H. ist auch verantwortlich für frische Bettwäsche, Handtücher etc.

Hovercraft, Luftkissenfahrzeug, das frei vom Wasserwiderstand mit Hilfe eines Luftpolsters frei über die Wasseroberfläche schwebend fährt. H. wird vor allem im Fährbetrieb über den Ärmelkanal eingesetzt.

Hurrikan

Hoverport, Hovercraft-Terminal für die Abfertigung von Passagieren und Fahrzeugen z.B. der Hoverspeed Ltd.; Standorte sind Calais, Boulogne, Dover und Folkstone.

Hoverspeed, Luftkissenfährdienst, Schnellfähren für Pkw und Passagiere mit Überfahrt Dover-Calais bei 100 km/h und einer Fahrzeit von 35 Min.

Höyfjellshotels, norweg. Hochgebirgshotels abseits der Straßen, Familienbetriebe, die gewissen Auflagen unterliegen wie z.B. Lage im Hochgebirge, offene Kaminfeuer, tägl. Live-Tanzmusik; Kleidervorschriften für die Gäste.

HRS, 1. Hotel Reservation Service, Köln, 2. Hilton Reservierungsservice.

HSMA, bis Anfang 1998 noch Hotel Sales & Marketing Association, in Folge Hospitality Sales & Marketing Association mit Sitz in Eschenlohe bei Garmisch-Partenkirchen. Die HSMA widmet sich der Förderung der Berufsinteressen ihrer Mitglieder durch Informations- und Erfahrungsaustausch.

HSMAI, Hotel Sales and Marketing Associationon International, Internationale Vereinigung der Hotelverkaufs- und Marketingverantwortlichen, Sitz: Washington. Aufgabe der deutschen Sektion (HSMA) in Eschenlohe ist u.a. die Förderung des Berufsnachwuchses und der Meinungsaustausch unter den Mitgliedern. Die deutsche Sektion kooperiert mit DSF zur Durchführung gemeinsamer Seminare für den Bereich Hotelmarketing. → DSF, → HSMA

HSS-Fähren, Highspeed-Seaservice-Schiffe, Hochgeschwindigkeitsschiffe/-katamarane mit einer Aufnahmekapazität von rd. 1500 Passagieren und 375 PKW oder 100 Pkw u. 50 Busse/Lkw. Erste Einsatzgebiete waren in der Irischen See und im Ärmelkanal.

HTU, Hapag Touristik Union. Touristik-Holding durch Bündelung der touristischen Aktivitäten von TUI und Hapag Lloyd durch den Mehrheitsaktionär Preussag AG (s. Tabelle S. 160).

Hubs and Spokes, bezeichnet die Drehkreuze für den Luftverkehr, die sog. Umsteigebahnhöfe (Hubs = Naben, Spokes = Speichen). → Drehkreuz im Luftverkehr, → Gateway, → Mega-Carrier

Hurrikan, tropischer Sturm im Atlantik, der Orkanstärke von 12 Beaufort (Bft) erreicht.

Hurtigruten

Im Pazifik heißen Stürme dieser Stärke Taifune. Tropische Stürme ab 8 Bft erhalten von den Meteorologen einen Namen. Hurrikane treten auf der Nordhalbkugel der Erde meist von Juli bis Oktober, auf der Südhalbkugel von Januar bis März auf. → Beaufort-Skala, → Orkan, → Wirbelsturm

Hurtigruten, Postdampfer-Linien mit festem Fahrplan entlang der norweg. Atlantikküste bis zum Nordkap. Beliebte Kreuzfahrten mit H. z.B. 12-Tage-Seereisen von Bergen nach Kirkenes und zurück auf der sog. „Reichsstraße Nr. 1". Trotz Komfortverbesserung sind H. keine üblichen Kreuzfahrtschiffe, sondern bleiben in erster Linie Fracht-, Passagier- und Postschiffe zur Versorgung der norweg. Bevölkerung.

Hütte, Beherbergungsstätte überwiegend für Angehörige bestimmter Vereine oder Jugenddorganisationen (Wander-, Sportvereine). → DAV

Hydrospeed, Wildwassersportart in den USA. Der Oberkörper liegt dabei auf einem Schwimmbrett aus Kunststoff. Selbst Wasserfälle und kleinere Schluchten können damit befahren werden. Zur weiteren Ausrüstung gehören Moltoprenanzug, Helm, Schwimmweste und Flossen.

Hypertext, besondere Darstellungsform in Textdateien, die es ermöglicht, durch Mausklick auf bestimmte Worte Querverweise anzeigen zu lassen. Die Hilfefunktion der meisten Anwenderprogramme sind mit H. geschrieben.

TOURISTIKBETEILIGUNGEN WEST LB/PREUSSAG

- West LB → Preussag: 34%
- West LB → LTU: 34,3%[1]
- Preussag → Hapag-Lloyd: 99,6%
- Preussag → First: 22%
- Hapag-Lloyd → HTU: 100%
- Hapag-Lloyd → Thomas Cook GB: 100%
- HTU → TUI: 50,1%
- HTU → Köln-Düsseldorfer: 89%
- Deutsche Bahn → TUI: 25%
- → TUI: 24,9%

TUI-Bereiche:
- HL Flug
- HL Reisebüro
- HL Geschäftsreisen
- HL Seetouristik
- Veranstalter Europa Mitte
- Veranstalter Europa West
- Hotel
- Incoming
- Infotec

1) Anteile werden verkauft

IATA-Agenturen

i - Information, 1. Informationsschalter an Flughäfen, Bahnhöfen, Fähr- und Kreuzfahrthäfen zur Erteilung fachlicher Auskünfte unterschiedlicher Art, z.B. Ankunfts- und Abfahrtszeiten, Verspätungen u.ä. Im Hotel holt der Portier/ Concierge auf Wunsch des Gastes die entsprechenden Informationen ein. **2.** Abkürzung für Tourist-Information in Fremdenverkehrsorten.

IACA, International Air Carrier Association; ein Zusammenschluß der Bedarfsluftverkehrsgesellschaften im Bereich der EU mit Sitz in Brüssel. Deutsche Mitglieder sind die wichtigsten deutschen Firmen des Chartersektors. Ziel ist die gemeinsame Interessenvertretung zur Sicherstellung der Belange des Ferienflugverkehrs gegenüber den europäischen Behörden. Vorgängerorganisation war die IACA, International Air Charter Association, gegründet 1971 in Genf. → ADL, → Gelegenheitsverkehr

IACVB, International Association of Convention and Visitors Bureaus, Sitz: Champaing, Illinois (USA). Die IACVB zählt über 400 Mitglieder in mehr als 25 Ländern. Sie fördert den Kontakt zwischen den Mitgliedern sowie die Qualität eines hohen Standards im Kongreßangebot (z. B. durch eigene Schulungsprogramme). IACVB erstellt Studien über die Tendenzen der Branche und setzt sich für den freien, ordnungsgemäßen Wettbewerb zwischen den Mitgliedern ein.

IAPA, International Airline Passengers Association, Internationaler Zusammenschluß von Vielfliegern, Sitz: London.

IAPCO, International Association of Professional Congress Organizers, gegr. 1968, Sitz: Brüssel. Der Verband nimmt nur solche Mitglieder auf, die sich ausschließlich und hauptberuflich mit der Organisation von nationalen und internationalen Tagungen und Kongressen befassen. Deutsches Mitglied ist Interplan Kongreß- und Besucherdienst, München. → Kongreßtourismus

IATA, International Air Transport Association, Internationaler Luftverkehrsverband mit Sitz in Genf und Montreal, 1945 in Havanna gegründeter Dachverband von Unternehmen des gewerblichen internationalen Linienluftverkehrs; 256 Mitglieder (Stand März 1998).

LH ist seit 1955 IATA-Mitglied. Vorgängerorganisation war von 1919 an die „International Air Traffic Association". IATA ist die weltweite Interessenvertretung des kommerziellen Linienluftverkehrs; Flugpreise werden den Regierungen zur Genehmigung vorgeschlagen. Der Verband fungiert in drei Schwerpunkten: als Wirtschaftsverband, in der Tarifkoordinierung und erbringt mit „Industry Services" Dienstleistungen, die durch die teilnehmenden Firmen finanziert werden. Weitere Aufgaben sind die rechtliche und technische Koordination des internat. Flugbetriebs; Kooperation mit IACA. Der Verband vertritt folgende Leitgedanken: (Art. III der Statuten) „IATA ist unpolitisch und setzt sich zum Ziel

• die Förderung eines sicheren, regelmäßigen und wirtschaftlichen Luftverkehrs zum Wohle aller Völker der Welt,

• die Entwicklung der Handelsbeziehungen auf dem Luftwege und das Studium aller damit in Beziehung stehenden Fragen,

• die Zusammenarbeit aller direkt oder indirekt an internationalen Lufttransportdiensten beteiligten Unternehmen durch Entwicklung dafür zweckdienlicher Mittel und Methoden,

• die Zusammenarbeit mit ICAO und anderen internationalen Organisationen. → AISP, → ASO, → BSP, → IACA, → ICAO, → IATA-Agenturen, → IATA-Beförderungsbedingungen, → IATA-Resolutionen, → IATA-Verkehrsgebiete, → Joint Council, → Vollreisebüro

IATA-AAS, → AAS

IATA-Agenturen, sind an eine Lizenzierung durch die IATA gebunden. In Deutschland ist bislang nur IATA-Reisebüros der Verkauf von Linienflugtickets gestattet. Die Zulassungsbedingungen sind im Abschnitt D der neuen IATA-Resolution 814 enthalten mit u.a. folgenden wesentlichen Kriterien:

1. Reisebüro

Das Reisebüro muß zum Zeitpunkt der Antragstellung

a) den Geschäftsbetrieb bereits eröffnet haben,

b) für das allgemeine Publikum zugängig sein,

c) das ganze Jahr zu den normalen Geschäftszeiten geöffnet sein,

a) mit einem entsprechenden Hinweisschild gekennzeichnet sein,

b) im Handelsregister eingetragen bzw. eine Gewerbeanmeldung erfolgt sein.

161

IATA-Codes

IATA-Codes

Nach Namen geordnet, Auswahl

AB Airlines	7L
Adria Airways	JP
Aerolinea Argentinas	AR
Air Canada	AC
Air Dolomiti	EN
Air France	AF
Air Liberté	IJ
Air Littoral	FU
Air New Zealand	NZ
Air One	AP
Alitalia	AZ
All Nippon Airways	NH
ALM	LM
America West Airlines	HP
American Airlines	AA
AOM French Airlines	IW
Ansett New Zealand	ZQ
Augsburg Airways	IQ
Austrian Airlines	OS
Azzura Air	ZS
Braathens	BU
British Airways	BA
British Midland	BD
Canadian Airlines International	CP
Cathay Pacific Airways	CX
Cityflyer Express	FD
Condor	DE
Continental Airlines	CO
Crossair	LX
Debonair	2G
Delta Air Lines	DL
Deutsch BA	DI
Easy Jet	U2
Eurowings	EW
Finnair	AY

Iberia	IB
Japan Airlines	JL
Jet Airways	QJ
Kenya Airways	KQ
KLM	KL
KLM Cityhopper	HN
KLM Exel	XT
KLM UK	UK
Korean Air	KE
Lauda Air	NG
LOT Polish Airlines	LO
Lufthansa	LH
Luxair	LG
Maersk Air	DM
Malaysia Airlines	MH
Martinair	MP
Northwest Airlines	NW
Proteus	YS
Qantas	QF
Regional Airlines	VM
Rheintalflug	WE
Ryanair	FR
Sabena	SN
SAS	SK
Singapore Airlines	SQ
South African Airways	SA
Spanair	JK
Sun Air	BV
Swissair	SR
TAP Air Portugal	TP
Thai Airways International	TG
Transavia Airlines	HV
Tyrolean Airlines	VO
United Airlines	UA
US Airways	US
Varig	RG
VLM	VG

Nach Codes geordnet,

Auswahl	
7L	AB Airlines
2G	Debonair
AA	American Airlines
AC	Air Canada
AF	Air France
AP	Air One
AR	Aerolinea Argentinas
AY	Finnair
AZ	Alitalia
BA	British Airways
BD	British Midland
BU	Braathens
BV	Sun Air
CO	Continental Airlines
CP	Canadian Airlines International
CX	Cathay Pacific Airways
DE	Condor DI Deutsch BA
DL	Delta Air Lines
DM	Maersk Air
EN	Air Dolomiti
EW	Eurowings
FD	Cityflyer Express
FR	Ryanair
FU	Air Littoral
HN	KLM Cityhopper
HP	America West Airlines
HV	Transavia Airlines
IB	Iberia
IJ	Air Liberté
IQ	Augsburg Airways
IW	AOM French Airlines
JK	Spanair
JL	Japan Airlines
JP	Adria Airways

KE	Korean Air
KL	KLM
KQ	Kenya Airways
LG	Luxair
LH	Lufthansa
LM	ALM
LO	LOT Polish Airlines
LX	Luxair
MH	Malaysia Airlines
MP	Martinair
NG	Lauda Air
NH	All Nippon Airways
NW	Northwest Airlines
NZ	Air New Zealand
OS	Austrian Airlines
QF	Qantas
QJ	Jet Airways
RG	Varig
SA	South African Airways
SK	SASSN Sabena
SQ	Singapore Airlines
SR	Swissair
TG	Thai Airways International
TP	TAP Air Portugal
U2	Easy Jet
UA	United Airlines
UK	KLM UK
US	US Airways
VG	VLM
VM	Regional Airlines
VO	Tyrolean Airlines
WE	Rheintalflug
XT	KLM Exel
YS	Proteus
ZQ	Ansett New Zealand
ZS	Azzura Air

IATA-Diplom

2. Fachkräfte

Es muß sichergestellt sein, daß eine qualifizierte fachliche Beratung während der branchenüblichen Öffnungszeiten gewährleistet ist. Ein Nachweis darüber ist zu führen.

a) Fachkräfte, mit abgeschlossener Lehrausbildung in einem IATA-Reisebüro zum Reiseverkehrskaufmann/frau, wenn das Datum der Prüfung zum Zeitpunkt der Antragstellung nicht mehr als 2 Jahre zurückliegt, oder

b) Fachkräfte, die Trainingskurse im Ticketing/Tarifierung bei einer IATA-BSP-Luftverkehrsgesellschaft oder anerkannten Institutionen innerhalb der letzten 2 Jahre absolviert haben, bzw. das IATA/UFTAA-Standarddiplom besitzen. Eine vorausgegangene Tätigkeit von mindestens 2 Jahren in einem Reisebüro bis zum Zeitpunkt der Antragstellung ist nachzuweisen, oder

c) Fachkräfte, die mindestens 2 Jahre bei einem IATA-Reisebüro oder einer IATA/BSP-Luftverkehrsgesellschaft im Ticketing/Tarifierungsbereich zum Zeitpunkt der Antragstellung tätig waren.

Für die Punkte a - c sind spezifizierte Tätigkeitsnachweise beizufügen. Nur vom Agenturausschuß anerkannte Kurse/Diplome können akzeptiert werden.

3. Bonität

Der Antragsteller hat einen rentablen Geschäftsverlauf nachzuweisen. Zur Beurteilung der finanziellen Situation ist ein testierter Jahresabschluß des vorangegangenen Geschäftsjahres zusammen mit den Antragsunterlagen einzureichen. Bei Personengesellschaften oder Einzelkaufmann ist zusätzlich eine testierte Vermögensaufstellung der persönlich haftenden Gesellschafter bzw. Eigentümer einzureichen. Die Abrechnung mit den Luftverkehrsgesellschaften für die vereinnahmten Verkäufe erfolgt spätestens am 15. des Folgemonats. Da der Agent die Einnahmen aus den während dieser Frist für die Luftverkehrsgesellschaften getätigten Verkäufe treuhänderisch verwaltet, müssen die in Frage kommenden Gelder entsprechend abgesichert sein. Ist jedoch eine finanzielle Absicherung erforderlich, so wird dem Antragsteller Gelegenheit gegeben, eine Sicherheitsleistung in Form einer Bankbürgschaft oder einer vergleichbaren Absicherung bei der IATA zu hinterlegen. Die Bürgschaftshöhe wird, soweit erforderlich, dem geänderten Umsatz angepaßt.

4. Sicherheitsvorkehrungen

Sicherheitsvorkehrungen müssen zum Zeitpunkt der Antragstellung getroffen sein, um jederzeit eine sichere Aufbewahrung von Flugdokumenten und vereinnahmten Geldern zu gewährleisten. Alle Zugänge zum Reisebüro müssen gegen Einbruch ausreichend gesichert sein (Sicherheitsschloß).

5. Automatisierung

Um der fortschreitenden Entwicklung im Rahmen der Automatisierung Rechnung zu tragen, hat ein Agent, der nicht mit den entsprechenden elektronischen Geräten für Flugscheinausstellung und Reservierung ausgestattet ist, bei manueller Flugscheinausstellung die Zusatzkosten für diese Abrechnung zu tragen. Die Anerkennung als IATA-Agentur erfolgt nach einem Prüfungsverfahren durch Abschluß eines Agenturvertrags. Seit Januar 1993 sind außerdem der Anschluß an mindestens ein BSP-fähiges CRS sowie ein einwöchiger Kursus zur Bedienung dieses Systems Voraussetzung für die Akkreditierung. In Deutschland waren 1997 4.591 IATA-Agenturen registriert. → AAS, → ASO, → BSP, → Joint Council, → Other Agents, → Vollreisebüro

IATA-AGM, → AGM

IATA-Beförderungsbedingungen, einheitliche Regelung des Luftbeförderungsvertrags. Seit 1974 hat diese Regelung die heute gültige Fassung der in Honolulu vorgenommenen Überarbeitung. Sie hat jedoch nur empfehlenden Charakter, da nicht alle Regierungen zugestimmt haben.

IATA-BSP, → BSP

IATA-Clearing-House, 1947 gegründete IATA-Einrichtung zur zentralisierten Abrechnung der Fluggesellschaften untereinander. Bei Flügen, auf denen sich mehrere Airlines die Strecke teilen, wird der volle Reisepreis erst an die Fluggesellschaft ausgezahlt, die den Reiseantritt übernimmt. Die dann unter den Airlines entstandenen gegenseitigen Ansprüche werden dem IATA-C.H. gemeldet. Dieses übernimmt die Saldierung der Forderungen Soll und Haben und rechnet sie an die Airlines monatlich ab. Non-IATA-Fluggesellschaften haben auch Zugang zum IATA-Clearing-House System. → Interlining

IATA-Diplom, → BTG, → IATA-Fachkraft

IATA-Fachkraft

IATA-Fachkraft, zur l. mit IATA/UFTAA-Diplom können sich Reisebüromitarbeiter mit einem Schulungsprogramm im Selbststudium oder durch Kurse am IATA/UFTAA Authorized Training Center Germany fortbilden. Das IATA/UFTAA-Diplom wird von ASO anerkannt als Qualifizierungsmaßnahme für Reisebüros, die eine IATA-Lizenz anstreben. → IATA-Agenturen, → Schule für Touristik

IATA-Haftungsgemeinschaft (HG), Sicherungsmodell von IATA-Agenturen im DRV in einem Haftungszusammenschluß gegen Konkursausfall. → Bankbürgschaft, → Vertrauensschaden-Versicherung

IATA-Resolution 814, Reso 814 behandelt die neuen Zulassungsbestimmungen für IATA-Agenturen in der Bundesrepublik Deutschland ab dem 3. Oktober 1990; zwei Übergangsbestimmungen regelten die besonderen Gegebenheiten auf dem Gebiet der ehemaligen DDR, die zeitlich bis zum 31.12.1992 begrenzt waren.

1. Bürogemeinschaft

Keine Bürogemeinschaft mit akkreditiertem Agenten oder anderem Reisebüro erlaubt.

2. Agency Services Manager (ASM) Antragstellung beim ASM, vorgeschriebenes Antragsformular, finanzieller Status, 1 Mitarbeiter.

3. STP-Stationen

Sie müssen ferngesteuert werden durch Kopfstationen eines akkreditierten Agenten.

4. Provisionszahlungen

a) Weitergabe von Provisionen an Endverbraucher nicht mehr grundsätzlich verboten (Genehmigung liegt für Deutschland noch nicht vor),

b) Provisionszahlungen nicht mehr abhängig von Agenteninkasso,

c) bei unfreiwilliger Streckenänderung keine Provisionskürzung,

d) bei unfreiwilliger Transportklassenänderung Kürzung nicht verboten,

e) keine endgültige Provisionsablehnung für Agentur-Service-Leistungen verankert. Reso läßt deshalb Delkredere-Provisionsforderung zu.

Einzelheiten hinsichtlich der Fachkräfte, Bonität, Sicherheitsvorkehrungen und Automatisierung unter → IATA-Agenturen. Mit l. gibt es keine von der IATA festgelegten Agenturprovisionen mehr; jede Fluglinie ist frei in ihrem Provisionsverhalten. → AAS

IATA-Resolutionen, einige Beispiele: Nr. 021-033 = Umrechnung von Währungen einschl. Auf- und Abrundungen, Nr. 050-069 = Passagetarife. Nr. 115-116 = Verhalten gegenüber nicht IATA-Konkurrenz, Nr. 153 = Luft-/See-Reisen (Air/Sea), Nr. 805 = BSP → Bank Settlement Plan. Nr. 814 = Regelungen für Agenturzulassungen/Joint Council, Nr. 850 = Interline-Abkommen und -Abrechnung. → IATA-Resolution 814

IATA-Verbindungskonferenzen, diese gliedern sich für die Preisbildung zwischen den Konferenzgebieten

- TC 1-2 / 3 Nord-, Mittel- und Südatlantikrouten

- TC 2-3 zwischen Europa/Afrika und Mittlerer Osten und Asien / Südwestpazifik

- TC 3-1 Nord-, Mittel- und Südpazifik routen

- TC 1-2-3 für Rund-um-die-Welt-Route

in 57 Regionalkonferenzen (Subarea-agreements). Die Teilnahme an den Tarifbildungskonferenzen ist für die Fluggesellschaften freiwillig. Die erzielten Abschlüsse sind nur für die Mitglieder bindend, dle an ihnen teilgenommen haben. Nach Deregulierung in den USA und fortschreitender Liberalisierung in Europa entfällt die Genehmigungspflicht durch die Regierungen (für Deutschland das BVM), und aus festen Tarifen werden freie Preise.

IATA-Verkehrsgebiete, der IATA-Luftverkehr wird in 3 Verkehrsgebiete unterteilt. Für diese ist jeweils eine Verkehrs-/Gebietskonferenz zuständig (TC). Die Aufteilung lautet wie folgt: TC 1-Traffic Conference 1 (Sitz: New York) umfaßt Nord-, Süd- und Mittelamerika, Karibik, Hawaii und Grönland. TC 2 - Traffic Conference 2 (Sitz: Genf) umfaßt Europa, Afrika, westlicher Teil Asiens/Mittlerer Osten. TC 3 - Traffic Conference 3 (Sitz: Singapur) umfaßt Asien, Australien, Neuseeland und Pazifische Inseln. Die geografischen Gebiete Europa und Mittelost (TC 2) werden nachfolgend mit IATA-Resolution 012 und 012b näher definiert.

Danach umfaßt: IATA-Europa (IATA-Resolution 012) Albanien, Algerien, Andorra, Azo-

IC-Airport-Express

ren, Belgien, Bulgarien, Dänemark, Deutschland, Finnland, Frankreich, Gibraltar, Griechenland, Großbritannien, Irland, Island, Italien, die Länder des ehem. Jugoslawien, Kanarische Inseln, Liechtenstein, Luxemburg, Madeira, Malta, Marokko, Monaco, Niederlande, Norwegen, Österreich, Polen, Portugal, Rumänien, San Marino, Schweden, Schweiz, Spanien, Tschechien und Slowakei, Türkei (europ. und asiat. Teil), Tunesien, Ungarn, GUS-Staaten (westl. des Urals);

IATA-Mittelost (IATA-Resolution 012b) Ägypten (VAR), Bahrein, Irak, Iran, Israel, Jemen, Jordanien, Kuwait, Libanon, Muskat und Oman, Qatar, Saudi-Arabien, Sudan, Syrien, Vereinigte Arabische Emirate, Nord- und Süd-Yemen, Zypern.

Auf diesen Verkehrs-/Gebietskonferenzen der IATA erfolgt die Tarifbildung für Passage und Fracht durch die Fluggesellschaften aufgrund eingehender Analysen. Die Teilnahme an den Tarifbildungskonferenzen ist freiwillig. Die erzielten Abschlüsse sind nur für solche Mitglieder bindend, die an ihnen teilnehmen.

Nach Deregulierung in USA und fortschreitender Liberalisierung in Europa entfällt die Genehmigungspflicht durch die Regierungen (in Deutschland das BVM) und freie Preise lösen die ehemals festen Tarife ab.

IATA/UFTAA Authorized Training Center Germany, die „Schule für Touristik" in Frankfurt/M. bildet als einziges deutsches Institut zur IATA-Fachkraft mit IATA/UFTAA-Diplom aus. Vorbereitungsseminare in Zusammenarbeit von l. und DRV.

IATA/UFTAA-Trainingsprogramm, 1972 in Zusammenarbeit von IATA-Agenturen und Fluggesellschaften entwickelt mit dem Ziel, gemeinsam den Ausbildungsstand der Mitarbeiter zu verbessern. Das Diplom in Verbindung mit einer zweijährigen Berufspraxis wird als Zulassungsvoraussetzung für die Beantragung einer IATA-Agentur anerkannt. Koordinator dieses l. ist Lufthansa, die auch die Prüfung in Deutschland abnimmt. ‣ IATA-Agenturen, ‣ Schule für Touristik

IATAN, IATA-Network. Vertretung der IATA in den USA. Die Leistungen des l. für die Agenten sind die Vergabe der Internationalen IATA-Nummer und die IATAN Travel Agents ID-Card. Die Ticketabrechnung geht über die ARC, die im Besitz der großen Fluggesellschaften ist. ‣ ARC

IAV, Ibero-Amerika-Verein, 1916 gegr., ist ein Zusammenschluß von Freunden der iberischen und lateinamerikanischen Welt. Aufgabe ist die Förderung, Erweiterung und Vertiefung der deutschen Wirtschaftsbeziehungen zu den Ländern Südamerikas und der Karibik und hierbei besonders die Förderung des Tourismus. Alljährlich findet zum Gedenken an die Entdeckung Amerikas durch Columbus im Jahre 1492 am 12. Oktober der „Ibero-Amerika-Tag" statt.

IBfRD, International Bank for Reconstruction and Development, die Weltbank, ist seit 1968 auch an touristischen Projektfinanzierungen beteiligt mit eigenem Ressort. Die IBfRD gewährt einzelnen Staaten bzw. nationalen Entwicklungsbanken langfristig zinsbegünstigte Kredite (über 15 bis 20 Jahre), z.B. der bundesdeutschen KfW, Kreditanstalt für Wiederaufbau. Im wesentlichen werden Infrastrukturmaßnahmen in Entwicklungsländern finanziert wie Verkehrswege, Flugplätze u.a. ‣ Weltbank

IBIZA, ursprüngliches Buchhaltungssystem der Lufthansa City Centers. Von Hapag Lloyd übernommen und von Lufthansa Systems weiterentwickelt, soll l. in Zukunft nicht nur für den Mid- und Backoffice-Bereich sondern auch mit integrierten Buchungsfunktionen programmiert werden.

IBN, International Booking Network, computergesteuertes Buchungsnetz des internationalen Jugendherbergswerk (IYHF).

IBTA, International Business Travel Association, Internationaler Dachverband der Reisestellen-Vereinigungen. ‣ Reisestelle, ‣ VDR

IBTM, ‣ EIBTM

IBV, Internationaler Bodensee Verkehrsverein, Sitz: Konstanz. ‣ Internationale Bodenseewerbung

ICAA, International Civil Airports Association, weltweiter Flughafenverband zur Vertretung der Interessen der Zivilflughäfen auf internat. Ebene. Sitz: Paris. ICAA hat 2.255 Mitglieder; nur nationale Flughafenvereinigungen sowie Flughäfen, die 632 Flughäfen in 96 Ländern betreiben. Ursprünglich als CAA 1962 in Paris gegründet.

IC-Airport-Express, durch Kooperation von Lufthansa und DB neuer Flughafen-Zubringerzug nach Frankfurt/M. von Düsseldorf Hbf. mit Halt in Köln Hbf. und Bonn Hbf.

ICAO

sowie Nonstop-Verbindungen von Stuttgart Hbf. Der I. kann wie ein normaler LH-Flug gebucht werden. Die Beförderung erfolgt grundsätzlich in der ersten Klasse; Anrechnung auf Miles & More möglich. Bevorzugter Check-in bereits am Bahnhof. → Airport-City-Züge, → LH-Airport-Express, → Miles & More, → Rail & Fly

ICAO, International Civil Aviation Organisation, Internationale Zivilluftfahrtbehörde, wurde 1944 in Chicago gegründet. Heutiger Sitz ist Montreal. Der Organisation sind 185 Mitgliedsstaaten angeschlossen. Ziele sind Förderung und Verbesserung der technischen Abwicklungsmöglichkeiten des Luftverkehrs und der Planung und Entwicklung des internat. Luftverkehrs. Im einzelnen beinhaltet dieser internat. Zusammenschluß auf dem Gebiet des Luftverkehrs eine weltweite Zusammenarbeit bei der technischen und kommerziellen Verwirklichung des Verkehrsvorganges. Es wurden wirksame Regelungen über die Sicherheit und Zuverlässigkeit des Luftverkehrs, Grundsätze für bilaterale und multilaterale Luftverkehrsabkommen gem. den „Fünf Freiheiten der Luft" sowie Standards über Flugregeln, Lizenzierung von Flugpersonal, Zulassung von Verkehrsflugzeugen, Fluglärm u.a. erlassen. → ECAC, → Freiheiten der Luft, → IATA, → PICAO

ICAO-Abkommen, Convention on International Civil Aviation, Abkommen von Chicago über die internationale Zivilluftfahrt. → Chicagoer Abkommen, → Transitvereinbarung, → Transportvereinbarung

ICC, Internationales Congress Centrum in Berlin, Organisation durch die Messe Berlin GmbH, durch Kempinski bewirtschaftet. Wesentlicher Bestandteil des Berliner Messegeländes, Teil des Veranstaltungsgeländes der ITB. → ITB

ICCA, International Congress and Convention Association, Sitz: Amsterdam, Internat. Kongreß- und Tagungsvereinigung. Zu diesem Weltverband zählen u.a. Hotels und Kongreßzentren, am Kongreßgeschäft beteiligte Kongreßreisebüros und Luftverkehrsgesellschaften. Deutsche Geschäftsstelle ist bei DER Kongress in Frankfurt/M. → Kongreßtourismus

ICE 2, mit Beginn des Sommerfahrplans 1998 eingeführter Flügelzug der Deutschen Bahn AG. Im Gegensatz zu den ICE 1-Zügen mit Antrieb von zwei Triebköpfen an den beiden Zugenden, werden die ICE 2 Hochgeschwindigkeitszüge Triebwagenzüge sein, d.h. die Antriebsmotoren sind unter dem Zug verteilt. Der als Halbzug konzipierte ICE 2 mit sechs Mittelwagen hat einen Triebkopf und einen antriebslosen Steuerwagen auf der anderen Seite. Der Zug wurde von den Firmen Siemens und AEG unter Beteiligung der ostdeutschen Waggonbau AG geliefert. Eine Zugeinheit bietet zwischen 450 und 550 Sitzplätze. Zwei der neuen Züge werden auf einer Stammstrecke zusammengekoppelt fahren und am Ende dieser Strecke dann in zwei getrennte Richtungen ihre Fahrt fortsetzen, ähnlich dem früheren Kurswagensystem.

ICE 2/2, → ICE 2

ICE-Intercity Express, seit 1991 Hochgeschwindigkeits-Reisezug der Deutschen Bahn, zuschlagpflichtig. Auf neugebauten bzw. modernisierten Strecken kann dieser für den Hochgeschwindigkeitsverkehr der kommenden Jahrzehnte vorgesehene Zug eine Geschwindigkeit von 250 km/h erreichen. Jeder Zug besteht aus zwei Triebköpfen und bis zu 12 Mittelwagen in folgender Zusammenstellung:

- vier 1. Klasse-Wagen, davon einer mit Telefonzelle,
- ein Servicewagen mit Restaurant, Küche und Bistro,
- ein 2. Klasse-Wagen mit Serviceeinrichtungen wie Behinderten-WC, Minibarabteil und Mutter-und-Kind-Abteil,
- sechs 2. Klasse-Wagen.

Der Reisekomfort umfaßt zugfreie Klimaanlage mit Deckenausblasung sowie Fußbodenheizung, Musikprogramme über Kopfhörer und Zugtelefone mit Magnetkarten, Videokarten. Diese Züge waren zunächst auf den Linien Hamburg-Würzburg-München und Hamburg-Frankfurt-Stuttgart-München eingesetzt. → EC-Netz, → ICE 2, → ICE-M, → ICE-Sprinter, → IC-Intercity, → ICT, → Intercity Experimental

ICE-M, Fortentwicklung des ICE. Während dessen Triebköpfe nur für das Bahnstromsystem der DB konzipiert sind, können ICE-M-Triebköpfe bis zu vier verschiedene, nationale Stromsysteme in Europa benutzen. I. sind für den grenzüberschreitenden Hochgeschwindigkeits-Reisezugverkehr ab 1998

vorgesehen. → ICE 2/2, → ICE-Intercity Express, → ICE-Sprinter, → Intercity Experimental

ICE-press, farbige online-Zeitung der Deutschen Bahn in Kooperation mit dem Spiegel Verlag in Hamburg als kostenloser Service für Reisende der 1. Klasse produziert. Nach dem täglichen Redaktionsschluß um 15 Uhr kann die Zeitung kurz darauf von mobilen Empfangsstationen direkt von dem Zentralrechner in Heidelberg durch das ICE-Zugpersonal abgerufen werden. Gegen 16 Uhr wird ICE-press täglich außer samstags vom Zugpersonal auf Hochleistungs-Laserdruckern ausgedruckt und verteilt.

ICE-Sprinter, Reservierungs- und Zuschlagspflichtige Business-Verbindung zwischen Frankfurt/Main und München, der „Isar-Sprinter" und der „Rhein-Sprinter" benötigen für die Strecke ca. 3 Stunden. Im Unterschied zur normalen ICE-Verbindung kommt zu der Spitzengeschwindigkeit noch der Nonstop-Vorteil. Im Fahrpreis der 1. Klasse sind Frühstück und Tageszeitung inbegriffen. → ICE

IC - Intercity, Reisezug der Deutschen Bahn. Zuschlagpflichtige IC-Züge bedienen im Stundentakt quer durch das Bundesgebiet die wichtigsten Städte. Korrespondenzbahnhöfe regeln die Umsteigemöglichkeiten von IC zu IC/ICE am selben Bahnsteig. Zusätzlich wechseln IC-Züge in den Korrespondenzbahnhöfen von den Stammlinien auf andere Linien über (Linientausch); außerdem ist hier das IC-Netz mit dem Interregio-Netz verknüpft. Der Flughafen Frankfurt ist in das IC-System im Stundentakt einbezogen. Eine wesentliche Verbesserung stellen die kürzeren Reisezeiten dar, die durchschnittliche Reisegeschwindigkeit aller IC-Züge beträgt 108 km/h. Weitere Verbesserungen sind

- der z.T. bereits eingeführte Halbstundentakt,
- 1. und 2. Klasse-Wagen,
- Blockzugbildung,
- Zugtelefon im Großraumwagen,
- Zugbegleitteam mit Zug-Chef, Steward, Stewardess,
- Abteilservice,
- Zugrestaurant.

→ EC-Netz, → ICE-Intercity-Express, → Interregio-Züge (IR)

ICN, → InterCityNight

ICOM, International Council of Museums, Internationaler Museumsrat, Sitz: Paris (c/o UNESCO). Nicht-regierungsamtliche Dachorganisation der Museen und Museumsmitarbeiter zur Förderung der Ziele der Museumskunde und anderer Disziplinen, die die Führung von Museen betreffen; offizieller fachlicher Berater der UNESCO in Museumsfragen. Mitglieder in 120 Ländern, darunter das deutsche Nationalkomitee ICOM-Deutschland (München) sowie andere Museumsvereinigungen in verschiedenen Fachbereichen (z.b. Verkehrs- und Kommunikationswesen, Ethnographie etc.).

ICOMOS, International Council on Monuments and Sites, Internationaler Rat für Denkmalpflege, Sitz: Paris. Internationale nichtstaatliche Denkmalpflegeorganisation zum Schutz des architektonischen Erbes und zur Erhaltung von Denkmälern und Denkmalbereichen in ihrem historischen Kontext; dient als Gutachter der UNESCO in Fragen des Weltkulturerbes. Deutsches Nationalkomitee in München (c/o Bayerisches Landesamt für Denkmalpflege).

→ UNESCO, → World Heritage Convention

ICPA, International Cruise Passengers Association, USA, Internat. Kreuzfahrer-Verband; Handbuch über Kreuzfahrten; „Cruising".

→ Klassifizierung der Kreuzfahrtschiffe, → Kreuzfahrten,

ICT, InterCity Triebzug, Hochgeschwindigkeitszug der DB mit Neigetechnik; Spitzengeschwindigkeit 230 Kilometern pro Stunde. Weiterentwicklung des ICE. Die Premiere des ICT ist im Sommer 1999 auf der Strecke Stuttgart - Zürich geplant. Im selben Jahr soll er zwischen Berlin - Leipzig - München und Dresden - Frankfurt - Saarbrücken den IC ablösen. Den I. entwickelte das Konsortium ICNT der deutschen Waggonbau AG (DWA), Duewag, Fiat und Siemens.

IDFA, zur Interessengemeinschaft Deutscher Fachmessen und Ausstellungsstädte, Essen, zählen die elf Messegesellschaften in Berlin, Dortmund, Essen, Friedrichshafen, Hamburg, Karlsruhe, Nürnberg, Offenbach, Pirmasens, Saarbrücken und Stuttgart. 1952 gegründet, verbindet die IDFA-Gesellschaften das Ziel, Erfahrungen auszutauschen und ServiceVerbesserungen für Aussteller und Besucher durchzusetzen.

→ Messetourismus

IDMA, International Destination Management Association, Sitz: München.

IEA, International Exhibitors Association, Nachfolgeorganisation der US-amerik. National Trade Show Exhibitors Association. Hauptaufgabe ist die Förderung des Messe- und Ausstellungswesens in den USA.

IFAA, International Flight Attendants Association, internat. Flugbegleitervereinigung, Sitz: Mainz. → Flugbegleiter

IFALPA, International Federation of Air Line Pilot's Associations, internationale Vereinigung nationaler Pilotenverbände, Sitz: Chertsey (Großbritannien). Interessenvertretung der Piloten auf internationaler Ebene (über 100.000 Mitglieder weltweit) u.a. bei der Entwicklung internationaler Standards im Lufttransport, Kontakte zu ICAO, IATA etc. Herausgabe der Zeitschrift Inter Pilot. → IATA, → ICAO

IFATCA, International Federation of Air Traffic Controllers Association, internat. Vereinigung der Flugbegleiterverbände, Sitz: Dublin.

IFE, Inflight-Entertainment, Unterhaltungsprogramm auf Langstreckenflügen wie Filmvorführungen u.a. → Langstreckenverkehr

IFES, International Federation of Exhibition Service, internationaler Verband der Stand- und Messebauunternehmen. → Messetourismus

IFKA, Institut für Freizeitwissenschaft und Kulturarbeit, Sitz: Bielefeld, hat sich die problembezogene Umsetzung und Nutzbarmachung wissenschaftlicher Erkenntnisse zum Ziel gesetzt.

IFPTO, International Federation of Popular Travel Organizations, Sitz: Paris.

IFTO, International Federation of Tour Operators; Sitz: Lewes, Großbritannien. In diesem internationalen Reiseveranstalterverband sind sowohl nationale Reisebüroorganisationen als auch einige Firmen Mitglieder. I. vertritt die speziellen Interessen der europ. Reiseveranstalter gegenüber den touristischen Ziellländern, auch über die EU-Länder hinaus. Deutsches Mitglied ist der DRV. → DRV, → Reiseveranstalter

IFTTA, International Forum of Tourism and Travel Advocates, internationale Organisation von Juristen, mehrheitlich Anwälten, die mit Reiseverkehr und Tourismus befaßt sind.

IG Fähren, Interessengemeinschaft der Fähren, Zusammenschluß der Fähr-Reedereien zur Interessenwahrnehmung und Förderung der Fährschiffsreisen.

IG-Personenschiffahrt, Interessengemeinschaft, mittelständische Vereinigung Personenschiffahrt im Linien- und Ausflugsverkehr mit 65 Unternehmen und 140 Schiffen. → Binnenschiffahrt

IGA, Internationale Gartenbau-Ausstellung. → Gartenschau

IGP, genossenschaftlich organisierte Interessengemeinschaft des Personenverkehrsgewerbes in Baden-Württemberg e.V., Sitz: Böblingen-Hulb.

Die IGP hat derzeit folgende Aufgaben:

- zentrale Abrechnung der Schülerbeförderungskosten,

- zentraler Einkauf und Vertrieb eines busbezogenen Warenbedarfs,

- Werbemittelvertrieb des Gemeinschaftswerbeprogrammes „Plus für Bus"

- Versicherungsdienst mit Vermittlung von Versicherungsleistungen,

- Versorgungswerk.
→ WBO

IGSR, Interessengemeinschaft Sanftes Reisen e.V., Sitz: Hamburg. Ziel ist es, die negativen sozialen und wirtschaftlichen Auswirkungen des Tourismus auf Umwelt und Bereiste möglichst gering zu halten. Der Verein strebt einen Tourismus an, der Spaß macht, Erholung bietet und der für alle Beteiligten wirtschaftlich ergiebig ist. → Sanfter Tourismus

IHA, 1. International Hotel Association, Weltverband der Hotellerie mit Sitz in Paris; deutsches Mitglied: DEHOGA, Bonn. IHA gibt jährlich neu den „International Hotel Guide" mit allen notwendigen Angaben über die angeschlossenen Hotels sowie den „World Directory of Travel Agencies" als Verzeichnis von Reisebüros heraus. 1996 wurde eine Umbenennung der IHA in IH & RA (International Hotel & Restaurant Association) beschlossen, die eine Öffnung für Verbände und Unternehmen des Gaststättengewerbes beinhaltet. Der Verband verspricht sich davon eine Verbreiterung seiner Repräsentation und eine Verbesserung seiner Finanzlage. Der IHA-Hotelverband Deutschland hatte sich gegen eine Umstrukturierung aus-

Inbegriffsversicherung

gesprochen. 2. Fachverband in Deutschland mit rd. 500 Mitgliedshotels der gehobenen Kategorie. Mitglied bei DEHOGA. → DEHOGA, → Reisebüros

IHK, Industrie- und Handelskammer, öffentlich-rechtliche Vertretung der Industrie und des Handels. → Berufsausbildung im Hotel- und Gaststättengewerbe, → Berufsausbildung im Tourismus, → DIHT,

IH & RA, International Hotel & Restaurant Association. → IHA

IHV, Internationale Hotelier Vereinigung, europäischer Zusammenschluß von Einzelmitgliedern des Hotel- und Gaststättengewerbes, Sitz: Düsseldorf. Im Vordergrund stehen der überregionale Erfahrungsaustausch sowie die gemeinsame Werbung mit dem bekannten IHV-Zeichen, das für die Zuverlässigkeit und Solidität der Mitglieder bürgen soll. Eine weitere gemeinsame Aufgabe der Vereinigung ist die Verbesserung der Berufsberatung.

IIT, Individual Inclusive Tour. → IT-Flugpassagetarife (-preise)

IITF, Institut für Integration Tourismus und Freizeitforschung. Sitz in Wien, mit den Aufgaben Bildung und Forschung, umsetzungsorientierte Regionalprojekte im Tourismus und Freizeitbereich.

Ikarus-Card, integriertes Kartensystem zur Abrechnung und Selbstabfertigung sowie als papierloses Ticket. Mit diesem Projekt bietet LH über die Funktion des Fliegens hinaus weitere integrierte Dienstleistungen sowie mit Air Plus eine Erweiterung der Leistungen für Geschäftsreisende und deren Firmenreisestellen an.
→ Air Plus, → Check-in

ILA, Internationale Luftfahrt-Ausstellung. Erstmals 1909 in Frankfurt, vorübergehend in Hannover findet die ILA seit 1992 alljährlich im wiedervereinigten Berlin statt.

IMCO, Intergovernmental Maritime Consultative Organization; Seerechtskonferenz, besteht aufgrund einer auf Regierungsebene geschlossenen Konvention, die sich mit allen Aufgabenbereichen der Seeschiffahrt beschäftigt. 1948 gegründet und 1982 in International Maritime Organization (IMO) umbenannt. → IMO

Immediate Family, die unmittelbare, direkte Familie. Begriff für Sondertarife im Flugverkehr. Zur I.F. gehören Ehegatten, Kinder inkl. Adoptivkinder, Eltern, Geschwister, Schwiegereltern, Schwäger, Schwiegersohn und -tochter.

Immigration Office, Einwanderungsbehörde; in vielen Ländern (z.B. Australien) zuständig für die Ausstellung und/oder Überprüfung von Reisedokumenten, z.T. auch für Touristenvisa.

Immissionen, Einwirkung von Emissionen auf Menschen, Tiere, Pflanzen und Sachgüter. → Emissionen, → Smog

IMO, International Maritime Organization, 1948 als Inter-Governmental Maritime Consultative Organization (IMCO) gegründet und 1982 umbenannt. Als Unterorganisation der Vereinten Nationen regelt sie die technischen Angelegenheiten der internationalen Seeschiffahrt. Besonderes Interesse gilt der Sicherheit der Menschen auf See. Die IMO zählte 1992 140 Mitgliedstaaten. → IMCO, → Marpol

Impact, crs der britischen Eisenbahnen und der angeschlossenen britischen Fährschiffslinien.

Impf-Tabelle für Fernreisen, wird alljährlich vom ADAC zusammengestellt und veröffentlicht.

Implant-Reisebüro, Reisebüro-Filiale (Vollreisebüro) in einer Firma, exklusiv für deren Belange. Mitunter auch als Firmenreisestelle tätig. → Reisebüroketten, → Reisestelle, → VDR,

Implementation Date, Datum, an dem das BSP-Verfahren in einem bestimmten BSP-Gebiet nach der Test- und Pilot-Phase in Kraft tritt. → BSP

Import, beschreibt die Einfuhr von Gütern und Dienstleistungen in ein Land. → Export

Imprinter, mechanisches Gerät, um manuell erstellte Dokumente gültig zu stempeln, in dem Informationen über Agent, Luftverkehrsgesellschaft und Datum eingedruckt werden. → AVP, → CIP

IMS, Information Management Services, Software Produkt von System One für Firmenkunden in den USA, ab 1995 in Amadeus integriert. → Amadeus

Inbegriffsversicherung, Versicherung von insgesamt begrifflich zusammengehörenden Sachen (z.B. Reisegepäck-Versicherung). → Reiseversicherungen

169

Inbound Tourismus, aus dem Ausland hereinkommender Tourismus, neue in den USA gebräuchliche und von der WTO empfohlene Bezeichnung, soll Incoming-Tourismus ersetzen. → Incoming-Tourismus, → Outbound Tourismus

Incentive, Anreiz, Ansporn (aus lat incinere = entzünden, anspornen, einen Anreiz geben).

Incentive-Reisen, Art der Belohnung für einen mit Erfolg abgeschlossenen Incentive-Wettbewerb für Einzelne oder Gruppen in einer Firma, meist Verkäufer oder Händler. Die Ausschreibung von I. stellt für Mitarbeiter und Absatzpartner einen starken psychologischen Anreiz zur Leistungssteigerung dar. I. werden zum größeren Teil dem Bereich Geschäftsreisen und weniger den Urlaubs- und Vergnügungsreisen zugerechnet. Incentive-Reisen haben im Verhältnis zu anderen Incentives den höchsten Status. → Incentive-Reisen-Besteuerung

Incentive-Reisen-Besteuerung, in einem Urteil vom 9.3.1990 hat der Bundesfinanzhof entschieden, daß ein Arbeitgeber, der die guten Leistungen seiner Mitarbeiter mit Incentive-Reisen honoriert, dafür i.d.R. Lohnsteuer abführen muß, mit der Begründung, daß Arbeitnehmer mit der Teilnahme an solchen Reisen einen „geldwerten Vorteil" und damit lohnsteuerpflichtiges Arbeitslohn erhalten, wenn ihnen ein Besichtigungsprogramm angeboten wird, das einschlägigen touristischen Gepflogenheiten entspricht, und der Erfahrungsaustausch zwischen den Arbeitnehmern demgegenüber zurücktritt. Es handelt sich nach diesem Urteil auch dann um steuerpflichtigen Arbeitslohn, wenn durch die Incentive-Reise beim Arbeitgeber eine Umsatzsteigerung und bei den Arbeitnehmern eine Erhöhung ihrer umsatzabhängigen Provisionseinnahmen bewirkt werden soll. Der Arbeitgeber kann die Lohnsteuer für solche Zuwendungen nach § 40 Abs. 2 Satz 1 des Einkommensteuergesetzes mit einem Pauschsteuersatz von 25 Prozent erheben. Dies allerdings nur, wenn es sich um eine Betriebsveranstaltung handelt, die allen Arbeitnehmern offensteht, die Teilnahme an ihr also keine Privilegierung einzelner Arbeitnehmer darstellt. → Incentive-Reisen

Incoming-Agenturen, Reisebüros und -Veranstalter, die ausländischen Reisemittlern und Gästen zur Information, Programmzusammenstellung, Ausländerbetreuung, Reiseleitung, Packageproduktion etc. zur Verfügung stehen.

Incoming Pool, Zusammenschluß von Incoming-Agenturen mit Leistungsträgern und öffentlichen Fremdenverkehrsstellen zur Vermarktung des Deutschland-Tourismus, vorwiegend in Städten und Regionen mit übergeordneter touristischer Bedeutung wie z.B. den Großstädten der Werbegemeinschaften. → Magic Ten - The German Cities

Incoming-Tourismus, aus dem Ausland hereinkommender Tourismus, z. B. Einzel- und Pauschalreisen, die Ausländern in der Bundesrepublik Deutschland angeboten werden. Im I. sind sowohl Mittler als auch Veranstalter anzutreffen. Beide kooperieren mit Partnergesellschaften aus dem Herkunftsland der Touristen. Als Incoming-Büros treten sowohl Spezialisten (z.B. Welcome, Weichlein) als auch bekannte Allround-Reisebüros, die mit einer Abteilung dieses Marktsegment abdecken (z.B. Hapag-Lloyd, ABR, DER, Isaria u.a.) auf; daneben verstärkt örtliche und regionale Verkehrsämter und Fremdenverkehrsverbände als Partner. I.d.R. offeriert ein Incoming-Büro folgende Leistungen: Hotelreservierungen, Rundfahrten (Bus), Transfers, Sightseeing, Schiffahrten, Reiseleitung u.a.

Indaba, seit 1983 alljährlich stattfindende Reisemesse in Südafrika. 1998 in Durban.

Indian Pacific, australischer Transkontinentalzug, der zwischen Perth und Sydney verkehrt. Für die Entfernung von 3.960 km benötigt er etwa 65 Stunden. Der I.P. verbindet ein Reihe von Bergbaustädten im Landesinneren miteinander, darunter das Goldabbaugebiet Kalgoorlie. Spektakulär ist die Fahrt durch die Nullarbor Ebene, in welcher der Zug mit 462 km die längste durchgehend gerade Eisenbahntrecke passiert. Betreibergesellschaft ist Rail Australia, die ihre europäische Vertretung in München hat.

Indikation, ärztliche Diagnose, aus der sich ein bestimmtes Heilverfahren ergibt, z.B. für Erkrankung der Atmungsorgane Behandlung in Mineralheilbädern, in Heilklimatischen Kurorten oder Seebädern. → Kur

Individual Travel, Werbegemeinschaft im Verbund von DB und LH mit Hotelgruppen. Ziel der Werbung: Verbreitung attraktiver und kostengünstiger Unterkunftsangebote und Rundreisevorschläge auf den Auslandsmärkten.

Infratourist

Individualreisen, Einzelreisen, selbst organisiert und individuell zusammengestellt, d.h. auch Reisen, bei denen Hotel, Fähre o.ä. über ein Reisebüro gebucht werden, im Unterschied zu Pauschalreisen. Nach U + R für 1997 sind 56,7 % der Urlaubsreisen selbst organisiert, das sind über 35,3 Mio. Urlaubsreisen. → Pauschalreisen, → Urlaub + Reisen (U + R)

Industry Discount (ID), Flugpreisermäßigung für Angestellte der Luftverkehrsgesellschaften.

INFF, Informationsdatenbank Flug, Bezeichnung für eine Flugdatenbank aus dem START-System. → Consolidator

Infant (IN), internationaler IATA-Code für Kleinkinder-Passagiere (unter zwei Jahren). Sie werden im innerdeutschen Raum kostenlos befördert und zahlen auf internationalen Flugstrecken 10% des Erwachsenen-Tarifs. Kleinkinder haben keinen Anspruch auf einen Sitzplatz.

Infini, gemeinsames crs von ANA, All Nippon Airways (Able-System) und anderen Fluggesellschaften. → Abacus → Able

Inflation, bedeutet Geldentwertung, die sich in einer Steigerung des Preisniveaus auswirkt. Das Gegenteil ist Deflation. Die Teuerungsrate, die ein festgelegter Warenkorb (Güter und Dienstleistungen) innerhalb eines bestimmten Zeitraumes erfährt, werden einem Basiszeitraum gegenübergestellt. → Inflationsrate

Inflationsrate, Die I. ist die prozentuale Veränderung des durchschnittlichen Preisniveaus der Volkswirtschaft. Deutschland gilt seit den 70`er Jahren als ein Land mit geringer Inflationsrate. → Verbraucherpreisindex

Inflight entertainment, Film- und Musikprogramme während eines Fluges. → IFE

Inflight-Kit, vor allem Passagiere der First- und Business Class erhalten während des Linienfluges einige Bedarfsartikel für den Gebrauch an Bord. Der Inhalt reicht je nach Airline und Flugdauer von Augenkompressen, Lippenbalsam oder Gesichtsspray bis zu Zahnbürste, Rasierer, Schlafmaske und Socken.

INFO, START Info System Datenbank mit aktuellen Informationen zu START.

Infotour, Software für den Städtetourismus mit Auskünften, Unterkunftsvermittlung, Organisation von Stadtführungen oder Rundfahrten, entwickelt von der Firma Alphatron.

Informal, zwanglose Garderobe für den Abend.

Information Highway, → Datenautobahn

Informationspflicht, nach dem neuen Reise-Vertragsrecht (§ 161 a Absatz 5 BGB) ist der Veranstalter verpflichtet, den Kunden bis zu viermal zu informieren, und zwar im Prospekt, bei der Buchung, in der Reisebestätigung und rechtzeitig vor Beginn der Reise. → Reisevertrag

Informationsreise, fachlich ausgerichtete Reise zum Zweck des Kennenlernens von Einrichtungen, Produktionsstätten, Verfahren und Methoden, Kulturen, Land und Leuten und Umsetzung in verbesserte Beratung. Im Reisebüro-Alltag auch Info-Reise oder Fam-Trip genannt. → Fachstudienreisen, → Familiarization Trip (Fam Trip)

Informative Pricing, im Amadeus System die Möglichkeit der automatischen Berechnung einer Reiseroute ohne Buchung.

Infox, Infox System Gesellschaft für Information, Werbung und Technik, Bonn, verschickt wöchentlich Informationsmaterial der Reiseveranstalter wie Reiseangebote, kurzfristige Sonderangebote, Reiseunterlagen, Tarife, Prospekte und Kataloge an alle vermittelnden deutschen Reisebüros.

Infrastruktur, private und öffentliche Einrichtungen als Grundvoraussetzung für das wirtschaftliche Leben und Wirken, wie u.a. Straßen und sonstige Verkehrseinrichtungen, Energie- und Wasserversorgung. Im touristischen Bereich gleichbedeutend mit den Einrichtungen der Leistungsträger, wie Hotel-/ Gastronomiebetriebe, Busse, Eisenbahnen, Flugzeuge, Schiffe usw.

Infratest Burke AG Holding, Marktforschungs- und Beratungsunternehmen. Innerhalb der Wirtschaftsforschung GmbH & Co. wird im Bereich Auto und Verkehr die Reisemarktuntersuchung „Touristscope" organisiert, die seit 1987 Reisevolumina und -strukturen erhebt. Die „Mobility" beobachtet kontinuierlich Bedarf und Nutzung der verschiedenen Verkehrssysteme. → Mobility, → Touristscope

Infratourist, Reisefachmesse in St. Gallen/ Schweiz spez. für Seilbahn-Unternehmen, mit Ausstellung und Tagungen.

INFX, Informationsdatenbank Last Minute, Touristikdatenbank aus dem START-System ermöglicht den Zugriff auf eine veranstalterübergreifende Datenbank von 21 Veranstaltern.

Inhouse Meetings, innerbetriebliche Veranstaltungen (bei Tagungs- und Kongreßstudie der IPK nicht erfaßt). → IPK, → Tagungsstätten

Inkasso, 1. Einziehung fälliger Forderungen. 2. In der Versicherungsbranche Einzug von Beiträgen, entweder durch den Außendienst (z. B. Versicherungsvertreter) oder direkt durch den Versicherer (Direktinkasso). → Direktinkasso

Inkassobüro, mit der außergerichtlichen Beitreibung von Forderungen und Durchführung des gerichtlichen Mahnverfahrens kann ein I. beauftragt werden. Betriebswirtschaftlich sinnvolle Alternative zur firmeninternen Bearbeitung oder zur Anwaltsbeauftragung.

Innenmarketing, Entwicklungsziel ist die Schaffung eines touristischen Wir-Gefühls unter den Leistungsträgern und der Bevölkerung eines Reisegebietes. Durch I. soll die Akzeptanz der Bereisten für das Image und die touristischen Schwerpunkte ihrer Region (z.B. Kultur, Sport, Gesundheit) gesteigert werden. Angestrebt wird zweitens eine Zusammenarbeit sämtlicher Tourismusträger. Maßnahmen des I. sind z.B. Informationsveranstaltungen, Ideenbörsen und interne Wettbewerbe für Leistungsträger. → Außenmarketing, → Marketing Mix

Innere Werbung, Bestandteil und Instrument der Kommunikationspolitik, mit dem touristische Leistungsträger und Bevölkerung auf ein bestimmtes Verhalten eingestellt werden sollen, unter Anerkennung des Tourismus als wichtigem Wirtschaftsfaktor einer Region. Das Konzept soll das Bewußtsein der Bereisten unter Beibehaltung ihrer kulturellen Identität schärfen. I. wird vielfach auch als Interne Werbung bezeichnet, im Gegensatz zur Externen Werbung mit den Werbeanstrengungen nach außen zu Kunden und Vermittlern. → Innenmarketing

Inside Links, bei Galileo der Zugriff der Reisebüros auf Datenbank und Reservierungssystem der Hotels und Autovermietungen mit sofortiger Zimmer- bzw. Mietwagenbuchung und Erhalt der Reservierungsbestätigung.

Insolvenz, Zustand finanzieller Existenzbedrohung eines Schuldners bei Zahlungsunfähigkeit oder Überschuldung. Zur Abwendung einer I. wird vielfach eine außergerichtliche Sanierung des Unternehmens versucht. Das Vergleichsverfahren nach der Vergleichsordnung dient der Fortführung des Unternehmens durch Ermäßigung seiner Verbindlichkeiten (Schulden). Das Konkursverfahren nach der Konkursordnung dient der Verwertung (Verkauf, Versteigerung usw.) seines Vermögens zugunsten der Gläubiger. Die Insolvenzrechtsnovelle, mit der das Insolvenzverfahren vereinheitlicht werden soll, tritt 1999 in Kraft. → Konkurs, → Vergleich

Insolvenzschutzversicherung, Kundenreiseversicherung gegen Ausfall von Reiseleistungen infolge von Zahlungsunfähigkeit oder Konkurs des Reiseveranstalters, des veranstaltenden Reisebüros oder Leistungsträgers mittels Sicherungsschein mit verbrieftem Anspruch gegen den Versicherer. → Informationspflicht, → Kundengeldabsicherung, → Reisevertrag, → Sicherungsschein

Installation, bevor ein Computerprogramm auf einem Rechner lauffähig ist, muß es auf der Festplatte eingerichtet werden. Häufig gibt es sog. Installationsdisketten, bei denen nach Anklicken eines Symbols das Programm automatisch auf das gewünschte System installiert wird.

Integration, bedeutet in der Wirtschaft das Entstehen von Zusammenschlüssen mehrerer Staaten mit dem Ziel, ein gemeinsames Wirtschafts- oder Marktgebiet herbeizuführen. Die Vorteile größerer Absatzmärkte haben den Wunsch zu Zusammenschlüssen der einzelnen Volkswirtschaften immer stärker werden lassen. Man unterscheidet vier Phasen der Integration: In einer Freihandelszone vereinbaren die Mitglieder gemeinsame Zölle und Tarife untereinander, verfolgen aber eine eigenständige Politik gegenüber Importen aus Drittstaaten. Die Zollunion geht einen Schritt weiter, indem die Partner einen gemeinsamen Außenzoll von außerhalb vereinbaren. Ein gemeinsamer Markt entspricht einer Zollunion mit einer freien Bewegung der Produktionsfaktoren Arbeit und Kapital. Eine Wirtschafts- und Währungsunion bedeutet die Einführung einer gemeinsamen Währung mit einer einheitlichen Geldpolitik und eine

Interkontinental

Koordinierung der Wirtschaftspolitik. → EU/EG/EWG

Intelesis, unterhält ein Reservierungssystem mit dem Namen „OK-Hotels" für ital. Ferienregionen, Sitz: Mailand, über 1.800 angeschlossene Hotels; Benutzung des START Tour-Formulars. → Tour-Verfahren

Inter Tour Expo, internationale Touristik-Fachmesse in Hongkong, erstmals 1986; jährlich.

Interaktiv, fast alle heutigen Programme arbeiten interaktiv, d.h. alle Programmschritte werden im Dialog mit dem Anwender ausgeführt. Der Dialog findet i.d.R. über Menüauswahl oder Dialogboxen statt. → interaktives Fernsehen

Interaktives Fernsehen, Fernsehdienst, bei dem auch der Zuschauer aktiv werden kann. Dazu gehören Anwendungen wie Telebanking oder Teleshopping (vormals nur über Online-Dienste unter PC-Einsatz anwendbar). Außerdem nutzbar für Formen des künftigen Multimedia-Fernsehens, bei der Zuschauer bestimmen kann, ob er ein Programm aktuell oder zeitversetzt sehen möchte oder welche beim Sender abrufbaren, dort gespeicherten Filme er sich anschauen möchte. Einsetzbar für Pay TV ebenso wie für Free TV.

Intercity Experimental, Vorläufer und Prototyp des späteren ICE für den Reisezugverkehr auf dem Hochgeschwindigkeitsnetz seit 1991. Auf der Neubaustrecke Fulda-Würzburg wurde von I.E. am 1.5.1989 ein Weltrekord mit 406,9 km/h aufgestellt. → ICE-Intercity Express

InterCityNight, ICN, Nachtreisezug der DB seit Mai 1994 auf den Strecken Berlin-Charlottenburg - München-Ost und Berlin - Essen - Köln - Bonn. 1997 ist die Verbindung Hamburg - München in den Fahrplan aufgenommen worden. Die Strecke Berlin - Bonn wurde bis Frankfurt verlängert. Der ICN bietet Liegesessel sowie Liege- und Schlafwagen. Die Mitnahme von Fahrzeugen und Fahrrädern ist möglich. Der Zug ist reservierungspflichtig. → Hotelzüge

Interflug, Name der staatlichen Fluggesellschaft der ehem. DDR mit Sitz in Berlin-Schönefeld. Bestand von 1958 bis 1991.

Interhansa, vorübergehender Zusammenschluß der beiden deutschen Fluggesellschaften Deutsche Lufthansa AG, Köln, und Interflug, Ost-Berlin. Bei Gründung der Interhansa Service GmbH beteiligten sich die Gesellschaften mit je 50%. Nach der Wiedervereinigung aufgelöst.

Interhoga, ist eine Gesellschaft zur Förderung des deutschen Hotel- und Gaststättengewerbes. Sie hat ihren Geschäftssitz in Bonn/Bad Godesberg. Alleiniger Gesellschafter der Interhoga GmbH ist der Verein zur Förderung von Wissenschaft, Forschung und Bildung im deutschen Hotel- und Gaststättengewerbe e.V., Bonn. Die I. nimmt die gastronomischen Interessen im Messegeschäft wahr, so bei der alle zwei Jahre in Düsseldorf stattfindenden hogatec und der ebenfalls im Zwei-Jahres-Turnus durchgeführten ANUGA in Köln. Gleiches gilt für das Verlags- und Versicherungsgeschäft. So liegen im Verantwortungsbereich der I. die Herausgabe des Deutschen Hotelführers, die Betreuung des Projektes Bildschirmtext und die Tele-Hotelführers sowie die Herausgabe der Gastgewerblichen Schriftenreihe. Daneben hilft die I. seit Jahren Existenzgründern mit der Broschüre „Selbständig im Gastgewerbe - Checklisten für Existenzgründer". Gemeinsam führen die I. und der DEHOGA eine Dokumentationsstelle und das Statistikreferat, welche mit öffentlichen Mitteln gefördert werden. → DEHOGA

Interhotel, Hotelkette mit 34 Hotels in Großstädten, Zentren des Reiseverkehrs und Erholungsgebieten der ehem. DDR, gegr. 1965, dem Ministerium für Handel und Versorgung unterstellte volkseigene Wirtschaftseinheit. I.s boten unterschiedlichen Hotelstandard; 6 dieser Hotels wurden vor 1990 vorwiegend als Ferienheime des FDGB (Freier Deutscher Gewerkschaftsbund) genutzt (z.B. Neptun, Warnemünde und Panorama, Oberhof). Tochterfirma von I. war Interhotel Travel Service als Reiseveranstalter und -mittlerorganisation auf ehem. DDR-Gebiet. Ab 1988 war die Kette Mitglied des IHA. Seit 1990 Zusammenarbeit mit bundesdeutschen Touristikunternehmen. Vorübergehend unter Verwaltung der Deutschen Treuhandanstalt. Ab 1992 Interhotel GmbH, Berlin, Hotelgruppe mit 27 Häusern. → IHA

Interkontinental, abgekürzt Interkont. Für diesen Begriff gibt es keine eindeutige Definition. Er wird überwiegend für Fernreisen bzw. außereurop. Destinationen gebraucht;

bei der Lufthansa für die Verkehrsgebiete Nord- und Südamerika, Afrika, Nahost und Asien/Pazifik. → IATA-Verkehrsgebiete, → Langstreckenverkehr

Interline-Agreement, Abkommen über gegenseitige Anerkennung von Transportdokumenten zwischen Luftverkehrsgesellschaften und Reedereien. → Interlining

Interline transportation, Weiterflug mit einer anderen Fluggesellschaft. → Online transportation

Interliner, gebräuchliche Bezeichnung für Mitarbeiter bei internat. Fluggesellschaften.

Interlining, Kooperation zwischen Fluggesellschaften zur gegenseitigen Unterstützung bei Wartung, Technik und Ticketing, wie auch zur gegenseitigen Anerkennung von Transportdokumenten, z.T. mit gleichzeitiger Abstimmung der Flugpläne.

International Society of Meeting Planners, wurde 1981 gegründet und vereint inzwischen Entscheidungsträger der Tagungswirtschaft aus über 90 Ländern. Die ISMP bietet für ihre 3.000 Mitglieder Fortbildungsprogramme an und unterhält eine Bibliothek von Tagungsführern. Als erste Organisation entwickelte sie verschiedene Levels für unterschiedliche berufliche Tätigkeiten:

- RMP: Registrated Meeting Planners
- CDS: Certified Destination Specialist
- CEP: Certified Events Planners.

Internationale Bodensee-Werbung, Werbegemeinschaft für die Bodenseeregion. Mitglieder sind Tourismusorganisationen aus Deutschland, der Schweiz, Österreich und Liechtenstein (Internationaler Bodensee-Verkehrsverein); gemeinsame Werbung mit Präsentationen in Nordamerika und Japan.

Internationale Eifel-Ardennen-Werbung, die nationalen Tourismusorganisationen von Belgien, Luxemburg, Frankreich und Deutschland werben gemeinsam für die Ferien- und Freizeitlandschaft Eifel-Ardennen unter dem Motto „Ferien ohne Grenzen". Dabei werden sowohl Fachleute als auch Konsumenten angesprochen.

Internationale Rhein-Werbegemeinschaft, seit 1979 organisieren die Tourismuszentralen der Rhein-Anliegerstaaten, die Schweiz, Deutschland und die Niederlande, alle zwei Jahre einen Workshop auf dem Rhein. Zu der „Rhine River Country Promotion" werden Fachleute aus der nordamerikanischen Reiseindustrie und Journalisten eingeladen.

Internationale(r) Touristikassistent(in), staatlich anerkanntes zweijähriges Ausbildungsangebot für Teilnehmer mit Hochschulreife. Neben dem tourismus- und betriebswirtschaftsorientierten Unterricht beinhaltet dieser von der EU finanziell unterstützte Studiengang ein Sprach- bzw. Auslandsaufenthaltsprogramm (z. B. mit den Partnerländern Frankreich, Spanien und Italien).

Internationaler Fluglinienverkehr, im Sinne des Chicagoer Abkommens der Luftverkehr, der durch den Luftraum über Hoheitsgebiete von mehr als einem Staat erfolgt. → Chicagoer Abkommen

Interne Werbung, → Innere Werbung

Internet, lat. inter: zwischen, engl. net: das Netz, Oberbegriff für einen weltweiten Verbund von Computer-Netzwerken ohne eigene Informationsstruktur. Den Ursprung hat das I. in dem Ende der sechziger Jahre eingerichteten Computernetz, das in den USA die Computer aus den Bereichen der Wissenschaft und des Militärs miteinander verbinden sollte. Ende der 80er Jahre weitete sich das I. weltweit aus, so daß Anfang der 90er Jahre eine weltweite Vernetzung von privaten PCs per Modem und Telefonanschluß entstand. Nach der Entwicklung des World Wide Web 1992 stieg die Zahl der Internetnutzer kontinuierlich an. I. bietet durch das standardisierte Übertragungsprotokoll TCP/IP die Grundlage für den Ausbau der sog. „Datenautobahn" bzw. des „Information Superhighway". Durch die große Verbreitung bieten sich traditionellen Informations- und Medienanbietern Wachstumsmärkte an in Form von elektronischen Zeitschriften, Katalogen, interaktiven Pay-TV Sendern bis hin zu Video-Diensten, Sprach-Bildtelefon und direkter Datenkommunikation zwischen beliebigen Computern auf der ganzen Welt. Kommerzielle Datendienste wie Compuserve oder America Online sowie ab 1995 auch Microsoft Network bieten Zugriff auf einige der Kommunikationsmöglichkeiten des I; im Gegensatz zum I. sind hier die kommerziellen Betreiber für die redaktionellen Inhalte verantwortlich. Das touristische Angebot über TII, Tourismus Infos Internet, umfaßt Anbieter wie Deutsche Bahn AG, Lufthansa, Canadian Airlines und Städte wie Dresden,

InvoicePlus

Leipzig und Salzburg; Hotelauskünfte und -reservierungen; START-Btx Last-Minute-Angebote. Über die persönliche Kennung im Internet, die Internet-Adresse können Nachrichten, Informationen oder Dateien gezielt an gewünschte Personen oder Institutionen übertragen werden. Weiterhin bieten verschiedene Online-Dienste die Möglichkeit des Telefonierens via I. (Internet Phone).
→ AOL, → Compuserve, → Datenautobahn, → Microsoft Network, → TCP/IP, → TII, → World Wide Web

Interrail, Monatsticket für Jugendliche bis 25 Jahre auf Europas Schienenstrecken sowie in der Türkei und in Marokko.

InterRail 26+, seit Anfang Januar 1998 werden die Altersbeschränkungen des InterRail-Tickets durch die europäischen Bahnen aufgehoben. Hierbei gelten die Bestimmungen des InterRail-Tickets nun auch für Personen über 26 Jahre.

INTERREG, Förderungsprogramm für die grenzüberschreitende Zusammenarbeit zwischen benachbarten Regionen innerhalb der EU (Zeitraum 1989-1993). Ein Teil des Budgets wurde Tourismusprojekten zugedacht, in denen auch nicht-EU-Staaten miteingeschlossen wurden (z. B. Zusammenarbeit zwischen den italienischen Regionen Friaul-Julisch-Venetien, Südtirol, Veneto und Österreich).

Interregio-Züge (IR), Reisezüge der Deutschen Bahn. I. ersetzen seit Fahrplanwechsel vom 25. Sept. 1988 an schrittweise die bisherigen D-Züge und FD-Züge. Die im Zweistundentakt eingesetzten Züge bestehen nach Angaben der DB aus einer Schnellzuglok und fünf bis acht neugestalteten, klimatisierten Wagen mit Bistro-Café (Selbstbed.). Es gibt Spezialabteile für Eltern mit Kindern sowie für Schwerbehinderte. Zugtelefon und Schließfächer für das Handgepäck gehören zum Standard. Auf mittlere Entfernungen sind die I. zügige Verbindung zwischen den regionalen Zentren; Zubringer für die Fernstrecken.
→ D-Zug, → IC-Intercity

Interstate transportation, Beförderung zwischen 2 verschiedenen Staaten. → Intrastate.

Intourist, Reisebüro der ehem. UdSSR, gegr. 1929, Sitz: Moskau. Seine Aufgabe war die Förderung des Auslandsfremdenverkehrs der UdSSR. Im Zuge der Demokratisierung wurde 1991 die ehem. sowjetische Reisebehörde I. in eine AG umgewandelt, es wur-

den vermehrt Tochtergesellschaften im Ausland gegründet.

Intours, Software zur Bewältigung der Aufgaben von Fremdenverkehrsbüros, entwickelt von der Firma Intours Partners.

Intranet, firmeninterner Online-Dienst, der auf der Internet-Technologie basiert. Ermöglicht den Daten- und Informationsaustausch für geschlossene Benutzergruppen innerhalb eines Unternehmens. Auch Bildschirmkonferenzen werden durch das I. ermöglicht.
→ Internet

Intrans, Intelligent Travel Network System, ein Reisekatalog der Zukunft über erlebnisorientierte, dreidimensionale Darstellung von Reiseprodukten im sprachlichen Dialog mit „intelligentem" Computer, u.U. unter Umgehung der Reisebüros. Zur Produktdarstellung wie Kreuzfahrtschiff, Hotel oder Freizeitpark stehen Technologien wie z.B. Virtual Reality (VR) zur Verfügung.

Intrastate transportation, Beförderung innerhalb eines Staates. → Interstate transportation

Inversion, Umkehrung, Versetzung; bei Inversionswetterlage liegt auf einer bodennahen Kaltluftschicht warme Luft auf. Dadurch wird die bodennahe Schicht mit Schadstoffen angereichert, es kommt zur berüchtigten Smogbildung. → Smog

Investition, ist der Einsatz von materiellen und immateriellen Werten zur Schaffung von Kapital (z.B. Maschinen, Gebäuden, Ausstattung von Arbeitsplätzen, Ausbildung). Eine Luftlinie kauft eine zusätzliche Passagiermaschine, um dem gestiegenen Personenaufkommen Rechnung zu tragen.

Investitionskredit, der I. ist die typische mittel- und langfristige Objekt-Finanzierungsform für Fahrzeug-, Maschinen- und Geräteanschaffungen. I.d. R. langfristige, zielgerichtete Kapitalbindung zum Zweck der Erwirtschaftung zukünftiger selbständiger Erträge durch das Objekt.

Invoice, Rechnung; Hinweis auf einem Ticket, daß es auf Rechnung ausgestellt ist, ansonsten ist cash (Barzahlung) vermerkt.

InvoicePlus, Rechnungserstellungsprogramm unter Galileo, ermöglicht die Verarbeitung von Kassenzettel und Rechnungen und bietet zusätzlich eine Datenbank zum Abspeichern und Aufruf von Kundenstammdaten. Der Datentransfer zu DERData und Stinnes-Data ist möglich. → DERData Informationsmanagement, → Galileo, → Stinnes-Data-Service GmbH

IPK, Institut für Tourismusmarketing, ehem. Institut für Planungskybernetik, München, erstellt u.a. Datengrundbuch für Studien im Tourismus. Regelmäßige Untersuchungen: Deutscher Reisemonitor, alle 2 Monate, European Travel Monitor, alle 2 Monate, in Zusammenarbeit mit dem European Travel Intelligence Center S.A.; Kongreßmarkt Europa, Incentivemarkt Europa, Veranstaltermarkt Europa, Flugmarkt Europa. → Deutscher Reisemonitor

Ires Internet Reservations, Internet-Reservierungssystem. Zusammenschluß von fast 500 Reisebüros zur Darstellung weltweiter Flüge von 750 Fluggesellschaften (IATA- und Consolidatortarife) im Internet (Stand September 1998). Online-Kunden können auch nach Flügen mit Maximalpreis-Grenze suchen. Zukünftig soll das Angebot auch international in mehreren Sprachen und für verschiedene Währungen zugänglich sein. → Internet, → Touristische Online-Dienste

IRIS neu, Reservierungssystem von TUI, wird seit 1992 aufgrund seines modularen Aufbaus stetig ausgebaut und an die Bedürfnisse des Vertriebs angepaßt. Für die Reisebüros setzt sich l. aus drei Systemen zusammen: 1. Agentur-System für büroInterne Steuerung, 2. Kunden-System mit kundenspezifischen Daten wie z.B. Direktinkasso, 3. Zentrales System „Beraten und verkaufen". Anwendung für TUI-Agenturen über START bzw. START-Btx-Anschluß. → IRIS

IRIS, 1. Internationales Reservierungs- und Informations-System in START, bedeutet Buchung von Bahnfahrraten im IRIS-Verbund über DB-Modus für folgende Länder: Frankreich, Schweiz, Italien, Niederlande, Dänemark, Spanien, Portugal, Großbritannien. **2.** Projektname eines flächendeckenden dezentralen Informations- und Reservierungssystems der staatl. Schleswig-Holstein Tourismus GmbH für Buchung von Ferien/Urlaubsprogrammen über Reisebüros. 1993 von START erworben und für City Soft/German Soft-Angebote weiterentwickelt. Inzwischen in 1998 Konkurs angemeldet. **3.** Internationales Reservierungs- und Informationssystem von TUI über START und Btx mit u.a. Einreisebestimmungen und aktuellen Zielgebietsinformationen.

4. Hauseigenes Buchungs- und Reservierungssystem der Varig, Brasiliens Fluglinie. → IRIS neu

IRS, Informations- und Reservierungssysteme.

IRU, International Road Transport Union, Weltverband der Straßenverkehrsunternehmen sowie privatwirtschaftlicher Bahnen, Sitz: Genf; deutsches Mitglied ist der BDO. IRU befaßt sich in verschiedenen Sektionen mit Fragen der Beförderung von Personen und Gütern. Im Rahmen eines sog. Comitée de Liaison wurden die EU-spezifischen Probleme vertiefend behandelt. BDO, → EU/EG/EWG, → Harmonisierung, → Liberalisierung

IRV, 1. Interregionalverkehr, gehört neben Ergänzungsluftverkehr und Luftverkehr der dritten Ebene zum Regionalluftverkehr. → Regionalluftverkehr. **2.** Internationaler Reiseleiter Berufsverband, Sitz: Zürich.

ISDN, Abk. für Integrated Services Digital Network. 1980 beschloß die damalige Deutsche Bundespost ihr Datennetz von analogen auf digitalen Datenaustausch umzustellen. Seit 1989 werden ISDN-Leitungen angeboten. Jeder ISDN-Anschluß stellt gleich zwei Leitungen und drei Rufnummern zur Verfügung. Diese können beliebig den verschiedenen Endgeräten (PC, Telefax oder Telefon) zugeordnet werden. Zudem können die Daten viel schneller und zuverlässiger übertragen werden. Weiterhin bietet ISDN eine Reihe zusätzlicher Dienste an, wie z.B. Anrufweiterleitung, Anklopfen (wenn die Anschlüsse besetzt sind, kann sich der Anrufer bemerkbar machen), Makeln (ein gerade geführtes Gespräch kann unterbrochen werden, um einem zweiten Anruf anzunehmen), Rückruf bei Besetzt (wenn der Zielapparat besetzt ist, kann veranlaßt werden, daß dieselbe Rufnummer automatisch noch mal angewählt wird), Konferenzen mit mehreren Gesprächsteilnehmern und Nummernanzeige des ankommenden Gesprächs. Seit 1993 wird ISDN flächendeckend angeboten. → ADSL, → Btx, → Btx-RB

ISL, Institut für Seeverkehrswirtschaft und Logistik, Sitz: Bremen; führt nationales Schiffsregister. → Zweitregister

Isle Hopping, dt. Inselspringen, Reiseform, bei der man mehrere Inseln nacheinander per Linienflug bereist, typische Art des Reisens z.B. auf Hawaii oder in Indonesien.

Islamische Kunst, Kunst der Völker, die sich zum Islam bekennen. Die I. kennt keine Kultbilder und verbietet figürliche Kunst an Kultstätten. Hauptleistungen liegen in Architektur (Alhambra in Granada), Kunsthandwerk, wie Fayence, Metallverarbeitung und Teppichknüpferei sowie Buchmalerei mit reicher pflanzlicher oder geometrischer Ornamentik, oft unter Einbeziehung der Schriftkunst. Wichtigste Aufgaben der Baukunst sind Moscheen, Mausoleen, Paläste und andere Profanbauten. Hauptmerkmale sind Spitzbogen und Hufeisenbogen; reicher ornamentaler Wandschmuck.

ISM, 1. International Safety Management Codes Qualitätsmanagement. Zertifizierung im Rahmen des internat. SOLAS-Abkommens; ab Juni 1998 für alle Kreuzfahrt-Reedereien verbindlich. → SOLAS-Bestimmungen. **2.** International School of Management. → TOURISM

ISO, International Organization for Standardization, Unterabteilung der Vereinten Nationen mit der Aufgabe, Standardisierung von technischen Normen zu entwickeln, die zugehörige Luftfahrtabteilung Section Aéronautique hat ihren Sitz in Genf. Bezeichnung der Länder-Codes durch ISO sowie ISO-Codes für Bundesstaaten/Provinzen in Übersee.

Isometrische Kontraktion, Muskelanspannung ohne Bewegung. Isometrische Übungen helfen auf längeren Flügen mangelnde Bewegung auszugleichen. Z.B. Muskeln mit äußerster Kraft anspannen, ziehen, treten oder drücken bei ruhigem Durchatmen.

ISO Software Systeme GmbH, Ingenieurbüro für Software-Entwicklung und EDV-Beratung mit Sitz in Nürnberg. Fungiert als Beratungsdienstleisterunternehmen für Touristikfirmen, die Softwareprojekte durchführen. Die Produktpalette umfaßt z.B. ITOS-Veranstalter V10, ITOS-Reisemittler 4.0 und Topix. → ITOS-Reisemittler, → ITOS-Veranstalter V10, → Topix

ISR, Internationales Seeschiffahrtsregister in der Bundesrepublik Deutschland, kurz: Zweitregister; seit Anfang 1989. → Zweitregister

issue wire, (fern-) schriftliche Benachrichtigung eines verkaufenden an das flugscheinausstellende Büro, daß der Passagebetrag vom Käufer (Sponsor) für den Gast eingezahlt wurde. → PTA, → Sponsor

IST, Institut für Sport, Freizeit und Touristik, Düsseldorf, bildet zum Touristikmanager und Freizeitmanager (IST)Diplom aus.

ISTG, Internationale Schlafwagen- und Tourismusgesellschaft (ehem. Internationale Schlaf- und Speisewagenges.) Sitz: Brüssel, Hauptdirektion: Paris. Ältestes und größtes Unternehmen dieser Art in Europa (erster internat. Luxuszug war der berühmte „Orient-Express"). → Orient-Express

Isthmus, Landenge, z.B. der I. von Korinth, Predigtort des Apostels Paulus, beliebtes Touristikziel. Der Korinth-Kanal durchschneidet den I. → Korinth-Kanal

ISY, Informatik-Synergie, hauseigenes computergestütztes Informationssystem der Schweizer Touristikunternehmen Hotelplan und Interhome zur Nutzung von Reservierungen und für das gesamte interne Rechnungswesen.

IT, 1. Inclusive Tour, spezielle Linienflugtarife für Veranstalter-Reisepakete. **2.** Intelligent Ticketing, Gesamtprozeß von der Flugbuchung bis zur Abrechnung und Datenauswertung ohne Ausdruck von Papier. → E-Tix, → IT-Flugpassagetarife (-preise), → IT-Reisen

IT&ME, Motivation, Incentive Travel & Meetings Executive Show, seit 1973. Produktpräsentation nordamerikanischer Incentive-Anbieter, findet in Chicago alljährlich Ende September statt und ist die größte Incentive-Messe weltweit.

IT-Flugpassagetarife (-preise), werden vom BMV genehmigt und in cinem Handbuch veröffentlicht. Sie dürfen nur zur Kalkulation von Pauschalreisen mit Linienflugzeugen angewandt werden. Das Sitzplatzangebot für Passagiere mit IT-Flugscheinen kann von den betreffenden Luftverkehrsgesellschaften pro Flug begrenzt werden. Für Reisearrangements, die unter Einschluß von IT-Flügen zusammengestellt werden, gelten i.d.R. Mindestverkaufspreise; sie dürfen nur unter Nennung festgelegter IT-Nummern ausgeschrieben werden. Jede Pauschalreise muß mind. 6 Übernachtungen enthalten, die im Umkehrland eines Rundflugs liegen. Ausnahmen: 1. Wochenendpauschalreisen, die am Mittwoch, Donnerstag, Freitag oder Samstag angetreten werden mit Rückflug am Sonntag, Montag, Dienstag oder Mittwoch desselben Wochenendes. 2. Sondergruppen IT-Tarif innerhalb Europas, Min-

IT-Reisen

destdauer 1 Übernachtung, Höchstdauer 5 Übernachtungen. Eine Auflösung der IT-Tarife auf Grund der Entscheidung der EG-Kommission (1989) ist zunächst zurückgestellt worden. Bei EU-Strecken müssen Preisänderungen von den Fluggesellschaften lediglich 24 Std. vorher hinterlegt werden. → Bundesministerium für Verkehr (BMV), → EU/EG/EWG → GIT, → IT-Reisen, → Matching, → Pauschalreisen, → Städtereisen, → Vollpauschalreisen

IT-Reisen, Inclusive Tours, Einzel- oder Gruppenpauschalreisen (GIT), insbes. bei Flugpauschalreisen auf Sondertarifen der Linienfluggesellschaften basierend. Abweichend von der Regelform der Vollpauschalreise haftet hier im Verhältnis zum Kunden neben dem Reiseveranstalter (größter Anbieter Airtours, Frankfurt/M.) für den Linienflug die Fluggesellschaft bzw. andere Linientransportunternehmen. Regelmäßig können die l. individuell aus Linientransport und Unterkunft zusammengestellt werden, wobei für den Begriff der IT ein drittes Leistungselement, z.B. Transfer, Animation, Beiprogramm hinzutreten muß. → GIT, → IT-Flugpassagetarife, → Vollpauschalreise

ITA, International Tourism Asia. Fachmesse ab 1999 in Hongkong; gemeinsam organisiert von ITB Berlin und Miller Freeman, Veranstalter von Fachmessen und Verlagsorganisationen der Reisebranche.

ITB, Internationale Tourismusbörse in Berlin, Veranstalter: Messe Berlin GmbH. Weltweit größte Touristikmesse im März jeden Jahres mit umfangreichem Rahmenprogramm für Fachbesucher, das traditionell zwischen Touristik-Experten-Foren (TEF) und den Special Meetings unterscheidet. Ab 1999 gibt es auf der ITB montags und dienstags den Fachbesuchertag. Veranstalter: Messe Berlin GmbH. → AMK, → ICC

ITB-Wissenschaftszentrum, umfangreiches Veranstaltungsprogramm durch themenbezogene Vorträge und Informationsaustausch zwischen Wirtschaft und Wissenschaft. Universitäten, Fachhochschulen, wissenschaftliche Institute und studentische Arbeitsgemeinschaften suchen bei der ITB in Berlin den Kontakt zur Tourismuswirtschaft. Von 1994 bis 1997 befand sich das ITB-W. im Palais am Funkturm. 1998 war der Standort in Halle 5.3 mit 47 Ausstellern. → Marshall-Haus

ITE, Institut zur Förderung des Tourismus in Europa e.V., hat sich die Forschung, Bildung und Beratung zur Förderung und Integration des Tourismus in Europa zur Aufgabe gemacht, Sitz: Dresden.

Itinera, Tourismusfachmesse zum Thema Religion/Pilgerreisen, erste Veranstaltung 1990 in Ravenna/Italien mit Symposien und Seminaren sowie Ausstellungen, Konzerten und Diskussionsrunden. → Religionsbedingter Tourismus

Itinerary Pricing, im Amadeus System die Möglichkeit der automatischen Berechnung einer gesamten Reiseroute.

Itinerary, Fahrtroute, Reiseroute, Reiseplan, Reiseführer, Reiseprogramm.

ITIX, International Travel Industry Expo, Tourismusmesse findet alljährlich in Chicago/USA statt; veranstaltet von der Interface-Gruppe. Seit 1989 nur für Fachbesucher.

ITMJ, Interessengemeinschaft Touristik- und Motor-Journalisten, Sitz: Köln, bundesdeutsche Mitgliedsorganisation der FIJET. → FIJET

ITOS-Reisemittler, ISO Touristische OrganisationsSysteme; Backoffice-Programm der ISO Software Systeme GmbH. Zahlreiche Stammdatenfunktionen ermöglichen die Verwaltung von Kunden, Leistungsträgern, Provisionen, eigenen Agenturen und Expedienten. → ISO Software Systeme GmbH

ITOS Veranstalter V10, ISO Touristische OrganisationsSysteme, Veranstaltersoftware der ISO Software Systeme GmbH. Bietet die Möglichkeit der Verwaltung von Angebotspaletten für kleinere und mittlere Veranstalter. Anbindung an eine Datenbank ist möglich. → ISO Software Systeme GmbH

ITP, International Travel Partnership, Kooperation unabhängiger Reisebüros mit Schwerpunkt Geschäftsreise in 48 Ländern.

ITS, International Tourist Services Länderreisedienst GmbH, Reiseveranstalter mit Sitz in Köln, gegründet 1970 mit dem Ziel, Reisen für den Kundenkreis der Warenhäuser anzubieten. ITS ist einer der größten bundesdeutschen Reiseveranstalter. ITS gehörte zum Kaufhof-Konzern. Im März 1995 von Rewe Finanz eG, Köln, rückwirkend zum 1.11.1994, übernommen. Seit 1988 ist Rewe an Atlas Reisen beteiligt, Anfang 1995 ging Atlas in vollständigen Besitz der Rewe über.

Der Vertrieb erfolgt über konzerneigene Buchungsbüros sowie Fremdreisebüros und Lotto- und Totto-Annahmestellen. Das Gesamtvertriebsnetz umfaßt rund 8.500 Vertriebsstellen. → Ausschließlichkeitsbindung, → Vertriebsliberalisierung,

IUADM, International Union of Doctor Motorists, internat. Verband motorisierter Ärzte, Sitz: Frankfurt/M.

IUCN, International Union for Conservation of Nature, Welt-Naturschutz-Union, Sitz: Fontainebleau (Frankreich). Ehem. IUPN (International Union for the Protection of Nature), wurde von der UNESCO und der franz. Regierung zur Erhaltung der Natur und zu ihrer wissenschaftlichen Beobachtung gegründet. Durchführung von Projekten des WWF sowie Kooperation mit EU und anderen internationalen Umweltorganisationen.

→ WWF

IUOTO, International Union of Official Travel Organisations, Den Haag, 1925 konstituiert. Erster internat. Tourismusverband (keine amtliche Organisation), dessen Mitglieder die nationalen Tourismusorganisationen waren. Nachfolgeeinrichtung ist WTO. → WTO

IVR, Individuelle Veranstalter-Software für Reisebüros. Software der Firma Gruber & Team für veranstaltende Reisebüros und Spezialveranstalter. Zu den Funktionen von I. zählen:

- Stammdaten für Flüge
- Hotels
- Systemmanagement
- Statistiksystem
- Druckdokumente

IWV, Impulswahlverfahren. → Pulse dial

IWF, Internationaler Währungsfonds. Zusammen mit der Weltbank (IBRD) wurde der IWF 1945 unter dem Dach der Vereinten Nationen im amerikanischen Bretton Woods gegründet. Er sollte helfen, die Folgen des Zweiten Weltkrieges zu beheben. Sitz: Washington. Die Hauptaufgaben des IWF sind die Erleichterung der Zusammenarbeit der 156 Mitglieder in der Währungspolitik, die Förderung möglichst stabiler Wechselkurse, Förderung von Wachstum ohne Inflation und der freie Welthandel. → G7-Gruppe, → Weltbank (IBRD)

IYHF, International Youth Hostel Federation, internationale Jugendherbergsvereinigung. → Jugendherbergen, → YMCA/YWCA, → YMHA/YWHA

IZ3W, Informationszentrum 3. Welt, Freiburg, ein 1988 gegründeter Verein, der sich zum Ziel gesetzt hat, in der Öffentlichkeit Interesse für die Probleme der Dritten Welt zu wecken. Schwerpunkt seiner Arbeit liegt in der entwicklungspolitischen Bildungs- und Bewußtseinsarbeit im eigenen Land, IZ3W war Mitglied im Arbeitskreis „Tourismus mit Einsicht". → Tourismus mit Einsicht

Ergänzungen/Notizen

J, neben C und D die Tarifbezeichnung im Flugticket für Business Class.

JAA, Joint Aviation Authorities. Mit 27 Mitgliedern ist diese Gemeinschaft der europäischen Luftfahrtbehörden der ECAC zugeordnet. Sie greift unter anderem die politischen Empfehlungen der Luftverkehrssicherheit auf und leitet ihre praktische Umsetzung in die Wege. → ECAC, → SAFA

Jack, Backoffice-Software für Reisebüros unter Windows der Firma Bewotec.

Jaguar, Hotelreservierungssystem der Travel Information Group (gehört zur Reed International PLC Großbritannien). Angebote von Hotels weltweit, Kreuzfahrten und Rundreisen. Arbeitet mit dem System der Bildplatte kombiniert mit crs SABRE. → ABC International, → SABRE, → SABRE-Vision

Jahresarbeitszeit, Form der Teilzeitbeschäftigung, die J. orientiert sich an der Arbeitszeit eines Vollbeschäftigten und legt einen Abschlag fest. Bei der J. besteht eine Vereinbarung über die Dauer der jährlichen Arbeitszeit. Sie bietet sich an, wenn die Arbeitszeit von Teilzeitbeschäftigten auf bestimmte Perioden konzentriert werden soll. → Teilzeitbeschäftigung

Jahresfreizeit, Gesamtheit der arbeitsfreien Zeit Berufstätiger im Laufe eines Jahres. Unter J. wird im Unterschied zur kürzeren Tagesfreizeit oder Wochenendfreizeit ein längerer, in der Regel mehrwöchiger Block freier Tage ein- oder auch mehrmals jährlich verstanden; auch bekannt als Jahresurlaub → Ferien, → Urlaubsanspruch

Jahresnetzkarte (persönlich), DB-Angebot im Geschäftsreiseverkehr analog der J. (unpersönlich), mit dem Unterschied, daß die J. (persönlich) auf den Namen des Reisenden ausgestellt wird, ein Lichtbild enthält und nicht übertragbar ist.

Jahresnetzkarte (unpersönlich) - UP, DB-Angebot an Firmen, Behörden und Verbände. Die J. ist für 1 Jahr gültig auf dem gesamten Streckennetz der DB, auch für alle Fahrten mit den Bahnbuslinien und den meisten Buslinien der Regionalverkehrsgesellschaften. Im Gesamtpreis sind enthalten: sämtliche Zuschläge, eine Verlustversicherung und die frachtfreie Beförderung jeweils eines Gepäckstücks bis zu 30 kg. → Corporate Rates, → GKA → Großkundenabonnement

Jakobsweg, der „Camino de Santiago" ist Programmbestandteil bei Studienreisen durch Nordspanien; wurde 1984 vom Europarat in Straßburg mit dem Prädikat „Europäische Kulturstraße" ausgezeichnet. Traditioneller Pilgerweg, mit ca. 800 km lang span. Gebiet reicht er vom Pyrenäenpaß bei Roncesvalles über Pamplona, die Provinzen Navarra und Kastilien, Burgos und Léon bis nach Santiago de Compostela in der Provinz Galizien. Mit Bus oder Pkw kann die Strecke heute in einer Woche bereist werden. Das kulturhistorische Interesse steht dabei im Vordergrund. → Studienreisen

James, ehemaliges bayer. Reservierungssystem, vom Hotel- und Gaststättenverband entwickelt.

Japex, Jamaica Product Exchange, Tourismusmesse auf Jamaica seit 1989, zum Produkteinkauf; vorwiegend für europäische Reiseveranstalter.

Jatars, crs der JAT; Partner von Amadeus. → Amadeus

Java, von der amerikanischen Firma Sun Microsystems entwickelte Computer-Programmiersprache, die Betriebssystem unabhängig arbeitet. Vom Server aus lassen sich die Java-Netzcomputer (Clients) beliebig einsetzen, z.B. als Datenerfassungsterminals, Kiosk-Systeme und Kassensysteme. → Kiosking

Jedermannsrecht, in Norwegen, Schweden und Finnland gilt für Einzelpersonen (nicht für Gruppen und Fahrzeuge) das sog. J., das den Aufenthalt und die Fortbewegung in der freien Natur regelt und dabei ein hohes Verantwortungsbewußtsein des Menschen gegenüber der Umwelt voraussetzt.

Jet Lag, Wirkung der Zeitverschiebung auf das körperliche Befinden bei Langstreckenflügen. Um seine negativen Auswirkungen zu reduzieren, empfiehlt es sich, die Zeiten von Aktivität und Ruhe schon einige Tage vor der Reise der Zeitzone des Reiseziels anzupassen. → Langstreckenverkehr, → Zeitzone

Jetstream, Starkwindbänder in der Tropopause (Grenzfläche über der Troposphäre in 11.000 m Höhe), meistens über dem

Jetway

Nordatlantik. Können zu erheblicher Beschleunigung der Fluggeschwindigkeit und damit Verkürzung der Reisezeit führen.

Jetway, Begriff der Firma ABEX Corporation (USA) für eine schwenkbare und überdachte Fluggastbrücke auf Flughäfen.

JNTO, Japan National Tourist Office, Japanische Fremdenverkehrszentrale; Tourismusförderung.

Job Sharing, Form der Teilzeitbeschäftigung, der Begriff stammt aus den USA und bedeutet dort, daß sich zwei oder mehrere Personen einen Arbeitsplatz zeitlich teilen und dabei gemeinsam die Verantwortung für die Erfüllung der jeweiligen Arbeitsaufgabe während der gesamten Arbeitszeit übernehmen. Job Sharer haben einen Arbeitsvertrag und garantieren die Besetzung dieses Arbeitsplatzes. Die Personen, die sich vorher zusammengefunden haben, stellen sich dem Auftraggeber gegenüber als Team dar und sind auch nur als Team zur Leistung der vereinbarten Arbeit verpflichtet. Bei Verhinderung eines Teammitgliedes sind die übrigen Teammitglieder verpflichtet, die geschuldete Arbeitsleistung zu erbringen (gegenseitige Vertretungspflicht bei Urlaub und im Krankheitsfall). → Teilzeitbeschäftigung

Job Ticket, um Mitarbeitern einen Anreiz zu geben, mit öffentlichen Verkehrsmitteln zur Arbeitsstelle zu fahren, bieten Firmen zunehmend J.T.s an, wobei sich der Arbeitgeber mit 50 % an den Kosten einer Monatsfahrkarte beteiligt, manche Arbeitgeber übernehmen die Kosten auch voll. → ÖPNV

Joint Council, aufgrund der IATA-Resolution 814 vorgesehener Agentur-Ausschuß, der sich in der Bundesrepublik Deutschland zu 2/3 aus Vertretern von BSP-Fluggesellschaften und zu 1/3 aus IATA-Agenturen zusammensetzt.

Joint-Joint-Venture, Gemeinschaftsunternehmen mit mehr als 2 Partnern.

Joint-Venture, Gemeinschaftsunternehmen; wie in den übrigen Wirtschaftszweigen, so auch in der Touristik die insbes. im ehemaligen Ostblock gebräuchliche Form der Gründung und Betreibung von Unternehmen (z.B. Hotels) zusammen mit einem ausländischen Partner, der z.B. Kapital und Knowhow einbringt. An J.-Gesellschaften sind beide Partner in beliebiger Höhe beteiligt.

Ju 52, historisches dreimotoriges Flugzeug, erbaut 1931 durch Hugo Junkers war die Ju 52 das für Jahre in der Welt am weitesten verbreitete deutsche Verkehrsflugzeug. Noch heute werden nostalgische mit der Ju 52 Flugreisen für maximal 17 Personen, z.b. als Incentive angeboten. → Incentive, → Tante Ju

Jugendherbergen, Übernachtungsmöglichkeiten für Jugendliche, Gruppen, Familien mit Kindern oder auch Erwachsene auf Wanderungen und Reisen; Begegnungsstätten für Menschen aus dem In- und Ausland. Sie können als Jugendbildungsstätten, Schullandheime, Erholungseinrichtung, Freizeithaus oder Kulturzentrum dienen. Die Jugendgästehäuser bieten hotelähnlichen Komfort. Speisen und Getränke werden nur an Hausgäste abgegeben. Das Deutsche Jugendherbergswerk, Träger der J.n, bietet über das Raumangebot hinaus Programme an für Hobby-, Abenteuer-, Familien-, Wander-, Radfahrer- und Reiseurlaub in deutschen und ausl. Jugendherbergen. In der Internat. Youth Hostel Federation sind mehr als 50 nationale Verbände zusammengeschlossen. Weltweit gibt es etwa 5000 J. → YMCA/ YWCA, → YMHA/YWHA

Jugendreisen, auf die Zielgruppe Jugendlicher abgestimmtes bes. Reiseangebot kommerzieller Reiseveranstalter. Daneben gibt es ein umfangreiches Angebot von J. durch die Jugendverbände, das Jugendherbergswerk und gemeinnützige Jugendreiseorganisationen. Letztere haben sich auf bes. Zielgruppen (sozial Benachteiligte, Reiseunsichere u.a.) und bes. Angebotsformen und Inhalte (Sportprogramme, Gemeinschaftserleben u.a.) spezialisiert. Wichtige überregionale Veranstalter sind die Bundesarbeitsgemeinschaft Ev. Jugendferiendienste und die Bundesarbeitsgemeinschaft Kath. Jugendferienwerke, der Jugendreiseservice des Dt. Jugendherbergswerks sowie der Jugendfahrtendienst. → Eurokontakt, → RuF Reisen

Jugendstil, Kunstrichtung ab ca. 1895, die neue Ausdrucksformen schuf; Betonung des pflanzlichen und abstrakten Ornaments in Kunstgewerbe und Architektur, z.B. Mathildenhöhe, Darmstadt.

Jugendtourist (JT), Jugendreisebüro der ehem. DDR, vermittelte jährlich über 2 Mio Reisen an Jugendliche im Inland und eine halbe Mio im Ausland. J. verfügte über zwei eigene Jugendholungszentren, 19 J.-Hotels und etwa 250 Jugendherbergen. Ab Juli 1990 firmierte J. als Jugendtourist Reise-

dienst & Touristikservice GmbH. 134 Zweigstellen und Verkaufsfilialen in allen Ländern Ostdeutschlands. 1991 von ITS übernommen, fungierte J. als deren Reisebürokette.
→ ITS, → Reisewelt

Jumbo-Fähren, 4. Generation der Fährschiffe seit 1945 mit einer Kapazität von mehr als 500 Autos und 2.000 Kojen (Betten). Kabinen mit DU/WC sind eine Selbstverständlichkeit, Unterhaltung, Konferenzzimmer, Dutyfree-shops; Kreuzfahrtschiffcharakter. Hauptverbreitungsgebiete: Ost- und Nordsee, z.b. Schweden-Finnland, Großbritannien-Festland-Europa über den Ärmelkanal. Hier tägliche und stündliche Verbindung mit Boulogne, Calais, Ostende, Zeebrugge und Vlissingen sowie Fährdienste im östlichen und westlichen Mittelmeer.

Jumbo-Jet, Bezeichnung für Großraum-Flugzeug (i.d.R. B-747) mit einer Nutzlastkapazität von mehr als 100 t sowohl für Passage, Fracht als auch in kombinierter Form.

Jump-in, Transaktionscode für die Anmeldung im Amadeus-System, dem das Sign und der Duty Code (Berechtigungsklasse) folgen, z.b. „JI2704HI/GS". → Jump-out

Jump-out, Transaktionscode für das Abmelden im Amadeus-System. → Jump-in

Jungfernfahrt, nennt man die erste Fahrt, die ein Schiff nach der Probefahrt unternimmt; Jungfernflug (Inauguration Flight) bezeichnet 1. den Erstflug auf einer bisher nicht bedienten Strecke, 2. den Erstflug eines neuen Flugzeugtyps, 3. den Erstflug eines neu vom Hersteller ausgelieferten Flugzeugs.

Ergänzungen/Notizen

Kanaltunnel (Eurotunnel)

Kabine, Zimmer, Wohnraum für den Fahrgast an Bord eines Schiffes. Man unterscheidet i.d.R.:
- Suiten,
- Zweibett- und Doppelbett-Kabinen (mit 2 unteren Betten),
- Doppelkabinen (2 Betten übereinander),
- Außenkabinen (mit Fenster oder Bullaugen),
- Innenkabinen (mit künstl. Licht und Belüftung über Klimaanlage),
- Mehrbettkabinen außen,
- Mehrbettkabinen innen mit Mindestausstattung, diese dienen häufig zur günstigen 'Eckpreis'-Gestaltung.
  ⇢ Eckpreis, ⇢ Suiten

Kabotage, 1. Nach Brockhaus: Küstenschiffahrt, nach den Küstenschiffahrtsgesetzen vieler Länder der nationalen Flagge vorbehalten. 2. Beförderung im Binnenverkehr zwischen zwei oder mehreren Orten. Grundsätzlich den einheimischen Gesellschaften eines staatlichen Hoheitsgebietes vorbehalten. 3. Nach dem Vorbild des Seerechts auch im Luftrecht gültig - im Abkommen von Chicago (Transportvereinbarung) international geregelt - im Luftverkehrsgesetz § 23 nationaler Kabotagevorbehalt festgelegt. 4. Im Bereich der Busreisen ist Kabotage im Raum der EU bereits heute in eingeschränktem Maße möglich. Kabotageverkehre in Form von Rundfahrten mit geschlossenen Türen sind innerhalb der EU genehmigungsfrei. Die innerstaatliche Personenbeförderung durch Unternehmen, die keinen Unternehmenssitz oder eine Niederlassung in dem betreffenden Land haben, ist Ende Dezember 1997 durch die EU in einer neuen Verordnung (Nr. 12/98) geregelt. Bis zum 11.06.1999 sollen alle Vertragsstaaten die Verordnung in das nationale Recht umgesetzt haben. Ebenso sind derzeit Kabotagebeförderungen in Form von Sonderformen des Linienverkehrs (Schülerverkehr, Beförderung von Arbeitnehmern) zulässig. Diese Beförderungen können nur von Unternehmen durchgeführt werden, die im grenznahen Raum ansässig sind, und wenn die Gesamtstrecke der Beförderung nicht mehr als 50 km in beide Richtungen beträgt.

⇢ EU/EG/EWG, ⇢ Freiheiten der Luft, 8. Freiheit, ⇢ Harmonisierung, ⇢ Liberalisierung

Kaffeefahrten, ⇢ Werbefahrten

Kaffeeflüge, neben Kaffeefahrten (Werbefahrten) mit dem Bus werden auch Verkaufsflüge nach USA veranstaltet.
⇢ Werbefahrten

Kahnhotel, umgebauter Lastkahn mit wenigen Kabinen, Aufenthaltsraum, kleiner Kombüse. Den Gästen stehen Fahrräder zur Verfügung. Mit K. werden die beliebten Wasserstraßen Hollands, Frankreichs und Deutschlands befahren. Z.B. Fahrt auf dem Canal du Midi, von Carcassonne nach Béziers. ⇢ Kreuzfahrten

Kaiserkanal, der „große Kanal", im 6. Jh. angelegt, verbindet 4 chinesische Flüsse und reicht bis kurz vor Peking; vielbefahrene Wasserstraße. Neben der Seidenstraße und den Yangzi-Kreuzfahrten eines der bekanntesten Touristikziele Chinas; Programmpunkt einiger Reiseveranstalter.

Kajüte, der Wohn-, Schlaf- und Kochraum der Besatzung auf gedeckten Schiffen/Yachten.

Kanal, künstliche schiffbare Wasserstraße. „Der Kanal" steht im allgemeinen Sprachgebrauch für den Ärmelkanal zwischen dem europ. Festland und Großbritannien, aber auch für den Nord-Ostsee- Kanal in Norddeutschland.

Kanalinseln, 195 km² große Inselgruppe im Kanal vor der frz. Küste, besteht aus Jersey und Guernsey (Großbritannien) einschließlich der Inseln Alderney, Sark u.a. sowie aus den zu Frankreich gehörenden Roches Douvres und Îles Chausey.

Kanaltunnel (Eurotunnel), Verkehrsverbindung zwischen England und dem europäischen Festland mit zwei je 50 km langen Tunnelröhren, wobei 37 km unter Wasser liegen. Dieser Tunnel unter dem Ärmelkanal zwischen Folkstone (Dover) und Sangatte (Calais) dient als Eisenbahntunnel mit je 7,3 m Durchmesser für Huckepack- und Hochgeschwindigkeitszüge (die Fahrzeit zwischen London und Paris wird auf 3 Stunden reduziert). Eine 3. Tunnelröhre dazwischen mit einem Durchmesser von 4,5 m dient als Lüftungs- und Wartungstunnel.
⇢ Eurotunnel

Kap, ins Meer vorspringender Teil einer Küste, Landspitze, z.B. Kap Hoorn, Kap der Guten Hoffnung, Nordkap.

Kapazität, Aufnahmefähigkeit, Fassungsvermögen; Nutzungspotential; maximales Produktionsvermögen in qualitativer oder quantitativer Hinsicht in einer festgelegten Zeiteinheit.

Kapazitätserhebung im Beherbergungsgewerbe, alle sechs Jahre durchgeführte Erhebung der Statistischen Ämter des Bundes und der Länder zur quantitativen und qualitativen Erfassung des Beherbergungsangebotes bei Betrieben mit neun oder mehr Betten. Die nächste K. ist zum Stichtag 01.01.1999 geplant.

Kapital, nennt man in einer Volkswirtschaft die finanziellen Mittel (Geldkapital) und alle Sachmittel (Sachkapital), die einer Volkswirtschaft oder einem Unternehmen zur Leistungserstellung zur Verfügung stehen.

Kapitalbilanz, ist die Gegenüberstellung der Kapitalbewegungen zwischen der Bundesrepublik Deutschland und dem Ausland, sofern sie nicht von der Bundesbank vorgenommen werden und nicht direkt Gegenleistungen für Güter und Dienstleistungen sind. → Zahlungsbilanz

Kapitalgesellschaft, ist eine juristische Personen mit eigener Rechtspersönlichkeit. Die K. ist selbst Rechtssubjekt. Im Vordergrund der K. steht die Kapitalbeteiligung und nicht wie bei der Personengesellschaft die persönliche Mitarbeit einzelner Gesellschafter. Die Kapitaleinlage ist übertragbar. Für Schulden des Unternehmens haftet nur das Gesellschaftsvermögen. → AG, → Einzelunternehmen, → Genossenschaften, → GmbH, → Personengesellschaft, → Unternehmensform

Kapitalmarkt, ist der Markt für langfristige Geldforderungen, die in Wertpapieren festgelegt sind. → Wertpapiere

Karawanserei, Unterkunft und Stapelplatz für Karawanen an der Mehderstraße. K.n lagen eine Tagesreise voneinander entfernt, d.h. der Tagesleistung eines Kamels entsprechend, ca. 30 bis 40 km. Die Benutzung war kostenlos, Karawanen konnten sich bis zu 3 Nächten dort aufhalten.

Karibisches Meer, Seegebiet zwischen den kleinen Antillen, Haiti, Jamaica, Nicaragua, Costa Rica, Panama, Kolumbien und Venezuela mit Wassertiefen über 5.000 m, bevorzugtes und einziges ganzjähriges Einsatzgebiet für Kreuzfahrtschiffe. → Kreuzfahrten

Kart, START-Verfahren zum Verkauf von Eintrittskarten für Theater, Messen, Sportveranstaltungen u.ä., Produktname: START-Ticket. → START

Kartellbehörden, ein Kartell ist der Zusammenschluß von rechtlich selbständigen Unternehmen, mit dem Hintergrund den Wettbewerb auf bestimmten Märkten zu reduzieren oder auszuschalten. Die Bildung von Kartellen muß von den K. der EU, des Bundes oder der Länder auf Grundlage des Gesetzes gegen Wettbewerbsbeschränkungen (GWB, Kartellgesetz) genehmigt werden. Auf Ebene der EU ist die Europäische Kommission für Wettbewerbsfragen für die Überprüfung und Billigung von Kartellen zuständig, die sich über das Gebiet mehrerer Mitgliedstaaten erstrecken. Für das Gebiet der BRD ist das Bundeskartellamt und der Bundeswirtschaftsminister und für Kartelle auf Landesebene sind die Landeskartellämter zuständig.

Kartensysteme, → Co-Branding, → Kreditkarten, → Kundenkarten

Karuso, Front,- Mid- und Backoffice-System des Karstadt-Konzerns. Seit Anfang 1998 Anbindung an Worldspan, Freischaltung auch für Amadeus. Karuso 2001 ist als Leistungsvergleichsystem angegliedert. → Amadeus, → Karuso 2001, → Worldspan

Karuso 2001, EDV-Leistungsvergleichssystem von Karstadt unter Berücksichtigung von Zielgebiet, Termin und Dauer, Zimmerbelegung und Verpflegung, Hotelkategorie und Abflughafen, basiert auf den Daten von Bistro. Für 2001 ist das Institut für Freizeitanalysen IFF (Bistro) Rohdatenlieferant. → Bistro

Katakomben, unterirdische Grabanlagen, wurden seit der Antike über die frühchristliche bis zur frühmittelalterlichen Zeit angelegt. Sie bestehen aus einem Vorraum, von dem ein System von Gängen ausgeht, in deren Wänden die Beisetzung in übereinander eingehauenen Grabnischen erfolgte. Rom weist die vielfältigsten und bedeutendsten K. auf, sie wurden jedoch auch auf Sizilien, in Unteritalien, auf dem Balkan und im Orient angelegt.

Katamaran, Doppelrumpf-Schiff; neue Entwicklung bei den extrem großen Passagierschiffen. K.e sind als Fähr- und Flußschiffe bereits im Einsatz, z.b. MS Mozart der Deilmann-Reederei.

Käufermarkt, Begriff aus der Volkswirtschaftslehre. Bei den Angebots-Nachfrage-Relationen spricht man von einem Käufermarkt, wenn das Angebot größer ist als die Nachfrage. → Verkäufermarkt

Kaufkraft, 1. Geldsumme, die dem Einzelnen (Verbraucher, Wirtschaftssubjekt) je Zeiteinheit zur Verfügung steht. Sie ergibt sich aus dem Einkommen, zuzüglich aufgenommenem Kredit abzüglich zu tilgender Schulden. **2. K.** des Geldes entspricht derjenigen Gütermenge, die mit einer Geldeinheit gekauft werden kann. Wird die Gütermenge durch Preissteigerung dabei kleiner, spricht man von sinkender Kaufkraft und umgekehrt.

Kaufmann/-frau im Eisenbahn- und Straßenverkehr, → Berufsausbildung im Verkehrswesen

Kaufmann/-frau für Reiseverkehr und Touristik, → Berufsausbildung im Tourismus, → Reiseverkehrskaufmann/Reiseverkehrskauffrau

Kaufmann/-frau für den Verkehrsservice, → Berufsausbildung im Verkehrswesen

Kaufmannsgehilfe/-gehilfin im Hotel- und Gaststättengewerbe, der Organisator für Restaurant, Küche, Hotel und Büro. Kaufmännisch-wirtschaftliches Denken steht im Vordergrund. Seine Arbeit beginnt lange bevor der erste Gast eintrifft. Sein Arbeitsplatz ist das Büro; eingesetzt auch als Magazinverwalter, Kontrolleur, Empfangschef oder in der Werbung. → Berufsausbildung im Hotel- und Gaststättengewerbe, → Berufsausbildung im Tourismus

KD, Köln-Düsseldorfer Deutsche Rheinschiffahrt AG, Sitz: Köln. Auf dem Wege der Fusion übernahm 1957 die Kölner Gesellschaft (1826 als Preußische Rhein Dampfschiffahrtgesellschaft gegründet) die Düsseldorfer Reederei (1836 als Dampfschiffahrtsgesellschaft für den Nieder-Mittelrhein gegründet). Mit 15 Ausflugsschiffen und 9 Kabinenschiffen ist die KD größte Flußpassagierschiffsreederei der Bundesrepublik und Europas. Über 70 Anlegestellen an Rhein, Main und Mosel. Seit 1991 auch Kreuzfahrten auf der Elbe, seit 1994 auf der Donau.

1996 wurde das Kabinengeschäft in die KD Flußkreuzfahrten GmbH, Köln ausgegliedert. Hauptgesellschafter ist mit über 90% die West LB. → Hotelschiffe

KdF, „Kraft durch Freude", eine 1933 gegr. nationalsozialistische Organisation, die für organisierte Urlaubs- und Freizeitgestaltung sorgte. Ein „Reichsausschuß für Fremdenverkehr" unterstand dem „Ministerium für Volksaufklärung und Propaganda". Das Programm KdF bot staatl. organisierte Zugreisen, Kreuzfahrten, Wanderungen u.ä. zu niedrigen Preisen. Das Ende dieser Einrichtung kam mit dem Beginn des II. Weltkrieges.

Kerosin, Leichtöl, Treibstoff für Flugzeug- und Raketentriebwerke.

Ketten- und Systemgastronomie, ein Konzept, das sich im wesentlichen auf betriebswirtschaftliche Erkenntnisse gründet: 1. Begrenztes Angebot an Speisen und Getränken, 2. abgestimmte Betriebsabläufe, 3. geschultes Personal, 4. konsequente Anwendung, Ausbau und Wachstum sowie Kontrolle dieser betriebswirtschaftlichen Methoden. Vielfach auf Cateringbasis. → Catering → Fast food

Kettencharter, → Flugketten

Kettenflüge, → Flugketten

Key Account, Begriff aus der Wirtschaft, Bezeichnung für Groß- oder Schlüsselkunden, d.h. Sammelbegriff für umsatzstärkste Kunden.

Keys, von span. cayo = Insel; die mit Autobrücken verbundenen Inseln an der Südspitze Floridas; touristisch interessante Autoroute in den USA von Miami bis Key West (260 km).

KG, Kommanditgesellschaft (§ 161 I HGB). Bei der KG gibt es zwei Arten von Gesellschaftern: Komplementäre und Kommanditisten. Die Komplementäre haften in unbegrenzter Höhe für Schulden der Gesellschaft und haben in der Regel die Geschäftsführung inne. Bei den Kommanditisten beschränkt sich die Haftung auf ihre Vermögenseinlage im Unternehmen. → Kapitalgesellschaft, → Personengesellschaft, → Unternehmensform

Kibbuz, selbstverwaltete Siedlung in Gemeinschaftsbesitz in Israel. 1909 wurde der erste Kibbuz mit acht Mitgliedern gegründet;

Kick-Off

heute gibt es bereits 250 Kibbuzim. 40 Prozent der landwirtschaftlichen Erzeugnisse werden im Kibbuz erzeugt. Ein Großteil der Gemeinschaftssiedlungen verfügt über moderne Produktionsstätten für Wirtschaftsgüter oder betreibt Kibbuz-Hotels oder ein Feriendorf.

Kick-Off, beim Sport „der Anstoß"; im Tourismus z.b. die Einstimmung der Teilnehmer auf einen Incentive-Reisen-Wettbewerb, der einhellige Begeisterung auslösen soll.

Kickback, Begriff für illegale Mengennachlässe, Rückvergütungen, auch höhere Provisionen (über die offizielle IATA-Commission von 9% hinaus), z.B. durch Fluggesellschaften an Reiseveranstalter /-mittler und Firmenkunden zur Sicherung von Wettbewerbsvorteilen. Vielfach werden unter diesem Begriff auch Schmiergelder verstanden.

Kilobyte, Maßeinheit für Informationseinheiten, auch KB abgekürzt. 1 KB entsprechen 1.024 Byte. → Byte

Kinobestuhlung, Sitzreihen ohne Tische mit Blick zum Redner. → Theater Style

Kiosking, Vertrieb über interaktive Automaten, zu deren Sortiment auch Reiseleistungen gehören.

KISLS, → Kommunikations- und Informationssystem Luftverkehrssicherheit

K & K Travel-Software, Software für Reisebüros mit Eigenveranstaltungen oder kleinere Reiseveranstalter, entwickelt von der Firma Travel Shop.

Klassendefinition der Fluggesellschaften, → Class Codes

Klassifizierung der Campingplätze, ECC - Europa Camping Caravaning, Internationaler Führer, klassifiziert Campingplätze nach 3 Komfortstufen: 1. einiger Komfort, 2. viel Komfort, 3. jeder Komfort. Er berücksichtigt dabei nicht nur deren Ausstattung, sondern auch den Zustand sowie die allgemeinen Umstände aus Lage und Umgebung. Er unterscheidet nach Platzarten: F - Ferienplatz, E - Etappenplatz, D - Dauercamper, K - Kurcamp sowie Wintercamp, FKK - Camp und Camp mit ebenem, befestigtem Stellplatz. → Campingplatz

Klassifizierung der Hotels, → Hotelklassifizierung, → Kriterien der Hotelklassifizierung

Klassifizierung der Kreuzfahrtschiffe,

1. Seitens ICPA werden in USA Kreuzfahrtschiffe nach den verschiedensten Gesichtspunkten untersucht und nach 20 Themen geordnet, wie z.B. Optik, Einrichtung, Zahlenverhältnis der Passagiere gegenüber der Besatzung, Sauberkeit, Komfort, Restaurant- und Kabinenservice, Küche, Programm usw. Höchstmögliche Punktzahl erhielten u.a. Cunard's MS Sagafjord und MS Vistafjord sowie MS Europa.

2. Vom größten deutschen Seereisenveranstalter, Seetours, wurde ein reedereiunabhängiges System mit 5 Klassen entwickelt, das die Qualität der Schiffe und der gebotenen Leistungen sowie die Attraktivität der Routen bewertet und mit dem Firmensymbol, dem gekrönten Seepferdchen, kennzeichnet.

3. Wichtiger Bewertungsmaßstab für die Qualität eines Schiffes ist grundsätzlich auch die Relation Passagier- und Besatzungszahl. → ICPA

Klassifizierung der Reisebusse, die Sterne des „Gütezeichens Buskomfort" RAL können seit 1997 jährlich in fünf Stufen von der GBK - Gütegemeinschaft Buskomfort - verliehen werden. Dem jeweiligen Antrag muß ein von DEKRA oder TÜV erstellter Prüfbericht zugrunde liegen. Gleichzeitig hat sich der Busunternehmer zu verpflichten, für die Dauer der Klassifizierung seines Busses den ausgewiesenen Komfortstandard zu garantieren. Sie beträgt beim 5-Sterne-Bus (Luxus-Class) mindestens 90 cm Sitzabstand, beim 4-Sterne-Bus (First-Class) mindestens 83 cm Sitzabstand, beim 3-Sterne-Bus (Komfort-Class) mindestens 77 cm Sitzabstand, beim 2-Sterne-Bus (Standard-Class) mindestens 72 cm Sitzabstand und beim 1-Stern-Bus (Tourist-Class) mindestens 68 cm Sitzabstand. Hierzu kommen Ausstattungsprogramme, die beim 4-Sterne-Bus z. B. Klimaanlage, Kühlbar, WC/Waschraum, Fahrgasttischchen an jedem Sitz und Fußrasten umfassen. Der 5-Sterne-Bus erweitert den Fahrkomfort und die Qualität durch zusätzliche Ausstattung, wie z. B. eine Leselampe pro Sitz, eine Gepäckablage (mindestens 20l/Reisegast), einen besser ausgestatteten Reiseleitersitz mit drahtlosem Mikrophon und eine umweltfreundliche Abfallbeseitigung mit Sortiermöglichkeit.

* Tourist-Class
** Standard-Class
*** Komfort-Class
**** First-Class
***** Luxus-Class

→ GBK, → Kriterien zur Klassifizierung von Reisebussen

Klassische Kreuzfahrt, mehrtägige Schiffsurlaubsreise als Rundreise mit identischem Ausgangs- und Zielhafen. Diese ursprüngliche Kreuzfahrten-Konzeption wird auch heute noch weltweit am häufigsten von Seereisenveranstaltern angeboten. → Kreuzfahrten

Klassizismus, Kunststil mit Nachahmung klassischer, vor allem antiker Vorbilder im Geschmack der Zeit; Stilepoche von 1770 bis 1830, die hauptsächlich in der Baukunst ihren Ausdruck fand, z.B. Neue Wache, Berlin; Glyptothek, München.

Kleiner Grenzverkehr, Personenverkehr für Ortsansässige in benachbarten Zollgrenzzonen oder -bezirken, der durch zwischenstaatliche Abkommen geregelt ist. Vorteile und besondere Beschränkungen bestehen u.a. hinsichtlich Ein- und Ausfuhrbestimmungen sowie Arbeits- und Vergütungsvereinbarungen innerhalb des jeweiligen Wirtschaftsgebietes.

Klimaanlage, technische Einrichtung zur künstlichen Regelung der Temperatur und Luftfeuchtigkeit in einem Raum bzw. Gebäude (Hotel etc.), unabhängig von den draußen bestehenden Wetter- und Temperaturbedingungen. Nahezu alle Kfz-Typen (Autos, Reisebusse, Schiffe und Flugzeuge) können derzeit mit einer Klimaanlage ausgerüstet werden, wobei diese teilweise noch als Zusatzleistung bzw. als Luxus empfunden wird. Da alle öffentlichen Gebäude bzw. Kfz im Prinzip über eine Heizung verfügen, wird die Klimaanlage vor allem in Ländern und Regionen mit hoher Temperatur und Luftfeuchtigkeit besonders geschätzt (z. B. in tropischen Gebieten).

Klimatherapie, Heilbehandlung, die auf den speziellen Heilwirkungen der verschiedenen Klimaformen (See-,Gebirgsklima) aufbaut.

Klimatypen, bei der Beschreibung des Klimas heilklimatischer Kurorte, Kneippheilbäder und Kneippkurorte stuft der Deutsche Bäderkalender wie folgt ein: Tieflandklima; Mittelgebirgsklima, untere, mittlere, höhere Stufe; subalpines Klima; Hochgebirgsklima untere Stufe (am Alpenrand).

Kneippheilbäder, die bewährte Kneipp-Kur beruht auf der Stärkung des körpereigenen Immunsystems und des harmonischen Lebensrythmus. Die Bezeichnung K. gilt nach DBV für Orte oder Ortsteile, die u.a. bewährte und wissenschaftlich anerkannte klimatische Eigenschaften (therapeutisch anwendbares Klima), artgemäße Kureinrichtungen (Wasserkur, mehrere Kneipp-Sanatorien, Kurhotel, Kurpension, Wassertretstellen, ausgedehnte Park- und Waldanlagen), einen artgemäßen Kurortcharakter (Kneippärzte, Möglichkeit kurgemäßer Unterkunft und [Diät]-verpflegung, Unterhaltungseinrichtungen) sowie ein langjähriges unbeanstandetes Bestehen als Kneippkurort aufweisen. → DBV

Kneippkurorte, nach DBV Bezeichnung für Orte oder Ortsteile, die u.a. bewährte und wissenschaftlich anerkannte klimatische Eigenschaften (therapeutisch anwendbares Klima), artgemäße Kureinrichtungen (Wasserkur, mindestens drei Kneippkurbetriebe) sowie einen artgemäßen Kurortcharakter aufweisen (ortsansässiger Kneipparzt, Möglichkeit kurgemäßer Unterkunft und [Diät]-verpflegung, Unterhaltungseinrichtungen). → DBV

Knoten, Geschwindigkeitsmaß bei der Schiffahrt, 1 Knoten = 1 Seemeile pro Stunde. Selten übersteigt die Höchstgeschwindigkeit eines Kreuzfahrtschiffes 21 Knoten. → Meile

Know how-Transfer, Know how, Spezialwissen aus technischen oder betrieblichen Erfahrungen; K.-Transfer: dessen Vermittlung/ Übermittlung durch Ausbildungs- und Fortbildungsmaßnahmen. Im Tourismus Hilfe zum Aufbau der Infrastruktur oder der Marktwirtschaft in Entwicklungs- und Ostblockländern durch geschulte Fachkräfte. → Marktwirtschaft

Koch/Köchin, gastronomischer Basisberuf. Neigung, Geschick und Wendigkeit, ausgeprägtes Geschmacksempfinden, Sinn für künstlerisches Gestalten, ein Gefühl für die Verwendungsmöglichkeiten von Lebensmitteln und Gewürzen, Bereitschaft zur Teamarbeit und gute körperliche Konstitution sind Voraussetzungen. Die Tätigkeit des Kochs umfaßt das Vorbereiten und Herstellen der

Kollektivversicherung

einzelnen Gerichte, wie z.B. Zubereitung der Speisen, Suppen und Soßen, Herstellen von Gebäck und Süßspeisen, Beurteilung von Qualität und Preis der Lebensmittel und sonstiger Roh- und Hilfsstoffe, Anrichten von kalten Büfetts, Kalkulieren der Speisen, Zusammenstellen von Menüs und Erstellen von Speisenkarten. → Berufsausbildung im Hotel- und Gaststättengewerbe

Kollektivversicherung, → Gruppenversicherung

Kolonialstil, lateinamerikanische Kunst; Bau- und Möbelstil in den englischen Kolonien Nordamerikas im 19. Jh.

Kombi-Fährschiff, Fährlinie mit kombiniertem Passagier- und Frachtdienst.

Kombilohn, Bei diesem Konzept wird das Einkommen in zwei Teile gesplittet. Ein Teil wird von den Unternehmen getragen, der zweite Teil erfolgt durch Zahlung staatlicher Hilfen (Arbeitslosengeld oder Sozialhilfe). Der K. soll die Attraktivität sogenannter Billigjobs erhöhen, da keine Einkommensverluste zu erwarten sind und die Rückholung von Arbeitsplätzen aus Billiglohnländern gefördert wird. Außerdem wird es attraktiver, eher schlecht bezahlte Kurzzeitjobs (bis drei Monate) anzunehmen, ohne später auf niedrigere staatliche Unterstützung zu erhalten. → Lohn, → Lohnnebenkosten

Kombinierter Verkehr, Erreichen eines Zielortes mit verschiedenen in sich zusammenhängenden Verkehrsmitteln, z.B. Autoreisezüge, Trajektschiffe/Eisenbahnfähren.

Kombischiffe, Frachtschiffe, die auch Passagiere mitbefördern. Der Fahrplan wird dabei durch die Ladung bestimmt. → Frachtschiffsreisen

Komfort-Class, → Klassifizierung der Reisebusse

Kommandowirtschaft, abwertende Bezeichnung für Zentrale Planwirtschaft unter Hervorhebung der quasi-militärischen, zentralgelenkten Entscheidungsstrukturen. → Planwirtschaft

Kommunikations- und Informationssystem Luftverkehrssicherheit, KISLS, zentrale deutsche Datenbank zur Überwachung der Luftverkehrssicherheit.

Kommunikationsmittel, Information und Reservierung in der Reisebranche erfolgen hauptsächlich über die neuen computerge-

stützten K. (crs), überwiegend auch die sofortige Ausstellung der Reisedokumente. Für die Unternehmen selbst erfolgen die Verwaltungs- und Buchhaltungsvorgänge mit gleichem EDV-Einsatz. Personal-Computer (PC) als Endgerät für Reisevertriebssysteme eröffnen länderübergreifende Chancen, besonders im Hinblick auf die Liberalisierung auf dem europäischen Markt. → crs, → Liberalisierung

Kompatibilität, von K. spricht man, wenn unterschiedliche Computer, Programme oder Gerätekomponenten zusammenpassen, d.h. wenn beide Einheiten dasselbe Ergebnis zeigen bzw. wenn beide problemlos miteinander kommunizieren können. Kann eine neue Version eines Computerprogramms Dateien der älteren Versionen lesen, so spricht man von aufwärtskompatibel; von abwärtskompatibel spricht man dann, wenn die ältere Version auch Dateien der neuen Version lesen kann.

Komprimieren, um mehr Speicherplatz auf den Datenträgern zu bekommen, kann man Dateien oder Programme zusammenfassen und somit verkleinern. Man spricht i.d.Z. auch von „packen".

KOM-Reise, (Kraftomnibus-Reise), Buchungs- und Abrechnungssystem für Omnibusunternehmer und Reiseveranstalter der Firma Lange Computer.

Konferenzabteil, im IC/EC für gemeinsam reisende Personen, die ein Abteil in der 1. Klasse zur ausschließlichen Benutzung belegen. Das K. ist reservierungspflichtig. → Konferenzraum

Konferenzgebiet, engl.: Traffic Conference Area (TC). Von der IATA für die Tarifgestaltung vorgenommene Zusammenfassung von Regionen.

- TC 1 umfaßt die Regionen Nordamerika, Zentralamerika und Südamerika, Hawaii und Grönland

- TC 2 umfaßt die Regionen Europa, Afrika, Mittelost und westlicher Teil Asiens

- TC 3 umfaßt die Regionen Asien, Australien, Neuseeland und Pazifische Inseln.

→ IATA, → IATA-Verkehrsgebiete

Konferenzraum, 1. Serviceangebot in Hotels für die Durchführung von Tagungen oder Versammlungen. **2.** Im ICE für gemeinsam reisende Personen, die ein Abteil mit Son-

Konsul

dereinrichtung (1 großer Arbeitstisch, 4 bewegliche Stühle, Elektrische Schreibmaschine, Telefaxgerät mit Kopierfunktion, Schnurloses Telefon, Laptop-Steckdosen) zur ausschließlichen Benutzung belegen. Der K. ist reservierungspflichtig. → Konferenzabteil. Reservierbar bei Vorlage von mind. 3 Fahrscheinen 1. oder 2. Klasse.

Kongreß, → Convention, → Kongreßhotel, → Kongreßtourismus

Kongreßfachkraft, nach den im EU-Tätigkeitsprofil beschriebenen beruflichen Anforderungen sind ihre Haupttätigkeitsbereiche die Planung und Koordinierung, die Vor- und Nachbereitung, sowie die Durchführung von Kongressen bzw. Tagungen. Die K. übernimmt den Aufbau des Rahmenprogramms (Freizeitgestaltung), die Aktualisierung von Hotelverzeichnissen sowie ggfs. die Vermittlung/Buchung von touristischen Angeboten. Voraussetzung für die Berufsausübung ist die Beherrschung der üblichen Kommunikationsmittel inklusive EDV-Geräte sowie mindestens einer Fremdsprache. → SEDOC

Kongreßhosteß, → Messehosteß

Kongreßhotel, bietet Kongreßteilnehmern Wohnen und Tagen unter einem Dach bei möglichst günstiger Verkehrsanbindung, sowie Nähe zu Geschäftsleben und Kultur, z.B. Europas größtes Kongreßhotel, Meridien Montparnasse (Paris), mit Kongreß- und Konferenzsälen für 500 bis 3.000 Personen und mit mehr als 1.000 Hotelzimmern auf einer Gesamtfläche von 3.500 qm, im Viertel Montparnasse, mit Verkehrsanbindung z.B. an TGV Atlantique. → Convention, → Kongreßtourismus, → TGV

Kongreßtourismus, entsprechend der Bedeutung Europas mit Sitz einer Vielzahl von internationalen Organisationen findet auf diesem Kontinent der größte Teil der großen internationalen Kongresse statt (Paris vor London, Brüssel und Genf). Analog zum Messe- und Ausstellungstourismus gilt auch hier, daß neben der eigentlichen Kongreßzeit die Vor- und Nachprogramme gerne touristisch genutzt werden. Kongresse bedingen eine unabhängige und meist auf eigene Kosten finanzierte Teilnahme. Überwiegend kommen Fachleute zum Erfahrungsaustausch zusammen, um bei Vorträgen, Workshops oder Diskussionen neue Erkenntnisse zu gewinnen. → Convention, → Pre- and Post Convention-Tours

Kongreß- und Tagungsangebot auf Flughäfen, nach ADV gibt es auf Flughäfen Kongreßräume, überwiegend für Klein- und Mittelgruppen. Diese Standorte werden wegen der günstigen Verkehrsanbindung gesucht.

Königsberg Express, der Hotelzug verbindet seit 1991 direkt die Städte Berlin und Kaliningrad (ehem. Königsberg) und besteht aus komfortablen Schlafwagen, Liegewagen, Speise- und Gepäckwagen. Seit 1994 führt er auch einen Autotransportwagen mit. Die Nachtfahrt dauert etwa 15 Stunden und wird von Mai bis September einmal wöchentlich durchgeführt. Die Zugfahrt ist auch Bestandteil verschiedener Pauschalreisen in das nördliche Ostpreußen; Dampfsonderfahrten auf gleicher Route.

Konjunktur, bezeichnet das Auf und Ab der wirtschaftlichen Entwicklung, gemessen am realen Bruttosozialprodukt (BSP). Der Konjunkturzyklus vollzieht sich in den Phasen Tiefstand, Aufschwung, Hochkonjunktur und Abschwung (Rezession). Konjunkturpolitik ist die Gesamtheit aller wirtschaftspolitischen Maßnahmen zur Abschwächung von Konjunkturschwankungen. → Bruttosozialprodukt

Konkurs, gerichtliches Verfahren mit dem Ziel der Verwertung des vorhandenen Vermögens zahlungsunfähiger oder überschuldeter Personen und Unternehmen zur Befriedigung der Gläubiger. Sonderfall der Zwangsvollstreckung. Geregelt ist der Konkurs in der KO (Konkursordnung). Diese wird mit Wirkung zum 1.1.1999 durch die Insolvenzordnung (InsO) abgelöst. → Insolvenz

Konsul, der K. hat die Aufgabe, die Interessen des Heimatlandes besonders in Bezug auf Handel, Verkehr und Schiffahrt zu schützen und zu fördern, die Beachtung internationaler Verträge zu überwachen und Angehörigen des Heimatlandes sowie anderer befreundeter Staaten in ihren Angelegenheiten Rat und Beistand zu gewähren. In Notfällen können sich Urlaubsreisende an „ihren" Konsul wenden. Konsularabteilungen in Botschaften und Generalkonsulate sind zumeist auch für die Einreiseformalitäten (Visum) ihrer Länder zuständig. Man unterscheidet dabei zwischen „echten" Konsulaten (hauptamtliche Diplomaten) und Honorar-Konsulaten (ehrenhalber ernannte Konsuln) mit oft überwiegend repräsentativem Charakter. → Honorarkonsul, → Konsularhilfe, → Konsulat

191

Konsularhilfe

Konsularhilfe, wird gewährt, „wenn die Notlage auf andere Weise nicht behoben werden kann" (§ 5 des Konsulargesetzes), d.h., jeder Bürger muß zunächst seine eigenen Möglichkeiten ausschöpfen, ehe er K. in Anspruch nimmt, die Konsularbeamten leisten in erster Linie „Hilfe zur Selbsthilfe", z.b. nehmen sie Kontakt zu den örtlichen Behörden auf, haben diesen gegenüber jedoch keinerlei Weisungsbefugnis. Bereitschaftsdienste sind auch nach Dienstschluß an Abenden und Wochenenden telefonisch erreichbar. → Honorarkonsul, → Konsul, → Konsulat

Konsulat, vom Heimatstaat zum rechtlichen Schutz seiner Staatsbürger im Ausland eingerichtete Dienststelle. → Honorarkonsul, → Konsul, → Konsularhilfe

Kontinentales Frühstück, wird serviert und besteht aus Brot/Brötchen, Butter, Marmelade, Tee/Kaffee/heißer Schokolade, auch zusätzlich Wurst und / oder Käse möglich.

Kontingent, Teil einer Gesamtkapazität, die zeitlich befristet zugeteilt wird. → Allotment, → Option/Optionsvertrag

Kontinuierliche Reiseanalyse (Konti-RA), konzipiert und organisiert vom Studienkreis für Tourismus, Starnberg (StfT), erfaßte und beobachtete diese Untersuchung die Segmente Kurzreisen, Städtereisen und Geschäftsreisen unter quantitativen und qualitativen Aspekten. K. wurde 1993 eingestellt. → Reiseanalyse (RA), → StfT

Kontrollturm, engl. Tower, vom K. am Flughafen aus überwachen und koordinieren Fluglotsen die Flugbewegungen.

Konvergenz, allmähliche Annäherung der Wirtschafts- und Währungspolitiken und der ökonomischen Grunddaten. Nach dem Maastrichter Vertrag ist die K. bei wichtigen volkswirtschaftlichen Größen wie Inflationsraten, Zinsen, Haushaltsdefizite und Schuldenstand sowie Wechselkursstabilität eine wesentliche Voraussetzung für den Übergang in die Endstufe der Wirtschafts- und Währungsunion.

Konvergenzkriterien, diese fordern von den Mitgliedsstaaten der EU im Maastrichter Vertrag niedrige Inflationsraten und Zinsen, stabile Wechselkurse und gesunde öffentliche Finanzen. → Euro, → Maastricht Kriterien, → Maastrichter Vertrag

Konvertibilität, bezeichnet die Umtauschbarkeit einer Währung, zum jeweiligen Wechselkurs, in eine andere. Harte Währungen sind konvertibel, während weiche Währungen nicht frei austauschbar sind. Bei Reisen in Länder mit hoher Inflationsrate, ist zu beachten, welche Modalitäten des Währungsumtausches am günstigsten sind.

Kooperation, Zusammenarbeit; K. gehört zu den wichtigsten unternehmensstrategischen Maßnahmen der Touristikunternehmen, bes. im Hinblick auf den gemeinsamen europäischen Verkehrsmarkt seit 1993. Man unterscheidet die horizontale K. (zwischen Wettbewerbern der gleichen Branche) und die vertikale K. (zwischen Wettbewerbern unterschiedlicher Branchen). Beide dienen der Stärkung der Marktstellung. → Reisebüro - Kooperation

Kooperationsfibel, vom DRV Ende 1990 herausgegebener Leitfaden für Reisebüros zur strategischen Neuorientierung des Unternehmens in einem geänderten Wettbewerbsumfeld.

Kopfbahnhof, im Gegensatz zum Durchgangsbahnhof fahren beim K. oder Sackbahnhof die ankommenden Züge rückwärts wieder aus, u.a. in Stuttgart und Frankfurt/M. und in Berlin. K.e entstanden im vergangenen Jh., als Privatbahnen mit ihren Gleisen in alten Seiten im Stadtinnere an einem Knotenpunkt zusammenkamen.

Korinth-Kanal, Wasserstraße in Griechenland zwischen dem Golf von Korinth und Saronischem Golf, für kleine und mittlere Schiffe eine Abkürzung des Seeweges zur Türkei und zum Schwarzen Meer. → Isthmus

Korkengeld, berechnet der Gastronomieunternehmer zum Ausgleich für entgangenen Umsatz, wenn der Gast bzw. Veranstalter eigene alkoholische Getränke mitbringt. Insbes. üblich im englischsprachigen Ausland in Lokalen ohne Alkohollizenz.

Kosten, sind Wertansätze zur Leistungserstellung. Im allgemeinen unterscheidet man folgende Kostenarten: Materialkosten, Personalkosten und sonstige Kosten (Kapitalkosten, Miete, Abschreibungen, etc.)

KPT, Code für „Kempten", im europ. Luftstraßennetz bedeutender Kreuzungspunkt; Funkfeuer der Bundesanstalt für Flugsicherung. Im UKW-Bereich Aussendung akustischer Signale als Kennung für Kempten; bei

modernen Maschinen über Bordcomputer.
→ BFS

Kreditgenossenschaften, sind Hilfseinrichtungen zur Kreditversorgung von meist kleineren und kapitalschwächeren Kreisen. Besondere Bedeutung kommt ihnen im Bereich der Landwirtschaft (Raiffeisenbanken) und auf dem gewerblichen Sektor (Volksbanken), zu. → Einzelunternehmen, → Genossenschaften, → Kapitalgesellschaft, → Personengesellschaft, → Unternehmensform

Kreditkarten, Legitimationskarten, die den Inhaber zur bargeldlosen Bezahlung in solchen Geschäften, Hotels, Reisebüros, Autovermietungen u.a. berechtigen, die dem Kartensystem als Vertragsunternehmen angeschlossen sind. Der Kredit währt vom Kauf/ Inanspruchnahme einer Dienstleistung bis zur Abrechnung des Betrages vom Bankkonto des Karteninhabers. Auf dem bundesdeutschen Markt zunehmend, in USA bereits Massenzahlungsmittel. Die bekanntesten Kartenorganisationen sind American Express, Eurocard, Diners Club, Visa u.a. Auch touristische Leistungsanbieter (z.B. TUI, LTU u.a.) geben eigene K. aus. → Co-Branding, → Kundenkarten in der Reisebranche, → Reisezahlungsmittel

Kreditoren, lat. Gläubiger. Buchführungsbegriff für Verbindlichkeiten aus dem Kauf von Gütern oder Dienstleistungen auf Kredit. K. sind in der Bilanz auf der Passivseite als Verbindlichkeiten aus Lieferungen und Leistungen aufzuführen. → Debitoren

Kreuzfahrer-Clubs, Kundenclubs von Reedereien bzw. Seereiseveranstaltern zur Kundenpflege und Stammkundenbindung. I. d. R. gegen Zahlung einer Aufnahmegebühr wird der Kunde Mitglied und erhält dafür Vergünstigungen und Extras wie Upgradings, Wartelistenpriorität, Preisentgegenkommen u.a. Bekannt sind folgende K.s.:
- Club der Kreuzfahrer von Neckermann Seereisen
- Columbus-Club von Transocean Tours
- Cruise World Society-Club von Epirotiki Lines
- Fjord-Club von Cunard
- Hanseatic Club von Hanseatic Tours mit Bonussystem „Seemeilen + Meer"
- Seetours-Club (ehemals Club Goldener Globus) von Seetours

Kreuzfahrten, mehrtägige Schiffsurlaubsreisen, bei denen verschiedene Häfen angelaufen werden. Die Passagiere haben die Möglichkeit, an Landausflügen mit Besichtigungsprogrammen teilzunehmen. Das Arrangement schließt Übernachtung, Verpflegung sowie Unterhaltungsprogramme, Sport und Animation an Bord und meistens auch An- und Rückreise mit Flugzeug, Bus oder Bahn ein. K. werden auch von anderen Verkehrsträgern und in Kombination angeboten. Zu unterscheiden sind:
- Klassische Kreuzfahrt
- Turnus-Kreuzfahrt
- Themen-Kreuzfahrt
- Expeditions-/Erlebnis-Kreuzfahrt
- Windjammer-Kreuzfahrt
- Flußkreuzfahrt.

Der Begriff „Kreuzfahrt" tauchte erstmals 1960 in einer Pressenotiz der Hanseatic (Hamburg-Atlantik-Linie) auf für Gesellschaftsfahrten oder Vergnügungsreisen und wurde dort als Abgrenzung zum Linien- bzw. Transatlantikverkehr gebraucht. → Expeditions-Tourismus, → Fly- and Cruise-Arragement, → Klassische Kreuzfahrt, → Kurzkreuzfahrten, → Landausflüge, → Themenkreuzfahrten, → Turnus, → Urlaubsreisen

Kreuzfahrten-Börse/-zentrale, Vermittler zwischen Reedereien, Seereiseveranstaltern und Kunden. Hier laufen sowohl die üblichen Belegungen als auch die Last-minute-Verkäufe zu Sonderkonditionen zusammen. → Kreuzfahrten

Kreuzfahrten mit dem Flugzeug (Kreuzflüge), Pauschalarrangements für Flugrundreisen mit Besichtigungsprogrammen. Für diese Sonderprogramme werden oft auf geringere Passagierzahl umgerüstete Flugzeuge mit verbesserter Bordverpflegung eingesetzt. Die Besatzung bleibt auf der gesamten Strecke gleich.

Kreuzfahrtenzusammenarbeit, folgende Formen der Zusammenarbeit können vereinbart werden: 1. Auf Agenturbasis. Gegen eine Verkaufsprovision vermarktet der Veranstalter eine Auswahl von Kreuzfahrtprogrammen. 2. GSA (General Sales Agency). Als Generalagentur betreibt der Veranstalter in voller Verantwortung die Vermarktung des Kreuzfahrtenprogramms einer Reederei innerhalb seiner Landesgrenzen. Dem Veranstalter steht meist ein Werbeetat zur Verfügung. Daneben erhält er erfolgsabhängig

193

Kriseninformation durch das Auswärtige Amt

Provision und Superprovision. 3. Blockcharter, Nettoraten-Arrangements. Damit übernimmt der Veranstalter die Verpflichtung zum Verkauf eines bestimmten Kontingents von Kabinen eines Kreuzfahrtenprogramms. Der Veranstalter übernimmt die Risikohaftung des Produktes und erhält meistens die Alleinverkaufsrechte. 4. Vollcharter. Dabei mietet der Veranstalter das ganze Schiff für eine oder mehrere Kreuzfahrten bzw. für eine ganze Saison. Er übernimmt damit das volle Risiko der Vermarktung in der vereinbarten Zeit. → Bare Boat Charter, → Charter, → Pro-Rata-Charter

Kriseninformation durch das Auswärtige Amt → Auswärtiges Amt (AA)

Kriterien der Hotelklassifizierung, das Magazin VIF „Die besten Hotels" in der Bundesrepublik Deutschland nennt folgende Kriterien bei

5-Sterne-Hotels:
- Empfang - Rund um die Uhr besetzte Rezeption, Gepäckservice, Telexanschluß, eigenes Buchungssystem.
- Zimmer - Rund um die Uhr Etagenservice mit Getränken und kalten Speisen. Zimmerfrühstück möglich, Aufräumservice mit Zwischenreinigung und abendlichem Bett-Aufdecken. Im Zimmer Durchwahltelefon, Farb-TV, Radio, Sitzgruppe,Schreibtisch, Kühlbox. Im Bad Make-up, Rasierspiegel, Seife, Duschgel, Duschhaube. Im Angebot EZ und DZ, Suiten und Appartements.
- Serviceangebot - Wäscherei, Reinigung, Schuhputzer.
- Zusatzangebote - Restaurants unterschiedlicher Art, mehrere Bars, meist auch Nightclubs, Salons, Tagungs- und Veranstaltungsräume mit technischen Einrichtungen; bei Ferien- und Wochenendpauschalen auch im Stadthotel Swimmingpool, Sauna, Massage, Zeitungs-, Zigarettenkiosk, Friseur, Garage. Portierservice - Reisedienst, Flug-, Bahntickets, Autovermietung, Theaterkarten, Touristikinformation. Vier Jahreszeiten in Bayerischer Hof, München.

4-Sterne-Hotels: Diese Hotels haben alle mindestens ein, meist zwei Restaurants. Die Zimmer sind mit allem Komfort, inkl. Farb-TV ausgestattet. Das Hotel bietet überdurchschnittliche Freizeiteinrichtungen. Z.B. Inselhotel, Konstanz; Maritim-Strandhotel, Lübeck/Travemünde. → Hotelklassifizierung

Der Deutsche Kreuzfahrmarkt Passagierzahlen von 1987 bis 1997

Die vorliegende Tabelle erhebt keinen Anspruch auf absolute Richtigkeit. Von 1987 bis 1990 war die Erhebung noch beim Seepassage-Komitee Deutschland (SPKD) angesiedelt, anschließend hat sich Alf Pollak im Auftrag des DRV der Aufgabe angenommen. Die im Kreuzfahrtmarkt üblichen Doppelzählungen wurden zu SKPD-Zeiten erhoben und geschätzt und seit 1990 relativ gut erfaßt. Zur Vermeidung von Doppelzählungen werden die von Kreuzfahrt-Produzenten auf Einbucherbasis erzielten Passagiere bei den Aufkommen der Kreuzfahrt-Reedereien und -Charterer in Abzug gebracht. Zum Ausgleich möglicher Rundungsungenauigkeiten bei den Grunderhebungsdaten wurde eine dreiprozentige Fehlerquote bei der Errechnung in Abzug gebracht.

Kriterien zur Klassifizierung von Reisebussen, die K. sind von der GBK - Gütegemeinschaft Buskomfort - verbindlich festgeschrieben und RAL-geschützt. Sie orientieren sich am modernen Komfort- und Bequemlichkeitsbedürfnis des Reisegastes. Zentrales Kriterium ist die Beinfreiheit, die mit zunehmender Reisedistanz möglichst großzügig bemessen sein sollte. Sie beträgt beim Fernreisebus (Luxus-Class) mindestens 90 cm, beim Fernreisebus (First-Class) mindestens 83 cm Sitzabstand, Reisebus (Komfort-Class) mindestens 77 cm Sitzabstand, Ausflugsbus (Standard-Class) mindestens 72 cm Sitzabstand, Bus (Tourist-Class) mindestens 68 cm Sitzabstand. Hierzu treten umfangreiche Ausstattungsprogramme, die beim Fernreisebus z.B. Klimaanlage, Kühlbar, WC/Waschraum, Fahrgasttischchen an jedem Sitz und Fußrasten umfassen. → GBK, → Klassifizierung der Reisebusse, → RAL

KS, Kraftfahrer-Schutz, deutscher Automobilclub mit Funktionen vergleichbar denen des ADAC.

Küchenmeister, staatlich anerkannte Meisterprüfung im Gastgewerbe. Voraussetzung für die Zulassung ist der Abschluß einer Berufsausbildung als Koch bzw. Fachgehilfe im Gastgewerbe, sowie eine mind. 5jährige Erfahrung als Koch oder eine 7jährige als Fachgehilfe im Küchenbereich. Ohne eine solche Berufsausbildung wird eine 10jährige Praxiserfahrung verlangt. → Küchenbrigade

Küchenpersonal, → à la carte-Küche

Kuirskjellodden, nördlichster Punkt Europas, 4 km westlich vom Nordkap. → Nordkap

Kultur- und Umweltbahnhof Uelzen, Projekt der Deutschen Bahn AG und den Stadtwerken Uelzen zur Ausstattung des Daches des aus wilhelminischer Zeit stammenden Personenbahnhofes mit einer Solarstromanlage. → DB Deutsche Bahn AG

Kulturmonat, Initiative der Kultusminister der Europäischen Union als Ergänzung zur Kulturhauptstadt Europas. Seit 1992 wird jährlich eine europäische Stadt außerhalb der Union, vornehmlich in Mittel- und Osteuropa, für einen Monat zur Kulturstadt gewählt. Der K. fand bereits in Krakau (1992), Graz (1993) und Budapest (1994) statt. 1995 war Nikosia Ort des Ereignisses.

Kulturstadt Europas, die Idee, in einjährigem Abstand jeweils eine westeuropäische Stadt zur K. zu erklären, stammt von der ehem. griechischen Kulturministerin und Schauspielerin Melina Mercouri und wurde 1985 vom EG-Ministerrat realisiert. Ziel dieses kulturellen Großereignisses ist es, die jeweilige K. mit ihren Baudenkmälern, kulturellen Einrichtungen und regionalen Besonderheiten wie auch durch herausragende Kulturveranstaltungen langfristig ins Blickfeld zu rücken. Diese für den Tourismus wichtige Einrichtung fand 1995 in Luxemburg statt, 1996 in Kopenhagen, 1998 ist Stockholm K., 1999 präsentiert sich Weimar. Im Jahr 2000 werden neun europäische Städte in West- und Osteuropa zur K.

Kulturstraße Europas, Prädikat, das der Europarat in Straßburg verleiht. → Jakobsweg

Kulturtourismus-Management, Fernstudium für Berufspraktiker und Hochschulabsolventen an der Fernuniversität Hagen ab 1998 mit einer Mindeststudienzeit von ca. 2 Jahren.

Kumulrisiko, Begriff aus der Versicherungsbranche, bezeichnet die Häufung von Risiken (für Personen oder Sachen), die der Versicherer übernimmt.

Kundengeldabsicherung, für Reisen ab dem 1.11.1994 müssen Kundengelder vom Reiseveranstalter gegen Verlust abgesichert sein. Mit dem Gesetz über die Absicherung der Kundengelder im Fall der Insolvenz von Reiseveranstaltern (§ 651 k BGB) müssen diese durch Abschluß entsprechender Versicherungen oder Bankbürgschaften Rücktransport und Ersatz für nicht erbrachte Leistungen auch im Falle der Zahlungsunfähigkeit garantieren. Die jetzt in das deutsche Reiserecht übertragene EG-Pauschalreiserichtlinie schreibt ab November 1994 vor, daß für Pauschalreisen mit mehr als 24 Stunden Dauer, die eine Übernachtung einschließen und mindestens DM 150,- p. P. kosten, das Kundengeld versichert werden muß. Erfolgt eine Anzahlung (egal in welcher Höhe), muß diese abgesichert werden. Der Kunde muß vom Veranstalter einen Sicherungsschein erhalten. → Bankbürgschaft, → EU-Richtlinie über Pauschalreisen, → Insolvenzschutzversicherung, → Reisevertrag, → Sicherungsschein

Kundenkarten in der Reisebranche, werden vom Dienstleister bzw. Handelsunter-

Kündigung

nehmen selbst ausgegeben im Unterschied zu Kreditkarten oder Co-Branding Kreditkarten. Es gibt Kundenkarten mit und ohne Zahlungsfunktion. Als Marketinginstrument dienen diese Servicekarten der Kundenbindung, im Gegenzug erhält der Karteninhaber Servicevorteile. Folgende K. sind in der Touristikbranche bekannt:

- ADAC-Visa-Card seit 1989
- Bahn-Card seit Oktober 1992
- DER-Part-Card seit 1993
- LH City Center Customer Card seit Sept. 1994
- LTU-Eurocard seit 1989
- Lufthansa Airplus seit 1986
- Stena Line Sea-Plus-Card ab 1995
- TUI-Card seit Aug. 1994 (vormals TUI-Stammkundenkarte seit 1990)
- TUI-Gold-Card ab 1995
- TUI-Service-Card seit August 1994
- ↗ Co-Branding, ↗ Kreditkarten

Kündigung, im Falle erheblicher Mangelhaftigkeit der Reiseleistungen während der Reise oder Unzumutbarkeit ihrer Fortsetzung für den Reisenden wegen eines wichtigen, dem Reiseveranstalter erkennbaren Grund, kann der Reisende die Kündigung erklären, wenn der Reiseveranstalter trotz Abhilfeverlangen den Mangel nicht behoben hat. Der Reisende ist dann vorzeitig zurückzubefördern und schuldet nur noch den Anteil des Reisepreises der mangelfreien Leistungen, sofern diese für ihn trotz Aufhebung des Vertrages noch von Interesse sind (§ 651 e BGB). Daneben hat der Reisende jedoch keinen Anspruch auf Minderung. ↗ Frankfurter Tabelle, ↗ Pauschalreisen, ↗ Reisevertrag/Reisevertragsrecht

Kur, die Kur in Heilbädern und Kurorten ist nach DBV eine komplexe, ärztlich geleitete Übungsbehandlung zur Vor- und Nachsorge (Prävention und Rehabilitation) und für geeignete chronische Krankheiten und Leiden eine kurative Behandlung im Rahmen eines notwendigen individuellen, lebensplanenden Gesundheitsprogrammes. Sie ist mit einem Orts- und Milieuwechsel verknüpft. ↗ DBV

Kurgast, der DBV unterscheidet nach Sozialkurgästen, die vollständig oder teilweise finanziert werden durch die Sozialversicherungsträger BfA, LVA o.a., und Privatkurgästen, wobei der Anteil der reinen Selbstzahler verschwindend gering ist. ↗ DBV

Kurhaus, unter seinem Dach befindet sich in der Regel das Verwaltungszentrum eines Kurortes, meist mit Veranstaltungssaal, Konversations-, Lese- und Fernsehräumen und Restaurationsbetrieben höherer Kategorie. Vielfach haben hier auch Verkehrsbüro, Zimmernachweis, Kartenvorverkauf u.ä. ihren Sitz, und gelegentlich ist auch das zentrale Kurmittelhaus angeschlossen. ↗ Haus des Gastes, ↗ Verkehrsbüro, ↗ Zentrales Kurmittelhaus

Kurheim, nach DEHOGA ein in einem Heilbad oder Kurort gelegener Beherbergungsbetrieb, der die Merkmale der Pension bzw. des Fremdenheims aufweist. ↗ Fremdenheime und Pensionen, ↗ Pension/-Hotelpension

Kurhotel, nach DEHOGA ein in einem Heilbad oder Kurort gelegenes Hotel. Dort muß im Bedarfsfall medizinische Versorgung gewährleistet sein sowie eine Diät verabreicht werden können. ↗ DEHOGA, ↗ Heilbäder, ↗ Kurorte

Kurierflüge, Begleitung von Kuriergepäck während eines Linienfluges als Angebot von Dienstleistungsunternehmen. Der Kurier darf nur Handgepäck mit an Bord nehmen.

Kuriergepäck, Angebot der DB als Haus-zu-Haus Gepäckzustellung für Bahnreisende, die im Besitz eines gültigen Fahrscheines sind. Die Abholung und Zustellung des Gepäcks erfolgt an allen Werktagen. Man unterscheidet Normalgepäck (Max. Länge 1.50 m, Gurtmaß 3.00 m) und Sondergepäck (Max. Länge 2.50 m, Gurtmaß 3.00 m). ↗ PostGepäck

Kurkarte, Ausweis zur Nutzung der örtl. Kureinrichtungen und -veranstaltungen, den der Kurgast nach Zahlung der Kurtaxe für die Dauer seines Kuraufenthaltes erhält.

Kurklinik, Spezialkrankenhaus zur kurmäßigen Behandlung mit Beschränkung auf bestimmte Heilanzeigen.

Kurlaub, eigentl.: Kur-Urlaub. Kombination aus Gesundheitsurlaub und Erholungsurlaub, aus eigenem Antrieb oder auf ärztliche Anordnung.

Kurmittelhaus, ↗ Zentrales Kurmittelhaus

Kurorte, nach DBV Orte, die über natürliche Heilmittel zur Heilung, Linderung oder Vorbeugung von Krankheiten verfügen, wie Heilmittel des Bodens, des Meeres und des

Klimas. Sie haben zweckentsprechende Einrichtungen und einen artgemäßen Kurortcharakter für Kuren. → DBV → Heilbäder, → Heilklimatische Kurorte, → Heilquellen, → Kneippheilbäder, → Kneippkurorte, → Luftkurorte, → Seeheilbäder

Kurreisen, Angebot der DB für Kurteilnehmer und Begleitpersonen für die 2. Klasse. Die Fahrscheine gelten nur auf die vom Versicherungsträger festgelegte Verbindung und sind maximal 2 Monate und 4 Tage je Richtung gültig.

Kurs 90, zentralgesteuertes elektronisches Fahrkartenverkaufs- und Buchungssystem der DB; löste das Mofa-System ab. Terminals an allen wichtigen Fahrkartenschaltern, über START in Reisebüros verfügbar. → START

Kursanatorium, eine Beherbergungs- und Therapieeinrichtung, die als K. der Anerkennung durch eine höhere Gesundheitsbehörde bedarf. Seine Patienten sind i.d.R. nicht bettlägerig krank. Es verfügt über einfachere diagnostische und therapeutische Ausstattung sowie ständige hauptamtliche ärztliche Betreuung und Pflegepersonal.

Kursbuch, es stellt die Zusammenfassung aller für ein bestimmtes Verkehrsmittel gültigen Fahrpläne dar. Am bekanntesten ist das DB-Kursbuch, das als Sommer- und Winterfahrplan jeweils separat veröffentlicht wird. Das K. enthält meist auch Benutzungshinweise inkl. des Übergangs auf andere Verkehrsmittel, Tarifauszüge, Beförderungsbedingungen u.ä. Daneben veröffentlicht die DB ein Kurswagenverzeichnis, einen Intercity-Fahrplan mit Städteverbindungen u.a. → European Timetable, → Flugplan/Timetable, → Kursbuchstelle, → Overseas Timetable, → Wechselverkehr

Kursbuchstelle, Verkaufsstelle für ausländische Kursbücher am SSB-Bahnhof St. Gallen/Schweiz, Büro 224; einzige Bahngesellschaft in Europa mit dem Angebot gültiger Kursbücher aus aller Welt. K.-Bestseller sind Th. Cook Timetable, Overseas und European mit allen Bahn-, Bus- und Schiffsverbindungen auf 5 Kontinenten. → European-Timetable, → Kursbuch, → Overseas-Timetable

Kurswagen, durchlaufender DB-Eisenbahnwagen, der Zügen verschiedener Linien angehängt werden kann und damit den Reisenden ohne Umsteigen an seinen Zielort bringt.

Kurtaxe/Kurbeitrag, aufgrund kommunaler Satzung können anerkannte Kurorte von allen Personen, die im Kurort vorübergehend Unterkunft nehmen bzw. Einrichtungen tatsächlich nutzen, einen Beitrag als Gegenleistung für die Nutzungsmöglichkeit der Heil- und Kureinrichtungen erheben.

Kurtaxordnung (-satzung), → Kurtaxe

Kurverwaltung, Behörde in Heilbädern und Kurorten zur Verwaltung und Förderung des Kurbetriebes sowie zur Betreuung der Kurgäste. Leiter der K. ist der Kurdirektor.

Kurzkreuzfahrten, Kreuzfahrten von 2 bis 4 Tagen, mit mindestens einer Übernachtung, im Unterschied zu Kreuzfahrten mit über 5 Tagen Dauer. → Kreuzfahrten, → Kurzreisen/Kurzurlaubsreisen

Kurzreisen/Kurzurlaubsreisen, sie dauern 2 bis 4 Tage, sind mit mindestens einer Übernachtung verbunden und werden häufig in Verbindung mit Wochenenden und Feiertagen unternommen. Bei organisierten Kurzreisen ist der Bus das typische Verkehrsmittel. Neben einem festgelegten Programm können Ausflüge, Besichtigungen oder Stadtrundfahrten fakultativ angeboten werden. Sie müssen nicht im Reisepreis eingeschlossen sein; auf eine ständige Reisebegleitung kann verzichtet werden. Nach Reiseanalyse RA 98 Urlaub + Reisen unternahmen 1997 die Deutschen ca. 76 Mio. K.
→ Kontinuierliche Reiseanalyse (Konti-RA), → Kurzkreuzfahrten, → Reiseanalyse (RA), → Urlaub + Reisen (U + R)

Kurzstreckenverkehr, zum K. gehören (nach Lufthansa) alle Strecken innerhalb Deutschlands sowie die nahen grenzüberschreitenden Flüge in das nähere Ausland. Beim Pauschalflugreiseverkehr werden alle Flüge bis zu den geografischen Eckpunktzielen Island, Portugal, Tunesien und Türkei zum K. gezählt.

Küstenland-Werbegemeinschaft, → Werbegemeinschaft Deutsches Küstenland

KVDB, Kraftfahrer-Vereinigung Deutscher Beamter, Automobilclub mit Funktionen vergleichbar ADAC.

Ergänzungen/Notizen

Langzeiturlaub

LAC-Reise, Software der Firma Lange Computer für eigenveranstaltende Reisebüros.

LAC-Reisebüro, Front- und Backoffice-System der Firma Lange Computer mit Kunden- und Veranstalterverwaltung, Anmeldung und Buchung, Geldverkehr und Unterlagenversand.

Lagune, seichtes, von Sanddünen umgebenes Gewässer innerhalb eines Atolls; Haff. → Haff

LAN, Abk. für Local Area Network; räumlich begrenztes Netzwerk, in dem mehrere lokale Computer (z.b. innerhalb eines Gebäudes) miteinander verbunden sind. Das Netzwerk besteht aus mindestens einem Server, Arbeitsstationen und evtl. Zusatzgeräten wie z.B. Drucker. → Server

Landausflüge, geführte Busausflüge, die bei Kreuzfahrten in Zwischenhäfen zu den Sehenswürdigkeiten der Umgebung unternommen werden. L. sind i.d.r. nicht Leistungsbestandteil; fakultative Buchung erfolgt meist erst an Bord. → Kreuzfahrten

Landegebühr, von den Flugzeughaltern für jede Landung an die Flughafenunternehmen zu entrichtendes Entgelt. Die L. bemißt sich nach dem höchsten in den Zulassungsunterlagen verzeichneten Abfluggewicht des Flugzeuges und im gewerblichen Luftverkehr zusätzlich nach der Zahl der bei der Landung an Bord des Flugzeuges befindlichen Passagiere. Sie ist i. d. R. vor dem Start zu entrichten.

Länder Info, Länderinformation von Preuss Touristikinformation, Bonn, erscheint einmal jährlich im Februar.

Länderausschuß Fremdenverkehr, 16 Ministerien befassen sich auf Regierungsebene mit Einzelfragen des Fremdenverkehrs. Gemeinsam interessierende Fremdenverkehrsangelegenheiten von Bund und Ländern werden von dem bei der Bundesregierung federführenden Bundesministerium für Wirtschaft und den Fremdenverkehrsreferenten der Länder im Länderausschuß Fremdenverkehr beraten. L. F. ist übergegangen in den Bund-Länderausschuß Fremdenverkehr. → Bundesministerium für Wirtschaft (BMWi)

Länderbrief, Informationsservice bzw. Datenmaterial, das zu einem besseren Kenntnisstand der Expedienten über die Reiseziele dienen soll. Neben den allgemeinen Reisedaten (z. B. Einreise- und Zollbestimmungen, Bank- und Währungsinformationen, Notdienste, Einkaufstips etc.) vermitteln die sog. Länderbriefe Informationen, die den Tourismus in den jeweiligen Reiseländern direkt oder indirekt beeinträchtigen können (z. B. politische, gesundheitliche und naturbedingte Gegebenheiten). In Deutschland sind der „Blaue Fink Ordner" und das „TIM" (Travel Information Manual) die bekanntesten Nachschlagwerke. Regelmäßig, sogar mehrmals täglich aktualisierte Daten können jetzt auch über verschiedene Informationssysteme bzw. Softwareprogramme schnell abgerufen werden.

Landesfremdenverkehrsverbände,
→ Fremdenverkehrsstellen

Landesgartenschau, → Gartenschau

Landschaftsschutzgebiete, Gebiete, die vorwiegend aus Gründen der Vielfalt, Eigenart und Schönheit der Landschaft geschützt sind. In L.n gelten meist Beschränkungen für gewerbliche Betriebe, beim Hausbau, bei Eingriffen in die natürlich gewachsene Landschaft. Nicht identisch mit Naturschutzgebieten, für die noch strengere Kriterien gelten (auch Tierschutz).
→ Naturschutzgebiete

Land/Schiff-Kombinationen, Pauschalangebote der Reiseveranstalter mit Land- und Schiffserlebnis in einem Urlaub durch Verknüpfung von Turnuskreuzfahrten mit einem entsprechendem Landarrangement.

Landungskarte, Ausweisersatz der örtlichen Behörden, um bei Kreuzfahrten in einem Hafen an Land gehen zu können. → Kreuzfahrten, → Landausflüge

Langstreckenverkehr, dazu gehören (nach Lufthansa) alle internationalen Strecken über Europa/Nahost hinaus sowie einige Strecken nach Afrika. Beim Pauschalflugreiseverkehr werden alle Flüge zum Nord-, Mittel - und Südatlantik, nach Mittel - und Fernost, Ost- und West-Afrika zum L. gezählt.

Langzeiturlaub, er beginnt bei sechs Wochen und dauert i.d. R. bis zu zwölf Wochen. Großveranstalter offerieren z.T. Sonderangebote wie 10 Wochen zum 8-Wochen-

Last-Minute-Tickets und -Reisen

Preis oder Sonderreisen, die eine festgelegte Dauer haben, nicht verlängert werden können und besonders preisgünstig verkauft werden. Häufig ist die Zusatzkrankenversicherung und die auf 30 kg erhöhte Freigrenze beim Gepäck als Extra bereits eingeschlossen.

Last-Minute-Tickets und -Reisen, Flug- und Pauschalreisenangebot, wird an kurzentschlossene Urlauber billiger, als zum Katalogpreis abgegeben. Es handelt sich dabei um kurzfristig freie Plätze, deren Verkauf durch L. für bessere Auslastung sorgen soll. LTur Marktführer mit Vorausbuchungsfrist von 14 Tagen, LCC neben Ltur L. auch bei Linienflügen der Lufthansa als Pauschalreise, LCC mit Vorausbuchungsfrist für LH Langstrecke 7 Tage, Europaziele 3 Tage.

Lay over, 1. Übernachtung von Flugpassagieren, die wegen schlechter Witterung, Maschinenschadens o.ä. auf Kosten der Fluggesellschaft einen Zwangsaufenthalt einlegen müssen. 2. Engl. Fachausdruck für Flugunterbrechung. → stopover

LBA, Luftfahrtbundesamt. Sitz: Braunschweig, wurde durch Gesetz 1954 als Bundesoberbehörde für Aufgaben der Zivilluftfahrt eingerichtet. Diese Behörde ist dem Bundesverkehrsministerium unterstellt. Aufgaben des LBA sind:
- Zulassung, Prüfung und Überwachung von Luftfahrtgeräten und ihrer Lufttüchtigkeit
- Erteilung der Erlaubnis für Luftfahrtpersonal mit Überprüfung ihrer Ausbildung,
- Prüfungen und ärztlichen Untersuchungsstellen
- Prüfung des technischen, betrieblichen und finanziellen Zustandes von Luftfahrtunternehmen und Luftfahrtschulen
- Herausgabe von Flugsicherheitsmitteilungen und -empfehlungen.
  → Bundesministerium für Verkehr (BMV)

LBO, Landesverband bayer. Omnibusunternehmer e.V., München, seit 1946, größter Landesverband innerhalb des BDO; maßgebliche Mitgestaltung im BDO und internat. Gremien; vertritt die Interessen des privaten Omnibusgewerbes. → BDO

LCC, LH City Center, Franchise-Kette der LH.
→ Lufthansa City Center

LDW, Loss-Damage Waiver, Autodiebstahlversicherung bei Rent-a-car in USA, Verzicht des Vermieters auf Forderungen bei Verlust des Fahrzeugs. → CDW

Le Shuttle, shuttle service, seit Inbetriebnahme des Eurotunnels Pendeldienst zwischen Folkstone (bei Dover, Großbritannien) und Sangatte (bei Calais, Frankreich). In Hauptverkehrszeiten befördert L. im 20 Minutentakt Pkws, Lkws, Reisebusse und ihre Passagiere innerhalb von 35 Min. zwischen beiden Ufern. Die Fahrzeuge werden auf spezielle Bahnwaggons geladen. Pkw- und Buspassagiere bleiben während der Durchfahrt in ihrem Fahrzeug sitzen; Lkw-Fahrer reisen in einem Aufenthaltswagen. Der Markenname Le Shuttle als Bezeichnung für den Tunnelzug unter dem Ärmelkanal wurde 1998 auf Eurotunnel abgeändert. → Eurostar, → Eurotunnel

LEADER, 1991 gestartetes Programm zur Förderung der Landwirtschaft in der EU. Der Tourismus bildet eine Alternative für ländliche Regionen mit Entwicklungsrückstand. Gefördert werden z. B. Ausbildungsprogramme für Ferien auf dem Bauernhof.

Leading Hotels of the World, Hotelvereinigung mit angeschlossenen Luxus-, Stadt- und Bade-Hotels, z.B. Excelsior Hotel Ernst, Köln.

Leasing, mittel- und langfristige Objekt-Finanzierungsform, bei der die Leasinggesellschaft (Bank, Finanzierungsinstitut) das vom Leasingnehmer (Investor) ausgewählte Investitionsobjekt kauft und ihm gegen Zahlung monatlicher Leasingraten zur Nutzung überläßt. Dabei bleibt der Leasinggeber/die Leasinggesellschaft Eigentümer des Investitionsobjektes. Bei schnellebigen Objekten wie z.B. im EDV- und Kfz-Bereich hat sich L. mittlerweile bei vielen Unternehmen durchgesetzt, da der Nutzungsgedanke im Gegensatz zur herkömmlichen längerlaufenden Investition im Vordergrund steht. Ein besonderer Vorteil liegt in der steuerlichen Behandlung der Leasingraten als Betriebsausgaben.

Least-Cost-Router, elektronische Geräte, wählen automatisch die Telefongesellschaft an, die zum Zeitpunkt des Telefonanrufs für die gewünschte Tarifzone am günstigsten ist.

Lecture, formeller Vortrag eines Fachreferenten mit mögl. Frage- und Antwortspiel.

Leereinfahrt mit anschließender Besetztausfahrt, Einfahrt in ein Land, mit einem leeren Bus durchgeführt, um dort eine Gruppe abzuholen.

Leverage Buyout

LEIF, Leipziger Institut für empirische Forschung, Forschungsinstitut mit Schwerpunkt in den neuen Bundesländern.

Leihkatalog, im Hinblick auf die Umweltbelastung durch Papierverschwendung (als weiteres Ziel gilt auch die Verminderung hoher Druckkosten), die die Herstellung/Verteilung zahlreicher Reise-Katalogen zur Folge hat, wurde die Mehrfachbenutzung der Kataloge von einigen Veranstaltern versuchsweise eingeführt. Dabei wird der Kunde gebeten, den Katalog nach Benutzung an den Veranstalter zurückzuschicken oder dem Reisebüro zurückzugeben.

Leinpfad, an Kanal- und regulierten Flußufern zu finden. Vor der Erfindung der Dampf- und Motorschiffe wurden die Schiffe mit Tier- oder Menschenkraft entlang der Leinpfade gezogen. Heute z.T. beliebte Wander- und Radwege. ⇾ Treidelpfad

Leipziger Messe Touristik und Caravaning (T&C), regionale Publikumsmesse jährlich im November, Veranstalter: TMS, Tele-Marketing Service.

Leistungsträger, 1. Von L.n spricht man im Zusammenhang mit Pauschalreisen, bei denen von einem Reiseveranstalter Einzelleistungen verschiedener rechtlich selbständiger L. über die vom Veranstalter aus dem eigenen Unternehmen erbrachten Leistungen hinaus zum Pauschalarrangement zusammengefaßt werden. L. sind demnach alle Beförderungsunternehmen, Hotels und Gastronomie, Veranstalter vor Ort usw. Vertragliche Beziehungen kommen dabei zwischen L. und Kunden regelmäßig nicht zustande, vielmehr ist der L. lediglich Erfüllungsgehilfe des Reiseveranstalters bei der Erfüllung der Gesamtreiseleistung. Die Rechtsprechung bejaht z. T. jedoch einen eigenen Anspruch des Reisekunden gegen den Leistungsträger (Beispiele im Einzelfall: Beförderungs- oder Beherbergungsunternehmen) aus Vertrag zugunsten Dritter unter Ausschluß von Einwendungen gegen den Veranstalter. ⇾ Erfüllungsgehilfe, ⇾ Pauschalreisen. **2.** Im Zusammenhang mit START sind L. die verschiedenen angeschlossenen Verkehrsträger und Reiseanstalter als Leistungsanbieter.

Leitbild, ⇾ Unternehmensleitbild

Leitveranstalter, Hauptveranstalter im Sortiment eines Reisebüros.

Leitweg, Routing; Festlegung einer Flugstrecke mit möglichen Zwischenorten zwischen Ausgangs- und Bestimmungsort einer Flugreise, an denen der Flug ohne Mehrkosten unterbrochen werden kann. Im Tarif angegeben durch eine Leitweg-Nr. oder durch globalen Richtungscode. L.-Karten dienen mit Bestimmung von Flugunterbrechungspunkten (Three-Letter-Codes) und Richtungscodes (IATA-Verkehrsgebiete) bei Luftverkehrsgesellschaften und Agenturen der Tariffestlegung einschließlich der zulässigen Abweichungen vom direkten Flugweg. ⇾ IATA-Verkehrsgebiete, ⇾ Richtungscodes, ⇾ Three-Letter-Codes

LEONARDO, Förderungsprogramm der EU für die Berufsbildung Jugendlicher, PETRA-Nachfolgeprogramm. Instrument für Schüler- und Lehrlingsaustausch. Weitere Schwerpunkte: Vermittlung von (berufsbezogenen) Sprachkenntnissen und intensive Zusammenarbeit Hochschulen/Betriebe zugunsten kleinerer und mittelgroßer Unternehmen. ⇾ PETRA

Leserreisen, eine Ausschreibungsart z.T. hochrangiger Touristikprodukte, die auf der Zusammenarbeit zwischen Zeitungsverlagen und Veranstaltern beruht. Die Verlage beabsichtigen damit die verstärkte Bindung der Leser an ihre Zeitung oder Zeitschrift; die Leser erwarten ihrerseits beste und preisgünstige Angebote. U.a. werden auch Kreuzfahrten als Leserreisen angeboten. Produkthaftung liegt meist beim Reiseveranstalter. ⇾ Haftung bei Pauschalreisen, ⇾ Reiseveranstalter

Letter of Intent, Absichtserklärung, mit der Unternehmen ihre zukünftige Zusammenarbeit in Aussicht stellen. ⇾ Memorandum of Understanding

Leuchtfeuer, sie werden an Küsten und navigatorisch wichtigen Punkten des Fahrwassers unterhalten, z.B. durch schwimmende Leuchtfeuer auf Feuerschiffen, Leuchtbojen, Feuer an Land oder auf festem Grund. ⇾ Feuerschiff

Levante, 1. Das Morgenland, die östlich von Italien liegenden Mittelmeerländer, **2.** l.e.S. die Küsten von Kleinasien bis Ägypten.

Leverage Buyout, Unternehmensübernahme, Auskauf-Transaktion in USA, bei der sich Top-Manager mit Investmentfirmen zusammenschließen, um in einer L.B. die Aktionäre auszuzahlen. Die dazu erforderli-

LFV - Landesfremdenverkehrsverband

chen Gelder werden durch höchstmögliche Verschuldung der betroffenen Firma aufgebracht. Zur Verringerung der drückenden Schuldenlast werden von den neuen Managern/Eigentümern einzelne Betriebsteile verkauft.

LFV - Landesfremdenverkehrsverband, → DFV, → Fremdenverkehrsstellen

LH-Airport-Express, Zubringerzug auf der Rheinschiene zwischen den beiden Flughäfen Frankfurt und Düsseldorf, verkehrte mit Zwischenhalt in Bonn, Köln, Köln-Deutz und Düsseldorf sowie Frankfurt und Stuttgart (Hbf). Die Beförderung erfolgte nur mit einem gültigen Flugschein. Wurde im Mai 1993 eingestellt; abgelöst von IC-Airport-Express. → IC-Airport-Express

LH-Systems GmbH, 1994 aus der Lufthansa Informationstechnik- und Software GmbH (LIS) hervorgegangenes LH-Beratungsunternehmen über den eigenen Konzernbereich hinaus. Übernahm Ende 1997 60% Beteiligung an Derdata vom DER. Geplant ist die strategische Partnerschaft mit LTU und die Gründung einer neuen Technologie-Firma, bei der L. mit 74,9 % und LTU mit 25,1 % beteiligt sein sollen. → LIS, → Derdata Informationsmanagement, → DER, → LTU

Liberalisierung, in Westeuropa Schaffung eines einheitlichen Wirtschaftsraums durch Angleichung der unterschiedlichen Zoll- und Steuervorschriften. Die Übergangsphase zu diesem europ. Binnenmarkt erfolgt über eine Phase der Harmonisierung. → Deregulation, → EU/EG/EWG, → Harmonisierung, → Liberalisierung im Luftverkehr

Liberalisierung im Luftverkehr, in einer zweiten Stufe von den Verkehrsministern der EG beschlossenes Konzept zur Schaffung flexiblerer Flugpreise und größerer Konkurrenz im europäischen Luftverkehr, auch als Deregulierung bezeichnet. Bereits 1987 hatten sich die Verkehrsminister in einem ersten Schritt darauf geeinigt, den Zugang zu den heimischen Märkten auch ausländischen Fluglinien zu eröffnen und flexiblere Flugtarife als die bisherigen, von der IATA detailliert festgeschriebenen zu genehmigen. Mit dem zweiten, 1990 beschlossenen Schritt wurden im Linienflugverkehr drei Tarifzonen mit Flexibilitätsmargen geschaffen:

- Normaltarif/Economy-Class ohne Beschränkungen; 95 - 105 % des zu schaffenden einheitlichen Tarifs

- Rabatt- oder Discount-Tarifzone für Rückflug- und Rundreisetickets; 80 - 94% des Economy-Class-Tarifs

- Super-Rabatt- oder Deep-Discount- Tarifzone für Mindestaufenthalts-, Apex-, Jugend-, Seniorentickets usw.; 30 - 79% des Economy-Class-Tarifs

Ab 1993 war eine automatische Genehmigungsregelung für Discount-Tarife und Streckenrechte durch die Verkehrsministerien der betroffenen Mitgliedsstaaten vorgesehen. Weiterhin waren Tarifausnahmen zugunsten der klassischen EG-Urlaubsländer zur Angleichung an Charterflugpreise vorgesehen sowie die Beschränkung der geschützten Marktanteile der jeweiligen nationalen Air-Carrier zur Ermöglichung des Marktzugangs ausländischer und neuer Fluglinien. Schließlich sollten die Kapazitätsobergrenzen für den Bereich der fünften Freiheit des Luftverkehrs, für Flüge ohne Heimatlandberührung, angehoben werden. Eine völlige Preisfreigabe war allerdings auch von zukünftigen Liberalisierungsvorschriften nicht zu erwarten, um Sicherheitsstandards zu wahren und Verdrängungswettbewerb zu verhindern. In der dritten Stufe, zeitlich mit dem Beginn des EU-Binnenmarktes vom 1.1.1993, ist der gesetzliche Rahmen für die L. vollendet worden. Mit einheitlichen Zulassungsvorschriften können die Fluggesellschaften in der gesamten EU ihre Flugleistungen anbieten. Die dritte Stufe unterscheidet nur regelmäßige und nichtregelmäßige Flüge (scheduled/non-scheduled). Da für die Zulassung keinerlei Unterschied mehr zwischen Linien- und Charterfluggesellschaften gemacht wird, bleibt es den Fluggesellschaften überlassen, wie sie die Strecken bedienen. Gleichzeitig ersetzt die freie Preisbildung die bisherigen, behördlich festgelegten Flugtarife. Für die Überprüfung durch die Behörden sorgt als Bezugsgröße ein sog. Grundpreis, den die niedrigsten voll flexiblen Flugpreise darstellt. Grundsätzlich werden von europäischen Wirtschaftsrecht Subventionen wegen Wettbewerbsverzerrung ausgeschlossen. Als Folge des Übergangs vom regulierten Markt zum freien Wettbewerb in der EU werden sich für die Flugreisenden sicher große Vergünstigungen in Form von Preisnachlässen ergeben. Die Fluggesellschaften werden über gezielte Marktetingmaßnahmen in Form der Kundenbindungsprogramme und verstärkter Zusammenarbeit mit den IATA-Agenturen und Reiseveranstaltern sowie internen Kostensenkungsprogrammen eine Optimierung ihrer Marktposition suchen. Langfristig wird der Flugverkehr nach der Deregulierung in USA und der Liberalisierung in der EU eine weitere Entwicklung zwischen diesen Gebieten sowie mit dem ostasiatischen Wirtschaftsraum nehmen. → Carrier, → Deregulation, → Freiheit, → Freiheiten der Luft, → Streckenrechte

Lieferfristenüberschreitung, versicherungsspezifischer Begriff für z.b. verspätete Auslieferung von Gepäck erst nach Ablauf der sich aus dem Beförderungsvertrag oder aus dem Beförderungsvertrag zugrundeliegenden Beförderungsbestimmungen ergebenden Auslieferungsfrist zur Aushändigung an den berechtigten Empfänger.

Liegewagen, kann auch als Sitzwagen verwendet werden, enthält bis zehn Abteile mit maximal je 6 Sitz- oder Liegeplätzen; in verschiedenen Verbindungen des In- und Auslands ist gegen geringen Aufpreis die Viererbelegung möglich. Gute Wärmedämmung, 2 WC, 4 Waschräume mit fließend warm und kalt Wasser, Rasiersteckdose; jeder Reisende erhält ein weißbezogenes Kopfkissen und Wolldecke, keine Trennung nach Geschlecht. Zum Frühstück kann im Abteil ein schmaler Eßtisch in Halterungen am Fensterbrett eingehängt werden. Ehemals bei der TUI als hauseigenes Produkt (TUI-Ferien-Expreß) mit eigenem, komfortablerem Wagenpark im Einsatz. War als Alpen-See-Express (ASE) unter Organisation durch das DER als weiteres Produkt für diverse andere Bahnreiseveranstalter am Markt. → Alpen-See-Express (ASE), → Autoreisezug (ARZ), → Urlaubs-Express

LIFE, Finanzierungsinstrument für europäische Umweltprojekte, wird von der Umweltgeneraldirektion (GD-XI) verwaltet. Ziel ist die Förderung einer nachhaltigen Entwicklung und Steigerung der Umweltqualität, der Schutz der Lebensräume und der Natur sowie die Förderung der Bildung, Ausbildung und Information etc.

Liften, Abreißen eines Flugcoupons.

Light and sound, Licht und Ton, Son et lumière, Abendveranstaltung, bei der meist historische Objekte (Kathedralen, Moscheen, Pyramiden etc.) angestrahlt werden und musikalisch untermalt die entsprechende Baugeschichte erzählt wird.

Lingua franca, Verkehrssprache meist für Handel und Seefahrt im Mittelmeerraum mit romanischem Wortgut, das mit arabischen Bestandteilen vermischt ist.

LINGUA, Förderungsprogramm der EU für Fremdsprachenausbildungen in allen Unionssprachen (von der Sekundarschule über die Hochschule bis zur beruflichen Weiterbildung), Laufzeit 1990-94. Ab 1995 durch SOKRATES abgelöst. (Maßnahmen zur Förderung der berufl. Bildung). → SOKRATES

Linie, 1. Wasserlinie, **2.** Form z. B. eines Schiffes, **3.** Äquator, **4.** Fluglinie oder Linienreederei auf einer bestimmten Route nach Fahrplan.

Linienähnlicher Verkehr, →Linienflugverkehr

Linienflugverkehr, nach Luftfahrtstatistik Linienverkehr und linienähnlicher Verkehr. Linienverkehr ist jede öffentliche, zwischen bestimmten Landeplätzen eingerichtete regelmäßige Flugverbindung mit Beförderungspflicht für Personen, Fracht und Post, für die dem durchführenden Luftfahrtunternehmen eine Genehmigung erteilt wurde. Die Verkehrsgesellschaft trägt das Beschäftigungs- und Auslastungsrisiko. Als „linienähnlicher Verkehr" bezeichnet man den Bedarfsluftverkehr nach festen Abflugzeiten. → Bedarfsluftverkehr nach festen Abflugzeiten

Linienschiffahrt, fahrplanmäßige Schiffsverbindung auf einer bestimmten Linie. Gegensatz: Trampschiffahrt. → Kreuzfahrten

Linientausch, als L. bezeichnet die DB bei IC/EC-Zügen den Wechsel in Korrespondenzbahnhöfen von Stammlinien auf andere Linien. → EC-Netz, → IC-Intercity

Linienverkehr/Bus, nach PBefG der regelmäßige Verkehr zwischern zwei Punkten mit Haltestellen; neben dem allgemein zugänglichen Verkehr gehören hierzu auch Berufsverkehr, Schulbusse u.a. Der L. unterliegt hinsichtlich Beförderungspflicht und -entgelt zahlreichen Auflagen. → Grundpflichten, → PBefG

Linux, Abk. für LINUs torvalds (der Entwickler) uniX; wörtl: Unix-Variante von Linus. Variante des Betriebssystems Unix für PCs mit mindestens einem 386er Prozessor. 1991 von dem Finnen Linus Torvalds entwickelt, bietet L. die für Unix typischen Merkmale wie Multitasking und Multiuser-Betrieb. → Unix/Xenix

Liquidation, Abwicklung der Geschäfte eines Unternehmens nach dessen Auflösung. → Insolvenz

Liquidität

Liquidität, die Bereitschaft und Fähigkeit, jederzeit fristgerecht für alle betrieblich eingegangenen Zahlungsverpflichtungen aufzukommen. Da Investitions-, Finanz- und Abschreibungspolitik einen wesentlichen Einfluß auf die L. (flüssige Zahlungsmittel) eines Unternehmens ausüben, kann es zweckmäßig sein, einen L.-plan mit einer laufend aktualisierten Einnahmen-/Ausgabenübersicht zu erstellen. Zwischen L. und Rentabilität besteht ein enger Zusammenhang. → Rentabilität

LIRG, Local Interline Reservation Group, Frankfurt, Vereinigung der Airline-Verkaufsexperten mit direkter Verbindung zu den Reisemittlern.

LIS, 1. Lufthansa Informationstechnik- und Software GmbH, LH-Beratungsunternehmen über den eigenen Konzernbereich hinaus mit Angebot für Problemlösungen in Hotellerie, Reiseveranstaltergewerbe und Fluggesellschaften, 1994 umbenannt in LH-Systems. **2.** Liability Insurance Supplement, Erhöhung der Haftpflichtversicherung bei Rent-a-car in USA.

Literaturlandschaften e.V., Verein zur Förderung von Literaturstätten und -landschaften in Deutschland, Sitz: Nordhorn. L. gibt jährlich ein Buch mit Reisevorschlägen zu interessanten Stätten aus der Welt der Literatur heraus. Die Beschreibungen werden ergänzt durch ein kulturelles Veranstaltungsverzeichnis.

Lizenzen → Verkaufslizenzen

Lizenzierung, Lizenzierungsverfahren und Zulassungsbeschränkungen für die Gründung eines Reiseunternehmens bestehen aufgrund der Gewerbefreiheit in der Bundesrepublik nicht. Wie bei jedem anderen Gewerbe genügt die Anmeldung beim zuständigen Gewerbeamt. → Gewerbeanmeldung/Gewerbeordnung

Lloyd's, Committee of Lloyd's Underwriters in London, Gemeinschaft von Versicherungsunternehmern mit eigener persönlicher Verantwortung. Jedes Mitglied muß einen seinem Versicherungscharakter entsprechenden Beitrag bei Lloyd's hinterlegen. Überschüsse werden je nach der Höhe der Beteiligung jedes einzelnen Mitglieds jährlich ausgezahlt. Lloyd's als Gesellschaft dient seinen Mitgliedern lediglich mit der Abwicklung und Aufklärung von Seeunfällen sowie Informationen über die Schiffsbewegungen.

Diesen Zwecken dienen auch die zahlreichen Publikationen wie Lloyd's List and Shipping Gazette, Lloyd's Weekly Casualty Reports, Lloyd's Shipping Index, Lloyd's Loading List, Lloyd's List Law Reports usw.
→ Kreuzfahrten, → Linienschiffahrt, → Trampschiffahrt

Lloyd's Register of Shipping, britische Klassifikationsgesellschaft, gegr. 1760, seit 1949 vereinigt mit British Corporation of Shipping. Registrierung von Schiffahrt und Häfen.
→ Germanischer Lloyd

Lobby, 1. Vorraum, Halle, Foyer im Hotel oder auf Schiffen, **2.** Interessenvertretung gegenüber einer Regierung; Lobbyisten, Vertreter von Sonderinteressen einer Gruppe gegenüber Behörden.

Local Guide, Fremdenführer, Reiseleiter am Aufenthaltsort, Stadtführer, in der ehem. DDR Stadtbilderklärer. Er verfügt über spezielle Kenntnisse seines Einsatzortes.
→ Bundesverband der Gästeführer, → Reiseleiter, → Stadtführungen, → Tour Guide

Local Selling Fare (LSF), der in der Landeswährung des Ausgangsflughafens publizierte Beförderungstarif im Linienluftverkehr.

Location Identifiers, Coding of Cities/ Airports. → Three-Letter-Codes

Loch Ness, unsterbliche Legende von „Nessie", dem Wassermonster, schottische Art der FV-Förderung; Loch ist die engl./schott. Bezeichnung für einen größeren See oder eine Meeresbucht.

Loco-Tarif, bei DB Begriff für relationsbezogenen Fahrpreis im Personenverkehr.

Lodge, Unterkunftsart für Safari-Teilnehmer mit Gemeinschaftsanlagen, wie Swimmingpool, Restaurant, Gesellschaftshalle usw.; Begriff von den USA übernommen für aufwendige Bungalows oder Landhäuser.
→ Safari

Logbuch, 1. Schiffstagebuch, in das alle nautisch wichtigen Ereignisse an Bord eingetragen werden. **2.** Reservierungsbuch im Restaurant.

Log-in, Anmelden eines Benutzers in einem Computer mittels Benutzername, Paßwort oder sonstiger Kennung. Auch als Jump-in bezeichnet. Gegenteil von Log-out. → Jump-in, → Log-out

Logis, 1. Wohnraum für die Mannschaft an Bord eines Schiffes; das L. liegt entweder

Low-Budget-Hotels

vorn unter der Back oder in den Deckshäusern hinten. **2.** Unterkunft/Übernachtung im Hotel, in der Pension.

Logistik, komplette Organisation der vielschichtigen täglichen Aufgabenstellungen in Handel, Industrie und Gewerbe, angefangen von der Beschaffung von Rohstoffen und Zulieferteilen über die eigentliche Produktion bis hin zur lückenlosen Distribution fertiger Produkte. Verstärkt kommen Systemlösungen für Arbeitsabläufe, Materialfluß und Warenbewegungen zum Einsatz. Da diese Abläufe fast immer mit Transportaufgaben verbunden sind, werden dazu alle Verkehrsträger benötigt, hohe Logistik-Anforderungen richten sich z.b. an Kreuzfahrtschiffe, Flugzeuge u.a. → Catering

Logo, START-Schulungssoftware, hat das bis 1994 gültige Susy-START-Unterrichtssystem abgelöst.

Log-out, Abmelden eines Benutzers in einem Computer. Auch Jump-out bezeichnet. Gegenteil von Log-in. → Jump-out, → Log-in

Lohn, bezeichnet alle Formen des Arbeitseinkommens aus unselbständiger Tätigkeit. Im Gegensatz dazu steht das Einkommen aus selbständiger Tätigkeit (Gewinn) oder aus Kapitalbesitz (Zinsen).

Lohnnebenkosten, sind die Sozialversicherungsbeiträge des Arbeitgebers und freiwillige betriebliche Sozialleistungen. L. sind also ein Bestandteil des Lohnes, der zurückgehalten wird (deferred payment) und erst im Bedarfsfall zur Auszahlung gelangt. Die L. belasten die Wettbewerbsfähigkeit in arbeitsintensiven Branchen sehr stark. → Sozialversicherungsbeiträge

Lok, Kurzform von Lokomotive, Fahrzeug der Eisenbahn mit eigener Antriebsanlage zum Zug und Schub antriebsloser Schienenfahrzeuge. Man unterscheidet Schnellzug,- Personenzug-, Güterzug- und Rangierlokomotiven.

Lombardsatz, ist der Zinssatz, den die Kreditinstitute für einen Kredit bei der Notenbank für die Hinterlegung von Wertpapieren bezahlen. → Diskontsatz, → Reposatz.

Lomé-Abkommen, nach der Hauptstadt Togos benannt, in der die EG und 46 Entwicklungsländer (sog. AKP-Staaten) ein umfangreiches Abkommen über wirtschaftliche Zusammenarbeit unterzeichnet haben. In den Abkommen I und II hat der Tourismus kaum Erwähnung gefunden. Lomé III Art. 86-90 nehmen ausdrücklich Bezug auf die Zusammenarbeit der AKP-Staaten mit EG-Ländern hinsichtlich des Tourismus, spez. mit Art. 97-100 Maßnahmenkatalog. Das 1990 erneuerte IV. Lomé Abkommen zwischen EU und 69 AKP-Staaten mit Laufzeit bis zum Jahr 2000 behandelt die Zusammenarbeit im Bereich der Dienstleistungen und hier besonders auf dem Gebiet des Tourismus. → AKP-Staaten, → EU/EG/EWG

Londoner Club, im Unterschied und Ergänzung zum Pariser Club der für alle Betroffenen zugängliche informelle Zusammenschluß von Gläubigerbanken zur Neuregelung des Schuldendienstes in Schwierigkeiten geratener Schuldnerländer, und zwar einschließlich der dortigen privaten Schuldner. Umgeschuldet werden hier zu vergleichbaren Bedingungen wie im Pariser Club ungesicherte Handelsforderungen und ungebundene Kredite. Die besondere Bedeutung gewinnt der Londoner Club durch die Wiederherstellung von Gläubigervertrauen und des Zuganges zu den privaten Kapitalmärkten. → Pariser Club

Long Haul, Langstrecke im Flugverkehr. → Langstreckenverkehr

Lost and Found, Fundbüro, an Bahnhöfen und Flughäfen Anlaufstelle für verlorengegangenes Gepäck.

Lotse, bei schwierigen Passagen erhält ein Schiff einen nautischen Beirat. Der L. ist ein erfahrener Nautiker mit höchstem Patent und mit Spezialkenntnissen des Fahrwassers, auf dem er eingesetzt ist. Das Lotsenboot bringt den Lotsen von Land oder einem Lotsenversetzschiff an Bord des zu lotsenden Schiffes. Mit dem Lotsenfeuer wird bei Dunkelheit ein Lotse herbeigerufen; das Lotsensignal ruft den Lotsen mit Hilfe einer Lotsenflagge an Bord. → Revierfahrt

Lounge, komfortabler Aufenthaltsraum; Teil einer Hotelhalle; Gesellschaftsraum auf Passagierschiffen; VIP-Lounge auf Flughäfen für bevorzugte Fluggäste.

Low-Budget-Hotels, engl. Bezeichnung für preisgünstige Übernachtungsmöglichkeiten, häufig ohne zusätzlichen Service wie z.B. Minibar und Telefon auf dem Zimmer, Rezeption und Restaurant.

205

Low Cost Airline

Low Cost Airline, Geschäftssystem von Fluggesellschaften, mit dem grundsätzlich ein eigener Markt bedient wird, das allerdings auch mit anderen korrespondieren kann.

Low Cost Carrier, Fluggesellschaft die nur Punkt-zu-Punkt-Verkehr bedient auf Basis Electronic Ticketing; kein Transitverkehr. Fliegt zu geringsten Vertriebskosten.

LSF, Local Selling Fare. → Local Selling Fare

LSG, Lufthansa Service Sky Chefs. Catering-Unternehmen der Deutschen Lufthansa, das für die Versorgung der Flugzeuge mit Passagiermahlzeiten und anderen Bordutensilien zuständig ist. → Catering

LTU, Lufttransport-Unternehmen GmbH & Co. KG, Düsseldorf, Markenname LTU International Airways, gegr. 1955 in Frankfurt/M., seit 1961 in Düsseldorf, Ferienfluggesellschaft. Die im Lang- und Mittelstrecken-Ferienflugverkehr tätige LTU hat mit vielen kreativen Neuerungen wesentlichen Anteil an der Entwicklung des Flugtourismus. Weitere Airlines der LTU sind die LTE mit Sitz in Spanien und die regionale Fluggesellschaft RAS, Düsseldorf. Zur LTU Touristik GmbH, die ihre Aktivitäten mit dem Kompetenzsiegel Touristik-Gruppe LTU zeichnet, gehören folgende Veranstaltermarken: Meier's Weltreisen, Jahn Reisen, Tjaereborg, Transair, THR-Tours sowie Marlboro Reisen. Nach TUI und NUR rangiert die LTU Touristik als Branchendritter im Veranstalterbereich. Wesentliche Beteiligungen über Hotelbeteiligungs- und Investitionsgesellschaft LTI International Hotels an Urlaubshotels und einem Nil-Kreuzfahrtschiff. Ab Oktober 1998 Übernahme von 49,9 % der Geschäftsanteile durch die SAirGroup. → LH-Systems GmbH

LTU Touristik University, Fach- und Fortbildungsveranstaltung der LTU mit ihren Agenturpartnern mit Fachvorträgen und angeschlossenem Travelmart seit 1993.

Luftfahrt-Unfallversicherung, Versicherung für Luftfahrtrisiken vom Ein- bis zum Aussteigen.

Luftfahrtbundesamt, → LBA

Luftfahrtgesellschaft, → Fluggesellschaft

Luftfahrtunternehmen, sind Unternehmen, denen die Betriebsgenehmigung zur Beförderung von Fluggästen im gewerblichen Luftverkehr nach der Verordnung (EWG) Nr. 2407/92 des Rates vom 23. Juli 1992 oder nach entsprechenden Vorschriften anderer Staaten erteilt worden ist.

Lufthansa (LH), → Deutsche Lufthansa

Lufthansa Airplus, Kreditkartengesellschaft als Tochter der Deutschen Lufthansa. Kooperiert auch im Ausland mit Bankpartnern bei der Herausgabe von Firmenkreditkarten.

Lufthansa Airport Center, ehemaliges Vertriebskonzept der LH im Rahmen des LH Partner Konzepts mit dem Reisebüro-Mittelstand. Neuerdings sind die L. Bestandteil des LCC-Konzepts. → Lufthansa City Center

Lufthansa City Center, Vertriebspartnerkonzept der Lufthansa City Center Reisebüropartner GmbH (LCR) mit Lufthansa als internationaler Dachmarke für 300 mittelständische Reisebüros in Deutschland und weitere 90 Reisebüros weltweit. Die Vertriebspartner der LCR firmieren mit ihrem Eigennamen und der Zusatzbezeichnung Lufthansa City Center (LCC), sind unternehmerisch unabhängig und bieten das komplette touristische Vollsortimentsangebot. Das Spartenkonzept der LCR umfaßt den Bereich Touristik und Business Plus für Geschäftsreisen. → LCC

Lufthansa Express, ursprüngliches Niedrigpreis-Konzept der LH mit einem Low-Cost-Produkt auf ausgewählten innerdeutschen Strecken.

Lufthansa Info-Flyway, von Lufthansa 1996 entwickeltes Multimedia-Produkt. Der Lufthansa Info-Flyway bietet zahlreiche Informationen aus der Welt des Fliegens und Reisens, Flugangebote sowie Online-Buchungsmöglichkeiten für mehr als 700 Fluggesellschaften. Der Lufthansa Info-Flyway ist in den Online-Diensten T-Online (*LH#), AOL (Kennwort Lufthansa), CompuServe (go Lufthansa) und Microsoft Network (gehe zu LH) sowie im Internet (www.lufthansa.com) vertreten. → Corporate Info Flyway

Lufthansa Partner Tours, gemeinsamer Marktauftritt der LH mit verschiedenen Spezialveranstaltern.

Lufthansa Passage Airline, seit 1. April 1997 selbständiger Bereich der Deutschen Lufthansa AG. Die Lufthansa Passage Airline wird geleitet von einem Bereichsvorstand mit sechs Ressorts: Netzmanagement und Marketing (gleichzeitig Sprecher), Vertrieb, Produkt und Service, Operations, Personal und Betriebswirtschaft.

Lufthansa Ticket Terminal, Service der Lufthansa zur Verkürzung der Abfertigungszeit durch die Ergänzung der Verkaufs- und

Check-in-Schalter. Angesprochen werden v. a. Geschäftsreisende, Voraussetzung ist der Besitz eines ATB-Flugscheines. Reisende ohne Gepäck können am Automat direkt einchecken, möglich ist auch die Ausstellung bzw. Abholung von vorausbezahlten hinterlegten Tickets. → Check-in

Lufthansa Tours, Veranstalter der LH mit Kurz- und längeren Reisen als anlaßbezogene Flugpauschalarrangements im Baukastensystem, von Dertour GmbH & Co. KG. Soll nach dem Touristikjahr 1998/99 auslaufen.

Lufthoheit, nach internat. Recht steht jedem selbständigen Staat die Lufthoheit über den über seinem Staatsgebiet liegenden Luftraum zu. Die Zustimmung zur Nutzung des bundesdeutschen Luftraums erteilt das Bundesverkehrsministerium. → Bundesministerium für Verkehr (BMV), → Freiheiten der Luft, → Verkehrsrechte

Luftkissenboot, → Hovercraft

Luftkorridor, ehemals im Viermächteabkommen festgelegte Luftstraßen für den Flugverkehr von und nach Berlin.

Luftkurorte, nach DBV Bezeichnung für Orte mit wissenschaftlich anerkannten und durch Erfahrung bewährten klimatischen Eigenschaften, artgemäßen Kureinrichtungen und entsprechendem Kurortcharakter. Erhebung einer Kurtaxe nach Maßgabe der mit ihr abgegoltenen Leistungen. → DBV

Luftpool, Zusammenschluß von Versicherungsunternehmen zur gegenseitigen Rückdeckung von Großrisiken in Flug- und Raumfahrtaktivitäten.

Luftrettungssystem, um die Überlebenschancen schwerverletzter Unfallopfer zu verbessern, sind in Deutschland 33 Zivilschutzhubschrauber an 22 Stationen im Einsatz. Zusammen mit den 9 Stationen der Bundeswehr und den 19 Stationen privater Organisationen, der ADAC-Luftrettung und deutschen Rettungsflugwacht, hat das Luftrettungsnetz 50 Stationen. Im Notfall ist über die Notrufnummer 110 bzw. 112 die nächste Rettungsleitstelle zu erreichen.

Luftschiff, „Zeppelin", ein Starrluftschiff, hat unter der Außenhaut ein Gerippe aus Leichtmetall. Als Füllgas dient heute das nicht brennbare Helium. Das Luftschiff bewegt sich mit eigener Kraft vorwärts. Ab 1998 soll eine Serienproduktion der neuen Zeppelin-Generation (Zeppelin NT) starten.

Luftsicherheitspauschale, von deutschen Behörden geforderte Gebühr für die fluggastbezogenen Sicherheitskontrollen auf deutschen Flughäfen sowie für anfallende Bearbeitungskosten. Während die L. bis Mai 1997 von den Passagieren direkt am Flughafen bezahlt werden mußte, wird sie seitdem direkt vom buchenden Reisebüro berechnet. → Flugsicherheitsgebühr

Luftstraßen, Airways; von den Flugsicherungsbehörden festgelegte kontrollierte Lufträume, die auf besonderen Luftstraßenkarten dargestellt sind; Unterstützung durch Bodennavigationshilfen, → Flugsicherung

Luftverkehr der dritten Ebene, → Third Level Operations

Luftverkehrsforum, → DVWG

Luftverkehrskaufmann/ -frau, Ausbildung bei Luftverkehrsgesellschaften, Ausbildungsorte sind hierbei vorwiegend Köln und Frankfurt/M.; limitierte Anwärterzahl. In allen Bereichen ist eine Fortbildung zum Betriebswirt und zum Touristikfachwirt möglich. → Diplom-Betriebswirt

Luftverkehrsstatistik/Luftfahrtstatistik, zahlenmäßige Untersuchung des Luftverkehrs, herausgegeben vom Statistischen Bundesamt, Wiesbaden, Fachserie 8, Reihe 6.

Luftverkehrsunternehmen, im Sinne des Chicagoer Abkommens jedes Luftbeförderungsunternehmen, das Flugverkehr anbietet oder betreibt. → Chicagoer Abkommen

LuftVG-Luftverkehrsgesetz, → ABB

Lunch-Box, sie enthält Sandwiches, Früchte, Getränke usw., wird bei Inlands-Kurzstreckenflügen ausgegeben; auch auf Kreuzfahrtschiffen üblich, wenn z.B. anläßlich von Landausflügen Mahlzeiten nicht an Bord eingenommen werden. L. gibt es auch als Restaurationsangebot im Außer-Haus-Verkauf.

Lüneburger Universitäts-Studentenkreis Touristik (LUST), Studentenkreis, dessen Hauptaufgaben in der Kontaktpflege zwischen Theorie und Praxis sowie in der Bekanntmachung der angebotenen Studiengänge besteht. LUST ist Mitglied bei FUTURISTA und beim VDKF (Verband Deutscher Kur- und Tourismus-Fachleute).

Lusitanien, ehem. röm. Provinz auf der iberischen Halbinsel, entspricht etwa dem heutigen Portugal.

LUST

LUST, Lüneburger Universitäts-Studentenkreis Touristik; Arbeitsgemeinschaft im Bereich Fremdenverkehrsbetriebslehre mit Studenten der Fachbereiche Betriebswirtschaft und angewandte Kulturwissenschaften an der Universität Lüneburg. L. organisiert Vorträge, Seminare und Workshops und erstellt Marktanalysen und Fallstudien in Zusammenarbeit mit Dozenten und Firmen.

Lüxingshe, staatl. Chinesische Organisation für Internationalen Reiseverkehr, Sitz: Peking und Shanghai. → CITS

Luxusbus, irreführende Bezeichnung für Reisebusse, mit welcher der Eindruck eines hohen Qualitätsstandards erweckt werden soll, da diese Bezeichnung mit keiner prüfbaren Leistungsbeschreibung korrespondiert. In der Regel sind diese Busse umfangreich ausgestattet, werden jedoch mit 50 und mehr Reisegästen besetzt, was zu Lasten des Sitzabstandes und damit auf Kosten von Bequemlichkeit und Reisekomfort geht. → GBK

Luxus-Class, ab 1.1.1995 Bezeichnung für den neuen Fünf-Sterne-Bus. L.C. erweitert den Fahrkomfort und die Qualität durch zusätzliche Ausstattung, wie z.B. eine Leselampe pro Sitz, eine großzügige Gepäckablage (mindestens 20/Reisegast), einen besser ausgestatteten Reiseleitersitz mit drahtlosem Mikrophon und eine umweltfreundliche Abfallbeseitigung mit Sortiermöglichkeit. → GBK, → Klassifizierung der Reisebusse

LVA, Landesversicherungsanstalt, regional gegliederter Versicherungsträger der Sozialversicherung.

LVG, Luftverkehrsgesellschaft.

LVV - Landesverkehrsverband, → DFV, → Fremdenverkehrsstellen,

LZO/LuftVZO, Luftverkehrs-Zulassungs-Ordnung. → Flughafen

M, neben H und Y die Tarifbezeichnung im Flugticket für Economy Class (Touristenklasse).

Maastricht Kriterien, als Verfahren bei einem übermäßigen öffentlichen Haushaltsdefizit sehen Artikel 104 c des Maastrichter Vertrags/EGV und das Protokoll darüber Höchstgrenzen für das jährliche Defizit (3 % des BIP) und für den Schuldenstand (60 % des BIP) des öffentlichen Sektors eines Mitgliedstaates vor. Werden diese Grenzen überschritten, kann dies ein mehrstufiges Verfahren auslösen, das Sanktionen bis hin zu Geldbußen vorsieht.

Maastrichter Vertrag, am 7.2.1992 in Maastricht (Niederlande) unterschriebener Vertrag zum Übergang der EG in die EU (Europäische Union). Der M. enthält keine ausgesprochene gemeinsame Tourismuspolitik, sondern fördert - unter Berücksichtigung des Subsidiaritätsprinzips - weiterhin die zwischenstaatliche Zusammenarbeit durch Gemeinschaftsaktionen (z. B. Vereinheitlichung der Statistik, Entzerrung der Ferienzeiten bzw. Reiseströme) sowie die Stärkung der Qualität bzw. Wettbewerbsfähigkeit der Europäischen Fremdenverkehrswirtschaft und die Vertretung des Fremdenverkehrs im Rahmen der verschiedenen Unionspolitiken: z. B. in der Umweltpolitik (Ausschreibung eines europäischen Umweltpreises zur Sensibilisierung des Umweltbewußtseins der Touristen und Dienstleistungsbetriebe), im Verbraucherschutz (Verbesserung der Information und des Schutzes für Touristen bzw. Reisebürokunden), im Sozialtourismus (geplante Herausgabe eines europäischen Behinderten-Reiseführers), in der Landwirtschaft, in der Regionalpolitik etc. → Aktionsplan der Union zur Förderung des Tourismus, → EU (Europäische Union)

Maghreb-Staaten, richtig: Arabische Maghreb-Union. Die nordafrikanischen Länder Algerien, Libyen, Marokko, Mauretanien und Tunesien haben sich 1989 zu diesem einheitlichen Wirtschaftsraum zusammengeschlossen. Vorrangige Ziele sind die Ausweitung des Handels innerhalb der angeschlossenen Staaten und die Errichtung eines gemeinsamen Marktes. Ein spez. Anliegen ist die Tourismusförderung.

Magic Ten - The German Cities, Städtewerbegemeinschaft in Verbundkooperation von LH und DB/Deutsche Touring mit den 10 deutschen Großstädten Berlin, Hamburg, München, Köln, Düsseldorf, Frankfurt/M., Hannover, Stuttgart sowie nach der Wiedervereinigung Leipzig und Dresden. Ziel ist die Städte- und Umlandwerbung im Ausland über DZT; zuvor Magic Eight und davor Big Eight. → DZT, → Verbundwerbung

Magisches Viereck, beschreibt die wichtigsten Ziele der Wirtschaftspolitik: Wirtschaftswachstum, Vollbeschäftigung, Geldwertstabilität, Zahlungsbilanzausgleich. Als M.V. werden diese Ziele insofern bezeichnet, da es nicht möglich ist, alle Ziele gleichzeitig in vollem Umfang zu verwirklichen. Geldwertstabilität führt zu einem Ansteigen der Arbeitslosigkeit oder Wirtschaftswachstum kann zu einer unausgeglichenen Zahlungsbilanz führen. Die Politik versucht, einen Ausgleich zwischen den einzelnen Zielen, herbeizuführen.

Maglev, Japanische Magnetschwebebahn, Konkurrent zum Transrapid, soll ab 2000 auf der 500 km langen Strecke zwischen Tokio und Osaka zum Einsatz kommen. M. hält den Geschwindigkeitsrekord mit 550 km/h, aufgestellt auf der Teststrecke westlich von Tokio. → Magnetbahn

Magnetbahn, Beförderungsmittel, das sich mit Hilfe von Magnetfeldern schwebend über Metallschienen bewegt. Die japanische M. Maglev hält mit 550 Kilometer pro Stunde den Geschwindigkeitsrekord und löste damit den TGV mit 513,3 Stundenkilometern ab. → Maglev, → M-Bahn, → TGV

Mail order, Postversandauftrag; Einzelhandelsbetriebsform. Über unpersönliche Kommunikationsmittel wie Anzeigen, Kataloge, Telefonanrufe, Werbebriefe oder Btx wird der Kontakt hergestellt zwischen Verkäufer und Käufer. Unabhängig von der Ladenschlußzeit kann der Käufer in häuslicher Umgebung über seine Kaufentscheidung treffen. Ein möglicher Nachteil könnte die fehlende körperliche Prüfung des Produkts sein. In der Reisebranche ist M. ein zusätzlicher Vertriebsweg der großen Reiseveranstalter mit bekannten Versandhäusern. Neben Katalogerstellung als Printmedium kann telefonisch über Call Center und über Internet bestellt werden. → Call Center, → Internet

Mailbox

Mailbox, elektronischer Briefkasten, in dem Nachrichten für Systembenutzer gespeichert werden können. Beispielsweise bei Anrufbeantwortern mit dem „elektronisches Notizbuch". Hält Mitteilungen fest, die dann per Knopfdruck abgerufen werden können. M. sind benutzerspezifisch adressierbar und können durch Kennwörter gesichert werden.

Mailing, Versenden von Werbematerial an ausgewählte Haushalte.

Maison de la France (MDF), das Französische Fremdenverkehrsamt, Sitz: Paris. MDF ist eine teils staatlich, teils privat finanzierte Interessengemeinschaft mit der Aufgabe, den Tourismus aus dem Ausland nach Frankreich zu fördern (vergleichbar DZT in Deutschland). Es besitzt 36 eigene Stellen in 26 Ländern (davon jeweils eine in Frankfurt/M und in Berlin).

Malaria, durch Stechmücken übertragene Krankheit in tropischen Ländern. Ein gewisser Schutz kann durch eine rechtzeitige und regelmäßige Prophylaxe erreicht werden.

Maître d'Hôtel, Chefkellner im Hotel; Chef-/Obersteward auf einem Kreuzfahrtschiff, kurz Maître d', verantwortlich für den Servierbetrieb eines Restaurants mit Platzreservierung. → Chefsteward

Major, engl. Fachausdruck aus dem Flugsektor, galt urspr. für die großen amerikanischen Fluggesellschaften, wird inzwischen auch allgemein für die großen Airlines weltweit verwendet.

Mallorca-Police, Kraftfahrzeug-(Kfz) Haftpflichtversicherung, die bei der Mietwagenbuchung auch in versicherungsmäßig wenig entwickelten Ländern bundesdeutsches Deckungsniveau bietet. → Reiseversicherungen

Management Fee, Vergütungsmodell für die Zusammenarbeit zwischen Unternehmen und Reisebüros; dabei bezahlt der Firmenkunde eine pauschale Gebühr für die Dienstleistung, die er in Anspruch nimmt. Ein Provisionssplitting findet nicht mehr statt, da die Unternehmen mit Leistungsträgern (Fluggesellschaften, Hotels, Autovermietern) Nettotarife vereinbaren oder die Provisionen an den Kunden weitergeben. → Transaction Fee

Management-Vertrag, der M. oder das Kontrakt-Management bezeichnet eine spezielle Form der Kooperation im Auslandsgeschäft.

I.d.R. handelt es sich dabei um ein Unternehmen eines fremden (ausländischen) Wirtschaftsgebietes als „contracting-firm", das Management-Know-How (ggfs. auch mit der erforderlichen personellen Unterstützung) zur Verfügung stellt und andererseits die Partnerfirma aus dem Gastland („managed firm") die Direktinvestition übernimmt; üblich z.B. auf dem Hotelsektor. M. hat meist Projektcharakter, ist damit von begrenzter Dauer und überwiegend ergebnisorientiert.

Mängelanzeige, sie ist Voraussetzung für alle Ansprüche, die der Reisende nach dem Gesetz gegenüber dem Veranstalter geltend machen kann. Beansprucht der Reisende Minderung oder Schadenersatz, genügt die M. am Urlaubsort, will er jedoch zur Selbsthilfe schreiten oder kündigen, muß er nicht nur die Mängel anzeigen, sondern auch Abhilfe verlangen und hierfür eine Frist setzen. Eine M. sollte möglichst schriftlich oder zumindest unter Zeugen gestellt werden. Mängel sind unverzüglich zu reklamieren, da verspätete M. zu geringerem Ausgleich führen kann.

Manifest, → Passagier-Manifest/Luftverkehr, → Schiffsmanifest

Manipulation, spezielle Form der Beeinflussung zum ausschließlichen Vorteil des Beeinflussenden mit Methoden, die für den Beeinflußten nicht durchschaubar sind. → Motivation

Mannheimer Akte, bereits 1868 wurde der internationale Staatsvertrag der Rheinanliegerstaaten geschlossen zugunsten einer ungehinderten Schiffahrt auf dem Rhein. → Freiheiten der Luft, → Freiheit der Meere

MANU, Buchungsmaske unter Amadeus zur Erfassung von manuellen Dokumenten wie z.B. MCOs. → Buchungsmaske, → MCO

Manuelle Police, Versicherungsvertrag, der handschriftlich ausgestellt wird.

MAP, Modified American Plan/Demi-Pension, Leistungsangebot der Hotels mit Übernachtung und Halbpension (Frühstück und Abendessen, in Europa Mittag oder Abendessen). → AP, → CP, → EP

Märchenstraße, die Deutsche Märchenstraße führt auf den Spuren der Erzähler, der Gebrüder Grimm, von Hanau nach Bremerhaven. Die Vermarktung im Rahmen des Fremdenverkehrs besorgt die Arbeitsgemeinschaft Deutsche Märchenstraße, Kassel. → Touristikstraßen

Marktbeherrschung

Marco Polo Tour Operator, Reservierungs-, Informations- und Buchungssystem für Veranstalter der schweizer Firma Pinck Softech. Mit Marco Polo Travel Agent gibt es zusätzlich eine Software für kleinere Reisebüros.

Marge, franz. für Spanne, Spielraum, Begriff für die Differenz zwischen An- und Verkaufspreis sowie Ober- und Untergrenze; auch Bezeichnung für den Aufschlag bei der Kalkulation der Reiseprodukte, zwischen Produktion und Vertrieb bzw. Groß- und Einzelhandel.

Marina Park, eine Variante der Sportaktivitäten auf Seereisen mit Kreuzfahrtschiffen bildet die ehemalige MS Black Prince bzw. die futuristische SSC Radisson Diamond mit dem ausfahrbaren Wassersportzentrum im Schiffsheck „Marina Park". Dazu ankert das Schiff in einer ruhigen Bucht oder liegt bei ruhiger See auf Reede. Innerhalb einer Stunde ist die Anlage aufgebaut, und die Passagiere können unter Anleitung windsurfen, tauchen, Wasserski laufen, an Fallschirmen über das Wasser gleiten, fischen, segeln oder schwimmen.

Marina, spez. Yachthafen mit Bootsstegen, Möglichkeit zur Übernahme von Brennstoffen, Strom, Wasser und Proviant. → Marina Park

MARIS, Multi Access Reservation and Information System, ehem. Reservierungssystem von British Airways, Pan Am und Trans World Airlines war Btx. M. war ein Schalt- und Datenübermittlungssystem zwischen den Reisebüros als Nutzer und den crs der angeschlossenen Luftverkehrsgesellschaften als Anbieter (zum 1.9.1990 von den Fluggesellschaften aufgekündigt).

Markenartikel, Produkte mit individueller Markierung. Sie sind gekennzeichnet durch gleichbleibende Qualität, durch intensive Verbraucherwerbung erzielten Bekanntheitsgrad und Marktgeltung sowie überregionale Verfügbarkeit. Man unterscheidet nach Hersteller- und Handelsmarken. M. werden als Haupt- und Zweitmarken angeboten. → Handelsmarken

Markenhotellerie, nach DEHOGA werden unter diesem Begriff die Unternehmen zusammengefaßt, die gegenüber dem Gast mit einem einheitlichen Namen, Zeichen oder Design als produktbezogenem Identifikationsmittel auftreten, wobei Marke als Dachmarke interpretiert wird. M. setzt einen Bestand von mindestens 5 solcher Hotels (davon mindestens eines in Deutschland) voraus, z.B. Mövenpick Hotelgruppe.

Markenpräferenzen, aus Marktuntersuchungen erfahren Reiseveranstalter, welches Markenverhalten vom Pauschalreisenden bzw. potentiellen Pauschalreisenden gezeigt wird, wie stark die Bindung des Kunden an Produkt oder Veranstalter ist und über welchen Zeitraum sie erhalten bleibt. Befragungen der o.g. Art ergeben verbindliche Aussagen über den Erfolg der Werbung und das Image eines Produktes.

Marketing Merger, Modell der Zusammenarbeit zwischen Fluggesellschaften. Diese Marketing-Fusion sieht vor, die Flugpläne der beteiligten Gesellschaften aufeinander abzustimmen, gemeinsame Tarife anzubieten und Flughafen-Terminals gemeinsam zu nutzen. Eine finanzielle Verflechtung ist bei diesem Modell nicht vorgesehen. → Global Airline

Marketing Mix, beim Reiseveranstalter umfaßt M.M. die Instrumente Produktpolitik, Distributionspolitik (Vertrieb), Preis- und Konditionenpolitik (Kontrahierungspolitik) und Kommunikationspolitik (Werbung, Verkaufsförderung, PR). Grundsätzlich gehört die Marktforschung nicht zu den Marketing-Mix-Maßnahmen, sondern stellt vielmehr die Vorarbeit für ein erfolgreiches Marketing-Konzept dar. Auf dem hartumkämpften Reisemarkt müssen die Anbieter das gesamte Instrumentarium des Marketing im M.M. einsetzen, um die gewünschten Absatzziele zu erreichen. Der Einsatzerfolg basiert im entscheidenden Maße auf der Qualität, der Perfektion des Zusammenspiels. Daneben weist der M.M. auch eine quantitative Komponente auf, besonders in den Bereichen Distribution und Kommunikation.

Markt, ist in der Sprache der Wirtschaft jener Ort, auf dem Käufer und Verkäufer zusammentreffen. Aufgrund von Angebot und Nachfrage bildet sich der Marktpreis. I.w.S. kann man Reisebüros als Markt für Reisen aller Art bezeichnen. Im Reisebüro kommen Käufer und Verkäufer von Reisen zusammen.

Marktbeherrschung, das Kartellrecht nennt drei Stufen der Monopolisierung: 1. Ein Unternehmen dominiert den Markt und hat entscheidenden Einfluß auf die Preise. 2. Ein

Marktforschung

Unternehmen hat eine marktbeherrschende Stellung inne, und es besteht die Aussicht, daß es den Wettbewerb endgültig für sich entscheiden wird. 3. Erreicht ein Unternehmen 33% Martkanteil, so tritt eine Marktbeherrschungsvermutung ein. Hier kann das Kartellamt schon dann eingreifen, wenn das Unternehmen einen anderen Veranstalter oder eine Reisebürokette übernehmen will. Bei einer Oligopolbildung tritt eine M. bereits dann ein, wenn drei Anbieter einen Marktanteil von zusammen 50% halten.

Marktforschung, regelmäßige Meinungsumfragen und ständige Erfassung touristischer Rahmendaten als Vorarbeit für ein erfolgreiches Marketing-Konzept. → AEA, → Arbeitsstättenzählung, → Corporate Identity (CI), → Deutscher Reisemonitor, → Deutsches Kundenbarometer, → DWIF, → ECODATA, → ECOTRANS, → Euromonitor, → FUR, → GET-International, → IPK, → Markenpräferenzen, → Marketing Merger, → Marketing-Mix, → Marktnischen-Konzept, → Mikrozensus, → NIT, → Öffentlichkeitsarbeit, → Panel, → Preis-Index, → Reiseanalyse (RA), → Reisebiographien, → Reisebürospiegel, → Reisebüro-Studie, → Satellitensystem Tourismus, → Soziodemographische Zielgruppenmerkmale, → StfT, → Toura, → Touristscope, → Typologische Aspekte der Reisenachfrage, → Urlaub + Reisen (U + R), → Verkehrsstatistik, → WTO

Marktnischen-Konzept, Marktstrategie, die z.b. einem Reiseunternehmen die Möglichkeit bietet, sich mit all seinen Aktivitäten (Marketing-Mix) voll auf das von ihm ausgewählte Marktsegment zu konzentrieren. Die erforderlichen Finanzmittel für diesen Geschäftsbetrieb liegen wesentlich unter vergleichbaren Anstrengungen, die notwendig würden, um den gesamten Markt abzudecken, wobei auch die Gewinnchancen positiv einzuschätzen sind. Nachteilig ist jedoch die zu einseitige Orientierung anzusehen. Diese Strategie erfordert deshalb permanente Beobachtung und Kontrolle der Zukunftsaussichten der angebotenen Produkte. → Marketing-Mix

Marktpotential, Gesamtheit möglicher Absatzmengen eines Marktes für eine bestimmte Produktgruppe oder Branche. M. bildet die Obergrenze für das Marktvolumen. → Marktvolumen

Marktvolumen, Menge oder Wert einer Produktgruppe oder Branche auf einem definierten Markt in einer Zeiteinheit. M. dient der Marktanteilsberechnung; meist nur Teil des Marktpotentials. → Marktpotential

Marktwirtschaft, Wirtschaftsordnung, gekennzeichnet durch das Recht der Menschen auf Privateigentum an Produktionsmitteln, Wettbewerb, Konsum- und Gewerbefreiheit sowie freie Wahl des Berufes und des Arbeitsplatzes. Der Wirtschaftsprozess unterliegt keiner Steuerung, sondern wird dem freien Spiel der Marktkräfte überlassen.

Marpol, Maritime Pollution Convention, von der IMO vorgelegte Vorschrift zur Regelung der Abfallbeseitigung auf See. M. schreibt z.b. die Minimalabstände zum Festland für das Entladen von organischen Abfällen vor und verbietet u.a., Plastik und synthetische Stoffe im Meer zu entsorgen. Fäkalien und Abwässer müssen durch chemische Umsetzung keimfrei gemacht werden, bevor sie ins Wasser gelangen. Von den 140 Mitgliedstaaten haben 61 die entscheidende Anlage der M. unterzeichnet, darunter die für die Seeschiffahrt wichtigen Nationen.

Marsha, eigenes Reservierungssystem der Mariott International für Hotelbuchungen.

Marshall-Haus, denkmalgeschütztes Haus auf dem Berliner Messegelände. Im M. war 1992 und 1993 das ITB-Wissenschaftszentrum untergebracht, das auf Initiative von FUTURISTA e.V. eingerichtet wurde.

Marshall-Plan, → ERP-Mittel

Mart, Forum/Zusammenkunft/Workshop/ Fachmesse für Ein- und Verkäufer z.B. einer Touristikregion (z.B. PATA Travel Mart).

Maske, → Buchungsmaske

Massentourismus, dieser Begriff ist im wesentlichen durch 2 Phänomene geprägt: 1. die aufgrund des Wohlstands und laufend wachsender Einkommen hohe Reiseintensität seit Urlaubsreisen sowie Ausflügen breiter Bevölkerungskreise, 2. die massenhaft auftretenden Gruppen in immer größer konzipierten Beförderungsmitteln, wie Großraumflugzeugen, riesigen Kreuzfahrtschiffen und Fähren sowie in den Bettenburgen der Haupttouristikzentren. Vielfach wird schon ist der Markt der Pauschalreisen mit der negativen Verwendung des Begriffs M. belegt. → Mega-Ferienort, → Phoenix, → Reiseintensität, → Sanfter Tourismus, → Tourismus mit Einsicht

Medienreisen

Masterplan, Gesamtkonzeption, z.B. im Rahmen der Systemumstellung in der ehem. DDR zur Neuordnung der Tourismuswirtschaft.

Matching, Verfahren, mit dem sich die Linien-Fluggesellschaften der EG-Mitgliedsstaaten bis Ende der Sommersaison 1990 flächendeckend über einheitliche IT-Tarife geeinigt haben. Statt der bislang üblichen Preisabsprachen bestimmt die Heimfluggesellschaft (Home Carrier) den Preis von A nach B innerhalb Europas, und die Fluggesellschaft des Ziellandes stimmt diesem Tarif zu. Nur wenn die Preise der Fluggesellschaften für eine bestimmte Strecke identisch sind, ist auch gleichzeitig die Interline-Fähigkeit garantiert, d.h. der problemlose Wechsel von einer Fluggesellschaft zu einer anderen.
→ EU/EG/EWG, → Interlining, → IT-Flugpassagetarife (-preise)

Mausoleum, Grabmonument, z.B. Engelsburg in Rom, ehem. Mausoleum des Kaisers Hadrian; Taj-Mahal in Agra.

Maut/Toll, Zoll; Straßen- und Autobahngebühr, Benutzungsgebühr z.B. für Gebirgsstrecken.

Maximalentfernungen, Teilbereich des Meilensystems; für jeden internationalen Direktflugpreis wird eine Maximalentfernung in Meilen veröffentlicht. Die Publikation erfolgt im Tarifteil neben dem Bestimmungsort zusammen mit dem globalen Richtungs-Code. Maximalmeilen für Durchgangstarife, die mit Anstoßflugpreisen errechnet wurden, sind im Handbuch „MPM" veröffentlicht. → Meilensystem

Maximum mileage, → Restmeilen

Mayday, gebräuchlicher Notruf im internat. Luftverkehr, entspricht dem SOS bei der Schiffahrt. Mayday wird aus dem franz. m'aidez = helft mir! hergeleitet. → SOS

M-Bahn, fahrerloses Magnetbahnsystem für den Nahverkehr; schnelle umweltfreundliche Verbindung zwischen dem Hauptterminal des Frankfurter Flughafens und dem Terminal Ost, dient seit 1994 als PTS (Passenger-Transfer-System). Nicht identisch mit ehemaliger Transrapid M-Bahn-Probeanlage in Berlin. → Metromover

Mc Train, abkürzende Bezeichnung für „Mc Donald's" und „Train". Als Test im Rahmen der neuen Service-Angebote der DB wurden im Sept. 1993 zwei ehemalige Speisewagen in MacTrain-Wagen umgestaltet und mit dem IC 724/725 Berchtesgadener Land eingesetzt. Der McTrain unterscheidet sich äußerlich durch das McDonald's-Logo.
→ Mitropa

MCD, Moveable Class Devider, beweglicher Vorhang, der die Business- von der Economy-Klasse abtrennt.

McDonnell-Douglas Corp., 1967 durch die Fusion der McDonnell Aircraft Corp. und der Douglas Aircraft Co. gegründetes amerikanisches Unternehmen der Luftfahrtindustrie mit Sitz in St. Louis, USA. Bekannteste Typen sind die DC-8, DC-9 und DC-10. 1997 Übernahme durch die Boeing Company Inc.
→ Boeing Company Inc.

MCO, Miscellaneous Charges Order, nach IATA-Resolution 291 ein Umtauschdokument, kann ausgestellt werden über Beträge zur Deckung von spezifizierter Luftbeförderung in unlimitierter Höhe, von unspezifizierter Luftbeförderung mit Wertbegrenzung und von Dienstleistungen in Verbindung mit Luftbeförderung. Sie bestehen aus einem grünen Abrechnungscoupon, einem rosa Ausstellercoupon und aus einem oder zwei Wertcoupons. Man unterscheidet hierbei spezifizierte und unspezifizierte MCOs. Die MCO für spezifizierte Beförderung muß auf eine bestimmte Fluggesellschaft gezogen und auf eine Beförderungsart sowie -klasse beschränkt sein, den Namen des Fluggastes sowie Abflugs- und Bestimmungspunkte aufführen, d.h. unter Angabe von Verwendungszweck und Wert. Anderseits wird die MCO ohne die o.g. Angaben für „unspezifizierte Beförderung" und andere Dienstleistungen bis zu einer maximalen Höhe von 350 USD ausgestellt. Die Ausstellung einer unspezifizierten MCO erfolgt ausschließlich durch die Fluggesellschaften, spezifizierte MCO hingegen können auch von Reisebüros ausgestellt werden. Seit Oktober können MCOs, ähnlich dem E-Tix-Verfahren, maschinell ausgestellt werden, als sog. EMCO. → EMCO

MCT, Minimum Connecting Time, die mindestens zu veranschlagende Zeit zum Umsteigen zwischen zwei Flügen. → Mindestübergangszeit

Meal Codes, → Special Meals

Medienreisen, Begriff für Leser-, Hörer- und Zuschauerreisen, die mit Unterstützung eines Verlags- bzw. Rundfunk- und Fern-

213

Medieval Banquet

sehanstalten veranstaltet werden. → Leserreisen

Medieval Banquet, touristische Attraktion in Irland, die eine Mischung aus üppigem Mahl, Dichterlesung und Folklorekonzert in historischem Rahmen darstellt. M. wird u.a. auf Bunratty Castle nahe Shannon Airport veranstaltet.

Medium Haul, Mittelstrecke im Flugverkehr. → Mittelstreckenverkehr

Medizintourismus, Reisen ins Ausland die der medizinischen Behandlung dienen; entstanden nach den veränderten Zuzahlungspraktiken der bundesdeutschen Krankenkassen, z.B. für Zahnersatz.

MEG, Maritime Evaluations Group, Hampshire/ England. Bewertungs- und Klassifizierungsgesellschaft, die seit 1980 Kreuzfahrtschiffe prüft und jährliche Berichte über die gesamte Kreuzfahrtflotte der Welt herausgibt. Analog der Hotelklassifizierung werden bis zu 5 Sterne entsprechend einer Gesamtbewertung verliehen.

Megabyte, Maßeinheit für Informationseinheit. 1 MByte entspricht 1.024 Kilobyte oder 1.048.576 Byte. → Byte, → Kilobyte

Mega-Carrier, Bezeichnung für Großfluggesellschaften. Sie entstanden in USA als Folge der Deregulierung und einsetzender Konzentration auf wenige Anbieter, z.B. American Airlines. Diese schufen sich große eigene Knotenpunkte, die als Drehscheiben und Umsteigebahnhöfe dienen. Inzwischen sind 90% des US-Aufkommens auf 6 Großfluggesellschaften konzentriert. In Europa wird eine ähnliche Entwicklung bei Einführung des EG-Binnenmarktes erwartet. → CAB, → Deregulation, → Hubs and Spokes, → Liberalisierung im Luftverkehr, → Massentourismus, → Wayports

Mega-Ferienort, Ferienzentren wie z.B. Cancun und Bays of Huatulco an der Pazifikküste. Cancun/Yucatan sollte Ende 1994 über 25.000 Hotelzimmer verfügen. Noch größeres Projekt in Huatulco geplant. → Massentourismus

MEHR, Mondial Elektronische Hotelreservierung, crs-Produkt der Mondial Reisen und Hotelreservierungs GmbH in Düsseldorf; umfaßt ca. 200 Hotels in Österreich. M-Hotels werden über START-TOMA-Verfahren reserviert.

Mehrfrequenzwahlverfahren, MFV, im Gegensatz zum Impulswahlverfahren werden zur Übermittlung der am Telefon gewählten Zahlen verschiedene Frequenzen verwendet. → Pulse dial

Meile, nautische Meile (Seemeile = Knoten = 1,852 km). Statute Mile (engl. Landmeile im Luftverkehr = 1,60933 km). → Knoten

Meilenlimit, → MPM - Maximum Permitted Mileage

Meilensystem, Art der Flugpreisberechnung; Zweck des M.s ist es, im Flugschein aufgeführte Zwischenorte (Ticketed Points) innerhalb eines internationalen Durchgangstarifes zu bestimmen, an denen entweder eine Flugunterbrechung oder ein Transfer erfolgen kann. Es findet immer dort Anwendung, wo parallel zu einem veröffentlichten Flugpreis nur die Maximalmeilen und keine Leitwegnummer publiziert werden, oder wenn sowohl Maximalmeilen als auch ein Leitweg publiziert werden, letzterer jedoch die gewünschten Zwischenorte nicht berücksichtigt. Das M. gliedert sich in zwei Teilbereiche: 1. Ein-Kupon-Meilen (Ticketed Point Mileages, TPM), 2. Maximalentfernungen. → Leitweg, → Maximalentfernungen, → MPM-Maximum Permitted Mileage, → Ein-Kupon-Meilen

Meldezettel, diesen haben die Gäste eines Beherbergungsbetriebes für polizeiliche oder statistische Zwecke auszufüllen. Seine Angaben hat der Beherbergungsunternehmer den Polizei- oder Erhebungsbehörden zu übermitteln bzw. in ein Fremdenverzeichnis einzutragen.

Meltemi, bei Seglern gefürchteter Nordwind in der Ägäis, meist in den Kykladen oder zwischen den Inseln des Dodekanes.

Memorandum of Understanding, Vorvertrag; im Unterschied zum Letter of Intent wird hierbei der Bindungswille der Partner durch Festlegung auf den Rahmen des noch endgültig abzuschließenden Vertrages dokumentiert. → Letter of Intent

Menhir, bis zu 20 m hohe vorgeschichtliche Steinsäule. In Reihen oder Kreisen stehend angeordnet, dienten sie kultischen oder astronomischen Zwecken.

Menu, feste Speisefolge, die von der Restaurantküche vorgegeben ist, im Unterschied zum à-la-carte-Restaurant, das die Speisen nach den Wünschen der Gäste zubereitet. → à la carte-Küche

Messetourismus

MEP, Multi Environment Plattform; Basisplattform für Amadeus Pro, das für das Betriebssystem OS/2 ausgelegt ist. MEP macht Nutzung von Amadeus Pro auch für andere Betriebssysteme möglich. → Amadeus Pro, → OS/2

MER, Mitteleuropäisches Reisebüro. Nach dem 1. Weltkrieg (1918) schlossen sich DER, die deutschen Staatsbahnen sowie die Bahnen Österreichs, Bulgariens und der Türkei zum MER zusammen. Sie veranstalteten bis zum Beginn des 2. Weltkriegs In- und Auslandsreisen. → DER

Mercado, alljährlich stattfindende Tourismusmesse El Mercado in Südamerika.

Mercosur, Mercado Común del Sur, Gemeinsamer Markt der südamerikanischen Länder Argentinien, Brasilien, Paraguay und Uruguay; ab 1995 Zollunion.

Meridian, Längenkreis, Linie auf der Erdkugel, die durch die beiden Pole geht. Um die geographische Lage eines Ortes auf der Erdoberfläche genau bestimmen zu können, hat man die Erdkugel mit einem System von gedachten Meridianen (Großkreise) und Breitenkreisen, die parallel zum Äquator verlaufen, überzogen. Durch jeden Punkt der Erdoberfläche - außer Nord- und Südpol - verläuft somit ein Meridian und ein Breitenkreis.

Merlin, Online-Reservierungsverfahren der Firma DCS, bietet die Möglichkeit, Leistungen von Reiseveranstaltern, Charterfluggesellschaften und Reiseversicherungen darzustellen und zu buchen. Die benötigte Software arbeitet unter Windows. Per Zusatzvertrag ist ein Zugriff auf SABRE möglich. → DCS, → Windows, → SABRE

Merlin Office, Client-Server-Software für den Mid- und Backoffice-Bereich von Dillon Communications Systems (DCS) auf der Basis der TMS-Software. Über M.O. lassen sich Management-Informationen abrufen; zudem werden Funktionen zur Verkaufssteuerung integriert. → DCS, → TMS

Merrit Segment, mit M.S. kann bei der Buchung eines Fernfluges die Nichtverfügbarkeit eines kurzen Zubringerflugs überschrieben werden. Die Verknüpfung der Segmente verhindert, daß der Langstreckenflug storniert wird, während das kurze Segment verfügbar bleibt.

Messehosteß, auch Kongreßhosteß, Fortbildungsqualifikation im Messe- und im Kongreßwesen. Die Messehosteß ist v.a. für die Information, Kundenbetreuung und -beratung auf Messen zuständig sowie für die Erledigung von Verwaltungsarbeiten.

Messen, → Messetourismus

Messeschiff, mit der F/S „Europe" stellte die „FF Floating Fair GmbH & Co. KG" mit Sitz in Hamburg das erste M. der Welt in Dienst. Das unter deutscher Flagge fahrende Schiff bietet auf acht Decks 35.000 Quadratmeter Nettoausstellungsfläche, 22 Konferenzräume, VIP-Lounge, TV-Sendestation, Hubschrauberlandeplatz, zwei Restaurants und unter anderem Post- und Bankservice. Der erste Expositionstrip mit den Themen Konsumgüter, Touristik, Elektronik, Boote und Bootszubehör sowie Caravans führte von Juli bis Oktober 1994 in verschiedene Mittelmeerhäfen.

Messetourismus, Besuche von Messen und Ausstellungen gehören zum Geschäftsreiseverkehr. Nach Definition des Zentralausschusses der Werbewirtschaft sind Messen Veranstaltungen mit Marktcharakter, die ein umfassendes Angebot eines oder mehrerer Wirtschaftszweige bieten. Sie finden im allgemeinen in regelmäßigem Turnus am gleichen Ort statt. Auf Messen wird aufgrund von Mustern für den Wiederverkauf oder für gewerbliche Verwendung verkauft. Der Zutritt ist oft Fachbesuchern vorbehalten. **Ausstellungen** dienen der aufklärenden und werbenden Darstellung einzelner Wirtschaftszweige und stehen neben Fachbesuchern auch der Allgemeinheit offen. **Allgemeine Ausstellungen** sind Veranstaltungen, die sich aufklärend und werbend für bestimmte Wirtschaftsräume oder Wirtschaftsprobleme an die Allgemeinheit wenden. Ausstellungen können dem Verkauf dienen. Die Bundesrepublik Deutschland ist eines der bedeutendsten Messeländer der Welt mit ca. 75 internationalen Messen jährlich. Hierdurch kann das enorme Ungleichgewicht in der Reiseverkehrsbilanz gemildert werden. Die Vor- und Nachmessezeit wird spez. von Ausländern mit längerer Anreise touristisch genutzt. Im Unterschied zu Messen bilden Workshops o. Travel Marts Veranstaltungen, die der konkreten Geschäftsvermittlung zwischen Anbietern und Einkäufern dienen, und zu denen der Zugang meist nur angemeldeten Teilnehmern

215

Me-too-Veranstalter

offensteht. → Geschäftsreisen, → Reiseverkehrsbilanz, → Travel Mart, → Workshop

Me-too-Veranstalter, Veranstalter, deren Produkte sich kaum von denen der Großveranstalter abheben, im Gegensatz zu Leitveranstaltern wie TUI; NUR u.a.

Metro, Bezeichnung für eine Untergrundbahn wie z.b. in Paris und Moskau.

Metromover, erstes städtisches Nahverkehrssystem der USA in Miami mit vollautomatischen fahrerlosen Zügen.

Metropole, Bezeichnung für eine Hauptstadt oder Zentrum eines bestimmten Gebietes.

MEZ, Mitteleuropäische Zeit. Ortszeit mit Bezugsmeridian 15. Längenkreis; gilt als Zonenzeit in der Bundesrepublik Deutschland, Belgien, Tschechien, Slowakei, Dänemark, Frankreich, Italien, Niederlande, Norwegen, Österreich, Polen, Schweden, Schweiz, Ungarn.

MFIP, Multi Functional Intelligent Printer, SABRE-Drucker, geeignet für alle Ausdrucke wie Tickets, Vouchers sowie Rechnungen. → SABRE

MFV, → Mehrfrequenzwahlverfahren

Microsoft Network, Online-Dienst des Computersoftware-Herstellers Microsoft, läuft unter dem Betriebssystem Windows 95. M.N. bietet die Möglichkeit, E-mails und Dateien zu versenden. Weitere Funktionen: elektronische Einkaufsmöglichkeiten, Foren mit themenspezifischen Diskussionen sowie Verbindungsmöglichkeit zum weltweiten Internet. → E-mail, → Internet

Mietkauf, mittel- und langfristige Objekt-Finanzierungsform, bei der das Finanzierungsinstitut das Investitionsobjekt auf der Basis des mit dem Investor (M.-nehmer) abgeschlossenen Mietvertrages erwirbt. Innerhalb einer fest vereinbarten Mietzeit amortisiert der M.-nehmer über gleichbleibende monatliche Mietraten die gesamten Anschaffungskosten sowie die Finanzierungskosten. Ihm wird mit der ersten Mietrate die Mehrwertsteuer in Rechnung gestellt. Nach Ablauf der Mietperiode geht das Objekt automatisch und unwiderruflich in das weitere Zusatzzahlung in das Eigentum des Mietkäufers über. M. ist eine Finanzierungsalternative zu Investitionskredit und Leasing. Von besonderem Interesse ist M. bei möglicher Ausnutzung von Abschreibungsvorteilen und steuerlichen Vergünstigungen in förderungswürdigen Gebieten. Da es sich um ein Abzahlungs- oder Teilzahlungsgeschäft handelt, gelten die strengen Verbraucherschutzvorschriften des Verbraucherkreditgesetzes. → Investitionskredit, → Leasing

Mietomnibusverkehr, nach PBefG die Beförderung von Personen mit Kraftomnibussen, die nur im ganzen und in diesem Sinne angemietet werden und mit denen der Unternehmer Fahrten ausführt, deren Zweck, Ziel und Ablauf der Mieter bestimmt. Die Teilnehmer müssen ein zusammengehöriger Personenkreis und über Ablauf und Ziel der Fahrt einig sein. M. darf nicht auf öffentlichen Straßen und Plätzen angeboten werden. Im Gegensatz zum Ausflugs- und Ferienziel-Reiseverkehr ist das Zusteigen von Fahrgästen unterwegs erlaubt. → Ausflugsfahrten, → Ferienzielreisen, → PBefG

Mietvertrag, durch den Mietvertrag, geregelt in §§ 535 ff BGB, verpflichtet sich der Vermieter gegenüber dem Mieter gegen Entgelt zur Gebrauchsüberlassung z.B. von Wohnungen oder Kraftfahrzeugen. Anders als im Pachtvertrag berechtigt der M. nicht zur Früchteziehung der Mietsache, d.h. zum Einbehalt von Erträgen der Sache. Soweit Ferienwohnungen, Hotelzimmer oder die Charter von Bussen, Schiffen, Flugzeugen usw. nicht im Falle von Pauschalreisen nach Reisevertragsrecht zu behandeln sind, gilt für sie im Verhältnis zu Einzelreisenden oder Reiseveranstaltern i.d. R. Mietvertragsrecht. → Pachtvertrag

Mietwagen, → Rent-a-car

Mikrozensus, repräsentative Stichprobenuntersuchung durch Beauftragte der Statistischen Landesämter. Zweck dieser Haushaltsbefragungen ist es, statistische Angaben über die Bevölkerungsstruktur sowie über die Erwerbstätigkeit zu erhalten. U.a. erhob das Statistische Bundesamt bis 1990 im Rahmen des M. im Befragungsteil „Urlaubsreisen" ähnlich der RA Daten zum Urlaubsreiseverhalten der bundesdeutschen Bevölkerung, ca. 27.000 Haushalte wurden hierzu jährlich befragt. Von 1985 bis 1990 eingeschränkte Aussagefähigkeit, da der Teil „Urlaubsreisen" nur noch auf freiwilliger Basis erhoben wurde. → Reiseanalyse (RA)

Mileage Plus Program, Angebot mit Staffelnachlässen für Vielflieger in USA. → Corporate Rates

Mitropa

Miles & More, im Januar 1993 eingeführtes Bonusprogramm der Lufthansa. Bei jedem Flug werden dem Mitglied-Reisenden die geflogenen Meilen auf einem persönlichen Konto gutgeschrieben. Die gesammelten Meilen können gegen Prämien eingetauscht werden, die dann in Form von freien Flügen bzw. Leistungen der LH-Partner (Hotels, Autovermieter) eingelöst werden können (auf Familienangehörige übertragbar). Die Inanspruchnahme einer Miles & More Mitgliedskarte ist sowohl für die Economy-, als auch für die Business Class- und First Class LH-Fluggäste vorgesehen. → Frequent Flyers

Millenium-Datumsumstellung, für viele Computersysteme sind nur zwei Ziffern für die Jahresangabe reserviert worden. Um den Übergang vom 31.12.1999 zum 1.1.2000 richtig zu definieren und weitergehende negative Folgen wie fehlerhafte Angaben und Stillstand zu vermeiden, sind engste Abstimmungen mit Soft- und Hardware-Firmen rechtzeitig zu veranlassen. Auch die Währungsumstellung auf den Euro ist zu beachten.

Minderung, sie tritt ohne Erklärung des Kunden immer dann kraft Gesetzes ein, wenn die Reise objektiv mangelhaft ist, und der Reisende eine Anzeige der Mängel mit Abhilfeverlangen beim Veranstalter nicht schuldhaft unterlassen hat (§ 651 d BGB). Der Reisende schuldet dann nur noch den anteilig verminderten Reisepreis und kann den überzahlten Anteil zurückverlangen. → Frankfurter Tabelle, → Reisevertrag/Reisevertragsrecht

Mindestaufenthalt, der minimalste zeitliche Aufenthalt für einen Reisenden in seinem Zielgebiet, bevor er den Rückflug antreten darf. Ähnlich der Sonntag-Aufenthaltsregelung (sunday-return-rule) zielt die Mindestaufenthaltsregelung darauf ab, daß Sondertarife hauptsächlich Urlaubern vorbehalten werden (z. B. im Gegensatz zu Geschäftsreisenden, die i. d. R. schon am selben Tag zurückfliegen müssen). Je nach dem geltenden Tarif wird der Mindestaufenthalt meist ab dem Antrittsdatum des Fluges oder ab dem Zeitpunkt der Ankunft im Zielgebiet gezählt. → Sunday-return-rule

Mindestübergangszeit, auch Minimum Connecting Time (MCT), bei Umsteigeverbindungen die minimalste Zeitspanne, welche die Flugpassagiere zum Umsteigen brauchen. Die M.-Zeiten zwischen Flughäfen werden in den ersten Seiten des blauen ABCs aufgeführt.

Mineral- und Moorheilbäder, die Behandlung in Mineral- und Thermalbädern ist so vielseitig wie die Zusammensetzung des Wassers. Beim Moor werden die physikalischen, chemischen und biologischen Eigenschaften genutzt. → Heilbäder

Minimum Connecting Time (MCT),
→ Mindestübergangszeit

Mischkalkulation Reiserücktrittskosten-Versicherung, Verfahren zur Festlegung der Reise-Rücktrittskosten-Versicherung bei unterschiedlichen Stornokostensätzen einer Pauschalreise. → Reiserücktrittskosten-Versicherung

Misconnection, Fehlanschlußverbindung bei Linienflügen.

Mistral, kalter, trockener Wind im Rhônetal/Frankreich, tritt vor allem im Winter auf.

Mitfahrer-Fahrpreis, Gruppenfahrpreis für Bahnreisende von 1-5 Personen. Die 1. Person bezahlt den vollen Fahrpreis, die zusätzlichen jeweils 50%, Kinder jeweils die Hälfte.

Mitfahrzentralen, in fast allen größeren Städten gibt es M., die gegen geringe Gebühren zwischen Autofahrern und Mitfahr-Interessenten zu den unterschiedlichsten Zielen im Bundesgebiet und Ausland vermitteln. Überregional ist die Mehrzahl dieser Büros im Verband Deutscher Mitfahrzentralen e.V. angeschlossen.

Mitläuferverkehr, im DB-Sprachgebrauch Kooperationsmodell der DB mit Reiseveranstaltern und Touristikunternehmen. Es dient durch Zusammenlegung von bisher parallel verkehrenden Zugsystemen, verbunden mit einer gleichzeitigen Service- und Angebotsverbesserung für den Kunden, der Verbesserung der Wirtschaftlichkeit. → Alpen-See-Express (ASE), → Autoreisezug (ARZ), → Autoreisezug DER

Mitropa, Mitteleuropäische Schlafwagen- und Speisewagengesellschaft, 1914 gegr., für das Gebiet Österreich-Ungarn und das Deutsche Reich. Ab 1929 nur noch auf deutschem Reichsgebiet. Danach zuständig für Bewirtschaftung in Zügen, auf Bahnhöfen und weitere Dienstleistungen in der ehem. DDR. Unter dem Namen Mitropa ab 1994

Mitropa Club-Service

zuständig für den Gesamtbereich einschließlich DSG der Deutschen Bahn. → DSG

Mitropa Club-Service, ermöglicht die Vorbestellung von Speisen in Zügen und IC-Restaurants. → Mitropa

Mittelmeer-Aktionsplan (Map), von 18 Mittelmeerländern und der EG unterstützte Organisation, die Konzepte gegen die Zerstörung des Mittelmeerraumes entwickelt. Map wurde 1975 entworfen, Sitz ist Athen.

Mittelstand, der Begriff kennzeichnete früher die Zugehörigkeit zur sozialen Schicht des Bürgertums; in der heutigen Gesellschaftsstruktur verengt auf die Gruppe selbständiger Erwerbstätiger, die meist selbst im Unternehmen mitarbeiten und das unternehmerische Risiko tragen. I.w.S. gehören zum M. Freiberufler, Gewerbetreibende und Landwirte; i.e.S. werden dem M. kleine und mittlere Unternehmen der Wirtschaftsbereiche Handel, Handwerk, Industrie, Verkehr, Hotel- und Gaststättengewerbe und andere Dienstleistungen zugeordnet.

Mittelständische Personenschiffahrt, Interessengemeinschaft deutscher Ausflugsschiffahrtsunternehmen auf Flüssen, Seen und Kanälen; Abgrenzung gegenüber Staatsunternehmen und Kapitalgesellschaften. → Binnenschiffahrt

Mittelstreckenverkehr, nach Lufthansa gehören zum M. alle europäischen Strecken, soweit sie über das benachbarte Ausland hinausgehen sowie alle Strecken nach Nah- und Mittelost und Nordafrika. Beim Pauschalflugreiseverkehr werden alle Flüge zu den Kanaren, Madeira, Marokko, Zypern, Ägypten und Israel zum M. gezählt.

Mitwohn-Zentralen, kurz- und mittelfristige Vermietung und Zimmertausch durch Agenturvermittlung; nach Mietdauer gestaffelte Provision. Häufig hervorgegangen aus Selbsthilfeeinrichtungen, daher meist mit niedrigeren Provisionssätzen als gewerbliche Makler.

Mixed Version, Kombiflugzeug für Passagier- und Frachtbeförderung.

MKRO, Ministerkonferenz für Raumordnung; Bund-Länder-Gremium, das u.a. gemeinsame Grundlagen für die Ausweisung und Gestaltung von Freizeit- und Erholungsgebieten und die Raumplanungs- und Umweltverträglichkeitserfordernisse großflächiger Freizeiteinrichtungen (Golfplätze, Freizeitparks, Skischaukeln) verabschiedet hat.

MNET, das Marketing Network ist Bestandteil des Europäischen Information Super Highways und sichert eine schnelle Datenübertragung. → Europäischer Information Super Highway, → SAM

Mobile Home, überdimensionaler Wohnwagen, der mit Spezialfahrzeugen oder Traktoren bewegt wird und auch als Dauerwohnung genutzt wird (USA). → Caravan

Mobile Terminals, Geräte zum EDV-gestützten Fahrscheinverkauf in Zügen.

Mobilfunk, über den M. ist es möglich, drahtlose Ferngespräche per Übertragung mittels elektromagnetischer Wellen zu führen. Man unterscheidet die öffentlichen Funknetze, wie z.B. schnurlose Telefone von den nichtöffentlichen Funknetzen (z.B. Betriebsfunk bei Taxiunternehmen). Häufigste digitale Funknetze sind D1-, D2- und E-Plus-Netz. → D1, → D2, → E-Plus

Mobilheime, gehören zur Sammelbezeichnung Caravan; vergleichbar dem Wochenendhaus mit eigenen Standplatzbedingungen, wie Mobilheimplatz, Wochenendplatz. → Camping-Tourismus, → Caravan

Mobility, seit 1991 untersucht Infratest Burke kontinuierlich den deutschen Reisemarkt im Fernverkehr. Erfaßt werden alle Geschäfts- und Privatreisen, auch Eintagsreisen mit Reiseentfernungen von mindestens 100 km unabhängig von Reisegrund, Verkehrsmittel, Zielort oder Reisedauer. Ziel ist die Analyse der Reiseströme innerhalb Deutschlands und ins Ausland sowie die Aufschlüsselung nach Verkehrsträgern. Als Untersuchungsmerkmale gelten u.a. der Wohnort als Ausgangspunkt der Reise, den Hauptreisezielort bei Inlands- und Auslandsreisen, Reisemonat, Reisegrund, der Verkehrsmittel und soziodemographischen Daten der Reisenden. Befragt werden 31.000 Personen pro Jahr. Die Zusammenfassung der wichtigsten Daten steht im März des folgenden Jahres in Form von Tabellenbänden sowie auf Datenträgern zur Verfügung. Diese Studie dient z.T. als Datenbasis für den Touriscope und den Deutschen Reisemonitor. → Deutscher Reisemonitor, → Touriscope

Modem, Abkürzung des Fachbegriffs Modulator/Demodulator, bedeutet die Umwandlung von digitalen Computerdaten in Hochfrequenzsignale. Ein M. wandelt Computerdaten so um, daß sie telefonisch übertragen werden können, es verbindet damit den PC mit der Außenwelt und ermöglicht neue Formen der Arbeit zu Hause ebenso wie Datenverbindungen, Recherchen in Datenbanken oder Online-Diensten, Bestellungen oder auch „elektronische Konferenzen". Bei der Datenübertragung werden z.Zt. Übertragungsraten von 33.600 bit/s erreicht, die sich durch Datenkompression wesentlich steigern lassen.

Moderator, Mittler der Kommunikation. Seine Fähigkeiten liegen im Zuhören, Beobachten und Vermitteln. Bewährte Technik des Moderators ist u.a. Metaplan (Pinnwand-Technik).

Monatskarte, der DB, ermöglicht beliebige Fahrten auf DB-Strecken für einen Monat von einem beliebigen Tag an. Man unterscheidet die persönliche, die übertragbare und die Schülermonatskarte → Jahreskarte, → Wochenkarte

Mondia, Integriertes Buchungs- und Informationssystem. Ziel ist der Aufbau eines Reisemarktplatzes im Internet, wobei Reisebüros und mittelständischen Veranstaltern die Möglichkeit geboten wird, über ein umfassendes Angebot im Internet präsent zu sein.

Monsun, bes. in Asien auftretender, von Regen begleiteter Wind, wechselt halbjährlich die Richtung, im Sommer landeinwärts, im Winter landauswärts.

Montgolfieren, Heißluftballons, Flüge mit M. sind in FV-Gebieten touristisches Angebot für Einzelpersonen und Gruppen.

Moonlight Check-in, ermöglicht Lufthansa-Passagieren, die über Frankfurt/Main fliegen, das Einchecken zwischen 19.00 und 21.00 Uhr am Vorabend eines Lufthansa-Fluges in den DB-Reisezentren der Bahnhöfe Düsseldorf, Köln, Bonn, Nürnberg und Würzburg ab dem 21. September 1998. Ziel der DB und Lufthansa ist das direkte Check-in beim Antritt der Fahrt nach Frankfurt und die Abschaffung der Ultrakurzflüge bis 2001. → Check-in

Moorheilbäder, Kurorte mit Moor als natürlichem Heilmittel des Bodens.

Moratorium, Zahlungsmoratorium; Stundung sämtlicher fälliger Schulden durch die Gläubiger. Ein M. wird dann eingeräumt, wenn die Gläubiger damit rechnen können, daß die Zahlungsschwierigkeiten des Schuldners nur von vorübergehender Art sind. → Insolvenz

Motel, Beherbergungsbetrieb für Kraftfahrer, wobei die Kfz-Ein- oder Abstellplätze sich nahe der Unterkunftsräume befinden; Anliegen der Gäste ist die schnelle Abfertigung. M.s liegen vorwiegend entlang der wichtigsten Verkehrsstraßen. Nach DEHOGA ist das Motel ein Beherbergungsbetrieb, der durch seine Verkehrslage, seine Bauart und seine Einrichtungen besonders auf die Bedürfnisse des Autotourismus ausgerichtet ist. → Beherbergungsbetriebe

Motivation, Form der Beeinflussung zu positiver innerer Einstellung gegenüber einer häufig von außen vorgegebenen Aufgabe. Die Motivationsforschung beschäftigt sich mit der Begründung, Aktivierung und Zielausrichtung von Verhalten. Motivation steht hier im Gegensatz zur Manipulation. → Manipulation

Mountain bike (MTB), in den USA entwickelter Fahrradtyp, kam Anfang der 80er Jahre nach Europa. Gilt als innovatives Geländesportrad, aus dem mehrere Versionen entstanden sind. Darunter das All Terrain Bike (ATB), eine Straßenversion des MTB, und das Trekkingrad, ein Wander- und Freizeitrad mit Straßenkomfort (Abkömmling des MTB und ATB). Seit 1990 vom Weltradsportverband anerkannt steht das MTB auch im Mittelpunkt organisierter Fahrradtouren bzw. Pauschalarrangements (Aktivurlaub).

MPD, → Multiple Purpose Documents.

MPI, ursprünglich Meeting Planers International, geändert auf Meeting Professionals International, amerik. Kongreßverband mit über 9.000 Tagungsveranstaltern als Mitglieder. Sitz: Congress Centrum Mannheim.

MPM - Maximum Permitted Mileage, maximale Entfernung in Meilen zwischen Ausgangs- und Bestimmungsort für Durchgangstarife: im Handbuch veröffentlicht; wird auch als Meilenlimit bezeichnet. Diese Entfernung kann ein Passagier ohne Aufschlagzahlung abfliegen. Die Entfernungsangaben sind neben Flugpreis und Richtungscodes im PT aufgeführt. → PT

MRM, Modell-Reisebüro München, seit 1983 Bestandteil der Münchener Reisemesse CBR mit praktischen Lösungsangeboten für

MS-DOS

die tägliche Arbeit der Touristik-Fachleute, spez. der elektronischen Reisevertriebs- und Verwaltungssysteme (crs).

MS-DOS, Betriebssystem (Hersteller Microsoft) für Computer mit großer Verbreitung und einer Vielzahl von abgestimmten Anwender-Programmen (Software). Es ermöglicht jedoch nur begrenztes Arbeiten, da Begrenzung des Arbeitsspeichers auf 640 Kilobyte und Einplatz-Betriebssystem (1 PC = 1 Anwender). → Anwenderprogramme, → OS/2, → UNIX/XENIX

MS/MV, Motor Ship/Motor Vessel. Diese Buchstabenkombinationen vor dem Schiffsnamen bezeichnen in der Personen-/Handelsschiffahrt den durch seinen Antrieb bedingten Schiffstyp: MS - Motor Ship und - MV - Motor Vessel werden durch Dieselmaschinen angetrieben, GTS - Gasturbinenschiff, MTS - Motor Turbine Ship, SY - Segelyacht, MY - Motoryacht, MSY Motorsegler/-segelyacht.

Multi Access, → Access, → crs, → Total Access

Multi-Media-Show, Produktpräsentation mit Hilfe mehrerer Medien, z.B. Sprache, Musik, Film, Dias etc. → Tonbildschau

Multimedia, Bezeichnung für die kombinierte Nutzung von Informationen aus verschiedenen Medien, z.B. aus einem Standbild, bewegten Bildern, Ton und Texten. M. wird auch in der Reisebranche in vielfältiger Weise als Wachstumsmarkt betrachtet. Kennzeichen: grafische Oberfläche mit Fenstern (Windows) und bildhaften Symbolen. Einsatzmöglichkeiten sind animierte Informationsdarstellungen sowie Präsentationen.

Multiple Purpose Documents, maschinelles BSP-Abrechnungsdokument mit einem Wertcoupon als Ersatz für manuelle MCOs. MPDs können für alle Leistungen verwendet werden, für die bisher MCOs ausgestellt wurden. Zukünftig werden MPDs die MCOs ersetzen. Die Abrechnung über BSP erfolgt durch die Einreichung des Audit Coupons. → BSP, → MCO

Multiplikatoren, Vereins- oder Verbandsfunktionäre, Personalleiter, Betriebsräte u.ä., die beruflich oder privat mit einer Vielzahl von vergleichbar interessierten Einzelpersonen in Verbindung kommen, gelten als M.; Zielgruppe für die Werbung von Gruppenreisen. → Decision maker

Multitasking, gleichzeitiges Durchführen und Abarbeiten unterschiedlicher Anwenderprogramme bzw. unterschiedlicher Programmanforderungen in einem Anwenderprogramm; wird ermöglicht von M.-Betriebssystemen, z.B. UNIX/XENIX und OS/2. Der Reisebüromitarbeiter kann mit M. z.B. gleichzeitig Sitzplatzverfügbarkeit bei Beförderungsunternehmen prüfen, Buchung beim Reiseveranstalter vornehmen und Kundendaten abfragen. → Anwenderprogramme, → Betriebssystem

Multiuser-Betrieb, Mehrplatzsystem; gleichzeitige Benutzbarkeit eines Computers (Rechners) durch mehrere angeschlossene Terminals, im Gegensatz zu Multitasking. M. wird durch geeignetes Betriebssystem ermöglicht, z.B. UNIX/XENIX. → Betriebssystem, → Computer, → Multitasking, → Terminal

Mumbai, neuer Name der indischen Stadt Bombay.

Mundo Maya, innerstaatliche Werbegemeinschaft in Lateinamerika (span., „Die Welt der Maya"). Gegr.: 1991 von den fünf lateinamerikanischen Staaten Mexiko, Guatemala, Honduras, Belize, El Salvador. Zweck ist die gemeinsame Vermarktung dieser Länder, in denen einst die Maya siedelten, und Schutz des gemeinsamen kulturellen Erbes aus der Maya-Epoche.

Musicalreisen, meist Busreisen, die die Eintrittskarte zu einem Musical mit der Busfahrt und oft einem Hotelarrangement verbinden.

Myanmar, Land in Asien, grenzt im Westen an Bangladesch und Indien, In Nordosten und Osten an China und Laos, im Südosten an Thailand und im Süden und Südwesten an den Indischen Ozean. Seit 1989 offizieller Staatsname des ehemaligen Staates Birma (engl.: Burma).

NAC-Charter, North Atlantic Charter, Nachfolgeangebot der ABC-Flüge bei Reisen über den Nordatlantik. Nur-Flug ohne Pauschalarrangement mit besonderen Auflagen hinsichtlich Vorausbuchung, Zahlung und Mindestaufenthalt; strenge Stornobedingungen, wird dem Gelegenheitsverkehr zugeordnet. Hauptanbieter ist die Deutsche Reisebüro GmbH in Frankfurt/M.
→ ABC-Gemeinschaft, → Tramp- und Anforderungsverkehr

NACA, National Air Carrier Association, Dachorganisation der US-Charterfluggesellschaften. NACA ist Mitglied in der IACA.
→ IACA

Nachbarschaftsverkehr, im Luftverkehr Kombination des Verkehrs der Dritten und Vierten Freiheit der Luft. → Freiheiten der Luft

Nachdiplomstudium (NDS), wird Diplomabsolventen, die bereits in der Berufspraxis tätig sind zur Ausbildungserweiterung an schweizer Hochschulen angeboten. N.n dauern meist zwei bis vier Semester und beginnen jährlich oder liegen berufsbegleitend an Wochenenden.

Nachtflugverbot, richtiger: Nachtbetriebsbeschränkungen, an bundesdeutschen internat. Verkehrsflughäfen Start- und Landebeschränkungen. In München z.B. Start- und Landebeschr. von Düsenflugzeugen zwischen 22.00 Uhr und 6.00 Uhr früh. Zu den Ausnahmen gehören der Nachtflugpostdienst sowie bei Verspätungen Starts und Landungen im Linien- und Bedarfsluftverkehr. Angesichts der starken Zunahme des Luftverkehrs wird seitens des Bundesministeriums für Verkehr (BMV) erwogen, auf die Bundesländer dahingehend Überprüfung und Lockerung einzuwirken, besonders um die Wettbewerbsfähigkeit des Standortes Bundesrepublik zu erhalten.
→ Bundesministerium für Verkehr (BMV)

Nachttramper, Angebot der DB, die es ermöglicht gegen eine Gebühr von 8,- DM in bestimmten Zügen einen Liegeplatz mit Liegedecke und ohne Betreuung zu reservieren. → Liegewagen

NACOA, National Association of Cruise-Only Agents, Verband von Reisebüros in USA, die sich auf die Vermittlung von Kreuzfahrten spezialisiert haben. → Kreuzfahrten

NAFTA, North Atlantic Free Trade Association, zur Nordamerikanischen Freihandelszone haben sich die Vereinigten Staaten von Amerika, USA, Kanada und Mexiko zusammengeschlossen als Antwort auf die EU mit dem europäischen Binnenmarkt wie auch der wachsenden Wirtschaftskraft der ostasiatischen Länder. Die NAFTA stellt den weltweit größten und einheitlichen Markt dar mit 360 Mio. Verbrauchern. → AFTA

Naherholung/Naherholungsverkehr, Ausflüge mit Aufenthalt in Naherholungsgebieten, spez. rund um Ballungsgebiete, z.B. für die Bewohner der Großstadt München Ausflüge an die nahegelegenen bayer. Seen oder in die Voralpenregion. Zu dieser Form der Erholung gehören unabdingbar Spiel- und Sportmöglichkeiten, Wanderwege, Badeplätze und Parkplätze. Auch Ferien- und Naturparks sind für die Naherholung entwickelte Areale. → Naturparks, → Tagesausflugsverkehr

Nahverkehr, Beförderung von Personen im Schienenbahnverkehr mit Ausnahme der Bergbahnen, Verkehr mit Oberleitungsomnibussen, genehmigten Linienverkehr mit Kraftfahrzeugen und Kraftdroschkenverkehr
a) innerhalb einer Gemeinde
b) wenn die Beförderungsstrecke nicht mehr als 50 km beträgt.
Der Begriff N. ist für Omnibusunternehmen im Hinblick auf die Gewährung des ermäßigten Umsatzsteuersatzes (7%) von Bedeutung. → ÖPNV

Naita, National Association of Independent Travel Agents, Britischer Reisebüroverband mittelständischer Agenturen, im Wettbewerb zu ABTA. → ABTA

Nasenbären, Bezeichnung für eine bestimmte Kategorie von Wohnmobilen, die ihren Spitznamen dem Alkoven verdanken, der meist das Fahrerhaus wie eine Nase nach vorn überragt. In diesem Teil des Fahrzeugs sind die Schlafplätze untergebracht. Die Fahrerkabine des Basisfahrzeugs bleibt erhalten, während auf den hinteren Teil des Fahrgestells ein Aufbau gesetzt wird, der in Wohnanhängertechnologie gefertigt ist (bekannt auch als Pick-up). → Camping-Tourismus, → Caravan, → Pick-up

Nationalparks

Nationalparks, Regionen, die wegen ihrer Schönheit oder Besonderheit zum Schutz vor dem Zugriff der Zivilisation oder vor Naturkatastrophen von der übrigen Landschaft abgegrenzt sind. In der Bundesrepublik Deutschland gibt es u.a. die N.s Bayerischer Wald, Alpen-N., N.-Wattenmeer und N. Jasmund. In USA z.B. Yellowstone-Nationalpark von Wyoming mit Geysir „Old Faithful", 1872 gegründeter, mit 3.472 Quadratmeilen größter und ältester N. Amerikas; Yosemite-N. in Kalifornien, 1890 gegründet, 1.200 Quadratmeilen, mit ursprünglichem Baumbestand in geologischen Formationen bis zum Hochgebirge. → Naturparks, → Naturschutzgebiete

Naturdenkmale, Einzelschöpfungen der Natur, die aus wissenschaftlichen, naturgeschichtlichen Gründen oder wegen ihrer Schönheit und Seltenheit unter Schutz gestellt werden.

Naturfreunde, in Stuttgart ansässiger eingetragener Verein, der sich seit seiner Gründung im Jahre 1895 für einen sozial- und umweltverträglichen Tourismus einsetzt (Umweltseminare, öffentliche Diskussionen, Teilnahme an Projekten wie z. B. „Soziales Reisen", „Soziale Pedale" etc.). Die Naturfreunde waren Mitglied beim Arbeitskreis Tourismus mit Einsicht.
→ Sanfter Tourismus

Naturparks, sie sind durch einen bestimmten Landschaftstyp geprägt, z.B. Heide, sie dienen dem Naturschutz. Fauna und Flora können sich weitgehend ungestört entwickeln. Diese Areale sollen das ökologische Gleichgewicht fördern. Sie sind vorwiegend am Rand von Ballungsräumen gelegen. Zu den N., die auch der Naherholung dienen, zählen Naturschutzgebiete, Nationalparks und Feuchtgebiete, z.B. Naturpark Altmühltal mit 160 km langem Wanderweg (Treuchtlingen-Kelheim). → Biosphärenreservat, → Nationalparks, → Naturschutzgebiete

Natur-Reiseapotheke, bei der biologischen Verhütung oder Behandlung von Reisekrankheiten haben sich folgende Medikamente bewährt:
- Immunglobulin(spritze) gegen Leberentzündung, die durch verunreinigtes Wasser und Speisen auftreten kann
- Kohletabletten, getrocknete Heidelbeeren gegen Durchfälle
- Knoblauchkapseln bei Verstopfungen

- Präparate des Roten Sonnenhutes gegen Erkältungen
- Johanniskrautöl, Ringelblumensalbe und Kalziumtabletten bei Sonnenbränden
- Baldriankapseln und Melissentee bei Schlafstörungen aufgrund von Zeitverschiebungen
- Magnesiumpräparate können Wadenkrämpfe erfolgreich bekämpfen.
→ Reiseapotheke

Naturschutzgebiete, Gebiete, in denen aus Gründen des Naturschutzes (Schutz, Pflege und Entwicklung von Natur und Landschaft) der derzeitige Zustand erhalten oder die natürliche Entwicklung sich selbst überlassen bleibt mit dem Ziel, die Leistungsfähigkeit des Naturhaushaltes, die Nutzungsfähigkeit der Naturgüter, die Pflanzen- und Tierwelt sowie die Vielfalt, Eigenart und Schönheit von Natur und Landschaft als Lebensgrundlage des Menschen und als Voraussetzung für seine Erholung zu sichern. N. müssen fest umgrenzt ausgewiesen werden (etwa ein Drittel der Fläche der ehem. Bundesrepublik Deutschland). → Landschaftsschutzgebiete, → Nationalparks, → Naturparks

Naue, umgebautes Transportschiff, das auf dem Vierwaldstättersee durch die Schiffahrtsgesellschaft des Vierwaldstättersees (SGV) an Reisegruppen verchartert wird. Durch Ausrüstung mit Grill, Sonnendach, Kühlschrank u.a. besonders für Parties auf dem See geeignet.

NAVC, Neuer Deutscher Automobil- und Verkehrsclub e.V. mit Sitz in München. 24-Stunden-Service für Autoreisende.

NBL, Kürzel für Neue Bundesländer

NBT, Niederländisches Büro für Tourismus, zuständig für die Förderung des Tourismus in und nach Holland. Hauptverwaltung in Leidschendam, Niederlande.

NEAT, Neue Eisenbahn-Alpentransversale, Projekt der Schweiz zur Umleitung des Nord-Süd-Schwerverkehrs von der Straße auf die Bahn. Dabei soll dem kombinierten Verkehr größere Bedeutung zuwachsen durch Umstellung auf Großcontainer, die leicht vom Lastwagen auf den Güterwaggon umgeladen werden können oder durch Bevorzugung des Huckepack-Verkehrs, bei dem die Lkw per Bahn transportiert werden.

NE-Bahnen, Abkürzung für „Deutsche Nichtbundeseigene Eisenbahnen".

Nebenerwerbsreisebüros, Reisebüros, die Reisen überwiegend im Nebenerwerb vermitteln, wie z.B. Lotto-Toto-Annahmestellen, DB-Fahrkartenschalter, ADAC-Geschäftsstellen, Sparkassen etc. → Arbeitsstättenzählung, → Reisebüroähnliche Stellen, → Reisebüros, → Reisemittler

Negotiated Fares, Tarife, die auf Vereinbarungen zwischen Fluggesellschaften, Reisebüroketten, Consolidator und Tour Operator beruhen.

Nehrung, Begriff im früheren Ost- und Westpreußen für Landzunge, z.T. aus hohen Dünen und Wanderdünen, trennt dort Haffs von der See (in Mecklenburg Bezeichnung Bodden statt Haff). → Haff

Neigezüge, Eisenbahnzüge, deren Wagenaufbau sich in Kurven zur Innenseite neigt. Die Neigetechnik ermöglicht um bis zu 40% schnellere Kurvenfahrten. Damit kann die Reisezeit auf kurvenreichen Strecken ohne Begradigungsmaßnahmen verringert werden. Z.B. Pendolino, im Regionalverkehr der DB; X-2000, elektrisch betriebener schwedischer Neigezug; Talgo Hotelzug; Neiko, Neigesystem der Schweiz; HEAT 281, japanisches Neigesystem. → Intercity Night (ICN), → Hotelzüge, → Pendolino, → RegioNeiTech

Nekropole, antikes Gräberfeld, reich und repräsentativ ausgestaltete Sonderformen im altorientalischen und ägyptischen Bereich, z.B. Ur; Theben.

NET, 1. Kurzform für Netzwerk. Im heutigen Sprachgebrauch jedoch häufig als Synonym für Internet verwendet. **2.** Europäisches Netzwerk der Privatunternehmer im Tourismussektor, gemeinsames Projekt von HOTREC und ECTAA mit dem Ziel des gemeinsamen Auftritts der europäischen Privatunternehmen im Tourismussektor. → ECTAA, → HOTREC → Internet

Netto PC, Management-Informationssystem von Lufthansa Airplus. Ermöglicht die Auswertung von Flugumsätzen nach Beförderungsklassen und individuellen Tarifgruppen der Fluggesellschaften. → Lufthansa Airplus

Nettopreise, beim System der N. ist dem Produzenten die Vornahme von Preisempfehlungen an den Einzelhändler untersagt. Als Folge steht der Konsument unterschiedlichen Produktpreisen gegenüber. → Bruttopreise

Netz 21, Konzept der Deutschen Bahn AG für mehr Verkehr auf der Schiene. Unter anderem durch Neustrukturierung des Netzes in die drei Netztypen Vorrangnetz (ca. 10.500 km), Leistungsnetz (ca. 10.000 km) und Regionalnetz (ca. 21.000 km). Grundidee ist die möglichst weitgehende Entmischung der unterschiedlichen Verkehre auf der Schiene. Züge mit annähernd gleichem Tempo ermöglichen dichtere Zugfolgen als das Nacheinander von Zügen unterschiedlicher Geschwindigkeiten. Netz 21 wurde zum Fahrplanwechsel im Mai 1998 in einer ersten Realisierungsstufe auf den Strecken Hamburg - Ruhrgebiet - Stuttgart, Hannover - München und Berlin - Ruhrgebiet eingeführt. → DB Deutschen Bahn AG

NetzCard, DB Angebot für beliebige Fahrten innerhalb Deutschlands auf den Strecken der DB. Man unterscheidet persönliche N., übertragbare N. und Monatsnetzkarten.

Netz- und Bezirkskarten, DB-Angebot für Kunden, die regelmäßig im gleichen Gebiet oder auf gleicher Strecke unterwegs sind.

Netzwerk, durch Verbinden von mehreren Computern wird ein N. eingerichtet. Das Zusammenschließen von Computern und Terminals ermöglicht eine gemeinsame Nutzung von Peripheriegeräten wie z.B. Druckern oder auch den Austausch von Nachrichten von einer Systemeinheit zur anderen. Im Reisebüro trifft man immer dort auf ein eingerichtetes Netzwerk, wo mehrere Terminals ihre Dokumente auf einen gemeinsamen Drucker erstellen.

Netzwerkadministrator, für die Einrichtung, Pflege und Verwaltung von Netzwerken verantwortliche Person. Der N. hat uneingeschränkte Zugriffsrechte für alle Einstellungen und kann zusätzliche Teilnehmer an- und abmelden und den Benutzern bestimmte Rechte zuweisen oder auch entziehen.

Neuaufteilung der Meere, Vorläufer der jetzigen, 3. UN-Seerechtskonferenz (Jamaica '82) waren die Haager von 1930 und die Genfer Seerechtskonferenz von 1958. Sie wurden bekannt durch die Festlegung einer sog. 3-Meilen-Zone für die Küstenländer. Dazu zählt die „Freiheit der Meere", mit der im wesentlichen die ungestörte Befahrung der großen Weltmeere gemeint ist. → Freiheit der Meere, → UN-Seerechtskonferenz

Neue Medien

Neue Medien, Bezeichnung für die für Verarbeitung digitaler Informationen entwickelten elektronischen Medien, wie z.b. digitales Video, Digital Audio Broadcasting (DAB), Multimediacomputer mit CD-ROM, Virtual Reality Computer und das World-Wide Web im Internet.

Neutrales Ticketing, → NT-Verfahren

Newsgroups, Bezeichnung für Gruppen mit themenbezogenen Bereichen im Internet. So gibt es N., die sich z.b. mit Wissenschaften, mit aktuellen Diskussionsthemen oder auch mit touristischen Informationen befassen.

NEX, Narita Express Train, japanische Schnellzugverbindung zwischen dem Flughafen Narita und Tokio in nur 53 Min., weitere große Stationen sind Shinjuku, Ikebukuro sowie Yokohama. → Bullet Train

NGO, International Non-Governmental Organizations, zwischenstaatliche Organisationen, nicht auf Regierungsebene. Nichtregierungsorganisationen sind Verbände, an denen keine staatlichen Stellen beteiligt sind, z.b. die Umweltorganisation Greenpeace. Nach neuerer Lesart sind NGOs Organisationen, die sich für Umweltbelange oder Menschenrechte engagieren.

NHPNR, Non-homogeneous PNR (Passenger Namc Record) bedeutet im Amadeus System die nicht gleichartige Buchung. Sie entsteht, wenn während des PNR-Aufbaus die Anzahl der gebuchten Plätze nicht in jedem Segment gleich ist oder nicht mit der Anzahl der eingegebenen Namen übereinstimmt. → PNR

Nichtreisende, Marktuntersuchungen weisen jedes Jahr aus, daß ein großer Teil der bundesdeutschen Bevölkerung im Berichtszeitraum keine Urlaubsreise unternommen hat; z. B. RA für 1997 = 16 Mio. oder 25,7%. Neben finanziellen Gründen spielen dabei vorwiegend gruppen- und persönlichkeitsspezifische Motive eine Rolle. Ca. 10% der Bevölkerung waren noch nie im Urlaub. Viele fahren in Intervallen, also in mehreren Jahren nur einmal. Nichtreisende können in Nichturlauber und Urlauber zu Hause unterteilt werden. → Reiseanalyse (RA), → Reiseintensität

Niederlassungsfreiheit, geregelt im EU-Vertrag auf der Grundlage des Vertrages über die Europäische Union im Kapitel 2 Artikel 52-58. Danach gibt es keine Einschränkungen für die Niederlassung von Staatsangehörigen aus EU-Staaten in einem anderen EU-Staat. Gleiches gilt für die Gründung von Agenturen, Zweigniederlassungen oder Tochtergesellschaften. Für EU-Fluggesellschaften gilt das Recht, sich in jedem beliebigen EU-Staat niederzulassen und von dort aus den Luftverkehr zu betreiben. Jede dieser Fluggesellschaften kann im Niederlassungsland Tickets nach einem Drittland verkaufen, allerdings unter der Voraussetzung, daß der Flug im Heimatland beginnt oder endet, mit dem Vorteil für den Fluggast, auch auf Flügen zwischen Drittländern nicht auf den gewohnten Komfort „seiner" Airline verzichten zu müssen.

Nightauditor, Nachtbuchhalter, er übernimmt die Abrechnung der Tageskassen, führt die Kassenbücher in allen Hotelabteilungen und wird im Nachtdienst ggfs. auch im Empfangsbereich tätig.

Nightmanager, Nachtmanager, er vertritt den Empfangschef bzw. -direktor in Groß- und Luxushotels und übernimmt dessen Verantwortung während des Nachtdienstes.

Nincentives, Abkürzung für Nature-Incentives, von Cocos International e.V. in Düsseldorf geprägter Begriff für umweltverträgliche Incentives, die mit einem aktiven Beitrag für die Naturerhaltung und Menschen in sozialer Not verbunden sind.

NISI, Non-IATA Sales Intermediaries, Non-IATA Reisebüros; Reisebüros, die noch ohne IATA-Zulassung sind. → IATA-Agenturen

NIT, Institut für Tourismus- und Bäderforschung in Nordeuropa, Sitz: Kiel. Marktforschungsinstitut, bekannt durch konzeptionelle Mitarbeit und Betreuung der Untersuchung Urlaub + Reisen.
→ Urlaub + Reisen (U+R)

NKSC, National-Komitee der Deutschen Skål-Clubs e.V., Generalsekretariat in München, 1953 gebildeter Zusammenschluß der 28 deutschen Skål-Clubs mit rd. 1900 Mitgliedern. → AISC, → Skål-Club

NMC, National Marketing Company, regionale oder nationale Tochtergesellschaft eines weltweit operierenden Konzerns. NMC ist Bindeglied zum jeweiligen lokalen Markt. Ihre Funktionen liegen in Beratung, Schulung und Information ihrer Kunden und der

Notenbank

Weiterleitung der Marktanforderungen an ihre zentrale Organisation. → Amadeus

NN, Normalnull, bezieht sich auf den Amsterdamer Pegel und entspricht etwa dem mittleren Meeresspiegel der Nordsee.

N.N., lat. nomen nescio = den Namen weiß ich nicht; gebräuchlich für eine noch zu bestimmende geeignete Person.

No-name-Produkte, markenlose Produkte, die nur mit dem Aufdruck der Warengattung, ohne differenzierenden Markennamen, im Handel vertrieben werden, sie werden auch als „weiße Produkte" bezeichnet. Durch Verzicht auf Werbung und aufwendige Verpackung werden Marketingkosten eingespart. N. dienen als Wettbewerbs- und Preisinstrument gegenüber Handelsmarken und Markenartikeln. Die Idee der N. geht zurück auf ihren Erfinder Carrefour. → Handelsmarken, → Markenartikel

Non homogeneous PNR, Eine Buchung, bei der die Anzahl der Namenselemente nicht mit der Platzanzahl aller Flugsegmente übereinstimmt, wird als nicht homogener PNR bezeichnet. Mit dieser Funktion können mehrere Personen mit unterschiedlicher Streckenführung gebucht werden. → PNR

Non-IATA-Carrier, nicht der IATA angeschlossene Luftverkehrsgesellschaft, die damit nicht den IATA-Beförderungsvorschriften, spez. den Tarifbindungen der Verkehrskonferenzen, unterliegt. → IATA

Non-Landing-Cruises, Fährüberfahrten z.B. von der engl. Küste über den Kanal, wobei die Passagiere nicht von Bord gehen und somit das Unternehmen die „Entry Fees", also die Ausschiffungsgebühren einspart. Angebote dieser Art werden verstärkt zum Einkauf zollfreier Waren genutzt.
→ Butterfahrten

Non-Stop-Flight, Flug zwischen zwei Orten ohne Zwischenlandung. → Direct Flight

Nonref, Non Refundable, nicht rückzahlbar; auf einem Flugticket der Vermerk, daß dieses auf Kredit verkauft wurde. Inzwischen ersetzt durch den Pay Later Plan (PLP).
→ PLP

Non Revenue Passenger, Freigast.
→ Freigast

Nord-Ost-Passage, Fahrtgebiet mit Expeditionscharakter für Spezialkreuzfahrten durch das Nordpolarmeer. Schiffahrtsweg vom nördl. Atlantik zum nördl. Pazifik längs der Nordküste Eurasiens bis zur Beringstraße.

Nord-Ostsee-Kanal, verbindet die Ostsee mit der Nordsee, erspart den Umweg über Skagen und damit 250 Seemeilen (Länge: 98 km).

Nord-West-Passage, um den Norden Amerikas herumführender, 6.000 km langer Seeweg durch die Beringstraße, verbindet den Atantik mit dem Pazifik. Von Amundsen (norweg. Polarforscher) 1903 bis 1906 mit einem Fischkutter ohne weitere Hilfsmittel ganz befahren. Fahrtgebiet für Spezialkreuzfahrten durch das nördliche Eismeer mit Expeditionscharakter. In West-Ost-Richtung von Nome (Alaska) über Grönland nach Halifax (Neu-Schottland). → Expeditions- Tourismus

Norddeich Radio, Einrichtung der Deutschen Telekom Norden-Küstenfunkstelle. Ermöglicht Schiffspassagieren Ferngespräche mit dem Festland. Der Funkoffizier meldet die Verbindung via Satellit zum N.R. an, von dort wird zum Teilnehmer verbunden.

Nordkap, das N. ist 307 m hoch und liegt auf der norwegischen Insel Mageroy. Man vermutet hier den nördlichsten Punkt Europas. Dessen geogr. genaue Lage ist jedoch 4 km weiter westlich bei Kuirskjellodden. Das N. ist ein beliebtes Ziel für Busrundfahrten und Schiffskreuzfahrten. → Kreuzfahrten, → Kuirskjellodden, → Rundreisen

Nordlicht, Polarlicht, Lichterscheinung in den Polarländern, durch Erdmagnetismus bewirkt, von magnetischen Stürmen begleitet.

No-show, Nichterscheinender Passagier o. Veranstaltungsteilnehmer trotz Reservierung. Nach Ablauf der vorgegebenen Meldezeit verliert der Passagier seinen Anspruch auf den reservierten Platz. Der Veranstalter bzw. Leistungsträger kann nach diesem Zeitpunkt solche Plätze an Passagiere auf Warteliste vergeben. Bei Veranstaltungen innerhalb der Reisebranche werden von N.s zunehmend No-Show-Gebühren verlangt.
→ Go-Show, → Waiting List

Notenbank, mit dem Recht zur Ausgabe von Banknoten ausgestattete Bank; sie reguliert den Geld- und Kreditverkehr eines Landes durch Anpassung des Geldumlaufs an die Bedürfnisse der Wirtschaft. Im Zuge der Einführung des Euro werden die nationalen No-

Notice of Irregularity

tenbanken viele ihrer Rechte und Pflichten an die neu geschaffene Europäische Zentralbank abgeben. Die Notenbank in Deutschland heißt Deutsche Bundesbank, in Österreich, Österreichische Zentralbank und in der Schweiz, Schweizerische Zentralbank. → Diskontsatz, → Lombardsatz, → Reposatz.

Notice of Irregularity, ist eine an den Agenten gesandte Abmahnung des BSP, die ihn informiert, daß ein Fehler seinerseits in Zahlungsangelegenheiten festgestellt wurde. Nach vier Abmahnungen innerhalb zwölf aufeinanderfolgender Monate werden Zahlungsverzugsmaßnahmen eingeleitet, wobei die IATA-Zulassung des Agenten überprüft wird. → BSP

NPCA, National Parks and Conservation Association, Sitz: Washington. Organisation, die sich den Schutz der Reservate zur Aufgabe gemacht hat.

NS, Nederlandse Spoorwegen, Niederländische Eisenbahnen.

NTA, neuer Ticketautomaten, Pilotprojekt der Deutschen Bahn ab Oktober 1998 zum Verkauf von DB-Fahrausweisen ohne Auskunftsmöglichkeit.

NTO, National Tourist Office, staatl. Fremdenverkehrsorganisation eines Landes mit Stützpunkten im Ausland, Kontaktstelle für alle tourismusrelevanten Fragen eines Landes, z.B. NTOM, National Tourist Office Malta, Frankfurt/M.

NT-Verfahren, Neutrale Ticketing-Verfahren in START Amadeus zur Ausstellung von reservierungsunabhängigen PNRs, die z.B. telefonisch bei der Fluggesellschaft oder über ein Fremdsystem vorgenommen worden sind. Häufig genutzt für Gruppenbuchungen oder ausgehandelte Tarife, die in Amadeus nicht automatisch berechnet werden.

NUC, Neutral Unit of Construction. Tarifberechnungseinheit zur währungsneutralen Darstellung von Beförderungstarifen im Luftverkehr (eingeführt am 1.7.1989): NUC - Local Selling Fare dividiert durch die jeweils gültige IATA Rate of Exchange für den US-Dollar. Wird viermal jährlich festgelegt. Da das neue System auf lokalen Währungen basiert, entscheidet auch die Verkaufsart über den Tarif. Dabei sind der Ort der Flugscheinausstellung und der Ort des Verkaufs im Flugschein einzutragen. → Local Selling Fare, → FCU, → Flugpreisberechnung, → ROE, → SITI, → SITO, → SOTI, → SOTO

NUR, NUR Touristic GmbH, Frankfurt/M., 1965 als Neckermann und Reisen gegründet. Mit seiner Konzeption, die Prinzipien von großvolumigem Einkauf und Absatz auf das Reisegeschäft zu übertragen, wollte Firmengründer Josef Neckermann Reisen „für jeden möglich machen". Heute ist NUR zweitgrößter bundesdeutscher Reiseveranstalter mit den Marken Neckermann Reisen, Club Aldiana und Terramar. Der Vertrieb dieser Produkte erfolgt sowohl durch die eigenen Konzern-Vertriebsstellen wie Karstadt, Hertie, Neckermann Versand sowie Franchise-Reisebüros „Holiday-Land" als steuerbarer Vertrieb und durch Ketten-/Einzelbüros als freier Vertrieb; nach der Vertriebsliberalisierung ab 1995 mit insges. 8000 Vertriebsstellen. NUR Touristic gehört seit 1976 zum Karstadt-Konzern und besitzt umfangreiche touristische Beteiligungen im In- und Ausland (s. Tabelle S. 74). → Ausschließlichkeitsbindung, → C&N Touristic AG, → Vertriebsliberalisierung

Nurvis, hauseigenes elektronisches Reservierungssystem von NUR Touristic, Oberursel. Erweitert auf die Reiseveranstalter der C&N Touristic AG. → C&N Touristic AG, → NUR

OAA, Orient Airlines Association, aus dem 1966 in Manila gegr. OARB (Orient Airlines Research Bureau) hervorgegangen. Vorbild war AEA. Hauptaufgaben sind: Harmonisierung des gewerblichen Luftverkehrs, Schaffung gleicher Wettbewerbsbedingungen im Bereich der Mitgliedergesellschaften. Sitz ist Manila. Mitglieder sind die bekannten ostasiatischen Fluggesellschaften.

OAG, Official Airline Guides, Anbieter von Flug-Handbüchern für Agenten. → ABC-International

Oase, durch Grundwassernähe oder Quellen begünstigte Stelle mit reichem Pflanzenwuchs in Wüstengebieten; Sammelpunkt der Karawanenwege.

OATG, Ostdeutsche Autobahntankstellengesellschaft, 100%ige Tochtergesellschaft der Autobahn Tank & Rast AG. → Autobahn Tank & Rast AG

Obelisk, altägyptische Monumentform; hoher, vierkantiger, meist aus einem Stein geschnittener Pfeiler, der sich nach oben verjüngt und in einer pyramidenartigen Spitze endet, O.e z.B. in Karnak, Rom, Paris, London, Instanbul.

Oberschwäbische Barockstraße, von Ulm aus führt die O.B. in einem Rundkurs durch Oberschwaben mit seinen zahlreichen Barockkirchen und -klöstern. Die Hauptstrecke ist 300 km lang. Nebenrouten führen in die Schweiz und nach Vorarlberg, wo z.T. die gleichen Baumeister gewirkt haben. → Touristikstraßen

Obliegenheitsverletzung, Verletzung einer Vertragspflicht auf seiten des Versicherungsnehmers, die in der Regel zur Leistungsfreiheit des Versicherers führt.

Obligationen, → Anleihen

Obligatorisch, verbindlich; kostenmäßig vorgeschriebene Programmbestandteile. Gegensatz: fakultativ. → fakultativ

Obligo, im kaufmännischen Sprachgebrauch für Verpflichtung, Zahlungsverpflichtung, Verbindlichkeit.

O-Bus, Trolleybus, elektromotorisch betriebener Linienbus im ÖPNV, dessen Stromversorgung mittels Oberleitung erfolgt. → ÖPNV

Occupancy-List, Belegungsliste zur Kontrolle der Kapazitätsauslastung bei Leistungsträgern. → Allotment, → Kontingent

OCT/OCTI/OCTIC, Office Central des Transports Internationaux par Chemins de Fer, Zentralamt für den internationalen Eisenbahnverkehr, Sitz: Bern/Schweiz, regelt Rechtsfragen für den Eisenbahntransport und bemüht sich um ein einheitliches Rechtssystem für den Eisenbahnverkehr.

Odeon, theaterähnliches Gebäude der Antike für musikalische oder schauspielerische Aufführungen.

Odin, Offenes Datenbank-Informationssystem, Software für kleinere und mittelständische Individual-Reiseveranstalter und Incoming-Agenturen. Entwickelt von der Firma Abi-Software.

OECD, Organization for Economic Cooperation and Development, Organisation für wirtschaftliche Zusammenarbeit und Entwicklung. Vorläufer war die OEEC = Organization for European Cooperation, gegr. 1948 in Paris mit dem Ziel, die Mittel aus dem Marshallplan (amerik. Wirtschaftshilfe zum Wiederaufbau) zu koordinieren. 25 Mitgliedsstaaten. Neben den europäischen Ländern gehören dazu: USA, Kanada, Japan. Ziel: Eine Politik zu fördern, die in den Mitgliedsländern ein größtmögliches Maß an wirtschaftlichem Wachstum und Beschäftigung, einen steigenden Lebensstandard und finanzielle Stabilität sichert, um damit zur Entwicklung der Weltwirtschaft beizutragen. Fragen zur Entwicklung des Tourismus werden vom Tourismuskomitee des OECD behandelt.

OEZ, Osteuropäische Zeit, Ortszeit mit Bezugsmeridian 30. Längenkreis, gilt als Zonenzeit in Bulgarien, Finnland, Griechenland, Rumänien und der Türkei.

Offene Stadt, gemäß Haager Abkommen von 1907 darf eine O.S. im Kriegsfall keine militärischen Objekte wie Truppen und Stellungen beherbergen, sich an keinen Kriegsanstrengungen beteiligen und wird daher von Kriegshandlungen ausgespart. Ursprünglich wurde unter O.S. ein unbefestigter Ort verstanden. Mit Zunahme moderner Waffensy-

Office-ID

steme ist darunter die „unverteidigte Stadt" zu verstehen. Im Zweiten Weltkrieg (1940) waren Paris, Brüssel und später auch Rom Offene Städte, 1991 im ehemaligen Jugoslawien war Dubrovnik mit seiner mittelalterlichen Altstadt O.S. → World Heritage Convention

Office-ID, Bürokennung, die jedem Amadeus Anwender zur Identifikation und zusätzlicher Sicherheit zugeordnet ist. Die Identifikation ist 9-stellig alphanumerisch und besteht aus dem Drei-Letter-Code für den Standort des Büros, einer Kooperations-Kennung und -Qualifier und einer Büronummer.

Offline, beim Off-line besteht keine gerätetechnische Verbindung, z.B. von einem Terminal zur Zentraleinheit einer Datenverarbeitungsanlage. Arbeiten wie Datenerfassung o.a. werden im Off-line-Betrieb selbständig vorgenommen. → Online

Offline Carrier, Fluggesellschaft, die in einer Stadt/Flughafen vertreten ist, ohne diese anzufliegen. Off-line Office ist der Bürositz einer Fluggesellschaft in einer von ihr nicht angeflogenen Stadt. → Online Carrier

Off-season, Nebensaison oder Vor- und Nachsaison; meist die Zeit vor und nach den Schulferien. In dieser Zeit werben Veranstalter und Leistungsträger mit Preisnachlässen.

Öffentliche Investitionsförderung, sie richtet sich seit Vollendung der deutschen Einheit vor allem auf Starthilfen für gewerbliche Investitionen und auf Infrastrukturverbesserungen in Ostdeutschland. Unmittelbare Finanzhilfen enthalten die (steuerliche) Investitionszulage, der Investitionszuschuß nach der Gemeinschaftsaufgabe zur Verbesserung der regionalen Wirtschaftsstruktur, die zinsbegünstigten und zeitweise tilgungsfreien Darlehen aus den ERP-Programmen und dem Eigenkapitalhilfeprogramm.

Öffentlicher Verkehr, Begriff aus der Verkehrswirtschaft. Ö.V. entspricht dem Verkehr mit Verkehrsmitteln in kommunaler, Landes- oder Bundes-Trägerschaft bzw. privater Trägerschaft, die nach ihrer Zweckbestimmung von jedermann gegen Entgelt oder frei benutzt werden können. Für den Betrieb des Ö.V. gelten die 4 Grundpflichten. Im Gegensatz dazu: Individual-Verkehr (IV), meist motorisiert (MIV). → Grundpflichten, → Privater Verkehr

Öffentlichkeitsarbeit, engl.: Public Relations (PR); Begriff, der alle Maßnahmen umfaßt, die ein Unternehmen, eine Behörde oder ein Verband ergreift, um für seine Tätigkeit und Ziele in der Öffentlichkeit zu werben. Durch Ö. soll die Institution selbst, ihr Know-how, ihre Ziele und die Methoden ihrer Arbeit in den Mittelpunkt des öffentlichen Interesses gerückt werden. Im Bereich des Fremdenverkehrs steht im Gegensatz zum Marketing dabei nicht die Werbung für ein Produkt oder eine Produktpalette, sondern das Image einer Institution im Vordergrund. Man unterscheidet in der Ö. nach externer und interner Kommunikation. Mittel der externen Kommunikation sind vor allem Presse, Rundfunk und Fernsehen. Durch Pressemitteilungen und -konferenzen, Vorträge, Tagungen und persönliche Einladungen wird der Kontakt zu anderen Institutionen und politischen Entscheidungsträgern gepflegt. Die interne Kommunikation mit dem Ziel der Koordinierung und der Motivation der Mitglieder und Mitarbeiter erfolgt durch Information und Rückkopplung, d.h. durch Rundschreiben, bei Tagungen, in Ausschußsitzungen und im persönlichen Informationsaustausch. → Marketing-Mix

OHG, Offene Handelsgesellschaft (§ 105 ff HGB) ist eine Personengesellschaft, bei der jeder der Gesellschafter mit seinem gesamten Vermögen für die Schulden des Unternehmens unmittelbar haftet. → Kapitalgesellschaft, → Personengesellschaft, → Unternehmensform

ÖIE, Österreichischer Informationsdienst für Entwicklungspolitik; Verein, der seit 1979 als gesamtösterreichische Service- und Koordinationsstelle für entwicklungspolitische Informations- und Bildungsarbeit tätig ist. Zu seinen Zielen gehört u.a., Begegnungen mit Menschen der Dritten Welt und ihren Lebensformen anzuregen, die zum Abbau von Fremdenfeindlichkeit und eurozentrischer Haltung gegenüber Entwicklungsländern führen; kritische Einschätzung des Tourismus'. ÖIE war Mitglied im Arbeitskreis „Tourismus mit Einsicht". → Tourismus mit Einsicht (TME)

OITAF, Organizzazione Internazionale Trasporti A Fune, Internationale Organisation für das Seilbahnwesen, Sitz: Rom. Vereinigung der Seilbahnunternehmer, Hersteller der Seilbahnanlagen (einschließlich Schlepplifte) und der Aufsichtsbehörden. Ziel ist die

228

Oligopol

Förderung des technischen Fortschrittes im Seilbahnwesen sowie die Harmonisierung der nationalen Rechtsvorschriften (Vereinheitlichung der Seilbahnnormen im Bau, Betrieb sowie in der Instandhaltung und Kontrolle von Seilbahnen). → VDS (Verband Deutscher Seilbahnen)

OJ - Open Jaw Trip im IATA-Luftverkehr, Gabelreise; Ausgangsort der Hinreise und Ankunftsort der Rückreise im Reiseantrittsgebiet und/oder Ankunftsort der Hinreise und Abflugsort der Rückreise im Umkehrgebiet sind nicht identisch. Eingeschobene Reisen auf dem Land- oder Wasserweg auf Kosten des Fluggastes sind möglich.

OJO - Open Jaw Oneway Trip im IATA-Luftverkehr, Minimum Fare, Tarifeinheit für Mindestpreise für die einfache Flugstrecke beim Gabelflug.

OJR - Open Jaw Round Trip im IATA-Luftverkehr, Minimum Fare, Tarifeinheit für Mindestpreise beim Gabelflug.

OK, Okay, Bestätigung für feste Reservierung in einem Flug-/Schiffsticket.

Öko-Audit-Verfahren, System zur Bewertung und Verbesserung des betrieblichen Umweltschutzes für Dienstleistungsunternehmen. Dazu besteht die EU-Verordnung 1836/93, die eine freiwillige Beteiligung gewerblicher Unternehmen an einem Gemeinschaftssystem für das Umweltmanagement und die Umweltbetriebsprüfung vorsieht. Die nach ISO zertifizierten Unternehmen können die bereits installierten Strukturen zur Beteiligung am Ö.A. nutzen. Reiseveranstalter, Reisemittler und vor allen Dingen Leistungsträger versprechen sich mit dieser Zertifizierung Image- und Marketing-Vorteile sowie grundsätzliche Kosteneinsparungen. → ISO

Ökobank, Genossenschaftsbank, die Kredite für Umweltvorhaben, Kultur-, Dritte-Welt-Förderung und alternative Unternehmen vergibt. Die Ö. wurde 1988 gegründet und hat ihren Sitz in Frankfurt/M. Ab 1994 bietet sie einen ökologisch ausgerichteten Umweltfonds an.

Ökobilanz, umweltpolitischer Begriff, umfaßt die beiden Säulen Vorsorge- und Verursacherprinzip. Eine Ö. enthält alle umweltrelevanten Wirkungen eines Produktes während seiner Entstehung, Nutzung und nach seinem Ende. Im Englischen „lifecycle analysis". Aus der Umweltperspektive bilden Produkte den Großteil aller Emissionen, mit vorausgehenden, begleitenden und nachfolgenden Emissionen. Als erste Fluggesellschaft hat Swissair die Auswirkungen ihres Anteils am Luftverkehr auf die Umwelt 1991 in Form einer Ö. vorgelegt. → Emissionen

Ökologie, Lehre von den Zusammmenhängen oder Wechselwirkungen in der Umwelt. Jedes Lebewesen ist verbunden mit einer Vielzahl von Faktoren und eingebunden in Beziehungen und wechselseitige Einflüsse. Die so entstehenden Systeme sind nur schwer darstell- und damit vorstellbar. Es ist deshalb auch nicht einfach, Veränderungen des jeweiligen Ökosystems vorherzusehen, wenn Teile desselben verändert werden. Da heute der Mensch in der Lage versetzt ist, die Ökosysteme nachhaltig zu verändern, muß er ökologisch handeln lernen, d.h. seine Einwirkung auf Natur und seinen Lebensraum erkennen, beurteilen und entsprechend korrigieren. Ö. hat dabei die Aufgabe, alle umweltbezogenen Maßnahmen auf ihre Folgen hin abzuschätzen und zu beeinflussen. → Sanfter Tourismus, → Tourismus mit Einsicht (TME)

Ökologischer Tourismus in Europa (ÖTE) e.V., 1991 von verschiedenen Umweltorganisationen (darunter dem Deutschen Naturschutzring und den Naturfreunden) gegründeter Verein, Sitz: Bonn. Der ÖTE tritt durch Informations-, Aufklärungs-, und Weiterbildungsveranstaltungen für einen umweltverträglichen und sozialverantwortlichen Tourismus in Europa ein. 1994 erstmalige Vergabe des Gütesiegels „Grüner Koffer" an Fremdenverkehrsorte. → Grüner Koffer, → Sanfter Tourismus

Ökonomisches Prinzip, (Prinzip der Wirtschaftlichkeit) bedeutet das Streben mit eingesetzten Mitteln, den größtmöglichen Gewinn zu erzielen oder für einen feststehenden Gewinn die geringstmöglichen Mittel, einzusetzen.

Okzident, der Westen, das Abendland; der Westen Europas mit Mitteleuropa; dagegen: Orient. → Orient

Oligopol, Begriff aus der Volkswirtschaftslehre. Beim Angebots-Oligopol bestimmen wenige Anbieter den Gesamtmarkt. So stehen z.B. wenigen Charterfluggesellschaften eine Vielzahl von Reiseveranstaltern gegenüber. Umgekehrt verhält es sich beim Nachfrageoligopol.

Olympische Spiele

Olympische Spiele, sie haben ihren Ursprung in den berühmten altgriechischen Wettkämpfen, die alle vier Jahre in Olympia zu Ehren des Zeus stattfanden. Die neuzeitlichen O.S. wurden 1896 von Baron Pierre de Coubertin ins Leben gerufen. Seit 1924 gibt es neben den Olympischen Sommerspielen auch Winterspiele. In Deutschland fanden die O.S. 1936 in Berlin (Sommer) und in Garmisch-Partenkirchen (Winter) statt, 1972 in München. Generalagentur für Veranstaltungsprogramme in Deutschland ist DER, Frankfurt/M.

OMT, Organisation Mondiale du Tourisme, Welttourismusorganisation. → WTO

Oneworld, weltweite Luftfahrt-Allianz der Fluggesellschaften British Airways, American Airlines, Canadian Airlines, Qantas Airways und Cathay Pacific. → Qualiflyer Group, → Star Alliance, → Wings

Online, Direktverbindung durch eine gerätetechnische Koppelung, über welche Daten- und Steuerinformationen fließen, z.B. Direktbuchung über START-Btx. → Off-line

Online Carrier, Fluggesellschaft mit Büro/Vertretung in einer von ihr angeflogenen Stadt/Flughafen, im Gegensatz zum Off-line Carrier. → Off-line Carrier

Online-Dienste, Leistungen, die über Kommunikationssysteme oder über das Internet rund um die Uhr verfügbar sind. Das Angebot umfaßt die Möglichkeit, Bestellungen aufzugeben, Dateien auf den Computer zu laden, Überweisungen zu tätigen oder einfach mit anderen Teilnehmern zu kommunizieren. → Touristische Online-Dienste

Online transportation, Weiterflug mit derselben Fluggesellschaft. → Interline transportation

One Way (OW), Begriff aus dem Flugverkehr, Reise in nur einer Richtung im Gegensatz zu Round Trip (RT) für Hin- und Rückflug. → Flugpreisberechnung, → Round Trip (RT)

OOJ - Origin Open Jaw im IATA-Luftverkehr, einfache Gabelreise im Reiseantrittsgebiet; Ausgangsort der Hinreise und Ankunftsort der Rückreise im Reiseantrittsgebiet sind nicht identisch.

OPATB-Tickets, Bezeichnung für maschinelle Tickets die nicht im Durchschreibeverfahren sondern „coupon-by-coupon", d.h. jeder Coupon einzeln, bedruckt werden. → ATB-Tickets

Open Date Ticket, Flugschein ohne Flugreservierung. Nur möglich bei Tarifen, die Buchung bei Ausstellung nicht zwingend vorschreiben.

Open flight, engl. für einen nicht festgebuchten Flug.

Open Jaw (OJ)/Gabelreise, wird im Rahmen der Flugpreisberechnung im wesentlichen wie ein Round Trip behandelt. → DOJ, → OJ, → OOJ, → Round Trip (RT), → SOJ, → TOJ

Open Sky, postulierter Grundsatz einer Wettbewerbspolitik des „offenen Himmels" in USA in Anlehnung an die Transport-Vereinbarung des Chicagoer Abkommens. Ziel ist die Ausdehnung der Deregulation auf die bilateralen Luftverkehrsabkommen. → Chicagoer Abkommen, → Deregulation, → Freiheiten der Luft

Open-Sky-Politik, Politik des freien, offenen Himmels. Aus europäischer Sicht bedeutet O. für jeden Wettbewerber zu jedem Preis unbeschränkten Marktzugang. Als mögliche Gefahren werden dabei Verdrängungswettbewerb, geringere Sicherheitsbemühungen, Stillegung unrentabler Strecken u.a. gesehen. Ab Januar 1997 sollen durch Ministerratsbeschluß der Verkehrsminister alle Beschränkungen im Luftverkehr aufgehoben sein. Bislang war es nach Abkommen der ICAO (Chicagoer Abkommen) und IATA ausschließlich bilaterale Sache, ausländischen Gesellschaften Verkehrs- und Beförderungsrechte zu festgesetzten Preisen im eigenen Land zu gewähren. → Chicagoer Abkommen, → IATA, → ICAO, → Open Sky,

ÖPNV, Öffentlicher Personennahverkehr. Mit Bussen oder Schienenfahrzeugen durchgeführte genehmigte Linienverkehre und Schülerverkehre, sowie der Schwerbehindertenbeförderung mit Kfz zu Einrichtungen, die der Betreuung dieser Personenkreise dienen, wenn die Beförderung unter 50 km liegt. Ca. 60% aller öffentlichen Buslinien werden von im BDO zusammengeschlossenen privaten Busunternehmen betrieben. → BDO, → Grundpflichten, → Öffentlicher Verkehr

Opportunitätskosten, beschreiben den entgangenen Ertrag (Nutzen) der besten alternativen Verwendung der Mittel. Entscheidet sich eine Person für ein neues Auto und verzichtet dafür auf eine Urlaubsreise, dann beschreibt den entgangenen Nutzen an Freizeit die O. der Urlaubsreise.

OPTAT-Tickets, „Off Premise Transitional Automated Ticket". Offizielle IATA-Bezeichnung für maschinelle Tickets, die in Reisebüros auf den Namen einer am BSP beteiligten Fluggesellschaft im Durchschreibeverfahren (carbonisiert) ausgestellt werden. Das Layout unterscheidet sich zu TAT-Tickets, die ausschließlich bei Fluggesellschaften verwendet werden.

Option/Optionsvertrag, mit der Option verpflichtet sich der Hotelier (beim Hotelreservierungsvertrag), der Beförderungsunternehmer oder ein anderer Leistungsträger als Optionsgeber verbindlich gegenüber dem Reiseveranstalter als Optionsnehmer zur Bereithaltung des angebotenen Kontingents bis zu einem zuvor bestimmten Ausschlußtermin. Der Optionsnehmer kann innerhalb dieser Frist die Option annehmen, mit der Folge, daß die Buchung über das Kontingent entsteht. Nach erfolglosem Verstreichen der Frist erlischt die Option ohne weiteres. → Allotment, → Hotelreservierungsvertrag, → Kontingent

Optional, auf Wunsch; nach freiem Ermessen zusätzlich zu buchende Leistungselemente, z.B. Landausflüge bei Kreuzfahrten. → Fakultativ, → Landausflüge, → Obligatorisch

OPUV, Obligatorische Passagier-Unfall-Versicherung für Fluggäste, durch den jeweiligen nationalen Gesetzgeber festgelegt.

Orangerie, Gebäude einer barocken Schloß- und Parkanlage des 18. Jh.s, in dem im Winter Ziergewächse aus südlichen Ländern untergebracht wurden. Oft mit reich ausgeschmückten Festräumen, z.B. in Versailles; Sanssouci bei Potsdam.

Organisationshilfe, → Solidarhilfeabkommen

Orient, der Osten, das Morgenland; Länder am östlichen Mittelmeer, Vorderasien. Für Amerikaner gilt auch der ostasiatische Raum als O. Gegensatz: Okzident. → Okzident

Orient-Express, der erste internationale Luxuszug „Train d'Orient" fuhr am 5. Juni 1883 erstmals die Strecke Paris-Wien-Budapest-Belgrad-Sofia-Konstantinopel. Teilstrecken mußten noch mit Schiffen und Postkutschen zurückgelegt werden. Erst 1888 konnte Konstantinopel durchgehend mit der Eisenbahn erreicht werden. Die Belle Epoque bei den Eisenbahnen endete 1939. Eine Renaissance des Orient-Express begann 1976 mit 2 Versuchszügen der Betreiberges. Venice-Simplon-Orient-Express von Mailand und Zürich nach Istanbul unter dem Namen „Nostalgie Istanbul-Orient-Express". Seit dieser Zeit werden regelmäßige Schienenkreuzfahrten mit den restaurierten Originalwagen zwischen Europa und Istanbul durchgeführt. Unter gleichem Namen, MV Orient-Express, unterhielt die gleiche Betreibergesellschaft eine Schiffs- bzw. Fährverbindung von Venedig über Griechenland in die Türkei im Wochenturnus. Der Fahrplan 1995 bietet alternativ die beiden Strecken London, Paris, Venedig und Düsseldorf, Köln, Frankfurt/M., Venedig an, daneben Sonderfahrten.
→ ISTG, → VSOE

Origin (O), Ausgangspunkt einer Flugreise.

Orkan, große Temperaturunterschiede, die durch das Aufeinandertreffen kalter und warmer Luftmassen entstehen, bilden die Ursache für die Entwicklung von O.n. Für die verschiedenen Windstärken gelten folgende Bezeichnungen:
- Orkan bei Windstärke 12 (über 118 km/h)
- orkanartiger Sturm bei Windstärke 11 (103 bis 117 km/h)
- schwerer Sturm bei Windstärke 10 (89 bis 102 km/h)
- Sturm bei Windstärke 9 (75 bis 88 km/h).
→ Beaufort-Skala

Ortszeit, auch Local Time (LT); Bezeichnung für die in einem Land oder einer Ländergruppe geltende Uhrzeit, die auf der Fiktion beruht, daß an allen Orten des Landes oder der Ländergruppe der Sonnenhöchststand um zwölf Uhr mittags erreicht ist, obschon streng genommen nur die auf demselben Längengrad liegenden Orte dieselbe O. haben. Die Unterschiede in der O. spielen im interkontinentalen Luftverkehr eine große Rolle und werden im Verhältnis zur Weltzeit ausgedrückt.
→ GMT, → Weltzeit, → Zeitzone

ÖRV, Österreichischer Reisebüroverband, Sitz: Wien, gegr. 1961. Seine Aufgaben sind die Förderung und der Schutz der gewerblichen, der wirtschaftlichen sowie der Berufs- und Standesinteressen der Mitglieder. Ab 1995 als Reisebüro- und Reiseveranstalterverband fortgeführt mit jeweils eigenen Sektionen.

OS/2

OS/2, Betriebssystem, das 1984 gemeinsam von IBM und Microsoft entwickelt wurde, ermöglicht über MS-DOS hinaus auch Multitasking, jedoch nicht Multiuser-Betrieb. Die heutigen START-Terminals haben i.d.R. OS/2 als Betriebssystem. In der nahen Zukunft sollen alle START-Rechner mit dem Betriebssystem Windows 95 ausgestattet werden. → Anwenderprogramme, → Multitasking, → Multiuser-Betrieb

OSI, Other Service Information, Eingabeformat zur Übermittlung von passagierbezogenen Informationen an die Fluggesellschaften.

Österreichische Romantikstraße, Touristikstraße von Salzburg nach Wien mit landschaftlichen und kulturellen Höhepunkten im Salzkammergut, Mühlviertel, im Strudenund Nibelungengau und in der Wachau. → Romantische Straße

OTA, Organisation Mondiale du Tourisme et de l'Automobile, weltweite Vereinigung der Automobil- und Touring-Clubs, fördert zusammen mit AIT speziell den Automobiltourismus. → AIT

OTD, Ocean Travel Development, Britischer Kreuzfahrt-Reedereien-Verband, gegr. 1958 zur Förderung der Seereisen gegenüber dem Wettbewerber Luftfahrt, da 1957 zum ersten Mal die Anzahl der Flug- diejenige der Schiffspassagiere über den Atlantik überstieg. Darüber hinaus war die Entwicklung des Kreuzfahrtenprodukts als Alternative zum Transport von A nach B über den Atlantik ein vordringliches Anliegen. OTD war Vorgängerorganisation der heutigen PSA. → PSA

ÖTE, → Ökologischer Tourismus in Europa

Other Agents, Agenturen oder Reisebüros mit Flugscheinverkauf ohne IATA-Lizenz. Diese können bilaterale Vereinbarungen mit einer oder mehreren Luftverkehrsgesellschaften treffen zum Verkauf von deren Tickets, sog. „Carriers' own Agents". Sie haben keine Verfügung über neutrale Tickets. Sie nehmen nicht am BSP-Abrechnungsverfahren teil. Unter Other Agents versteht man auch die reinen Touristik-Reisebüros, desgleichen solche, als Unteragentur eines Vollreisebüros fungieren sowie u.U. auch die Reisestellen.
→ IATA-Agenturen, → Reisestelle

ÖTV, Gewerkschaft öffentliche Dienste, Transport und Verkehr, zusammen mit DAG und HBV Tarifpartner des Arbeitgeberverbandes der Reisebüros und Veranstalter.
→ DRV-Tarifgemeinschaft

Outback, Bezeichnung für entlegene Regionen im Landesinnern Australiens (meist unbewohnbare Wüste).

Outbound Tourismus, der aus einem Land herausgehende Tourismus, neue in den USA gebräuchliche und von der WTO empfohlene Bezeichnung, soll Outgoing-Tourismus ersetzen. → Inbound Tourismus, → Outgoing-Tourismus

Outgoing-Tourismus, aus einem Land herausführender Tourismus.
→ Reiseverkehrsbilanz
→ Incoming-Tourismus

Outplacement, bezeichnet die Entlassung einer Führungskraft, bei gleichzeitiger Vermittlung in ein anderes Unternehmen. O. ist in vielen Fällen ein Bestandteil des Arbeitsvertrages einer Führungskraft. Die Vorteile für das Unternehmen liegen im Imagegewinn und unter Umständen in der Vermeidung von hohen Abfindungszahlungen. Die Führungskraft vermeidet eine Phase der Arbeitslosigkeit und die damit verbundenen negativen Auswirkungen.

Outside Sales Agents, freie Reiseverkäufer in den USA. Die Skala reicht vom freien Verkäufer eines Reisebüros bis zum unabhängigen Unternehmer, der auf eigene Rechnung Verträge mit Reisebüros oder Leistungsanbietern wie Luftfahrtgesellschaften und Reedereien abschließt. Status und erfolgsabhängige Entlohnung sind ähnlich denen des freien Handelsvertreters in Deutschland.

Outsourcing, im übertragenen Sinn „von der Quelle weg". Bedeutet die Ausgliederung eines Unternehmenszweiges und die Überführung in ein eigenständiges Unternehmen. Ein Reiseunternehmen gliedert die Kundenbetreuung im Urlaubsland aus der eigenen Organisation aus und gründet ein eigenes Unternehmen, das im Urlaubsland ansässig ist und mit dem abgebenden Reiseunternehmen zusammenarbeitet. Das deutsche Unternehmen kann somit Lohnkosten einsparen und Sozialstandards umgehen.

Overnight Kit, Kosmetikbeutel, den viele Fluggesellschaften auf freiwilliger Basis auf Anfrage zur Überbrückung an Passagiere ausgeben, deren Reisegepäck nicht am vorbestimmten Flughafen angekommen ist.

Ozon

Overriding Commission, Superprovision, höherer Provisionssatz, wird gezahlt für Vermittlung über einen vereinbarten Umsatz hinaus. → Provision

Overseas-Timetable, Kursbuch/Fahrplan der außereuropäischen Bahn-, Straßen- (Bus) und Schiffsverbindungen, 6mal jährlich herausgegeben von Th. Cook Publications. → Kursbuchstelle

OVZ, kurz für Omnibus-Vermittlungszentrale, ihr Ziel ist die Vermeidung von Leerfahrten durch Informationsaustausch zwischen den einzelnen Teilnehmern; Sitz: Sandhausen bei Heidelberg.

Ozon, bodennahes Ozon bildet sich unter Einfluß von Sonnenlicht aus Stickoxiden und Kohlenwasserstoffen, die überwiegend von Autoabgasen und der Verbrennung von Kohle, Öl und Gas herrühren. Das giftige Gas O. kann je nach Konzentration und Einwirkungsdauer die Gesundheit beeinträchtigen. Beobachtet werden vor allem Reizungen des Hals- und Rachenraumes, Augenbrennen wie auch Verschlechterung der Lungenfunktion. Verschiedene Bundesländer reagierten im Sommer 1994 mit Ozonalarm und verfügten Tempolimit auf den Bundesautobahnen. Bislang einmalig fand 1994 im Raum Heilbronn-Neckarsulm ein viertägiger Versuch zur Ozonforschung statt mit Verkehrs- und Produktionsbeschränkungen. Im Versuchsgebiet durften dabei nur Autos mit geregeltem Katalysator oder schadstoffarmen Dieselmotoren fahren. Wie einerseits das bodennahe Ozon in zu großen Mengen schädlich ist, so kann andererseits die partielle Schädigung der Ozonschicht der Erde bei zunehmendem Luftverkehr zu Klimaveränderungen führen.

Ergänzungen/Notizen

P, neben A und F die Tarifbezeichnung im Flugticket für First-Class.

PAC, Passenger Agency Committee; zur Erleichterung der IATA-Konferenzarbeit 1968 gebildetes Spezialkomitee, zuständig für alle die Passageagenten angehenden Fragen (außer Provisionsfragen).

Pachtvertrag, vertragliche Überlassung des Gebrauchs und des Genusses der Früchte einer Sache oder eines Rechts gegen Entgelt (§§ 581-597 BGB) im Unterschied zur Miete, die nur die Gebrauchsüberlassung von Sachen betrifft. Pachtsache kann auch ein Grundstück, Raum oder Gewerbebetrieb sein, dessen Gewinnwirtschaftungsmöglichkeiten vom Vertrag mitumfaßt werden. → Mietvertrag

Package-Tour, → Auto Package-Tour

PAD, Passenger Available for Disembarcation; Fluggast auf Warteliste ohne Festreservierung, Beförderung nach Maßgabe freier Plätze. → Waiting List

PAI, Personal Accident Insurance, Insassenversicherung bei Rent-a-car in USA. → PEC

Paketboot, Bezeichnung für Postdampfer im Linienverkehr, insbes. zur Versorgung von Inseln.

Paketreisen, von Paketreisen-Veranstaltern angebotene Leistungspakete für Busunternehmen, die nach Katalog oder auch als maßgeschneidertes Paket nach den Wünschen der Busreiseveranstalter zusammengestellt werden. Diese kaufen z.B. ein fertiges Paket mit Hotelunterkunft, Fährüberfahrt, Fremdenführung, Theater- oder Festivalkarten u.ä. Die Funktion der Paketreiseveranstalter ist der der Großhändler vergleichbar. → VPR International, → Zielort-Reisearrangements

Paketreisen-Veranstalter, im klassischen Sinne Großhändler, die Leistungen wie Hotelübernachtung, Verpflegung, Fährpassagen u.a. einkaufen, zu einem Arrangement („Paket") schnüren und dann gebündelt zu Nettopreisen vorwiegend an Busreisen-Veranstalter oder Reisebüros mit Eigenveranstaltung verkaufen. In ihrer Funktion als Großhändler fallen die P. nicht unter die Bestimmungen des Reisevertragsrechts und müssen damit nicht die ansonsten vorgeschriebene Absicherung der Kundengelder bereitstellen. → Paketreisen

Palace on Wheels, Palast auf Rädern, Nostalgie-Luxuseisenbahnzug der Maharajas, der durch Rajastan/Indien führt. Beliebte Programme sind die 7-Tage-Bahnfahrt Delhi-Jaipur-Amber-Udaipur-Jaisalmer-Jodhpur-Bharatpur-Fatehpur-Sikhri- Agra oder - auf dem kürzeren Teil - von Udaipur zu den Wüstenstädten Jaisalmer und Jodhpur, interessantesten Teilstrecke, in 3 Tagen. Der Sonderzug ist aus Salonwagen zusammengestellt, die früher in Diensten der Maharajas (Könige, Fürsten) fuhren.

Pampero, heftiger, trocken-kalter Südwestwind aus den argentinischen Pampas nach den östlichen Küstengebieten.

Pan Am, Pan American World Airways Corp., New York, einstiges Symbol US-amerikanischen Unternehmertums. Der Gründer der Airline, Juan Trippe, startete 1927 die zivile Luftfahrt mit Postflügen zwischen Key West in Florida und Havanna/Kuba und bestimmte über Jahrzehnte die amerikanische Luftfahrtpolitik in Übersee. Als erster Carrier übernahm Pan Am 1958 die Boeing 747 (Jumbo-Jet). Der Niedergang der Fluggesellschaft setzte mit dem zunehmenden Wettbewerb durch Deregulierung Ende der siebziger Jahre ein. Weitere Stationen auf diesem Weg waren der Absturz eines Jumbos durch Bombenattentat über Schottland an Weihnachten 1988 und die Verteuerung des Treibstoffs nach Ausbruch des Golfkriegs 1991 mit der Folge, daß das Unternehmen Vergleichsantrag unter Chapter 11 des US-Konkursgesetzes stellen mußte. Die Überseestrecken wurden an Delta Airlines verkauft, die Markenrechte für Pan Am sowie die damit verbundene Handels- und Servicemarken erwarb 1993 der ehemalige USTTA-Chef Charles Cobb, der auch den ruhmreichen Namen mit Charter- und Linienflügen wiederbeleben möchte. Seit Sommer 1996 gibt es wieder Flugverbindungen von Miami aus nach New York, San Francisco, Los Angeles und Chicago. 1998 mußte erneut ein Konkursantrag gestellt werden.

Panama-Flagge, eine der sog. Billig-Flaggen. → Billig-Flaggen/ -Länder

Panama-Kanal, Schiffahrtsweg zwischen Pazifik und Atlantik, touristische Attraktion bei

Panel Discussion

Kreuzfahrten. Der Kanal hat auf einer Länge von 81 km 3 Schleusen. Er verkürzt den Seeweg von New York nach Yokohama um fast 7.000 Seemeilen. Die Verwaltung des Kanals liegt ab dem Jahr 2000 in Händen Panamas, z.Zt. noch in denen der USA.

Panel Discussion, Podiumsdiskussion, bei der die Teilnehmer der Gesprächsrunde am Podium unter Leitung eines Moderators ein zentrales Thema unter unterschiedlichen Gesichtspunkten oder gegensätzlichen Auffassungen oder Interessen behandeln. Dabei kann das Auditorium zur Meinungsabgabe aufgefordert oder zugelassen werden.

Panel, in der Markt- und Meinungsforschung ein bestimmter gleichbleibender Personenkreis, der über einen längeren Zeitraum hinweg zur gleichen Sache befragt wird, z. B. Nielsen Haushaltspanel seit 1992; im Unterschied dazu: Verfahren in Form einer Zufallsstichprobe. → Deutscher Reisemonitor

Pantanal, Buschwald im Mato Grosso, Brasilien, mit vielen Wasserläufen und Seen. Reiche Tierwelt, vor allem Vögel sowie Alligatoren und Wasserschweine. Die Brandrodungen im brasilianischen Buschwald/Urwald bedeuten für das Weltklima eine große Gefahr.

Pantheon, allen Göttern geweihter antiker Tempel, z.B. P. in Rom; neuzeitlich: Tempel für herausragende Persönlichkciten in Paris.

Pantry, engl. für die Speisekammer bzw. Anrichte an Bord von Schiffen oder von Flugzeugen. Sie dient der Aufbewahrung von Geschirr und Lebensmitteln.

PAP, Paying Passenger, im Luftverkehr neben Pax gebräuchliche Abkürzung für Personeneinheit/Zahlgast.

Papas Point, Begriff in der Pilotensprache für eine geographische Position über dem Mittelmeer, auf der die Flugsicherungsgebiete von Marseille und Barcelona aneinandergrenzen. Diesen (wegen Verspätungen) neuralgischen Punkt passieren alle Maschinen, die das nordöstliche spanische Festland und vor allem die Balearen ansteuern. → Flugsicherung

Parador, Haus der gleichnamigen überwiegend staatlichen Hotelgruppe in Spanien, meist in alten Herrenhäusern und Schlössern in landschaftlich reizvollen oder historisch interessanten Gebieten.

Paragliding, touristische Extremsportart, ähnlich dem Drachenfliegen. → Drachenfliegen

Parahotellerie, ergänzend zur traditionellen Hotellerie umfaßt die P. vor allem Appartements, Ferienwohnungen, Privatzimmervermietung, Camping, Caravans, Jugendherbergen, Ferien- und Vereinsheime. Diese Betriebe werden oft als Nebenerwerbsbetriebe geführt.

Parallele Schnittstelle, Verbindungsstecker, mit dem der Computer mit anderen Peripheriegeräten verbunden werden kann. Bei der P. S. werden die Daten parallel über 8 Datenleitungen übertragen, im Gegensatz zur seriellen Schnittstelle, bei der der Datentransfer nacheinander stattfindet. → Serielle Schnittstelle

Pariser Club, informeller Zusammenschluß der wichtigsten internationalen Gläubigerstaaten zur Neuregelung des Schuldendienstes in Schwierigkeiten geratener Schuldnerländer. Umgeschuldet werden überwiegend kommerzielle Handelskredite, die von den Gläubigerländern zur Exportförderung und Kapitalmarktverbesserung mit staatlichen Garantien (in Deutschland durch das Hermes-Instrument des Bundes) versehen werden, daneben auch Entwicklungshilfedarlehen. In der Regel werden jahresweise Zahlungsverpflichtungen zu Marktbedingungen prolongiert, z.T. aber auch Schuldenerlasse ausgesprochen. → Londoner Club

Pariser Luftverkehrsabkommen, Convention Portant Réglementation de la Navigation Aérienne, in Paris am 13.10.1919 als erstes multilaterales Abkommen zur Regelung des zwischenstaatlichen Luftverkehrs unterzeichnet; z.T. auch als CINA-Abkommen bezeichnet. Dieses Abkommen legt die Rechte und Pflichten der Vertragsstaaten im gegenseitigen Luftverkehr, Vorschriften für die Verkehrssicherheit, Hoheits- und Registrierungszeichen der Luftfahrzeuge, Verkehrszeichen im Luftverkehr, Bestimmungen für die Zollabfertigung im Luftverkehr, den Wetterdienst und die Zulassung von Piloten und Luftfahrtpersonal fest. Bis 1939 hatten 32 europäische Staaten das Abkommen anerkannt. Deutschland, Österreich und Ungarn gehörten nicht zu den Unterzeichnern, da diesen von den Siegermächten des 1. Weltkrieges, auf deren Initiative das Abkommen zurückging, die Gleichberechtigung im Luftverkehr versagt wurde. Das P.L. wurde zum Vorbild für das Chicagoer Abkommen, mit dessen Ratifizierung es sich schließlich erledigte. → Chicagoer Abkommen, → CINA

Paristoric, Kunstwort für die Multivisionsschau zur zweitausendjährigen Geschichte der Seine-Metropole. Darbietung in einem 40-minütigen Mix aus Bildern, Musik und Poesie, dargeboten u.a. auf einem 14 m hohen Bildschirm am Boulevard des Batignolles.

Park and Rail, Kombinationsangebot der Bahn mit IC/ICE und Pkw; Grundgedanke ist die Durchführung eines logistischen Reiseablaufs durch Betreuung des Kunden vor und nach der eigentlichen Bahnfahrt; zielgruppenkorrespondierend zum Intercity; Problemlösung von A bis Z durch folgende Angebote:
- reservierter Parkplatz,
- dieser möglichst in unmittelbarer Nähe zum Gleis und Reisezentrum,
- günstige Parkgebühr
- Partnerschaft mit Parkhäusern vor Ort,
- Buchung über DB-Fahrkarten-Ausgaben und Reisebüros.
→ FKA, → ICE, → IC-Intercity

Park, Sleep and Fly, Programm-Angebot der Reiseveranstalter in deutschen Städten, beinhaltet Übernachtung vor und nach Ferienflügen und kostenlose Parkmöglichkeit für das mitgeführte Auto für 2 bis 3 Wochen.

Parliamentary Style, Begriff aus dem Konferenz-Veranstaltungsbereich, parlamentarische Sitzordnung in Reihen oder in Gruppen an Tischen. → Kinobestuhlung, → Theater Style

Pars, Computer Reservierungssystem (crs), gehörte zu TWA und Northwest Airlines; 7.300 angeschlossene Agenturen in USA. P. wurde als AG geführt, an der neben den Gründern auch Abacus mit ihren Gesellschaftern sowie die beiden kanadischen Fluggesellschaften Air Canada und Canadian Airlines Anteile hielten. Fusion mit Datas II zum neuen crs Worldspan. → Abacus, → Datas II, → Worldspan

Part One, Backoffice-Software der Firma Partners Software für Reisebüros. Part One Top ist als Ergänzung zur Vorgangsverwaltung für Veranstalter entwickelt worden.

Partenreederei, Mitreederei; Schuldverhältnis im Seerecht, das sich aus der Vereinigung mehrerer natürlicher oder juristischer Personen ergibt, die ein ihnen gemeinsam nach Anteilen gehörendes Schiff zum Erwerb durch die Seefahrt für gemeinsame Rechnung und in gemeinschaftlichem Namen betreiben. → Reederei

Partikulierschiffer, Kapitän oder Schiffsführer, der zugleich Schiffseigner ist. Die Partikuliere spielen in der Rheinschiffahrt eine bedeutende Rolle. → Reederei

Partnerausschuß der TUI (PA), Mitglieder des PA waren die gewählten Sprecher/Stellvertreter der regionalen Vertreter-/Vertriebsgemeinschaften. PA wurde im Mai 1993 von TUI aufgelöst. Gleichzeitig mit neuer Vertriebsausrichtung wurde PA durch ein Beratungsgremium ersetzt.
→ Counter-Beirat, → TUI-Sachverständigenbeirat, → Vertreterausschuß (VA), → Vertriebsgemeinschaft (VG)

Partnerausschuß, → Vertreterausschuß (VA)

PartnerPlus, neues Lufthansa-Vergütungsmodell, unter Berücksichtigung der Grundvergütung (Standard Provision), der Umsatzsteigerung (VolumePlus), der marktorientierten Förderung (DestinationPlus) und der Innovations- und Servicebereitschaft (ValuePlus). → Saspo

Pass-Key, Hauptschlüssel für alle Zimmer eines Hotels u.ä. → Hauptschlüssel

Passage, 1. Durchgang; Durchfahrt, 2. Schiffspassage, Bezeichnung für Fluß-, Fähr- oder Seeschiffsreise von A nach Hafen B im Gegensatz zu mehrtägigen Schiffsurlaubsreisen oder Kreuzfahrten mit mehr als 2 Anlaufhäfen; Flugpassage für Flugreise. Passagebüro ist die mit dem Verkauf von Schiffsfahrkarten oder Flugscheinen befaßte Agentur bzw. Abteilung eines Reisebüros. Passageticket, -billett ist die Schiffsfahrkarte oder der Flugschein. Passagekontrakt/-vertrag ist der Personenbeförderungsvertrag.

Passagier-Manifest, im Luftverkehr namentliche Aufstellung aller an Bord befindlichen Fluggäste. → Schiffsmanifest

Passagierschiffe, Schiffe zur Personenbeförderung; alle Schiffe, die für mehr als 12 Fahrgäste eingerichtet sind. Dazu zählen: Tages- und Kabinenschiffe, Seebäderschiffe, Kreuzfahrtschiffe, Musik- und Vergnügungsdampfer etc. P. unterscheiden sich von Frachtschiffen durch größere Aufbauten und Decks. Im Gegensatz dazu reine

237

Passat

Frachtschiffe und Kombi-Schiffe (Fracht plus wenige Passagiere). → Frachtschiffsreisen, → Kombi-Schiffe, → Kreuzfahrten

Passat, regelmäßiger, aus östlicher Richtung wehender Wind in den Tropen.

Passenger expenses on route, Auslagen eines Fluggastes z.b. für Hotel oder Mahlzeiten, die von der Fluggesellschaft erstattet werden.

Passenger Facility Charge, → PFC

Passenger Service Charge, → PFC

Passive Buchungen, auch Passive Segmente, waren im Flugbereich ursprünglich dafür gedacht, Buchungen, die z. B. direkt per Telefon an die Airlines gingen, im crs nachzuvollziehen. Manche Reisebüros bzw. crs-Anwender werden jedoch von Airlines beschuldigt, eine Überzahl an Scheinbuchungen mit fiktiven Kundennamen zu produzieren, z. B. um in Spitzenzeiten vorsorglich über Sitzplätze zu verfügen oder um ausreichend Segmente für einen Mietnachlaß nachweisen zu können.

Passive Segmente, um Flugreservierungen von einem Reservierungssystem auf ein anderes zu übertragen wird ein neuer PNR mit p.Sn. erstellt (z.B. bei Ticketausstellung durch Consolidator), → Consolidator, → PNR

PATA, Pacific Asia Travel Association (früher Pacific Area Travel Association), gegr. 1952, Sitz: San Francisco, ab 1998 Bangkok, reicht geographisch von Pakistan über Neuseeland/Ozeanien bis zur Westküste der USA; Marketingorganisation zur Förderung des Tourismus in dieser Region, nichtkommerzielle Vereinigung. Mitglieder sind Regierungen, Luftverkehrsgesellschaften (LH seit 1962), Reedereien, Reiseveranstalter, Reisebüros, Hotels sowie weitere am Reiseverkehr beteiligte und interessierte Gruppen und Behörden, Organisationen und Einzelunternehmen. Separate Mitgliedschaft im German Chapter ist möglich. PATA German Chapter, Sitz: Frankfurt/M., ist zuständig für Deutschland. Die PATA führt im Frühjahr regelmäßig in einem ihrer Mitgliedsländer einen Travel Mart für Einkäufer aus der ganzen Welt durch. 1989 wurde in München erstmals ein Europäischer Travel Mart organisiert.

Pâtissier, in der à la carte-Küche ist der P. für die Süßspeisen zuständig. → à la carte-Küche

Patronatserklärung, Sicherungsmittel bei Kreditgewährung oder Vertragsabschluß mit Tochterunternehmen oder Franchisenehmern. Das versprechende Unternehmen erklärt hierbei, jederzeit unbedingt für die Verpflichtungen aus dem Vertrag mit der Tochtergesellschaft oder dem Franchisenehmer einzustehen. In diesem Verhältnis ersetzt die P. auch im Reisegewerbe z.T. die sonst erforderlichen Bankbürgschaften oder Vertrauensschaden-Versicherungen. → Bankbürgschaft, → Vertrauensschaden-Versicherung

Pauschalfahrten, → Ausflugsfahrten, → Pauschalreisen

Pauschalflugreiseverkehr, nach der gültigen Luftfahrtstatistik (Stand 1995) steht P. für Gelegenheitsverkehr, er bezeichnet die Beförderung von Pauschalreisenden im turnusmäßigen Nicht-Linienverkehr für gewerbliche Reiseveranstalter. → Gelegenheitsverkehr, → Pauschalreisen, → Reiseveranstalter

Pauschalreisen, sie entstehen aus der vom Reiseveranstalter (Produzent) vorgenommenen Bündelung von mindestens 2 Hauptreiseleistungen wie Beförderung, Unterbringung, Verpflegung, Besuchsprogramm, Animation, Transfer oder anderer Leistungen zu einem Arrangement. Als standardisiertes, vorgefertigtes Programm eignen sich P. zum Angebot in Katalogen. Sie unterliegen dem Reisevertragsrecht der §§ 651 a ff. BGB. Der Anteil der P. am Gesamtreiseaufkommen in den bundesdeutschen Marktes lag nach U + R für 1997 bei 43,3% (das entspricht 26,9 Mio. Pauschalreisen). → Haftung bei Pauschalreisen, → Hauptleistungen, → Individualreisen, → IT-Reisen, → Leistungsträger, → Reiseveranstalter, → Reisevertrag/Reisevertragsrecht, → Teilpauschalreisen, → Urlaub + Reisen (U + R), → Vollpauschalreisen

Pauschalreisen-Anteil, bezeichnet denjenigen Teil der Gesamtreisen, der über Veranstalter abgewickelt wird. → Pauschalreisen

Pauschalreisen-Anzahl, zur P. wurde in einer Markt- und Wettbewerbsanalyse von R. Hochreiter und U. Arndt folgende Formel entwickelt: Anzahl Pauschalreisen = Pauschalreisenanteil x Reiseintensität x Reisehäufigkeit x Bevölkerung über 14 Jahre. Nach U + R für 1997 betrugen:

Pegasus

- Reiseintensität 74,3%
- Reisehäufigkeit 1,32
- Pauschalreisenanteil 43,3%
- Anzahl Pauschalreisen in Mio. 26,9
- Anzahl Urlaubsreisen in Mio. 62,2
- Gesamtbevölkerung über 14 Jahre in Mio. 63,3

Errechnung der Anzahl der Pauschalreisen nach o.g. Gleichung für 1997:

0,433 x 0,743 x 1,32 x 63,3 = 26,9 Mio. Nach diesem Rechen- und Lesebeispiel wurden 1997 insges. 26,9 Mio. Pauschalreisen unternommen. → Pauschalreisen, → Reisehäufigkeit, → Reiseintensität, → Urlaub + Reisen (U + R)

Pax/Paxe, im Tourismus gebräuchliche Bezeichnung für Personeneinheit, abgeleitet von Passagier.

Pay TV, Fernsehprogramme, für deren Empfang eine Gebühr bezahlt werden muß (zum Beispiel Premiere, DF 1) und die nur mit einem Decoder sichtbar sind. Häufig bieten Hotels Pay per View an, eine Form des Pay-TVs, bei dem nur das vom Sender abgerufene Programm vom Teilnehmer bezahlt werden muß, das er tatsächlich gesehen hat. → Decoder

PBefG, das Personenbeförderungsgesetz unterwirft jede entgeltliche oder geschäftsmäßige Beförderung von Personen mit Straßenbahnen, O-Bussen und Kraftfahrzeugen der Genehmigungspflicht. Der Genehmigung bedarf ferner jede Erweiterung oder wesentliche Änderung des Unternehmens, die Übertragung der aus der Genehmigung erwachsenden Rechte und Pflichten sowie die Übertragung der Betriebsführung auf einen anderen (§§ 1 und 2 Abs. 2 PBefG). Von den Bestimmungen des PBefG sind ausgenommen Beförderungen mit Pkw, wenn das Gesamtentgelt die Betriebskosten nicht übersteigt (§ 1 Abs. 2 PBefG). Ausgenommen sind des weiteren die Beförderungen, die der Verordnung über die Befreiung bestimmter Beförderungsfälle von den Vorschriften des Personenbeförderungsgesetzes vom 30. August 1962 unterliegen. → Grundpflichten, → Öffentlicher Verkehr

PBKA (Paris, Brüssel, Köln, Amsterdam), gemeinsam von den französischen, belgischen, deutschen und niederländischen Eisenbahnen geplante Strecke mit Hochgeschwindigkeitszügen. Der deutsche Streckenanteil beträgt jedoch nur 70 km an der gesamten Strecke. → ICE, → TGV

PC, 1. Personal Computer, Arbeitsplatzrechner; Begriff ist in erster Linie für alle Rechner gebräuchlich, die auf Basis der Intel-Prozessoren 8086, 8088, 80286 und 80386 arbeiten. Weiterentwicklung über den 586 (Pentium) und seit 1995 den 686, kurz P-6 genannt, Die Leistungsfähigkeit von heutigen Computern liegt bei mehreren Mrd. Operationen pro Sekunde. Die Computer der nächsten Generation werden spezielle Aufgaben selbständig lösen können (künstliche Intelligenz), lernfähig sein und natürliche Sprache verarbeiten können. **2.** Personal Computing, individuelle Datenverarbeitung, **3.** Printed Circuit, gedruckte Schaltung. → Computer, → CPU

PC-DOS, Betriebssystem. MS-DOS-Version kompatibel mit IBM-Rechner. → Betriebssystem

PCO (Professional Congress Organizer), der professionelle Kongressorganisator arbeitet für den Kongressplaner vor Ort im voraus und während der Veranstaltung. Er ist entweder als Inhouse- oder freier PCO tätig. Ein Inhouse-PCO verkauft als Abteilung eines Kongreßhauses die eigene Leistung; bei einer Zusammenarbeit mit dem externen oder freien PCO kann er sich um die technische Ausstattung, Auf- und Einteilung der Räume, Koordination der Abteilungen, den technischen Ablauf und die Beschilderung kümmern. Der freie PCO übernimmt Budgetierung, Drucksachen, Teilnehmer-Handling, Tagungsbüro und Rahmenveranstaltungen außerhalb des Hauses.

Peak Season/On Season, gleichbedeutend mit Hauptsaison. → Off-season

PEC, Personal Effects Coverage, Gepäckversicherung bei Rent-a-car in USA. → PAI

Pegasus, 1. crs von Canadian Airlines International; führte mit Reservec zur Fusion von Gemini. **2.** Entwicklung einer einheitlichen Buchungsmaske für die DB für alle crs in Anlehnung an das DB-eigene Programm Kurs 90. Unter P. soll es möglich werden, über START-Terminals Fahrplan- und Tarifauskünfte für den gesamten Öffentlichen Personennahverkehr (ÖPNV) zu erteilen und kombinierte Tickets für DB-Züge und Nahverkehrsmittel auszustellen. → Gemini

Penalty

Penalty, engl. für Strafe, im Linienflug steht P. für eine Gebühr, die im Falle von Umbuchung oder Stornierung bezahlt werden muß.

Pendelverkehre ohne Arrangement, Durchführung von Pendelverkehren mit Reisegästen, die lediglich die Beförderungsleistung, aber keine zusätzlichen touristischen Leistungen, wie z.b. Hotel, Verpflegung oder Stadtrundfahrt gebucht haben.

Pendelverkehrsdienst, Verkehrsdienst, der bei mehreren Hin- und Rückfahrten von demselben Ausgangsort nach demselben Zielort Reisegäste befördert, die zuvor in Gruppen zusammengefaßt worden sind. Jede Reisegruppe, welche die Hinfahrt gemeinsam ausgeführt hat, wird bei einer späteren Fahrt geschlossen an den Ausgangsort zurückgebracht. Die erste Rückfahrt zum Ausgangsort und die letzte Hinfahrt zum Zielort müssen im Pendelverkehrsturnus jeweils Leerfahrten sein. → Leereinfahrt

Pendolino, Zug mit Dieselantrieb, der entgegen den herkömmlichen Zügen vor den Kurven nicht abbremsen muß und auf bestehenden Streckenteilen in stetigem Tempo verkehren kann. Entsprechend seiner Geschwindigkeit neigt sich die gegenüber dem Fahrgestell in der Längsachse des Wagens drehbare Fahrgastzelle durch eine computergesteuerte Hydraulik. Der Name P. kommt von der Pendelbewegung, die seine Wagen in kurvenreichen Strecken ausführen. → Neigezüge

Pension/Hotelpension, nach DEHOGA ein Betrieb, der sich von Hotels durch eingeschränkte Dienstleistungen unterscheidet. Mahlzeiten werden nur am Hausgast verabreicht. Die Bezeichnung „Hotelpension" ist häufig in Städten zu finden. „Pension" meist in ländlichen Gebieten. → DEHOGA, → Hotel

Penthouse, Dachwohnung, Nebengebäude.

PEP, 1. Bei der Lufthansa für „Persönlicher Einsatzplan'". Informationssystem im Rahmen des Crew-Management-Systems zur Unterstützung des Besatzungseinsatzes bei der Planung und Verwaltung des fliegenden Personals auf Lufthansa-Flügen. **2.** Product Education Program/Produkt-Erfahrungs-Programm, Marketingmaßnahme von Luftverkehrsgesellschaften mit Vorzugstarifen für Mitarbeiter von IATA-Agenturen, meist zu betriebsarmen Zeiten. Der Lufthansa-PEP gilt jeweils für 2 Personen, Reisen können alle Mitarbeiter von Reisebüros mit IATA-Agentur, plus eine weitere frei wählbare Person. Flüge der Kooperationspartner sind hierbei ausgeschlossen.

PEPE, Produkt-Erfahrungsprogramm-España (Spanien), Vorzugstarif für Mitarbeiter von IATA-Agenturen. → PEP

Peripherie-Hardware, zusätzlich an einen Computer angeschlossene Komponenten wie z.b. Drucker, Monitor, Maus und Modem.

Personengesellschaft, nennt man den Zusammenschluß mehrerer Personen durch einen Gesellschaftsvertrag. Zu den P. zählt man: BGB-Gesellschaft, KG und OHG. → Einzelunternehmen, → Genossenschaften, → Kapitalgesellschaft, → KG, → Offene Handelsgesellschaft, → Unternehmensform

Personenkilometer (Pkm), Produkt aus der Anzahl der beförderten Personen und der mittleren Reiseweite.

Persönliche Monats- und Jahresnetzkarte, DB-Angebot für Fahrten auf dem Gesamtstreckennetz der DB mit ca. 39.000 km für den Inhaber (persönlich) als Monats- oder Jahresnetzkarte mit vielen zusätzlichen Serviceanteilen. Die P. kann an jedem beliebigen Tag gültig werden. → Jahresnetzkarte (persönlich), → Jahresnetzkarte (unpersönlich)-UP

PETRA, Förderungsprogramm der EU für die Berufsbildung Jugendlicher, seit 1992 PETRA II, ein wesentliches Instrument für Schüler- und Lehrlingsaustausche. Von diesem Programm profitierten auch Tourismusschulen in verschiedenen EU-Ländern. PETRA-Nachfolgeprogramm ist LEONARDO. → LEONARDO

PEX, Purchase Excursion Fare, Sondertarif der Fluggesellschaften mit besonderen Reservierungsbedingungen.

Pfandbriefe, sind von Hypothekenbanken ausgegebene festverzinsliche Schuldverschreibungen mit einer Sicherstellung auf Grundstücke, die zur Refinanzierung von Hypothekenkrediten dienen.

Pfannenstiel, geographischer Begriff für das südliche Alaska. In dieses Gebiet führen 7tägige Kreuzfahrten mit den Anlaufhäfen Ketchikan, Juneau, Skagway, Sitka und Glacier-Bay, einer großen, zum Nationalpark er-

Planwirtschaft

klärten Bucht, in welche 200 Gletscher münden. →Kreuzfahrten

PFC, Passenger Facility Charge oder auch PSC, Passenger Service Charge, sind fluggastbezogene Gebühren, Abgaben oder Entgelte, die im Zusammenhang mit der Fluggastabfertigung von Flughafenunternehmern erhoben werden.

Pflichtimpfungen, einige Staaten fordern zur Ein- oder Durchreise Schutzimpfungen, die vorab in einem internationalen Impfpaß vermerkt werden müssen. →TIP-Info-Datenbank

Philoxenia, alljährlich stattfindende Touristikmesse in Thessaloniki; P. von (griech.) Gastfreundschaft.

Phoenix, crs der DER-Gruppe.

PICAO, Provisional International Civil Aviation Organization, Provisorische Internationale Zivilluftfahrt Organisation, Vorläufer der ICAO, wurde vorübergehend konstituiert (1944 bis 1947). →ICAO

Pick-up, Wohnmobile mit abnehmbarem Aufbau. Das Basisfahrzeug kann damit auch für andere Zwecke genutzt werden. →Campingtourismus, →Caravan

Pictogramm, bildhafte, symbolische Darstellung von Gegenständen oder Sachverhalten (z.B. Verkehrszeichen, Hinweisschilder in Kaufhäusern, Hotels u.a. sowie zur Darstellung der einzelnen Sportarten).

Piece Concept, der Stückzahltarif bei der Fluggepäckbeförderung findet Anwendung im internationalen Luftverkehr zwischen den USA und Kanada sowie im innerdeutschen Flugverkehr. Das P.C. besagt, daß abhängig vom bezahlten Tarif bzw. der gebuchten Flugklasse zwei Gepäckstücke und ein Stück Handgepäck befördert werden. Es gelten dabei folgende Volumens- und Gewichtsgrenzen: USA/Kanada: zwei Gepäckstücke je 32 kg, in der Business-Klasse jedes nicht größer als 158 cm (Länge + Breite + Höhe), in der Economy-Klasse beide Gepäckstücke nicht größer als 273 cm. Im innerdeutschen Flugverkehr sind 2 Gepäckstücke zulässig, jedes nicht größer als 170 cm. Das zulässige Gepäckgewicht liegt deutlich höher als bei Anwendung des Weight Concept. →Weight Concept

Pilgerfahrt, →Religionsbedingter Tourismus

PIR, Property Irregularity Report, Bescheinigung der Fluggesellschaften zur Schadensregulierung für abhanden gekommenes oder beschädigtes Gepäck.

Pirmasenser Fachkursus, alljährlich für die Fremdenverkehrspraxis veranstaltet. Wissenschaftler und Praktiker referieren über Konzepte, Fakten und Trends im Tourismus.

PITI, Professionals in Travel Inc., US-Verband für Expedienten als individuelle Mitglieder im Gegensatz zu ASTA und ARTA mit Firmen als Mitgliedern. PITI versteht sich als Servicevereinigung.

Plan ahead, Hotelscheckprogramm in Großbritannien mit fest gebuchten Hotelschecks für Halbpension. Hierbei werden alle Hotels fest vorgebucht.

Planflug, gem. Luftfahrtstatistik wird unterschieden nach 1. Planmäßiger Flug: Nach Flugplan durchgeführter Flug im Linienflugverkehr und linienähnlichen Verkehr. →Linienflugverkehr. 2. Planmäßiger Flug mit abweichender Streckenführung. →Rerouting (RRT)

Plan-Management (PM), Sitz in Genf, ist die Abteilung der IATA, die dem Agency Administrator für das verwaltungstechnische Management und die Entwicklung des BSP in den verschiedenen Ländern/Gebieten verantwortlich ist. Das P. ist zuständig für die Einführung von BSPs, die weltweite Sicherstellung der BSP-Verwaltung, Beratung der LVGs, Agenten Clearing Banken und Rechenzentren sowie den Einsatz neuer Techniken und Verfahren abzusichern. Vertretung durch einen örtlichen Manager in jedem BSP-Gebiet. →BSP, →IATA-Resolution 814

Planungsbüro Luftraumnutzer, ehem. Zusammenschluß von Lufthansa, Arbeitsgemeinschaft Deutscher Verkehrsflughäfen (ADV) und Arbeitsgemeinschaft Deutscher Luftfahrtunternehmen (ADL) zur Bewältigung der Probleme des wachsenden Flugverkehrs. Zu den selbstgestellten Hauptaufgaben gehörte insbes. die Erarbeitung von Konzepten zur Neuordnung der deutschen und europäischen Flugsicherung und zum Abbau von Verspätungszeiten im Luftreiseverkehr. P.L. ist nicht mehr aktiv. →ADL, →ADV, →Flugsicherung

Planwirtschaft, genauer: Zentrale Planwirtschaft; Wirtschaftssystem, in dem eine zen-

241

Plastikgeld

trale Planungsbehörde das gesamte Wirtschaftsgeschehen (Produktion und Verbrauch, Dienstleistungen) lenkt, gestaltet und kontrolliert. Ein umfassendes Zuteilungssystem ersetzt den freien Austausch von Gütern und Dienstleistungen über den Markt. Das Eigentum an Produktionsmitteln liegt fast ausschließlich in der Hand des Staates. → Marktwirtschaft

Plastikgeld, unter P. wird der Markt der Kreditkarten verstanden. → Kreditkarten

PLATO, Property Level Access Terminal, crs der Best Western-Hotelgruppe.

PLP, Pay Later Plan, Kreditverkauf, Stundung. → Nonref

PNL, engl. Passenger Name List, Passagierliste bei Linienflügen.

PNR, 1. Passenger Name Record bei Amadeus bezeichnet die Buchung für einen oder mehrere Kunden mit dem zugehörigen Datensatz, wie Name, Flug- Hotel- oder Mietwagensegment, Adresse oder Telefonnummer (AP-Element) und zusätzliche Informationen, sog. Remarks. Nach Abschluß des PNRs erhält man einen Record Locator. **2.** Point of No Return bezeichnet den vom Abflughafen am weitesten entfernten Punkt, von dem aus ein Luftfahrzeug mit der noch vorhandenen Kraftstoffmenge zum Ausgangsflughafen zurückkehren oder einen Ausweichflughafen anfliegen kann.
→ AP-Element, → Non-homogeneous PNR → Record Locator, → Record Return,

Point-to-Point-Dienste, Direktflüge in den USA, nach dem Vorbild von Southwest Airlines, niedrigpreisiger Linienverkehr.

Polarkreis, geografische Grenzlinie der arktischen und antarktischen Polarzone; trennt den Polargürtel vom gemäßigten Gürtel.

Polarlicht, nächtlich zu beobachtende Leuchterscheinung in den polaren Gebieten der Nord- (Nordlicht) und Südhalbkugel (Südlicht).

Polartaufe, ihr werden Passagiere unterzogen, die zum ersten Mal auf einer Nordlandreise den Polarkreis überqueren; Feier, ähnlich der Äquatortaufe. Hier jedoch ernennen die örtlichen Götter Ägir und Ran die Passagiere zu Mitgliedern des Hofstaates.
→ Äquatortaufe

Police, Synonym für Versicherungsschein. Die Versicherungspolice ist eine vom Versicherer ausgestellte und unterzeichnete Urkunde über den Abschluß einer Versicherung.

Poll, regelmäßige Anfrage von einem Rechner, ob eine freie Leitung zu START zur Verfügung steht.

Polypolistische Konkurrenz, Situation auf dem Reisebüromarkt, bei der vielen Anbietern von Reisemittlerleistungen eine Vielzahl von Nachfragern gegenübersteht. Die Marktteilnehmer richten sich nach den gegebenen Marktleistungen.

Pool, Kooperationsabkommen zwischen Fluggesellschaften, die regelmäßig dieselbe Flugstrecke im Liniendienst bedienen, wobei der erzielte Gewinn bezogen auf die Frequenz geteilt wird. Die jeweilige Flugauslastung spielt bei der Gewinnverteilung keine Rolle; enthält Vereinbarungen über Beförderungspflichten und -rechte, z.B. Flugscheine des Poolpartners zu akzeptieren. Im innereuropäischen und von Europa ausgehenden Flugverkehr sind diese Pool-Abkommen weit verbreitet. Von der Europ. Kommission bereits 1988 wegen ihrer wettbewerbshemmenden Wirkung stark eingeschränkt. → Interlining, → Linienflugverkehr

Pool-Abkommen, → Pool

Portier/Concierge, ihm sind in Hotels folgende Mitarbeiter unterstellt: Hotel- oder Hausdiener, Pagen und Kommissionäre, Liftführer, Türsteher, Wagenmeister. Die Portierloge befindet sich meist in unmittelbarer Nähe des Hoteleingangs, der Arbeitsplatz des P. ist der Portiers-desk, seine Arbeitsmittel sind die Telefone. Der Beruf des P. ist ein ausgesprochener Stehberuf. Er ist als „Sekretär des Gastes" rund um die Uhr für die Betreuung der Gäste, die Verwaltung der Zimmerschlüssel und die Vermittlung von Gütern und Dienstleistungen wie z.B. Verkehrsdienste, kulturelle Angebote (Theaterkarten etc.) sowie persönliche Dienste zuständig (in USA nicht zu verwechseln mit dem Hotel-Clerk, dessen Position weniger umfassend und verantwortungsvoll ist). → Clef d'or

PORTS, crs der Irish Ferries, Dublin, mit ihren Generalagenten, z.B. Geuther, Bremen.

POS, Point of Sale, Point of Purchase (POP), Verkaufsort aus Sicht des Händlers und Ort des Einkaufs aus Sicht des Verbrauchers. Beide Begriffe werden synonym angewendet und bezeichnen den Ort des Warenangebots, z.B. das Reisebüro. Marketingbegriff für gezielte Verkaufsförderungsmaßnahmen (Kommunikationspolitik). → Marketing-Mix

POSH, Port Outward Starboard Home; going posh. Eine Redewendung, später eine Einbuchungsmöglichkeit bei Kreuzfahrten, die auf die ersten Dampfschiff-Reisen zwischen England und Indien zurückgeht. Sie bedeutete den Vorzug des Reisens auf der Schattenseite des Schiffes bei extrem hohen Temperaturen im Indischen Ozean. Diese Klasse konnte zu einer Zeit gebucht werden, als Klimaanlagen noch nicht bekannt waren. → Kreuzfahrten

Positionieren, Stationieren eines Flugzeugs auf einem bestimmten Flughafen als Ausgangsbasis für Charter- und Linienflüge.

Positionierungsflug, Überführungsflug zu einer neuen Ausgangsbasis zur Aufrechterhaltung eines Flugumlaufs.

Positionsfahrt/Positionierungsfahrt, Überführungsfahrt eines Kreuzfahrtschiffes von einem Seegebiet in ein anderes, z.B. zum Saisonwechsel Herbst/Winter vom Mittelmeer in die Karibik.

POST, Praxis-orientierter Studienkreis im Tourismus, in Kall/Eifel, bei der dortigen Wirtschaftsfachschule für Fremdenverkehr und Tourismus mit dem Abschluß nach 2 Jahren (incl. Praxissemester) Staatl. gepr. Betriebswirt für Fremdenverkehr und Tourismus.

PostGepäck, Gepäckzustellung von der Postfiliale zur Hausadresse auch ohne DB-Fahrschein. Das P.-Ticket kann nur bei DB-Verkaufsstellen verkauft werden. → Kuriergepäck

Pousada, in Portugal staatlich geleitetes, meist in historischen Gebäuden eingerichtetes Hotel. P. bedeutet „Ort der Sammlung und Ruhe", vergleichbar dem spanischen Parador. → Parador

Pow Wow, vollständige Bezeichnung: Discover America International Pow Wow; größte amerikanische Touristik-Fachmesse, erstmals 1968; jedes Jahr in einer anderen Stadt der USA. Fachveranstaltung mit starkem Incomingcharakter für USA und Canada, bei der die Gesprächstermine im voraus fixiert werden. Veranstalter ist TIA. Erster europäischer Pow Wow im Oktober 1990 in Paris. Pow Wow ist in der Indianersprache „das große Palaver". → TIA

PPD, 1. Pattern/Persönlicher Einsatzplan/Daily im Rahmen eines Datenverarbeitungsprojekts bei LH. **2.** Prepaid im Sinne des Verkaufs, bei Passagen vorausbezahlter Flugschein. → PTA, → TOD

PR, Public Relations, Öffentlichkeitsarbeit mit dem Ziel, Erscheinungsbild, Verhalten eines Unternehmens und Kommunikation im Sinne einer Corporate Identity abzustimmen und die Interessen des Unternehmens mit öffentlichen Interessen in Einklang zu bringen. → Corporate Identity (CI), → Öffentlichkeitsarbeit

Prämie, Beitrag des Versicherungsnehmers für die Gefahrtragung des Versicherers und für andere Leistungen, die dieser übernimmt.

Prämienticket, auch Award-Ticket. Flugticket von Lufthansa Miles and More, welches nach Erreichen einer bestimmten Anzahl von Statusmeilen eingetauscht werden kann. → Frequent Traveller, → Miles and More

Präsidium der deutschen Touristikwirtschaft, → Tourismus-Präsidium

Pre- and Post Convention-Tours, Vor- und Nach-Konferenz-Reisen im Zusammenhang mit einer Kongreßveranstaltung, in der Reisebranche meist zur Vertiefung der Länderkenntnis. → Convention, → Kongreßtourismus

Preboarding, bezeichnet die bevorzugte Behandlung, früheres Einsteigen, das bestimmten Passagieren (VIPs, Kranken etc.) vor dem Abflug gewährt wird.

Preis, ist der in Geld ausgedrückte Wert einer von einem Betrieb erstellten Leistung, zu dem diese auf dem Markt angeboten wird. → Markt

Preisbindung, als „vertikale Preisbindung" oder „Preisbindung zweiter Hand" bezeichnet sie die Verpflichtung von Wiederverkäufern, gelieferte Ware nach vom Hersteller festgeschriebenen Preisen abzugeben. Die vertikale Preisbindung wurde 1974 durch Änderung des Kartellrechtes (vergl. Gesetz gegen Wettbewerbsbeschränkungen) grundsätzlich verboten. Ausnahmen vom Verbot der Preisbindung gelten neben dem Bereich der Verlagserzeugnisse für die Tarife im Linienverkehr. Faktische Preisbindungen entstehen durch das Verbot des Rabattgesetzes zur Gewährung skontoüber-

Preisindex

schreitender Preisnachlässe (Skonto ist als Preisnachlaß bis zu 3% bei Barzahlung erlaubt) sowie durch das System des „Pauschalreisens nach Katalog" mit festgelegten Leistungen ohne praktische Abweichungsmöglichkeit. → Gesetz gegen Wettbewerbsbeschränkungen (GWB), → Linienverkehr, → Rabattgesetz, → Rabattverbot beim Verkauf von Pauschalreisen, → Tarif

Preisindex, seit 1969 berechnet das Statistische Bundesamt einen Reise-Preisindex, der sich an der Entwicklung der Pauschalreisen-Preise orientiert und mit einem Anteil von 1,664% in den Gesamtindex eingeht (Preisbasisjahr 1991=100, früheres Bundesgebiet). Der Berechnung liegen die Katalogprogramme der führenden Reiseveranstalter zugrunde. Ein neues Wägungsschema wird im Laufe des Jahres 1999 eingeführt (Basisjahr 1995=100). → Pauschalreisen, → Reiseveranstalter

Preisstabilität, volkswirtschaftliche Größe, vorrangiges Ziel der Europäischen Zentralbank ist es, die P. des Euro zu gewährleisten wie in Artikel 105 EGV festgelegt. Auch die wechselkurspolitischen Entscheidungen im Verhältnis zwischen dem Euro und anderen Währungen, die der Rat nach Artikel 109 EGV treffen kann, müssen den Vorrang der P. respektieren. → Euro

Presidential Suite, Präsidenten-Suite, luxuriöse Mehrraumwohneinheit mit getrennten Wohn- und Schlafräumen, Empfangssalon, Privatbad und Küchenbar.

Pride of Britain, Vereinigung zur gemeinsamen Vermarktung luxuriöser Landhaus- und Stadt-Hotels und des Luxuszuges Royal Scotsman. Deutscher Anbieter ist Consul-Weltreisen, Düsseldorf. → Royal Scotsman

Primärer Sektor, umfaßt die Gewinnung materieller Güter unmittelbar aus der Natur (Land- und Forstwirtschaft, Bergbau, Fischerei, etc.). → Sekundärer Sektor, → Tertiärer Sektor

Primus, touristisches Reiseangebots- und Informationssystem mit Best-Buy-Funktion der Firma Mc Tour mit Hotel- und Info-Guide. Schnittstellen für START ISDN, Eco Link, START Online, Merlin, Stinet und zukünftig für Galileo und Sabre.

Priority Code, den Priority Code benutzen Fluggesellschaften, um Vielfliegern oder anderen wichtigen Personen (VIPs) einen bevorzugten Service oder Bequemlichkeiten anzubieten. Die Lufthansa arbeitet mit solchen VIP-Nummern; z.B. HONS (honourable persons) werden bei der Abfertigung bevorzugt sowie bei Wartelisten auf ausgebuchten Maschinen an die erste Stelle gesetzt. → Frequent Flyers/Travellers, → VIP

Private Fares, Nettotarifdatenbank unter Galileo, ermöglicht die Abfrage von zentral eingegebenen Nettotarifen. → Galileo

Privater Verkehr, Verkehr mit Fahrzeugen im Privatbesitz ohne die für den öffentlichen Verkehr spezifischen Pflichten, auch als Individual-Verkehr geläufig. → Öffentlicher Verkehr

Privatisierung, Überführung von Unternehmen oder Unternehmensbeteiligungen aus staatlichem in privates Eigentum mit dem Ziel, den Wettbewerb in einer Branche zu verstärken und Leistungen und Angebot zu verbessern und das staatliche Budgetdefizit zu verringern. → Bahnreform, → Bundeseisenbahnvermögen, → Treuhandanstalt

Privatquartier, nichtgewerbliche Beherbergungsstätte mit einer Kapazität bis zu acht Betten. → Beherbergungsbetriebe

Privatvermieter, Beherbergungsstätte mit einer Kapazität von bis zu acht Betten, die nicht erlaubnispflichtig und jedermann zugänglich ist; Gäste werden zum vorübergehenden Aufenthalt gegen Entgelt aufgenommen.

Prix ITB Berlin, Internat. touristischer Filmwettbewerb, wird seit 1982 von AMK organisiert. Ausgezeichnet werden je 3 Beiträge der Sparten Filme (16 mm), Video-Filme und Spots und Clips mit je einem Goldenen, Silbernen und Bronzenen Kompaß. Neben künstlerischer Gestaltung, technischer Qualität, Text, Sprache und Musik ist vor allen Dingen der touristische Informationswert von ausschlaggebender Bedeutung. Erstmalig zur ITB '92 auch für eine Tonbandkassette ausgeschrieben. → AMK, → ITB

Pro-Rata-Abkommen, Abkommen über Abrechnungsverfahren der IATA-Fluggesellschaften mit Clearing-House in London. Hier werden Flugtickets, die mit verschiedenen Carriern abgeflogen wurden, anteilig abgerechnet. → IATA

Pro-Rata-Charter, Vertragsart zwischen Reederei/Charterfluggesellschaft und Veranstalter, bei der das Schiff/Fluggerät inkl. Be-

Property-Management-Systeme (PMS),

satzung und Servicepersonal im Gegensatz zu Voll- und Blockcharter (Teilcharter) nicht gegen einen Festbetrag überlassen wird. Die Abrechnung erfolgt hierbei pro-Rata, d.h., jede verkaufte Passage wird einzeln abgerechnet. Damit ist der Charterpreis abhängig von der tatsächlichen Auslastung. Das wirtschaftliche Risiko trägt in diesem Fall die Reederei/Fluggesellschaft.
→ Teilcharter, → Vollcharter

Probezeit, jedes neue Arbeitsverhältnis beginnt mit einer P. Bei der Berufsausbildung/Lehre darf diese höchstens drei Monate betragen. Bei einem Arbeitsverhältnis höchstens 6 Monate. Während dieser Zeit haben sowohl der Betrieb, als auch der/die Auszubildende bzw. der Arbeitnehmer das Recht und die Pflicht, gewissenhaft zu prüfen, ob auf beiden Seiten die notwendigen Voraussetzungen für ein erfolgversprechendes Ausbildungs- bzw. Arbeitsverhältnis gegeben sind. Während dieser Zeit kann das Berufsausbildungsverhältnis jederzeit ohne Einhaltung einer Kündigungsfrist gekündigt werden. Hinsichtlich der Kündigung des Arbeitsverhältnisses gilt eine zweiwöchige Kündigungsfrist.

Processing Centre, Rechenzentrum des BSP, das die Verkaufsabrechnungen von Agenten erhält, Daten daraus entnimmt und verarbeitet sowie Abrechnungen an Agenten, Kreditkartinstitute und LVGs verschickt und die Clearing Bank über die zu zahlenden Beträge der Agenten informiert.
→ BSP, → Clearing Bank

Product-Tailoring, im absatzpolitischen Instrumentarium behält die Preispolitik für den Reiseveranstalter einen hohen Rang. Das Konzept des PT besagt, daß sich der erzielbare Preis an der jeweiligen Zielgruppe orientiert und die Leistung dem erzielbaren Preis angepaßt wird.

Produktivität, ist das bestimmende Verhältnis zwischen Produktionsergebnis und den eingesetzten Mitteln, das sagt, wieviel Personen für die Erstellung einer Mengeneinheit notwendig sind. Je weniger Personen für die Produktion erforderlich sind, um so höher ist die Produktivität. An der P. liest man die Ergiebigkeit des Wirtschaftsprozesses ab. Die Einführung von Computern zur Unterstützung von Buchungssystemen führte zu großen Produktivitätssteigerungen. → crs

Produzierter Verkehr, gebräuchlich für Fährschiffsreisen, die als touristisches Paket angeboten werden. → Fähren

Promenade, auf Kreuzfahrtschiffen Rundweg um das gesamte Schiff. Das P.-deck liegt meist über dem Hauptdeck.

Property-Management-Systeme (PMS), in USA Computersystem für Betrieb und Management im Hotel.

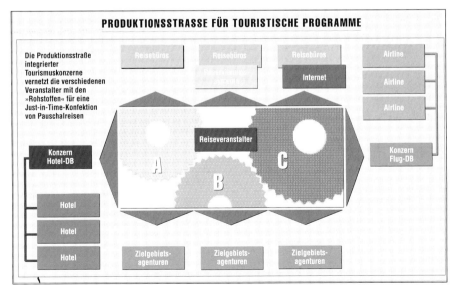

Propyläen

Propyläen, Torbauten oder Eingangshallen, die auf monumentale Bauanlagen zuführen, z.b. Akropolis, Athen.

Protection booking, zusätzliche Schutzbuchung zu einer Warteliste.

Protektionismus, staatlich oder blockbehördlich verordnete Politik der Einfuhrbeschränkungen im Verbund mit dirigistischen Mitteln zum Schutz der einheimischen Produktion und Märkte im Gegensatz zur offenen Marktwirtschaft mit freiem Wettbewerb. Im Luftverkehr Behinderung von Wettbewerb durch Regulation. → Deregulation, → Liberalisierung

Provider, engl. to provide: anbieten, bereitstellen. Der Serviceprovider stellt Dritten die Infrastruktur eines Netzes zur Verfügung, das er von Unternehmen wie der Deutschen Telekom mietet, damit diese ihren Dienst anbieten können. Ein spezieller Rechner an einem Zugangspunkt nimmt Telefonanrufe entgegen, und verbindet den Kunden somit mit dem Internet. Von hier aus kann z.b. elektronische Post (E-mails) verschickt werden und auf alle weiteren angebotenen Online-Dienste zugegriffen werden. Man unterscheidet solche, die lediglich den Netzzugang bieten und Provider, die als Online-Dienste zusätzliche Informationen für ihre Mitglieder bereitstellen. → AOL, → CompuServe, → T-Online

Provision, Vergütung aus Vermittlungsgeschäften mit Leistungsträgern und Reiseveranstaltern; Einkunftsart für Reisemittler. Engl. Begriff: Commission. Bei den verschiedenen P.-modellen der Veranstalter wird unterschieden nach
- Basisprovision (meist 10%)
- Zusatzprovision (Umsatz-Block-Bonus)
- Staffelprovision (auf Steigerungsraten), auch als Leistungsprovision bezeichnet (bezogen auf Mehrumsatz).
→ Overriding Commission

Prozessor, → CPU

PSA, Passenger Shipping Association, Britischer Kreuzfahrt- und Fährschiff-Reedereien-Verband; bis 1976 OTD. → OTD

PSARA, Passenger Shipping Association Retail Agent, Spezialbüro für Schiffsreisenverkauf in Großbritannien; Aufnahmebedingungen sind Fachkenntnisse des Verkaufspersonals, Teilnahme an Seereisen-Seminaren, Mitgliedsbeitrag; PSARA-Gütesiegel als Auszeichnung. PSARA war Veranstalter der 1. European Seatrade Cruise Holidays Convention in London im Okt. 1989.
→ Fachagentur für Seereisen, → OTD, → PSA

PSC, Passenger Service Charge, → PFC

PT, Passagetarif-Werk der IATA mit international gültigen Linienflugpreisen für alle IATA-Fluggesellschaften, das PTD enthält die Flugpreise für Strecken, die in der Bundesrepublik beginnen oder enden. Die in diesem Handbuch veröffentlichten Flugpreise und Anwendungsbestimmungen sind behördlich genehmigt und für Flugreisen verbindlich, damit maßgeblicher Bestandteil der Beförderungsbedingungen der IATA-Luftverkehrsgesellschaften.
→ Flugpreisberechnung, → IATA,

PTA, Prepaid Ticket Advice, Rufpassage, Anweisung zur Ausgabe eines vorausbezahlten Flug- oder Fahrscheins an eine bestimmte Person, bei Luftverkehrsgesellschaften i.d.R. unter Verwendung einer MCO. → MCO

PTM, Peru Travel Mart, peruanische Reise-Fachmesse, wird seit 1987 vom peruanischen Fremdenverkehrsamt Foptur veranstaltet. → Foptur

Pub, in England Gaststätte, in der aufgrund einer Lizenz alkoholische Getränke konsumiert werden dürfen. Scit den Zeiten Oliver Cromwells heißen diese Trinkstätten „Public houses" (Kurzform Pub). Bis vor wenigen Jahren hatten sie nur männliche Gäste. Das Ale oder Lager holen sich die Gäste beim Wirt, dem „Publican", ab. Statt des kargen Pub grub (Sandwiches oder Pasteten) werden zunehmend gepflegte Mahlzeiten angeboten.

Public holiday, gesetzlicher Feiertag in England im Gegensatz zum inoffiziellen bank holiday. → Bank holiday

Pullman-Betten, Bezeichnung für übereinander angeordnete Betten in Reisezügen und auf Schiffen.

Pullman-Sessel, verstellbare Liegesessel wie in Flugzeugen; preiswerte Ruhemöglichkeit (zur Nachtruhe) an Bord von Fährschiffen. Sie sind in einem größeren Raum in Reihen aufgestellt oder stehen auf Veranden.

Pullman-Wagen, 1. Nach dem Erfinder G. M. Pullman 1858 eingerichteter komfortabler

Purser/Purserette

Reisezugwagen (Schlaf- und Salonwagen) mit Bewirtung, Telegraph, Weinstube und Rasiersalon. **2.** Bezeichnung für aufwendig eingerichtete Salonwagen, vielfach mit dreh- und verstellbaren Einzelsitzen.

Pulse dial, Impulswahlverfahren (IWV), bei dem die einzeln gewählten Telefontasten durch eine bestimmte Anzahl gleichartiger Impulse übermittelt werden. Die heutigen Telefone haben die Möglichkeit vom Pulswahlverfahren auf das Tonwahlverfahren umzuschalten. → Mehrfrequenzwahlverfahren

Punkt-zu-Punkt-Tarif, → Durchgangstarif

Purser/Purserette, Chef /Vorgesetzter der Kabinenbesatzung an Bord von Passagierflugzeugen; Zahlmeister/-in auf Passagierschiffen. → Zahlmeister

Ergänzungen/Notizen

Q, Qualitätssiegel der spanischen Tourismusbranche für eine standardisierte Service-Qualität.

QE 2 – QUEEN ELIZABETH 2, einziger Oceanliner im klassischen Transatlantikdienst; Flaggschiff der Cunard Reederei zwischen Southampton und New York. → Blaues Band, → Cunard Line, → Transatlantik-Reisen

Qualiflyer Group, Arbeitstitel der geplanten Allianz zwischen Swissair, AUA, Sabena und Delta Airlines. → Oneworld, → Star Alliance, → Wings

Qualitätsmanagement, der Begriff bezeichnet ein ganzheitliches Beratungskonzept der Qualitätssicherung, das Produkte von der Entwicklung über die Lieferung an den Kunden bis hin zur Marktbeobachtung und zur Reklamation oder Rückerstattung begleitet. Damit sollen Fehler vermieden und Kosten für den Betrieb gespart werden. Mit den DIN/ISO-Normen 9000 besteht seit 1987 eine international anerkannte Normenreihe für Qualitätssicherungssysteme von Unternehmen mit industrieller Produktion wie auch für den Dienstleistungssektor. → ISO

Qualitätssicherung/Qualitätsmanagement im Omnibusbetrieb, Qualität nach DIN ISO 8402 ist die „Gesamtheit aller Merkmale und Eigenschaften einer Dienstleistung, die sich auf die Fähigkeit bezieht, festgelegte oder stillschweigend unterstellte Anforderungen zu erfüllen". Unter der Qualitätssicherung im Omnibusbetrieb sind demnach die Maßnahmen zu verstehen, die sicherstellen, daß die Maßgaben der DIN ISO 9000 eingehalten werden und so die Dienstleistungen des Unternehmens (Reiseverkehr/Linienverkehr) den Anforderungen des Marktes entsprechen. Der Begriff Qualitätsmanagement ist der Ausdruck für eine ganzheitliche Umsetzung von Qualitätssicherung in allen Bereichen des Unternehmens. Die erfolgreiche Einführung eines Qualitätssicherungssystems in einem Unternehmen wird nach außen durch ein Qualitätssiegel, das von einer unabhängigen Prüfkommission vergeben wird, kenntlich gemacht. Federführend im Bereich der Einführung von Qualitätsmanagement im Omnibusbetrieb sind die WBO und die GBK in Zusammenarbeit mit der DEKRA AG. → GBK, → WBO

Quarantäne, Schutzmaßnahme gegen die Einschleppung von Seuchen, Isolierung und Beobachtung bei Verdacht auf gefährliche Krankheiten. Q.-Stationen befinden sich vor allem in Seehäfen. → Tropenkrankheiten

Quartier, ehemals gebräuchlich für Wohnung und Nachtunterkunft, z.B. Privatquartier für Privatunterkunft bei nichtgewerblichen Beherbungsanbietern; daneben Bezeichnung für Stadtviertel, z.B. Quartier Latin, Stadtviertel in Paris.

Queenslander, australischer Nobelzug, der im nordöstlichen Bundesstaat Queensland zwischen den Städten Brisbane und Cairns eingesetzt wird. Auf der knapp 1700 km langen Fahrt erleben die Reisenden die abwechslungsreichen Landschaften des „Sunshine State"; die Fahrt führt entlang der Meeresküste, durch Regenwald, hügeliges Farmland und Felswüsten. Die Unterbringung der Passagiere erfolgt in komfortablen Kabinen, für Abwechslung sorgen Cocktail-Bar, Lounge und Restaurant. Gebucht werden kann bei der Vertretung von Rail Australia in München.

Quellenländer, Länder, aus denen Gäste in ein Besuchsland einreisen (Incoming) im Gegensatz zu Ziellländern oder Empfängerländern, in welche Touristen aus den Q. ausreisen (Outgoing).

Quelle-Reisen, bot 1963 als erstes Unternehmen in der Bundesrepublik Katalogreisen an. Seit 1994 in Zusammenarbeit mit TUI eigenes Reiseveranstalterprogramm unter Reise Quelle mit Mail-Order-Katalogen (über Versandhandel). → Mail Order, → TUI

Quellverkehr, → Incoming-Tourismus

Queue, ein von crs bereitgestellter Speicher für buchungsbezogene Mitteilungen bei Linienflügen, zusätzlich als Terminkalender und elektronischer Briefkasten einsetzbar. Wartelistenbestätigungen oder Zeitenänderungen werden von den Fluggesellschaften mittels der Q. übermittelt. → Office ID, → AMADEUS, → Galileo → AQUA, → Quiks

Quick-Pick-Restaurantwagen, der Q. der DB hat 42 Plätze in 2+1 Anordnung, Selbstbedienung; Eßwaren und Getränke liegen in gekühlten Fächern in der Angebotswand, vorgefertigte Speisen werden im Mikrowellenherd erwärmt, Einweggeschirr.

Quick Trip

Quick Trip, → www.dienstreise.de

Quiks, Software der Firma Partners Software. Überwacht rund um die Uhr alle Flugbuchungen, überprüft Wartelisten und bucht automatisch auf freigewordene Plätze um. → Queue

Quick-Shop, in Reisebüros Einrichtung von Selbstbedienungs-Counters für Touristik-Kunden, die keine Beratung benötigen.

Quip, Qualität im Partnerbüro, Pilotprojekt mit Qualitätsstandards im Lufthansa City Center, u.a. mit modischer Einheitskollektion für die Mitarbeiter.

Quorum, die in der Satzung oder im Gesellschaftsvertrag einer Gesellschaft zur Beschlußfähigkeit der Gesellschafterversammlung vorgeschriebene Mindestzahl der vertretenen Stimmen oder Gesellschafter. Falls auch eine zweite Gesellschafterversammlung die genannten Voraussetzungen nicht erreicht, ist im allgemeinen eine dritte Gesellschafterversammlung auch ohne Q. beschlußfähig.

R, Tarifbezeichnung im Flugticket für Concorde.

RA - Reiseanalyse, → Reiseanalyse (RA)

Rabatt, ist ein Preisnachlaß, den der Verkäufer dem Käufer aus besonderem Anlaß gewährt. Anlässe für Rabattgewährung sind z.b. langjährige Geschäftsverbindungen (Treuerabatt), Bezug großer Mengen (Mengen-, Gruppenrabatt) und Lieferung an Wiederverkäufer (Wiederverkaufsrabatt). Am häufigsten kommt wohl der Rabatt für Gruppen zur Anwendung. → Skonto.

Rabattgesetz, das aus dem Jahre 1933 stammende R. läßt beim Verkauf von Waren und Dienstleistungen vom Unternehmer an den Endverbraucher Preisnachlässe bei Barzahlung von höchstens 3% zu. Höhere Rabatte sind nur bei Abgabe größerer Mengen für den Eigenbedarf von Firmenangehörigen und deren Familien zulässig sowie beim Verkauf an Personen, die die Waren und Dienstleistungen gewerblich verwerten. Eine Abschaffung des R. würde auch das Zugabegesetz, die Preisauszeichnungsverordnung und die einzelnen GWB-Bestimmungen überflüssig machen. Ein neues R., nach dem künftig Waren und Dienstleistungen zwischen Käufer und Verkäufer frei ausgehandelt werden können, scheiterte 1994 am Einspruch des Bundesrates. → Preisbindung

Rabattverbot beim Verkauf von Pauschalreisen, von einer möglichen Änderung des gültigen Rabattgesetzes aus 1933 sind Reisebüros, die in Funktion des Handelsvertreters Reisen vermitteln, nicht betroffen. I.d.R. bestehen zwischen Reiseveranstalter (Handelsherr) und Reisemittler (Handelsvertreter) vertragliche Abmachungen mit R., z.B. § 2 Ziffer 4 des TUI-Agenturvertrages. → Preisbindung, → Rabattgesetz

Rack Rate, offizieller Preis bei Einzelhotels oder Hotelgesellschaften für ein Einzel-, Doppel- oder Mehrbettzimmer, wie er an der Rezeption und in den Zimmern aushängt.

Radaranlage, das engl. Kurzwort Radar steht für radio detecting and ranging, d. h. Funkermittlung und Entfernungsmessung. Ein elektronisches Navigationsinstrument, das zur Beobachtung, Vermessung sowie zur Ortsbestimmung von Flugzeugen und Schiffen und ihrer Umgebung verwendet wird. Dieses Verfahren wurde erstmals 1925 in den USA zur Ionosphärenforschung eingesetzt und basiert auf dem Prinzip einer elektrischen Echomethode (die gesuchten Objekte werden auf einem Bildschirm erfaßt). Radaranlagen dienen im zivilen Transport zur Vermeidung von Kollisionen nachts oder bei schlechtem Wetter. Die Radarnavigation dient darüber hinaus zur Überwachung von Flugrouten, Wasserwegen und des Straßenverkehrs.

Raddampfer, Schiff mit einem Radpropeller, der seitlich (z.B. auf dem Rhein, KD-Dampfer „Goethe") oder am Heck des Schiffes (z.B. bei Mississippidampfern) angebracht ist. Früher häufig in flachen Gewässern eingesetzt. → Binnenschiffahrt

Radio-Nachrichten, über die Deutsche Welle im Kurzwellenbereich sind R. rund um die Uhr im Ausland zu empfangen. Die genauen Frequenzen teilt die Deutsche Welle in Köln mit. Die Nachrichten des Deutschlandfunks sind auf Mittel- und Langwelle, z.T. auch auf UKW im europäischen Ausland zu empfangen. Auskunft über Termine und Frequenzen beim Deutschlandfunk in Köln.

Rafting, Floß-, Schlauchbootfahrt. → River-Rafting

Rail and cruise, Kombinationsangebot von Bahn (mit An- und Rückreise) und Kreuzfahrt, z.B. Urlaubs-Express bis zur Einschifung in Venedig, Ancona oder Genua. → Kreuzfahrten, → Urlaubs-Express

Rail & Fly, Niedrig-Fahrpreis der DB für Einzelreisende und gemeinsam Reisende von 2 bis 5 Personen als Zubringer zu/von Flughäfen, auch Rail & Fly-Gepäckservice, nur gültig in Verbindung mit Flugticket, gültig ab 1 Tag vor dem Hinflug bis zum Tag der Ankunft. → IC-Airport-Express.

Rail and Road, Kombinationsangebot von DB und Europcar Interrent mit:
- Mietwagenangebot am Bahnhof und Buchung über DB und Reisebüros, auch vom ICE und IC aus.
→ IC-Intercity, → ICE-Intercity Express

RAL, Deutsches Institut für Gütesicherung und Kennzeichnung, ehemals Reichsausschuß für Lieferbedingungen, 1925 Kuratorium der Wirtschaft. In dieser Dachorganisation für das deutsche Gütezeichen sind Gütegemeinschaften zusammengeschlossen, die bundesweit Gütezeichen für Verbrauchsgüter sowie im Dienstleistungsbereich vergeben. Gütezeichen sind nach RAL Wort- und/oder Bildzeichen, die als Garantieausweis zur Kennzeichnung von Waren oder Leistungen Verwendung finden, die die wesentlichen, an objektiven Maßstäben gemessenen, nach der Verkehrauffassung die Güte einer Ware oder Leistung bestimmenden Eigenschaften erfüllen. Gütezeichen werden bei den Gütegemeinschaften beantragt. → Ausflugsbus, → Bus, → Ferien auf dem Bauernhof, → Klassifizierung der Reisebusse

RAM, Abk. für Random Access, dt.: Direktzugriffsspeicher. Bezeichnung für den Arbeitsspeicher eines PCs, der in Form von Speicherchips im PC installiert ist. → Arbeitsspeicher

Ramadan, islamischer Fastenmonat während der Monate März und April. Während dieser Zeit ist zwischen Sonnenaufgang und -untergang in islamischen Ländern kein Alkohol erhältlich und für Moslems die Einnahme von Speisen und Getränken untersagt. Bars, Nachtclubs und Diskotheken haben meist geschlossen.

Rampagent, am Boden eingesetzter Flughafenangestellter, der das Flugzeug zum Abflug vorbereitet. Der R., dessen Auftrag sich früher auf die Bereiche Catering und Beladung beschränkte, übernimmt jetzt auch die technische Überwachung am Boden.

Rampenfinger, Ausdruck aus dem Flugbereich, bezeichnet die vorspringende röhrenartige Fußgängerverbindung zwischen dem Flugsteig (Gate) und dem Flugzeug. Fehlt der Rampenfinger, werden die Passagiere mit einem sog. Vorfeldbus vom Terminal bis zum Flugzeug gebracht.

RAN, Kurzform für Reiseanmeldung.

Ranch-Urlaub, seit im Jahr 1882 ein erster Urlauber aus New York für zehn Dollar die Woche seine Ferien auf einer Guest-Ranch in North-Dakota verbrachte, machte diese Idee bei vielen Ranchern Schule. Neben der Viehzucht waren mit den zahlenden „Dudes" (Städter, Faulpelze) bequem ein paar Dollars extra zu verdienen. Nach über 100 Jahren Ranchfieber in den USA haben sich inzwischen auch in Deutschland Reiseveranstalter auf den R.U. spezialisiert. Je nach Abenteuerlust kann der Urlauber zwischen „Ranch-Life" pur auf einer echten Workingoder Cattle-Ranch und der eher gezähmten Variante einer „Dude-Ranch" wählen. Bei letzterer stehen die Pferde allein für den Urlauber bereit.

Rat der Europäischen Union, auch Ministerrat. Dieser stellt die gesetzgebende Instanz der EU dar. Er setzt sich zusammen aus den zuständigen Ministern der Mitgliedsstaaten.

Rat & Tat Versicherung, Versicherung von touristischen Beistandsleistungen und Rücktransportkosten bei der Europäischen Reiseversicherung (ERV). → Reiseversicherungen

Ratio-Light, Software für kleinere Busveranstalter der Firma Ratio-Software. Für größere Busreiseveranstalter wurde das Programm mit weiteren Funktionen ergänzt und heißt Ratio-Bus.

Rationalisierung, umfaßt die Bestrebungen, die der Verbesserung der Produktivität durch Erhöhung der Leistung bzw. Senkung der Kosten dienen. Die Leistung kann z.B. durch den Einsatz eines Computers erheblich verbessert werden. Die Kosten können durch einen Wechsel zu einem billigeren Anbieter gesenkt werden. → Automatisierung, → Produktivität.

RBB, Reisebüro-Bahn-Beirat der DER Vertretungen, Arbeitsausschuß der Gesamtgemeinschaft deutscher DER-Vertretungen mit DB-Lizenz, nimmt die Interessen der DB/DER-Agenturen gegenüber DB und DER wahr. Dieser Sonderausschuß behandelt alle Fragen des Bahnverkehrs sowie die Zulassungsrichtlinien für die DB-Agenturen. Ab 1995 Händlerorganisation, die ihre Interessen gegenüber DB und DER formuliert. Vor dem 1. Oktober 1997 unter AAGG (Arbeitsausschuß der Gesamtgemeinschaft Deutscher DER-Vertretungen) bekannt.
→ AAGG/DB, → DB-Agenturen, → DER

RBE, Kurzform für Reisebestätigung.

RBS/SAP, Informations- und Buchhaltungssystem von der Stinnes-Data-Service GmbH. RBS als Informationssystem liefert bürobezogene, kostenstellenbezogene aber auch kettenbezogene Daten, die als Basis für ein Controlling und eine genauere Planung herangezogen werden können. Über SAP mit den beiden Komponenten der Finanzbuchhaltung (RF) und Kostenrechnung (RK) wird

Rechtsharmonisierung

die komplette Buchhaltung, der automatische Zahlungsverkehr und vieles mehr verarbeitet. Basis für START Finance Manager und START Information Manager. → START Finance Manager, → START Information Manager.

RC-Element, → Remark

RDA, Reise-Ring Deutscher Autobusunternehmungen e.V. international, Köln, seit 1951, versteht sich als Interessengemeinschaft der Busreisenveranstalter und deren Vertragspartner. Aufgabe ist die Betreuung und Förderung der Interessen seiner Mitglieder bei der Ausübung des Autobusverkehrs, insbesondere des Touristikverkehrs. Nach Mitgliedern größter Tourismusverband. Bekannt besonders durch den alljährlich veranstalteten RDA-Workshop in Köln. RDA ist ehemaliges Mitglied des Präsidiums der deutschen Touristikwirtschaft, jetzt im → BDO, BTW. → BTW, → Tourismus-Präsidium

RDS, Rail Distribution System, Software der Bahnen. Elektronisches System für Information, Reservierung, Ticketing und Abrechnung im Bahnvertrieb; statt DB-Modus im START-System ein Euro-Bahn-Modus. RDS kann u.a. von Hermes übertragen werden. → Hermes

Receipt, Beleg, Quittung.

Rechenzentrum, 1. Bezeichnung der EDV-Abteilung innerhalb eines Unternehmens 2. Serviceunternehmen, das Aufgaben in der Datenverarbeitung wie z.B. Buchhaltung für andere Unternehmen übernimmt. → Derdata Informationsmanagement

Re-entry-permit, Wiedereinreisegenehmigung, Ein- und Durchreisebestimmung eines Landes. Über Bestimmungen bei Auslandsreisen informieren TIM und der Blaue Fink-Ordner, eine Loseblattsammlung in drei Bänden, sowie Länder Info, Länderinformationen der Preuss Touristikinformation, Bonn. → Blauer Fink-Ordner, → Einreisebestimmungen, → Länder Info, → TIM, → Visum

Re Instated Flight, Aufhebung einer vorherigen Annullierung eines Fluges.

Recht im Tourismus, mit Wirkung vom 1.11.1994 sind die Vorschriften des neuen Reisevertragsgesetzes in Kraft getreten. Kern dieser Novellierung des Pauschalreiserechts ist die neu eingeführte Pflicht des Veranstalters, im voraus vereinnahmte Kundengelder und die Rückreise des Kunden gegen seinen eigenen Konkurs abzusichern. → ABB, → Abhilfeverlangen, → AGB, → AGBG, → Agenturvertrag/Handelsvertretervertrag, → Allgemeine Beförderungsbedingungen, → Allgemeine Geschäftsbedingungen, → Annullierung/Stornierung, → ARB, → Aufhebungsvertrag, → Ausschließlichkeitsbindung, → Avalkredit, → AVR, → Bankbürgschaft, → Beförderungsvertrag, → BGB, → Campingvertrag, → Chapter 11, → Chicagoer Abkommen, → Datenschutz, → Denied Boarding Compensation, → DFGR, → ECLG, → Erfüllungsgehilfe, → Ersatzperson, → Flaggenwesen in der Seeschiffahrt, → Franchisingvertrag, → Frankfurter Tabelle, → Freiheiten der Luft, → Gelegenheitsveranstalter, → Gerichtsstand, → Gesamtheit von Reiseleistungen, → Geschäftsbesorgungsvertrag, → Gesetz gegen Wettbewerbsbeschränkungen, → Guadalajara-Abkommen, → Haager Protokoll, → Haftung bei Pauschalreisen, → Handelsherr/Geschäftsherr, → Handelsregister, → Handelsvertreter, → Hauptleistungen, → HGB, → Hotelreservierungsvertrag, → IATA-Resolution 814, → Informationspflicht, → Insolvenz, → Insolvenzschutzversicherung, → Kundengeldabsicherung, → Kündigung, → Lufthoheit, → Mallorca-Police, → Mängelanzeige, → Mietvertrag, → Minderung, → Option/Optionsvertrag, → OPUV, → Pachtvertrag, → Patronatserklärung, → Pauschalreisen, → PBefG, → Rabattgesetz, → Rabattverbotbeim Verkauf von Pauschalreisen, → Rechtsharmonisierung, → Reiseabbruch, → Reisemängel, → Reiseveranstalter, → Reisevertrag/Reisevertragsrecht, → Schadenersatz, → Sicherungsschein, → Stornokosten, → Tarifvertrag, → Treuhandgesetz, → Veranstalterhaftung, → Verjährung, → Verkehrsrechte, → Warschauer Abkommen, → Werkvertrag, → Zweites Seerechtsänderungsgesetz

Rechtschreibprüfer, Rechtschreibkorrekturprogramm, das häufig in einem Textverarbeitungsprogramm verankert ist, und einen eingegebenen Text automatisch nach orthographischen Fehlern untersucht und ggf. korrigiert.

Rechtsharmonisierung, im EU/EWR-Sprachgebrauch, die Angleichung der nationalen Rechtsvorschriften der Mitgliedstaaten zur Verwirklichung des Binnenmarktes (z. B. die EU-weite Festlegung des Mehr-

Reconfirmation

wertsteuer-Normalsatzes auf mindestens 15%, die Umsetzung der Insolvenzabsicherung für Reiseveranstalter etc.).

Reconfirmation, im internationalen Langstreckenflugverkehr ist bei Fortsetzung des Fluges nach einer Unterbrechung oft die Rückbestätigung einer Festbuchung durch den Passagier bei der Fluggesellschaft erforderlich, ebenso vor Antritt des gebuchten Rückflugs. → Langstreckenverkehr

Record Locator, 6-stelliger Buchungsschlüssel, der nach Abschluß eines PNRs automatisch vergeben wird. → File Key

Record Return, Vereinbarung zwischen Amadeus und einer Fluggesellschaft. Nach Buchungsabschluß erhält Amadeus den Record Locator aus dem eigenen System der Fluggesellschaft, der aus der bestehenden Buchung heraus abgerufen werden kann. → Answerback

Recyclingbare Werbung, Werbekonzeption, die darauf abzielt, Werbung für Produkte zu machen, die besonders kurzlebig sind und aufgrund ihrer ständig wechselnden Aktualität nicht geeignet sind für Werbemedien mit langen Vorlaufzeiten wie Print oder Funk (z.B. Restplätze). Unter Zuhilfenahme der Kommunikationstechnik wird die Werbung (Bilder, Daten, Animationen) zentral erfaßt und auf beliebig viele Außenstellen (POS/POI) verteilt. Dies erfolgt mittels Medien wie Computermonitoren, die über das Telefonnetz miteinander verbunden sind, und deren Bildschirminhalte durch spezielle Software ständig verändert werden können.

Reede, geschützter Ankerplatz an einer Küste, der einen brauchbaren Ankergrund bietet. Auf Reede liegen heißt, vor einem Hafen, in einer Bucht oder Flußmündung vor Anker liegen, wenn am betreffenden Ort kein Hafen vorhanden ist oder alle Plätze im Hafen besetzt sind. Für Landgang und Landausflüge werden Tenderboote eingesetzt. → Tender

Reederei, Erwerbsunternehmen zur Beförderung von Personen oder Gütern zu Wasser. Der Reeder ist Eigner von Schiffen, die dem Erwerb dienen.

REF, START Amadeus-Verfahren zur maschinellen Erstattung (Rücknahme) von Standard-Verkehrsdokumenten (Tickets und MCO´s).

REFA, Verband für Arbeitsstudien und Betriebsorganisation e.v., Darmstadt, 1924 wurde der Verband als Reichsausschuß für Arbeitsstudien gegründet. Die Arbeitgeberverbände und die Gewerkschaften unterstützten die REFA zur Förderung arbeitswissenschaftlicher Grundlagenforschung und zur Ausarbeitung von Richtlinien und Verfahren für die Durchführung von Arbeitsstudien, die in Ausbildungslehrgängen und Fachbüchern verbreitet werden.

Refund, Gutschrift/Erstattung nicht genutzter Flugtickets, Schiffs- und Bahnfahrkarten.

Refund Notice, wird nach einer Erstattung eines manuellen als auch maschinellen Flugscheines ausgedruckt. Die R. besteht aus einer abreißbaren Seite mit Erläuterungen, der Airline Copy (Original), einer Kopie für die Agentur sowie einer Passenger Copy.

Regiebetrieb, in der öffentlichen Verwaltung eine von der übrigen Verwaltung aufgrund der wirtschaftlichen und technischen Aufgabenstellung getrennte Einheit ohne institutionalisierte Selbständigkeit: bekannt bei gemeindlichen Versorgungsbetrieben. Faktisch inzwischen weitgehend durch Eigenbetriebe verdrängt. Im Handel ist R. ein Filialunternehmen innerhalb einer Kooperation, das in eigener Regie mittels Filialleiter unter Einschränkung der Selbständigkeit geführt wird. Der R. entstand zur Sicherung von Standorten und zur Abrundung des Absatzgebietes; tendenziell findet auch hier Ablösung durch Privatisierung statt.

Region, im Luftverkehr die Zusammenfassung nach Ländern unter geographischen, organisatorischen und tarifpolitischen Gesichtspunkten sowie bei der ICAO für die Luftverkehrsstatistiken. Unterhalb der Region wurde eine weitere Unterteilung nach Subregionen vorgenommen. Dieser ICAO-Definition haben sich IATA und AEA zur Vergleichbarkeit internationaler Luftverkehrsstatistiken angeschlossen. → AEA, → IATA

Regional-Bahn, Nahverkehrsmittel der DB, das auf örtlich unterschiedliche Gegebenheiten Rücksicht nimmt, z.B. Chiemgau-Bahn und Rangau-Bahn/ Bayern.

RegionalExpress RE, beschleunigter Reisezug des linienbezogenen Regionalverkehrs mit Systemhalten, Reiseweite ca. 45 km. → Eilzug, → SPNV

Regional-Schnell-Bahn, Reisezugprodukt der Deutschen Bahn. Sie verbindet alle größeren Orte mit den nächsten Zentren und Fernverkehrsknoten. Taktverkehr mindestens alle zwei Stunden; hohe Reisegeschwindigkeit und systematische Verknüpfung mit den Buslinien erschließen die Region; eingesetzt bereits auf den Strecken Kiel-Eckernförde-Flensburg, Konstanz-Freiburg und Ulm-Freiburg.

Regionalisierung des Nahverkehrs, ab Januar 1996 wechselte die Trägerschaft im Schienen-Personen-Nahverkehr (SPNV) von der DB auf die Bundesländer aufgrund der von der Bundesregierung beschlossenen Bahnreform. Die dann durch regionale Verkehrsverbünde, Landkreise bzw. Kommunen geregelten Fahrleistungen werden von den Bundesländern bei den im Wettbewerb stehenden Bahnen bestellt, bei der DB oder rund 130 verschiedenen regionalen Privatbahnen. → DB-Deutsche Bahn, → ÖPNV

Regionalluftverkehr, in Europa wird R. als Oberbegriff für verschiedene Bezeichnungen wie Ergänzungsluftverkehr und Luftverkehr der dritten Ebene verwendet. Eine klare Begriffsabgrenzung fehlt. Die ADV definiert R. als Luftverkehr mit kleinen Verkehrsflugzeugen zwischen verschiedenen Regionalflugplätzen sowie Regionalflugplätzen und Verkehrsflughäfen mit internationalem Luftverkehr. → Commuter Airline, → Ergänzungsluftverkehr, → Luftverkehr der dritten Ebene, → Third Level Operations

Regionals, Regionalfluggesellschaften in USA, Zubringer zu den Mega-Carriern. → Mega-Carrier

RegioNeiTech, dieser künftige Dieseltriebzug mit Neigetechnik wird dem in Franken und in der Oberpfalz eingesetzten Pendolino, dem Dieseltriebzug VT 610 mit Fiat-Neigetechnik, nachfolgen. Das neue, von AEG entwickelte System, hat komplett unter dem Wagenkasten im Drehgestell des Fahrzeuges Platz. Züge mit dieser neuen, prinzipiell aus der Rüstungsindustrie stammenden Technologie werden künftig in Baden-Württemberg und in Rheinland-Pfalz eingesetzt mit Verbindungen nach Nordrhein-Westfalen und Hessen. → Hotelzüge, → Intercity Night (ICN), → Neigezüge, → Pendolino

RegioRail, Gesellschaft für Planung, Beratung und Projektmanagment, Mannheim. Führende Unternehmen aus dem Verkehrsbereich wie ABB, Alcatel SEL, Heitkamp und Linke-Hofmann-Busch wollen sich bei der Regionalisierung des Schienen-Personennahverkehrs mit der Gründung dieser Gesellschaft engagieren. Die neue Gesellschaft soll Landkreise und Kommunen in allen Fragen des öffentlichen Nahverkehrs beraten und Projekte von der Planung bis zur Ausführung begleiten. → SPNV

Regreß, Begriff aus der Versicherungsbranche, bezeichnet den Rückgriff des Versicherers zum Schadenausgleich beim Schädiger.

Regulierung, rechtlicher Rahmen der Wirtschaftstätigkeit, beschreibt zugleich die staatlichen oder vom Staat gebilligten Beschränkungen der Handlungs- und Verfügungsmöglichkeiten. Folgen der R. beim Verkehrsmarkt sind: Wettbewerbsbeschränkung der Anbieter, Verteuerung von Leistungen, Behinderung des Strukturwandels und Verzögerung von Innovation. → Deregulierung

Reichsstraße Nr. 1, Hurtigruten, täglicher Liniendienst auf dem Wasserweg entlang der norwg. Küste. → Hurtigruten

Reise-Haftpflichtversicherung, Versicherung für Personen- und Sachschäden auf der Reise, soweit ein Versicherungsnehmer von einem Dritten auf Schadenersatz aufgrund gesetzlicher Haftpflichtbestimmungen privatrechtlichen Inhalts in Anspruch genommen wird. → Reiseversicherungen

Reise-Unfallversicherung, Versicherung gegen das Todesfall-, Invaliditätsrisiko während einer Reise. → Reiseversicherungen

Reise Ziel, Backoffice-Lösung für Reisebüros der Firma EDV-Systeme mit Kunden- und Vorgangsverwaltung und Finanzbuchhaltung.

Reiseabbruch, Abbruch einer Reise nach Reiseantritt. → Kündigung, → Reiserücktrittskosten-Versicherung, → Reiseversicherungen,

Reiseanalyse (RA), konzipiert und organisiert vom Studienkreis für Tourismus, Starnberg (StfT). Diese Untersuchung analysierte seit 1970 das Urlaubsgeschehen unter quantitativen und qualitativen Aspekten (die Durchführung der Erhebungsarbeiten für die RA lagen seit 1988 bei Basis Research in Verbindung mit GfM-Getas). Untersucht

Reiseapotheke

wurden das Urlaubsreiseverhalten des vergangenen Jahres, Reisemotive, Erfahrungen, Interessen und Einstellungen sowie Reiseabsichten und erfaßt wurden die Urlaubsreisen mit einer Dauer von mindestens fünf Tagen (dabei wurde nach Haupturlaubsreise, Zweit-, Dritt- sowie weiteren Urlaubsreisen unterschieden) sowie Kurzreisen. Die Befragung wurde seit 1970 jährlich im Januar für das vorangegangene Jahr durchgeführt, wobei pro Erhebung 6.000 Personen befragt wurden. Sie war repräsentativ für alle deutschen Staatsangehörigen über 14 Jahre, die in Privathaushalten in der Bundesrepublik und Westberlin wohnten. Die Ergebnisse der Untersuchung wurden in vier Tabellenbänden mit soziodemographischen Zielgruppen, drei Tabellenbänden mit touristischen Zielgruppen und umfangreichem Berichtsband dargestellt. Die ersten Ergebnisse wurden im März anläßlich der ITB, Berlin, veröffentlicht, die Kurzfassung der RA im Juni. Geschäftsreisen sowie Kur- und Bäderreisen wurden von RA nicht untersucht. Auftraggeber und Förderer waren ca. 50 Organisationen und Verbände des in- und ausländischen Fremdenverkehrsgewerbes sowie Städte, Länder, Ministerien, Reiseveranstalter, Verkehrsträger und Verlage. Ausführliche Urlaubsreisedaten für Gesamtdeutschland wurden erstmals mit RA '90 vorgestellt. Nach dem Konkurs des StfT 1993, ist die RA von der reduzierten Nachfolgeuntersuchung Urlaub + Reisen (U + R) abgelöst worden; U + R wurde getragen vom DRV und vom Verlag Gruner und Jahr, Hamburg, seit Juli 1994 durch FUR. → FUR, → Urlaub + Reisen (U + R)

Reiseapotheke, Urlaubsreisende sollten die folgenden Medikamente und Verbandstoffe in ihrer Reiseapotheke mitführen:
- Pflaster verschiedener Größe
- Mullbinden, elastische Binden
- Scheren und Pinzette
- Fieberthermometer
- Desinfektionsmittel
- Insektenabwehrmittel
- Talkpuder
- Durchfallmittel

Um den bei Durchfällen auftretenden Verlust von wichtigen Mineralstoffen wieder auszugleichen, sollten folgende Stoffe in einem Liter abgekochten Wassers eingenommen werden:

- 3,5 g Natriumchlorid (Kochsalz)
- 2,5 g Natriumbicarbonat (Soda)
- 1,5 g Kaliumchlorid
- 20,0 g Glukose

Diese Mischung stellt jede Apotheke her; sie kann in wasserdichten Plastikbeuteln verpackt mitgenommen werden. (Bundeszentrale für gesundheitliche Aufklärung, Köln) → Natur-Reiseapotheke

Reiseausgaben, dazu werden alle Kosten gerechnet, die im Zusammenhang mit der Urlaubsreise anfallen, beginnend mit z.B. dem Erwerb eines Reiseführers und einer Reiseapotheke über die eigentlichen Ausgaben für Fahrt, Unterkunft, Verpflegung bis zu den Nebenausgaben für Eintrittsgelder, Postkarten, Souvenirs. Nach Reiseanalyse RA 98 Urlaub und Reisen lagen die durchschnittlichen Ausgaben pro Person und Urlaubsreise für 1997 bei DM 1.425,-. → Individualreisen, → Pauschalreisen, → Reiseverkehrsbilanz

Reisebarometer, Marktuntersuchung durch das LEIF im Auftrag von TMS Tele-Marketing-Service, Worms, mit Befragung von 1.200 ostdeutschen Bundesbürgern über das zurückliegende Reiseverhalten und künftige Reiseabsichten. → LEIF

Reisebegleiter, im Unterschied zum Fremdenführer oder dem Reiseleiter wird von ihm kein Fachwissen über die besuchte Gegend verlangt (er soll jedoch mind. eine Fremdsprache beherrschen). Nach den im EU-Berufsprofil beschriebenen beruflichen Anforderungen übernimmt der Reisebegleiter den Empfang, die Begleitung und die Betreuung von Touristengruppen. Er vermittelt allgemeine Informationen über den Programmablauf sowie über weitere mögliche Ausflüge und Besichtigungen. Er gilt während der Reise auch als Mittelsmann zwischen dem Veranstalter und den Reisenden. → Fremdenführer, → Reiseleiter, → SEDOC

Reiseberater, in der Branche gebräuchliche, jedoch nicht-offizielle Berufsbezeichnung (etwa wie Reisebüroexpedient), mit besonderem Hinweis auf die beratende Tätigkeit des Reisebürokaufmanns/Reiseverkehrskaufmanns beim Kunden. → Ausbildungswege im Tourismus/ Fremdenverkehr

Reisebiographien, ETI-Marktuntersuchung über das längerfristige Urlaubsreiseverhalten der deutschen Bevölkerung über 14

Reisebüroverordnung

Jahre. Dabei wurden in Westdeutschland 5.000 und in Ostdeutschland 1.000 nach dem Zufallsprinzip ausgewählte Personen persönlich im Haushalt befragt u.a. über Reiseziele seit der Kindheit, Reiseorganisation und Verkehrsmittel, Reiseerfahrung, -interesse und -absichten nach Zielgebieten, Gründe für zeitweiliges Nichtreisen, Landschaftspräferenzen etc. zur Erlangung von Rückschlüssen auf den bisherigen Reisestil und das zukünftige Reiseverhalten.
↪ ETI

Reisebüroähnliche Stellen, zu dieser Kategorie gehören die Reisebuchungsstellen in Banken, Verbrauchermärkten, Lotto/Toto-Annahmestellen, Omnibusunternehmen sowie sonst. Nebenerwerbsunternehmen.
↪ Nebenerwerbsreisebüros, ↪ Reisemittler

Reisebürofachkraft, nach den im EU-Tätigkeitsprofil beschriebenen beruflichen Anforderungen sind ihre Haupttätigkeitsbereiche das Beraten, Buchen und Verkaufen von Pauschal-, Gruppen-, Individualreisen und dritter Leistungen (z. B. Mietwagen, Versicherungen) samt Ausstellen von Fahr- bzw. Flugscheinen sowie von Vouchers für verschiedene Unterkunftsarten (Hotel, Ferienwohnung etc.). Voraussetzung für die Berufsausübung ist die Beherrschung der üblichen Kommunikationsmittel inklusive EDV-Geräte sowie mindestens einer Fremdsprache. Die R. ist auch inkassobevollmächtigt.
↪ SEDOC

Reisebüroketten, Reisebüro-Filialunternehmen oder -Kooperationen. Es gibt 1. regionale Reisebüroketten wie ABR, Rominger u.a., 2. bundesweite Reisebüroketten wie Hapag-Lloyd Reisebüro GmbH, DER, Karstadt u.a. Diese Filialbetriebe gehören zu den Hauptumsatzträgern; überwiegend als Vollreisebüro mit den Lizenzen für IATA-, DB- TUI- und/oder NUR-Touristic als Leitveranstalter und andere Reiseveranstalter sowie Fachagentur für Seereisen. Kooperationen mit oder ohne Teilbeteiligungen (FIRST, DER-Part etc.) lassen im Gegensatz zu Filialunternehmen auch eigene Namen der Reisebüros weiterbestehen. Dokumentation zum Marktvolumen der Reisebüroketten: jährliche „Reisebüroketten-Tabelle" der Fachzeitschrift „FVW International". ↪ Fachpresse

Reisebürokooperation, Zusammenschluß mehrerer Reisebüros zum Zweck besserer Einkaufskonditionen, höherer Provisionen und günstigerer Vermarktungsbedingungen für die eigenen Programme. ↪ Kooperation

Reisebüros sind Handelsunternehmen, die touristische Leistungen von Reiseveranstaltern sowie Beförderungsleistungen von Verkehrsunternehmen verkaufen. In Ergänzung dazu bieten eine Vielzahl von Reisemittlern Versicherungsleistungen, Beherbergungs- und Verpflegungsleistungen, Visa- und Devisenbeschaffung, Geldwechsel und Eintrittskarten an, die i.d.R. im Zusammenhang mit Reisen nachgefragt werden. Reisebüros treten auch in eigener Regie mit Pauschalreiseangeboten als Reiseveranstalter auf. Zu den Reisebüros gehören unabhängige, selbständige Vertriebsstellen, Eigenvertriebsstellen von Reiseveranstaltern, regionale oder bundesweite Reisebüro-Filialunternehmen oder -kooperationen, diversifizierte Abteilungen im Sortiment von Kaufhaus- und Warenhaus-Handelsunternehmen. Der Kategorie der klassischen Reisebüros werden folgende Merkmale zugeordnet: Vertrieb von Reiseleistungen als Haupterwerb und Zulassung zum Verkauf von Veranstalter- und Beförderungsleistungen; eine Abgrenzung findet zu den reisebüroähnlichen Stellen statt.
↪ Arbeitsstättenzählung, ↪ DB-Agenturen, ↪ Fachagentur für Seereisen, ↪ Haupterwerbsreisebüros, ↪ IATA-Agenturen, ↪ Leistungsträger , ↪ Reiseanalyse (RA), ↪ Reisebüroähnliche Stellen, ↪ Reiseketten, ↪ Reisemittler, ↪ Verkaufslizenzen, ↪ Vollreisebüros

Reisebürospiegel, bringt die monatliche Umsatzentwicklung von Vollreisebüros; zusammengestellt vom Derdata-Rechenzentrum aus den Ergebnissen von über 1870 (Stand: Jan. 1998) Fachreisebüros in Deutschland. Bei den Umsatzzahlen handelt es sich um abgerechnete, nicht um gebuchte Werte.
↪ Derdata

Reisebüro-Studie, Gemeinschaftsuntersuchung deutscher Reiseveranstalter über den Vertriebsweg Reisebüro. Sie wird jährlich seit 1984 durchgeführt und ist z.Zt. die umfangreichste kontinuierliche und repräsentative Befragung in deutschen Reisebüros. Die Feldarbeit wird vom DTI durchgeführt; EDV-Auswertung durch die GfK Nürnberg. ↪ Deutsches Touristik-Institut e.V. (DTI)

Reisebüroverordnung, mit Ausnahme von Baden-Württemberg existieren in allen alten

Reisebus

DIE TOP TEN IM DEUTSCHEN FIRMENDIENST

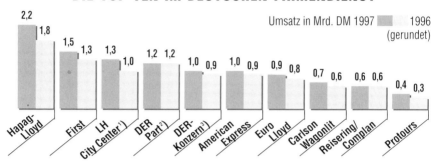

1) Inkl. CSH mit nicht bezifferten Teilumsätzen, 2) Inkl. DER-Part-eigene Büros, 3) Ohne DER-Part-eigene Büros

DIE TOP TEN IM DEUTSCHEN PRIVATKUNDEN-GESCHÄFT 1997/1996

1) Inkl. Gesamtumsätze von TSS, Schmetterling, Teilumsätze von AER, Lamis, 2) Inkl. DER-Part-eigene Büros, 3) Inkl. Teilumsätze von CSH, 4) Ohne Umsätze DER-Part-eigene Büros

DIE TOP TEN IM DEUTSCHEN REISEVERTRIEB

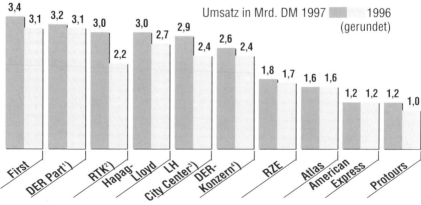

1) Inkl. Umsätze der 51 DER-Part-eigenen Büros, ohne Umsätze der Beteiligung an Consolidator Aeroworld, 2) Inkl. Umsätze von TSS, Schmetterling sowie Teilumsätze von Lamis und AER, 3) Ohne Umsätze der DER-Part-eigenen Büros, 4) Inkl. Teilumsätze von CSH

Reisejahr

Bundesländern R. mit identischem Inhalt. Danach kann die jeweilige Kreisverwaltung Einsicht in die Geschäftsbetriebe der Reisebüros oder von Firmen/Leistungsträger-Vertretungen nehmen, um u.U. die Zuverlässigkeit der Gewerbetreibenden zu überprüfen. Die R. legt umfangreiche Buchführungs-, Aufzeichnungs- und Aufbewahrungspflichten für Geschäftsunterlagen und Inserate/Werbung fest.

Reisebus, die Bezeichnung „Drei-Sterne-Reisebus" war bis Februar 1997 ein RAL-geschützter Begriff der GBK, der für Reisebusse verliehen werden konnte, die die festgeschriebenen Kriterien (z.B. 77 cm Sitzabstand) erfüllten. Seit dem 1.3.1997 durch die neue Bezeichnung Komfort-Class ersetzt.
→ GBK, → RAL

Reisebusfahrer, Busfahrer, der im Bereich der spezifischen Anforderungen der Busreise regelmäßig geschult ist und über eine ausreichende Berufserfahrung (mindestens zwei Jahre) verfügt. Das GBK-Anforderungsprofil schreibt weiterhin regelmäßige Folgeschulungen (mindestens alle zwei Jahre) und die Grundkenntnisse einer Fremdsprache vor.

Reisedauer, nach Angabe der Reiseanalyse RA 98 Urlaub + Reisen liegt die durchschnittliche Reisedauer der Urlaubsreisen 1997 bei 13,9 Tagen.

Reisedevisenfonds, der DDR-R. wurde im Dezember 1989 zwischen den Regierungen der Bundesrepublik Deutschland und der DDR vereinbart. Er sollte Reisenden aus der DDR den Umtausch von Mark (Ost) in DM ermöglichen. Die Mittel hierfür stellten die beiden Regierungen bereit. Diese Regelung, die DDR-Bürgern Westreisen erleichtern sollte, galt für eine Übergangszeit von 2 Jahren. Durch Einführung der Wirtschafts-, Währungs- und Sozialunion ab 1.7.1990 sind Bundesrepublik und DDR als eine Einheit zu sehen, damit war der R. überflüssig geworden.

Reiseeinnahmen, → Reiseverkehrsbilanz

Reisefon, das R. von START-Telematik bietet Endverbrauchern Last-Minute-Reiseangebote über den interaktiven Telefonweg. Anrufer steuern durch ihre Ansagen einen Sprachcomputer. Dieser greift auf Last-Minute-Angebote der START Info-Datenbank und den Reise-Shop in Datex-J zu. Anrufer, die sich für ein spezielles Angebot interessieren, können für die Buchung zwischen mehreren Reisebüros wählen (Auswahl nach Postleitzahl), die dann automatisch per Fax die Anfrage des Kunden erhalten.
→ Audiotex, → Datex-J, → Elektronisches Reisebüro

Reiseführer, 1. Beschreibungen von Reisezielgebieten oder einzelnen Reisezielen in Form von Büchern und Broschüren, **2.** Bezeichnung für Reiseleiter. → Reiseleiter

Reisegepäck-Versicherung, Versicherung für die zum persönlichen Bedarf auf der Reise mitgeführten Gegenstände.
→ Gepäckbeförderung (Reisegepäck),
→ Reiseversicherungen

Reisegutscheine, 1. Von Reisebüros ausgestellte G. berechtigen dem Empfänger zu einer beliebigen Verwendung für touristische Leistungen innerhalb des ausstellenden Reisebüros oder innerhalb einer Reisebürokette zu einem vorab durch den Käufer festgelegten Betrag. **2.** für Fahrscheine im DB-Binnenverkehr werden in beliebiger Höhe von DB-Stellen ausgegeben. Die Geltungsdauer beträgt 1 Jahr vom Ausstellungstag an. → Geschenkgutscheine.

Reisehäufigkeit, Anzahl der jährlich unternommenen Reisen pro Reisendem; nach Reiseanalyse RA 98 Urlaub + Reisen für 1997: 47,0 Mio. Urlaubsreisende mit 62,2 Mio. Urlaubsreisen, damit 1,32 Reisehäufigkeit. Das besagt, daß ein Urlaubsreisender in 1997 durchschnittlich 1,32 Reisen unternommen hat.

Reiseintensität, gemäß der Terminologie der RA und der Nachfolgeuntersuchung U+R ist unter Urlaubsreisenden derjenige Teil der bundesdeutschen Gesamtbevölkerung über 14 Jahre zu verstehen, der im Berichtsjahr mindestens eine Urlaubsreise über 5 Tage unternimmt; nach U+R für 1997 = 74,3% Reiseintensität (bei einer Bevölkerung ab 14 Jahren von 63,3 Mio.) → Reiseanalyse (RA),
→ Urlaub + Reisen (U+R)

Reisejahr, in internationalen Reisestatistiken, der Bundes- und der Länderstatistik entspricht das Reisejahr dem Kalenderjahr. In Ganzjahreserhebungen der Marktuntersuchung Urlaub + Reisen (U + R) der FUR wird ebenfalls das Kalenderjahr als Reisejahr zu Grunde gelegt. Reisebüros und zahlreiche andere Unternehmen der Touristikbranche arbeiten ebenfalls mit dem Kalenderjahr. Bei den großen Reiseveran-

Reisekette

staltern wird das Geschäftsjahr aus einer Winter- und einer Sommersaison zusammengefaßt und zur Unterscheidung vom Reisejahr als Touristikjahr bezeichnet. Allerdings arbeiten kleine Veranstalter zum Teil auch mit dem Kalenderjahr. → Touristikjahr

Reisekette, Konzept der DB AG für die durchgehende Mobilitätsberatung und -betreuung von Bahnkunden. Die Komponenten sind:
* Reiseinformationen von Haus zu Haus anstelle reiner Fahrplanauskunft unter der Rufnummer 19419,
* Buchungsangebot für individuelle Fahrt zum Bahnhof per Bahntaxi, ÖPNV oder eigenem Wagen (der vom DB-Parkservice abgeholt wird),
* Großes Angebot für die Weiterfahrt per Bahntaxi, Mietwagen oder ÖPNV,
* Ein einziger Fahrschein für Haus zu Haus und die Umwandlung der BahnCard zur „Mobilitätskarte", die sämtliche Teilbausteine der individuellen Reisekette als elektronischen Ticketsatz auf einem Chip zusammengefaßt speichert.

Reisekosten, Reisespesen, Kosten anläßlich einer Dienstreise (z.B. Hotel-, Mietwagen- oder Flugkosten), die der Teilnehmer gegen Beleg oder Pauschal vom Arbeitgeber erstattet bekommt. Der Arbeitgeber kann diese Kostenerstattungen bei seiner jährlichen Steuererklärung geltend machen.

Reisekosten Öffentlicher Dienst, für Behörden und Ämter entwickelte Software der Dr. Werner Schoss Beratung Informationssysteme. Abrechnung nach dem Bundesreisekostengesetz oder entsprechender Gesetze der Länder.

Reiseleiter, für den Beruf des Reiseleiters gibt es noch kein gesetzlich festgelegtes Berufsbild. Eine Basisregelung der großen deutschen Reiseveranstalter sieht jedoch als Voraussetzung vor: Abgeschlossene Lehre als Reiseverkehrskaufmann/-kauffrau, Luftverkehrskaufmann, Hotelkaufmann oder Bürokaufmann, eine Fremdsprache perfekt und eine zweite ausreichend. Nach einer 3wöchigen Ausbildung in einem „Großgebiet" folgt ein „training on the job". Ein vom Tourismus-Präsidium ausgearbeitetes Zertifikat für Reiseleiter, das seit 1990 nach Ablegung einer Prüfung ausgestellt wird, soll diesen die Tätigkeit im Ausland (speziell in der EU) erleichtern. Reiseleiter sind als Außenstelle des Veranstalters Ansprechpartner für die Urlauber. Sie können Reklamationen entgegennehmen, nicht jedoch anerkennen. Je nach Reiseart und Transportmittel unterscheiden sich Reiseleiter nach folgenden Aufgabenbereichen:
- Zielgebiet- oder Rundfahrten-Reiseleiter
- Studien-, Club- oder Busreiseleiter
- Reisebegleiter auf Kreuzfahrtschiffen
- Zu den Aufgaben des R. gehören
- die technisch und organisatorisch reibungslose Abwicklung der Reise
- umfassende Kenntnis der wichtigsten Aspekte und Objekte des Reiselandes und die Fähigkeit, diese zu vermitteln
- Weckung und Erhaltung des Interesses bei den Reiseteilnehmern sowie Unterstützung der Eigeninitiativen
- Erkennung und Lenkung gruppendynamischer Prozesse.

Man unterscheidet R., die als eigene R. des Reiseveranstalters auftreten (Arbeitnehmer oder arbeitnehmerähnlich mit monatlichem oder nach Einsatztagen bemessenem Entgelt) und freiberuflich-selbständige R. bzw. Gewerbetreibende (Zielortreisebüros). Eine weitere Unterscheidung ist zu treffen zwischen dem Aufenthalts-/Standortreiseleiter (Local Guide) und dem Rundreiseleiter (Tour Guide), der die gesamte Reise begleitet. In bestimmten Ländern ist der Einsatz einheimischer Fremdenführer rechtlich vorgeschrieben (Silent Guide). → Cruise Director, → Fremdenführer, → Local Guide, → Silent Guide, → Stadtbilderklärer, → Studienreiseleiter. → Tour Guide, → Tourismus-Präsidium

Reiseleiter-Zertifikat, belegt die fachliche Qualifikation als Reiseleiter nach einer schriftlichen und mündlichen Prüfung. Prüfungsinhalt sind die Sachgebiete Länderkunde, Organisation, Tourismuskunde, Recht, Methodik und Didaktik der sozialen Kompetenz. Das R. ist von den verschiedenen Institutionen der Tourismuswirtschaft entwickelt worden. → BTW → Tourismus-Präsidium

Reiseliv, Internationale Reisefachmesse in Oslo, alljährlich im Januar.

Reisemanagement, bezeichnet die umfassende Betreuung der Firmenkunden und die Handhabung von deren gesamtem Reisebudget durch den Reisemittler mit Firmendienst einschließlich der Preisverhandlungen mit Leistungsträgern bis hin zu den Abrechnungen mit kumulierter Ausgabenübersicht und Anregungen zur Kosteneinsparung. R. unterscheidet sich damit von der reinen Buchungstätigkeit für den Kunden. → Firmendienst, → Reisestelle, → Travel Management

Reisemängel, Bezeichnung für Fehler in der Beschaffenheit der Reise oder das Fehlen von zugesicherten Eigenschaften der Reise gegenüber dem Zustand, der üblicherweise oder nach den vertraglichen Abmachungen zu bestehen hätte, mit den gesetzlichen Folgen wie Minderung, Kündigungsrecht, Abhilfeanspruch, Schadenersatzanspruch (§§ 651 c-h BGB). → Haftung bei Pauschalreisen, → Reisevertrag/Reisevertragsrecht

Reisemarkt-Gesellschaft, Idee der DB, aus den bisherigen Fahrkartenausgaben (FKAs) und/oder den Reisezentren privatwirtschaftlich gesteuerte Vollreisebüros zu machen.

Reisemittler, selbständige Handelsvertreter im Tourismus; Reisebüros, Agenturen, Verkaufs- und Buchungsstellen. Sie übernehmen für den Veranstalter von Pauschalreisen bzw. Anbieter von Beförderungs- oder Unterbringungsleistungen außerhalb einer Pauschalreise Verkauf/Buchung des jeweiligen Produktes, soweit sie nicht selbst zugleich Reiseveranstalter sind. Der Reisemittler in klassischen, vom Reiseveranstalter unabhängigen Sinne haftet für die von ihm vermittelte Reise gegenüber dem Kunden oder dem Veranstalter nur, wenn die Vermittlung selbst fehlerhaft war, für evtl. Reisemängel hat er dagegen nicht einzustehen. → Agenturvertrag/Handelsvertretervertrag, → Reisebüroähnliche Stellen, → Reisebüroketten, → Reisebüros, → Reiseveranstalter

Reisemobil, → Caravan

Reisemonitor, → Deutscher Reisemonitor

Reisemonitor des ADAC-Verlags, seit 1995 jährliche repräsentative Mitgliederbefragung zu deren Reiseverhalten. Für den R. werden aus dem Gfk-Haushaltspanel im Dezember eines Jahres sämtliche 3580 Haushalte (1997) befragt, zu denen ein ADAC-Mitglied gehört.

Reisenetz e.V., Bundesarbeitsgemeinschaft unabhängiger Veranstalter von Jugendreisen, Jugendaustausch und neuen Städtetouren, Sitz: Berlin. Dieser Zusammenschluß von parteipolitisch und konfessionell nicht gebundenen Organisationen macht sich zur Aufgabe, den Kontakt mit Kultur und Bevölkerung sowie einen sozial- und umweltverträglichen Tourismus zu fördern.

Reise-Office, Front- und Backoffice-Software der Firma Contour Reisebüro-Software.

Reisepaß, amtlicher Identitätsausweis; Dokument, das von ein- und ausreisenden In- und Ausländern beim Grenzübertritt vorzuzeigen ist. Im Unterschied dazu Personalausweis, der von manchen Grenzbehörden nicht anerkannt wird.

Reisepavillon, bundesweit einzige Messe für umwelt- und sozialverträgliches Reisen. Der R. findet seit 1990 in Hannover statt und bietet den Besuchern Informationen rund um den Urlaub. Aussteller sind vor allem kleinere Nischenveranstalter, die nach ihrem Selbstverständnis das Marktsegment des Sanften Tourismus bedienen. → Sanfter Tourismus

Reisepreis-Sicherung, → Kundengeldabsicherung

Reiserecht aktuell, Publikation der DGFR. → DGFR

Reiserichtlinie, Grundlage für Geschäftsreisen der Mitarbeiter eines Unternehmens hinsichtlich Kosten und Reisekomfort. Abhängigkeit besteht von Seiten der Unternehmenskultur.

Reiserücktrittskosten-Versicherung, Versicherung gegen die finanziellen Folgen eines Rücktrittes von der Reise, von Mehrkosten bei Reiseabbruch sowie, soweit besonders versichertes Risiko, der pauschalierte Restwert einer Reise im Falle des Reiseabbruches. Seit 1988 ist die RRKV nicht mehr grundsätzlich Bestandteil aller Pauschalreisenangebote. Somit hat der Reisemittler den Kunden auf eine fehlende RRKV aufmerksam zu machen. → Reiseabbruch, → Reiseversicherungen, → Reisevertrag/Reisevertragsrecht, → Rücktritt

Reiseruf, die ARD-Reiserufstelle in der Verkehrsredaktion des Hessischen Rundfunks nimmt unter der Tel. Nr. 069/15 53 33 Reiserufe an, unter Tel. Nr. 069/ 55 55 44 können Nachrichten abgerufen werden. In Autobahnraststätten hängen diese speziellen Reisenachrichten häufig am schwarzen Brett. Reiserufe sind Hilfs- und Notrufe. Sie werden nur in dringenden Familienangelegenheiten, bei Krankheit, Unfall oder Tod naher Angehöriger sowie bei schwerwiegen-

Reiseschecks

den Schadensfällen gesendet. Reiserufe bedürfen vor ihrer Ausstrahlung der amtlichen Bestätigung durch Polizei, behandelnden Arzt oder Feuerwehr. Sie werden von der zentralen Stelle beim Hessischen Rundfunk an diejenigen Radiosender weitergeleitet, in deren Sendegebiet sich der/die Gesuchte vermutlich aufhält.

Reiseschecks, weltweit bekannte und akzeptierte Zahlungsmittel. Sie werden von Banken und Sparkassen in bestimmten Nennwerten und verschiedenen Währungen ausgegeben und haben im Gegensatz zu Bargeld den Vorteil, daß sie bei Verlust oder Diebstahl noch auf der Reise ersetzt werden können. Auf Reisen nach USA z.B. Mitnahme von US-Dollar-Reisechecks, die überall als Zahlungsmittel für Waren und Dienstleistungen akzeptiert werden, üblich. Travellers Cheque erstmals 1891 von American Express ausgegeben. → Reisezahlungsmittel, → Travellers Cheque

Reisesteckbrief, in den Reisekatalogen der Studienreisen-Veranstalter dem Reiseablauf vorangestellter kurzer, aussagekräftiger Bericht über Besonderheiten, die eine bestimmte Reise kennzeichnen, z.B. über etwaige Unzulänglichkeiten bei der Unterbringung, den Straßenverhältnissen und Fahrzeugen in touristisch kaum erschlossenen Zielländern sowie über besonders interessante Sehenswürdigkeiten.

Reisestelle, vielfach haben Firmen für die Reisen ihrer Mitarbeiter eigene Reisestellen eingerichtet. Eine Reisekostenordnung legt meist die Reisebedingungen fest. Aufgrund größerer Kontingente können preislich vorteilhafte Abkommen mit Hotels, Autovermietern, Fluggesellschaften und der DB ausgehandelt werden, u.a. Großkundenabonnements. R. korrespondieren oft eng mit Vollreisebüros, da z.B. allein diesen die Ausstellung von Flugtickets vorbehalten ist. → AURA, → Corporate Rates, → Firmendienst, → GKA, → VDR, → VKON

Reiseveranstalter, R. ist, wer selbständig Reiseleistungen aus dem eigenen Unternehmen und/oder von dritten Leistungsträgern zur Pauschalreise zusammenfaßt. Der Reiseveranstalter ist Vertragspartner des Pauschalreisekunden, der Organisator/Unternehmer einer Pauschalreise, der die Reise aus den einzelnen Leistungen zusammenstellt, diese standardisiert und sie als einheitliches Paket oder Arrangement direkt oder über Reisemittler dem Reisekunden zum Gesamtpreis anbietet, zumeist mit Hilfe von Reiseprospekten. → Haftung bei Pauschalreisen, → Hauptleistungen, → Kundengeldabsicherung, → Leistungsträger, → Pauschalreisen, → Reisebüros, → Reisemittler

Reiseverkehrsbilanz, Gegenüberstellung der Reiseausgaben von Staatsangehörigen eines Landes im Ausland und den von einem Land aus dem Tourismus erzielten Einnahmen. Nach Angaben der Bundesbank erzielte die Bundesrepublik 1996 Einnahmen von 21 Mrd. DM, dagegen standen Ausgaben von 70,6 Mrd. DM, somit entstand ein Fehlbetrag von 49,6 Mrd. DM. Dieses Defizit geht zunächst zu Lasten des innerdeutschen Fremdenverkehrs, bedeutet andererseits jedoch

- einen Beitrag zur internat. Arbeitsteilung (Rom-Vertrag)
- Hilfestellung bei der Entwicklung unterentwickelter Länder
- Kaufkraftstärkung der Reisezielländer für deutsche Industrieprodukte
- Relativierung der hohen Überschüsse der Handelsbilanz in der Leistungs- und Zahlungsbilanz

Den Ausgleich einer negativen R. durch Anordnung von Devisen- und Reisebeschränkungen erzielen zu wollen, ist marktwirtschaftlich abzulehnen (Bsp. Frankreich in den 70er Jahren). Dagegen ist eine Verstärkung des Ausländerbesuchsverkehrs durch Förderungsmaßnahmen im Fremdenverkehr eines Landes gesamtwirtschaftlich sinnvoller. → Messetourismus, → Reiseausgaben, → Reiseländer

Reiseverkehrskaufmann/Reiseverkehrskauffrau, ab 1998 neues Berufsbild mit Ausbildung in zwei Fachrichtungen; die Wahl besteht für einerseits Touristik oder andererseits Kuren und Fremdenverkehr. Touristik-Auszubildende lernen veranstalten, vermitteln und verkaufen an Einzelreisende, Gruppen und Unternehmen. Ihre Einsatzgebiete sind Reisebüros, Reiseveranstalter und Firmendienste. Lehrlinge der Fachrichtung Kuren und Fremdenverkehr vermitteln und verkaufen touristische Produkte aus ihrem Einzugsbereich wie medizinische Leistungen und Pauschalangebote. I.d.R. arbeiten sie in Unternehmen und Organisationen des Kurwesens, des Fremdenverkehrs und des Veranstaltungswesens. Auszubildende der Fachrichtung Touristik können neuerdings

Reisevertrag/Reisevertragsrecht

auch in nichtlizensierten Reisebüros ihren Beruf erlernen (s. Tabelle). → Berufsausbildung im Tourismus, → Kaufmann/Kauffrau für Reiseverkehr und Touristik

Reiseverkehrsmittelnutzung, → Verkehrsmittel

Reiseversicherungen, zu einem kompletten Reise- und Urlaubsschutz bei Pauschalreisen gehören die von der Versicherungswirtschaft zur Deckung besonderer Reiserisiken angebotenen Versicherungsarten wie
- Reisegepäck-Versicherung
- Reise-Unfallversicherung
- Reise-Krankenversicherung
- Reise-Haftpflichtversicherung

Diese 4 Versicherungsarten werden von führenden Anbietern dem Kunden in einem Paket angeboten. Der Komplettschutz kann erweitert werden um eine RRKV, falls diese nicht bereits im Pauschalpreis enthalten ist.
→ Insolvenzschutzversicherung
→ Reiserücktrittskosten-Versicherung

Reisevertrag/Reisevertragsrecht, Pauschalreisen sind seit dem 1.10.1979 im Reisevertragsrecht des BGB §§ 651 a-l geregelt. Man spricht in diesem Sinne nur bei der Bündelung von Reiseleistungen, die typischerweise den Charakter der Reise ausmachen (Pauschalreise), von einem Reisevertrag. Eine Gewährleistungsregelung für Reisemängel findet sich in §§ 651 c-f, das Rücktrittsrecht des Kunden vor Reiseantritt in § 651 i, die Insolvenzschutzversicherung und der Sicherungsschein zugunsten des Kunden in § 651 k. Regelmäßig kommt der Reisevertrag mit einem Reiseveranstalter zustande, der z.B. auch ein Verein oder Zeitungsverlag sein kann. Denn nach der gesetzlichen Definition in § 651 a Abs. 1 BGB wird jeder, der eine Gesamtheit von Reiseleistungen bündelt und zum Gesamtpreis verkauft, automatisch zum Reiseveranstalter, gleichgültig, ob er gewerbsmäßig oder nur gelegentlich Reisen organisiert. Dieser schließt i.d.R. seinerseits Verträge mit dritten Leistungsträgern, die die vertragsmäßigen Leistungen an den Kunden erbringen, ohne ihrerseits mit dem Kunden in einem vertraglichen Verhältnis zu stehen; daher haftet aus dem Vertrag i.d.R. auch nur der Veranstalter für die von den Leistungsträgern verursachten Mängel. Im Rahmen des AGBG können die Details in allgemeinen Reisebedingungen geregelt werden, die den Reisekunden offenzulegen sind. Anbieter, die sich nicht an das Reisevertragsrecht halten oder andere Bestimmungen (z.B. Personenbeförderungsgesetz/ PBefG) verletzen, werden unter „Schwarztouristik" zusammengefaßt. → EU-Richtlinie für Pauschalreisen,

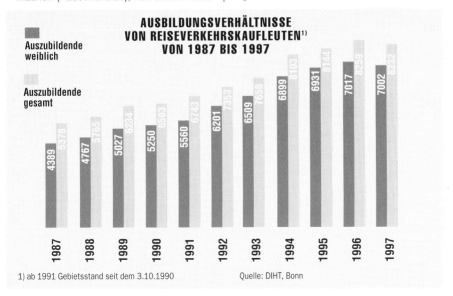

AUSBILDUNGSVERHÄLTNISSE VON REISEVERKEHRSKAUFLEUTEN[1] VON 1987 BIS 1997

Auszubildende weiblich: 4389, 4767, 5027, 5250, 5560, 6201, 6509, 6899, 6931, 7017, 7002

Auszubildende gesamt

1987, 1988, 1989, 1990, 1991, 1992, 1993, 1994, 1995, 1996, 1997

1) ab 1991 Gebietsstand seit dem 3.10.1990   Quelle: DIHT, Bonn

Reisewelt

→ **Informationspflicht,** → **Insolvenzschutzversicherung,** → **PBefG,** → **Schwarztouristik**

Reisewelt, Reisewelt Europäisches Reisebüro GmbH, Berlin, Reisebürokette der ITS, unter deren Dach in Ost-Deutschland JT-Reisebüros und Palm-Touristik zusammengefaßt sind. → Europäisches Reisebüro

Reisezahlungsmittel, Zahlungsmittel, die zur Mitnahme auf Reisen, spez. Auslandsreisen geeignet sind wie:
- Sorten und Devisen
- Eurocheques
- Reiseschecks
- Kreditkarten.

→ Devisen, → Kreditkarten, → Reiseschecks, → Sorten

Reisezeit, wesentliches Merkmal und Grundlage für die Gestaltung der Programmangebote aller am Reisemarkt Beteiligten ist die Saison. Diese wird von der Schulferienregelung der einzelnen Länder bestimmt. Durch Anreize bei Preis- und Programmangeboten o.ä. versuchen die einzelnen Leistungsträger eine gleichmäßige Auslastung auf Vor- und Nachsaison auszudehnen (s. Tabelle).

Reisezeit der bundesdeutschen Urlauber 1997 (befragte Personen = 5858)

	Bevölkerung insgesamt % (*)	2-Pers.-Haush. ohne Kinder % (**)	Haushalt mit Kindern unter 14 Jahre %(***)
Januar	1,7	2,1	1,0
Februar	1,6	1,9	1,4
März	2,7	3,5	1,8
April	4,0	4,4	2,5
Mai	10,5	13,2	7,8
Juni	11,6	14,0	8,2
Juli	23,4	15,9	32,9
August	22,1	16,7	32,1
September	13,3	18,9	6,5
Oktober	4,8	5,1	3,6
November	1,7	2,2	0,7
Dezember	2,4	2,1	1,5

* 47,02 Millionen, 5.858 Fälle
** 16,08 Millionen, 2003 Fälle
*** 10,51 Millionen, 1309 Fälle   Quelle: RA 98

Reiseziele, nach U + R gingen 1997 die meisten Urlaubsreisen ins Ausland = 68,6 %. Im Inland blieben 31,4 % der Urlauber (s. Tabelle).

Urlaubsreisen '97: Reiseziele

Urlaubsreisen 1997			62,2 Mill
	1972* %	1996 Mio	1997 Mio
Reiseziel Deutschland	47	30,2	31,4	19,5
Bayern	12,5	7,7	8	5
Schl.-Holstein	6,1	4,2	5	3,1
Mecklenburg-Vorp	–	3,6	3,8	2,4
Niedersachsen	5,7	3	3,4	2,1
Baden-Württbg.	9,5	3	3,2	2
NRW	3,9	1,5	1,4	0,9
Rheinl.-Pfalz/Saar	2,2	1,1	1,2	0,8
Ausland	52,7	69,8	68,6	42,7
Spanien	6,7	13,2	13,4	8,3
Italien	10,2	9,3	9,1	5,7
Österreich	13,8	7,6	6,7	4,2
Frankreich	2,9	4	3,9	2,4
Griechenland	1,1	3,5	3,6	2,2
Dänemark	2,1	2,5	2,3	1,4
Niederlande	2,2	2,6	2,2	1,4
Schweiz	2,8	1,8	1,5	0,9
Osteuropa	2,2	5,7	14	3,4
Außereurop. Länder	2	12,7	14	8,7
darin				
Türkei	–	3,2	4,1	2,6
Nordamerika	–	2,7	3,2	2
Nordafrika	–	2,1	2,3	1,4
Karibik, Süd-/ Mittelamerika		1,6	1,8	1,1
Urlaubsreisen insges. (Mio)	24,8	61,2		62,2

*) nur alte Bundesländer, – = nicht ausgewiesen
Quelle: RA 98

Reits, Real Estate Investment Trusts, Immobilien-Kapitalgesellschaften in den USA, die u.a. die internationale Hotellandschaft mitbestimmen, wie z.B. Starwood Lodging (Eigentümer der Westin- und Sheraton-Hotels), Patriot American.

Reklamation, → Reisemängel

Relation, Beziehung, Verhältnis. Im Verkehrswesen die Verbindung zwischen zwei Orten bzw. Regionen; im Schiffsverkehr das Fahrtgebiet zwischen zwei Küstenabschnitten mit mehreren Häfen. → City-Pair

Religionsbedingter Tourismus, hierzu gehören Reiseanlässe wie Kirchentage der großen Religionen, lokale und regionale Kirchenfeste. Daneben nimmt der Besuch von Wallfahrtsorten im Rahmen der Reisen von

Kirchengemeinden einen großen Raum ein, z.b. Pilgerfahrten nach Lourdes, Altötting oder ins Heilige Land.

Remark, engl. für Bemerkung. Bei Flugbuchungen können in den PNRs unter R.s frei wählbare Texte eingegeben werden. Man unterscheidet das RM-Element, daß es jedem, der den PNR öffnet, erlaubt, die Bemerkung zu lesen, von dem RC-Element, daß nur für Expedienten einer bestimmten Office-ID zu erkennen ist. → Office-ID, → PNR

Renaissance, nachmittelalterliche, die Neuzeit einleitende Epoche. Um 1420 von Italien ausgehend, erfuhr die R. in den meisten europ. Ländern nationale Ausprägung. Bes. Merkmale sind Pflege der Naturwissenschaften, Entwicklung der Perspektive. Die Baukunst strebte nach klaren, rechnerisch zu bestimmenden Maßverhältnissen; Grundrisse vorw. aus Quadrat, Rechteck u. Kreis; Rundbogen, Tonnengewölbe, Kassettendecke. Profanarchitektur wird der kirchlichen Baukunst gleichgestellt. Aufnahme antiker Motive in Malerei und Plastik; gesteigerter Realismus. Die großen Meister der Zeit waren Leonardo, Raffael, Michelangelo, Dürer, Holbein u.a.

Rendite, ist der Gesamterfolg einer Kapitalanlage, die als tatsächliche Verzinsung des eingesetzten Kapitals gemessen wird. Man unterscheidet die Rendite bereits umlaufender Werte (Umlaufrendite) und die Rendite bei der Emission neuer Werte (Emissionsrendite). Bei Aktien errechnet sich die Rendite aus der ausgeschütteten Dividende und eingetretenen Kursgewinne/verluste, bezogen auf den Aktienkurs. Rendite und Aktienkurs stehen im inversen Zusammenhang. Steigt der Kurs, so fällt die Rendite.

RENFE, Red Nacional de los Ferrocariles Espanoles, Nationale Spanische Eisenbahnen.

Rennsteig, beliebte Wanderstrecke über den Kamm des Thüringer Waldes (120 km) von Hörschel an der Werra über Oberhof bis nach Blankenstein an der Saale.

Renoir, Reservierungssystem der Ramada-Hotels.

Rent-a-car, Mietwagen; Kraftfahrzeug, das an Selbstfahrer vermietet wird; auch zur gewerbsmäßigen Beförderung von Personen.

Rentabilität, Erfolg eines Unternehmens in einer Rechnungsperiode, bei dem der Gewinn zum Kapital und das Ergebnis zur erbrachten Leistung ins Verhältnis gesetzt werden. Zu unterscheiden sind

- Umsatz-R., Verhältnis Gewinn zum Umsatz

- Betriebs-R., Verhältnis Betriebsgewinn zum betriebsnotwendigen Kapital

- Eigenkapital-R , Verhältnis Reingewinn zum Eigenkapital

- Unternehmens-R., Verhältnis Reingewinn und Fremdkapitalzinsen zum Unternehmenskapital, auch geläufig als Gesamtkapital-R.

Repeater, Wiederholungskunde bei Leistungsträgern, Reiseveranstaltern und -mittlern, häufig Kreuzfahrtkunde, der „sein" Schiff gefunden und mindestens 2 Reisen auf demselben Schiff mitgemacht hat.

Reposatz, ist der Leitzins, den die Bundesbank für die allwöchentlichen Wertpapierpensionsgeschäfte der Kreditwirtschaft anbietet. Mit diesen Geschäften versorgen sich Banken und Sparkassen bei der Notenbank mit frischem Geld. Im Gegenzug erhält die Bundesbank Wertpapiere. Der Reposatz ist der Zinssatz, den die Banken für das geliehene Geld an die Notenbank bezahlen müssen. Die Banken sind verpflichtet die Wertpapiere nach einer gewissen Zeit zurückzunehmen. → Diskontsatz, → Lombardsatz

Reps, Branchenbezeichnung für Repräsentanten, d.h. Vertretungen ausländischer Unternehmen.

Rerouting (RRT), auch Rerouted Flight, umgeleiteter Flug. Offizielle Bezeichnung lt. Luftfahrtstatistik: Planmäßiger Flug mit abweichender Streckenführung.

RES (Rail Europ S), Zusatzkarte zur Senioren-Bahncard der DB, die eine Ersparnis von 30% in 20 Ländern ermöglicht. → Bahncard

RES (Reservierung), Fluggastbuchung in START; Fluginformations- und Reservierungssystem. → START

Res-Iber, crs von Iberia, Gesellschafter von Amadeus. → Amadeus

Reservec, crs von Air Canada; fusionierte mit Pegasus zur Gemini. → Gemini

Reservhotel

Reservhotel, Hotelreservierungssystem von Carrera, über das die angeschlossenen Häuser per crs, Call Center und Internet gebucht werden können.

Reservierungsgebühr, 1. Für zusätzliche Serviceleistungen des Reisebüros können entsprechende R.n erhoben werden. 2. für Sitzplatzreservierungen der DB werden je Buchungsvorgang R.n erhoben. Der Sitzplatzanspruch erlischt 15 Minuten nach Abfahrt des Zuges.

Reservierungsleiter, oft auch Verkaufsleiter gen., er ist beim Reisebüro, -veranstalter, im Hotel oder auch im Verkehrsunternehmen für die Koordinierung, die Überwachung und für den ordnungsgemäßen Ablauf der Buchungen zuständig. Ferner übernimmt er Aufgaben im administrativen Bereich, evtl. auch im Training, in der Personalbedarfsplanung oder in der Kostenanalyse. Er beherrscht oft ein oder mehrere EDV-Reservierungssysteme.

Reservierungsterminals, einfache Terminals im Reisebüro, auf denen nur die Reservierungsfunktionen verfügbar sind. Im Gegensatz zu R. spricht man von Vollterminals.
→ Vollterminals

Reservision, elektronisches Buchungskontrollsystem für kleinere und mittlere Fluggesellschaften von Lufthansa Consulting in Kooperation mit Thyssen Informatik Center. An Funktionalitäten stehen Management-Reports, Online-Flugplanerstellung, Queue-Management und Class Gating zur Verfügung.

Resinter, Kürzel für Reservierung International; Hotelreservierungssystem für die Hotelgruppen Sofitel, Novotel, Mercure, Ibis und Urbis.

Resolution, Entschließung; Beschluß.

Resort, Urlaubs-/Erholungsgebiet, Feriengegend; Resort-Hotels sind schön gelegene Ferienhotels, meist der höheren Kategorie, wie z.B. das Ritz Carlton an der Bucht von Laguna Niguel; The Leading Hotels of the World. → Leading Hotels of the World

Restanten, Abrechnung im Hotel- und Gastgewerbe nach effektiver Belegung (nicht nach vorher vereinbarten Verträgen) als Entgegenkommen des Leistungsträgers.

Restaurant, Form des Gastronomiegewerbes. Man unterscheidet zwischen klassischem à la carte-Restaurant als selbständigem Betrieb und Hotel-Restaurant, das einem Beherbergungsbetrieb angegliedert ist. Im klassischen R. werden die Speisen nach den Wünschen der Gäste zubereitet. Menüs werden nicht angeboten. Diese Betriebe mit relativ hohem Preisniveau können nur in größeren Städten oder Feriengebieten rentabel arbeiten. Durch Leistung erworbenes Renommee und die begehrten Auszeichnungen für gute Küche sind für ihren Erfolg von großer Bedeutung. Beim Hotel-Restaurant kann wechselweise der gute Ruf des Hotels oder des Restaurants für höhere Frequenz und bessere Auslastung sorgen. Zug- und Schiffsrestaurants können beiden Formen zugeordnet werden.

Restaurantfachmann/-fachfrau, Berufsbild/ Ausbildungsberuf. Das Arbeitsgebiet des R. erfordert viel Einfühlungsvermögen, Geschick und Verkaufstalent. Im wesentlichen umfaßt es das Empfehlen und Zusammenstellen der passenden Speisen und Getränke sowie das Servieren und Zubereiten von Speisen am Tisch. Hinzu kommt das Erstellen einer ordnungsgemäßen Abrechnung mit dem Gast und dem Betriebsbüro.
→ Berufsausbildung im Hotel- und Gaststättengewerbe

Restaurantmeister, staatlich anerkannte Meisterprüfung im Gastgewerbe. Voraussetzung für die Zulassung ist der Abschluß einer Berufsausbildung in einem anerkannten Ausbildungsberuf wie z. B. Restaurantfachmann (dieser muß außerdem eine 5jährige berufliche Erfahrung nachweisen, vom Fachgehilfen im Gastgewerbe werden 6 Jahre Berufspraxis verlangt).

Restaurant-Personal, dem Maître d'Hôtel obliegt als Restaurantdirektor die Oberleitung der Restaurantabteilungen. Er ist verantwortlich für die Organisation aller Sonderveranstaltungen und Bankette. Der Oberkellner ist für die Plazierung der Gäste und die Aufnahme der Bestellungen verantwortlich. Er ist der direkte Vorgesetzte des Chefs de Rang. Der Chef de Rang bearbeitet eine Station mit 4 bis 6 Tischen. Seine Aufgabe ist das Servieren der Speisen und Getränke; seine Position entspricht etwa der eines Gesellen. Der Commis de Rang untersteht dem Chef de Rang und versorgt diesen mit allen Speisen und Getränken, die von den Gästen geordert wurden. Nach Ablegen der Prüfung wird der Kellnerlehrling Commis de Rang. Den Weinkellner trifft man häufig in größe-

Richtlinie (RL)

ren, anspruchsvolleren Restaurants in Frankreich und Italien an sowie auf Kreuzfahrtschiffen. Als Spezialkellner berät er die Gäste bei der Auswahl der Getränke.
→ Berufsausbildung im Hotel- und Gaststättengewerbe, → Chefsteward, → Sommelier

Restmeilen, sie können nur beim Kauf von First Class- oder Business-Class-Tickets ausgeschöpft werden, nicht jedoch bei Sondertarifen oder Charterflügen. Maximum mileage wurde von der IATA eingeführt, als die Anzahl der Direktverbindungen noch geringer war. Der Kunde zahlt dabei grundsätzlich die erlaubte Höchstmeilenzahl, tatsächlich fliegt er jedoch weniger als diese. Die Begründung liegt im Wettbewerb zwischen den Airlines. Zur Vermeidung von Wettbewerbsnachteilen werden die Tarife auf einer Meilenbasis berechnet, die ca. 20% über der tatsächlich geflogenen Strecke liegt, z.B. wird auf der Direktverbindung von Köln nach Hongkong der Preis für 8.398 Meilen berechnet, die tatsächliche Routenlänge beträgt jedoch 5.784 Meilen. Damit können bei voller Nutzung Abstecher mit Stopover in Rom, Athen, Kairo, Bombay, Delhi, Calcutta, Katmandu, Dacar und Bangkok eingeplant werden. Bis auf einen Rest von nur 6 Meilen sind damit die insges. 2.614 Restmeilen abgeflogen. → IATA, → Maximalentfernungen

Restplatzbörse (Kreuzfahrten), → Kreuzfahrten-Börse, → Last-Minute-Tickets und -Reisen

Restricted articles, engl. aus dem Luftverkehr, bezeichnet gefährliche Gegenstände bzw. Güter, die aus Sicherheitsgründen nicht im Flugzeug mitgenommen werden dürfen (z. B. Gase unter Druck, Explosivstoffe, entflammbare Flüssigkeiten etc.). Die Fluggesellschaften sind verpflichtet, ihre Passagiere in den Beförderungsbedingungen auf diese verbotenen Gegenstände hinzuweisen.

Retailer, Einzelhändler; nicht direkt auf das Reisegewerbe übertragbarer Begriff. R. hat sich für Reisebüros als die letzte Stelle in der Anbieterkette eingebürgert. → Reisemittler, → Wholesaler

Retortenstation, Sportstation für Winterferien, die im Gegensatz zum Bergdorf und dessen Anbindung an das Sportgebiet den unmittelbaren Zugang von der Unterbringung zur Piste ermöglicht. Das bedeutet kürzeste Wege von den Studios, Appartements und Zimmern dieser Trabantenstadt über die Sperrholzverschläge mit den Skiausrüstungen zu den Liften. Angebot z.B. Thyon 2000 im Wallis.

Rettungsflug, Flug für einen medizinisch notwendigen und ärztlich angeordneten Transport zur Heimbringung eines Erkrankten bzw. Verunglückten.

Revenue Passenger, Zahlgast. → Zahlgast

Revier, Mündungsgebiet von Flüssen; Meeresbuchten.

Revierfahrt, Manöver, das der Kapitän fährt, um das Schiff auf engstem Raum an die Pier zu bringen (meistens mit einem Lotsen), z.B. im Hamburger Hafen. Für bestimmte Fahrstrecken ist zur Sicherheit die Bereitstellung einheitlicher ständiger Lotsendienste angeordnet.

Rezeption, Empfangsbüro, Aufnahme im Beherbergungsbetrieb.

Rezession, → Abschwung

„Rhein in Flammen", Beleuchtungsveranstaltung am Rhein. Touristenattraktion in verschiedenen Abschnitten des Rheins, jährlich 6 Veranstaltungen jeweils samstags; z.B. am 3. Samstag im September im Tal der Loreley; bengalische Beleuchtung nahe dem vielbesungenen Loreley-Felsen und den Burgen Katz und Maus, veranstaltet von den Schwesterstädten St. Goar und St. Goarshausen.

Rhein Werbegemeinschaft, → Internationale Rhein Werbegemeinschaft

RIC, Regolamento Internationale Carozze, internationaler Eisenbahn-Staatsvertrag über die wechselseitige Benutzung der Personen- und Gepäckwagen, Personen- und Gepäckwagenverband, regelt die wagentechn. Zusammenarbeit im grenzüberschreitenden Bahnverkehr, zuständig für Vereinbarungen bez. der Benutzung von Personen-, Gepäck- und Postwagen zwischen den beteiligten nationalen Eisenbahnverwaltungen. Die Europäische Wagenbeistellungskonferenz tritt einmal jährlich zusammen und legt für den Zeitabschnitt Mai bis Mai für alle internat. Züge die Beistellung der Stamm- und Kurswagen fest.

Richtlinie (RL), im EU/EG/EWG-Sprachgebrauch ein genereller Rechtsakt, der der Umsetzung in nationales Recht der Mitgliedstaaten bedarf. Im Gegensatz zur Verord-

Richtungscodes

nung ist die RL nicht unmittelbar anwendbar. Als eines der ersten typischen Beispiele in der Tourismusbranche gilt die Pauschalreiserichtlinie. → EU/EG/EWG, → Verordnung (VO)

Richtungscodes, sie bezeichnen in einem Zweibuchstaben-Code im internat. Linien-Luftverkehr den Leitweg (Routing) innerhalb der IATA-Verkehrsgebiete. Im PT sind die globalen Richtungscodes neben dem genehmigten Flugpreis und dem Meilenlimit aufgeführt. → PT

Risiko, die zu versichernde Gefahr potentieller Personen- oder Sachschäden.

Risikoperson, Person, in der sich eine versicherte Gefahr verwirklichen kann (z.B. erkrankter Angehöriger in der Reise-Rücktrittskosten-Versicherung; Unfallverletzter in der Reise-Unfallversicherung). → Reiseversicherungen

RIT, Rail Inclusive Tours, Eisenbahn-Pauschalreisen, die mindestens noch die Unterkunft enthalten müssen sowie mit beliebig vielen anderen touristischen Leistungen erweitert werden können. Programm für Städtereisen. → Städtereisen

River Rafting, Fluß- und Wildwasserfahrten mit stabilen Schlauchbooten.

Rivers, touristisches Reiseangebots- und Informationssystem mit Best Buy-Funktion der Firma G. Donner Softwaretechnik, auf CD-ROM als Kunden- und Reisebüroversion erhältlich.

RM-Element, → Remark

R.M.S., Royal Mail Ship; das Kürzel vor dem Schiffsnamen, z.B. R.M.S. LUSITANIA, besagte, daß die britischen Ozeanliner als lizenzierte Postdampfer eingesetzt waren.

Ro-Ro-Fähren, Abkürzung für Roll-on-roll-off-Fähren, bezeichnet eine direkte Auf- und Durchfahrtmöglichkeit auf dem Autodeck, wobei die Fahrzeuge im Heck des Schiffes an Bord fahren und es über eine Klappe im Bug wieder verlassen oder auch umgekehrt; wurde 1960 eingeführt. Gilt auch für Eisenbahnbeförderung. → Fähren

Road-show, Branchenbegriff für Wanderausstellung. Mit dieser Werbe- und Verkaufsförderungsmaßnahme an verschiedenen Orten zur touristischen Absatzbelebung kommt man dem Kunden räumlich entgegen.

Roadhouse, Einrichtung in Australien, bestehend aus Tankstelle, Ladengeschäft, Snack Bar und/oder Restaurant und Motel; Verkauf von Takeaways (Schnellgericht), wichtig für Touristen/Mietwagen-Selbstfahrer an Sonntagen.

ROE, Rate of Exchange; mit der Umstellung von FCU auf NUC beim Flugscheinkauf ist auch die ROE einem neuen Modus unterzogen worden. Der Kunde zahlt immer den günstigsten Preis für seinen Flugschein, wobei die IATA in Abständen von 4 Wochen einen Umrechnungskurs für den US-Dollar in Landeswährung festlegt. → Flugpreisberechnung, → NUC

Rokoko, Baustil (sakral und profan), Endphase des Barock, von 1730 bis 1780, äußert sich besonders auf dem Gebiet der Dekoration: Kirchenkunst, Möbel, Tafelmalerei, Porzellan.

Rollbahn, Fachausdruck im Flugsektor, engl. auch Taxiway, der kurze Streckenteil zwischen dem Gate (Tor) und der Start- und Landebahn, häufig mit dieser verwechselt.

Rollende Raststätte, straßenentlastender IC mit Pkw-Beförderung auf der Strecke Berlin-Grunewald - Lehrte (bei Hannover).

Rollierendes System - Ferienordnung, der in der Bundesrepublik Deutschland geltenden Ferienordnung liegt das sog. R.S. zugrunde. Dabei wechseln sich die Bundesländer mit früheren und späteren Ferienterminen in einem vertretbaren Rahmen ab. Zweck dieses Systems ist es, die Verkehrsströme zu und in den Urlaubsregionen zu entzerren und eine gleichmäßige Auslastung des dortigen Fremdenverkehrsangebots zu erreichen.

ROM, Read Only Memory, Speicherbaustein, der nur gelesen werden kann. Der Inhalt bleibt auch nach Abschalten des Computers erhalten. Entsprechend sind alle Funktionen eines Computers, die sofort nach dem Einschalten verfügbar sein müssen, z.B. Systemtest, Zeichenausgabe auf dem Bildschirm usw., in ROM-Bausteinen enthalten. In Reisebüros häufig als Compact Disc mit einer Speicherkapazität von 300.000 Katalogseiten zum Abruf. → CD-ROM

Romanische Kunst, Stilabschnitt der bildenden (meist sakralen) Kunst vom Beginn des 11. bis zum Beginn des 13. Jh. Die R.K. ist durch einen monumentalen Baustil gekennzeichnet. Hauptmerkmale sind der Rundbo-

Rücktritt

gen, körperhaft gegliederte, starke Mauern, ernster wuchtiger Innenraum, Monumentalplastik, z.B. Kirchen auf der Reichenau, Dom zu Speyer, St. Aposteln u.a. in Köln.

Romantik-Hotels, Kette von Beherbergungsunternehmen in historischen Gebäuden. → Hotelkette

Romantische Straße, eine der ältesten und am meisten befahrenen deutschen Touristikstraßen, die eine Reihe sehenswerter Städte miteinander verbindet. Sie beginnt in Füssen und führt über Landsberg, Augsburg, Nördlingen, Dinkelsbühl, Rothenburg, Bad Mergentheim und Tauberbischofsheim nach Würzburg. → Touristikstraßen

Room Master, bei Galileo Produktsystem, mit dem die Reisebüros weltweit bei den angeschlossenen Hotels reservieren und buchen können, über Inside Links mit Sofortbestätigung. → Inside Links

Room Night, Zähleinheit für Übernachtung bei der Statistik.

Room Service, Etagenservice im Hotel; Cabin service auf Kreuzfahrtschiffen. Versorgung des Gastes mit Speisen und Getränken und anderen Dienstleistungen im Zimmer, im Gegensatz zur Selbstbedienung aus Minibar oder Automaten.

Rossia President Express, ehemaliger sowjetischer Luxuszug des Staatspräsidenten, wird heute auf dem weitverzweigten Schienennetz Rußlands und anderer GUS-Staaten touristisch genutzt und kann gechartert werden.

Rossija, längster durchgehender Zuglauf der Welt, verkehrt auf der Strecke Moskau-Nowosibirsk-Irkutsk-Chabarowsk-Wladiwostok. → Transkontinentalbahn

Rotel-Tours, „Das rollende Hotel", eine Erfindung des Reiseveranstalters G. Höltl; Programmangebot für Rundreisen in Bussen mit Schlafkabinen im mitgeführten Anhänger.

Round-the-world, → RTW

Round Table, die Sitzordnung um einen zentralen Punkt, z.B. den runden Tisch, gewährleistet die Gleichrangigkeit der Teilnehmer.

Round Trip (RT), Flugreiseart vom Ausgangsort zum Umkehrort und zurück über eine beliebige Streckenführung, bei der für Hin- und Rück-Reise jeweils der gleiche,

ganzjährige One Way-Tarif in derselben Klasse ab Ausgangsort anwendbar ist. RT-Fare ist der Flugpreis für Hin- und Rückflug.

Routing, festgelegte Streckenführung eines Fluges/ einer Schiffspassage i.d.R. im Linienflugverkehr/in der Linienschiffahrt.

Rovos Rail, Luxuszug im südlichen Afrika. U.a. mit einer Fahrt in zwölf Tagen über 6.100 km von Kapstadt durch Simbabwe und Sambia bis in die tansanische Hauptstadt Daressalam. Dieser Nostalgiezug verfügt über das größte Streckennetz mit Fahrten von Pretoria und Kapstadt zum Krüger-Nationalpark und zu den Victoria-Fällen sowie nach Windhuk.

Royal Scotsman, Luxuszug in Großbritannien für geführte Bahnreisen über die Insel für max. 32 Fahrgäste. Er verfügt über acht Waggons mit Speise-, Schlaf- und Aussichtswagen mit kleiner Terrasse am Wagenende.

Royalty, 1. Engl. Begriff für Ertrags- oder Gewinnbeteiligung, **2.** Begriff der Luftverkehrspolitik, u.a. bedeutet Ertragsbeteiligung im Luftverkehr, i.d.R. durch Ausnutzung von Rechten der 5. Freiheit, in Fällen, wo solche Rechte im Rahmen eines zweiseitigen Luftverkehrsabkommens nicht abgesichert sind. → Freiheiten der Luft. **3.** Lizenzgebühr; Tantieme.

RRKV/RRV, Reiserücktrittskosten-Versicherung. → Reiserücktrittskosten-Versicherung, → Reiseversicherungen

RTG, Ruhrgebiet Tourismus GmbH, Zusammenschluß von örtlichen Reservierungsstellen im Ruhrgebiet.

RTW, Round the World-Service, im Luftverkehr gebräuchliche Abkürzung für Flugdienste, die rund um die Welt führen. → Weltreisen mit dem Flugzeug

Rücktransportkosten, Kosten für den Rücktransport eines Verunfallten oder Erkrankten, soweit es medizinisch sinnvoll und vertretbar ist.

Rücktritt, im Unterschied zur Kündigung bei Reisemängeln ist das Rücktrittsrecht nach § 651 i BGB das Recht, jederzeit und ohne Begründung vom Reisevertrag vor Reiseantritt zurückzutreten. Der Reiseveranstalter kann allerdings anstelle seines Reisepreises eine angemessene Entschädigung vom Zurücktretenden verlangen. Vom Reise-

Rückversicherung

veranstalter kann erwartet werden, daß er den Schaden weitestgehend mindert und die freigewordenen Plätze anderweitig vergibt. Der Urlauber hat die Möglichkeit, sich zusätzlich durch eine Reiserücktrittskosten-Versicherung abzusichern. Ein weiteres Rücktrittsrecht verbunden mit einem Ersatzreiseanspruch gibt der § 651 a bei Preiserhöhungen des Veranstalters. → Reiserücktrittskosten-Versicherung, → Reisevertrag/- Reisevertragsrecht

Rückversicherung, die Versicherung der vom Versicherer übernommenen Gefahr. Um sich im Schadenfall gegen eine eventuelle Übersteigung ihrer Leistungsfähigkeit zu schützen, lassen sich Versicherungsunternehmen bei anderen Versicherungsanstalten versichern.

Rufpassage, Buchung einer Flug- oder Schiffspassage, die der Fahrgast zwar veranlaßt, deren Bezahlung jedoch von einem auswärtigen Einzahler (Sponsor) übernommen wird. → PTA, → Sponsor

Rules, Anwendungsregeln eines bestimmten Tarifs, z.B. Mindestaufenthalt oder Vorausbuchungsfrist.

Rundfahrten mit geschlossenen Türen, einzelne Fahrten, die mit demselbem Bus durchgeführt werden. Auf der gesamten Strecke wird dieselbe Reisegruppe befördert und auch wieder an den Ausgangspunkt zurückgebracht.

Rundreisen, typische Busreiseart. R. dauern mindestens fünf Tage und führen zu verschiedenen Aufenthalts- und Besichtigungspunkten. Sie werden durch kundige Reiseleiter geführt. Ihre Reiseroute geht aus der Reiseausschreibung hervor; Nachtfahrten sind ausgeschlossen. Beschränkt sich eine Rundreise auf ein Zielgebiet, so kann sie auch nur hier stattfinden. An- und Abreise sind dann gesondert zu betrachten. → CT, → Reiseleiter, → Sternfahrt, → Urlaubsreisen

Russischer Service, Begriff aus der Gastronomie. Der R.S. findet meist nur bei einer kleineren Anzahl von Gästen Anwendung, da hier die Hauptplatte nicht nur dem Gastgeber, sondern allen Gästen präsentiert wird. Diese Serviceart nimmt viel Zeit in Anspruch. → Englischer Service, → Französischer Service

RVA, 1. Reiseverkehrsakademie, Düsseldorf, Tourismus-Fortbildungsinstitut seit 1975 mit zweijähriger Vollzeit-Ausbildung, Abschlußdiplom Staatl. gepr. Betriebswirt. In 1998 mußte das Bildungsinstitut seinen Betrieb wegen Konkurs des GFS einstellen. GFS Gemeinnützige freie Schulträgergesellschaft mbH, Düsseldorf. **2.** Bezeichnung für Reiseverkehrsassistent. Nebenberufliche Verkäufer im Heimverkauf von Reisen. → Betriebswirt (staatl. gepr.), → Homeservice

RVC, Rendez-vous Canada. Alljährlich stattfindende kanadische Tourismusmesse.

Ryokan, traditionelles Hotel in Japan mit durchschn. 12 bis 15 Zimmern mit Bad. Die Zimmer sind mit Tatami-Matten und Futon-Matratzen ausgestattet. Die Mahlzeiten, japanische Gerichte, werden auf dem Zimmer serviert.

SAFA

S 8, Ost-West-S-Bahn über den Rhein verbindet seit Mai 1988 auf einer 82 km langen Strecke die 5 Städte Hagen, Wuppertal, Düsseldorf, Neuss und Mönchengladbach. Damit hat die DB in diesem dichtbesiedelten Gebiet eine wichtige Verkehrsverbindung für täglich ca. 100.000 Pendler geschaffen; eine gelungene Wettbewerbsmaßnahme gegen den Individualverkehr und für ein Stück mehr Umweltschutz. → Privater Verkehr

Sabbat, wöchentlicher Ruhetag/Feiertag von Freitag- bis Samstagabend in Israel. Mit wenigen Ausnahmen sind am S. Geschäfte und Restaurants geschlossen.

SABRE Semi Automatic Business Research Environment, crs von American Airlines; gegr. 1959. S. gehört weltweit zu den größten Computerreservierungssystemen. 1998 wechselte Abacus zu S. Gleichzeitige Gründung von Abacus International. S. bietet folgende Zusatzmodule an:
• Sabre Navigator, bietet Online-Verbindungen zu den Datenbanken europäischer Fährbetreiber.
• Sabre Report Manager, Verwaltungssystem unter S., checkt Kommissionszahlungen, bietet tägliche Verkaufsstatistiken und erstellt automatische BSP-Berichte.
• Sabre Total Access, ermöglicht den direkten Zugang zu den Datenbanken von Fluggesellschaften, Hotels, Autovermietungen, Reiseveranstaltern sowie Bahn- und Fährunternehmen.
• Sabre Tourlink, Online-Reservierungssystem unter SABRE, gewährt den Zugang zu den Reiseveranstaltern mit ausführlichen Reisebeschreibungen, Preisinformationen sowie zielortspezifischen Informationen, ermöglicht sofort bestätigte Buchungen.
• Sabre TravelBase, Buchhaltungs- und Verwaltungssystem.
• Sabredos, Version des Reservierungssystem SABRE, lauffähig auf dem Betriebssystem MS-DOS.
• Sabrefax, gestattet die direkte Übersendung von Nachrichten an Faxgeräte ohne vorherige Erstellung eines Ausdrucks.
• Sabremail Plus, Bereitstellung der E-mail Funktion durch S.

• Sabrerail, ermöglicht die Online-Reservierung und Fahrkartenausstellung für nationale und internationale Bahndienste. SABRE Rail Deutsche Bahn für den nationalen Bahnverkehr greift auf die Daten von Kurs 90 zu.
• Sabreworks, zusätzliches zur Textverarbeitung, Tabellenkalkulation oder Datenbankverwaltung.
• Sabrexport, ermöglicht die Datenübertragung direkt von SABRE in Textverarbeitungs-, Kalkulationstabellen oder Datenbankdateien.
• Sabrexpress, Buchungshilfe zur Automatisierung von Reservierungsprozessen für Mietwagen, Hotelzimmer und Linienflüge.
→ Abacus, → Abacus International, → crs, → Kurs 90, → STIN, → Super crs

SABRE-Vision, Gemeinschaftsprodukt von SABRE und Reed Travel Group auf CD-ROM, ermöglicht die bildliche Darstellung in den crs-Bereichen Hotel und Kreuzfahrten. → CD-ROM

Sächsische Dampfschiffahrt, Dresden, betreibt seit über 160 Jahren Personenschiffahrt auf der Oberelbe. Sie verfügt über die älteste und größte Seitenraddampferflotte der Welt mit 8 historischen Raddampfern, 2 modernen Salonschiffen und 2 kleineren Motorschiffen. Die Ausflugsfahrten führen in die Sächsische und Böhmische Schweiz und ins Sächsische Elbland (Meißen). Alljährliche Saisonhöhepunkte: traditionelle Dampferparade am 1. Mai, Dampfschiff-Fest am dritten Augustwochenende.

SAEG, Statistisches Amt der Europäischen Gemeinschaften, führt Fremdenverkehrsstatistik der Mitgliedsländer. Harmonisierung der nationalen Statistiken ist angestrebt in Abstimmung mit WTO und OECD.
→ EU/EG/EWG, → OECD, → WTO

SAF, Standard Administrative Form, abrechnungspflichtige Standardverwaltungsformulare des BSP, die von LVGs oder Agenten ausgestellt werden, um Transaktionen des Verkaufs richtigzustellen, um Verkaufsvorgänge zu komplettieren oder Verkaufsabrechnungen zu erstellen.

SAFA, Safety of Foreign Aircraft. Lenkungsausschuß zur Überprüfung der Sicherheit ausländischer Luftfahrzeuge mit u.a. Verstärkung der Zahl der Vorfeldkontrollen auf Flughäfen. → JAA

Safari

Safari, 1. Suaheli-Wort für Reisen. Im Tourismus gebräuchlich für Reisen durch Tierparks und Wildschutzreservate. Begegnung mit Tieren in freier Wildbahn. Ausgeschriebene Gruppenreisenarrangements durch afrikanische Landschaften mit Übernachtung in Lodges. → Lodges. 2. Reservierungssystem der SAA South African Airways u. a.

Safety of Live at sea, → Sicherheitsübungen

SAFT, Studentischer Arbeitskreis Fremdenverkehr Tourismus, Bocholt. Zweck des Vereins ist die akademische Tourismusforschung sowie die Erstausbildung, Weiterbildung und berufliche Vermittlung von Führungskräften in der privaten und öffentlichen Tourismuswirtschaft. S. arbeitet eng mit dem Fachbereich Wirtschaft der Fachhochschule Gelsenkirchen, Abteilung Bocholt, zusammen.

Sail- and Stay-Kreuzfahrt, Angebot auf dem Kreuzfahrtenmarkt, bestehend aus Kreuzfahrt und Hotelaufenthalt. Die Passagiere können das im Wochenturnus rundreisende Schiff zu einem ein- oder zweiwöchigen Badeurlaub verlassen und anschließend zur Beendigung der Kreuzfahrt wieder an Bord gehen. Konzept, das vorwiegend im Mittelmeer und in der Karibik durchgeführt wird. → Kreuzfahrten

Saisonarbeitskräfte, die Beschäftigung von S.n aus dem Ausland ist auf jeweils 3 Monate p.a. begrenzt. Sie bildet eine Ausnahme des bundesweiten Anwerbestopps, um Auftragsspitzen zu bestimmten Jahreszeiten abzufangen. Betriebe des Hotel- und Gaststättengewerbes gehören zu den Nachfragern.

Sales tax, staatlich erhobene Steuer auf den Mietwagenpreis in den USA, unterschiedlich je nach Bundesstaat.

Salonwagen WGS, ein besonderes DB-Angebot sind die drei Salonwagen: 1. WGS 89-90 001 mit Konferenz-/Festraum, zwei Konferenz- bzw. Privatabteilen mit Sofas für Nachtfahrer, Sanitärräume, Küche, zwei Gästetoiletten und Bordtechnik wie Schallisolation, Klimaanlage, Abhörsicherheit; Funktelefon, Telefax, Farb-TV, Video, Radio, Wechselsprechanlage. 2. WGS 89-90 308 mit Konferenz-/Festraum, vier sep. Privatabteilen, zwei Großbetten und zwei Etagenbetten, zwei Sanitärräumen und Bad/Dusche, Küche, einer Gästetoilette, Bordtechnik wie Schallisolation, Klimaanlage, Funktelefon, Radio, Wechselsprechanlage. 3. WGS 89-92 530 mit einem Konferenz-/Festraum mit Bartheke, einem sep. Salon mit Sitzgruppen, Couchbett und Waschbecken, einer Toilette und Bordtechnik wie Schallisolation, Klimaanlage, Radio-Kassetenanlage, Mikrofonanlage. Für alle Salonwagen gilt die Möglichkeit der individuellen Servicegestaltung wie auch der privaten Bewirtschaftung. Die Salonwagen können EC/IC-Zügen beigestellt werden. → EC-Netz, → IC-Intercity

SAM, Services and Applications for a World Wide Market, mit SAM soll als Nachfolger von TIM und MNET ein weltweiter Daten-Highway etabliert werden. → MNET, → TIM

Sammelfahrschein, Fahrschein der Deutschen Bahn für Gruppen im grenzüberschreitenden Verkehr.

Sammelvisum, gemeinsames Visum, das einer Reisegruppe für ein Land mit Visumszwang erteilt wird. Das S. wird nur für kurze Zeit ausgestellt. → Sichtvermerk, → Visum

Sanatorium/Kurklinik, Beherbergungsstätte, die den § 30 Gewerbeordnung als Mindestvoraussetzung nach Beihilferecht erfüllt. Weitere Kriterien sind gesundheitsorientiert, ärztliche Überwachung, diagnostische und therapeutische Grundangebote für entsprechende Indikationen.

Sanfter Tourismus, Gästeverkehr, der gegenseitiges Verständnis zwischen Einheimischen und Gästen schafft, die kulturelle Eigenart des besuchten Gebietes nicht beeinträchtigt und der Landschaft mit größtmöglicher Schonung begegnet. Erholungssuchende im Sinne des S.T. benutzen vor allem die im Raum vorhandenen Einrichtungen und verzichten weitgehend auf zusätzliche landschaftsbelastende Tourismuseinrichtungen. Zu den „sanften Verkehrsmitteln" gehören z.B. Fahrrad, Pferd oder Pferdewagen/-kutsche, Kanu, Luft- und Segelschiff. Eine veränderte Reiseform hin zum S.T. ergibt sich aus dem zunehmenden Trend zu körperlicher Betätigung im Urlaub und verstärktem Umweltbewußtsein. Spezialveranstalter bieten z.B. Fahrrad-Urlaubsreisen an oder Mitwirkung der Gäste bei Windjammer-Fahrten auf Großseglern. → DNR, → Tourismus mit Einsicht

SAP, South America Pass. → SATC

Saphir, crs der Sabena, inzwischen Galileo Belgien.

SARTOC, Southern Africa Regional Tourism Council, gegr. 1982, Sitz: Johannesburg. Vereinigung der Urlaubsregionen Komoren-Inseln, Lesotho, Südafrika, Malawi und Swaziland (Botswana und Namibia vorgesehen) mit dem Ziel, den Tourismus in und zwischen diesen Ländern zu entwickeln und zu fördern. → SATOUR

Saspo, „Simulations-, Abrechnungs- und Steuerungsprogramm". Lufthansa Software, die die zu erwartenden LH-Provisionen nach dem Lufthansa Vergütungsmodell PartnerPlus berechnet. → PartnerPlus

SAT e.V., Studentische Arbeitsgemeinschaft Tourismus an der FH München, erarbeitet Studien mit Projektteams. → Studentische Arbeitsgemeinschaft Tourismus

SATA, South Asia Tourism Association, Vereinigung touristischer Leistungsträger aus südasiatischen Ländern zur Förderung des Tourismus.

SATC, South America Travel Commission, Marketing-Organisation von 10 südamerikanischen Ländern zur Verbesserung des Incoming-Tourismus, auch zur Vereinheitlichung von Abrechnungsfragen, z.B. Entwicklung eines SAP, South America Pass durch Brasilien zur problemlosen Buchung und Abrechnung von Südamerika-Reisen. → COTASUR, → Foptur. → Incoming-Tourismus

Satellite Ticket Printer, → STP

Satellitensystem Tourismus, auf der Grundlage der Volkswirtschaftlichen Gesamtrechnungen (VGR) aufbauendes, aber über sie hinausgehendes Berichtssystem zur Darstellung des Tourismus. Satellitensysteme stellen eine Erweiterung des herkömmlichen VGR dar. Sie bieten thematisch begrenzte Querschnittsdarstellungen gesellschaftlicher Teilbereiche, die in der herkömmlichen Inlandsproduktsberechnung der VGR nicht zusammenfassend dargestellt werden (z.B. Tourismus). Ein S.T. soll u.a. das Instrumentarium bieten zur Analyse der Frage nach der ökonomischen Bedeutung des Tourismus. An der methodischen Konzeption für ein S.T. wird auf internationaler Ebene z.Z. sowohl bei der WTO als auch bei der OECD gearbeitet.

SATOUR, South African Tourism Board, Südafrikanisches Fremdenverkehrsamt. Hauptaufgabe ist die Förderung des Incoming-Tourismus (vergleichbar der DZT).

SATTE, South Asia Travel Tourism Exchange, Touristik-Fachmesse; erstmals im September 1994 in Neu Delhi.

Säulen des Herkules, Vorgebirge an der Meerenge von Gibraltar, Merkpunkt für die Schiffahrt im Altertum.

Sauna, der Begriff bezeichnet sowohl das hölzerne Badehaus als auch die Verbindung von Dampfbad und Heißluftbad, er kommt von dem finnisch-ugurischen Wort Suowuje, das eine in den Schnee gegrabene Grube bezeichnet, in der die Rentierhirten übernachteten oder bei Unwettern vor der Kälte Schutz suchten.

Saurer Regen, Übersäuerung des Regens durch Schwefel- und Salpetersäure, die aus den Luftschadstoffen Schwefeldioxyd und Stickstoffoxyden entstehen. Saurer Regen hat gegenüber dem natürlichen Regenwasser einen um das Zehn- bis Zwanzigfache erhöhten Säuregehalt. Die Folgen sind z.B. Baumsterben, Schäden an Bauten und anderen Materialien. → Emissionen, → Immissionen, → Umwelt

SAVIA, crs der spanischen Reisebranche; über S. können spanische Reisebüros bei Iberia und RENFE (span. Eisenbahnen) buchen.

S-Bahn, Stadt-Schnellbahn der DB in Ballungsräumen. Bezeichnung geht zurück auf die elektrische Schnellbahn, die von der ehemaligen Deutschen Reichsbahn in Berlin betrieben wurde, und die spätere Stadtbahn. Die deutsche „Ur-S-Bahn" wurde 1882 fertiggestellt.

SB-Terminal, Selbstbedienungsterminal in der Reisebranche. Es besteht im Unterschied zum Automaten aus zwei Komponenten eines Automaten: der Eingabeeinheit und dem Belegausdruck wie z.B. ATB-Drucker, Bon-Drucker.

SBB, Schweizerische Bundesbahn, hat wie die DB eine Monopolstellung; ist an der Bodenseeschiffahrt beteiligt. → Verkehrsverbund Bodenseeschiffahrt

Schadenersatz, wird nur dann gewährt, wenn der Reiseveranstalter den Mangel oder die Schädigung auch zu vertreten hat

Schallmauer

(§ 651 f BGB), darüber hinaus in allen weiteren Verträgen bei schuldhafter Nichterfüllung, außerhalb von Vertragsverletzungen bei schuldhaften Eigentums-, Körperverletzungen u.ä. Erforderlich ist auch hier eine Mängelanzeige bzw. ein Abhilfeverlangen gegenüber dem Reiseveranstalter. → Haftung bei Pauschalreisen, → Reisevertrag/ Reisevertragsrecht

Schallmauer, Name für den hohen Luftwiderstand, der nach Erreichen der Schallgeschwindigkeit in der Luft entsteht (Mach 1 = 1.060 km/h). Nach Überwindung der Schallmauer ergibt sich der bekannte Überschallknall.

Schären, Bezeichnung für die zahllosen kleineren und größeren Inseln vor den skandinavischen Küsten; Schärengarten.

Scharniertreffen, sie dienen der Kontaktanbahnung zwischen Kurgästen und Einheimischen auf bestimmten verbindenden Interessengebieten wie Kunst- und Kulturgeschichte, Religion, Spiel und Sport. Bemühungen dieser Art fallen auch in den Bereich der Animation, bedingen also den Animator als Moderator zum guten Gelingen.

Schattenwirtschaft, umfaßt alle Bereiche, die durch das Bruttoinlandsprodukt nicht erfaßt werden, wie Hausarbeit, und alle Bereiche die mit Steuerhinterziehung verbunden sind, wie z.B. Schwarzarbeit. Schwarzarbeit ist für Saisonkräfte in der Bauwirtschaft und in der Tourismusbranche häufig anzutreffen.

Schaufelraddampfer, durch Dampfmaschinen angetriebenes Schiff. Die Dampfmaschinen wirken dabei direkt auf die Antriebswelle von Schaufelrädern, die sich entweder an beiden Seiten oder am Heck eines Raddampfers befinden.

Schedule, Fahrplan; Tabelle. Im Luftverkehr steht Schedule(d) flight für Linienflug. → Linienflugverkehr

Scheinbuchungen, → Passive Buchungen

Schengener Abkommen, 1985 nach dem luxemburgischen Ort Schengen benanntes Abkommen. Mitgliedsstaaten sind alle EU-Länder außer Großbritannien, Irland und Dänemark. Ziele des Abkommens sind der Abbau der Personen- und Warenkontrollen an den Binnen- und eine verschärfte Überwachung an den Außengrenzen. Nach dem Amsterdamer Vertrag 1997 soll das Schengener Abkommen nunmehr auf den Rest der EU ausgedehnt werden → Einreisebestimmungen, → Visum

Schiedsgericht, anstelle des Weges zu den ordentlichen Gerichten bei Rechtsstreitigkeiten wird häufig in Verträgen, auch durch AGB, die Zuständigkeit eines S. vereinbart; unter Nichtkaufleuten nur aufgrund schriftlicher Vereinbarung für einen konkreten Vertrag wirksam. → AGB

Schiffahrt-Konferenz, internationaler Zusammenschluß von Reedereien zur Regulierung der Beförderungsbedingungen und Frachtraten. → Regulierung

Schiffahrtskaufmann/ -frau, diese Ausbildung erfolgt in den Fachrichtungen Linien- oder Trampschiffahrt.

Schiffe sind weiblich, sagt man in der Schiffahrt. Dafür gibt es jedoch keine plausible Erklärung. Ein Zusammenhang könnte mit der meist weiblichen Galionsfigur bestehen. Auch ein Schiff mit männlichem Namen wie z.B. Maxim Gorki, ist danach „die TS Maxim Gorki".

Schiffsmanifest, Übersicht und Registrierung der Passagier-Personalien. Der Veranstalter oder die Reederei ist verpflichtet, für ein ausgehendes Kreuzfahrtschiff ein S. mit mehreren Kopien zu erstellen. Diese sind bestimmt für das Schiff, die Hafenagentur und die einzelnen Anlaufhäfen. Sie dienen der Kontrolle. → Manifest, → Passagier-Manifest/Luftverkehr

Schiffsregister, eine vom Amtsgericht des Heimathafens geführte Urkunde, die über die Eigentumsverhältnisse und Belastungen des Schiffes Auskunft gibt; öffentliches Register. Eintragung ist Vorschrift.

Schirokko/Scirocco, warmer Wüstenwind im Mittelmeerraum aus Süd- bis Südost, vorwiegend im Frühjahr, vielfach verbunden mit großen Staub- und Sandwolken.

Schlafwagen, das DB-Angebot umfaßt unterschiedliche Komfortstufen und richtet sich vor allem an Geschäftsreisende sowie Urlauber und Auto-Reisezugbenutzer. Die Nachtreiseverbindungen sind so gestaltet, daß die Züge mit Schlafwagen in den späten Abendstunden abfahren und zu einer günstigen Zeit morgens am Ziel eintreffen. S. haben besonders ruhigen Lauf, Klimaanlage, WC, meist Dusche, kleine Küche für die Zubereitung des Frühstücks durch den

Schwarzgastronomie

Schlafwagenschaffner. Die 1. Klasse bietet Einbett- (single) und Zweibett-Abteile (double) an, im Binnenverkehr der DB außerdem ein kleines Einbett-Abteil (special), die 2. Klasse Dreibett-Abteile (T3), im Binnenverkehr auch ein kleines Zweibett-Abteil (T2). In Verbindung mit Fahrscheinen zum Mitfahrer-Fahrpreis, Spar- oder Super-Sparpreis können maximal 2 komplette Schlafabteile als Holiday-Abteil (single, double, T3, special oder T2) erworben werden. → double, → Holiday-Abteil, → Hotelzüge, → Liegewagen, → Mitfahrer-Fahrpreis, → Mitropa, → single, → special, → Super-Sparpreis, Sparpreis, → T2, → T3

Schlammbad, balneologische Wärmeanwendung, der Körper wird dabei ganz oder teilweise mit einem Heilschlamm umgeben, dazu dienen Schlämme verschiedenster Art.

Schlepper, wendiges Schiff mit starker Maschine zum Bugsieren oder Schleppen. S. werden z.b. eingesetzt, wenn ein Kreuzfahrtschiff das An- und Ablegen nicht mit eigener Kraft besorgen kann. → Revierfahrt

Schlepplift oder Schleppaufzug: Seilbahn, bei welcher der Benutzer mittels einer Schleppvorrichtung auf seine Schleppspur befördert wird. Bei Schleppliften wird nach hoher Seilführung (T-förmige Bügel über Trommeln mit aufgerollten Schleppseilen an einem umlaufenden Zugseil festgeklemmt, der Skifahrer lehnt sich gegen den Bügel und wird bergwärts geschleppt) und niederer Seilführung unterschieden (Schleppaufzug mit in Höhe der Benutzer geführtem Förderseil, an dem sich dieser entweder direkt oder mittels kurzer Schleppvorrichtungen festhält; auch Babylift oder Skikuli genannt, wird nur auf kurzer Distanz eingesetzt).

Schleuse, 1. Schleusenanlagen dienen der Überführung eines Schiffes von einem Gewässer in ein zweites mit anderer Höhe des Wasserspiegels (Kammerschleuse), z.B. Rheinschleuse bei Iffezheim, größte Doppelkammerschleuse Europas. **2.** Bei der Luftschleuse dient eine Kammer mit 2 Türen der Überwindung von Druckunterschieden zwischen 2 Räumen.

Schloßhotel, → Burghotel

Schmalspurbahn, Bahn mit einer Spurbreite von weniger als 1435mm.

Schneekanone, Gerät zur künstlichen Beschneiung von Skigebieten.

Schnellbahnnetz, → Transeuropäische Netze

Scholar Teach, Online Schulungsprogramm von Amadeus, in denen alle Funktionen in einem Testmodus geübt werden können.

Schöner Tag, genauer „Der Schöne Tag", eintägige begleitete Ausflugsfahrten in Sonderzügen bzw. Sonderwagen in Regelzügen der DB sowie Sonderfahrten im Zugstamm von Regelzügen, häufig mit touristischem Rahmenprogramm für Einzelreisende und Gruppen. Veranstalter dieses DB-Angebots sind die Regionalbereiche Fernverkehr. Ab 1998 geändert in BahnTours Kurz- und Tagesreisen.

Schönes-Wochenende-Ticket, Angebot der DB für Einzelreisende und bis zu 5 gemeinsam reisende Personen (bis zu 2 Erwachsenen und 3 Personen bis 17 Jahre) sowie für Eltern oder Elternteile mit beliebiger Anzahl eigener Kinder bis 17 Jahre für zuschlagsfreie Züge, auch innerhalb von Verkehrsverbünden in der 2. Klasse. Das S. gilt von Samstag 0.00 Uhr bis Montag 2.00 Uhr und kostet als Festpreis DM 35,- (1998).

Schönheitsfarm, meist in landschaftlich schöner Umgebung gelegener Kurplatz mit Bäder- und Massageeinrichtungen zu ästhetischer, körperlicher und seelischer Regeneration.

Schülerverkehr, Bus-Linienverkehr, der Schüler, Studenten und Auszubildende zwischen Wohnort und Lehranstalt befördert.

Schulfahrten, 1. geleitete Unterrichts- oder Erholungsfahrten mit hohen Ermäßigungen bei touristischen Leistungsträgern. **2.** DB-Angebot für Allgemein- und berufsbildende Schulen. Die Preise werden nach Fahrt (2. Klasse) und Arrangement individuell festgelegt. Im Fahrpreis enthalten sind Freiteilnehmer, die sich aus der Gruppengröße ergeben.

Schwarzgastronomie, von DEHOGA so bezeichnete Vereinsgastronomie, die durch den Status der Gemeinnützigkeit von Sportvereinen u.a. dem Berufsgastgewerbe Wettbewerbsnachteile einträgt. Bis zu einer Gewichtigkeitsgrenze von DM 60.000,- Umsatz pro Jahr haben Vereine keine Körperschafts- und Gewerbesteuer zu entrichten. Hinzu kommt eine ebensolche Gewichtigkeitsgrenze für die Zweckbetriebe hinsichtlich sportlicher und kultureller Veranstaltungen.

Schwarztouristik

Schwarztouristik, Bezeichnung für selbstorganisierte Gruppenreisen z.B. gemeinnütziger Organisationen, Kirchen, Volkshochschulen oder privater Gruppen ohne Einschaltung professioneller Reisemittler als Veranstalter im Sinne des geltenden Reiserechts und ohne die Vorgaben der Gewerbeordnung sowie der geltenden Gesetze einzuhalten. → Reisevertrag/Reisevertragsrecht

Schwimmweste, aufblasbarer Schwimmkörper, der für den Notfall an Bord von Schiffen und Flugzeugen für jeden Passagier mitgeführt wird. Er verhindert das Überhängen des Kopfes ins Wasser und verfügt meist über automatisch einsetzende Leuchten und eine Signalpfeife. → Sicherheitsübungen

Scotland Travel Fair, Touristikmesse in Glasgow mit internationalem Charakter.

Scratch Card, Magnetstreifenkarte, mit der sich ein Kunde bei einem Anruf in einem Call Center vorab identifizieren kann. Nachdem er seine S. C. durch ein entsprechendes Gerät am Telefon gezogen hat, werden seine persönliche Daten über einen Code an das Call Center übertragen. Somit ist der Mitarbeiter dort über alle notwendigen persönlichen Informationen vorab informiert. → Call Center

SD, Tarifbezeichnung im Flugticket für Studentenermäßigung.

SD-Spesen & Auto, Software des Ingenieurbüros Stenzel aus Wiesbaden zur Abrechnung von Dienstreisekosten.

Sea-Air-Interline Agreement, → Air-Sea-Agreement

Seadata, Reservierungssystem der Silja-Line, finnisch-schwedische Fährschiffreederei. Zusammenarbeit mit Amadeus Pro auf dem Gebiet der Information und Buchung von Kreuzfahrten und Fährschiffreisen.

Seat only-Verkauf, im Rahmen der EU-Liberalisierung Verkauf von Nur-Flugplätzen (Einzelplatzbuchung) direkt durch die Ferienfluggesellschaften über die Reisebüros, ohne Einschaltung von Reiseveranstaltern. → Campingflüge, → Pauschalreisen, → Selbstvermarktung

Seat selection chart, Sitzplantafel z.B. auf Flughäfen, auf der die genaue Sitzplatzkonfiguration eines Fluggerätes angeschaut werden kann.

Seatrade Cruise Holidays Convention, europ. Kreuzfahrten-Konferenz, London. → PSARA

SEDOC, Système Européen de Diffusion des offres et des demandes d'emploi enregistrées en Compensation internationale, Verzeichnis der Berufstätigkeiten und Berufe im internationalen Ausgleich. Büro für amtliche Veröffentlichungen der Europäischen Union, Luxemburg. Vergleiche zwischen den Befähigungsnachweisen in den jeweiligen EU-Mitgliedsstaaten führten zur Ausarbeitung eines EU-Tätigkeitsprofils u. a. für manche Berufe im Tourismus- und im Gaststättengewerbe (z. B. Animateur-Assistent bzw. Freizeit- Sportbetreuer, Fachkraft im Fremdenverkehrsamt, Kongreßfachkraft, Reisebegleiter, Reisebürofachkraft).

SEE, Bezeichnung für den Nordseeinselverkehr der DB.

Seebäder, sie haben nach DBV ihre Lage an der Meeresküste oder in deren Nähe, wobei die Ortsmitte nicht mehr als 2 km vom Strand entfernt ist, verfügen über artgemäße Kureinrichtungen und entsprechenden Kurortcharakter. Erhebung einer Kurtaxe nach Maßgabe der mit ihr abgegolteten Leistungen. → DBV

Seeheilbäder, setzen Meerwasser und Schlick zu therapeutischen Zwecken ein. Die im Seewind enthaltenen Aerosole lösen bei Atemwegserkrankungen heilsame Reaktionen aus. S. haben nach DBV ihre Lage an der Meeresküste oder in deren Nähe, wobei die Ortsmitte nicht mehr als 2 km vom Strand entfernt ist. Sie verfügen über wissenschaftlich anerkannte und durch Erfahrung bewährte klimatische Eigenschaften, artgemäße Kureinrichtungen und entsprechenden Kurortcharakter. Sie sind verpflichtet zur Feststellung und Bekanntgabe der wiss. anerkannten Hauptheilanzeigen und Gegenanzeigen. Erhebung einer Kurtaxe nach Maßgabe der mit ihr abgegolteten Leistungen. → DBV

Seekrankheit, med. Kinetose, tritt am häufigsten an Bord von Schiffen auf mit Gähnen und Unbehagen über Kopfschmerzen, Schwindelgefühl und Schweißausbruch bis zu Übelkeit und Erbrechen. S. wird verursacht durch Störung des Gleichgewichtsorgans im Innenohr. Hilfreich sind u.a. Antihistaminika (Peremesin, Novomina, Marzin), Vitamin B_6-Dinemhydrinate (Kaugummi-

Dragees „Superpep"), Cinnarizine (Stutgeron, Sanorania), TTS Scopolamin, ein Pflaster, das hinter das Ohr geklebt wird. In langsamer und gleichbleibender Dosierung werden seine Wirkstoffe aufgenommen, es hat den Vorteil, den ohnehin überreizten Magen nicht zu belasten. Als rein pflanzliches Produkt wird „Zintona", ein Auszug aus der Ingwerwurzel, angeboten. Ein universelles Medikament ohne Nebenwirkungen gibt es noch nicht. Ein Hilfsmittel ohne Chemie ist das „Seeband", ein Armband für jeden Arm, dessen Wirkung auf Akupressur basiert.

Seemeile, → Meile

Seenotrettungsübung, → Sicherheitsübungen

Seerechtskonferenzen, Übereinkommen zur Entwicklung einer umfassenden Rechtsordnung für die Nutzung der Meere. S. In Den Haag 1930, Genf 1958 Freiheit der Meere/3-Meilen-Zone, Jamaica 1982 Freiheit der Meere/3-Meilen-Zone. → UN-Seerechtskonferenz

Seikan-Tunnel, längster Unterwasser-Tunnel der Welt in Japan (ca. 54 km), wurde am 13.3.1988 in Betrieb genommen. Er verbindet die jap. Nordinsel mit der Hauptinsel.

Seilbahn, nach der Definition des CEN (Europäisches Komitee für Normung) umfaßt dieser Sammelbegriff Anlagen des Personenverkehrs, bei denen die Fahrgäste entweder in Fahrzeugen befördert oder mittels Schleppvorrichtungen gezogen werden, die durch ein oder mehrere Seile getragen und bewegt werden wie auch die Aufzüge sind. Man unterscheidet zwischen den Standseilbahnen und den Seilschwebebahnen. → Seilschwebebahn, → Standseilbahn, → VDS

Seilschwebebahn, Luftseilbahn, bei der die Fahrzeuge von einem oder mehreren Seilen getragen werden. Man unterscheidet die Einseilbahn (die Fahrzeuge werden von einem sog. Förderseil gleichzeitig getragen und bewegt) und die Zweiseilbahn (die Fahrzeuge werden durch getrennte Seile oder Seilgruppen, als Tragseile und Zugseile bezeichnet, getragen und bewegt). Bei der Seilschwebebahn wird auch nach Pendelbahn (die Fahrzeuge verkehren zwischen den Stationen im Pendelbetrieb) oder Umlaufbahn (die Fahrzeuge verkehren in gleichbleibender Fahrtrichtung) unterschieden. Es wird eine größere Anzahl von Kabinen (für 2 bis 12 Personen) oder Sesseln (vom Einer-, Dreier-, bis zum Sechser-Sessel) eingesetzt. → Seilbahn

Sekundärer Sektor, umfaßt die Be- und Verarbeitung von Rohstoffen, Zwischen- und Finalprodukten. Dieser Bereich wird durch die Industrie und das Gewerbe repräsentiert. → Primärer Sektor, → Tertiärer Sektor

Selbstbehalt, Begriff aus der Versicherungsbranche, auch Eigenbehalt genannt. Der Selbstbehalt bezeichnet die vertraglich festgesetzte, nicht rückgedeckte Summe, die der Versicherte im Schadenfall selbst zu tragen hat.

Selbstvermarktung, auch Eigenvermarktung, Direktverkauf der Leistungsträger; spez. Einzelplatzverkauf der Charterfluggesellschaften zur Vermarktung nicht abgenommener Kontingente über Reisebüros. → Campingflüge, → Eigenvermarktung

Selective Access, Programm unter Galileo zur Verknüpfung von Buchungs- und Kundendateien. Das Programm unterscheidet autorisierte Nutzer und gestattet oder verwehrt Zugriffe auf vorher definierte Datenansichten. → Galileo

Seminar, Schulungsmaßnahme für Gruppen (15 bis 20 Personen) zur Vertiefung von Fachwissen unter Leitung eines Experten.

Senator, ein LH-Vielflieger, der innerhalb eines Jahres mehr als 150.000 Statusmeilen erreicht, erhält die Lufthansa Senator Chipcard. → Frequent Traveller, → Miles and More

Senior Citizens, Senioren-Zielgruppe, der amerikanische Hotelorganisationen und andere Leistungsträger mit Spezialpreisen für Gruppen oder auch individuell entgegenkommen.

Senior Experten Service (SES), ehrenamtlicher Dienst rüstiger Pensionäre auch aus der Tourismusbranche in Ländern der Dritten Welt, in ehemaligen Ostblockländern und in den Neuen Bundesländern, Sitz: Bonn.

Seniorentarif, ermäßigter Tarif der Leistungsträger zu bestimmten Zeiten für die Zielgruppe Senioren.

Serielle Schnittstelle, Verbindungsstecker, mit dem der Computer mit anderen Peripheriegeräten verbunden werden kann. Bei der

SERS

S. S. werden die Daten nacheinander übertragen, im Gegensatz zur parallelen Schnittstelle, bei der der Datentransfer über 8 Datenleitungen parallel stattfindet. → Parallele Schnittstelle

SERS, ehemaliger Stuttgarter Elektronischer Touristik Reservierungs-Service, Mittelständischer Anbieterzusammenschluß am START-System, u.a. mit Studiosus Reisen München GmbH. → START

Server, Computer in einem Netzwerk, der den angeschlossenen PCs Dienstleistungen und Daten zur Verfügung stellt oder die Verbindung mit zusätzlichen Geräten wie z.B. Drucken ermöglicht.

Service 01 30, → Toll Free

Service 01 80, Sprachmehrwertdienst der Deutschen Telekom zur Entgegennahme von Anrufen unter einer bundeseinheitlichen, standortunabhängigen Rufnummer, beginnend mit den Ziffern 01 80.

Service 01 90, Sprachmehrwertdienst der Deutschen Telekom zur gewerblichen Verbreitung privater Informationsdienstleistungen. Die Leistungen der Telekom beschränken sich auf die Bereitstellung der technischen Infrastruktur und auf die Abwicklung des Inkassos für die Informationsanbieter. Der Zugang zu den bereitgestellten Informationen erfolgt über die bundesweit einheitliche Rufnummer (01 90) und über eine 6stellige Rufnummer. Informationsangebote: Unterhaltung, Wetter, Finanzen, Sport, Gesundheit, Support- und Service-Hotlines.

Service 800, Angebot der amerikanischen AT & T für gebührenfreien Telefonanruf in den USA mit einer Vielzahl auch von touristischen Leistungsanbietern; auch in Deutschland für Kommunikation mit den USA.

Service charge, → Bedienungsgeld

Servicekaufmann/ -frau für den Luftverkehr, → Berufsausbildung im Verkehrswesen

Sesamtel, europaweites elektronisches Zimmer-Reservierungssystem über Btx.

Setup, engl. für etwas auslösen oder verursachen, bezeichnet bei EDV-Systemen das Installieren von Software. → Installation

Sex-Tourismus, Prostitutionstourismus, hauptsächlich in Ländern der Dritten Welt wie Ländern Südostasiens, Afrikas und Lateinamerikas.

Sextant, Winkelmeßgerät, wird in der Navigation verwendet; mit dem S. mißt der Seemann Höhe und Abstand von Sternen zum Zweck der geographischen Ortsbestimmung.

SFA, Studiengruppe Fremdenverkehr Allgäu an der Fachhochschule Kempten. → Studiengruppe Fremdenverkehr Allgäu

SFS, steht bei START für Schiffsfahrscheine. SFS-Maske ermöglicht Buchungen und Ticketausdruck von Fähren.

SGR, Stichting Garantiefonds Reisegelden, Garantiefonds der niederländischen Reisebranche zur Kundengeldabsicherung mit vollständiger Produktdeckung aller Reisebüroleistungen.

SHAARP Plus, SABRE Hotels Automated Availibility and Reservations Program, Hotelreservierungssystem unter SABRE mit Beschreibung und Informationen über das entsprechende Hotel.

Shanty-Town, Bezeichnung für Slum-Siedlungen im englischsprachigen südostasiatischen Raum.

Shell Folder, Werbemittel, Faltblatt mit freiem Feld zur Textgestaltung; Vordruck der Verkehrsträger oder Fremdenverkehrs-Regionen mit einheitlichem Erscheinungsbild zur Angebotsformulierung der Reiseveranstalter.

Shinkansen, → Bullet Train

SHMF, Schleswig-Holstein Musik Festival. Das 1986 im Dom zu Lübeck eröffnete und alljährlich im Sommer stattfindende Festival entwickelte sich vom lokalen Versuch zu einem Medien- und Tourismusereignis von Rang.

Shongololo Express, Touristikzug mit einfacher Ausstattung. In Südafrika führt die Bahnreise von Johannesburg über Krügerpark, Durban, Bloemfontein, Port Elizabeth, Garden Route bis Kapstadt. In Namibia von Kapstadt über Upington, Windhuk bis nach Tsumeb, jeweils mit Tagesausflügen in Minibussen.

Shopping, engl. Bezeichnung für Einkaufen. Im Tourismus wird der Begriff häufig für Kurzreisen mit dem Ziel des Einkaufens angewendet. Typische „Einkaufsziele" sind z.B. New York und Mailand.

Shop-in(-the)-Shop, Bezeichnung für optisch, organisatorisch und/oder räumlich ab-

278

Sicherheitsübungen

gesetzte Ladeneinheit in einem großflächigen Verkaufsraum. Zweck ist das Angebot eines besonderen Warensortiments, eines herauszustellenden Warenimages, Darstellung und Vertrieb bestimmter Firmenkennzeichen und Marken. Im Tourismusgewerbe üblich als eigenständiger Reisebürobetrieb in Kaufhäusern, Autohäusern usw. sowie als Vertriebshilfe großer Reiseveranstalter bei ihrem Vertrieb über Fremdreisebüros mittels eigener Schalter, Gestaltung des Reisebüroraumes usw.

Short Connex, Verkürzte Mindestübergangszeit bei Lufthansa-Umsteigeverbindungen in Frankfurt. Die Gepäckstücke der Passagiere erhalten einen besonderen Gepäckanhänger und werden nach der Landung in Frankfurt bevorzugt umgeladen. Bei Ankunft auf einer Vorfeldposition oder im Falle einer sehr kurzen Umsteigezeit wird der Passagier direkt vom Flugzeug abgeholt und an das Abfluggate seines Weiterfluges gebracht. Ziel ist es, die Umsteigezeiten der S.C.-Verbindungen generell auf 35 Minuten zu verkürzen.

Shortconnection, gebuchte Flugverbindung, die unter der vorgeschriebenen Mindestübergangszeit liegt. → MCT.

Short-Cut, arbeitserleichternde Tastenkombinationen eines Computers, die mehrere Arbeitsschritte nach Eingabe des S.s automatisch ausführen. So lassen sich z.B. die Funktionstasten eines Computers frei belegen. Auch die tägliche Arbeit in den crs-Systemen läßt sich durch die Einrichtung von S. optimieren.

Short Haul, Kurzstrecke im Flugverkehr. → Kurzstreckenverkehr

Shoulder-season, Vor- und Nachsaison. → Off-season

SHT, Schleswig-Holstein Tourismus Informations- und Vertriebs-GmbH mit Sitz in Kiel. Einrichtung der FV-Organisationen des Landes. Hauptaufgaben: Beratung der Fremdenverkehrsgemeinden, -kreise und -vereine beim Aufbau eines flächendeckenden Informations- und Reservierungssystems in Schleswig-Holstein (IRIS) und Ausbau eines eigenen Buchungsprogramms. In 1998 Konkurs angemeldet. → German Soft, → IRIS

Shuffleboard, Deck-Unterhaltungsspiel auf Kreuzfahrtschiffen.

Shuttle, i.e.S. Weberschiff, im Tourismus für S.-Bus (Pendel- oder Zubringerbus) o.a. Zubringerdienste. S.-Busservice bezeichnet den Buspendelverkehr z.b. von und zu Flughäfen, zu Veranstaltungen (Kongresse, Messen). Der S.-Service im Linierdienst bezeichnet die Zubringerflüge der jeweiligen Fluggesellschaften zu den weiterführenden Flugverbindungen. Die S.-Flüge werden oftmals von kleineren Fluggeräten durchgeführt, auf denen Sitzplatzreservierungen erst beim Check-in möglich sind.

SHV-Schweizer Hotelier Verein, ein seit 1979 praktiziertes Verfahren des SHV zur Hotelklassifizierung beinhaltet eine Selbstdeklaration durch den jeweiligen Hotelier sowie eine nachfolgende Überprüfung durch den SHV. Mit 2.700 Hotels sind nahezu zwei Drittel der Schweizer Gästebetten von SHV erfaßt. Der SHV-Test gewichtet Serviceleistungen mit 50%; Küchenleistungen bleiben unberücksichtigt. In fünfjährigem Rhythmus erfolgt eine Neueinstufung. Koordination der Hotelklassifizierung besteht mit Österreich bei annähernd gleichhohem Niveau. → Hotelklassifizierung

SIB-Service im Bahnhof, ehem. Tochtergesellschaft der DSG. War zuständig für das Handels-, Gastronomie- und Dienstleistungsgeschäft in den Bahnhöfen der DB. Ziel war, die Bahnhöfe über ihre ursprüngliche Funktion hinaus mit attraktiven Kaufangeboten zu urbanen Geschäftszentren auszubauen. → DSG

Sicherheitsübungen, abhängig von der Dauer der Kreuzfahrt und Ankunft im ersten Anlaufhafen sind S. international absolut vorgeschrieben und finden meistens am 1. Seetag statt. Die Sicherheitsauflagen für Schiffe und Passagiere bestimmen das Anlegen der Schwimmwesten und Vertrautwerden mit den Rettungsbooten/-inseln. Vorschriften für den Alarmfall befinden sich in jeder Kabine mit Angabe des zuständigen Rettungsbootes. Der nächste Weg zur Musterstation = Sammelstelle ist durch Bildersprache kenntlich gemacht. Zeit und Umfang der Übung werden im Tagesprogramm ausgedruckt und auch über Lautsprecher bekannt gemacht, die akustischen Signale werden erklärt. Für die Besatzung sind laufend Rettungsübungen vorgeschrieben mit Unterweisung in der Handhabung von Rettungsbooten/-inseln, deren Ausrüstung und im Feuerlöschdienst. In kurzen Abständen werden auch die Rettungsboote ausgeschwenkt und zu Wasser gelassen. Im

279

Sicherungsschein

Ernstfall hat jedes Besatzungsmitglied seine vorgeschriebene Funktion. Sicherheitsübungen sind auch bei allen anderen Verkehrsmitteln, spez. beim Flugzeug, üblich.

Sicherungsschein, beim Abschluß des Reisevertrags einer Pauschalreise hat der Kunde Anspruch auf Insolvenzabsicherung durch den Reiseveranstalter. Dieses Dokument (Pleiten-Police) erhält der Kunde bereits bei der Anzahlung des Reisepreises (egal in welcher Höhe). → Kundengeldabsicherung

Sichtvermerk, durch einen diplomatischen oder konsularischen Vertreter eines Staates in einen Reisepaß eingetragener Vermerk mit Angabe der Gültigkeitsdauer, der dem Paßinhaber den Zutritt zum betreffenden Staat erlaubt (Visum).

Side trip, 1. bezeichnet im engl. Veranstalter-Jargon ein zusätzliches Pauschalarrangement, das während einer Rundreise den Teilnehmern als Option angeboten wird. **2.** In der Fachsprache des Flugtransports ein Abstecher abseits von der geplanten Reiseroute.

Sideline point, Bezeichnung des Ortes in der Seitenspalte eines Tarifhandbuches, zu dem aus die Tarifpreise gelten. → Headline Point

Sicben Schwaben, touristische Arbeitsgemeinschaft der sieben schwäbischen Städte Esslingen, Fellbach, Ludwigsburg, Reutlingen, Sindelfingen, Stuttgart und Tübingen.

Sightseeing, i.e.S. Ortsbesichtigung; oft für geführte Stadtrundfahrten, welche zu den markantesten Teilen und Sehenswürdigkeiten einer Stadt und evtl. deren Umgebung führen. → Fremdenführer

Sightseeing per Taxi, geführte Stadtrundfahrt per Taxi außerhalb der Busrundfahrtzeiten.

Sightseeing per Wasserlinienbus, Stadtrundfahrten z.B. auf Amsterdams Grachten (Canal Bus), in Paris auf der Seine (Batobus), in London auf der Themse (Busboote der London Thames Line).

Sigma, crs von Alitalia, Galileo-Gesellschafter.

Signet, Markenzeichen, wesentlicher Bestandteil des Erscheinungsbildes eines Unternehmens oder eines sonstigen Anbieters.

Silent Guide, örtlicher, lizenzierter Fremdenführer, der im Gegensatz zum Local Guide meist schweigt, während der Reiseleiter erklärt; vorw. in Ländern der Dritten Welt. Der S.G. wird dem ausländischen Reiseleiter, der im betroffenen Land keine Arbeitserlaubnis hat, zur Seite gestellt, um den lokalen Gesetzen zu genügen und evtl. ergänzende Erklärungen zu geben.

Simoultaneous change to PNR, eine Fehlerantwort im Amadeus-System die immer dann erscheint, wenn 2 Personen (z.B. im Reisebüro und bei einer Airline) gleichzeitig auf einen PNR zugreifen; die Person, die als zweites versucht, den PNR abzuschließen, bekommt diese Fehlermeldung.

Single, Begriff für Einzelperson, Einzelzimmer oder -Kabine. S. sind eine stark umworbene Zielgruppe im Tourismus. Single Room Supplement ist der Einzelzimmerzuschlag; auch bei Kreuzfahrtschiffen.

Single-Schlafwagenabteil, → Schlafwagen

SIS, Schengener Informationssystem, dient zur Erfassung der polizeilichen Fahndungsdaten der beteiligten EU-Länder.
→ Schengener Abkommen

SITA, Société Internationale de Télécommunications Aéronautiques oder Airlines Worldwide Telecommunications and Information Services. 1949 von Luftverkehrsgesellschaften gegründete Genossenschaft, Sitz: Paris, die ein einheitliches, weltweites Nachrichtenverbindungssystem ausschließlich für den gewerblichen Luftverkehr betreibt. Über die Tochtergesellschaft Scitor Ausbau der Zusammenarbeit von TRS-Produkten (Travel Related Service) mit Reiseveranstaltern, Reisemittlern und Hotelketten.

SITCA, Secretaria de Integracion Turistica Centroamericana, Geschäftsstelle des seit 1965 bestehenden Tourismusrates Mittelamerikas. Unterorganisation der ständigen Konferenz der mittelamerikanischen Minister für Wirtschaft und Integration. Aufgaben sind: Belebung des Tourismus, Verbesserung der Infrastruktur und Koordinierung von gesetzlichen Bestimmungen (Zoll, Verkehr, Transport etc.), gemeinsame Werbung.

SITE, Society of Incentive Travel Executives, Vereinigung der Fachleute auf dem Markt der Incentive-Reisen, gegründet 1973 in

Slots

New York, German Chapter ab 1990. Zu den Aufgaben gehören die Förderung der weltweiten Kontakte zwischen Incentive-Planern in Unternehmen und Agenturen sowie Institutionen und Zulieferern im Prämien- und Incentive-Reisegeschäft sowie Organisation von Weiterbildungsveranstaltungen.

SITI, Sale Inside Ticket Inside Country of Commencement of Travel; steht beim Flugscheinverkauf für Verkauf und Flugscheinausstellung im Reiseantrittsland. Eine der Flugschein-Verkaufsarten, für die die IATA Abkürzungen vorschreibt, die auf dem Ticket in der Spalte „Origin/Destination" direkt nach den beiden Städtecodes einzutragen sind. → Flugpreisberechnung, → IATA, → SITO, → SOTI, → SOTO

SITO, Sale Inside Ticket Outside Country of Commencement of Travel. Bei dieser Verkaufsart wird ein Flugschein im Reiseantrittsland verkauft, jedoch in einem anderen Land ausgestellt. → Flugpreisberechnung → SITI, → SOTI, → SOTO

SITOUR, Salon International de Tourisme, erste internat. marokkanische Tourismusmesse in Casablanca (Jan. '89).

Sitzladefaktor, Prozentverhältnis der ausgenutzten und verkauften Passagier/Kilometer (Meilen) zur angebotenen Kapazität; betriebswirtschaftliche Größe, Bilanz-Meßzahl, wichtig für Wettbewerbsvergleich.

Skål-Club, Vereinigung von Managern/Experten im Tourismus. Gründer der Bewegung war Florimond Volckaert, der erste Skål-Club entstand 1932 in Paris. Ziel der weltweiten Skål-Bewegung ist, „Freundschaft und Zusammenarbeit von Führungskräften touristischer Berufe zu stärken sowie den internationalen Tourismus zu festigen und das gegenseitige Verstehen der Völker zu vertiefen". 1934 wurde die Association Internationale des Skål-Clubs (AISC) in Paris gegründet. Seit dem ersten AISC-Kongreß nach dem 2. Weltkrieg 1947 in Genf, Lausanne, Montreux (Schweiz) findet dieser jährlich an wechselnden Orten statt. Die in einem National-Komitee (NKSC) verbundenen 28 deutschen Skål-Clubs haben rund 1900 Mitglieder. → AISC, → NKSC

Skandinavien, Bezeichnung für das Gebiet Norwegens und Schwedens, i.w.S. werden auch Dänemark und Finnland zu Skandinavien gezählt.

Skipaß, meist nicht übertragbare Mehrtagesberechtigungskarte zur Benutzung eines oder mehrerer miteinander verbundener Skilifte.

Skipper-Risiko, Versicherungsmöglichkeit in der Reise-Rücktrittskosten-Versicherung der nur in einer einzelnen Person (Skipper) möglicherweise entstehenden Gefahr. → Reiserücktrittskosten-Versicherung

Skizirkus, Gruppe von Skigebieten einer Region (Tal, Berggruppe), die durch Liftanlagen, Pendelbusse oder günstige Verkehrswege miteinander verbunden sind. → Skipaß

Skonto, → Preisbindung

SKT (Studentenkreis Touristik), 1977 an der FH Heilbronn gegründete studentische Initiative. Hauptziele sind die Förderung der Kontaktpflege zur Branche und zu den Absolventen, die fachliche Arbeit in und mit der Touristik sowie Öffentlichkeitsarbeit. Der SKT ist u. a. Mitglied bei FUTURISTA, bei dem VDKF (Verband Deutscher Kur- und Tourismus-Fachleute) und bei der HSMAI (Hotel Sales and Marketing Association International).

Skyphone, bietet die Möglichkeit des Telefonierens während eines Fluges mit Hilfe von Bordantennen und Satelliten.

Sky-Train, vollautomatische führerlose Stelzenbahn, die die beiden Terminals des Frankfurter Flughafens verbindet.
→ M-Bahn

SLH, Small Luxury Hotels, Hotelgruppe in USA mit 18 de Luxe-Hotels. Erstes europ. Hotel dieser Gruppe ist das 5-Sterne-Hotel „Le Mirador" am Genfer See. Folgende Kriterien sind zu erfüllen: Concierge, mind. 1 renommiertes Restaurant, 24 Stunden-Zimmerservice mit Gourmet-Auswahl, Tageszeitungen, Limousine mit Chauffeur, Gesundheits- und Fitness-Zentrum, Personal Computer, Telekonferenz-Möglichkeit, Kurierdienste sowie eine Reihe anderer personalisierter Leistungen.

Slots, Begriff für Start- und Landezeiten auf einem Flughafen für eine Luftverkehrsgesellschaft. Ebenso die flughafenabhängige Zahl von planmäßigen Starts und Landungen innerhalb eines best. Zeitabschnitts. Bezeichnung gilt auch für Ein- oder Überflugzeiten für bestimmte Luftraumgrenzen entlang des Flugweges, die zum Zweck der

Smart

Verkehrsflußsteuerung von den Flugverkehrsdiensten zugeteilt werden.
→ Bundesministerium für Verkehr (BMV)

Smart, nationales Reservierungssystem in Dänemark, Norwegen und Schweden, u.a. mit SAS, dem Partner von Amadeus.

Smart Cards, 1. Elektronische Schlüsselkarten-Systeme bzw. Kreditkarten, die multifunktional Flugticket, Mietwagen-Nachweis, Hotelausweis, Zimmerschlüssel und Visum systemgerecht vereinen. **2.** „Intelligente" Karten als übergreifende Klammern neuer Technologien wie CD-ROM, Mobilkommunikation und der Kombination von Fernsehgerät und Computer mit den beiden Hauptfunktionen Identifikation der nutzenden Person und Bezahlung. Bekannt sind bereits die Telefonkarte und die Krankenkassenkarte. Anwendungsmöglichkeiten in der Reisebranche sind in vielfältigem Test.

Smart-Rooms, Zimmerkategorie für Geschäftsreisende von ITT Sheraton mit analogem und digitalem Telefonanschluß, Fax, Drucker und Kopierer, großem Schreibtisch, ergonomischen Bürostuhl sowie umfangreichem Büromaterial.

ANGEBOTE FÜR REISEVERANSTALTER

Firma	Produkt	Für wen geeignet
Abi-Software	Odin	Individualveranstalter für Flug, Bus, Schiff, Bahn, Pkw, Theater
Bewotec	Da Vinci	mittelständische Paketreise-Veranstalter
CST/DCS	Caesar	Reiseveranstalter
Dietz	Travel Office	für alle Unternehmensgrößen
DKS Software	Win-Travel	kleine und mittlere Veranstalter
Gruber & Team	Wincent	Spezial-, Gruppen- und Incentive-Veranstalter
Intos	Tourmaster	Busreise-Veranstalter und Omnibusunternehmen
Iso-Software	Itos-Veranstalter V10	kleine/mittlere Veranstalter
Lange Computer	WCT-Tour LAC-Reise KOM-Reise	Veranstalter unterschiedlicher Größe eigenveranstaltende Reisebüros Rundreiseveranstalter
Pinck Softech	Marco Polo Travel	Reiseveranstalter, Agent
Ratio-Software	Ratio-Light Ratio-Bus Ratioww	mittlere/kleinere Bus- u. Touristik-Veranstalter mittlere/große Bus- u. Touristik-Veranstalter Omnibus- und Reiseveranstalter
Steinbach Internationale Reisen	Tibos	Hotels, Campingplatz-Anbieter, Ferienhausvermittlungen, Buchungszentralen, Veranstalter und eigenveranstaltende Reisebüros
Team Reisen	Systeam	Veranstalter und Consolidators
WBS Blank	Touristik	Klein- bis Großveranstalter
W & W	Turista RV Turista OV Turista VE Turista Rb	Veranstalter/Omnibusbetriebe Omnibusbetriebe Veranstalter Veranstalter
Zartmann	ZTS (Zartmann Touristik Software)	Flug-, Schiff-, Busveranstalter, Ferienwohnungsanbieter

Smog, das Wort entstand durch Zusammenziehung der englischen Wörter „smoke" und „fog" (Rauch und Nebel) und bedeutet die Ansammlung verschiedener Verbrennungsprodukte wie Flugasche, Ruß, Schwefeldioxyd und Motorabgase, die infolge von dichtem Nebel oder einer Kaltluftschicht nicht hochsteigen können (Inversionswetterlage). In Industriezentren und Großstädten kann es hierdurch zu Schädigungen von Menschen, Tieren, Pflanzen und Sachgütern kommen. → Emissionen, → Immissionen

SMTV, Salon Mondial Tourisme et Voyages, alljährlich stattfindende größte franz. inter-

ANGEBOTE FÜR FREMDENVERKEHRSÄMTER/ INCOMING

Firma	Produkt
Abi-Software	Odin
Alphatron	Infotour, Contour
Intours Partner	Intours-Regiosoft, Intours-Eurosoft, Intours-Fewotel
Steinbach Intern. Reisen	Tibos
Vianova Systemhaus	Vianova

ANGEBOTE FÜR REISEBÜROS

Firma	Produkt
Bewotec	Jack
BLS Data Team	Trasy
Contour	Reise-Office
Dietz	Travel Office
DKS Software	Win-Travel
Globus Travel	Globus Travel Backoffice- und Reservierungssystem
Gruber & Team	IVR
G & U EDV Lösungen	Holiday 2.1
Iso Software	Itos-Reisemittler V4.0
Lange Computer	LAC-Reisebüro
Partners	Part.One
Team Reisen	Systeam
W&W	Turista VM, Turista RB
Travel Shop	K&K Travel-Software 2.5
Ziel	Reise-Ziel

nat. Fachmesse für Tourismus und Reisen in Paris seit 1975, mit Spezialschau „Thermalies".

Snack Bar, Imbißstube, bietet eine begrenzte Auswahl an Speisen und Getränken in Steh- oder Sitzbars an.

SNAV, Syndicat National des Agents de Voyages, nationaler französischer Reisebüroverband, Sitz: Paris.

SNCB, Société Nationale des Chemins de Fer Belges, Nationale Gesellschaft der belgischen Eisenbahnen.

SNCF, Société Nationale des Chemins de Fer Francais, Nationale Gesellschaft der französischen Eisenbahnen.

Soft opening, schrittweise inoffizielle Eröffnung von Hotels.

SOJ - Single Open Jaw, einfache Gabelreise im IATA-Luftverkehr (im Reiseantritts- oder Umkehrgebiet), Ausgangsort der Hinreise und Ankunftsort der Rückreise im Reiseantrittsgebiet oder Ankunftsort der Hinreise und Abflugsort der Rückreise im Umkehrgebiet sind nicht identisch.

SOKRATES, Das S. Programm der EU faßt die vorherigen Förderungsprogramme ERASMUS und LINGUA zusammen und ergänzt sie durch Maßnahmen zur Förderung der europäischen Zusammenarbeit auf dem Schulsektor. Laufzeit 1995 - 1999.
→ ERASMUS, → LINGUA

Solarium, 1. Liegefläche, auf der im Freien oder unter einem Glasdach Sonnenbäder genommen werden. 2. Einrichtung zur Körperbräunung mit Speziallampen; vielfach im Angebot von Sonnenstudios, Saunaanlagen und Bädern.

SOLAS-Bestimmungen, International Convention for the Safety of Life at Sea.
→ Sicherheitsübungen

Solidarhilfeabkommen, seit 1970 durch Initiative des Bundeswirtschaftsministeriums (BMWi) und des DRV bestehendes Abkommen, welches bei Insolvenzen von Veranstaltern oder Luftverkehrsunternehmen für die Erfüllung von Verpflichtungen der Rückbeförderung der Urlauber auf freiwilliger Basis sorgt. Dem S. gehören alle maßgeblichen Veranstalter und Luftverkehrsgesellschaften an. Umbenannt seit Inkrafttreten der Kundengeldabsicherung in „Organisationshilfe". → Bundesministerium für Wirt-

Sommelier

schaft (BMWi), → DRV, → Garantiefonds, → Kundengeldabsicherung

Sommelier, Weinkellner, er stellt die Getränke-Empfehlungen zum Menü zusammen, berät die Gäste am Tisch bei der Wahl der Jahrgänge und Lagen und überprüft laufend die Qualität der Weine. → Restaurant-Personal

Sommerakademie, Sommerakademie für touristische Führungskräfte, Bensheim. → FIT

Sommersaison, innerhalb des Reisejahres die zusammenhängende Zeit von April bis Oktober. → Touristikjahr

Sommerzeit, im wesentlichen zur Energieeinsparung (Nutzung des Tageslichts) eingeführte Zeitverschiebung um eine Stunde.

Sonderzug, bestellter Zug außerhalb des Regel-Fahrplanangebotes.

Sorten, ausländische Banknoten und Münzen (vielfach fälschlich als Devisen bezeichnet). → Devisen, → Reisezahlungsmittel

Sortiment, Gesamtheit aller Waren, Dienstleistungen oder Rechte, die ein Handelsbetrieb Kunden und Interessenten im Laufe einer Periode anbietet. Im Reisebüro wird überwiegend die Auswahl von Veranstalterprogrammen als S. bezeichnet. → Sortimentsgestaltung/-politik

Sortimentsgestaltung/-politik, mit Hilfe der S. trifft das Handelsmanagement die Entscheidungen über die Zusammensetzung des Sortiments. Dieses dient dem Einzelhändler auch zur Profilierung auf dem Markt. S. bildet die Grundlage für die Kosten- und Ertragsrechnung im Handel sowie für eine Unternehmensstrategie, mit deren Hilfe z.B. im Reisebüromarkt eine Neuausrichtung von Geschäftsaktivitäten durchgesetzt wird. Abhängigkeit besteht u.a. in der Wahl der Betriebsform. → Marketing-Mix, → Sortiment

SOS, „save our souls"; Notruf bei der Schiffahrt. Alle in der Nähe befindlichen Schiffe, die diesen Funkspruch hören, haben unverzüglich Kurs auf das zu rettende Schiff zu nehmen. → Mayday

SOTI, Sales Outside Ticket Inside Country of Commencement of Travel, Verkaufsart, bei der der Flugschein im Reiseantrittsland ausgestellt wird, der Verkauf jedoch im Ausland erfolgt. Dies gilt für die meisten im voraus bezahlten (prepaid) Tickets. → Flugpreisberechnung, → SITI, → SITO, → SOTO

SOTO, Sales Outside Ticket Outside Country of Commencement of Travel. Bei dieser Verkaufsart liegen sowohl der Ticket-Verkauf als auch die Ausstellung außerhalb des Reiseantrittslandes. → Flugpreisberechnung, → SITI, → SITO, → SOTI

Sozialtourismus, spezielle Art der Erholung in Feriendörfern und ähnlichen staatlich geförderten Erholungseinrichtungen. Der Aufenthalt der Gäste wird von sozialen Einrichtungen bezahlt oder subventioniert. Der begünstigte Personenkreis sind Jugendliche, Mütter, alte Menschen u.a. ausgewählte soziale Schichten. → Erholung

Sozialversicherungsbeiträge, Arbeitnehmer und Arbeitgeber bezahlen einen prozentualen Anteil des Bruttolohnes in die Sozialkassen, die S. Für 1998 gelten folgende Beitragssätze: 20,3% Rentenversicherung, 13,5% Krankenversicherung, 6,5% Arbeitslosenversicherung und 1,7% Pflegeversicherung. Insgesamt bezahlen Arbeitgeber und Arbeitnehmer 42% des Bruttolohnes je zur Hälfte in die Sozialversicherung ein. → Lohnnebenkosten

Sozialvorschriften im Straßenverkehr, Arbeitsschutzbestimmungen, Bestimmungen über die Arbeitszeit des Fahrpersonals im Straßenpersonen- und -güterverkehr.

Soziodemographische Zielgruppenmerkmale, bei sozialwissenschaftlichen Befragungen und Untersuchungen über die Gesamtnachfrage des Marktes nach Pauschalreisen wird nach 5 demographischen Gruppen unterschieden: 1. nach Altersgruppen (höchster Anteil bei Altersgruppe 40 bis 49 Jahre), 2. nach Einkommensgruppen (Grundlage ist das Haushaltsnettoeinkommen), 3. nach Berufsgruppen (Grundlage ist der Beruf des Haushaltsvorstands), 4. nach Regionen (nach Nielsen-Gebieten, z.B. Nielsen II = NRW), 5. nach Ortsgrößenklassen (ein Großteil der Pauschalreisenden kommt aus Großstädten mit mehr als 500.000 Einwohnern).

Gegenübergestellt werden:
- Pauschalreisende in den letzten 3 Jahren in Mio. Paxe
- Pauschalreisenden-Anteil an der Gesamtbevölkerung in %
- Pauschalreisendenstruktur in %
- Bevölkerungsstruktur in %.

Sponsor

Spa, internationaler Begriff für Kur- und Badeort, Bezeichnung nach dem Kurort Spa bei Lüttich in Belgien. In englischsprachigen Ländern auch für Wannen/Becken mit Whirl Pool.

Sparpreis, Festpreisangebot der DB für Einzelreisende (Erwachsene oder Kind) und gemeinsam Reisende von 1 _ bis 5 _ Personen. Der S. ist zur Hinfahrt längstens bis zu dem auf den 1. Geltungstag folgenden Montag bis 10:00 Uhr, zur Rückfahrt frühestens an dem auf den 1. Geltungstag folgenden Samstagen 3:00 Uhr gültig (maximal 1 Monat) und beinhaltet alle IC-Zuschläge. Für die Benutzung eines ICE gibt es den S. mit ICE-Berechtigung.

Spartrip, Discount-Kette der Reise-Welt Europäisches Reisebüro, weitgehend beratungsfreies Reisebüro mit kurzfristigen Angeboten und günstigen Nur-Flügen. → ITS

Spaßbad, Badezentrum innerhalb eines Gesamtkomplexes aus vielfältigen Freizeiteinrichtungen, das weniger dem Schwimmen als dem Spaß am Baden und der Entspannung dienen soll.

Special-Event-Reisen, Reisen zu besonderen Anlässen wie Messen, Sportveranstaltungen u.ä. zu Sondertarifen, z.B. IT-Tarif bei Linienflug.

Special handling advice, Betreuungshinweise für bestimmte Fluggäste.

Special-Interest Tours, Hobby-Reisen/Touren, die in den üblichen Rundreiseprogrammen nicht enthalten sind, wie z.B. „Bird Watching" Tours, Jeep Safaris, Dampfeisenbahnfahrten usw., Veranstalterreisen der Spezialisten.

Special Meals, über crs ist es möglich, spezielle Essenswünsche bei Flugbuchungen auszuwählen. Folgende Mealcodes stehen dabei zur Verfügung:

AVML	Vegetarisch asiatisch
BBML	Babynahrung
BLML	Leichte Vollkost
CHML	Kinderessen
DBML	Diabetische Kost
FPML	Früchtemahlzeit
GFML	Glutenfreie Kost
HFML	Mahlzeit mit hohem Nährwert
HNML	Hindugerechte Mahlzeit
KSML	Koshere Mahlzeit
LCML	Reduktionskost
LFML	Cholesterinarme Kost
LPML	Proteinarme Kost
LSML	Natriumarme Kost
MOML	Moslemgerechte Mahlzeit
NLML	Laktosefreie Kost
PRML	Purinarme Kost
RVML	Rohkost
SFML	Fischgericht
VGML	Vegetarische Mahlzeit, rein vegetarisch
VLML	Vegetarische Mahlzeit mit Milchprodukten und Eiern

special-Schlafwagenabteil, → Schlafwagen

Sperriges Gepäck, bei Ferienflügen sind S.G. sowie Übergepäck von mehr als 20 kg anmelde- und kostenpflichtig; ebenso Sportausrüstungen für Gruppen ab zehn Personen. Aus Platzgründen befördern einige Fluggesellschaften kein S.G., gleiches gilt für die Transferbusse von/zu Flughäfen.

Spezialreiseveranstalter, neben den standardisierten Pauschalreisen zum Mittelmeer (Warmwassertourismus) und der Konzentration auf immer weniger Anbieter gewinnen die S. zunehmend an Bedeutung. Die Orientierung kann 1. thematisch, 2. geographisch oder 3. zielgruppenorientiert erfolgen. → Massentourismus

Spezialsortiment, Sortiment eines Handelsbetriebes, der sich auf wenige Produkte spezialisiert. → Sortiment, → Sortimentsgestaltung/-politik

Spirit, → Darwin, → EuroSTART

SPKD, Seepassage-Komitee Deutschland e.V., Hamburg, gegr. 1960. Interessengemeinschaft der Kreuzfahrt-, Fährschiffreedereien und Seereiseveranstalter zur Vermarktung von Seereisen, verlieh Gütesiegel „Fachagentur für Seereisen" an Reisebüros. Ende 1991 aufgelöst. → Fachagentur für Seereisen

Splitcharter, → Teilcharter

SPNV, Schienenpersonennahverkehr der Deutschen Bahn AG. → DB-Deutsche Bahn AG

Sponsor, Einzelperson oder Unternehmen als Förderer (Bürge) durch Vergabe von Geld oder Sachleistungen an einen meist sportlichen oder kulturellen Empfänger mit dem Ziel der Imagepflege zur längerfristigen Vorteilsnahme. Sponsoren treten auch bei Neueröffnungen von Reisebüros oder -ver-

Sport im Urlaub

anstalter-Neugründungen auf zur Zahlung etwaiger Kautionsforderungen. S. ist auch derjenige, der eine Rufpassage bezahlt.
→ Rufpassage

Sport im Urlaub, im Gegensatz zu den ausgesprochenen Sport-Urlaubsreisen (4,4%) liegt der Sport unter den Urlaubsaktivitäten bei 22,6%, d.h. knapp jeder Vierte geht im Haupturlaub einer sportlichen Betätigung nach; insges. wird festgestellt, daß der Anteil der sportlich aktiven Urlauber mit Einkommen und Ausbildungsstand steigt. Wandern liegt in der Beliebtheitsskala bei 45,9%. Schwimmen ist am beliebtesten mit 69,9%. Dem Skisport kommt dabei nur geringe Bedeutung zu. → Wintersport

Sport-Spezialreisen-Veranstalter, im Unterschied zu den sportlichen Aktivitäten im Urlaub wie Schwimmen, Wandern und Radfahren bringen S. verstärkt Programme auf den Markt, die eine intensive oder Hauptbetätigung in einer Sportart vorsehen. Hierzu wird vorwiegend der Zweit- oder Dritturlaub oder die Kurzurlaubsreise genutzt. Die S. bieten bevorzugt Kurse in Tennis, Golf, Segeln und Surfen an. → Kurzreisen/ Kurzurlaubsreisen, → Urlaubsreisen

Sport-Urlaubsreisen, nach RA verbringen ca. 2 Mio. oder 4,4% aller Urlaubsreisenden ihren Urlaub ausschließlich sportorientiert.
→ Urlaubsreisen

Sportbetreuer, → Animateur-Assistent (Freizeit-/Sportbetreuer)

Sportgepäck, zusätzlich zum Freigepäck pro Passagier befördern Ferienfluggesellschaften eine der nachfolgenden Sportausrüstungen bis max. 30 kg kostenlos: Fahrrad, Surfboard, Skier, Angel-/Tauchausrüstung, Flugdrachen, Kanu oder Faltboot.

Spouse Program, Sonderprogramm für Begleitpersonen bei Tagungen und Kongressen.

Sprachdialogsystem, auch Sprachcomputer (Ansagegeräte), dienen zur automatisierten Entgegennahme von Telefonanrufen zur Entlastung von Telefonzentralen bei Routineanfragen, zur Bestellannahme, zur Informationsgabe oder zur Buchung. Die Abwicklung erfolgt über ein Computersystem, das an ein Telefonnetz angeschlossen wird und die Anrufe mit natürlicher Stimme bearbeitet. Das deutsche VIVIAN/3-System kann auch an einen Operator durchstellen oder den Rückruf eines Kundenberaters veranlassen. Integriert werden können Fax-on-demand, Fax-Polling oder bei großen Datenmengen text-to-speech.

Sprachführer, themenbezogene Lexika/Wörterbücher/Sprachhilfen für die in der Umgangssprache gebräuchlichsten Begriffe aus dem touristischen und gastgewerblichen Bereich.

Sprachreisen, Produkte von Spezialreisen-Veranstaltern, sie werden in Form von Pauschalreisen angeboten. Man unterscheidet nach Schüler- und Erwachsenen-Sprachreisen. Mit speziellen Jugendreisen-Angeboten bieten die S.-Veranstalter Ergänzung zum Fremdsprachenunterricht in den Schulen an. Exkursionen und Freizeitprogramme sind dabei stets integrativer Bestandteil. Bei den Erwachsenen-S. reicht das Angebot vom touristischen Aufenthalt mit sprachlichem Beiprogramm bis zum hochintensiven Einzeltraining.

Springer, Arbeitskraft, die abwechselnd an verschiedenen Arbeitsplätzen eingesetzt werden kann, um z. B. eine längere krankheitsbedingte Abwesenheit eines festen Mitarbeiters zu übernehmen.

SRS, Steigenberger Reservation Service, Service- und Marketingorganisation für weltweit angeschlossene Spitzenhotels.

SRV, Schweizerischer Reisebüro-Verband, Sitz: Zürich, gegr. 1928. Aufgaben sind: Der Zusammenschluß qualifizierter, in der Schweiz niedergelassener Reisebüros im Hinblick auf die Berufsförderung und die Wahrung der Interessen der Mitglieder.

SSC, Semi Submersible Craft, Halbtauchendes Fahrzeug (Katamaran), bedeutet bei SSC Radisson Diamond eine fünfmal höhere Stabilität als bei herkömmlichen Kreuzfahrtschiffen. → Marina Park, → SWATH

SSI, Institut für Touristik, EDV, Wirtschaft und Sprachen, ursprünglich Sprach- und Sekretärinnen-Institut, München, bietet im Tourismus u.a. Ausbildung zum/zur Reiseverkehrskaufmann/-frau, zur Touristikfachkraft und zum Touristikfachwirt (IHK) an; seit 1991 auch in Berlin.

SSR, Special Service Request, Eingabebefehl unter Amadeus zur Anfrage von zusätzlichen Dienstleistungen bei Linienflügen. Man unterscheidet die limitierten Bestätigungen, bei denen nur ein bestimmtes Kontingent

Stadt-Ticket

verfügbar ist, und unlimitierte Bestätigungen, wie z.B. spezielles Essen, Anmeldung von blinden oder tauben Passagieren oder Rollstuhl an Bord.

STA, Start Travel Assistant. → Corporate Travel Assistant

Staatliche Wirtschaftsfachschule für Hotellerie und Gastronomie Berlin, → Hotelfachschulen

Staatsbad, von einem Bundesland ganz oder teilweise betriebener Badekurort.

Staatsquote, beschreibt den Anteil der Staatsausgaben am Bruttoinlandsprodukt. Mit einer steigenden S. wird ein größerer Einfluß des Staates auf wirtschaftliche Entwicklung verbunden. Diese beinhaltet auch Ausgaben für Werbung, um den Bekanntheitsgrad einer Region oder eines Bundeslandes zu heben und Touristen anzulocken. → BIP

Staatszugehörigkeits-Kennzeichen, Begriff der Luftfahrt für internationale Ländercodes, die aufgrund nationaler Luftfahrtgesetzgebung und internationaler Abmachungen von jedem Luftfahrzeug gut erkennbar zu führen sind. Sie sind den amtlichen nationalen Zulassungskennzeichen voranzustellen. S. werden von der ICAO registriert und den anderen Vertragsstaaten auf Verlangen mitgeteilt. Z.B. DE = Bundesrep. Deutschland, FR = Frankreich. → ICAO

Stabilisatoren, auf modernen Fähr- und Kreuzfahrtschiffen mittschiffs angebrachte Stabilisierungsflossen zur Verminderung der Schlingerbewegungen.

Stadtbilderklärer, in der ehem. DDR Bezeichnung für Stadt-/Fremdenführer. → Fremdenführer

Stadtbüro einer Fluggesellschaft (CTO), → CTO

Städte-Informationen, Informations- und Service-Zentren in allen Bezirks-, Kreis- und Kleinstädten touristisch relevanter Gebiete der ehem. DDR, nach dem jeweiligen Ort benannt, z.B. Dresden-Information, Erfurt-Information. Sie vermittelten Auskünfte, Prospekte, Stadtführungen, auch Übernachtungen, gastronomischen Service und Eintrittskarten für kulturelle Veranstaltungen.

Städtepartnerschaft, Abkommen zwischen Städten hauptsächlich verschiedener Nationalität mit dem Ziel, durch gegenseitiges Kennenlernen das Verständnis füreinander zu fördern, z.B. Hamburg-Bordeaux, Köln-Wolgograd.

Städtereisen, Städtetouren; beliebtes Touristikangebot, meist im Rahmen der Kurzurlaubsreisen, werden überwiegend an Wochenenden mit jeder Art von Verkehrsmitteln unternommen. Während der Woche überwiegt der Geschäftsreiseverkehr. 1. S. sind eine der typischen Busreisearten. Sie finden hauptsächlich nach den europ. Metropolen statt, im Inland z.B. Berlin, München, Hamburg, Köln u.a. 2. Im Schienenverkehr werden S. mit Hotelunterbringung in Bahnhofsnähe angeboten, Basis RIT; keine Reiseleitung. 3. Städte-Flugreisen auf IT-Basis für schnellere und weitere Beförderung; vielfach auch als Zweit- oder Dritturlaubsreise. S. werden angereichert durch eine Programmgestaltung, die z.B. Theater-, Konzert- oder Museumsbesuche o.ä. vorsieht oder auf andere attraktive Freizeitangebote und verfügbare Fremdenverkehrseinrichtungen zurückgreift, auch in den Hotels. Vor Ort werden die Besucher meist von den Verkehrsvereinen betreut bzw. mit einem Gutscheinheft mit ermäßigten Eintrittspreisen/freiem Eintritt sowie einem Informationspaket versorgt. Sightseeing u.a. → Doppel-Städtereisen, → IT-Flugpassagetarife (-preise), → Kurzreisen/Kurzurlaubsreisen, → RIT

StadtExpress SE, Reisezug des linienbezogenen Verdichtungsverkehrs mit Systemhalten, Reiseweite ca. 22 km.

Stadtführungen, i.d.R. werden S. durch haupt- oder nebenberufliche Mitarbeiter örtlicher Fremdenverkehrsvereine oder -ämter als öffentliche oder geschlossene Veranstaltung zu Fuß durchgeführt. In Ausnahmefällen wird diese Aufgabe vom Reiseleiter übernommen. Je nach Dauer der Führung und Interesse der Gruppe können eine Auswahl der markantesten Sehenswürdigkeiten oder eine themenbezogene Auswahl (z.B. römisches Trier) vorgenommen werden. → ANS, → Local Guide, → Reiseleiter

Stadtrundfahrten, → Sightseeing

Stadt-Ticket, Fahrschein zur Benutzung von öffentlichen Verkehrsmitteln einer Stadt, nur gültig bei Anreise mit der Deutschen Bahn oder Flugzeug. Das S. kostet zwischen 8 und 20 DM und ist nach der Anreise mit dem

Stand-by

Flugzeug am Ankunftstag sowie dem folgenden Tag gültig. Bei der Bahnanreise kann die Gültigkeit (maximal 48 Stunden) innerhalb von vier Tagen frei gewählt werden.

Stand-by, Sondertarif, der unter bestimmten Bedingungen bei Leistungsträgern wie Fluggesellschaften, Reedereien und Hotels üblich ist. Eine feste Reservierung im voraus ist dabei nicht möglich. Nach Maßgabe freier Plätze kann kurz vor Abflug eine bestimmte Kapazität zu Sonderkonditionen gebucht werden.hotelgäste, die nach 22.00 Uhr eintreffen und vor 9.00 Uhr das Hotel wieder verlassen, können nach diesem Sondertarif Ermäßigung erhalten. Da der Einnahmeausfall für nicht verkaufte Flug/Hotelzimmer-/Schiffskabine endgültig ist, gilt der Stand-by-Verkauf als Beitrag zur Deckung der Fixkosten. → Kreuzfahrten-Börse, → Last-Minute-Tickets und -Reisen

Stand-by-Betrieb, eingeschalteter Zustand eines elektrischen Gerätes, das auf zu verarbeitende Kommandos wartet. Bekommt ein Drucker einen Druckbefehl durch den Computer, kann er ihn im S. sofort ausführen.

Standard Administrative Form, → SAF

Standard-Class, → Ausflugsbus, → Klassifizierung der Reisebusse

Standard Credit Card Charge Form (CCCF), im BSP-Abrechnungsverfahren ist das CCCF dann auszufüllen, wenn ein Agent ein manuelles Standardverkehrsdokument gegen Kreditkarte ausstellt. Im maschinellen Ticket übernehmen Agenten- und Passagiercoupon die Funktion des CCCF mit automatischer Ausfüllung.

Standardlinienbus (Stlb), Standardüberlandbus (Stülb), Bezeichnung für bestimmte, nach einem Baukastensystem normierte Busse, die im ÖPNV eingesetzt werden. → ÖPNV

Standard Reservation Alteration Sticker, Standardaufkleber für Flugschein, die zu benutzen sind, wenn Einzelheiten der Flugreservierung im Passagefeld des Flugcoupons geändert werden sollen.

Standard Traffic Documents, → STD

Standardverkehrsdokumente (SVD), zu den S. gehören die Standardpassagierflugscheine und die MCOs; diese werden innerhalb des BSP-Abrechnungsverfahrens den IATA-Agenten zur Ausstellung an Kunden zur Verfügung gestellt. Diese Dokumente können nur für Passagier-Flugtransport oder für transportbezogene Dienstleistungen ausgestellt werden. → BSP, → MCO, → UCCCF

Ständiger Arbeitskreis deutsch-deutscher Fremdenverkehr, sollte dem unmittelbaren Erfahrungs- und Informationsaustausch zwischen den Fremdenverkehrs-Fachleuten der Bundesrepublik und der DDR dienen, auf westdeutscher Seite unter Federführung des DFV und auf DDR-Seite mit Repräsentanten des Ministeriums für Tourismus und Verkehr sowie des Reisebüros der DDR.

Standortfaktoren, werden jene Faktoren genannt, die für die Standortwahl eines Unternehmens von großer Bedeutung sind. Für den Tourismus von besonderer Wichtigkeit sind die Lohnkosten, der Anschluß an das Verkehrsnetz, Belastungen durch Steuern und Abgaben und Erweiterungsmöglichkeiten (z.B. Vergrößerung der Hotelanlage).

Standseilbahn, Seilbahnform, bei der die Fahrzeuge durch ein oder mehrere Seile auf einer auf dem Boden befindlichen Fahrbahn bewegt werden. In der Regel verkehrt ein Kabinenfahrzeug mit Rädern auf Schienen an einem Zugseil im Pendelbetrieb. Ein- und Ausstieg der Fahrgäste erfolgen bei stehendem Fahrzeug. → Seilbahn

Stapellauf, klassische Werftmethode, ein neugebautes Schiff mit dem Heck voran, seinem Element Wasser zu übergeben.

STAR, Special Technology for Agents Rating, Bonitätsprüfung durch BSP, wonach die individuelle wirtschaftliche Lage der IATA-Agenturen die Bürgschaftsbelastung bestimmt; sechs Bonitätsklassen. → BSP, → IATA-Agenturen

STAR, Special Telecommunication Action for Regional Development, elektronisches Kommunikationsnetz in Almeria/Spanien zur regionalen Eigenvermarktung touristischer Angebote. → Eigenvermarktung

Star Alliance, im Mai 1997 unterzeichnete Vereinbarung zum globalen Zusammenschluß der Fluggesellschaften Lufthansa, SAS, United Airlines, Thai Airways und Air Canada zur Ausweitung des Streckennetzes. Seit Oktober 1997 ist die brasilianische Fluggesellschaft Varig beigetreten. Zukünftig werden die Singapur Airlines, Air New Zealand und Ansett Australia die S. A. ergänzen. → Oneworld, → Qualifyer Group, → Wings

START Amadeus Vertrieb GmbH

STARK, → Studentischer Arbeitskreis Bielefeld

Stärken-Schwächen-Profil, Methode eines Denk- und Entscheidungsmodells zur Analyse der verschiedenen Unternehmensbereiche und deren Vergleich mit Gesamtmarkt und Wettbewerb. Das Schema dieser Methode ist bes. geeeignet, Stärken und Schwächen aufzuzeigen, Schwächen abzubauen und Stärken in gezielten Strategien am Markt einzusetzen. S. kennt man auch unter der Bezeichnung Ressourcenanalyse.

STARS, Special Traveller Account System, Programm zur Kundendatenverwaltung unter SABRE. → SABRE

START, Buchungs-, Reservierungs- und Vertriebssystem für Reise und Touristik in der Bundesrepublik Deutschland. Gegründet 1971 als „Studiengesellschaft zur Automatisierung für Reise und Touristik GmbH", die 1976 in die „START-Datentechnik für Reise und Touristik GmbH" überging. Der Betrieb wurde Mitte 1979 aufgenommen.

Der Gesellschafterkreis bestand seit 1971 bis 1990 aus DB, Lufthansa, TUI mit je 25%, Hapag-Lloyd, ABR und DER mit je 8 1/3%. 15.858 Reisevertriebsstellen haben mit START Mietverträge abgeschlossen mit 34.017 START PCs. Im Ausland 2.259 Stellen mit 4.539 PCs. (Stand: Dezember 1997).

Im August 1990 wird die START Datentechnik für Reise und Touristik GmbH in die START Holding GmbH mit insgesamt vier Tochtergesellschaften überführt. Die Gesellschafter sind zu gleichen Teilen die Deutsche Bahn, die Deutsche Lufthansa und die TUI.

Im Juni 1996 übernahm die LH die TUI-Anteile, im März 1997 nahm die Deutsche Bahn jedoch ihr Vorkaufsrecht auf die Anteile der TUI-Gesellschaftsanteile wahr. Seitdem sind die LH und die Deutsche Bahn. zu jeweils 50 Prozent Gesellschafter von START.

Heute gehören die vier Tochterfirmen START Amadeus Vertrieb GmbH, START Informatik GmbH, START Ticket GmbH und die START Media Plus GmbH zur START-Gruppe. Geplant ist im Laufe des Jahres 1998 ein Zusammenschluß von START Holding, START Amadeus Vertrieb GmbH und START Informatik GmbH zu einem Unternehmen (voraussichtlicher Name: START Amadeus GmbH). Die Lufthansa Commercial Holding soll mehr als 50% der Anteile erhalten, den Rest Amadeus. Die neue GmbH soll die Mehrheit an START Ticket erhalten, die wiederum an Frankfurt Ticket mit 50% und an Stella Call Center zu 49% beteiligt sein soll. START Media Plus gehört dann zu 100% START Amadeus. → START Amadeus Vertrieb GmbH, → START Informatik GmbH, → START Ticket GmbH, → START Media Plus GmbH

START agent´s entry, Internet-Produkt der START Media Plus GmbH, ermöglicht den Eintrag von Reisebüros in die Reisebürodatenbank der START Media Plus Online-Plattform. Jedes Reisebüro mit S. kann über die Plattform von jedem Internet-Nutzer rund um die Uhr Buchungsaufträge erhalten. → START Media Plus GmbH

START agent´s exclusive, ist ein Internet-Produkt der START Media Plus GmbH. Es ermöglicht Reisebüros und Anbietern, mit eigenem Layout und eigener Adresse mit einer Homepage im Internet aufzutreten. → Adresse, → Homepage, → Internet, → Layout, → START Media Plus GmbH

START agent´s home, Internet-Produkt der START Media Plus GmbH. Über S. können sich Reisebüros mit eigenem Logo und eigener Homepage im Internet präsentieren, mit eigenen Angeboten werden und eine E-mail Funktion anbieten. Online-Surfer können direkt mit der Agentur Kontakt aufnehmen. Die Agenturen sind auch auf der START Homepage zu finden und in der Reisebürodatenbank der START Media Plus GmbH eingetragen. → E-mail, → Homepage, → START Media Plus GmbH

START agent´s private, ist eine Erweiterung von START agent´s home. Auf der Homepage des Reisebüros werden Buchungsmodule eingebunden, auf die der Internet-Nutzer zugreifen kann. Buchungsaufträge werden automatisch an das teilnehmende Reisebüro weitergeleitet. → Homepage, → START agent´s home

START Amadeus Vertrieb GmbH, ist für das Marketing und den Vertrieb aller Leistungen von START und Amadeus in Deutschland verantwortlich. An der S. sind zu 95% die START Holding GmbH und zu 5% die Amadeus Global Travel Distribution S.A. mit Sitz in Madrid beteiligt. → Amadeus Global Travel Distribution S.A. → START Holding GmbH

289

START-Btx-RB

START-Btx-RB, Reiseberatung GmbH, Frankfurt/M., Beratungsservice für START/Btx-Verfahren, Konzeption und Pflege von Btx-Programmen für Reisebüros und Leistungsträger, Umbrella-Dienste. Gesellschafter sind START-Datentechnik GmbH, Frankfurt/M. (75%) und DER-Part Reisevertrieb-GmbH, Frankfurt/M. (25%). Seit Dezember 1994 mit START Telematik fusioniert. → Elektronisches Reisebüro, → START Telematik

START Cash, START-Software, die die Möglichkeit zur bargeldlosen Zahlung ermöglicht, z.B. ec-Karte oder Kreditkarte. Zukünftig ist der Einsatz der Chipkartentechnologie für die elektronische Geldbörse geplant.

START Comfort, grafische Bedieneroberfläche von START. Alle Masken des START-Systems liegen in grafischer Aufbereitung vor und können mit Hilfe der Computermaus aufgerufen und bearbeitet werden.

START Finance Manager, SFM, basierend auf dem Programm SAP R/3 von SAP, übernimmt das Programm mit den beiden Komponenten der Finanzbuchhaltung (RF) und Kostenrechnung (RK) die komplette Buchhaltung und den automatischen Zahlungsverkehr. Derdata und START haben das Programm modifiziert. Es wird in zwei Versionen angeboten:
1. Oberfläche von R/3.
2. Oberfläche von Derdata/START (im Hintergrund läuft aber R/3-Anwendung). Nur lauffähig auf Pentium-PC unter Windows95/NT. → RBS/SAP

START Holding GmbH, am 01. August 1990 aus der START Datentechnik für Reise und Touristik GmbH hervorgegangen. Vier deutsche Tochtergesellschaften stand an die S. angeschlossen: START AMADEUS Vertrieb GmbH, START Informatik GmbH, START Media Plus GmbH und START Ticket GmbH. Die Deutsche Lufthansa und die Deutsche Bundesbahn sind jeweils zu 50% Gesellschafter der S. → START AMADEUS Vertrieb GmbH, → START Informatik GmbH, → START Media Plus GmbH, → START Ticket GmbH

START in Berlin GmbH, ehemaliges Gemeinschaftsunternehmen (Joint Venture) von Interflug, Reichsbahn (DR), Deutsche Lufthansa (LH), Deutsche Bundesbahn (DB) und START mit Anteilen von je 20%, das als GmbH im Juni 1990 in Berlin gegründet wurde. Wesentlichste Aufgaben waren Aufbau und Betrieb eines Reisevertriebssystems mit Terminals in den Reisebüros zu Verkauf und Buchung der verschiedenen START-Leistungsträger-Angebote. Die Gesellschaft führt keine Geschäftstätigkeit mehr aus. → START

START Info System, gibt Auskünfte über beliebig einstellbare touristische Informationen innerhalb einer geschlossenen Benutzergruppe oder für alle Reisebüros. Die Daten können von jedem, der über eine Agentur und Betriebsstelle verfügt, gegen eine Monatsmiete eingestellt werden.

START Informatik GmbH, ist neben dem Betrieb des START Rechenzentrums und der Datenpflege auch zuständig für die Betreuung des START Netzes. Die S. gehört zu jeweils 50 Prozent der START Holding GmbH und der Amadeus Global Travel Distribution S.A. → Amadeus Global Travel Distribution S.A., → START Holding GmbH

START Information Manager, SIM, basierend auf dem Programm RBS von DER Data wurde das Programm als Management-Informationssystem entwickelt. Es liefert bürobezogene, kostenstellenbezogene aber auch kettenbezogene Daten, die als Basis für ein Controlling und eine genauere Planung herangezogen werden können. Vollgrafische Oberfläche unter Windows95/Windows NT. → RBS/SAP

START Media Plus GmbH, 1996 aus der START Telematik GmbH hervorgegangener Anbieter von Internet-Lösungen für Reise-, Touristik und Freizeitmarkt. S. hat eine Homepage mit Reise- und Event-Angeboten sowie Informationen zu Reisen aufgebaut. Mit den START agent's entry, START agent's home, START agent's private und START agent's exclusive bietet S. der Reisebranche vier Produkte für den Auftritt im Internet an. Die S. eine 100prozentige Tochter der START Holding GmbH. → Internet, → START agent's entry, → START agent's home, → START agent's private, → START agent's exclusive, START Holding GmbH

START Quality Index SQI, START-interne Qualitätsüberwachung durch Prüfung von Verfügbarkeiten der Zentralrechner, Verbindung von Rechner und Reisebüro-PC, Servicecenter und Beschwerde-Management.

START Telematik, im Bereich der Telekommunikation mit Reiseagenturen und Endverbrauchern bietet dieser Geschäftsbereich innovative Lösungen und Anwendungen. Basis sind Datex-J- bzw. Btx-Dienstleistungen im Tourismus, insbes. gehört dazu der neue „Qualitätscontainer Reise und Touristik" mit dem integrierten „Elektronischen Reisebüro". Die S. ist Ende 1996 in die START Media Plus GmbH übergegangen.
→ Btx, → Datex-J, → START Media Plus GmbH

START Ticket GmbH, Reservierungssystem für Eintrittskarten zu Veranstaltungen unterschiedlicher Art im In- und Ausland. Dieser Geschäftsbereich erschließt Reisebüros und Vorverkaufsstellen die Möglichkeit der Buchung und des Ticketausdrucks für eine Vielzahl von Musik-, Sport-, und Kulturveranstaltungen. Auch Messetickets können über S. T. gebucht werden. Außerdem bietet die S. T. mit CitySoft/GermanSoft und EuroSTART Reservierungssysteme für Tourismus und Freizeitwirtschaft in Deutschland und Europa an. → CitySoft/GermanSoft, → EuroSTART

State surcharge, staatlicher Zuschlag auf den Mietwagenpreis in den USA, unterschiedlich je nach Bundesstaat.

Stätten der Reformation, europäischer Tourismusverband, Sitz: Lutherstadt Eisleben. Der Verbund wurde 1994 mit dem Ziel gegründet, touristische Angebote mit reformationsgeschichtlichem Hintergrund zu entwickeln und bekanntzumachen.

Stauprognose, sie wird jedes Jahr vom Bundesverkehrsminister vor allem anhand der Baustellenplanung und des Schulferienkalenders neu herausgegeben und erteilt Auskunft über die zu erwartenden Staus auf deutschen Straßen und Autobahnen in der Ferienzeit. Mit Hilfe dieser Planungshinweise können Autoreisende dem stop-and-go auf den Hauptautobahn-Reisestrecken entgehen. Auch Abfahrts- und Ankunftszeit sind damit individuell besser zu steuern.

STD, Standard Traffic Documents, Standardverkehrsdokumente, die dem Agenten innerhalb des BSP zur Verfügung gestellt werden. Diese Dokumente können für Passagier-Flugtransport einer LVG oder für transportbezogene Dienstleistungen, welche die LVG genehmigt hat, ausgestellt werden. Sie tragen keinerlei LVG-Identifizierung, bevor der Agent sie durch Gültigstempelung zugeordnet hat.

Steering Panel, auch Steering Panel of the Billing and Settlement Plan; lokaler Ausschuß, dem verschiedene Kontroll- und Planungsfunktionen im örtlichen BSP obliegen, die in Übereinstimmung mit den Anweisungen und Anleitungen des BSP-Komitees stehen. → BSP

Sterne, 1. in Zusammenhang mit einem rechtlich geschützten Qualitätssymbol äußere Merkmale einer standardisierten Klassifizierung, die dem Verbraucher Auskunft über einen jeweiligen festgeschriebenen Minimalstandard geben, **2.** Schmucksterne. Willkürlich, vor allem im Busgewerbe ohne den Zusammenhang zu einem Klassifizierungssystem verwandte Sterne in jeder Form und Zahl, die bewußt den Anschein eines derartigen Standes erwecken sollen. → GBK

Sternfahrt, im Gegensatz zur Rundfahrt wählt der Busreiseveranstalter für die Unterbringung seiner Reisegäste nur ein zumeist qualitativ hochwertiges Hotel aus. Von dort werden Tagesfahrten zu den verschiedenen Reisezielen unternommen, die i. d. R. im Umkreis von 100 - 200 km liegen.

Steuern, die von Bund und Ländern, ohne Anspruch auf Gegenleistung, auferlegten Zwangsabgaben. Die S. dienen neben der fiskalischen Einnahmengewinnung (wichtigste Einkunftsart der Gebietskörperschaften) als wirksames Mittel der Wirtschafts- u. Sozialpolitik. → Abgaben

Steward/Stewardess, Bezeichnung für das Servicepersonal an Bord, Bedienung in den Restaurants oder Betreuung der Zimmer/Kabinen; Kabinen-, Tisch-, Deck-, Barsteward bzw. -stewardess; Flugbegleiter auf Passagierflugzeugen. → Chefsteward

Stewarding, Department Spülküche; Steward ist auch Leiter der Spülküche.

StfT, Studienkreis für Tourismus, Starnberg, gegr.: 1961, ehemaliges fremdenverkehrswissenschaftliches Institut, organisierte seit 1970 alljährlich die Reiseanalyse (RA) und weitere Forschungsprojekte sowie Tourismustagungen, wurde 1993 aufgelöst.
→ FUR, → Reiseanalyse (RA), → Studienkreis für Tourismus und Entwicklung

STIFT, Studiengruppe der Interessengemeinschaft Freizeit/Touristik, Fachbereich Sozialpädagogik, an der Fachhochschule Fulda.

Stille Gesellschaft

Stille Gesellschaft, (§ 230 HGB) eine Sonderform der Gesellschaft, die dadurch entsteht, daß sich ein stiller Teilhaber an dem Unternehmen eines anderen mit einer Einlage beteiligt. Die S.G. ist keine Handelsgesellschaft, sondern eine reine Innengesellschaft. Der stille Gesellschafter tritt nach außen hin nicht in Erscheinung. Aus den in dem Unternehmen abgeschlossenen Geschäften wird allein der Inhaber berechtigt u. verpflichtet. Der stille Gesellschafter erhält einen Anteil am Gewinn und hat das Recht auf eine Abschrift der Bilanz, sowie auf Einsicht der Bücher und Geschäftspapiere.
→ Unternehmensform

STIN, SABRE Travel Information Network; kooperiert mit Reed Travel Group auf dem elektronischen Sektor seit Juli 1989. → ABC International, → Jaguar, → SABRE-Vision

StiNET, touristisches Reservierungssystem der Stinnes-Data-Service GmbH mit crs-Anwendungen, Kunden- und Auftragsverwaltung, FareNET (Negotiated Fares), tw Touristic Warehouse (Last Minute), zentrales Backoffice RBS/SAP oder dezentrales Backoffice von KHK, Schnittstellen zu Bistro und Tourmanager, kooperiert mit Worldspan und SABRE.

Stinet/Tour-DB, Software-System der Stinnes-Data, bietet neben Vakanzabfrage, Reisebuchung und Dokumentendruck eine komplette Kundendaten- und Vorgangsverwaltung.

Stinnes-Data-Service GmbH, 1969 als eigenständiges Unternehmen aus der Stinnes AG hervorgegangen. Befaßt sich mit leistungsfähigen Datenverarbeitungssystemen für den Bereich Touristik, Warenwirtschaftssystemen und Kassensystemen. Im Rahmen eines Management Buy-out wird im Januar 1999 eine neue Firma für Touristik-Dienstleistungen gegründet. Die Stinnes-Data-Service GmbH wird sich dann auf das zentrale Rechnungswesen konzentrieren.

Stock, Anzahl der in einem Reisebüro vorrätigen Blanko-Tickets.

Stopover, Flugunterbrechung an einem Zwischenort.

Stopover-Programm, Flugunterbrechung in Verbindung mit einem Landarrangement, z.B. Hotel und Besichtigungsprogramm. Vom Fluggast vorgenommene Reiseunterbrechung an einem Ort zwischen Ausgangs- und Bestimmungsflugplatz.
→ Eigenveranstalter

Stornierung, → Annullierung und Stornierung, → Cancellation, → Rücktritt, → Stornokosten

Stornokosten,
1. Beim Vertragsverhältnis Kunde-Reiseveranstalter: Im Verhältnis Kunde-Reiseveranstalter wird bei dem - zulässigen - Rücktritt vor Reisebeginn eine „angemessene Entschädigung" (§ 651 i BGB) fällig. Diese Stornokosten können bei entsprechender Vereinbarung, zumeist in den AGB, nach einem Pauschalsystem (Stornokostenstaffel) festgelegt werden. S. werden in Prozentsätzen vom Reisepreis errechnet. Je länger die Zeitspanne bis zum Reiseantritt ist, desto geringer ist der Stornokostensatz. Damit wird die Wahrscheinlichkeit des Wiederverkaufs der Reise berücksichtigt. Der Reisekunde kann gegen zuverlässigerweise pauschal berechnete Stornokosten nicht einwenden, tatsächlich seien geringere oder keine Kosten entstanden. Die Stornostaffeln in AGB der Reiseveranstalter unterliegen gerichtlicher Nachprüfung.

2. Stornofolgen im Verhältnis Reiseveranstalter-Leistungsträger: Stornokosten werden fällig, wenn eine eingeräumte Frist zur Abmeldung überschritten wurde (meistens 4 Wochen vor der Reise und Leistungsbereitstellung, z.B. von Hotelkontingenten). Der Leistungsträger stellt dem Veranstalter für die Ausschreibung einer Pauschalreise ein Kontingent mit Zahlungsplan bereit. Die Abstimmung über den Abverkauf erfolgt meist 90 Tage vor der Abreise. Wird das Kontingent innerhalb dieses Zeitraums zurückgegeben, fallen keine Stornogebühren an. Ohne Stornierungskosten werden Kontingente weiter zur Verfügung gehalten, wenn der Leistungsträger eine weitere Verfügbarkeit auf eigenes Risiko ermöglicht. Reservierungsverträge zwischen Reisebüros und Hotels im Bezirk der IHK Koblenz können ohne weitere Rechtsfolgen storniert werden, sofern dabei eine mindestens vierwöchige Stornierungsfrist eingehalten wird. Dies entschied der 10. Senat des OLG Koblenz in einem Rechtsstreit zwischen einem Hotelier und einem englischen Reiseveranstalter. → AGB, → Annullierung und Stornierung, → Cancellation, → Leistungsträger, → Reiseveranstalter, → Rücktritt

Studienkreis für Tourismus und Entwicklung

STP, Satellite Ticket Printer, Multi-Dokumentendrucker, der in einer Firmenreisestelle gem. IATA-Resolution 814 installiert werden darf. Der Ausdruck der Flugbelege wird vom IATA-Reisebüro-Vertragspartner mittels Druckerzuordnung durch Leitungsübertragung der Druckdaten zum STP durchgeführt. Das Know-how ist meist beim Reisebüro, während die STP-Reisestelle den Ausdruck überwacht, entgegennimmt und an den Firmenkunden weiterleitet. ▸ Implant-Reisebüro, ▸ Reisestellen

STPB, Singapore Tourist Promotion Board, eine der DZT vergleichbare Organisation, die das Incoming nach Singapore fördert. Betreiber der Fremdenverkehrsämter von Singapore im Ausland.

Straßenbenutzungsgebühren werden in einigen Ländern wie z.B. Frankreich, Schweiz, Italien, Österreich, USA etc. für die Benutzung von Autobahnen oder Autobahnabschnitten erhoben sowie bei Straßen, deren Bau und Unterhalt hohe Kosten verursacht (Mautstraßen).

Straßenhilfsdienst, motorisierte Pannenhilfe, die von Automobilclubs eingerichtet wurde und die im Kulanzrahmen auch Nichtmitgliedern gewährt wird.

Straußwirtschaft, vor allem in Süddeutschland verbreitete Art von Schankwirtschaften, deren Betriebszeiten saisonal begrenzt sind. Bekannt auch unter den Bezeichnungen Buschen-, Besen- oder Kranzwirtschaften. Neben Weinen aus meist eigenem Anbau werden vor allem ländlich-deftige Speisen angeboten. S. bedürfen keiner Schankerlaubnis.

Streckenfahrschein, Fahrschein für den Binnenverkehr ausländischer Bahnen, die in Deutschland ausgestellt werden können.

Streckennetzkarte Spanien, Angebot der Ferienfluggesellschaft Aero Lloyd als personengebundenes Jahresticket mit Nutzung aller Flüge von deutschen Abflughäfen und spanischen Ankunftshäfen dieser Fluggesellschaft. Diese Spanien-Card gewährt eine Reihe von Vorzügen.

Streckenrechte, ▸ Freiheiten der Luft, ▸ Slots, ▸ Verkehrsrechte

Stromruckfähre, Fähre, die auf einem größeren Fluß verkehrt, indem sie die Strömung als Antrieb nutzt, z.B. Rheinfähren in Basel.

Studentische Arbeitsgemeinschaft Tourismus (SAT), 1971 gegründeter Zusammenschluß von Studenten des Studienganges Tourismus an der Fachhochschule München, will interessierte Studenten schon während des Studiums an konkrete Aufgaben und Problemstellungen des Tourismus heranführen. Vermittelt Praktikantenplätze und pflegt Kontakte zu Fachleuten und Experten. SAT ist Mitglied bei FUTURISTA.

Studentischer Arbeitskreis e.V. (STARK), an der Universität Bielefeld seit 1991 bestehender interdisziplinärer Treffpunkt für alle an Freizeit, Tourismus und Kultur Interessierten. Tourismusforschung, Organisation von Seminaren sowie Vermittlung von Kontakten und Durchführung von Projekten, Mitglied bei FUTURISTA.

Studentischer Arbeitskreis Tourismus an der Berufsakademie Ravensburg, ATBR bemüht sich u. a. um die Intensivierung der Kontakte zwischen Tourismuswirtschaft und Wissenschaft, Mitglied bei FUTURISTA.

Studienferien, sie entsprechen weitgehend den Studienreiseangeboten der verschiedenen Spezialreisenveranstalter, sind jedoch kürzer, auf ein kleineres Gebiet beschränkt und mit weniger Hotelwechsel verbunden. Meist wird ein Erholungs- oder Badeurlaub angeschlossen. ▸ Studienreisen

Studiengruppe Fremdenverkehr Allgäu e.V. (SFA), an der Fachhochschule Kempten, ihre Ziele sind u. a. die Förderung der Kontakte zwischen Studenten und der touristischen Praxis, z. B. durch die Teilnahme an Messen, die Veranstaltung der Vortragsreihe „Touristik Forum Allgäu" und Exkursionen zu Touristikunternehmen. Mitglied bei FUTURISTA und beim VDKF (Verband Deutscher Kur- und Tourismus-Fachleute).

Studienkreis für Tourismus und Entwicklung, eröffnete sein Büro im März 1994 in Ammerland/Starnberger See. Gründungsmitglieder waren u. a. Hetzel, Studiosus, das Bildungswerk des DGB und das kath. Missionswerk Missio. Seine Schwerpunkte liegen in der Erarbeitung von Konzepten zur Optimierung touristischer Entwicklung im Sinne eines ganzheitlich orientierten, umwelt- und sozialverträglichen Tourismus (vor allem in den sog. Entwicklungsländern). Der Verein übernimmt auf diese Weise die Arbeit des Referates Ferntourismus des ehem. Studienkreises für Tourismus sowie die Herausgabe der Sympathie-Magazine.

Studienkreis für Tourismus, → StfT

Studienreiseleiter, bei Reiseleitern von Studienreisen handelt es sich meist um wissenschaftliche Fachkräfte, die bereits mit dem Entstehen der einzelnen Programme eingeschaltet werden, vorrangig Archäologen, Kunsthistoriker, Geographen, Ethnologen, Zoologen, Politikwissenschaftler u.a. Diese sind für die Führungen vor Ort und die abendlichen vorbereitenden Vorträge verantwortlich, in denen sie die Reiseeindrücke in ein Gesamtbild integrieren. Z.T. müssen sie mit nationalen Silent Guides der Zielländer kooperieren. → Reiseleiter, → Silent Guide, → Studienreisen

Studienreisen, als Rundreisen durchgeführte Gruppenreisen mit limitierter Teilnehmerzahl, festgelegtem Reisethema und daran orientiertem Reiseverlauf unter qualifizierter Reiseleitung. Die nicht mehr aktive Arbeitsgemeinschaft Studienreisen AS formuliert das Konzept der S. wie folgt: Veranstaltung moderner Studienreisen, die den Kunden Kunst und Kultur sowie soziale und wirtschaftliche Verhältnisse der Zielländer nahebringen. S. gehören zu den Spezialitäten des Tourismus, ihre Produzenten somit zu den Spezialveranstaltern. Eine S. ist mehr als der gängige Begriff „Klassische Bildungsreise". Charakteristisch für S. sind genaue Informationen über Kunst, Archäologie und Geschichte eines Landes sowie über Land, Leute, Wirtschaft, Politik und Sozialgefüge und deren Erleben vor Ort. → Arbeitsgemeinschaft Studienreisen (AS), → Studienreiseleiter

Studio, Apartment oder Suite in einem Beherbergungsbetrieb.

Stuttgart 21, Projekt eines unterirdischen Durchgangsbahnhofs in Stuttgart, der den bisherigen Kopfbahnhof ersetzen soll. Fernzüge sollen durch kilometerlange Tunnel die Durchgangsstation anlaufen. Der neue Bahnhof soll die Reisezeit sowohl im Regional- als auch im Fernverkehr erheblich verkürzen und den Flughafen sowie die künftige Messe über die ICE-Trasse anbinden.

Subareas, der Linienluftverkehr hat eigene geographische Definitionen, darunter die sog. „subareas". Nach der Aufteilung in 3 Konferenzgebiete (TC1, TC2 und TC3) gibt es eine weitere Aufteilung in 4 Verbindungskonferenzen (für die Preisbildung zwischen den 3 o. a. Gebieten), die wiederum in Regionalkonferenzen bzw. Unterregionen (subareas) aufgeteilt sind. → Flugrouten, → IATA-Verkehrsgebiete, → Konferenzgebiet, → Verbindungskonferenzen

Subcharter, beim S. stellt der Charterer einen Teil der Kapazität (Flugzeug/Schiff) Dritten zur Verfügung. Das Vertragsverhältnis besteht dabei zwischen dem Charterer und seinem Kunden.

Subsidiaritätsprinzip, mit dem S. will die EU einen bürgernahen Aufbau von unten nach oben sicherstellen und zentralistischen Tendenzen entgegenwirken. Die EU darf nur tätig werden, sofern und soweit die Ziele geplanter Maßnahmen auf der Ebene der Mitgliedsstaaten nicht ausreichend verwirklicht und daher wegen Ihres Umfangs oder ihrer Wirkungen besser auf Gemeinschaftsebene erreicht werden können.

Suez-Kanal, kürzeste Verbindung von Europa nach Asien und Australien durch das Mittelmeer und den Suez-Kanal zwischen Port Said und dem Roten Meer (Verkürzung des Seewegs um 4.500 Seemeilen). Länge 161 km, ägyptisches Hoheitsgebiet.

Suite, Kombination mehrerer Hotel- oder Kabinenräume (Wohnzimmer, Schlafzimmer, Konferenzzimmer, Sanitärräume). → Kabine

Sunburst, hoteleigenes Reservierungssystem der Quality International Hotelgruppe.

Sund, in Skandinavien Meerenge zwischen dem Festland und einer Insel, z.B. Oeresund.

Sunday-return-rule (SU), auf innerdeutschen und innereuropäischen Strecken praktizierter Sondertarif im Luftverkehr. Der Passagier darf den Rückflug seiner Reise frühestens an dem dem Hinflug folgenden Sonntag morgen um 00.01 Uhr antreten. Diese Regelung gilt unabhängig vom Anreisetag (z. B. bei Hinflug am Sonntag ergibt sich eine Aufenthaltsdauer von einer ganzen Woche). → Mindestaufenthalt

Sun Promotions, Spezialveranstalter für Expedienten- und Airlinerreisen. Sitz in Maintal.

Super crs, Begriff für crs-Systeme, die über eine Datenbank mit mindestens 2 Mio. Flugtarifen, 10.000 Hotels, 300 Airlines und weiteren Reiseinformationen verfügen oder diese planen, mit Anschluß an mindestens 1.000 Reisebüros. Dazu gehören Abacus,

Amadeus, Apollo/Covia, Galileo, SABRE, System One und Worldspan. → crs

Super Sparpreis, Festpreisangebot der DB für Einzelreisende (Erwachsene oder Kind) und gemeinsam Reisende von 1 1/2 bis 5 1/2 Personen. Der S. S. ist gültig von Montag bis Donnerstag und Samstag. Zur Hinfahrt längstens bis zu dem auf den 1. Geltungstag folgenden Samstag bis 10:00 Uhr, zur Rückfahrt frühestens an dem auf den 1. Geltungstag folgenden Samstag ab 3:00 Uhr. Der S. S. ist nur mit ICE-Berechtigung zu erwerben.

Super Value, Mietwagenangebot von AVIS für Ferien-/Urlaubsauto in Europa zum Inklusivpreis. S.V. schließt das gesamte Versicherungspaket und die lokalen Steuern ein, keine Kilometerbegrenzung. → Rent-a-car

Super-Concorde, → Concorde

Superprovision, → Kickback, → Overriding Commission, → Provision

Supplement, 1. Zusatzleistung gegen Aufpreis, 2. spezielle Beilagen in Wirtschaftsmagazinen wie z.B. „Capital", „Wirtschaftswoche", u.a.

Supplemental/Supplement Carrier, engl. Bezeichnung für Bedarfs- oder Charterfluggesellschaft. Gegensatz: Sked (scheduled), Linienfluggesellschaft.

Supranational, weltweiter Verbund von internationalen Hotelketten, die Verkauf und Marketing gemeinsam über das Reservierungssystem Supros steuern. Supros hat Zugriff zu allen großen Airline Reservierungssystemen wie Sabre durch Direct Connect und zu Apollo durch Inside Link. S. ist eine Non-Profit-Organisation, die von Hoteliers für Hoteliers geführt wird. In Deutschland überwiegend durch die Maritim-Hotelkette. → Apollo, → Sabre

Surface sector, eine Strecke zwischen Ankunfts- und Abflugsort, die mit Bodentransportmitteln zurückgelegt wird.

Surfing, Wellenreiten. Wassersport, bei dem man stehend oder liegend auf einem Surfbrett auf die Wellen bzw. auf den Brandungswellen bis an den Strand reitet. Zu dieser Sportart gehören auch das Bellyboarding (auf dem Brett bäuchlings liegend), das Brandungsschwimmen und das Body Surfing (nur mit dem Körper, ohne Brett).

Survivaltraining, als Abenteuerreise angebotenes Überlebens- oder Wildnistraining in der freien Natur ohne technische Hilfsmittel.

SVD, Standardverkehrsdokumente im Luftverkehr. → Standardverkehrsdokumente (SVD)

SWATH, Schiffstyp, Small Waterplane Area Twin Hall; Katamaran als neuer, überdimensionaler Ferienclub. Die Kabinendecks sind in den Rümpfen des Katamaran untergebracht, so daß für alle Passagiere Außenkabinen zur Verfügung stehen. → Kreuzfahrten

Swiss Contact '90, bei diesem Hotel Travel Workshop in Zürich wurden erstmalig Hotelanbieter aus aller Welt mit der schweizerischen Reiseindustrie zusammengebracht; damit sollte einer zunehmenden Aufsplitterung in Länderworkshops entgegengewirkt werden. Veranstalter ist TTW. → TTW

Swiss Romantic Tour, touristische Strecke, die Grindelwald mit Zermatt, also die Jungfrau-Region im Berner Oberland mit dem Matterhorn im Wallis, verbindet, teils als Bahn- und teils als Alpenbusfahrt über rd. 160 km.

Symposium, Zusammenkunft, Versammlung von Experten zur Aussprache über Spezialthemen in Form einer Podiumsdiskussion. Fachlich interessierte Zuhörer sind bei der Diskussion zugelassen; mitunter ergänzt durch Fachausstellung/Workshop. → Workshop

Synergie, mit dem Ziel optimaler Kapazitätsausnutzung, gegenseitiger Ergänzung und Rationalisierung belegter Begriff aus der Arbeits- und Organisationsforschung; bezeichnet allgemein das Zusammenwirken verschiedener Systemelemente zur Optimierung der Systemleistung. Synergie-Effekte werden ausgenutzt, wenn Personen (Betriebsangehörige oder externe Gutachter) möglichst verschiedener Fachgebiete gemeinsam die Lösung von Problemen betreiben. Synergie-Effekte kommen auch bei der Diversifizierung von Produktpaletten und dem gezielten Erwerb von Konzernunternehmen aus einem Branchenmix zum Tragen.

Systeam, Backoffice-System für Reisemittler und Veranstalter und Consolidators der Firma Team Reisen.

System 2001, Best-Buy-Reservierungssystem von Neckermann und Karstadt als Modul des Computersystems Karuso. Das

Programm fragt die Reisewünsche des Kunden ab (Personenzahl, Termin, Dauer, Preis und Zielort) und ermittelt aus der Datenbank des Systems das preisgünstigste Angebot.
→ Karuso

System One, Computer Reservierungssystem, ursprünglich im Besitz der Continental Airlines (ehem. Texas Air zusammen mit Eastern Airlines), Sitz: Miami/Florida. S.O. lieferte die Basis-Software für START/Amadeus, eines der weltweit führenden crs. Ab 1995 Fusion mit Amadeus. S.O. wird zur nationalen Marketinggesellschaft für Amadeus in den USA. Gesellschafter waren zu je 33,3% Continental Airlines, EDS-Electronic Data Systems Corp. und Amadeus. Seit 1998 zu 100% im Besitz von Amadeus.
→ Amadeus, → START

T2-Schlafwagenabteil, → Schlafwagen

T3-Schlafwagenabteil, → Schlafwagen

TAAB, Travel Agency Advisory Board, internationaler europäischer Amadeus-Reisebürobeirat. → Amadeus, → Vertreterausschuß (VA)

Table d'hôte, gemeinsame Mahlzeit der Hotel- und Pensionsgäste zu einer bestimmten Mittags- und Abendzeit.

TACP, Travel Agents' Commission Programme. Dieses Provisionsrückerstattungssystem wurde 1984 von Holiday Inn entwickelt, um Provisionsabrechnung an die Reisebüros über das hauseigene crs Holidex sicherzustellen.

TAD, Touristikakademie Düsseldorf, berufsbegleitende Fortbildungsstätte mit Abschluß Touristikfachwirt (IHK).

Tag des Offenen Denkmals, deutscher Beitrag zu den European Heritage Days, die 1991 vom Europarat ins Leben gerufen wurden. In Deutschland wurde der T. erstmals 1993 bundesweit gefeiert. In etwa 40 europäischen Ländern werden am zweiten oder dritten Wochenende im September Kulturdenkmale geöffnet, von denen der größte Teil sonst nicht zugänglich ist. Führungen und Rahmenprogramme wie Demonstrationen alter Handwerkskunst, Werkstattbesuche bei Restauratoren oder historische Märkte tragen dazu bei, die Aufmerksamkeit auf die Denkmale und das Thema Denkmalschutz zu lenken.

Tagesausflugsverkehr, Reisen, die aus dem üblichen Wohn- und/oder Arbeitsumfeld hinausführen, weniger als 24 Stunden dauern bzw. keine Übernachtung einschließen und nicht zu den routinemäßig wiederkehrenden Ortsveränderungen beruflicher, sozialer oder freizeitorientierter Art gehören. → Ausflugsverkehr

Tagesrandverbindung, Bezeichnung für Städteverbindungen am Morgen und am Abend im Flugverkehr und Flughafen-Zubringerverkehr der DB. → IC-Airport-Express, → ICE-Sprinter

Tageszimmer, tagsüber gemietetes Hotelzimmer, dessen Preis geringer ist als der übliche Übernachtungspreis. Angebote dieser Art findet man bevorzugt in Bahnhofs- oder Flughafennähe oder in Motels.

Tagungsfachfrau/Tagungsfachmann, unter Mitwirkung der IHK Karlsruhe angebotene Fortbildungsqualifikation im nationalen und internationalen Messewesen. Schwerpunkt ist die Weiterbildung der Teilnehmer zur professionellen Veranstaltung von Tagungen und Kongressen.

Tagungsstätten, nach Studie des IPK verfügt Westdeutschland über 3130 T., davon 2680 in Hotels (= 85%), 320 in Hallen und 130 in Universitäten/Fachhochschulen. Von den insges. 1,85 Mio. angebotenen Sitzplätzen entfallen 720.000 auf Hallen, 700.000 auf Hotels und 430.000 auf Universitäten/Fachhochschulen. → Convention, → GCB, → IPK

TAI, Travel Agents International, US-internationale Reiseagenturen, eine der führenden Touristik-Ketten.

Take Five, Marketing-Zusammenarbeit der fünf Kölner 5-Sterne-Hotels Holiday Inn Crowne Plaza, Hyatt Regency, Dorint-Hotel, Maritim und Ramada Renaissance zum gemeinsamen Ausbau des Tagungsgeschäfts im Wirtschaftszentrum West.

Take off, engl. für den Start eines Fluggerätes.

Take-off-Clearance, Starterlaubnis eines Flugzeuges.

Talfahrt, in der Flußschiffahrt die Fahrt stromab. Gegensatz: Bergfahrt. → Bergfahrt

Tall Stacks, Festival der hohen Schlote, erinnert an die Ära der Dampfschiffahrt des 19. Jh. und findet alle 4 Jahre in Cincinnati am dem Ohio statt mit den schönsten historischen Fluß- und Raddampfern.

Talon, 1. Gutschein-System; Pauschalurlauber haben mit diesen Gutscheinen freie Restaurantwahl. **2.** Belegbon in der Gastronomie.

TAMS, Travel Agency Management Systems, Amadeus-System als Instrument zur Optimierung der Beratungstätigkeit in den Reisebüros. Umfassendes System, das über die PCs der mit START ausgestatteten Reisebüros läuft, mit Front-Office-System (FOS) als Reservierungs- und Verkaufssystem, Back-Office-System (BOS) als Verwaltungssystem und Travel Expense Management System (TEMS), einem Management-System zur Erfassung der Reisekosten und zur Verwaltung und Abrechnung

297

Tangentialreisende

von Kundenbudgets. Die Fortentwicklung von TAMS wird unter Amadeus Pro geführt. → Amadeus, → Amadeus Pro, → crs, → TEMS

Tangentialreisende, Personen, die z.B. auf einer Reise zwischen zwei ausländischen Häfen einen deutschen Hafen anlaufen, ohne das Schiff zu verlassen.

Tank & Rast, → Autobahn Tank & Rast AG

Tante Ju, → Ju 52

Tapmatic, crs der TAP AIR Portugal, Galileo-Gesellschafter.

Tara-Schlucht, zweitgrößter Cañon der Welt in der jug. Teilrepublik Montenegro: UNESCO-Naturdenkmal; Umweltschutzpreis des DRV 1987. → Umweltpreis

Tarif, die Gesamtheit aller für eine standardisierte Leistung, insbesondere Beförderung, und zur Berechnung der Preise maßgeblichen Bestimmungen. Binnentarife umfassen die Strecken eines einzelnen Verkehrsträgers, Wechseltarife die Strecken von mindestens zwei Verkehrsträgern und internationale T. die Strecken mindestens zweier Staaten. Zonentarife schaffen für alle innerhalb einer Entfernungszone gelegenen Entfernungen und Einheitstarife für sämtliche Entfernungen einheitliche Beförderungspreise. Zu diesen Basistarifen treten Zuschläge für die Benutzung besonderer Beförderungseinrichtungen sowie die mannigfachen Ermäßigungen, welche entweder auf dem Prinzip des Mengenrabattes oder auf dem Prinzip saisonaler Entzerrung oder auf sozialpolitischen Erwägungen beruhen. → Grundpflichten, → Verkehrsverbund, → Wechseltarif

Tarifgemeinschaft, → DRV, → DRV-Tarifgemeinschaft

Tarifpflicht, → Grundpflichten

Tarifverbund, → Verkehrsverbund

Tarifvertrag, Grundlage ist eine Vereinbarung zwischen einem Arbeitgeberverband und einer Gewerkschaft. Der T. regelt Arbeitsbedingungen wie Lohn- und Gehaltshöhe, Arbeitszeit und -schutz, Urlaubszeit, Urlaubsgeld u.a. Der erste T. wurde 1873 für die Buchdrucker abgeschlossen. Insgesamt gibt es derzeit in Deutschland 38.000 gültige T. für rd. 25 Mio. Beschäftigte. Die T. sind im Tarifregister des Bundesministeriums für Arbeit und Sozialordnung eingetragen. I. d. R. werden T. für Branchen geschlossen, daneben

gibt es für eine Vielzahl von Unternehmen Haustarifverträge. Die ausgehandelten Tarifbestimmungen werden von Arbeitgebern auch auf Mitarbeiter angewandt, die nicht den beteiligten Gewerkschaften angehören.

TASA, Tour and Safari Association; Interessengemeinschaft des namibischen Tourismusgewerbes gegenüber Regierungsstellen. TASA versteht sich als Kontaktstelle für die deutschen Reiseveranstalter.

TAT (Transitional Automated Ticket), engl. für per Computer erstelltes Ticket im Flugtransport. → ATB

TAV, Treno Alta Velocita S.p.A., öffentlich-private Gesellschaft zur Planung, Finanzierung und Realisierung des italienischen HGV auf der Schiene. Neben den Strecken der Direttissima Rom-Florenz sowie Genua, Mailand, Venedig, Turin, Bari und Neapel auch Projekt Lyon-Turin im alpenquerenden Verkehr. → HGV, → TGV

Taverne, (Taberne, aus dem lat. Taberna = der Kaufladen, die Schenke). Bezeichnung für ein italienisches Wirtshaus, Schenke.

Tax, Taxes, zusätzlich zu dem Flugpreis anfallende Steuern, die von dem jeweiligen Abflugs- und Ankunftsland erhoben werden und beim Kauf des Flugscheins in dem Gesamtpreis mitberücksichtigt werden. → Steuern

Tax-free, → Duty-free, → Duty-free-shop

Taxi, örtliches Nahverkehrsmittel (meist Pkw), mit dem der Kunde ohne Vorausbuchung zu jeder Zeit an den von ihm gewünschten Ort befördert wird.

Taxi-Airlines, Fluggesellschaften, die Kunden ohne Vorausbuchung zu jeder Zeit an jeden Ort befördern.

Taxiflug, nach Flugartengliederung des Statistischen Bundesamtes (StaBuA) Beförderung von Personen, Fracht und Post im Gelegenheitsverkehr auf Einzelanforderung des Bestellers. Dazu zählen auch Flüge im Tramp- und Anforderungsverkehr mit Flugzeugen bis einschließlich 5,7 t, z.B. Krankentransporte zwischen verschiedenen Flugplätzen, ebenso Leer- und Bereitstellungsflüge. → Gelegenheitsverkehr, → Tramp- und Anforderungsverkehr

Taxiway, auf Flughäfen die Rollbahn zur Startposition, meist parallel zur Start-/Landebahn.

Teilzeitbeschäftigte

TBZ, Tourismus-Bildungszentrum Bremen. Angebot von Seminaren und berufsbegleitenden Kursen für Fach- und Führungskräfte der Reisebranche.

T&C, Leipziger Messe Touristik und Caravaning.

TC, 1. Traffic Conference, IATA-Verkehrsgebiet. **2.** Transportation Credit, Kreditkarten-Refund, bei Erstattung eines manuell ausgestellten Flugscheines, gegen Kreditkarte muß ein TC ausgefüllt werden. → IATA-Verkehrsgebiete

TCI, 1. Travellers Club International; Reiseclub für Geschäfts- und private Ferienreisende. Mitgliedschaft und Clubkarte sind mit der Zahlung einer einmaligen Aufnahmegebühr und des Jahresbeitrages zu erwerben. Leistung des TCI ist z.B. die volle Weitergabe von Hotelprovisionen an die Mitglieder. Dabei zahlt der Reisende den vollen Preis für Hotelübernachtung und erhält nach Einsendung des Vergütungsformulars an TCI 20% Rückvergütung (kein Rabatt). Das Unternehmen profitiert allein von den Mitgliedsbeiträgen. **2.** Abk. für Telephone Check-in, telefonisches Einchecken bei Linienflügen. → Check-in, → Telefon-Check-in

TCP/IP, die Datenübertragungsprotokolle Transmission Control Protocol (TCP) und Internet Protocol (IP) sind Grundlagen des Internets. Während TCP für den Auf- und Abbau der Verbindungen zuständig ist, übernimmt IP die Organisation und Adressierung der Daten. T. ist eine Art Vereinbarung darüber, wie im Internet oder in einigen anderen Netzwerken Daten ausgetauscht werden können.

TCSP, Tourism Council of the South Pacific, Südpazifik Tourismus Organisation, mit EG-Förderung 1986 gegründet. Zu ihren wesentlichen Aufgaben gehören die technische und praktische Hilfe bei der Erstellung touristischer Entwicklungspläne, bei der Ausbildung von Fachpersonal sowie der Förderung der Region als touristische Einheit.

TCV, Tarif Commun International pour le Transport des Voyageurs et des Bagages, Gemeinsamer Internationaler Tarif für die Bahnbeförderung von Personen und Reisegepäck; Ziel ist die formal einheitliche Gestaltung und die Abfertigungserleichterung. → CIV

TDY, Tour of Duty, Billig-Tarif, den Autovermieter US-Soldaten bei Vorlage einer Work-Order einräumen.

Teaser, bezeichnet im Incentive-Bereich die Anreize, die vor einer Incentive-Reise der Einstimmung auf den Wettbewerb zwischen den beteiligten Verkäufern dienen.

Tecnoturistica, Salon Internacional de Tecnologia para la Industria Turistica y Foro Profesional del Turismo, Touristik-Fachmesse in Palma de Mallorca, erstmals 1985.

Teilcharter, beim T., Split- oder Blockcharter mietet der Veranstalter nur ein bestimmtes Kontingent eines Schiffes, Flugzeuges u.a. → Pro-Rata-Charter, → Zusammenarbeit zwischen Kreuzfahrtreedereien und Seereisenveranstaltern

Teilpauschalreisen, teilweise organisierte Reisen (T.-Transport oder T.-Unterkunft). Gegenüber Vollpauschalreisen fehlen T. bestimmte Leistungselemente, z.B. bei Selbstfahrerreisen der Transport zum Urlaubsort, während die Zusammenstellung der übrigen Reiseleistungen noch immer ein Pauschalarrangement (mindestens 2 Leistungselemente) ergeben. → IT-Reisen, → Pauschalreisen, → Vollpauschalreisen

Teilzeitbeschäftigte oder geringfügig entlohnte Beschäftigte, bei der lohnsteuerlichen Teilzeitbeschäftigung unterscheidet man

- Kurzfristige Beschäftigung, wenn der Arbeitnehmer nur gelegentlich an höchstens 18 zusammenhängenden Arbeitstagen beschäftigt wird und der durchschnittliche Arbeitslohn DM 120,- pro Tag nicht übersteigt. Die pauschale Lohnsteuer für kurzfristige Beschäftigung beträgt 25% des Arbeitslohns.

- Beschäftigung in geringem Umfang und gegen geringen Arbeitslohn liegt vor, wenn die Arbeitszeit 86 Stunden im Monat bzw. 20 Stunden pro Woche nicht übersteigt. Eine Lohnsteuerpauschalierung ist möglich, wenn der Arbeitslohn DM 620,- pro Monat (für 1998) nicht übersteigt. Der Pauschalsteuersatz beträgt hier 20%. Der Durchschnitts-Stundenlohn darf sowohl bei einer kurzfristigen Beschäftigung als auch bei einer Beschäftigung in geringem Umfang nicht mehr als DM 21,70 betragen (§ 40a EStG).

Teilzeitbeschäftigung

Teilzeitbeschäftigung, der Begriff wurde erstmals im Arbeitsrecht durch Beschäftigungsförderungsgesetz 1985 (BeschFG) definiert. Teilzeitbeschäftigte sind Arbeitnehmer, deren regelmäßige Wochenarbeitszeit kürzer ist, als die regelmäßige Wochenarbeitszeit vergleichbarer vollzeitbeschäftigter Arbeitnehmer des Betriebes. Die Arbeitszeit kann sowohl täglich, wöchentlich, monatlich als auch jährlich kürzer sein, als die Arbeitszeit eines Vollzeitbeschäftigten. Teilzeitarbeit ist dem Grundsatz nach keine flexible Arbeitszeitform. Sie ist eine Arbeitszeitverkürzung ohne Lohnausgleich. → Abrufarbeit, → Altersteilzeit, → Jahresarbeitszeit, → Job Sharing, → Telearbeit

Telearbeit, Form der Teilzeitbeschäftigung. Bei der T. wird der Arbeitsplatz aus dem Betrieb heraus in die Wohnung des Arbeitnehmers verlagert. Die T. erlaubt, häusliche und berufliche Pflichten miteinander zu verbinden. Die Arbeitsleistung kann relativ zeitautonom erbracht werden. Der Arbeitnehmer kann T. ganz oder teilweise ausüben, also an einigen Tagen im Betrieb und an einigen Tagen zuhause. Die Verteilung der T. erfolgt in der Regel betriebsbedingt, damit jederzeit Weisungen erfolgen können und ein direkter Zugriff auf die Arbeit möglich ist. → Teilzeitbeschäftigung

Telebox, weltweiter Dienst der Telekom für elektronische Mitteilungen. Im internat. Sprachgebrauch sind die elektronischen Briefkästen als Electronic Mailbox System bekannt. Die Mitteilungen der Absender werden in einen Arbeitsspeicher eingegeben, mit Adressen oder Adressenverteilern versehen und in die elektronischen Briefkästen der Empfänger geleitet.

TeleCast, Programm zur Informationsverteilung per Satellit ausgestrahlter Fernsehprogramme der Stinnes-Data Service GmbH. Über normale Empfangseinrichtungen (Breitbandkabelanschluß oder Satellitenschüssel) werden die in das Fernsehbild eingeblendeten Daten empfangen.

Telecommuting, Heimarbeit im Reisebürobereich, Heimarbeit im Firmengeschäft. In USA Projekt, das eine Veränderung der Arbeitswelt beschreibt. Voraussetzung ist eine Technologie mit Computern, Telefon und Modem, mit der vom Wohnsitz aus die übliche Bürotätigkeit erledigt werden kann. → Heimarbeit in der Reisebranche

Telefon-Check-in, Serviceeinrichtung bestimmter Airlines für Vielflieger, die nur mit Handgepäck reisen. Der Sitzplatz wird unter Angabe einer Identifikation telefonisch reserviert. Die Bordkarte wird später am Schalter gegen Vorlage der Identifikation ausgehändigt.

Telematik, 1. Kunstwort aus Telekommunikation und Automatik. **2.** Projektbezeichnung für ein u.a. auf Mobilfunk und Satellitennavigation gestütztes Verkehrs-Leitsystem. Es soll künftig im Individualverkehr helfen, auf kürzestem Wege ohne Staus ans Ziel zu gelangen.

Teleshopping, Einkaufen via Online-Dienst oder digitales Fernsehen. Dabei kann man auf dem Terminal, wie in einem Warenkatalog blättern oder das Produkt (auch Hotels) sogar per Film aus allen Perspektiven betrachten, es bei Gefallen bestellen und auf unterschiedliche Art (Kreditkarte, Abbuchung von einer ins Terminal eingeschobenen >Geldkarte< oder EC-Cash) bezahlen.

Teletex, Bezeichnung für Bürofernschreiber, Kombination aus elektronischer Speicherschreibmaschine und Fernschreiber in einem Gerät.

Telnet, ähnlich dem FTP, man kann sich über T. bei einem Host im Internet anmelden und darin arbeiten. → FTP, → Host

Tempo-Tour, geführte Europatour per Bus, bei der in 12 Tagen die Städte London, Paris, Luzern, Pisa, Rom, Florenz, Venedig, München, Bonn und Amsterdam besucht und besichtigt werden; Teilnehmer sind überwiegend US-Amerikaner.

Tempolimit, mit ihren Geschwindigkeitsbegrenzungen auf deutschen Straßen (Landstraßen 100 km/h, Ortsbereiche 50 km/h, daneben in geschlossenen Wohngebieten Tempo 30-Zonen) ist die Bundesrepublik das einzige europäische Land mit unverbindlicher Reisegeschwindigkeit von 130 km/h auf Autobahnen. In den übrigen europäischen Ländern liegt das Autobahntempolimit zwischen 90 km/h (Norwegen, Türkei) und 130 km/h (Österreich, Frankreich, Italien). Kritiker des T. auf deutschen Autobahnen argumentieren bei der Angleichung an europäische Norm mit:
- erhöhter Verkehrssicherheit, weil die Unfallzahlen zurückgehen,
- Rückgang des Schadstoffausstoßes,

The Pride of Africa

- mehr Mobilität, da die enormen Geschwindigkeitsunterschiede bei dichtem Verkehr häufig zu Stauungen führen,
- einheitlicher Regelung in den Ländern der EU.

TEMS, Travel Expense Management System bei Amadeus. → Amadeus, → TAMS

TEN, Third World Tourism European Ecumenical Network. Das Netzwerk TEN soll eine bessere Koordination und Information unter den kirchlichen Stellen und Vertretern entwicklungspolitischer Organisationen aus europäischen Ländern, die sich mit dem Dritte-Welt-Tourismus befassen, gewährleisten. TEN wurde 1981 als Gegenstück zur Ecumenical Coalition on Third World Tourism (ECTWT) gegründet, es zählt ca. 20 europäische Mitglieder. TEN war Mitglied im Arbeitskreis „Tourismus mit Einsicht". → ECTWT, → Tourismus mit Einsicht

Tender, bordeigene Motorboote, meistens zwei bis vier, je nach Größe des Schiffes, mit denen Passagiere und Besatzung vom Schiff an Land und zurück befördert werden, wenn das Schiff auf Reede liegt. → Reede

Tented Camps, bequeme Safari-Schlafzelte mit sanitären Einrichtungen. Bei begrenzten Hotelkapazitäten in Lhasa werden T. als Ausweichmöglichkeiten angeboten.

Terminal, 1. Endpunkt; im Luft- und Schiffsverkehr das Abfertigungsgebäude für Passagiere; Busterminal. **2.** An den Computer angeschlossenes Arbeitsplatz-Datensichtgerät (Bildschirm und Tastatur), mit dem Informationen vom Computer (Rechner) abgefragt und Texte und Befehle eingegeben werden können. → Computer

Tertiärer Sektor, → Dienstleistungen, → Primärer Sektor, → Sekundärer Sektor

Textverarbeitung, Integration von Daten und Text unter Einbeziehung von Dateien und Datenbanken in der EDV.

TGA, Touristische Gemeinschaft der Alpenländer, Sitz: Zürich. In der TGA arbeiten Österreich, Italien, Deutschland (DZT) und die Schweiz als internationale Werbegemeinschaft zusammen mit dem Ziel der alpenländischen Gemeinschaftswerbung in Nordamerika. → DZT, → Werbegemeinschaft

TGD, Touristische Gemeinschaft der Donauländer. Internationale Werbegemeinschaft mit dem Ziel der Werbung für die gesamte Donauregion (Gebiet nach den Statuten von 50 km beidseitig der Donau) in Übersee. Alle zwei Jahre lädt die TGD Entscheidungsträger von Reiseveranstaltern aus Übersee und Europa zur „Donaubörse" ein, wo Aussteller aus den Mitgliedsländern Deutschland, Österreich, Ungarn, Slowakei, dem ehem. Jugoslawien, Bulgarien, Rumänien und Ukraine über ihre Angebote informieren, Kontakte knüpfen und Geschäfte abschließen. → DZT, → Werbegemeinschaft

TGV, Train à Grande Vitesse, franz. Hochgeschwindigkeitszug, verkehrt seit 1981 zwischen Paris und Lyon, benötigt für diese Strecke (512 km) genau 2 Std. Die in mehreren europ. Ländern geplanten im Bau befindlichen Hochgeschwindigkeitsstrecken sollen später zu einem europäischen Hochgeschwindigkeitsnetz zusammenwachsen. Damit soll der Eisenbahn auch im internationalen Verkehr gegenüber dem Flugzeug zu größerer Bedeutung verholfen werden. TGV-Atlantique auf den Strecken Paris-Nantes und Paris-Rennes-Brest, erreichte einen Geschwindigkeitsweltrekord auf Schienen; auf der Atlantikstrecke zwischen Courtalain und Tours im Loiretal lag der Rekord bei 515,3 km/h (Mai 1990). Das TGV-Netz wird über diese Strecken hinaus kontinuierlich ausgebaut, auch im Zusammenschluß mit den Hochgeschwindigkeitsnetzen von Deutschland, Belgien, den Niederlanden und Großbritannien (Eurotunnel). → ICE-Intercity Express, → ICE-M

Thalassotherapie, Bädertherapie unter Anwendung von Meerwasser, das 24 Stunden nach seiner Entnahme aus dem Meer verabreicht werden muß. → Bädertherapie

Thalys, internationaler Hochgeschwindigkeitszug als Verbindung zwischen den Städten Köln, Paris, Brüssel und Amsterdam, wird von der Deutschen Bahn zusammen mit den Eisenbahngesellschaften von Frankreich (SNCF), Belgien (SNCB) und den Niederlanden (NS) betrieben. Der Zug ist 200 Meter lang, besteht aus zwei Triebköpfen und 8 Mittelwagen mit Klimaanlagen.

The Pride of Africa, dampfgetriebener Luxuszug, welcher von Kapstadt in Südafrika in zehn Tagen beispielsweise bis nach Dar-es-Salaam, der Hauptstadt Tanzanias, fährt. Möglich ist eine Fahrtverlängerung durch die Serengeti bis nach Nairobi in Kenya. Der Zug umfaßt zwölf luxuriös eingerichtete

Theater Style

Waggons, darunter Schlafwagen sowie ein Salon- und Panoramawagen. Je nach Streckenabschnitt wird der Zug von einer der drei Oldtimer-Lokomotiven gezogen.

Theater Style, Vortragsbestuhlung, Sitzreihen ohne Tische mit Blick zum Redner. → Kinobestuhlung

Themenkreuzfahrten, hierbei stehen Kreuzfahrten und Bordprogramm unter einem bestimmten Thema, z.b. auf den Spuren der Kelten nach Südwest-Irland. Diese Reise wird weitgehend als Seminarreise geführt mit wissenschaftlichen Fachkräften bzw. Lektoren. Weitere beliebte Themen sind z.b. Weinseminare, Musik-Festivals, Foto- und Video-Seminare, wobei auch die Landausflüge themengerecht gestaltet werden. Auf dem amerikanischen Markt als Special-Interest-Cruises. → Kreuzfahrten, → Special-Interest-Tours, → Studienreisen

Themenparks, bes. aufwendige Art der Freizeitparks mit gezielt konzipierten Einrichtungen, bei denen die einzelnen Themenbereiche räumlich abgegrenzt sind. Erstmals in den Disney-Parks; in der Bundesrepublik Deutschland bisher nur in einzelnen Bereichen von Freizeitparks angeboten, z.B. in Phantasialand: „Alt-Berlin", im Europa-Park: die „italienische Stadt". → Disneyland, → Freizeitparks

Thermalbäder, Kurorte mit einer oder mehreren Thermen als natürlichem Heilmittel des Bodens. → Kurorte

Therme, 1. Heilwasser mit einer natürlichen Temperatur von mehr als 200° C. **2.** Römische Badeanlage der Antike, meist prächtig ausgestattet, z.B. in Rom und Trier.

Third Level Operations, Begriff, der in den USA die Flugdienste mit kleinen Flugzeugen auf Nebenstrecken (Regionaldienste/Zubringerdienste usw.) umschreibt. Er ist nicht ohne weiteres auf deutsche Verhältnisse übertragbar und kann daher hier nur als eine andere Bezeichnung für Regionalverkehr verwendet werden. → Ergänzungsluftverkehr, → Luftverkehr der dritten Ebene, → Regionalluftverkehr

THISCO, the Hotel Industry Switch Company, Zusammenschluß von 16 Hotelgesellschaften in USA und Reed Travel Group zur Entwicklung und Betrieb von Ultra Switch, einem weltweiten Hotelreservierungssystem. Technologie-Partner ist MEP (Mur-doch Electronic Publishing). Verbindung zu Amadeus ist vorgesehen. → Ultra Switch

Thomas Cook, englischer Pionier der Reiseveranstaltung. 1841 organisierte er als erste Reiseveranstaltung eine Extrafahrt mit der Eisenbahn von Leicester nach Loughborough zu einer großen Kundgebung gegen den Alkoholmißbrauch. 1845 führte er seine erste große Vergnügungsreise in England durch, 1856 die erste große Rundreise auf dem Kontinent. T.C. richtete 1865 sein eigenes Büro in London ein, 1877 hatte er Büros in Europa, Amerika, Australien, im Mittleren Osten und in Indien. Die Thos. Cook & Son Ltd. wurde am 12. Juni 1924 gegründet. 1992 wurde die Thomas Cook Group mit Sitz in London von der West LB im Verbund mit der LTU übernommen, der Geschäftsreisenbereich der Reisebürokette allerdings bereits 1994 weiterveräußert an American Express. Bei der West LB/LTU blieben von der Thomas Cook-Gruppe die Geschäftszweige Touristik, Sorten und Reisescheck. 1998 wurden 150 Thomas Cook Betriebsstellen in die FIRST Reisebüro Management GmbH & Co. KG eingegliedert. Zu Cook gehören in Großbritannien die Veranstalter Flying Colours und Sunworld; Anteile bestehen an First Choice. Die Westdeutsche Landesbank (West LB) und der US-Konzern Carlson Companies werden künftig ihre touristischen Beteiligungen TC und Carlson Leisure Group UK in Großbritannien zusammen führen. → FIRST

Thomas-Morus Akademie, Katholische Akademie im Erzbistum Köln, der Name geht auf den früheren Lordkanzler Heinrich des VIII. zurück. T. M. wurde 1935 heiliggesprochen. Die Akademie befaßt sich u.a. mit Tourismusfragen.

Three-Letter-Codes, 1. Drei Buchstaben-Kürzel, dienen international zur Identifikation der Flughäfen/Städte (Location Identifiers-Coding of Cities/ Airports). Z.B. MUC = München, JFK = New York, J.F. Kennedy International Airport N.Y., USA. **2.** T. lösen seit 1987 die Two-Letter-Codes für Luftfahrtgesellschaften ab, z.B. anstatt bisher LH (Deutsche Lufthansa) jetzt DLH. → Two-Letter-Codes

Throughfare, → Durchgangstarif.

TIA, Travel Industry Association of America, Interessenvertretung der Reiseindustrie der USA. In dieser Organisation sind alle Bereiche des Tourismus vereinigt. Neben den ca. 1.800 Mitgliedern gibt es noch rd. 30 regio-

TIBS Baden-Württemberg GmbH

nale TIAs, welche die Interessen der jeweiligen Bundesstaaten vertreten. Kooperationspartner sind die Branchenverbände. Die 4 Hauptaufgaben der TIA sind: 1. Interessenvertretung der Reiseindustrie gegenüber der Regierung. Diese Aufgabe wird vom Travel and Tourism Common Affairs Council, einer Unterorganisation der TIA, übernommen, die sich aus 33 verschiedenen Interessenvertretungen der Reiseindustrie zusammensetzt. 2. Erhebung der Daten der Branche und deren Darstellung in der Öffentlichkeit. Diese Aufgabe übernimmt das US-Travel Data Center. 3. Nationales und internationales Marketing. Im internationalen Bereich steht der Pow Wow an erster Stelle, daneben weitere Aktivitäten. 4. Weiterbildung der Industrie. → Pow Wow

TIAC, Tourism Industry Association of Canada. Kanadischer Tourismusverband, organisiert seit 1998 die Tourismusmesse Rendezvous Canada. → RVC

Tianguis Turistico, internationaler Reisemarkt Mexikos, findet seit 1976 jährlich in Acapulco statt.

TIAS-System, Buchungs- und Reservierungssystem der Qantas zusammen mit Australian Airlines und Ansett.

Tibos, Touristisches Informations- und Buchungs- und Organisations-System, Front- und Backoffice-Software der Firma Steinbach Internationale Reisen. Zielgruppe dieser Software sind Ferienhotels, Ferienhausanbieter, Campingplätze sowie Fremdenverkehrsämter, Direktveranstalter und eigenveranstaltende Reisebüros.

TIBS Baden-Württemberg GmbH, 1988 gegründetes landeseinheitliches touristisches EDV-Informations- und Buchungssystem in Baden-Württemberg mit Sitz in Freiburg. Gesellschafter sind der Landesfremdenverkehrsverband Baden-Württemberg e.V., die Gesellschaft zur Förderung des Gastgewerbes in Baden-Württemberg mbH, die drei regionalen Tourismusverbände in Baden-Württemberg, zwei Rechenzentren und die Datenzentrale Baden-Württemberg sowie die Freiburg Wirtschaft und Touristik GmbH; Ziel der touristischen Informations- und Angebotsdatenbanken TIBS Online Info (TOI) und EuroSTART ist, daß möglichst viele Tourismusorganisationen und Leistungsträger ihre Informations- und Angebotsdaten eingeben und pflegen. Die TIBS-Infosäulen dienen zur Information über regionale Angebote, Orts- und Unterkunftsinformationen.

THOMAS COOK UND CARLSON
Operative Unternehmenseinheiten von Thomas Cook und Carlson Leisure Group in Großbritannien

Wertschöpfungs-stufe	Thomas Cook [1] alt	Carlson Leisure Group UK	Thomas Cook [1] neu
eigener Agenturvertrieb Agenturen	Thomas Cook 385	Carlson Worldchoice 412	Thomas Cook, Worldchoice 797
assoziierter Vertrieb Agenturen	–	Artac Worldchoice 650	[2]
eigener Direktvertrieb	Th. Cook Direct (3 Call Center) Flightsavers [3]	Airsavers [3]	Thomas Cook Direct (3 Call Center)
Veranstalter Teilnehmer	Sunworld, Club 18-30, Neilson Ski, Th. Cook Holidays, Time Off, gesamt 2,1 Mill.	Inspirations, Orchid, Skiers World, gesamt 400 000	addiert 2,5 Mill.
Fluggesellschaften Flugzeuge	Flying Colours 14	Caledonian, Peach 18	[4] 32

1) Ohne Thomas-Cook-Finanzdienstleistungen. 2) Über künftige Zusammenarbeit ist noch nicht entschieden. 3) Consolidator-Geschäft; hinzu kommt bei Carlson Nurflug-Direktvertriebsmarke Flights by Inspirations. 4) Über künftige Markenstrategie im Ferienflugbereich ist noch nicht entschieden.

Ticket

Anschluß an START über Merlin von DCS. → CitySoft/German Soft, → DCS, → Eurostart, → Merlin

Ticket, Flugschein, Fahrausweis, Eintrittskarte; Ticketing ist der Vorgang der Ausstellung von Flugscheinen, Fahrausweisen usw. → Fahrkarte, → Flugticket/Flugschein

Ticket Auditing, Steuerungsverfahren der Überwachung der Buchungsqualität, Consulting im Geschäftsreisenbereich z. B. First bei der Siemens AG während die Wettbewerber DER, Hapag Lloyd und Carlson Wagonlit Travel das operative Geschäft besorgen.

Ticket-Automat, EDV-gesteuerter Automat, an dem der Kunde gegen Einführung einer bestimmten Kreditkarte oder Bargeld sein Ticket selbst ausstellen kann, z.B. mit Air Plus.

Ticket Designator, engl. Ausdruck aus dem Flugverkehr, betrifft die Kennzeichnung einer Ermäßigung für bestimmte Personengruppen durch Code-Buchstaben, wie z. B.: CH (Kinderermäßigung), SD (Studentenermäßigung), ZZ (Jugendtarif), DL (Gastarbeiterermäßigung) oder AD (Agentenermäßigung für IATA-Agenten). Auf dem Flugticket wird die jeweilige Kennzeichnung im Feld „Fare basis", hinter der Tarifbezeichnung (z. B. Y für Economy Class), daneben auch der Prozentsatz der Ermäßigung, eingetragen. → AD

Ticket Exchange Notice, Formular für manuell ausgestellte Dokumente, die nicht über die MANU-Maske erfaßt worden sind. → MANU

Ticketgroßhändler, er fungiert als Tickethändler für die angeschlossenen Mitglieder oder Kunden (Reisebüros), um bei günstiger Marktsituation Billigtickets für Linienflüge zu erwerben oder auch um höhere Provisionen anbieten bzw. aushandeln zu können. Linienfluggesellschaften geben freie Kapazitäten unter Umgehung der Vorschriften und weit unter den vereinbarten Tarifen (IATA) zum Zweck der besseren Auslastung an den bekannten „Graumarkt" ab. → Consolidator, → Graumarkt, → IATA

Tickethinterlegung, → Flugscheinhinterlegung, → TOD

Ticketline, ehemalige Marketinggemeinschaft von sechs Lufthansa City Centern für den Verkauf von Consolidator-Tickets für Non-IATA-Reisebüros.

Ticketloses Fliegen, 1. In den USA von verschiedenen Fluggesellschaften praktiziert, geht diese Maßnahme auf den Ausschluß der Airlines aus den bekannten crs-Systemen zurück, die im Besitz der großen internationalen Fluggesellschaften sind. Firmenkunden und Vielflieger reservieren direkt oder im Reisebüro unter Angabe ihrer Kreditkarten-Nr. Mit Erhalt einer Buchungs-Nr. können sie direkt zum Flugsteig gehen. Die Airlines haben meist keine Interline-Abkommen geschlossen und sind nicht bereit, crs-Gebühren zu zahlen. Bei UA sollen die Flüge per Toll-Free-Nr. im Zentralbüro geordert werden. **2.** Projekt der Deutschen Lufthansa für eine Chip-Karte, die alle Daten der Flugreservierung enthält, Tickets werden damit überflüssig. Erste Tests für T.F. Anfang 1995. → E-Tix

TicketMaster, Programm unter Galileo, ermöglicht das vollautomatische Erstellen von Flugscheinen unter Heranziehung von individuellen Datenbanken, insbesondere aus dem Nettotarifbereich. → Galileo

Ticketed Points, Zwischenorte, an denen entweder eine Flugunterbrechung oder ein Transfer erfolgen kann.

TicketSoft, START-Software für die Vermarktung von Veranstaltungen mit der Möglichkeit der Darstellung von Saalplänen.

Ticket-Splitting, getrennter Ticket-Kauf, z.B. Ticket-Kauf für den Hinflug in Deutschland, Erwerb des Rückflugtickets aus Ersparnisgründen erst am Zielort.

Ticket-Stock, Anzahl der in einem Reisebüro vorrätigen Blanko-Tickets.

Ticket Terminal, Passagiere, die im Besitz eines ATB-Tickets sind (Magnetstreifen-Ticket = Flugschein und Bordkarte in einem) und die nur mit Handgepäck reisen, können am T.T. selbst einchecken. → ATB

Ticketzentrale, → Consolidator, → Ticketgroßhändler

TID, Touristik-Kontakt, Handbuch für Touristik und Geschäftsreiseverkehr mit allen wichtigen Namen, Adressen, Fakten und Informationen aus der Reisebranche. Erscheint jährlich im Februar bei TourCon Hannelore Niedecken, Hamburg. 1962 als Touristischer Informationsdienst von Herbert G. Grix gegründet.

Tidal Basin, Gezeiten-Bassin in Washington, bes. zur Zeit der Kirschblüte im März und April beliebtes Touristenziel.

Tide, Sammelbegriff für die Gezeiten der Meere (Ebbe, Flut).

Tidenhafen, Hafen an einem Tidengewässer. Sein Wasserstand steigt und fällt mit den Gezeiten des Flusses oder der See. Weltgrößter Tidenhafen ist Rotterdam.

TIDS, Travel Industry Designator Service, mit diesem Service-Angebot der IATA können Reiseagenturen ohne IATA-Zulassung durch Erwerb einer TIDS-Nr. Fehlbuchungen und Mißverständnisse bei unterschiedlichen Buchungen von Reiseleistungen vermeiden und Provisionen abrechnen.

TIE, Touristic Information Expert. Diese Preisangebots- und Preisdatenbank ist Grundlage des Reiseberatungs- und Informationssystems Bistro. → Bistro

TII, Tourismus Infos Internet, weltumspannendes Computernetz als Infomationssystem für den Endverbraucher, bietet touristisch relevante Informationen der Leistungsträger wie u. a. Bahn- und Flugesellschaften. Die Erweiterung über Buchungen im Direktvertrieb ist geplant.

TIK, → Tourismus Interessen-Kreis Dresden

TIM, 1. Travel Information Manual, Handbuch der Luftverkehrsgesellschaften mit den Einreise-, Devisen- und Gesundheitsbestimmungen der einzelnen Länder. **2.** Kurz für Time (früher SCH = Schedule Change), Begriff für alle geplanten Veränderungen gegenüber dem veröffentlichten Flugplan, wie Zeitenänderungen, Reroutings, Cancellation usw. Durch TIM werden neue Planzeiten eingesetzt und auftretende Verspätungen dann gegen diese neuen Zeiten ausgewertet. **3.** Tourism Information Marketing, EG-subventioniertes Projekt des Zusammenschlusses staatlicher Kommunikationsgesellschaften und touristischer Anbieter zehn europäischer Staaten. Unter Federführung der Deutschen Telekom wird mit TIM ein Koordinationssystem der verschiedenen nationalen Telekommunikationsnetzwerke errichtet, welches Bestandteil des Europäischen Information Super Highways wird. Als Anbieter beteiligen sich an TIM u.a. Thomas Cook, Alitalia, Schenker Rhenus Reisen sowie die Irische und die Nordirische Fremdenverkehrszentrale. Das auf neun europäische Länder beschränkte Projekt wird 1995 abgeschlossen. → Europäischer Information Super Highway, → SAM

TIMAS, crs der Aer Lingus, Galileo-Gesellschafter.

Timatic, Informations-Datenbank; Start-Nutzern mit IATA-Agentur steht diese Einrichtung seit 1985 im On-Line-Anschluß zur Verfügung, Rechner in Atlanta/USA. Über Satellit gelangen die angefragten Informationen wie tagesaktuelle Angaben über Einreisebestimmungen, Paß, Visa, Zoll, Impfungen u.a. in das LH-Reservierungssystem und weiter zum Reisebüro. → IATA-Agenturen, → START

Timesharing Holiday, Wohn- und Nutzungsrechte an in- und ausländischen Immobilien (wie Ferienhäuser oder -wohnungen) in Form von Zeiteigentum. Grundbuch-Absicherung meist aufgrund bestehender nationaler Gesetze nicht möglich.

Timetable, Fahrplan, Flugplan.

TIN, touristische Informations-Norm; sieht die Verknüpfung der regional unterschiedlich gewachsenen Reservierungs- und Informationssysteme mit modernster Kommunikationstechnologie vor, z.B. START, Btx; nach einem Vorschlag in einer Studie von Dr. Fried über ein einheitliches Deutschland-Reservierungssystem. → Btx, → City Soft/German Soft, → START

TIP, 1. → Arbeitskreis TIP Würzburg e.V., Tourismus-Ideen-Praxis. **2.** → ECOTRANS-Service TIP.

Tip, Trinkgeld. → Trinkgeld

TIP-Info-Datenbank, Touristik-Informations-Programme. Über START und Galileo abrufbar, liefert TIP Informationen über Impfvorschriften, Visabestimmungen, Sicherheitshinweise, aktuelle Devisenkurse und andere wesentliche Reiseländerinformationen. → Länderbrief

TIS, Touristik Info System GmbH, Essen, Post-Infoversandsystem für touristische Anbieter als Gemeinschaftsorgan mit Rundschreiben, Flug- und Fahrplänen, Prospekten u.a. bundesweit an alle Reisebüros.

TMS, Travel Management Systems, Mid- und Backoffice von LTR. Bis 1998 waren die Gesellschafter: 50% LTU-Beteiligungs GmbH, 50% lagen bei den Geschäftsführern Hebbel und Beckmerhagen. Seit April 1998 hat die LTU-Gruppe -ihre 50% an DCS verkauft. Zusätzlich übernahm die DCS 1% von Walter Hebbel. Dadurch soll die Reisebüro-Anwendung von TMS bei DCS integriert und als Merlin Office vermarktet werden. → DCS, → Merlin Office

TO, Tour Operator, Reiseveranstalter, → Reiseveranstalter

TOD, Ticket on Departure, bedeutet, daß der Fluggast das hinterlegte Ticket am Flughafen übernimmt. Der Ausdruck der Flugscheindaten erfolgt bei EDV-Ticketing vor Abflug über Terminals am Flughafen, Eingabe vorab von der IATA-Agentur. Der Verkauf wird den IATA-Agenten gutgeschrieben. Von den Fluggesellschaften (z.b. der Lufthansa) wird für derart hinterlegte Tickets eine den zusätzlichen Arbeitsaufwand deckende Bearbeitungsgebühr erhoben.

TOJ - Turnaround Open Jaw im IATA-Luftverkehr, einfache Gabelreise im Umkehrgebiet; Ankunftsort der Hinreise und Abflugsort der Rückreise im Umkehrgebiet sind nicht identisch.

Toll Free, Buchungs- und Reservierungsleitung, kostenlos für den Anrufer unter einheitlicher Vorwahl; weltweiter Telefonservice zur Buchung von Hotelzimmern, Leihwagen, Flügen etc. Seit dem 1. Januar 1998 werden diese Rufnummern auf Freecall 0800 umgestellt. → Free Call

Toll-Free-Number, Gebührenfreie Servicetelefonnummern. In Deutschland mit 0130 beginnend. → Free Call

TOMA/BUS, Touristik-Maske, neue einheitliche Buchungsmaske bei START für touristische Buchungen der Reiseveranstalter, erweitert über Buchungen von Busveranstaltern. Im Complete Access-Verfahren haben START-Nutzer direkten Zugang zu den wichtigsten Funktionen der Datenbank des jeweiligen Veranstalters. → TOMA-Verfahren, → TOUR-Verfahren

TOMA-Verfahren, Tour Operator Maske in START; Buchungsverfahren für Reiseveranstalter, z.B. können im Unterschied zum bisherigen TOUR-Verfahren bis zu 18 verschiedene Leistungen und bis zu 18 Personen gebucht werden. Weitere Neuerung: es kann über 3 Bildschirm-Inhalte geblättert werden. → START, → TOUR-Verfahren

Tonbildschau, Audio-Vision als Kombination aus Ton und Bild; Hilfsmittel der Touristik-Unternehmen bei Verkaufsschulungen. T. gibt es in der Verbindung von DIA-Serien mit Tonbandbegleitung, mit Film, Magnetband und deren Wiedergabe über den Fernsehschirm wie auch als kassettengespeicherte Tonkurzfilme mit Wiedergabe über Fernsehschirm oder Monitor. → Multi Media Show

T-Online, Oberbegriff für Btx/Datex-J mit allen Online-Leistungen der Deutschen Telekom. Somit ist T-Online die Plattform für klassische Btx-Anwendungen, zusätzlich um Leistungen erweitert wie E-mail und Zugang zum Internet. Mit über 2,3 Mio. Teilnehmern (Stand August 1998) ist T-Online der größte Online-Dienst Deutschlands. → Btx, → Datex-J

TOPAS, studentische Projekte an der Katholischen Universität Eichstätt, die 1994 gegründete Arbeitsgruppe (Touristische Organisation Planung Ausführung von Studenten), die sich v. a. aus Geographiestudenten mit dem Schwerpunkt Freizeit, Fremdenverkehr und Umwelt zusammensetzt, hat den Kontakt zur Branche, die Praxisnähe und das Sammeln von Erfahrungen im Tourismus zum Ziel. Mitglied bei FUTURISTA.

Topi, Last-Minute-Buchungssystem der Firma Riasoft zur zeitlichen Optimierung der Beratung.

Topix, wurde von der Firma ISO Software Systeme GmbH für den Veranstalter Kreutzer in München realisiert. T. ist für den Einsatz bei großen Veranstaltern konzipiert, bei Condor, Air Marin und Fischer Reisen. Bietet folgende Funktionen: Einkauf von Leistungen, Kalkulation, Preisberechnung, Kontingentverwaltung, Buchung, Dokumentenerstellung, Fakturierung, Leistungsträgerabrechnung, Nachkalkulation, Ergebnisermittlung und Stammdatenverwaltung. → ISO Software Systeme GmbH

Top of Germany, Werbegemeinschaft; zusammen mit DZT wirbt diese Werbegemeinschaft auf Auslandsmärkten für Incoming in die norddeutschen Regionen und Städte. → Werbegemeinschaft Deutsches Küstenland

Topographie, geografische Lage oder Ortsbeschreibung.

Törggelen, Südtiroler gastronomisch-touristische Spezialität. Zu Volks- und Stimmungsmusik werden Speckplatten mit Fladenbrot und Kastanien serviert, dazu neuen Wein. Der Begriff kommt von Torggl, der Weinpresse. Beliebtes Thema für Busreisen.

Total Access, EDV /CRS-Begriff für bestimmte Netzverknüpfungen. Beim Total Access wird mit den Transaktionen des Total Access-Partners in dessen System gearbeitet.

Tourismus

Die Übertragung der Buchung erfolgt noch während des Buchungsvorgangs. Manche Fluggesellschaften bezeichnen den Total Access auch als Multi Access. Multi Access-Systeme sind Vermittlungssysteme, bei denen verschiedene Fluggesellschaften angewählt werden können. → Access

Totes Meer, Binnengewässer im Nahen Osten (Israel; Jordanien) mit extrem hohem Mineralgehalt, der z.b. das Tauchen aufgrund der Stoffdichte nicht zuläßt. Die Mineralstoffe machten Kureinrichtungen zur Linderung der Schuppenflechte (Psoriasis) möglich (En Bokek).

Touch down, das Aufsetzen eines Flugzeugs auf der Landebahn.

Toura d/Or, Wettbewerb Internationaler Tourismusfilm des Studienkreises für Tourismus und Entwicklung zur Sensibilisierung der Öffentlichkeit für einen sozialverantwortlichen und umweltverträglichen Tourismus. → Studienkreis für Tourismus und Entwicklung

Tour Base, ehemaliges Deutschland Information System des Jaeger-Verlags, Roßdorf, DZT Deutschland-Information, Datenbank mit ca. 37.000 angeschl. Beherbergungsbetrieben (Betriebe ab 9 Betten) mit Detaildaten sowie ca. 7.000 Touristikorten und Kongreßstädten, auch als CD-ROM erhältlich. → CD-ROM

TourDB, PC-Programm der Stinnes-Data-Service GmbH zur Darstellung der Vakanzen und Preise der angeschlossenen touristischen Veranstalter.

Tour Guide, Rundreiseleiter, der eine gesamte Reise begleitet und sich vor Ort zusätzlich auf sog. Local Guides oder Silent Guides stützt. → Reiseleiter, → Silent Guide

TOUR II, Arbeitstitel für das seit Juli 1994 im Aufbau befindliche neue Vertriebssteuerungs- und Informationssystem des DER. Neben Anschluß an START, Reservierungswege über DCS, Worldspan und Amadeus vorgesehen.

TOURIMAX, ehemaliger Touristik Management-Aktien-Index, Aktienindex ausgesuchter Touristik Aktiengesellschaften national und international, der von Touristik Management veröffentlicht wurde. → Fachpresse

Tourism Action Group, Internationale Tourismus-Interessenvereinigung, Mitglieder sind ETC, IATA, IHA, FIA, UFTAA u.a. Die Gruppe unterstützte z.b. den Vorschlag der ETC, 1990 zum Europäischen Tourismusjahr zu erklären. → ETC, → Europäisches Tourismusjahr (EJT '90), → FIA, → IATA, → IHA, → UFTAA

TOURISM an der International School of Management (ISM), Sitz: Dortmund. Die Arbeitsgemeinschaft der ISM Studenten hat die Aufgabe, einen Ein- und Überblick in die Hotel- und Tourismusbranche z. B. durch Seminare, Kontaktaufnahme mit Unternehmen etc. zu ermöglichen. Mitglied bei FUTURISTA.

Tourism Focus, vierteljährlich erscheinende Publikation der mit Tourismuspolitik befaßten EU-Parlamentarier, die sich im wesentlichen an Politiker und Fachleute richtet. → EU/EG/EWG

Tourismus, Reisen, Fremdenverkehr in größerem bis massenhaftem Ausmaß von Menschen aus allen Gruppen einer Gesellschaft zum Besuch bestimmter Orte (Urlaubsort, Kurort, Erholungsort) und Gebiete (Fremdenverkehrsgebiet, Feriengebiet) mittels bestimmter Dienstleistungen (Reisebüro, Reiseveranstalter, örtliche und regionale Fremdenverkehrsorganisationen, Verkehrsmittel, Gastgewerbe, Ferienanlagen usw.). Tourismus ist in den Industrienationen zum Bestandteil des Lebensstils und der Lebensbedingungen geworden. Er führt zu alljährlichen Wanderbewegungen von Hunderten von Millionen Menschen, die die meisten Länder der Welt erreichen (Massen-Tourismus). Der Tourismus stellt einerseits einen erheblichen Wirtschaftsfaktor dar, bedeutet jedoch auch soziokulturelle Begegnung und Konfrontation zwischen Reisenden und Einheimischen. Dadurch werden vielerorts tiefgreifende Veränderungen ausgelöst. Abgesehen von Anstößen zur Verbesserung von Lebensbedingungen und der Infrastruktur in den Reiseländern bzw. Reiseregionen sind mit Tourismus durchaus Probleme verbunden: Zerstörung der Natur durch touristische Infrastruktur und Übernutzung; Veränderung von sozialen Strukturen; Veränderung von soziokulturellen Traditionen insbes. durch Kommerzialisierung. Zwischen Tourismus und Landschaft, Kultur, Brauchtum bestehen erhebliche Zusammenhänge: Werden die letzteren zerstört, schwindet die Attraktivität für den Tourismus. Daher muß Tourismuspolitik zu einem gewichtigen Teil auch Umwelt- und Kulturpolitik sein. Lit.: Kaspar „Der Tourismus - ein wichtiges Kultur- und Wirtschaftsphänomen". Nach der Definition

307

Tourismusbarometer

von WTO und OECD bezeichnet Tourismus alle Reisen über mehr als 24 Stunden, die der Erholung, geschäftlichen oder Studienzwecken oder der Gesundheit dienen (siehe dazu auch „Ein Anliegen des Autors"). → Fremdenverkehr, → Massentourismus, → Sanfter Tourismus, → Touristen, → Touristisches Angebot, → Touristische Nachfrage

Tourismusbarometer, Informationssystem zur Tourismusentwicklung in den neuen Bundesländern. Träger und Finanzier des Barometers ist der OSGV (Ostdeutscher Sparkassen- und Giroverband). Durchgeführt wird es vom DWIF (Deutschen Wirtschaftswissenschaftlichen Institut für Fremdenverkehr an der Universität München).

Tourismus-Beirat, → Beirat für Tourismusfragen

Tourismus-Enquête, von der Bundesregierung vergebene Forschungsaufträge zur Analyse der sozialökonomischen Bedeutung des Tourismus. Die Umsetzung der Ergebnisse soll zur Verbesserung der Voraussetzungen in der Tourismuspolitik beitragen (Enquête = Untersuchung). → Bundesministerium für Wirtschaft (BMWi)

Tourismus Interessen-Kreis Dresden (TIK), an der Technischen Universität Dresden, Studentenarbeitsgemeinschaft für das Fachgebiet Tourismuswirtschaft. Hauptziele sind die Ergänzung des Studiums durch Projektarbeit bzw. Fachvorträge sowie die Integration von praxisnahen Themen. Mitglied bei FUTURISTA.

Tourismuskonzeption, basierend auf einer Bestandsanalyse, formuliert meist ein externes Beratungsbüro in Zusammenarbeit mit dem Auftraggeber (Stadt, Gemeinde, Region) und der Bevölkerung, eine Leitidee zum Aufbau eines touristischen Images. Aus der Leitidee werden Entwicklungsziele abgeleitet, dann Strategien zu deren Umsetzung festgelegt. Zum Inhalt einer T. gehören auch die Benennung einzelner Maßnahmen und die Aufzählung von Angebotsbeispielen.

Tourismus mit Einsicht (TME), Arbeitsgemeinschaft von Initiativgruppen und Organisationen aus entwicklungspolitischen, touristischen, kirchlichen, wissenschaftlichen, umwelt- und jugendpolitischen Bereichen, die für Veränderungen im Tourismus eintrat, im wesentlichen gegen soziale Benachteiligung, kulturelle Zerstörungen und Schädigung der Natur in den Reiseländern. Dieser Kreis hat sich anläßlich der ITB '86 in Berlin zusammengeschlossen. Er vereinigte 28 tourismuskritische Vereinigungen aus 11 Ländern. TME hat sich inzwischen aufgelöst mit der weitergehenden Forderung nach Reiseverzicht als Mittel eines umweltverträglichen Tourismus.

Tourismus-Präsidium, richtig: Präsidium der deutschen Touristikwirtschaft. Ehemaliger Zusammenschluß der Verbände ADL, ASR, BDO, DRV und RDA; gegr. Februar 1989, Geschäftsführung war beim DRV, Frankfurt/M. Tourismus-Präsidium war ein selbständiges Gremium als Interessenvertretung des grenzüberschreitenden Tourismus im Hinblick auf Liberalisierung in Europa, im Unterschied zum Deutschen Fremdenverkehrspräsidium, das überwiegend Incoming-Funktion wahrnimmt und sich selbst als Organ des deutschen Fremdenverkehrs versteht. Tourismus-Präsidium wollte die Interessen der deutschen Touristikindustrie bündeln und diese gegenüber Öffentlichkeit und Politik vertreten. In 1995 aufgelöst nach Gründung des BTW. → ADL, → ASR, → BDO, → BTW, → Deutsches Fremdenverkehrspräsidium, → DRV, → RDA

Tourismusstatistik-Richtlinie der EU, verpflichtet die Mitglieder zur Erhebung statistischer Daten über den Tourismus. Sie betreffen zum einen Angaben aus der Beherbergungsstatistik zur Kapazität der Beherbergungsbetriebe sowie zu deren Nutzung (Zahl der Betriebe, Zimmer, Schlafgelegenheiten sowie Ankünfte und Übernachtungen von Gästen), zum anderen Angaben über das Reiseverhalten der Bevölkerung.

Tourismusstudium, einige Fachhochschulen, Berufsakademien und Universitäten bieten tourismusorientierte Studiengänge an. An Fachhochschulen und Berufsakademien werden tourismusspezifische Kenntnisse und Methoden auf der Basis betriebswirtschaftlichen Know-hows vermittelt. Die Absolventen sollen nach entsprechender Einarbeitung in der Lage sein, Führungsaufgaben in der Tourismuswirtschaft zu übernehmen oder unternehmerisch tätig zu sein. Verschiedene Universitäten bieten Studienschwerpunkte zu Themen wie Tourismus, Umweltmanagement und Raumplanung an. → Aufbaustudium, → Diplom-Betriebswirt (FH), → Diplom-Betriebswirt (BA), → Diplom-Kaufmann (FH), → Universitätsstudium

Tourist Board/Tourist Office, Tourismusvertretung eines Landes (National Tourist Office/NTO), einer Region oder Stadt zur Förderung des Incoming-Tourismus. Auch geläufig unter Fremdenverkehrsamt oder Verkehrsbüro. → NTO

Tourist-Class, → Klassifizierung der Reisebusse

Tourist-Information, Gästeinformation durch Fremdenverkehrsbüros am Ort zur allgemeinen Auskunftserteilung, Abwicklung der Zimmerreservierung und zur Gästebetreuung.

Touristen, für statistische Zwecke des internationalen Reiseverkehrs hat der WTO wie folgt definiert: T. sind vorübergehende Besucher, die wenigstens eine Nacht und weniger als ein Jahr im Besuchsland verbringen; ihr Besuchszweck kann wie folgt beschrieben werden: a) Freizeit (Erholung, Urlaub, Gesundheit, Studium, Religion und Sport), b) geschäftliche Tätigkeit, Familie, Mission, Versammlung. Nach Definition der OECD (Dr. Freyer) sind Touristen Personen, die sich mindestens 24 Stunden außerhalb ihres Wohnortes aufhalten zu beruflichen, vergnüglichen oder anderen Zwecken (außer Arbeit, Studium und Daueraufenthalt).

Touristenklasse, → Economy Class

Touristik, 1. gebräuchlich als Grund- und Bestimmungswort, z.B. in Flug-, See-, Schienen- und Straßentouristik oder Touristikbranche (z.B. T.-experte, T.-unternehmen). Der Begriff wird weitgehend gleichgesetzt mit Tourismus- bzw. Fremdenverkehrsgewerbe. 2. Software mit Stammdatenverwaltung, Auskunfts-, Reservierungs- sowie Buchungssystem mit Ticketing, Mailing und Rechnungswesen der Firma WBS Blank. → Tourismus, → Touristisches Angebot, → Touristische Nachfrage

Touristik-Haftpflichtversicherung, Versicherung für aus touristisch bezogener Tätigkeit eines Veranstalters oder Vermittlers entstehende Schäden. → Reiseversicherungen

Touristik-Industrie, Globalbegriff für alle am Dienstleistungsmarkt „Tourismus" beteiligten Unternehmen. → Travel Industry, → Wirtschaftsfaktor Tourismus

Touristikbahnen, Beförderungsmittel in Fremdenverkehrsgebieten, z.B. in der Schweiz auf den Strecken Bern-Solothurn, Vitznau-Rigi u.a.; Verkehrsdauer und Fahrpläne sind dem Kursbuch zu entnehmen. → Kursbuch

Touristikfachkraft (SSI), berufliche Vollzeit-Fortbildungsmaßnahme des Instituts für Touristik, München, mit SSI-Abschlußzeugnis. → SSI

Touristikfachwirt, Fortbildungsangebot für Berufspraktiker, berufsbegleitend oder in Kombination mit Fernunterricht, z.B. bei der Touristikakademie Düsseldorf (TAD). Ab Wintersemester 1990 Aufbaustudium im Bildungszentrum der Deutschen Angestellten-Akademie (DAA), Düsseldorf, mit Abschluß Touristikfachwirt (IHK). → Betriebswirt, → Diplom-Betriebswirt

Touristikjahr, bei den meisten Reiseunternehmen Geschäftsjahr mit der Laufzeit vom 1.11. bis zum 31.10. des Folgejahres.

Touristikmanagement im Fernstudium, 12monatiger Studiengang beim IST, Institut Sport, Freizeit und Touristik, Münster, mit Abschluß Tourismusmanager. → IST

Touristik-Manager, nicht geschützte Berufsbezeichnung. Die Ausbildung wird angeboten meist als Fernstudiengang von Privatschulen ohne staatl. Anerkennung und dauert berufsbegleitend rund 16 Monate.

Touristikmessen, Begriff sowohl für Fachmessen als auch reine Publikumsmessen.

Touristik-Referent, nicht geschützte Berufsbezeichnung. Die berufsbegleitende Ausbildung dauert i.d.R. 16 Monate und wird häufig über Fernstudium von Privatschulen ohne staatliche Anerkennung angeboten.

Touristikstraßen, Ferienstraßen mit thematischer, verkehrslenkender Kennzeichnung zu touristischen Zentren mit Sehenswürdigkeiten kultureller oder landschaftlicher Art, z.B. Oberschwäbische Barockstraße, Romantische Straße u.a.

Touristikzug, Reisezug der DB im wesentlichen für Charterzwecke an Firmen, Verbände, Vereine, Clubs u.a. Mit 330 Sitzplätzen in Reise- und Clubwagen verfügt dieser Komfortreisezug über ein Bistro und Kinderabteil sowie Lounge und Foyer. Er ist europaweit einsetzbar.

Touristische Nachfrage, bei Betrachtung des Begriffs nach den Kriterien der Motivation oder Zielsetzung können im wesentlichen folgende Tourismusarten unterschieden werden, nach Prof. C. Kaspar, St. Gallen:
- Erholungstourismus (z.B. Urlaubs- und Kurtourismus),
- kulturorientierter Tourismus (z.B. Bildungs- und Wallfahrtstourismus),
- gesellschaftsorientierter Tourismus (z. B. Verwandten- und Bekanntenbesuche),

Touristische Online-Dienste

- freizeitorientierter Tourismus (z.B. Erlebnisreisen und Sporttourismus von aktiv oder passiv am Sportgeschehen Beteiligten),
- wirtschaftsorientierter Tourismus (Geschäfts-, Kongreß-, Ausstellungs- und Messetourismus) sowie
- politikorientierter Tourismus (z.B. im Zusammenhang mit politischen Veranstaltungen, Tourismus von Diplomaten).
→ Tourismus, → Touristen, → Touristik

Touristische Online-Dienste, der deutsche Online-Dienst T-Online hat inzwischen mehr als zwei Millionen Mitglieder. Da mittlerweile alle, auch AOL und CompuServe, ihren Nutzern den Zugang zum Internet bieten, wird die Verschmelzung immer deutlicher. Online-Dienste haben gegenüber dem Internet den Vorteil, daß ihr Angebot überschaubar, strukturiert und selektiert ist. → CompuServe, → Datenautobahn, → Daten-Marktplatz, → Datex-J, → Decoder, → Europäischer Information Super Highway, → Internet, → Ires Internet Reservations,, → MNET, → Modem → START Telematik, → TIM

Touristische Routen, die touristische Erschließung der deutschen Landschaften und kulturellen Sehenswürdigkeiten auf vorgegebenen Verkehrswegen begann mit der Gründung der Deutschen Alpenstraße. Mit der Erschließung und Zunahme des Individualverkehrs in den 60er Jahren wurde damit begonnen, durch Beschilderung Routen von besonderem touristischen Interesse bekannt zu machen. Eine Vielzahl von T. sind entlang von historischen Trassen angelegt worden, die bereits zur Römerzeit und später im Mittelalter wichtige Handels- und Heerstraßen waren.

Heute verlaufen die T. nur noch auf Teilabschnitten der historischen Trassen, wie z.B. die „Straße der Kaiser und Könige" oder die „Straße der Romanik".

Neben T. mit kulturhistorischer Thematik gibt es die T. mit landschaftlichen Schwerpunkten wie „Deutsche Alleenstraße" oder lukullischer Art wie die „Rheingau-Riesling-Route".

In Deutschland gibt es rund 150 T. Laut DFV sind Ferienstraßen oder Touristikstraßen auf Dauer angelegte, genau bezeichnete Reiserouten auf Bundes- und Landesstraßen, die dem Reisegast thematisch abgegrenzte spezielle Attraktionen bieten. Grundsätzlich werden T. definiert als Ferienstraßen mit thematischer, verkehrslenkender Kennzeichnung zu touristischen Zentren mit Sehenswürdigkeiten kultureller oder landschaftlicher Art. → Alpenstraße, → DFV

Touristische Runde München, auch „Montagsrunde" genannt, loser Zusammenschluß in München und Umgebung ansässiger Reise- und Fachjournalisten und Tourismusfachleute deutscher und internationaler Fremdenverkehrsverbände, Reiseveranstalter, Reisemittler und Institute. Die TRM findet einmal im Monat statt.

Touristisches Angebot, das T. setzt sich nach Angaben des Statistischen Bundesamtes aus den unterschiedlichsten Komponenten zusammen. Das ursprüngliche touristische Angebot umfaßt natürliche Gegebenheiten wie geographische Lage, Klima, Topographie, Landschaftsbild, Vegetation, Tierwelt, soziokulturelle Verhältnisse wie Kultur, Tradition, Mentalität, religiöse und profane Bauten, Sprache, Gastfreundschaft sowie allgemeine Infrastruktur als Basis für den Tourismus. Zum abgeleiteten touristischen Angebot zählen Einrichtungen des Aufenthalts (z.B. der Beherbergung, Verpflegung und Unterhaltung, der erholungsmäßigen und sportlichen sowie der wirtschaftlichen Betätigung) und Einrichtungen der Vermittlung (Reiseagenturen, Verkehrsverein). Daneben gehört die touristische Infrastruktur zum Angebot. Bei dieser kann es sich um Einrichtungen handeln, die primär für den Tourismus erstellt worden sind, wie Skilifte, Luftseilbahnen, Zahnradbahnen, Kureinrichtungen, oder um Infrastruktur, die nicht spezifisch fremdenverkehrsorientiert ist, aber trotzdem den Tourismus fördert, wie Schwimmbäder, Parkanlagen, Tennis- und Golfplätze, Wassersporteinrichtungen, Reitanlagen, Theater, Spielcasino etc. Weiterhin stellen auch Wirtschaftsbereiche dem Fremdenverkehr Dienstleistungen zur Verfügung, z.B. der Einzelhandel, obwohl sie hauptsächlich zur Versorgung der ansässigen Bevölkerung dienen. → Tourismus, → Touristen, → Touristik

Touristscope, Marktuntersuchung, 1986 von Infratest zusammen mit Reiseveranstaltern und Fluggesellschaften entwickelt. T. untersucht kontinuierlich den deutschen Urlaubsreisemarkt mit allen langen (5 Tage und mehr) und kurzen (2 bis 4 Tage) Urlaubsreisen mit den Merkmalen: Reiseziel, Reisedauer, Zielländer, Unterkunft, Verkehrsmittel, Organisationsform und -grad der Reise. Befragt werden Bundesbürger ab 14 Jahren im Westen telefonisch, im Osten persönlich.

Transit-Vereinbarung

Den Auftraggebern DB und Reiseveranstaltern sowie gelegentlich LH und Bundesverkehrsministerium stehen die Ergebnisse nach Abschluß des Touristikjahres zur Verfügung. → Infratest Sozialforschung

Tourmaster, 1. bei Galileo neben den Komponenten Flug, Hotel und Mietwagen weitere Buchungsmaske für die Reisebüros, um Leistungen von Reiseveranstaltern, Charterfluggesellschaften und Reiseversicherungen darzustellen, zu optionieren und zu buchen. **2.** Front- und Backofficesoftware der Firma Intos für Busreiseveranstalter.

Tournant, in der à la carte-Küche ist der T. der Vertreter des Partiechefs. → à la carte Küche

TOUR-Verfahren, ursprüngliches START-Buchungsverfahren für Reiseveranstalter. Wurde 1989 vom TOMA-Verfahren abgelöst, das wesentlich erweiterte Anforderungen abdeckt. → START, → TOMA-Verfahren

Tower, engl. Synonym für Kontrollturm. → Kontrollturm

TPM - Ticketed Point Mileages, → Ein-Kupon-Meilen (TPM), → Meilensystem

TQM, Total Quality Management, Zertifizierung nach DIN/ISO. → Qualitätsmanagment

Tragflügelboot, motorgetriebenes Boot (engl. Hydrofoil) mit Tragflächen unterhalb seines Bodens. Bei der Fahrt hebt das Boot auf den Tragflächen leicht von der Wasseroberfläche ab. Es erreicht hohe Geschwindigkeit, eingesetzt u.a. im Rhein- und Donau- sowie im Malta-Verkehr und im Ärmelkanal.

Trainments, Schulungsangebot der Elvia Versicherung mit praxisorientierten Fernlehrgängen, bestehend aus Lehrbriefen.

Trajektschiff, größere Fähre zur Beförderung von Eisenbahnzügen und Fahrzeugen über Seestrecken, z.B. Skandinavienfähre im Roll-on-Roll-off-Verfahren.
→ Ro-Ro-Fähren, → Vogelfluglinie

Traktion, Beförderung von Zügen oder Fahrzeuggruppen (Rangierbetrieb).

Tramp- und Anforderungsverkehr, Flugbeförderung von Personen oder Gütern in Gesamtladungen im Gelegenheitsverkehr für Dritte mit Flugzeugen über 5,7 t. Statistisch gehören dazu
- Gastarbeitercharter
- ABC/NAC-Charter
- Militärcharter
- Frachtcharter

und sonstige Charterflüge. T. mit Flugzeugen bis einschließlich 5,7 t gilt als Taxiflug/Taxiverkehr. → Taxiflug

Trampschiffahrt, im Gegensatz zur Linienschiffahrt unregelmäßige Schiffahrt nach Angebot und Frachtvertrag. → Linienschiffahrt

Transaction Fee, Vergütungsmodell im Firmengeschäft, bei dem das Reisebüro pro Vorgang (z.B. Buchung, Umbuchung, Ticket-Ausstellung) eine Gebühr vom Unternehmen erhält. Entsprechend der Management Fee werden auch bei der T. F. Nettotarife mit den Leistungsträgern (Fluggesellschaften, Hotels, Autovermietern) vereinbart, oder das Reisebüro gibt die Provisionen an das Unternehmen weiter.
→ Management Fee

Transatlantik-Reisen, regelmäßiger Schiffs-Transatlantikdienst wird nur noch von der Queen Elizabeth 2 (QE 2) unterhalten.
→ Cunard Line, → QE 2

Transeuropäische Netze, von der EU geplante grenzüberschreitende Verbindungen in den Bereichen Verkehr, Energietransport und Telekommunikation. Die Verknüpfung der Netze der EU-Staaten soll den freien Verkehr von Waren, Personen, Dienstleistungen und Kapital erleichtern und die internationale Wettbewerbsfähigkeit Europas verbessern. Vorrangig werden Verkehrsprojekte durchgeführt. Bis 2015 soll ein 30.000 km umfassendes Schnellbahnnetz aufgebaut werden; die Kernstrecke zwischen Paris, London, Brüssel, Amsterdam und Köln soll 1998 in Betrieb sein.

Transfer, Personentransport zwischen verschiedenen Leistungsträgern, z.B. Hotel-Flughafen, Schiff-Bahnhof usw., meist Bestandteil der Pauschalreise.
→ Vollpauschalreisen

Transit, 1. Verkehr durch Drittländer auf dem Weg zum Zielort ohne Aufenthalt/Einreise in das Drittland. **2.** Umsteigen von einem Flugzeug in ein anderes der gleichen oder einer anderen Fluggesellschaft zum Anschlußflug.

Transit-Vereinbarung, International Air Services Transit Agreement, Vereinbarung über den Durchflug im internationalen Fluglinienverkehr, kurz „Transit-Vereinbarung", regelt die 1. und 2. Freiheit im internationalen Luftverkehr in Erweiterung des Abkommens von

Transitraum

Chicago von 1944. → Chicagoer Abkommen, → Freiheiten der Luft, → ICAO

Transitraum, meist exterritorialer Zwischenaufenthaltsraum am Flughafen für Transitpassagiere. Er darf erst zum Anschlußflug verlassen werden. → Transit

Transkontinentalbahn, Eisenbahn, die einen Kontinent durchquert, z.B. Transsibirische Eisenbahn; Nordamerik. Eisenbahnen, von der atlantischen zur pazifischen Küste.

Transport-Vereinbarung, International Air Transport Agreement, Vereinbarung über die Internationale Luftbeförderung, kurz: Transport-Vereinbarung, postuliert die 5 Freiheiten der Luft in Erweiterung des Abkommens von Chicago von 1944. → Chicagoer Abkommen, → Freiheiten der Luft

Transrapid - privat, ehemaliges Konzept der Thyssen AG, auf rein privatwirtschaftlicher Basis die Magnetschwebebahn-Trasse von Dortmund über Frankfurt, Ludwigshafen und Karlsruhe nach München zu betreiben.

Transrapid, die bis zu 500 km/h schnelle Magnet-Schnellbahn-Transrapid wird derzeit auf einer 31,5 km langen Teststrecke im Emsland erprobt. Als Ergänzung und Verbesserung des bestehenden Verkehrssystems soll sie Bindeglied werden zwischen konventionellen schienengebundenen Verkehrsmitteln und dem Flugzeug. Die Züge bestehen aus zwei bis zehn Sektionen mit 72 bis 100 Passagieren pro Sektion. Der Fahrweg ist raumsparend auf einer Art Stelzen aufgebaut, kann aber auch ebenerdig geführt werden. Die fahrwegumgreifenden Schwebegestelle sichern den Transrapid vor Entgleisung. Die Entwicklung der T.-technik geht zurück auf den Eisenbahn-Ingenieur Franz Kruckenberg, der den legendären Schienen-Zeppelin entwickelte. Mit Zustimmung durch Bundestag und Bundesrat 1994 erfolgte Baugenehmigung für die Industrie unter Federführung von Thyssen Henschel für die 283 km lange Strecke zwischen Hamburg und Berlin. Baubeginn im Jahr 2000, Inbetriebnahme 5 Jahre später, Fahrzeit: unter einer Stunde.

Transsiberian, Transsibirische Eisenbahn, abgekürzt „Transsib". Einer der berühmtesten Langstreckenzüge, zwischen 1893 und 1903 erbaut, der seit 1916 über mehr als 9.000 km Moskau mit Wladiwostok verbindet (längste Eisenbahnstrecke der Welt). Mit der Transsib begann die Besiedlung Sibiriens durch das damalige Rußland.

TRAS, Temporary Reserved Airspaces, zeitweilig für militärische Zwecke reservierte Lufträume. Begriff bei der Diskussion um Neuordnung und Aufteilung des Luftraumes über der Bundesrepublik zwischen militärischer und ziviler Nutzung.

Trassenpreise, im Zuge der Bahnreform Anfang 1994 eingeführtes Teilsystem der neuen Trennungsrechnung innerhalb der Deutschen Bahn AG. T. werden vom neuen DB-Bereich „Fahrweg" allen Nutzern der DB-eigenen Schienenstrecken berechnet, auch den DB-Bereichen „Fernverkehr" und „Nahverkehr" sowie dritten Unternehmen, die mit eigenen Zügen die DB-Trassen benutzen wollen. Die Einführung der T. basiert auf EU-Vorschriften zur Harmonisierung des Wettbewerbs auf der Schiene in der EU und der damit verbundenen Abschaffung von Monopolen nationaler Bahngesellschaften zur Nutzung von Bahnstrecken. → DB - Deutsche Bahn AG

Trasy, Verwaltungssoftware für Reisebüros der Firma BLS Data Team. Das Programm Trasy Easy ist für kleinere Reisebüros konzipiert worden. Es ermöglicht Kunden- und Vorgangsverwaltung inklusive Zahlungsverkehr und Standardstatistiken. Trasy Junior unterstützt zusätzlich die Abwicklung von IATA-Werten. Mit Trasy Online kann die komplette Abwicklung der Finanzbuchhaltung des Unternehmens erledigt werden.

Traumschiff, die gleichnamige Fernsehserie mit den Schiffen MS Vistafjord, MS Astor und MS Berlin erzielte auf dem deutschen Markt nicht die erhoffte Werbewirksamkeit für Kreuzfahrten. Nach der auf der MS Ocean Princess gedrehten Loveboat-Serie in USA konnte dort dagegen eine starke Buchungsresonanz verzeichnet werden. → Kreuzfahrten

Travel Agency, Reisebüro. → Reisebüros, → Reisemittler

Travel Agent Ausweis, Beschäftigungsnachweis für Mitarbeiter von Reisebüros und Reiseveranstaltern. Der T. gilt als Firmenausweis und ist bei Inanspruchnahme von ermäßigten Flügen bei den Fluggesellschaften vorzulegen. Er gilt aber auch als Berechtigungsnachweis für Ermäßigungen anderer Leistungsträger. Wird vom ASR und vom DRV herausgegeben. → ASR, → DRV

Travel Assistant, → www.dienstreise.de

Travelbase, Backoffice-System von SABRE.

Travel Manager

Travel Channel, touristische Online-Plattform der Verlagshäuser Gruner + Jahr, Hamburg und Langenscheidt/Polyglott, München sowie Microsoft.

Travel Consultant, Kunden-Einkaufsberater in der Touristikbranche, z.B. Funktion der Firmendienste bei Abrechnung der Fluggesellschaften mit Netto-Tarifen mit Buchungsgebühren unter Verzicht auf Reisebüroprovision in Abgrenzung zum Airline-Agenten.

Travel Education Center, Internet-Programm der Reisefachschule „The Travel Education Center" aus den USA. Über die bereitgestellte Internet-Web-Site und unter Einsatz einer speziellen Software können angehende Reiseberater in einem virtuellen Klassenzimmer erlernen, wie Flüge oder Hotels gebucht werden können.

Travel Expense Management System (TEMS), Amadeus Management-System zur Erfassung der Reisekosten und zur Verwaltung und Abrechnung von Kundenbudgets. → Amadeus, → TAMS

Travel Industry, dieser Begriff bezeichnet sowohl die Touristik-Industrie eines Landes als auch die Gesamtheit der Leistungsträger im Rahmen des Tourismus wie z.B. die Verkehrsträger (Flugzeug, Schiff, Bahn, Bus u.a.), Hotel- und Gastgewerbe, Reiseveranstalter und -vermittler, Autovermieter, Fachpresse u.a. → Wirtschaftsfaktor Tourismus

Travel Management, von Unternehmen eingesetzte Kontrollinstanz im Dreiecksverhältnis von Unternehmen, Leistungsträgern und Reisebüros. T.M. dient der Erschließung neuer Wertschöpfungspotentiale sowie einer Prozeßoptimierung durch Kombination von Serviceleistungen und Technik. (siehe Tabelle) → Reisemanagement, → Travel Manager

Travel Management Systems, → TMS

Travel Manager, 1. Beauftragter eines Unternehmens zur Überwachung der Reisekosten. Zu den wichtigsten Aufgaben gehören Buchungsabwicklung, Verhandlungsgespräche sowie Optimierung und Qualitätskontrolle. Zukünftig soll die Rolle des T. M. durch weitergehende Qualifikationen gestärkt werden. **2.** gemeinsames Ausbildungsangebot der drei Reisestellenverbände Deutschlands, Österreichs und der Schweiz durch Weiterbildung zum T.M. in zwei bis drei je einwöchigen Schulungskursen an der Reisefachschule Aarau/Schweiz. → Dach-Tagung

Entwicklung eines Travel-Management-Konzepts
Aufgaben eines globalen Travel Managements

Einheitliche Richtlinien	Einführung personenbezogener Kreditkarten	Konzentration Reisebüro-Ketten
• Festlegung „Reisestandards" • Gemeinsame Verantwortung von Reisendem und Vorgesetztem • Reisemittelauswahl durch Vertragsreisebüro	• Wegfall Vorschußführung • Vereinfachung interner Abläufe • Daten für Management-Informationssystem (MIS) für Einkaufsverhandlungen	• Durchsetzung Richtlinien • Kostenreduzierung durch Reisemittelauswahl nach dem Wirtschaftlichkeitsprinzip • MIS für den Einkauf

Einheitliche interne Prozesse/Verfahren	Aufbau Reisekosten-Controlling	Weltweite Einkaufsvereinbarungen
• Kostenreduzierung (Synergieeffekte) • MIS Reisekosten für Travel Management und Bereiche	• Sicherstellung und Nachweis der Einsparungspotentiale • Begründung der Abweichung	• Bündelung • Verhandlungen vor Ort • Lieferantenreduzierung • Internationale Verträge

Quelle: K. H. Jörk Unternehmensberatung

Travel Manager/Part One

Travel Manager/Part One, Vorgangsverwaltungssoftware von der Firma Partners mit deren Hilfe sich in der Buchungsmaske ein Kundenprofil mit einer Übersicht der geleisteten Zahlungen sowie Angaben über fehlende oder bereits eingetroffene Reiseunterlagen aufrufen läßt.

Travel Mart, Reisemarkt/-messe mit Informationsveranstaltungen, Workshops usw., z.B. WTM, London. → Mart, → Touristikmessen, → Workshop, → WTM

Travelnet, Vertriebskonzept von Lufthansa City Centern mit freiberuflichen Reisevertriebsassistenten, die über persönliche Kontakte neue Kundengruppen gewinnen sollen. Der Kundenwunsch wird dann an T. oder an das dahinterstehende Reisebüro weitergeleitet. Das Reisebüro prüft die Verfügbarkeit über einen Anruf in einem Call Center und verschickt die Reisebestätigung. → Call Center

Travel Office, Front- und Backoffice-Software für Reisebüros, Kooperationen, Ketten und Veranstalter der Firma Dietz EDV-Systeme.

Travel Online, touristisches Reservierungs- und Informationssystem im Internet.

Travel Policy Expert, Reiserichtliniensoftware von American Express Consulting Services; berücksichtigt sämtliche Regelungen, die aufgrund von Gesetzen, Richtlinien, Verwaltungsanweisungen und Rechtsprechung bei Dienstreisen zu beachten sind.

Traveller Profile, 1. für Privatkunden (unassociated Traveller Profile). 2. für personenbezogene Daten von Reisenden, die einer Firma angehören (associated Traveller Profile).

Travel Trade, neue Bezeichnung (ab 1995) der vormaligen Tourismusmesse Travel Trend, die alljährlich im November in Frankfurt/M. stattfindet. → Travel Trend

Travel Trend, internationale Reise-Fachmesse, erstmals 1994 durchgeführt in Frankfurt/M. mit Sonderschauen und Workshops, sowohl für Fach- als auch für Privatpublikum, Europa Travel & Tourism Symposium mit Vorträgen zu tourismusrelevanten Themen. Neue Bezeichnung ist ab 1995 Travel Trade. → Travel Trade

Traveller, Bezeichnung für Alternativ- oder Rucksacktouristen. Sie lehnen den organisierten Tourismus ab. Ihr Ziel ist es, mit relativ wenig Geld unterwegs zu sein und Land und Leute aus anderer Perspektive kennenzulernen.

Travellers Cheque, Reisescheck, weltweit akzeptiertes Zahlungsmittel; kann bei Verlust oder Diebstahl noch auf der Reise ersetzt werden. Erstmals 1891 von American Express ausgegeben. → Reiseschecks, → Reisezahlungsmittel

Travelpilot, elektronischer Autoatlas, der das gesamte bundesdeutsche Straßennetz auf Compact-Disc speichert. Daten und Bilder können von einem Bildschirm vor dem Armaturenbrett abgelesen werden.

Traviaustria, Datenservice für Reisen und Touristik GmbH, Österreichisches Buchungs- und Reservierungssystem, gegr. 1987. Angeschlossen sind Austrian Airlines und andere österr. Reiseunternehmen wie Mondial, Blaguss, Verkehrsbüro. Im Rahmen eines europ. Computerverbundes von 10 Fluglinien ist T. das nationale Vertriebssystem für Galileo. → crs, → Galileo

Travicom, Buchungs- und Reservierungssystem bei British Airways, BA ist Gesellschafter bei Galileo. → crs, → Galileo

Traviswiss, Schweizerisches Buchungs- und Reservierungssystem der Swissair. SR ist Gesellschafter bei Galileo. → crs, → Galileo

Traxxx, touristischer Internet-Marktplatz des Burda Verlags. Integriert in das Focus Reise-Center. SABRE und Amadeus-Anschluß.

Treidelpfad, entlang der an Kanälen und Flußläufen führenden T. wurden in früherer Zeit mit Tier- oder Menschenkraft Schiffe gezogen (z.B. Wolgatreidler). → Leinpfad

Trekking, Bergwandern. Bei bestimmten organisierten T.-Reisen ist für den Gepäcktransport z.B. mit Pferden, Yaks, Kamelen, Trägern oder Begleitbus gesorgt. Nach Outdoorhandbuch vom Conrad Stein Verlag: Wildniswandern. Wildnistouren sind mehrtägige Wanderungen mit Zelt und Rucksack in abgelegenen Naturräumen. Die Amerikaner nennen es Backpacking, die Neuseeländer Tramping.

Trem de Prata, der brasilianische „Silberzug", ein Luxuszug mit Restaurant und Einzel- und Doppelkabinen, fährt seit 1994 regelmäßig auf der Strecke Rio de Janeiro-Sao Paulo.

Treuhandanstalt, nach der Wende in der DDR auf Beschluß des DDR-Ministerrates errichtete bundesunmittelbare, rechtsfähige Anstalt unter Aufsicht von Bundesfinanz- und Bundeswirtschaftsministerium auf der

Trinkgeld

Wie bei allen traditionellen Einrichtungen blickt das Trinkgeld ebenfalls auf viele Väter zurück.

Angeblich ist der Hl. Nikolaus Patron und Veranlasser dieser Segnung zumindest für den Mittelmeerraum, wo er neben seiner Seel- auch für die Leibsorge im 4. Jhdt. bekanntgeworden ist. In Großbritannien, dem Mutterland des Reisens, besteht diese Sitte des „tippings" seit dem 16. Jhdt., als ein Pensionsbesitzer einen Messingbehälter mit dem sichtbaren Zeichen „tip" aufstellte – to insure promptitude – und damit den Gästen einen Weg eröffnete, sich für den prompten Service erkenntlich zu zeigen. Eine andere Quelle spricht davon, daß vor der Einführung der Brief- und Paketpost in diesem Land diese vorzugsweise von Kutschern gegen ein tip befördert wurde. Als Entschädigung erhielten die Vorgänger der Taxifahrer ein tip – to insure personal service -, als Ausdruck des Dankes für einen besonderen Dienst.

Unterschiedliche Gepflogenheiten in den Reiseländern bereiten bis heute den Geschäftsreisenden wie den Touristen weltweit Probleme, sich richtig und fair zu verhalten, wenn Ihnen ein Ausgleich für besonderen Service in Hotel, Restaurant oder bei der Taxifahrt abverlangt wird. Bei Gruppenreisen wird sich der Reiseleiter immer um diese Frage des richtigen Verhaltens kümmern.

Bei einer Länderbetrachtung und ebenso beim Blick auf die verschiedenen Verkehrsträger lassen sich folgende Gepflogenheiten feststellen:

In den USA sowie ganz Nordamerika ist das Bedienungspersonal überwiegend auf die Zahlung eines vorgeschriebenen Trinkgelds angewiesen. Dienstleister wie u.a. Schiffsstewards, Hotelangestellte, Parkwächter erhalten nur geringen Grundlohn, in vielen Fällen gar kein Fixum, so daß sie allein von diesen tips leben müssen. Nicht in die Preise der Dienstleistung einkalkuliert wie in den europ. Ländern, wird hier die Zahlung eines entsprechenden Trinkgelds in Höhe von 10 – 15 % des Endbetrages erwartet.

Bei Kreuzfahrten in den USA wird grundsätzlich vorgeschrieben, wieviel Trinkgeld (Gratuity) Restaurantstewards, Bedienungshilfen und Kabinenstewards erwarten können. I.d.R. sind es 3 – 5 $ p. P. und Tag. Diese Informationen werden in Form von Richtlinien bei den Buchungsunterlagen, über Kreuzfahrtkataloge, vom Kreuzfahrtdirektor bzw. über das Videosystem in der Kabine mehr oder weniger bestimmend bekanntgegeben. Branchenüblich wird auf die Getränkerechnung in der Bar 15 % aufgeschlagen.

Das Überreichen der Trinkgelder, sei es in einer Summe an den Kreuzfahrtdirektor zur Weiterleitung oder unmittelbar an die verschiedenen Dienstleister, ist dem Gast grundsätzlich selbst überlassen; die zeitliche Einteilung besagt üblicherweise, die Hälfte der tips am Anfang/in der Mitte der Reise und den Rest am letzten Bordabend zu überreichen.

Natürlich gibt es Individualisten wie auch Volksgruppen, denen man nachsagt, daß ihnen die Trinkgeldfrage peinlich oder überflüssig vorkommt. Bislang sind allerdings Versuche fehlgeschlagen, diese tip-Regelungen abzuschaffen, denn zur Tradition bei Schiffsreisen oder nostalgischen Einrichtungen der Dienstleistungsbranche gehört auch das enge Betreuungsverhältnis vom Steward zum Gast für das Gelingen einer erlebnisreichen und konfliktfreien Reise und damit ist Trinkgeld Ausgleich für gute persönliche Bedienung und Betreuung.

Trinkgeld

Bei Kreuzfahrten in Europa sind es im Gegensatz zu vorgegebenen Beträgen in den USA deutlich kleinere Summen ohne Prozentverhältnis zum Reisepreis. Bei Hapag Lloyd heißt es über Trinkgelder: „Es bleibt Ihnen ganz individuell überlassen, wie und in welcher Weise Sie eine excellente Leistung eines Mitarbeiters auf dem Schiff honorieren. Am besten, Sie entscheiden so, wie Sie es aus Erfahrung in renommierten Hotels gewohnt sind".

Allerdings, wird hier der Gast allein gelassen oder überläßt diese ausgesprochen heikle Frage dem Bordpersonal; da auch die Reisebüromitarbeiter alles offen lassen, wird diese Entscheidung zur Zahlung endgültig bis zum Schluß der Reise hinausgezögert. Für Reiseunerfahrene und Newcomer also keine Hilfestellung im Vorfeld.

Anders und konkret wird der Kunde von Delphin See- und Flusstouristik zum Trinkgeldausgleich für das Bordpersonal geleitet:

„Um die guten Leistungen des Personals zu honorieren, sollte man der Kabinenstewardess und der Bedienung im Restaurant ein Trinkgeld zukommen lassen. Wir empfehlen pro Tag DM 3,— pro Gast für die Kabine, sowie DM 4,— pro Gast und Tag für das Restaurant."

Getränke und Trinkgeld in einem Inklusiv-Reisepreis zeugt meist von Sonderangeboten, um den bekannten Katalogpreis nicht reduzieren zu müssen. In diesem Fall erhält das Bordpersonal diese Zuwendung direkt pauschal vom Reiseveranstalter.

Weiterhin besteht bei höherwertigen Kreuzfahrtschiffen die Möglichkeit der Trinkgeldvorauszahlung zur Weiterleitung an deren Personal.

Bei mehrtägigen Busreisen ist häufig, daß die Gruppe dem Fahrer und dem Reiseleiter ein Geschenk macht oder eine Sammlung veranstaltet, wobei man sich vorher auf einen bestimmten Betrag pro Person geeinigt hat.

Bei Bahnreisen ist höchst unüblich, dem Zugbegleiter für Hilfestellung ein Trinkgeld zukommen zu lassen; es sei denn, daß er für Service von Speisen und Getränken am Platz in Anspruch genommen wird. In diesem Fall wird das übliche Trinkgeld empfohlen über eine Aufrundung.

Bei Flugen – Linie oder Charter – sind Trinkgelder für besondere oder zusätzliche Leistung nicht vorgesehen. Stewards/Stewardessen fungieren als Gastgeber und dürfen im Falle der Lufthansa Trinkgelder nicht annehmen. Bei Unkenntnis dieser Bestimmung wird vereinnahmtes Geld einer wohltätigen Organisation weitergeleitet.

Bei Reisen in Europa werden die üblichen Dienstleistungen wie Bedienung im Hotel/Restaurant, Taxifahrt oder Friseur mit 10 – 15 % honoriert. In südeuropäischen Ländern sind Aufrundungen im Service auf den nächsten Zehner/Hunderter/Tausender üblich.

In Asien „nicht immer nur Lächeln";

Vor allen Dingen ist Bedienen und Bedientwerden selbstverständlicher. In Malaysia, Singapore, Thailand oder Japan wird der Reisende mit guter Dienstleistung und einem natürlichen Lächeln verwöhnt.

Vier Beispiele aus dem fernen Osten belegen, wie unterschiedlich auch in Asien die Gewohnheiten bezüglich einer Trinkgeldzahlung und wie wichtig auch eine Differenzierung von Bedienungs- und Trinkgeld ist.

In Japan gibt man kein Trinkgeld; hingegen wird in Hotels und Restaurants ein Bedienungszuschlag von bis zu 15 % erhoben.

In Thailand wird ein Bedienungszuschlag in Hotels/Restaurants von 10 % erhoben und ein zusätzliches Trinkgeld erwartet. Ohne Trinkgeld bleiben die Taxifahrer, wenn der Preis individuell ausgehandelt worden ist.

Trinkgeld

In Malaysia sind Trinkgelder nicht üblich, allerdings wird ein Bedienungszuschlag von 10 % von Hotels/Restaurants in Rechnung gestellt. Hier zählt ein freundliches Lächeln nach wie vor als Dank für zuvorkommenden Service.

In China gibt man grundsätzlich kein Trinkgeld, es könnte als Beleidigung aufgefaßt werden. Allerdings ist Trinkgeldzahlung von Pauschaltouristen für Reiseleiter und Bedienstete von Hotels und Restaurants bis zu DM 10,— p. T. inzwischen eingespielt.

Für das Gelingen einer Gruppenreise sind ausgesuchte Reiseleiter von hohem Wert. Diese können angestellt sein beim Reiseveranstalter oder Leistungsträger oder als Selbständige ihre Dienste anbieten.

In jedem Fall erwartet dieser Tour Guide im Rahmen eines Rundreisenprogramms ein angemessenes Trinkgeld von seinen Gästen. Immer ein gutes Vertrauensverhältnis vorausgesetzt, wird es über die Höhe keine Mißverständnisse geben. Dabei ist zu berücksichtigen, daß neben der Anerkennung seiner Leistungen auch für ihn am Beispiel „Ägypten" Abgaben oder Untertrinkgelder anfallen, um eine reibungslose Organisation und ungestörte Besichtigungsabläufe zu garantieren.

Bedacht werden von ihm
- Bootsführer für Segelboot-Ausflüge
- Fährpersonal in Luxor und Minia
- Kutscher in Luxor und Edfu
- Busfahrer für Transfers und Ausflüge
- Kofferträger
- Überschuhverleiher in den Moscheen.

Trinkgeldbesteuerung.

Zurück nach Deutschland; hier hat der Bundesfinanzhof zu diesem heiklen Thema in seinem Urteil Az. 6 R 62/88 vom 23.10.92 Stellung bezogen. Es ging um Steuerpflichtigkeit und Schätzung von Trinkgeldern im Gastgewerbe. Die Leitsätze des Urteils lauten:

Trinkgeldeinnahmen von Kellnern sind als zusätzliches Entgelt für die erbrachten Dienstleistungen anzusehen und unterliegen der Einkommensbesteuerung. Sie sind zu schätzen, falls die Angaben des Steuerpflichtigen zur Höhe der erhaltenen Trinkgelder nach der Lebenserfahrung unglaubhaft sind.

Seit 1990 sind freiwillige Trinkgelder bis zu DM 2.400,— p.a. steuerfrei. Die Finanzverwaltung unterstellt, daß die freiwilligen Trinkgelder mindestens 1 bis 2,5 % des getätigten Umsatzes ausmachen.

→ Bedienungsgeld, → Trinkgeld, → Tronc-Verteilung, → Gratuity, → Bakschisch, → Reiseleiter

Günter Schroeder
Berlin, im August 1998

Treuhandgesetz

Grundlage des DDR-Treuhandgesetzes durch Einigungsvertrag übernommen. Ihre Aufgabe, die volkseigenen Unternehmen (Kombinate, Genossenschaften usw.) gleichzeitig zu privatisieren und zu sanieren, endete zum Jahresende 1994. Verbliebene Tätigkeiten, z.B. in den Bereichen Liegenschaftsverwaltung, Vertrags-Controlling, Privatisierung/Liquidierung verbliebener Betriebe, werden noch für eine Übergangszeit durch eigenständige Einheiten weitergeführt. Rechtsnachfolgerin der T. ist ab Januar 1995 die Bundesanstalt für Vereinigungsbedingte Sonderaufgaben (BVS). Weitere Nachfolgeorganisationen der Treuhand sind die TLG-Treuhand-Liegenschaftsgesellschaft, die mit der Verwertung der Agrarflächen beauftragte BVVG und die BMG-Beteiligungs-Managementgesellschaft für die Betreuung der vier noch bestehenden Management-Kommanditgesellschaften. → BVS

Treuhandgesetz, Gesetz zur Privatisierung und Reorganisation des volkseigenen Vermögens in der ehem. DDR. Es zielte darauf ab, so rasch und soweit wie möglich volkseigenes Vermögen zu reprivatisieren. Ein weiteres Ziel des Gesetzes war, die Wettbewerbsfähigkeit möglichst vieler Unternehmen herzustellen und damit Arbeitsplätze sowohl zu sichern als auch neue zu schaffen sowie Grund und Boden für wirtschaftliche Zwecke bereitzustellen. Den Bürgern der ehem. DDR sollte nach Möglichkeit ein verbrieftes Anteilsrecht am Volksvermögen eingeräumt werden.

Tri-City Alliance, Marketingverbund der amerikanischen Städte Las Vegas, San Diego und Phoenix zur gemeinsamen Werbung.

Trigger mechanism, eigentlich Auslösehebel, hier: Auslastungsvorschlag zur Verminderung von Kapazitätsengpässen bei Fluggesellschaften.

Trinkgeld, freiwilliges Entgelt an Bedienungspersonal im Gastgewerbe (Hotels, Gaststätten, auf Schiffen) u.a. Die Zahlung von T. ist eine persönliche Form der Anerkennung für erhaltene Dienstleistungen. Sie wird nach Kulturkreisen, Ländern und Regionen sowie nach Leistungsträgern unterschiedlich gehandhabt. → Bedienungsgeld

Trinkhalle, Bewirtungsstätte mit begrenztem Getränkeangebot, Zeitschriften, Süßigkeiten und evtl. begrenztem Sortiment an Lebensmitteln. Der Verzehr findet nur z.T. an Ort und Stelle statt. Sitzgelegenheiten sind sehr selten.

Triple-Room, Dreibett-Zimmer, auch Doppelzimmer mit Zusatzbett.

Trips, terminorientiertes Reise-Informations- und Planungssystem, von Hoechst AG Reisestelle und Nixdorf AG gemeinsam entwickeltes Softwareprogramm für Reisestellen von Firmen. → Reisestelle

Triptik, Grenz- oder Zolldokument, für jeweils ein europäisches Land - ausgenommen Griechenland und Türkei - gültig; berechtigt zu mehreren Fahrten desselben Fahrzeugs in dieses Land. T. werden meist für Wasser- und Rennfahrzeuge genutzt. → Carnet de Passage, → Zollpassierschein

Triumphbogen, im Altertum als Ehrenbogen für das siegreich in Rom einziehende Heer und dessen Führer errichtet, z.B. Titusbogen, Konstantinsbogen in Rom; Arc de Triomphe v. 1806, Paris.

Trolley/Trolly, Transportwagen für lose Fracht und Gepäck.

Tronc-Verteilung im Gastgewerbe, „Schüssel" oder gemeinsame Kasse für vereinnahmte Trink- und/oder Bedienungsgelder, die zu einem bestimmten Zeitpunkt nach einem bestimmten Schlüssel auf die anspruchsberechtigten Mitarbeiter aufgeteilt werden. Der Begriff stammt aus Spielcasinos und steht dort für die Trinkgeld-Schüssel der Croupiers. → Bedienungsgeld, → Trinkgeld

Tropenkrankheiten, überwiegend in warmen Zonen verbreitete Krankheiten, die oftmals durch mangelhafte Hygieneverhältnisse begünstigt werden. Dazu zählen Malaria, Gelbfieber, Cholera und Lepra. Nähere Hinweise gibt der Impfkalender für Fernreisen, herausgegeben vom ADAC. → Deutsches Grünes Kreuz, → Quarantäne

Trust II, EDV-Buchungs- und Informationssystem bei SRS (ab Ende 1989), Vermarktung über neugegründete Trust International Hotel Reservation Services GmbH. Über den Reservierungsservice hinaus informiert T. über Verfügbarkeit von Hotelzimmern der SRS-Gruppe, Preise für Transfers und Sonderarrangements. T. speichert weltweit die IATA-Agenturen, arbeitet im Online-Verfahren und verknüpft die SRS-Hotels im Realtimeverfahren mit den SRS-Reservierungsbüros. → IATA-Agenturen, → Online, → SRS

Tsavo, größter Nationalpark Kenyas, beliebtes Safari-Ziel. → Safari

TUI Urlaub Center

TTI, Travel & Tourism Intelligence, Marktforschungsinstitut, mit u.a. ihrer Studie „Wachstumsprognose 2010" (s.u), aus der hervorgeht, daß Deutschland der größte Quellmarkt für Auslandsreisen bleibt.

TTW, Travel Trade Workshop, touristische Fachmesse in Montreux, alljährlich im Oktober. → Swiss Contact '90

TUC, → TUI Urlaub Center.

Tuesday, „ If it's Tuesday, it must be Belgium" ist der sprichwörtlich gewordene Titel eines Films über amerikanische Touristen, die Europa im Schnellverfahren „machen".

»Wachstumsprognose 2010«
prozentuale Veränderungen jährlich

Quellgebiet	1985–1995	1995–2000	2000–2005	2005–2010
Europa Mittelmeer	5,3	1,7	3,5	3,4
Nordamerika	3,6	6,7	5,1	5,0
Mittelamerika Südamerika	5,1	6,5	7,1	6,3
Südostasien	10,1	7,9	5,8	4,8
Ostasien	13,9	8,6	3,9	8,2
Australien Südafrika	5,6	5,6	6,0	6,2
Alle wichtigen Quelländer	5,5	3,4	4,4	4,4
Andere Quelländer	7,0	3,5	4,3	3,7

Quelle: Travel & Tourism Intelligence, International Tourism Forecasts to 2010

TUI, Touristik Union International, Sitz: Hannover, 1968 als Zusammenschluß der vier Reiseveranstalter Hummel, Scharnow, Dr. Tigges und Touropa gegründet. Die Integration dieser großen Einzelveranstalter zu einem Dachunternehmen erfolgte mit dem Ziel, mit Einsparungen bei Verwaltungs-, Werbe- und Servicekosten und durch größere Marktposition dieses Großunternehmens auch eine Verbesserung der Einzelunternehmen zu erreichen. Mit dem Winter 1990/91 hat die TUI ihren Marktauftritt unter Verzicht auf die traditionellen Markennamen zugunsten von Zielgebietskatalogen und Spezialisten grundsätzlich verändert. TUI ist größter europäischer Reiseveranstalter und mit großem Abstand bundesdeutscher Marktführer. TUI gehörte seit 1994 mit je 30% zu Hapag Lloyd und West LB-Gruppe sowie zu je 20% zu DB und Schickedanz-Gruppe. Gesellschaftsanteile im August 1998 (DB/DER haben ihr Vorkaufsrecht nicht ausgeübt):
- 50,1 % Hapag Lloyd
- 24,9 % West LB
- 25,0 % DB/DER

u.a. Reiseveranstalter Inland wie: Airconti Flugreisen, Airtours International, Wolters Reisen, 1-2-Fly, TransEuropa.
Reiseveranstalter Ausland wie: Terra Reisen Int., Ambassador Tours, TUI Nederland (Niederlande), ITV Gruppe (Schweiz) sowie TUI Austria (Österreich)
Die Hotelmarken: Robinson, Dorfhotel, Iberotel, Grecotel, Riu mit insgesamt 132 eigenen Hotels.
Zielgebiets-Agenturen in 14 Ländern sowie einige eigene Vertriebsbeteiligungen.
Der Vertrieb der Pauschalreisen erfolgt vor allem in Deutschland über unabhängige Reisebüros mit Agenturvertrag, sog. TUI-Agenturen (s. Tabelle S. 74 und 160).
→ Ausschließlichkeitsbindung, → HTU, → TUI Profi Partner → TUI Reisecenter, → Vertriebsliberalisierung

TUI Profi Partner, Marktauftritt als Fachreisebüro für TUI-Produkte, Angebot an Reiseagenturen unter bestimmten Voraussetzungen hinsichtlich Lage, Qualifikation, Vertragslaufzeit, Produktidentifikation und Mindestumsatzkriterien. Im Gegenzug erfolgt seitens TUI erhöhte, vertraglich zugesicherte Marketingunterstützung.

TUI Reise Center, Franchisemodell von TUI mit Reisemittlern. Bei der Lizenzvergabe wird auf einen geschlossenen Marktauftritt mit touristischer Ausrichtung geachtet. Die Einrichtung der Reisebüros ist einheitlich ohne eigener Werbeaussage, Zusammenarbeit auch im Verwaltungsbereich (Backoffice).

TUI-Sachverständigenbeirat, berufener Sachverständigen-Ausschuß, der sich im wesentlichen aus Mitgliedern des TUI-Vertriebs zusammensetzt, allerdings im Gegensatz zum vormalig bestehenden Partnerausschuß ohne Mitspracherecht des Vertriebs.
→ Partnerausschuß der TUI (PA)

TUI Urlaub Center, inzwischen umbenannt in TUI Reise Center. → TUI Reise Center

Tumulus, vor- oder frühgeschichtliches Hügelgrab.

TUR, Schwedens internat. Touristik- und Reisemesse, Göteborg, Fachmesse, alljährlich im März.

Turbo, Buchungsmodul von Traviswiss, das sowohl Reisekombinationen nach dem Bausteinprinzip erlaubt, als auch veranstalterübergreifend einheitliche Codes verwendet. T. wird von führenden schweizer Veranstaltern genutzt.

Turboprop, Flugzeug mit Propellerturbinenantrieb (im Unterschied zu Hubkolben-Motoren bei normalem Propellerantrieb).

Turespaña, Instituto de Promocion del Turismo de España (vorm. Inprotur), nationale spanische Tourismusbehörde, koordiniert nach außen die Interessen aller autonomen Regionen Spaniens; Marketing auf Messen und Workshops; Betreiberin der spanischen Fremdenverkehrsämter im Ausland. → NTO

Turista, Software für Reiseveranstalter und Omnibusbetriebe der Firma W & W Systemberatung.

Turnus, regelmäßige Wiederkehr, festgelegte Reihenfolge. Im Pauschalreiseverkehr: regelmäßige Abfahrtszeiten auf gleicher Route. → Alpen-See-Expreß (ASE), → Kreuzfahrten

Turnusmäßiger Nicht-Linienverkehr, luftfahrtstatistischer Begriff (Stand 1995) für Gelegenheitsverkehr, speziell für Pauschalflugreiseverkehr. → ADL, → Gelegenheitsverkehr

TÜRSAB, Verband Türkischer Reisebüros und Agenturen, gegr.: 1972, verfügt über mehr als 1.900 Mitglieder und regionale Büros in 12 Städten. Hauptsitz: Istanbul.

TÜV, Technischer Überwachungsverein, zu seinen Aufgaben gehört u.a. die Überprüfung von Kraftfahrzeugführern und Kraftfahrzeugen gem. StVZO (Straßenverkehrs-Zulassungsordnung).

TV-Verfahren, Touristische Vorgangsverwaltung, faßt alle Arbeitsschritte rund um eine touristische Buchung in einem einzigen Verfahren zusammen.

Twen Ticket, Angebot der DB für Jugendliche von 12 bis 25 Jahren für die 2. Klasse. Die Jugendlichen erhalten eine Ermäßigung von 25% auf den Normalpreis; der Mindestpreis beträgt 10,- DM, der Höchstpreis 203,- DM inkl. Zuschlag.

Twilight Express, japanischer Luxuszug mit Schlaf-, Club- und luxuriösem Speisewagen, fährt je nach Saison bis zu viermal pro Woche von Osaka nach Sapporo und zurück, durchquert auf der Strecke Hokkaido-Honshu den mit 53,9 km längsten unterseeischen Tunnel der Welt. Vertrieb in Deutschland: Japan Travel Bureau GmbH, Frankfurt/M.

Twinbed Room, Hotel-Doppelzimmer mit zwei getrennten Betten.

Two-Letter-Code, zur Identifikation der Fluggesellschaften ist weltweit ein Zweibuchstabenkürzel gültig (Carrier-Identifikation-Code). Ab 1987 hat die Umwandlung des Two-Letter-Codes in einen Three-Letter-Code begonnen. Z.B. AA (AAL) = American Airlines, LH (DLH) = Deutsche Lufthansa.

TWOV, Transit Without Visa, bezeichnet den Aufenthalt eines Reisenden im Transitbereich des Flughafens eines Drittlandes vor dem Umsteigen, wofür kein Visum erforderlich ist.

Tw-touristic Warehouse, Last-Minute-Reservierungssystem der Stinnes-Data-Service GmbH.

Typologische Aspekte der Reisenachfrage, bei Marktuntersuchungen bestimmen entweder die Reiseanlässe oder die Reisemotivationen die Gliederung der Reisenden. Nach Reiseanlässen kann man folgende Hauptkategorien unterscheiden: 1. Freizeittouristen, 2. Berufstouristen, 3. Gesundheitstouristen. Bei der Grundlage von Touristentypologien mit der Abgrenzung von Bedürfnissen und Motiven kennen wir 3 wesentliche Auffassungen:

- Nach Prof. Dr. H. W. Opaschowski vom BAT Freizeitforschungsinstitut, Hamburg, die Unterscheidung nach 8 grundlegenden Bedürfniskomplexen (z.B. Kompensationsbedürfnis).
- Prof. Claude Kaspar, Leiter des Instituts für Fremdenverkehr und Verkehrswirtschaft an der Hochschule St. Gallen stellt 6 kategoriale Urlaubsbedürfnisse heraus (z.B. nach aktionsbetontem Erlebnis).
- Heinz Hahn, Geschäftsführer der ehem. StFt e.V., Starnberg, gruppiert nach Verhaltensmerkmalen und faßt nach typischen Bedürfniskombinationen zusammen (z.B. der F-Typ, der ferne- und flirtorientierte Erlebnisurlauber).

UATP, Universal Air Travel Plan, die Koordinierungsstelle UATP gibt Air Travel-Kreditkarten aus; ca. 200 Fluggesellschaften sind dieser Institution angeschlossen.

U-Bahn (Subway, Underground, Metro), öffentliches Verkehrsmittel in Großstädten, das sich überwiegend in unterirdischen Tunnelsystemen bewegt. Bezeichnung geht zurück auf die stadteigene elektrische Untergrundbahn in Berlin. → ÖPNV

Überbuchen, hierbei wird das Buchungsangebot bewußt über die Anzahl vorhandener Plätze/Betten hinaus gestreut, um möglichst optimale/maximale Auslastung der Kapazität zu erzielen. Auf dem Flugsektor besteht die Erfahrung, daß Überbuchungen aufgrund von No-Shows einem Wahrscheinlichkeitsfaktor von 1:10.000 unterliegen, d.h. daß nicht alle Käufer eines Tickets auch zum Flugtermin einchecken. Nach Vorschlag der EU-Kommission sollen die Fluggesellschaften auch ohne Vorliegen einer Regreßforderung den Kunden einen finanziellen Ausgleich zahlen. → Denied Boardings

Überführungsfahrt, → Positionsfahrt/Positionierungsfahrt

Überführungsflug, gem. Luftfahrtstatistik der Flug zur Bereitstellung eines Flugzeuges an einem anderen Flughafen. Zu dieser Flugart werden Flüge ohne Personen- oder Frachtbeförderung gezählt, die unentgeltlich durchgeführt werden, z.B. Ferry- und Positionierungsflug. → Ferry Flug, → Positionierungsflug

Überführungskosten, Begriff aus der Versicherungsbranche, bezeichnet die Kosten für die Überführung an den Heimatort im Todesfall.

Übergepäck, engl. als Excess Baggage bezeichnet, das das zulässige Freigepäck überschreitende Gepäck wird als Ü. bezeichnet. Die entsprechende Gebühr errechnet sich aus 1% des First-Class Oneway-Preises. → Excess Baggage, → Gepäckbeförderung

Überschallflugzeug, in der Zivilluftfahrt ist die Concorde zur Zeit noch als einziges Verkehrsflugzeug im Einsatz, das die Schallgeschwindigkeit überwindet (die sowjetische Tupolew 144 wurde 1978 nach einem Unfall aus dem Verkehr gezogen). → Concorde

Übertragbare Jahresnetzkarte, → Jahresnetzkarte (unpersönlich)-UP

UCCCF, Universal Credit Card Charge START-Funktion mit Abrechnung von Flugscheinen mit Kreditkarte. CCCF wird dann ausgefüllt, wenn ein IATA-Agent einen manuellen Standardpassagierflugschein (SVD) oder MCO gegen Kreditkarte ausstellt. Im maschinellen Ticket übernehmen Agent- und Passagiercoupon die Funktion des CCCF. In solchem Fall wird es automatisch ausgefüllt. → IATA-Agenturen, → MCO, → Standardverkehrsdokumente, → START

UDB, → Union Deutscher Bahnhofsbetriebe

UFAA, Universal Fahrausweisautomat, Gerätetyp der Siemens AG, eingebauter PC mit Verbindung zum START-Rechner. Kurzes Tippen auf ein Feld des Bildschirms (Touch Screen) genügt zur Dateneingabe und ermöglicht so die Erstellung von Bahnfahrkarten. → PC, → START

UFI, die Union des Foires Internationales (UFI), weltweiter Messeverband mit Sitz in Paris wurde 1925 gegründet. Sie hat den Auftrag, Messen zu fördern und für eine ungehinderte internationale Beteiligung einzutreten. Das UFI-Signet für eine Veranstaltung ist ein Qualitätssiegel. Der UFI gehören 140 Mitgliedsgesellschaften in 57 Staaten mit 390 von der UFI anerkannten internationalen Veranstaltungen an. Die Bundesrepublik hat mit 85 von der UFI anerkannten Veranstaltungen weltweit einen großen Vorsprung vor allen anderen Ländern. → Messetourismus

UFTAA, Universal Federation of Travel Agents' Associations, gegr 1967 in Montreux; weltweiter Reiseverband mit Sitz in Brüssel. Deutsches Mitglied war der DRV bis 31.12.1988. Vorgängerin der UFTAA war FIAV, Fédération Internationale des Agences de Voyages.

UIA, Union of International Associations, Union Internationaler Verbände, Sitz: Brüssel. Unabhängige, nichtstaatliche Organisation mit dem Ziel, internationale Verbände durch Aktionen, Studien und Publikationen zu fördern (z. B. Entwicklung von Datenbanken, Veröffentlichung des „Yearbook of International Organisations", des „International Congress Calendar" oder der „Encyclo-

UIC

pedia of World Problems and Human Potential"). Die UIA zählt ca. 250 Mitglieder aus 55 Ländern.

UIC, Union Internationale des Chemins de Fer, internationaler Eisenbahnverband, gegr. 1922, Sitz: Paris. Zusammenschluß europ. und einiger außereurop. Eisenbahnverwaltungen zum Zweck der Weiterentwicklung und Vereinheitlichung des Eisenbahnbetriebs sowie der Abstimmung von Fahrplänen.

Ultra Switch, Datenvermittler-System von Thisco, das zwischen den crs von Hotelgruppen und Luftverkehrsgesellschaften geschaltet ist. → crs, → Thisco

UM (Unaccompanied Minor), gegen Zahlung einer Gebühr bieten Fluggesellschaften die Möglichkeit, unbegleitete Kinder zwischen 5 und 11 Jahren zu befördern. Vorab muß jedoch genau angegeben werden, welche Person das Kind zum Abflughafen bis zur Abfertigung des Fluges begleitet und bei der Ankunft am Zielflughafen in Empfang nimmt. Kinder unter 5 Jahren, die nicht in Begleitung von Schwester oder Bruder über 16 Jahren, oder eines Erwachsenen ab 18 Jahren sind, können diesen Service nicht in Anspruch nehmen. Auch als young passenger bezeichnet.

Umbrella Organization, Dach- oder Spitzenorganisation.

Umbrella-Effekt, bedeutet im Marketing die positive Beeinflussung, die neuen Marken die Marktdurchdringung erleichtert durch das gute Image bereits eingeführter Marken und das Zusammenfügen aller Produkte zu einer Markenfamilie.

Umbuchung, Änderung einer Reservierung, bei der Gebühren entstehen können (Umbuchungen werden im Flugverkehr meist nur dann kostenlos vorgenommen, wenn der Reservierung keine Ticketausstellung gefolgt ist). Beim Reiseveranstalter hängt diese Gebührenpflicht vielfach von den Vertragsbedingungen mit seinen Leistungsträgern ab. Er kann sie sonst auch unter der Begründung eines zusätzlichen Zeit- und Arbeitsaufwandes beim Kunden geltend machen. → Bearbeitungsgebühr, → Stornokosten

Umgekehrte Pendelverkehrsdienste, vom Grundsatz her entsprechen U.P. dem Pendelverkehr. Allerdings sind hier die erste Hinfahrt zum Abholen der Reisegäste und die letzte Rückfahrt zum Betriebssitz des Busunternehmers Leerfahrten.

Umlauf, Kreislauf, kostengerechter Einsatz von Verkehrsmitteln, z.B. umlaufender Hin- und Rückflug bei Flugpauschalreisen. U. dient der rationellen Verkehrssteuerung und damit der Ertragsoptimierung; auch Rundschreiben zur Information aller zuständigen Abteilungen eines Unternehmens oder einer Behörde.

Umsatz, Summe der in einer Periode verkauften Güter bzw. erbrachten Dienstleistungen, auch als Entgelt bzw. Erlös/Umsatzerlös bezeichnet; Begriff aus dem Rechnungswesen. Die Netto(umsatz)rendite bezieht sich im Gegensatz zum Betriebsergebnis nicht auf die Provisionserlöse, sondern auf den Bruttoumsatz.

Umschreibung, Streckenänderungen bei Linienflügen bedürfen einer Änderung des Flugscheines, der sog. U. Hierbei wird der Originalflugschein gegen ein neues, den gewünschten Änderungen angepaßtes Flugticket ausgetauscht. Vorab ist das umzuschreibende Dokument zu prüfen auf Gültigkeit, Vollständigkeit, Erforderlichkeit eines Endorsements sowie Prüfung der Tarifbestimmungen. Die Originalcoupons des umgeschriebenen Tickets werden über BSP abgerechnet. Das Passenger-Coupon des ursprünglichen Dokuments wird mit dem neuen Flugschein zusammengeheftet.
→ Endorsement, → Umbuchung

Umschulung zum/zur Reiseverkehrskaufmann/-frau, eine elfmonatige U. bietet die Deutsche Angestellten-Akademie (DAA) im Bildungswerk der DAG e.V. (Bildungszentrum der DAA, Düsseldorf) seit Nov. 1989 an. Die vom Arbeitsamt geförderte Bildungsmaßnahme soll helfen, den zukünftigen Bedarf an entsprechenden Fachkräften zu decken. Neben dem fachtheoretischen Bereich beinhaltet die Ausbildung ein siebenmonatiges Betriebspraktikum.

Umsteigeflug, im Gegensatz zum Direktflug oder Non-Stop-Flug Flugstrecke, auf der man aus einem Flugzeug in ein anderes umsteigen muß, um den Zielort zu erreichen.
→ Stopover

Umwelt, Lebensraum; Landschaft, Luft, Klima, Wohnumfeld, Wohnverhältnisse, Arbeitsplatz, Siedlungsform und -struktur. Die immer größer werdende Zahl von Menschen

Umweltverträglichkeitsprüfung (UVP)

und die Technisierung bedrohen die natürlichen Kreisläufe und Verflechtungen (Ökologie). Daher werden immer größere Anstrengungen notwendig, den Lebensraum zu erhalten. → Ökologie

Umweltgroschen, Projekt der Europäischen Reiseversicherung zur Unterstützung der Arten-, Klima-, Küsten- und Landschaftsschutzes seit 1990. Gefördert wird 1998 das Lifeway Village, ein Indianerdorf in North Dakota.

Umweltpreis, seit 1987 zeichnet der Deutsche Reisebüro-Verband (DRV) alljährlich Projekte aus, die Aspekte des Umweltschutzes im Zusammenhang mit touristischen Maßnahmen berücksichtigen. In den ersten drei Jahren wurden ausgezeichnet: Aktivitäten zur Rettung der Tara-Schlucht in Jugoslawien (1987), Aktion „Bäumiger Sommer" des Fremdenverkehrsverbandes Berner Oberland (1988), „Annapurna Conservation Area Project" des King Mahendra Trust for Nature Conservation in Nepal (1989). Der Umweltpreis 1990 ging an GOB, Grup Balear d'Ornitologia i Defensa de la Naturalesa, einen 1973 mit dem Ziel der Erforschung und des Schutzes von Natur und Umwelt auf den Balearen gegründeten Verein. Preisträger 1994 war Tirol Werbung mit dem Umweltsiegel Tirol. Den U. 1997 erhielt auf der ITB die Umweltorganisation Corpomedina für ihre Unterstützung der Umweltbelange in Venezuela. Für 1998 gibt es insgesamt 21 Bewerber:
- „Turismo Rural auf La Palma", Spanien
- „Buch: Der Treibhaus-Schwindel", Deutschland
- „ADFC-Fachveranstaltungsreihen, ITB-Berlin", Deutschland
- „The Isle of Wight AONB-Project", Großbritannien
- „Cervia: Eine Stadt nutzt ihr Potential zur Entwicklung des Tourismus", Italien
- „Touristische Umweltbilanzierung in Tourismusorten", Deutschland
- „Heranführen von Kindern und Jugendlichen an umweltbewußtes Denken", Deutschland
- „Vilamoura, Algarve", Portugal
- „GREEN GLOBE Certification", Großbritannien
- „President Gayoom´s Environmental Awareness and Conservation Initiative", Malediven
- „Vallée de Mai", Seychellen/Afrika
- „Strelo-Programm in Dalyan", Türkei
- „EXPO 2000 Hannover, ITB-Messestand", Deutschland
- „Reisepavillon - Marktplatz für anderes Reisen", Deutschland
- „The conservation of the old synagogue in Bet-Alfa", Israel
- „Umsetzung eines integrierten Umweltmanagementsystems bei der Bayerischen Zugspitzbahn AG", Deutschland
- „Green Magic Nature Resort - Kerala", Indien
- „Wildtier-Beobachtungssafaris in Tirol", Österreich
- „The Ese´Eja Project in Tambopata", Peru
- „The Organization of the International Park of Ecotourism Baikal-Mongolian Asia", Rußland
- „Archäologisch-Ökologisches Zentrum Albersdorf", Deutschland

Umweltschutz, alle Maßnahmen zur Erhaltung und Verbesserung des Lebensraumes (Umwelt), insbes. der lebensnotwendigen Elemente Wasser, Luft, Pflanzen und Tiere. Rechtsbestimmungen zum Umweltschutz sind in Deutschland u.a. Abfallbeseitigungsgesetz, Bundesimmissionsschutzgesetz und Bundesnaturschutzgesetz. Da die Überwachung der Vorschriften außerordentlich schwer ist, läßt sich Umweltschutz im Freizeitbereich kaum wirkungsvoll durchführen. Wichtig ist deshalb, beim Einzelnen ein Umweltbewußtsein zu erzeugen. → Umwelt

Umweltverträglichkeitsprüfung (UVP), im Bereich von Energie-, Rohstoff-, Forschungs-, Lebensmittel- und Naturschutzpolitik freiwillig oder z.T. bereits nach ges. Vorgaben (Bundesimmissionsschutzgesetz, Atomgesetz) durchzuführendes Prognose-Gutachten. Bereits in der Planungsphase von Projekten, besonders auch solchen der Touristik, werden hierbei die Auswirkungen der Verwirklichung auf Luft, Wasser, Landschafts- und Ortsbild usw. geprüft, meist durch den Bauträger selbst in seinem Auftrag. Auf EU-Ebene durch Richtlinie vom 27. Juni 1985 zur Verfahrensvereinheitlichung, Schutz vor Wettbewerbsverzerrungen und Sicherung eines Mindeststandards für die Mitgliedsstaaten zur Pflicht gemacht. Nach dem bundesdeutschen Gesetz zur

Umweltauszeichnung

Umweltauszeichnungen im Gastgewerbe 1998
Quelle: Ecotrans

Bezeichnung	Vergeber
Das Österreichische Umweltzeichen für Tourismusbetriebe	Umweltberatung GmbH
Öko-Tourismuspreis, Oberösterreich	Landesverband für Tourismus in Oberösterreich
Naturlich Lungau	Ferienregion Lungau
Umweltsiegel Lungau	Ferienregion Lungau
Nationalpark – Region Hohe Tauern	ARGE Nationalparkregion Hohe Tauern
Grüne Hand – Wir tun etwas für die Umwelt, Saalbach-Hinterglemm	c/o Hotel Birkenhof
Umweltsiegel Tirol-Südtirol	Tirol Werbung
Die beste Wahl für die Umwelt, Kärnten	CTC-Collegium Touristicum Carinthia – ARGE Umweltberatung Kärnten
Öko-Grischun, Graubünden	Verein Ökomarkt Graubünden
Umweltfreundliches Gastgewerbe, Mecklenburg-Vorpommern	Tourismusverband Mecklenburg-Vorpommern
Umweltfreundliche Campingplätze / Lever	Kommunikations- und Konfliktberatung
Der umweltorientierte Hotel- und Gaststättenbetrieb, Schleswig-Holstein	DEHOGA Landesverband Schleswig-Holstein
Umweltschnecke Nordseeinsel Borkum	Stadtverwaltung AZ III
Wir führen einen umweltorientierten Betrieb, Niedersachsen	DEHOGA Landesverband Niedersachsen
Wir führen einen umweltorientierten Betrieb, Nordrhein-Westfalen	DEHOGA Landesverband Nordrhein-Westfalen
Vorbildliche Campingplätze in der Landschaft, Deutschland	Bundesministerium für Ernährung, Landwirtschaft und Forsten
Wir führen einen umweltorientierten Betrieb, Deutschland	Deutscher Hotel- und Gaststättenverband DEHOGA
Der umweltfreundliche Hotel- und Gaststättenbetrieb, Hessen	Hotel- und Gaststättenverband Hessen
Blaue Schwalbe, Europa	Verträglich Reisen
Umwelt-Gütesiegel auf Alpenvereinshütten	Deutscher Alpenverein
Grüne Bäumchen	ADAC Reise GmbH
Umwelt-Eichhörnchen	ADAC-Koordination Umweltfragen/ Umweltschutz
Umweltbewußter Hotel- und Gaststättenbetrieb, Bayern	Bayrisches Staatsministerium für Landesentwicklung und Umweltfragen, Ref. 103
Umweltsiegel Kleinwalsertal (Silberdistel)	Gemeinde Mittelberg/Kleinwalsertal
Wir führen einen umweltfreundlichen Betrieb, Baden-Württemberg	Hotel- und Gaststättenverband Baden-Württemberg
Thüringer Gastlichkeit	Thüringer Hotel- und Gaststättenverband
Grüner Schlüssel, Dänemark	HO RES TA (Dänischer Hotel-, Restaurant- und Tourismus-Arbeitgeberverband)
Biosphere Hotels – Quality for Life, Spanien	ASOLAN – Asociación Insular de Empresarios y Apartamentos de Lanzarote
Oeko-Label Luxemburg	Stiftung OEKO-Fonds
The David Bellamy Conservation Award, Großbritannien	Vereinigung der englischen Campingplätze BH & HPA und die Umweltschutzstiftung (The Conservation Fondation)

Uniglobe Travel

Umsetzung dieser Richtlinie ist eine UVP vorgeschrieben u.a. für die Errichtung von Feriendörfern, Hotelkomplexen und sonstigen großen Einrichtungen für die Ferien- und Fremdenbeherbergung. → Immissionen

UN-Seerechtskonferenz, die 3. Seerechtskonferenz der Vereinten Nationen (1973-1982) hatte den Auftrag, angesichts der in den letzten Jahrzehnten eingetretenen politischen, wirtschaftlichen und technologischen Entwicklungen eine umfassende Rechtsordnung für die Nutzung der Meere auszuarbeiten. Das 1982 von der Konferenz verabschiedete Seerechtsübereinkommen wurde bis zum Ablauf der Zeichnungsfrist am 9. Dezember 1984 von 159 Teilnehmern der Seerechtskonferenz gezeichnet. Es tritt ein Jahr nach Hinterlegung der 60. Ratifikationsurkunde zwischen den Vertragsparteien in Kraft. Das Seerechtsübereinkommen trifft im herkömmlichen Seevölkerrecht Regelungen bezüglich der Nutzungsformen maritimer Bereiche (z.B. Fischfang, Verkehr, Bodenschätze) und ihrer Zuordnung an Nutzungsberechtigte über die wissenschaftliche Meeresforschung und den Umweltschutz. Ferner sieht es ein System obligatorischer Streitregelung mit einem Internationalen Seegerichtshof (mit Sitz in Hamburg) vor. Die Regelungen umfassen 320 Artikel, 9 Anhänge, 5 Resolutionen. Hier die wichtigsten Regelungen: **Küstengewässer** - Küstenstaaten können ihre Hoheitszone in den Küstengewässern auf 12 Seemeilen ausdehnen. In dieser Zone muß auch ausländischen Schiffen das Recht der „friedlichen Durchfahrt" gewährt werden. **Binnenstaaten** - Binnenstaaten haben das Recht auf freien Zugang zum Meer. Es wird ihnen ausdrücklich zugebilligt, Waren über das Gebiet der Nachbarstaaten an die Küsten zu befördern. **Meeresengen** - Die Konvention erlaubt Schiffen und Flugzeugen aller Länder den freien Transit durch die Meeresengen und den zugehörigen Luftraum. Der Transit muß ohne Verzögerung erfolgen und darf keine Bedrohung anderer Staaten darstellen. **Freie Passage** - Jenseits der 12-Meilen-Zone können sich alle Schiffe und Flugzeuge, militärische und kommerzielle, auch Unterseeboote frei bewegen. **Exklusive Wirtschaftszone** - Küstenstaaten erhalten durch die Konvention Hoheitsrechte für eine 200 Seemeilen ins Meer reichende exklusive Wirtschaftszone. **Freie Forschung** - Wissenschaftliche Forschung innerhalb der 200-Meilen-Zone und auf dem Festlandsockel muß zu friedlichen Zwecken zugelassen werden. **Festlandsockel** - Die Konvention anerkennt die souveränen Rechte der Küstenstaaten über das Kontinentalschelf zur Förderung von Erdöl und Erdgas. Und zwar in einem Gebiet, das von der Küste 350 sm ins Meer reicht. **Meeresboden - Bergbau** - Die auf dem Meeresboden liegenden Manganknollen enthalten Kupfer, Zink, Kobalt und Nickel. Sie werden als das „gemeinsame Erbe der Menschheit" bezeichnet. Der Abbau dieser Knollen wird durch eine Meeresbodenbehörde geregelt und kontrolliert, die ihren Sitz in Jamaica hat. **Schlichtung von Grenzfällen** - Dazu wird ein internationaler Seegerichtshof eingerichtet. Nach einem UN-Beschluß wird Hamburg der Sitz dieser Institution. **Umweltschutz** - Alle Staaten sind gehalten, die besten jeweils verfügbaren Mittel zur Verhütung und Kontrolle einer weiteren Verunreinigung der Meere einzusetzen. Sie müssen auch Maßnahmen zum Schutz des Lebens im Meer treffen.

Unbegleitetes Kind, → UM (Unaccompanied Minor)

Unbiassed Display, bei den crs die neutrale Darstellung von Daten. → crs

UNCTAD, United Nations Conference on Trade and Development, Konferenz der Vereinten Nationen für Handel und Entwicklung. Ihr Ziel ist die Förderung des Welthandels v.a. zwischen Ländern auf verschiedenen Entwicklungsstufen.

Underage Driver, bei Anmietung eines Mietwagens in den USA wird ein Aufschlag für Fahrer von 21 bis 25 Jahren erhoben.

UNDP, United Nations Development Programmes. Die UNO stellt neben den Mitteln für ECA-, ECE- und ECLA-Unterorganisationen auch noch im Rahmen der Entwicklungsprogramme Mittel zur Förderung des Tourismus zur Verfügung; diese gehen ausschließlich an die Mitgliedsstaaten, nicht an private Investoren. → ECA, → ECE, → ECLA

UNESCO, United Nations Educational, Scientific and Cultural Organization, Organisation der Vereinten Nationen für Erziehung, Wissenschaften und Kultur, gegr. 1946, Sitz in Paris. → World Heritage Convention

Uniglobe Travel, gegründet 1980 in Kanada, eine der weltgrößten Reisebüro-Franchise-

Union Deutscher Bahnhofsbetriebe

organisationen mit grundsätzlich unabhängigen und selbständig geführten Reisebüros; spezialisiert auf den Geschäftsreisen-Bereich, seit 1995 auch in Deutschland.

Union Deutscher Bahnhofsbetriebe (UDB), vereint die Fachabteilung Bahnhofsgaststätten im DEHOGA e.V. (FAB) und den Verband des Deutschen Bahnhofshandels e.V. (VDB). Die Arbeit erstreckt sich somit nicht allein auf die gastgewerblichen Aspekte der Bahnhöfe, sondern berücksichtigt in Kooperation mit dem Verband Deutscher Bahnhofsbuchhändler e.V. auch alle am Bahnhof vertretenen Handels- und Dienstleistungsformen, so daß die U. auf dem Gebiet Bahnhof Gesprächspartner für Politik, DB AG und Zulieferindustrie ist.

Unison, Hotelreservierungssystem (HRS) bei Utell. → Confirm

Universitätsstudium, eine Reihe von Universitäten bieten tourismusorientierte Studienschwerpunkte an (siehe Tabelle). Zum Teil steht die Tourismusforschung im Vordergrund.

Unix/Xenix, Abk. für Uniplexed Information and Computing System; eines der ältesten Betriebssysteme für Computer (1969 entwickelt), das über MS-DOS und OS/2 hinaus Multitasking und Multiuser-Betrieb ermöglicht und unterstützt sowie gute Netzwerkfähigkeit bietet. Eingesetzt vor allem in großen Rechenzentren von Firmen und Universitäten. Es gibt verschiedene Unix-Versionen, die nicht untereinander kompatibel sind; beim Softwarekauf zu beachten. Für den PC gibt es die Unix-Weiterentwicklung Linux. → Betriebssystem, → Linux, → Multitasking, → Multiuser-Betrieb

Unlimited Mileage, Angebot der Mietwagenfirmen auf unbegrenzte Kilometerleistung. → Rent-a-car

Unterausschuß Fremdenverkehr des Deutschen Bundestages, ehemaliges, dem Wirtschaftsausschuß untergeordnetes Gremium aus Vertretern der Bundestagsparteien, in dem vor allem fremdenverkehrswirtschaftliche und umweltpolitische Fragen aus bundes- und europapolitischer Sicht behandelt wurden. Themen waren u.a.: EG-Entwurf

Universitätsstudium — Tourismusorientierte Studienschwerpunkte

Universität	Studiengang	Studienschwerpunkte
TH Aachen	Geographie	Fremdenverkehr/ Tourismus
TU Dresden	Verkehrs-, Betriebs-, Volkswirtschaftslehre, Wirtschaftsinformatik	Tourismuswirtschaftliche Spezialisierung
Kath. Uni Eichstätt	Geographie	Freizeit, Fremdenverkehr, Umwelt
Uni Greifswald	Geographie	Umweltmanagement, Tourismus, Raumplanung
Uni Lüneburg	Angewandte Kulturwissenschaften	Tourismusmanagement
Uni-GH Paderborn	Geographie mit Ausrichtung Tourismus	Geographie
Uni Trier	Angewandte Geographie, Fremdenverkehrsgeographie Betriebswirtschaft, Volkswirtschaft, Soziologie	Regionalentwicklung, Kulturtourismus, Tourismusmarketing

einer Richtlinie zum Pauschalreiserecht, Schutz der Nordsee, Tieffluglärm und die Auswirkungen auf den Fremdenverkehr. Mit Beginn der Legislaturperiode 1990/91 abgelöst und zum Vollausschuß aufgewertet. → Vollausschuß FV

Unternehmensform, ist die Rechtsform, in der ein Unternehmen nach außen in Erscheinung tritt. Unter dieser Rechtsform ist das Unternehmen auch im Handelsregister eingetragen. Zu unterscheiden sind: → Einzelunternehmen, → Genossenschaften, → Kapitalgesellschaften, → Personengesellschaft

Unternehmensfusion, ist die rechtliche und wirtschaftliche Verschmelzung von zwei oder mehreren Unternehmen. Eine Vorstufe ist die Bildung von Kartellen. Vorteile einer Fusion liegen im Rationalisierungspotential, der Erleichterung der unternehmerischen Disposition und in einer fundierteren Investitionsfinanzierung. Der Endverbraucher erleidet Nachteile durch das Ausschalten des Wettbewerbs und daraus resultierenden höheren Preisen. Eine U. kann durch die Übernahme der Aktienmehrheit eines anderen Unternehmens oder durch Verschmelzung zu einem einzigen Unternehmen zustande kommen. → Kartellbehörden, → Rationalisierung, → Unternehmer, → Unternehmensform

Unternehmensidentität, → Corporate Identity

Unternehmensleitbild, zum langfristigen Planungskonzept eines Unternehmens oder einer Organisation gehört neben der Festlegung der langfristigen Ziele, der Definition der Unternehmenspolitik, die Formulierung eines Unternehmensleitbildes. Dieses hält in wenigen konzentrierten Aussagen die unternehmenspolitischen Ziel- und Grundsatzentscheidungen fest. Es spiegelt den grundlegenden Willen der Unternehmensleitung wider und stellt eine verbindliche Führungsvorgabe für alle Mitarbeiter dar. Folgende Sachverhalte und Beziehungen sollen in einem Unternehmensleitbild festgelegt werden:
- Die Marktleistungen, die in bestimmten Zeiträumen bestimmten Abnehmern zur Verfügung stehen sollen,
- die angestrebte Marktposition des Unternehmens,
- die geographische, soziodemographische und psychographische Marktbestimmung,

- die generelle Verhaltensweise des Unternehmens gegenüber Kunden, Konkurrenten und Lieferanten,
- den zu erzielenden Gewinn und dessen Verwendung,
- das Verhalten des Unternehmens gegenüber Staat, Gesellschaft und Umwelt,
- den Wirtschaftlichkeitsgrad der angebotenen touristischen Dienstleistungen,
- das Verhalten gegenüber den eigenen Mitarbeitern.

Unternehmer, ist eine Person, die ein Unternehmen plant, gründet oder leitet. Der U. im engeren Sinne ist selbst Eigentümer des von ihm geleiteten Unternehmens und besitzt die Verfügungsgewalt über den erzielten Gewinn. Dafür trägt er das volle Risiko und haftet für Verluste mit seinem Vermögen. Als U. im weiteren Sinn bezeichnet man heute auch leitende Angestellte (Manager). → Gewinn

Unterversicherung, wenn die Versicherungssumme (d. h. die als versichertes Kapital vereinbarte Geldsumme) zum Zeitpunkt des Versicherungsfalls niedriger ist als der Versicherungswert, wird der betroffene Schaden im Verhältnis der Versicherungssumme zum Versicherungswert ersetzt.

Update, als U. wird eine aktualisierte Form eines bestehenden Programms bezeichnet. Oftmals dient eine U. zur Korrektur von Fehlern bzw. zur Verbesserung von Programmstrukturen.

Upgrade, 1. Leistungsaufbesserung ohne Aufpreis oder Zuschlag, Verkaufsförderungsmaßnahme zur besseren Auslastung bei Leistungsträgern und Veranstaltern. Bei Last-Minute-Angeboten gebräuchlich im Zusammenhang mit Aufrücken in einen höheren Leistungsstandard. **2.** In der EDV häufig im Sinne von Update verwendeter Begriff. Als U. wird i.d.R. ein Umstieg auf eine verbesserte Produktversion bezeichnet. Hierbei kennzeichnet eine höhere Versionsnummer immer eine aktuellere Version eines Programms. → Kreuzfahrten-Börse, → Last-Minute-Tickets und -Reisen

Upload, Datentransfer bei Online-Verbindungen, wobei Daten von dem eigenen PC auf einen anderen PC oder zu einem Datennetz-Server übertragen werden. → Download

Upper deck, engl. für das zweite Stockwerk, das in Großraumflugzeugen (z. B. die

Uptown

Boeing 747) eingerichtet wird und im vorderen Teil einen Buckel bildet.

Uptown, Begriff aus den USA, bedeutet „aus der Stadt heraus, außerhalb, in den Wohnvierteln" im Gegensatz zu Downtown.
→ Downtown

UPU, Universal Postal Union, Weltpostverein, gegr. 1974, Sitz: Bern. Diesem Zusammenschluß gehören fast alle Staaten an. Der Weltpostvertrag regelt u.a. die Luftpostbeförderung.

URL, Abk. für Uniform Resource Locator. Bezeichnet den Ort eines Dokuments im Internet.

Urlaub, der Begriff ist im Mittelalter aufgekommen und bezeichnete für einen Ritter die Erlaubnis, sich vorübergehend aus dem Gefolge seines Fürsten zu entfernen. Zusammenhängende arbeitsfreie Tage innerhalb einer bestimmten Zeit mit der Möglichkeit der selbstbestimmten Verwendung. → Ferien, → Urlaubsanspruch, → Urlaubssplitting

Urlaub 98, touristisches Reiseangebots- und Informationssystem der Firma Buhl Data Service für den Endverbraucher, mit Best Buy-Funktion, als CD-ROM erhältlich.

Urlauberparlament, vom Fremdenverkehrsverband Schleswig-Holstein ab 1988 einberufen zur Beratung über die Umweltsituation von Nord- und Ostsee. 74 Parlamentsmitglieder sollen ihre Wünsche und Forderungen zu Umweltpolitik und -verhalten formulieren. Als Parlamentarier sind Urlauber eingeladen, die in den letzten 3 Jahren mind. einmal in Schleswig-Holstein Ferien gemacht haben.

Urlaub + Reisen (U + R), Untersuchung zur Erfassung und Beschreibung des Urlaubsreiseverhaltens der Deutschen und ihrer Urlaubsmotive und -interessen. Die Untersuchung erlaubt nicht nur eine Beschreibung des aktuellen deutschen Urlaubsreisemarktes, sondern auch eine Analyse zukünftiger Entwicklungen insgesamt und in einzelnen Marktsegmenten. Marktorientiert angelegt, ermöglicht die Untersuchung Zielgruppenanalysen sowohl über Verhaltens- wie auch über Einstellungsmerkmale, sie liefert Daten nicht nur über Reisen, sondern auch über die reisenden Personen, die mit den Marketingmaßnahmen auch angesprochen werden sollen. Träger des als Beteiligungsuntersuchung konzipierten Projekts ist die FUR - Forschungsgemeinschaft Urlaub + Reisen e.V., Hamburg. Mit der Vorbereitung, Durchführung und Auswertung des Projektes sind folgende Organisationen betraut:

- GfM-Getas in Hamburg mit der Feldarbeit und EDV-Arbeiten,

- Das N.I.T. Institut für Tourismus und Bäderforschung in Nordeuropa, Sitz: Kiel, die Untersuchung organisatorisch und wissenschaftlich und ist für die Auswertungsarbeiten zuständig.

- Dr. Peter Aderhold, Tourismus-Analyse und Planung, Kopenhagen, hat zusammen mit anderen Partnern dieses Projekt konzipiert und vorbereitet und arbeitet bei der Ergebnisdarstellung mit.

Anlage und Definition der Untersuchung richten sich nach den international gebräuchlichen Standards. Fragen werden im Januar und Februar jeden Jahres an eine Stichprobe von insges. 8.000 Personen (netto = 8.000 persönliche Befragungen) gestellt, die repräsentativ für die deutschsprachige Wohnbevölkerung (14 Jahre und älter) in Privathaushalten sind. Die Auswahl der befragten Personen erfolgt nach dem Zufallsverfahren (random route). U + R ist die Nachfolgeuntersuchung der Reiseanalyse (RA). → FUR, → Reiseanalyse (RA)

Urlaubsanspruch, Mindesturlaub wird durch das Bundesurlaubsgesetz garantiert, tarifvertragliche Vereinbarungen erweitern den Urlaubsanspruch. Nach einer Erhebung von Globus (Stand: Ende 1994) haben in Westdeutschland

- 79% aller Arbeiter und Angestellten einen tarifvertraglichen Anspruch auf mindestens 6 Wochen Urlaub (in Ostdeutschland 33%).

- 19% haben laut einer Auswertung der Tarifverträge durch das Bundesarbeitsministerium einen Urlaubsanspruch zwischen 5 und 6 Wochen (in Ostdeutschland 65%) und nur

- 2% haben weniger als 5 Wochen Urlaub (in Ostdeutschland 2%).

Bei gleichzeitig wachsendem Einkommen konnten die Bundesbürger immer mehr und aufwendigere Urlaubsreisen unternehmen.
→ Reiseausgaben, → Reiseverkehrsbilanz

Urlaubsexpress, Wiederaufnahme des DB-Turnussonderzuges ab 1998 mit der Strecke

Urlaubsreiseabsichten

Rhein-Ruhr-Gebiet und der mecklenburgischen Ostseeküste.

Urlaubsformen, mit Reiseanalyse (RA) 1998 Urlaub + Reisen sind die Bundesbürger nach möglichen Urlaubsformen für die drei kommenden Jahre befragt worden, um Auskunft über ein Marktpotential der Interessenten zu erhalten. Mit „wahrscheinlich" (= erweitertes Potential) ist das Antwortschema der nachfolgenden Tabelle zusammengefaßt. → Reiseanalyse (RA), → Urlaub + Reisen (U+R), → Urlaubsreise

Bev. ab 14 J. 63,3 Mio. Mehrfachnennungen	Erfahrung 95–97 %	Interesse 98–2000 %	Wachstumspotential
Städtereisen	12	26	möglich
Busreisen	11	18	gering
Winterurlaub im Schnee	9	20	möglich
Gesundheitsurlaub	6	15	möglich
Winterurlaub in warmen Ländern	5	17	sehr groß
Urlaub auf dem Bauernhof	5	14	groß
Kulturreise	3	10	groß
Wohnwagenurlaub	3	6	gering
Kreuzfahrt	1	7	sehr groß

Quelle: RA 98

Urlaubsfreude, für den Fall von entgangener Urlaubsfreude durch schuldhaftes Verhalten des Reiseveranstalters, kann der Reisende Schadensersatz oder auch die Erstattung des gesamten Reisepreises fordern.

Urlaubsinteressen, → Urlaubsformen

Urlaubskauf auf Raten, für den Reisebürokunden entwickelte Finanzierung seiner Urlaubsreisen. Nach Überprüfung seiner Bonität schließt der Kunde einen Darlehensvertrag mit einer Bank, mit dem er seinen Urlaub bei einer Laufzeit von mehreren Monaten abbezahlen kann. Die Bank überweist dann den Reisepreis an den Veranstalter, der dem Reisemittler die Provision auszahlt.

Urlaubsmotive, nach Reiseanalyse RA 98 Urlaub + Reisen ergaben sich für 1997 folgende Urlaubsmotive und -erwartungen:
59% keinen Streß haben, sich nicht unter Druck setzen lassen,
54% frei sein, Zeit haben
53% frische Kraft tanken
52% Abstand zum Alltag gewinnen
51% Sonne und Wärme
43% erlebbare Natur
40% gesundes Klima
die sozialen Wünsche der Deutschen im Urlaub:
43% Zeit für Partner und Familie
25% neue Kontakte
10% Flirt und Erotik
8% aktiv Sport treiben

→ Reiseanalyse (RA), → Urlaub + Reisen (U+R), → Urlaubsreisen

Urlaubsreisen, nach RA und Nachfolgeuntersuchung U+R alle Reisen, die nicht beruflichen Zwecken dienen und mindestens 5 Tage dauern. Kuraufenthalte gelten danach ebenfalls nicht als Urlaubsreisen. Aufgrund dieser Einschränkungen sind die Zahlen nicht ohne weiteres mit den amtlichen Statistiken über Ankünfte und Übernachtungen vergleichbar. Nach RA 98 für 1997 wurden ermittelt: 62,2 Mio. Urlaubsreisen, davon 47 Mio. Haupturlaubsreisen, 15,2 Mio. weitere Urlaubsreisen. → Individualreisen, → Pauschalreisen, → Reiseanalyse (RA), → Urlaub + Reisen (U+R)

Urlaubsreiseabsichten, werden z.B. von der RA zu Jahresbeginn erstellt. Nach Reiseanalyse RA 98 Urlaub + Reisen ergaben sich folgende Urlaubsreiseabsichten für 1997:

Bev. ab 14 J. 63,3 Mio.	1996 %	1997 %	1998 Mio.
Ja, werde (wahrscheinlich) verreisen	68,8	67,2	69	43,7
weiß noch nicht	14,8	15,6	13,8	8,7
nein, werde (wahrscheinlich) nicht verreisen	16,4	17,2	17,2	10,9

Quelle: RA 98

Urlaub auf dem Bauernhof

Urlaub auf dem Bauernhof, → Ferien auf dem Bauernhof

Urlaubs-Splitting, nach einer Befragung des Freizeitforschers Prof. Dr. Opaschowski sind immer mehr Deutsche daran interessiert, ihren Jahresurlaub in 6 einzelnen Wochen zu nehmen. Sowohl Unternehmen als auch Gewerkschaften lehnen diese Einteilung ab. Das Bundesurlaubsgesetz von 1963 schreibt zusammenhängenden Jahresurlaub vor.

Usenet, Abk. für USErs NETwork (Benutzernetzwerk). Eine Verbindung von mehreren Computern, die für das Versenden und Empfangen privater Nachrichten und privater E-mails für bestimmte Empfängergruppen, sog. Newsgroups eingerichtet wurde. Erstmals 1979 als Mailbox an der Duke Universität in North Carolina, USA entwickelt.

US-Kreuzfahrten Preiskategorien, Seereisenangebote auf dem US-Markt werden unterschieden nach Super de Luxe, de Luxe, Standard und Budget.

USNTO, US National Tourism Organization. Nationale Tourismusorganisation der USA, zuständig für Marketingmaßnahmen. Nachfolgeorganisation der USTTA. → USTTA

USP, Unique Selling Proposition; Begriff aus der Werbung/Marketing für die Einzigartigkeit oder Besonderheit eines Produktes, leitet sich als Verbraucherversprechen aus der angestrebten Positionierung ab. Vom Reiseveranstalter oder Leistungsträger muß dem Verbraucher ein wirklicher, nach Möglichkeit einzigartiger Nutzen versprochen werden.

→ Leistungsträger, → Marketing-Mix, → Reiseveranstalter

USPH, U.S. Department of Health and Human Services/Public Health Service, U.S.-Gesundheitsbehörde, die einmal jährlich unangekündigt die Kreuzfahrtschiffe durch ihre Inspektoren in bezug auf Sauberkeit und Hygiene inspizieren läßt. Es handelt sich dabei um 4 Hauptbereiche mit insgesamt 37 Positionen. Die Testergebnisse werden in der Presse wie Hitlisten veröffentlicht; gute Ergebnisse werden von den Reedereien und Veranstaltern nicht selten als Verkaufsargument in der Werbung hervorgehoben. → Kreuzfahrten

USTOA, US Tour Operators Association, größter US-Reiseveranstalterverband.

USTTA, United States Travel and Tourism Administration, ehemaliges staatliches Fremdenverkehrsamt der USA. → USNTO

UTC, Universal Time Coordinated, im Luftverkehr auf dem O-Meridian basierende Ortszeit (frühere Bezeichnung GMT, Greenwich Mean Time). UTC ist Grundlage für alle Zeitangaben im Luftverkehr mit Ausnahme aller der Öffentlichkeit zugänglichen Abflugs- und Ankunftszeiten, die in der jeweiligen Ortszeit ausgewiesen sind.

UTHE, Union des Associations des Etablisements Thermaux de la Communauté Européenne, Union der Heilbäderverbände in der Europäischen Gemeinschaft. Ziel ist eine gemeinsame Interessenvertretung. → DBV

Vakanzliste, Liste freier Kapazitäten bei Leistungsträgern und Reiseveranstaltern.

Valet Parking Service, Drive-in-Center ermöglicht am Flughafen das Einchecken vom Auto aus mit Parkservice; für den Passagier bedeutet diese vereinfachte Abfertigung vor dem Start und nach der Landung eine große Zeitersparnis. → Abfertigung im Flugverkehr

Valet-Service, Bügel- und Reinigungsdienst in Hotels, auf Schiffen etc.

Validator, Stempeleindruck („Gültigmacher") der ausstellenden Agentur oder Luftfahrtgesellschaft auf Tickets; enthält Datum und Namen des Ausstellers. → Ticket

Validity, Gültigkeit eines Flugscheins.

Valuten, sind ausländische Zahlungsmittel. → Devisen

VAT, value added tax, Mehrwertsteuer.

VCD, 1. Verkehrsclub der Bundesrepublik Deutschland. Sein Ziel ist die Durchsetzung einer umwelt- und sozialverträglichen Verkehrspolitik durch attraktive öffentliche Verkehrsmittel und damit Befreiung vom Zwang zur Autobenutzung sowie die konsequente Anwendung der besten technischen Lösungen zur Schadstoff- und Lärmreduzierung. **2.** Verband der Campingplatzhalter in Deutschland e.V., Sitz: Wittenborn, Interessenvertretung. VCD ist Mitglied im Deutschen Fremdenverkehrsverband (DFV). → DFV

VDF, 1. Verband Deutscher Flugleiter, gegr.: 1951, Sitz: Bremen. Zu seinen Aufgaben gehören die Erhaltung der Verkehrssicherheit im Luftraum und die Förderung der Entwicklung geeigneter Mittel und Verfahren zur rationellen, reibungslosen Lenkung des Luftverkehrs; die Förderung von Wissen und Können der Fachkräfte des Flugsicherungs-Betriebsdienstes; Wahrung der fachlichen, beruflichen und sozialen Interessen. **2.** Verband Deutscher Freilichtbühnen e.V., Sitz: Hamm, veröffentlicht jährlich einen Spielplan mit den Veranstaltungen der im Verband organisierten Bühnen und Festspielveranstalter.

VDFU, Verband Deutscher Freizeitunternehmen, Sitz: Würzburg. In der Bundesrepublik ist Phantasialand bei Brühl, Rhld., Branchenführer. → Freizeitparks

VDHA, Vereinigung Deutscher Haushüter Agenturen. Die Haushüteragenturen vermitteln Interessenten für die Dauer des Urlaubs Vertrauenspersonen über eine individuelle Vereinbarung zur Kontrolle des Hauses. Auch die Betreuung von Kindern und älteren Familienangehörigen ist möglich.
→ House-sitting

VDKF, Verband Deutscher Kur- und Tourismus-Fachleute, Sitz: Berlin. Mitglieder sind vor allem die Leiter städtischer und regionaler Verkehrsbüros/Verkehrsämter/Verkehrsvereine. Diese Berufsorganisation hat sich zur Aufgabe gemacht, die Grundlage für eine erfolgreiche Arbeit auf diesem Tourismusgebiet zu schaffen, die beruflichen Interessen seiner Mitglieder zu vertreten und für gegenseitige Hilfeleistung und Erfahrungsaustausch unter seinen Mitgliedern wie auch europaweit zu sorgen. → EUTO

VDR, 1. Verband Deutsches Reisemanagement e.V., Sitz: Bad Homburg, 1974 in Hamburg gegründet. Der VDR vertritt die Interessen seiner Mitgliedsfirmen auf nationaler und internationaler Ebene gegenüber Anbietern von Leistungen im Geschäftsreiseverkehr, Behörden, der Regierung, anderen Verbänden wie dem Deutschen Reisebüro Verband (DRV), dem Bundesverband mittelständischer Reiseunternehmen (ASR) und der International Air Transport Association (IATA) sowie der Öffentlichkeit. Die Meinungsbildung in den Fachreferaten und Mitgliederversammlungen des Verbandes sind die Basis für eine Mitarbeit an Entscheidungen von Leistungsanbietern wie Fluggesellschaften, der DB sowie Hotel- und Mietwagengesellschaften. Beratung bei der Einrichtung und Durchführung von Reisemanagement in Unternehmen. Mitglied der 1971 gegründeten IBTA. → IBTA **2.** Verband Deutscher Reeder, Hamburg.

VDRJ, Vereinigung Deutscher Reisejournalisten e.V., Sitz: München. Ihre Aufgaben sind die Förderung der beruflichen Interessen der Mitglieder, Wahrung des Berufsansehens und Erleichterung der praktischen Arbeit. Der Verein nimmt die Interessen der Verbraucher auf touristischem Gebiet durch Aufklärung und Betreuung wahr.

VDS, Verband Deutscher Seilbahnen, Zusammenschluß der in Deutschland ansässigen

VDSM

Seilbahn-, Schlepplift- und Zahnradbahn-Unternehmen, Sitz: München. Ziel ist die Interessenvertretung der Seilbahnwirtschaft, Zusammenarbeit mit nationalen und internationalen Organisationen des Sports wie des Natur- und Umweltschutzes. Mitarbeiterschulung, Beratung und Information in technischen Fragen des Seilbahnwesens (Sicherheit, Betriebsführung etc.). Nach Angabe des VDS erbrachten 1992 in Deutschland 152 Seilbahnen, 1.243 Schlepplifte und 4 Zahnradbahnen 33 Mio Beförderungsfälle. → Schlepplift, → Seilbahn, → Zahnradbahn

VDSM, Verband der Stadt-, Sport- und Mehrzweckhallen e.V., Münster, Interessengemeinschaft der Hallenbetriebe. → Convention, → Kongreßtourismus, → Tagungsstätten

VDV, Verband deutscher Verkehrsunternehmen, Zusammenschluß des Verbandes öffentlicher Verkehrsbetriebe (VÖV), des VÖV der ehem. DDR und des Bundesverbandes Deutscher Eisenbahnen (BDE) seit 1991. Mitglieder sind u.a. ÖPNV-Unternehmen mit Kraftfahrzeugen, Bahn- und Busverkehr, Güterverkehrsunternehmen, Verwaltungs- und Verbundgesellschaften. → ÖPNV

VDWH, Verband Deutscher Wohnwagenhersteller e.V., Sitz: Frankfurt/M. Interessenvertretung.

VEB, Volkseigener Betrieb in der DDR zur Zeit der Zentralen Planwirtschaft. → Planwirtschaft

Vedute, Genre der Landschaftskunst, die sachlich streng und wirklichkeitsgetreu eine Landschaft oder Stadt in Stich, Zeichnung oder Gemälde wiedergibt. Die Vedutenkunst entstand im Zusammenhang mit dem sich in der Barockzeit entwickelnden Bildungstourismus, der meist nach Italien führte, z.B. bei Piranesi, Canaletto u. a.

Veranstalterhaftung, V. ist im Reisevertragsgesetz geregelt (§ 651 a-f BGB). → Reisevertrag/Reisevertragsrecht, → Haftung bei Pauschalreisen

Veranstaltermarkt, FVW International legt seit 1972 alljährlich eine Dokumentation über den Markt der Veranstalter-Reisen vor. Die FVW-Tabelle zählt Veranstalter-Reisen ohne Einschränkung nach Reisedauer und Alter der Urlauber. Die Ergebnisse sind in 3 Tabellen erhoben und folgendermaßen unterschieden: Tabelle A zeigt die 5 größten deutschen Reiseveranstalter, TUI, NUR, LTU, DER und ITS sowie deren Tochtergesellschaften und Beteiligungen. Tabelle B zeigt die Veranstalter mit Mindestgrößen in Umsatz und Teilnehmerzahl mit ausführlicher Berichterstattung. Tabelle C zeigt die Veranstalter ohne Mindestvoraussetzungen. Die Dokumentation für das Touristikjahr 1996/97 erfaßt den deutschen Veranstaltermarkt nur noch mit 2 Tabellen: Haupttabelle 1 weist die Reiseveranstalter mit mehr als 60 Mio. DM Umsatz aus, Veranstalter mit weniger als 60 Mio. DM Umsatz, aber einem Mindestumsatz von 10 Mio. DM werden in Tabelle 2 aufgeführt.

Veranstalter-Reisen, Produkte der Reiseveranstalter. → Pauschalreisen, → Veranstaltermarkt

Verband der Studienreiseleiter, Verband zur Interessenvertretung der Studienreiseleiter gegenüber ihren Arbeit- bzw. Auftraggebern und der Öffentlichkeit, Sitz: München. Hauptziele sind die arbeits- bzw. sozialrechtliche Verbesserung und die Anerkennung ihres Berufstandes; Herausgabe der Zeitschrift „Reiseleiter Live". → Studienreiseleiter

Verbände, organisatorische Zusammenschlüsse von Unternehmen zum Zweck der gemeinsamen Verfolgung von Mitgliederinteressen. V. bringen den Sachverstand in die öffentliche Diskussion ein und sorgen für geeignete Informationen. Speziell den mittelständischen Unternehmen sind V. im Hinblick auf die wachsende Gesetzesflut und sonstige Belastungen sowie die Vermittlung von Spezialistenwissen durch verbandliche Beratung und Hilfe eine notwendige Stütze. → EU/EG/EWG, → Harmonisierung, → Liberalisierung, → Mittelstand

Verbindungskonferenzen (IATA), Ausdruck aus der Flugverkehrsgeographie. Innerhalb der Aufteilung in drei Konferenzgebiete (TC1; TC2 und TC3) besteht eine weitere Aufteilung, die sog. 4 Verbindungskonferenzen, die die Tarifbildung zwischen den o. a. Konferenzgebieten übernehmen: TC1 (Nord-, Mittel- und Südatlantikstrecken), TC2-3 (Strecken zwischen Europa, Afrika, dem Mittleren Osten, Asien und Südwest Pazifik); TC3-1 (Nord-, Zentral-, und Südpazifikstrecken) und TC1-2-3 (Flugrouten rund um die Welt). → Flugrouten, → IATA-Verkehrsgebiete, → Konferenzgebiet

Verbraucherpreisindex, baut auf den Preisen eines Warenkorbes auf, der Güter und Dienstleistungen des täglichen Bedarfs

Verkehrsinstitutionen

(Wohnung, Nahrungsmittel, Kleidung, Auto, Reisen, etc.) beinhaltet. Die Preise des Basisjahres werden mit 100 festgelegt und die jeweiligen Veränderungen dieser Preise auf dieses Jahr bezogen. → Inflationsrate, → Preisindex

Verbundwerbung, Form der kooperativen Werbung, bei der Unternehmungen der gleichen Wirtschaftsstufe, aber unterschiedlicher Branchen gemeinsame Werbung betreiben; speziell üblich bei Werbung mit Partnern bedarfsverwandter Produkte, bei der Marktziele oft nur durch Kooperation zu erreichen sind. → Anschließerwerbung, → Kooperation

Vereinigung Cockpit e.V., 1969 gegründete Vereinigung des Cockpitpersonals in Deutschland mit Sitz in Frankfurt. Die Ziele sind Mitwirkung am Wohle der Zivilluftfahrt, Mitwirkung an der Verbesserung der Sicherheit im Luftverkehr, Einflußnahme auf die Qualifikation der Cockpitbesatzungen, Wahrung der Belange der Mitglieder, ihrer Angehörigen und ihrer Hinterbliebenen, Verfolgung berufspolitischer und tarifpolitischer Interessen der Mitglieder.

Vergleich, 1. Vereinbarung zwischen Gläubiger und Schuldner bei Insolvenz zur Abwendung eines Konkurses (geregelt in der Vergleichsordnung). → Insolvenz. 2. Beilegung einer Rechtsstreitigkeit durch gegenseitiges Nachgeben. → Konkurs

Verhaltenskodex crs, → crs

Verjährung, bei Pauschalreisen sind zwei Verjährungsfristen zu beachten: 1. Alle Ansprüche müssen innerhalb eines Monats nach dem vertraglich festgelegten Reiseende beim Veranstalter oder dem Reisebüro, bei dem die Reise gebucht wurde, geltend gemacht werden (§ 651 g Abs.1 BGB) 2. Ansprüche verjähren nach einem halben Jahr, gerechnet ab vertraglich festgelegtem Reiseende (§ 651 g Abs. 2 BGB).

VERK, Buchungsmaske für START zur Verkaufsabwicklung. Bietet die Möglichkeit zur Erstellung von Kassenzetteln, Rechnungen, Gutschriften und Lieferscheinen.

Verkäufermarkt, Begriff aus der Volkswirtschaftslehre. Bei den Angebots-Nachfrage-Relationen spricht man von einem Verkäufermarkt, wenn die Nachfrage größer ist als das Angebot, also die Verkäufer die Wettbewerbsbedingungen weitgehend bestimmen können. → Käufermarkt

Verkaufslizenzen, Grundlage für die Zusammenarbeit der Reisebüros mit Reiseveranstaltern und Leistungsträgern sind die Zulassungskriterien der einzelnen Vertragspartner. Die Vergabe von V. ist an bestimmte Voraussetzungen gebunden, wie z.B. die Beschäftigung von Fachpersonal, Mindestumsätze und Bankbürgschaften. → DB-Agenturen, → IATA-Agenturen

Verkehrsamt, überwiegend Kommunalbehörde zur Förderung des örtlichen Fremdenverkehrs. Die kommunalen V. werden zunehmend in Gesellschaften m.b.H. umgewandelt; nicht nur eine formale Sache. Durch den Charakter des privatwirtschaftlich geführten Dienstleistungsunternehmens werden dabei die wesentlichen Voraussetzungen erfüllt:
- Erweiterung des Handlungsspielraums
- Beteiligung der angeschlossenen, interessierten touristischen Betriebe
- Kommerzialisierung der Leistungen.
→ Verkehrsverein

Verkehrsbüro, meist in zentraler Lage eingerichtetes Auskunftsbüro eines Fremdenverkehrs-Amtes, in dem auch touristische Leistungen angeboten werden können. Nach DIHT ist die Bezeichnung V. nicht ausschließlich den kommunalen Einrichtungen vorbehalten, sondern kann auch für ausländische Fremdenverkehrsämter (z.B. Schweiz) gelten. → Tourist Board/Tourist Office

Verkehrsgebiet, engl.: Route Area. In der Luftfahrt die Verbindung zweier Regionen. International gelten für die Regionen die geographischen Definitionen der ICAO. → IATA-Verkehrsgebiete → ICAO, → Region

Verkehrsgemeinschaft, 1. kommunale Arbeitsgemeinschaft mehrerer Gemeinden mit dem gemeinsamen Ziel der Tourismusförderung. 2. Im ÖPNV gehen die kooperierenden Unternehmen über eine tarifliche Zusammenarbeit hinaus. Es kommt zu einer verkehrlichen Zusammenarbeit im Rahmen einer einheitlichen Netz- und Fahrplangestaltung, wobei jedoch keine Zuständigkeiten an eine besondere Organisation übertragen werden. → Verkehrsverbund

Verkehrsinstitutionen, gewährleisten die organisatorische, ökonomische und rechtliche Abwicklung des Beförderungsvorganges und sind konstituiert in Eisenbahn-, Straßentransport-, Luftverkehrs- und Schiffahrtunternehmungen.

333

Verkehrskonferenzgebiete

Verkehrskonferenzgebiete, → IATA-Verkehrsgebiete

Verkehrsmedien, für die Abwicklung des Verkehrs stehen die drei Medien Land, Wasser und Luft zur Verfügung. Das Verkehrsmedium Land verfügt über eine Vielzahl von Verkehrswegen wie Straßen, Schienen, Leitungen (Rohr-, Energie- Nachrichtenleitungen usw.). Das Wasser (Wasserstraßen des Meeres, Flüsse, Kanäle und Binnenseen) dient Schiffen, Booten, Fähren usw. als Verkehrsmedium. Die Luft (Luftstraßen) ist das Verkehrsmedium für Luftfahrzeuge aller Art sowie für Funkwellen.

Verkehrsmittel, die nach erforderlicher Leistung und Verkehrsweg ausgestatteten Fahrzeuge zur Beförderung wie Flugzeuge, Bahnen, Kraftfahrzeuge (Pkw, Busse) und Schiffe. Die touristische Verkehrsmittelnutzung Reiseanalyse RA 98 Urlaub + Reisen für 1997 für die Urlaubsreisen der Bundesbürger (= 62,2 Mio. Urlaubsreisen) gliedert sich in folgende Anteile:
49,4% PKW/Wohnmobil
32,1% Flugzeug
9,9% Bus
6,9% Bahn
→ Reiseanalyse (RA), → Urlaub + Reisen (U+R)

Verkehrsobjekte, im System Verkehrswirtschaft bilden die V. eines der drei Subsysteme neben den Verkehrsträgern und den Verkehrsinstitutionen. V. sind Personen, Güter und Nachrichten im Raum und damit Gegenstand der Beförderungsfunktion.
→ Verkehrsinstitutionen, → Verkehrsträger

Verkehrsrechte, die Gewährung von Verkehrsrechten durch die staatlichen Behörden ist Voraussetzung für die Durchführung von Luftverkehr. Im allgemeinen werden diese Verkehrsrechte auf der Basis der Gegenseitigkeit im Rahmen zweiseitiger Abkommen zwischen staatlichen Luftfahrtbehörden vereinbart. → Bundesministerium für Verkehr (BMV), → Freiheiten der Luft, → Lufthoheit

Verkehrsstatistik, zahlenmäßige Untersuchung des Gesamtverkehrs, herausgegeben vom Statistischen Bundesamt, Wiesbaden.

Verkehrsträger, die den technischen Vorgang der Beförderung sicherstellenden Verkehrsmittelgruppen mit der Unterscheidung nach den Verkehrsmedien Land, Wasser und Luft, wie z.B. Luftverkehr. → Verkehrsmittel

Verkehrsverbund, vertraglich geregelte Kooperation zwischen Trägern des öffentlichen Personen-Nahverkehrs (ÖPNV) mit Fahrplanabstimmung, Verkehrs- und Tarifgemeinschaft sowie gemeinsamer Planung der verkehrsmäßigen Infrastruktur; vorwiegend in Ballungsgebieten wie z.B. Rhein-Ruhr-Verbund, München MVV u.a.
→ Grundpflichten, → ÖPNV

Verkehrsverbund Bodenseeschiffahrt, Großschiffahrt auf internat. Ebene mit 37 Schiffseinheiten als Vereinigte Schiffahrtsunternehmen der Gesellschaften DB, ÖBB = Österreichische Bundesbahnen, SBB = Schweizerische Bundesbahnen, URH = Schweizer Schiffahrtsgesellschaft Untersee und Rhein zwecks Abstimmung der Tarife und Fahrpläne. → Verkehrsverbund

Verkehrsverein, lokaler privatrechtlich organisierter Verein zur Förderung des örtlichen Fremdenverkehrs. Zu seinen Mitgliedern zählen sowohl die am FV interessierten gewerblichen Unternehmen als auch die Stadt oder Gemeinde. → Fremdenverkehrsstellen, → Verkehrsamt, → Verkehrsbüro

Verlust, ist das negative Ergebnis der wirtschaftlichen Tätigkeit, wobei die aufgewendeten Kosten (Material, Löhne, Zinsen für Fremdkapital, Abschreibungen) die erzielten Beträge übersteigen.

Vermittlerklausel, → EU-Richtlinie über Pauschalreisen

Verordnung (VO), im EU/EWR-Sprachgebrauch, verbindlich und unmittelbar anwendbarer Rechtsakt in den EU-Mitgliedstaaten. Die VO geht ihrem Rang nach dem nationalen Gesetz vor. → Richtlinie

VERS, START-Buchungsmaske für separate Buchungen einer RRKV, soweit nicht im touristischen Produkt des Reiseveranstalters enthalten. Über START kann jede Reiseversicherung vor Reiseantritt abgeschlossen werden. → Reiserücktrittskosten-Versicherung, → Reiseversicherung

Versicherer (VR), andere Bezeichnung für den Versicherungsunternehmer bzw. für den Versicherungsträger.

Versicherter (VT), natürliche oder juristische Person, für die eine Versicherung genommen ist und die die Versicherungsleistung

Vertreterausschuß (VA)

erhält. Der Versicherte ist oft auch der Versicherungsnehmer (Antragsteller), es sei denn, die Versicherung wurde für ihn von einer dritten Person genommen (z. B. bei der Versicherung für fremde Rechnung).

Versicherungen im Tourismus, die verschiedenen Reiseversicherungen dienen dem Urlaubsreisenden zur Abdeckung von Risiken, die mit der Reise verbunden sind. Komplettschutz wird im Paket angeboten. Bereits nach alter Rechtslage waren Reisebüros aufgrund ihres Vermittlungsvertrages verpflichtet, den Reisekunden auf die Möglichkeit des Abschlusses einer Reiserücktrittskosten-Versicherung hinzuweisen. Mit § 4 der neuen Informationsordnung ist diese Pflicht auch auf den Reiseveranstalter ausgedehnt worden. → ABRV, → ABtBR, → Auslandsschutzbrief, → Block-Police, → CDW-Collision Damage Waiver, → Damage Report, → Deckungszusage, → Domizilschutz, → DRS, → Elementarereignisse, → EU-Richtlinie über Pauschalreisen, → Fährversicherung, → Garantiefonds, → Grüne Versicherungskarte, → Gruppenversicherung, → Informationspflicht, → Insolvenzschutzversicherung, → Kundengeldabsicherung, → Lost and Found, → Luftfahrt-Unfallversicherung, → Patronatserklärung, → PIR, → Reisegepäck-Versicherung, → Reise-Haftpflichtversicherung, → Reiserücktrittskosten-Versicherung, → Reise-Unfallversicherung, → Reiseversicherungen, → Risikoperson, → RRKV, → Rücktritt, → Rückversicherung, → Versicherer, → Versicherter, → Zeitwert

Versicherungsbündel, auch Versicherungspaket genannt, bezeichnet die Zusamenfassung mehrerer Versicherungsarten in einem Versicherungsvertrag mit einer Gesamtprämie über alle versicherten Gefahren.

Versicherungsfall, Ereignis, das die Leistungspflicht des Versicherers im Rahmen des jeweiligen Versicherungsvertrages auslöst. → Reiseversicherungen

Versicherungsnehmer (VN), natürliche oder juristische Person, die die Versicherung beantragt. Sie ist oft auch die versicherte Person selber, diese kann jedoch eine Dritte sein (z. B. bei Abschluß einer Versicherung für fremde Rechnung).

Versicherungspaket, → Versicherungsbündel

Versicherungsschein, → Police

Versicherungssteuer, zusätzlich zur Prämie muß der Versicherungsnehmer eine Versicherungssteuer an den Versicherer zahlen, der diese Steuer dann an das Finanzamt abführt. Je nach der Versicherungsart liegt der erhobene Steuersatz derzeit zwischen 10 und 15% (Versicherungsentgelte für die Rückversicherung sind jedoch steuerfrei).

Versicherungssumme (VS), im Versicherungsvertrag festgelegter Geldbetrag, der im Versicherungsfall vom Versicherer an den Anspruchsberechtigten ausbezahlt werden soll. Die VS wird auch als versichertes Kapital bezeichnet.

Versicherungsträger, vom Staat betriebene juristische Person bzw. Sozialeinrichtung, die Versicherungen anbietet (vorw. Kranken-, Unfall-, Renten-, und Arbeitslosenversicherungsträger). Man spricht von Versicherungsträgern im Rahmen der Sozialversicherung. Im Bereich der Individual- bzw. Privatversicherung werden die Anbieter Versicherungsunternehmen genannt.

Versicherungsunternehmen (VU), juristische Person, die Versicherungen anbietet. Im Bereich der Individual- bzw. Privatversicherung spricht man von Versicherungsunternehmen (individuelle Gestaltung des Versicherungsschutzes), während die Anbieter der Sozialversicherung Versicherungsträger genannt werden.

Versicherungswert (VW), Wert der zu versichernden Sachen bzw. Risiken. Neben Schaden und Versicherungssumme legt der Versicherungswert die Grenze der Versicherungsleistung nach oben fest.

Vertikale Kooperation, → Kooperation

Vertrauensschaden-Versicherung, Versicherung als (preisgünstigere) Alternative zur Bankbürgschaft, die von Reisebüros und Agenturen zugunsten der Reiseveranstalter und Beförderungsunternehmen abgeschlossen wird, zur Absicherung der Pflichten aus dem Handelsvertreter- bzw. Agenturvertrag. Versicherte Risiken sind v.a. Zahlungsunfähigkeit und Vertragsverletzungen des Reisebüros sowie Fehlverhalten seiner Mitarbeiter. → Agenturvertrag/Handelsvertretervertrag, → Bankbürgschaft

Vertreterausschuß (VA), vom jeweiligen Handelsherrn eingerichtetes Gremium zur Verbesserung der Zusammenarbeit zwischen dem Unternehmen und seinen Ver-

335

Vertretervertrag

triebsstellen (Agenturen). Seine Interessenvertreter werden i.d.R. von den Agenturen auf eine bestimmte Zeit gewählt. Die bekanntesten V.e sind: der ehemalige TUI-Partnerausschuß (PA), dessen Vorläufer der TUI-Vertreterausschuß (VA) war, mit den regionalen TUI-Vertriebsgemeinschaften (VG); der Arbeitsausschuß der Gesamtgemeinschaft deutscher DER-Vertretungen (seit 1. Oktober 1997 Umbenennung in RBB, Reisebüro-Bahn-Beirat der DER-Vertretungen) und der START-Beirat.
→ AAGG/DB, → Counter-Beirat, → Partnerausschuß der TUI, → RBB, → TUI-Sachverständigenbeirat

Vertretervertrag, → Agenturvertrag/Handelsvertretervertrag, → Handelsvertreter

Vertriebsbindung, → Ausschließlichkeitsbindung, → Gesetz gegen Wettbewerbsbeschränkungen (GWB)

Vertriebsgemeinschaft (VG), ehemalige gewählte, regionale TUI-Vertretergemeinschaft zum Zweck der Optimierung der Zusammenarbeit zwischen dem Unternehmen und seinen Vertriebsstellen sowie Interessenvertretung der regionalen Vertriebsstellen. → Partnerausschuß der TUI, → Vertreterausschuß (VA)

Vertriebsliberalisierung, mit Wirkung vom 1.11.1994 löst eine V. im Reiseveranstaltermarkt die bisherige Ausschließlichkeitsbindung der großen Veranstalter TUI und NUR ab und erlaubt allen Reisebüros die freie Vertriebsgestaltung ihrer Reiseprodukte.

Vertriebsweg, Weg eines Produkts vom Hersteller zum Endabnehmer. Man unterscheidet zwischen direktem und indirektem V., je nachdem, ob das Produkt vom Hersteller unmittelbar oder über Absatzmittler vertrieben wird. In der Tourismusindustrie übernehmen v.a. Reisebüros und Fremdenverkehrsstellen die Funktion von Absatzmittlern.

VFF, Verband der Fährschiffahrt & Fährtouristik. Sitz in Hamburg. Zu seinen Aufgaben zählen die Förderung des Fährschiffahrt-Images, Forcierung des Verkaufs über Reisebüros und Reiseveranstalter, Vereinheitlichung der Buchungssysteme, gemeinsame Reisebüroschulungen.

VFR-Verkehr, Visiting Friends and Relatives, Begriff in der Luftfahrt für Besuchsreisen zu Verwandten und Bekannten. Nach LH-Angaben betrug 1993 der Anteil der Besuchsreisen am gesamtdeutschen Markt (Linie und Charter) 15%.

VFT, Very Fast Train, Hochgeschwindigkeitszug, ab 1994 auf der vielbefahrenen Strecke Melbourne - Sydney eingesetzt, soll die Entfernung bei einer Spitzengeschwindigkeit von bis zu 350 km/h in 3 Stunden zurücklegen.

Viadukt, Talbrücke, Überführung; z.B. die neue Verbindung Asien-Europa bei Istanbul.

Vianova, Software zur Unterstützung von Kurverwaltungen, Fremdenverkehrsbüros und Verkehrsämtern der Firma Vianova Systemhaus.

Video, technisches Unterrichtsmittel für interne und externe Aus- und Weiterbildung. Zur Verkaufsschulung der Reisebüro-Mitarbeiter: DRV-Video-Trainingsprogramm „Verkaufen im Reisebüro" mit 6 Kassetten (VHS), Leitfaden für Trainer, Arbeitsbogen und Aufgabenblätter. → DRV, → Kreuzfahrten

Video on Demand, Filmempfang im digitalen Fernsehen nach zeitlich freiem Wunsch. Jeder bei den Sendern gespeicherte Film kann zu jeder beliebigen Tageszeit bei Free TV oder Pay TV abgerufen werden. Nutzbar natürlich auch für den Empfang von touristischen Fernsehbeiträgen, die als verkaufsunterstützende Maßnahmen für die Reiseangebote verfügbar sind.

Videokonferenz, Besprechung, die per Kamera via ISDN am PC stattfindet. In Verbindung mit einem Videokonferenz-System können sich die Teilnehmer an ihren PC-Bildschirmen sehen und gleichzeitig Daten bearbeiten.

Videotext, auch Teletext genannt, ist ein kostenloser Informationsservice der Fernsehanstalten. Zu empfangen ist der V. immer mit entsprechendem Decoder ausgestattetem Fernsehgerät. Immer häufiger werben auch touristische Anbieter über den Videotext, indem sie einzelne Seiten reservieren, um ihr Angebot darzustellen. Der V. ist jedoch ein reiner Informationsservice, d.h. es besteht keine Verbindung mit dem jeweiligen Anbieter.

Vielflieger, → Frequent Flyers/Travellers

Vielfliegerabonnements, → Corporate Rates

Volkswirtschaftslehre

Vier Freiheiten, im EU/EWR-Sprachgebrauch die Freiheit des Waren- und Dienstleistungsverkehrs und die Arbeitnehmerfreizügigkeit und die Niederlassungsfreiheit. Die fünfte ungenannte Freiheit ist die Kapitalverkehrsfreiheit (ist nicht mit den Luftfreiheiten zu verwechseln).

Vier-Säulen-Modell, Organisationsbasis der Reisebüroverbände mit/ohne Fusion, wobei Reiseveranstalter und Reisebüro als konzernabhängige und -unabhängige mit je einem Standbein vertreten sind. Neben dem Präsidium gehören zum Gesamtvorstand die fach- und funktionsbezogenen Vorstandsressorts. Ziel des Branchenverbandes ist die Anerkennung der Reiseindustrie als Wirtschaftszweig.

Viewpoint, grafische Benutzeroberfläche für Flug-, Hotel- und Mietwagenbuchungen von Galileo. → Galileo

Vignette, Aufkleber, Abzeichen; Bestätigung für bezahlte Autobahngebühr. Die schweizer Autobahnvignette ist seit 1985 für die Benutzung der schweizer Autobahnen obligatorisch.

VIP, Very Important Person; bestimmte Personen aus dem gesellschaftlichen, kulturellen und geschäftlichen Bereich genießen in der Touristik besondere Vorrechte. → CIP

Virtuelle Realität, per Computer geschaffene 3dimensionale künstliche Welt, mit der man z.B. durch entsprechende Kontakt- oder Datenhandschuhe in Verbindung treten kann. Heutzutage wird die V. auch z.B. bei der Konstruktion oder Neugestaltung von Flughäfen eingesetzt. Hierbei läßt sich ihre Funktionalität schon vorab in einem virtuellen Modell erproben.

Visitor Management, Begriff aus dem angelsächsischen Sprachraum, Steuerung der Besucherströme zum Schutz der Kulturgüter bei gleichzeitiger touristischer Nutzung. → Sanfter Tourismus

Vista, von der Firma Markt Control entwickeltes Reiseangebots- und Informationssystem mit Best Buy-Funktion mit einer Auswahl von 120 Veranstaltern und mehr als 100 Zielgebieten (Stand Feb. 1998).

Visuell Fares Query, Flug-Software des Software-Entwicklers Hitchhiker, bietet schnellen Zugriff auf Consolidatordaten.

Visum, behördliche Erlaubnis zur Ein-, Ausoder Durchreise, die von solchen Ländern gefordert wird, die sich nicht mit der Identitätsfeststellung des ausländischen Reisenden durch einen Paß begnügen. → Sichtvermerk

VKD, Verband der Köche Deutschlands e.V., Sitz: Frankfurt/M., Interessenvertretung.

VKON, VDR-Konsolidierung von Flug-, Mietwagen- und Hotelumsätzen der angeschlossenen Reisestellen. → VDR

VLCT, Very Large Commercial-Transport, Riesenjumbo-Projekt der Boeing Flugzeugwerke in Seattle, USA, Nachfolgemodell des 747-Jumbo-Jets. → Jumbo-Jet

VM, Touristikfachschule Hallertau/Au, Studienschwerpunkt IATA-, START-, Amadeusund Reiseleiter-Ausbildung.

Vogelfluglinie, Eisenbahn- und Straßenverkehrsverbindung zwischen Dänemark und der Bundesrepublik Deutschland, benannt nach der Route des Vogelflugs, verläuft über Schleswig-Holstein, die Insel Fehmarn (Puttgarden) und den Fehmarnbelt mittels Fährverbindung zur dänischen Insel Lolland (Rødbyhavn). Fährverkehr durch DFO und Scandlines. → DFO, → Ro-Ro-Fähren, → Trajektschiff

Void, nichtig, ungültig; entwertet. Buchungstechnischer Ausdruck im Luft- und Schiffsverkehr. Ein Ticket wird durch zwei parallel laufende Linien mit der Aufschrift „void" entwertet. Das kann für einzelne Coupons oder auch für das gesamte Dokument gelten.

Volksfeste, sie entstammen meist dem Brauchtum und sind i.d.R. mit einem Attraktionsangebot oder Jahrmarkt verbunden. Für die Unterhaltung der Besucher sorgen traditionell in erster Linie die Schausteller. Die ältesten V. in Deutschland sind die Kirchweihund Heiligenfeste sowie in bestimmten Gebieten Fastnacht und Karneval. 1996 besuchten in Deutschland rund 200 Mio. Menschen ca. 10.000 Veranstaltungen (Volksfeste, Weihnachtsmärkte). Das größte und bekannteste V. ist das Münchener Oktoberfest („Wies'n"). → Fünfte Jahreszeit, → Wies'n, Oktoberfest

Volkswirtschaftslehre, bei der VWL stehen die Zusammenhänge und Vorgänge in der gesamten Wirtschaft im Vordergrund, während sich die Betriebswirtschaftslehre mit den Zusammenhängen und Vorgängen in einem Betrieb beschäftigt. → BWL

337

Vollausschuß FV

Vollausschuß FV, → Ausschuß für Fremdenverkehr und Tourismus

Vollcharter, 1. bei Kreuzfahrten: Hier mietet der Veranstalter das ganze Schiff für eine oder mehrere Kreuzfahrten bzw. für eine ganze Saison. Er übernimmt damit das volle Risiko der Vermarktung in der vereinbarten Zeit. 2. bei Flugpassagen: Anmietung eines Flugzeugs für den Transport zwischen zwei oder mehreren Orten gegen Entgelt für einmaligen oder mehrfachen Transport (auch wöchentlich über die ganze Saison).

Vollkaufmann, V. ist, wer ein Handelsgewerbe im Sinne des HGB betreibt (das sind. auch die Handelsvertreter und die Beförderungsunternehmen) oder ein gewerbliches Unternehmen, das nach Art und Umfang einen kaufmännisch eingerichteten Geschäftsbetrieb erfordert. Der V. hat alle Rechte und Pflichten des Kaufmanns nach dem HGB, insbes. die Pflicht zur Eintragung ins Handelsregister und zur kaufmännischen Buchführung. Ausgenommen sind Kleingewerbetreibende. → Handelsregister, → Handelsvertreter, → HGB

Vollpauschalreisen, voll organisierte Pauschalreisen, die das gesamte Bündel an Leistungen, wie Transport, Unterkunft, Mahlzeiten, Transfer, Reisebegleitung und Unterhaltung sowie u.U. die Reiserücktrittskosten-Versicherung (RRKV) enthalten. IT-Reisen gehören zu den V. → IT-Reisen, → Pauschalreisen, Reiserücktrittskosten-Versicherung, → Teilpauschalreisen

Vollreisebüro, Reisebüro mit allen Verkaufslizenzen wie IATA, DB/DER und TUI und/oder NUR u.a. → NISI, → Reisebüro, → Reisemittler, → Verkaufslizenzen

Vollsortiment, breites umfangreiches Sortiment eines Handelsbetriebs, wie z.B. Warenhauskonzeption „Alles unter einem Dach". Im Reisebürogewerbe ein breites Angebot, das sowohl zielgebiets- als auch zielgruppenspezifische Produkte umfaßt. → Fachsortiment, → Sortiment, → Sortimentsgestaltung/ -politik

Vollterminals, Computer im Reisebüro, in denen zusätzlich zu den Reservierungsfunktionen weitergehende Funktionen des Start-Modus verfügbar sind.

Volontariat, nach überliefertem Verständnis ein Ausbildungsplatz ohne Zahlung eines Entgelts zum Zweck der Ausbildung gem. HGB § 82a. Nach Inkrafttreten des BBiG,

Berufsbildungsgesetzes, steht dem Volontär dann eineVergütung zu, wenn eine Arbeitspflicht in arbeitsrechtlichem Sinne das Arbeitsverhältnis kennzeichnet. Bei Grundlage dieser Vereinbarung gilt BBiG § 19. Im Unterschied zum Praktikum als Vorstufe einer weiteren Ausbildung dient das V. mehr einer allgemeinen Orientierung im jeweiligen Betrieb. Diese Sonderform der Ausbildung ist traditionell bes. im Verlagswesen üblich. In der Reisebranche gibt es im Reisebüro Menzel, Hamburg, für Seiteneinsteiger mit abgeschlossener Ausbildung in einem kaufmännischen Beruf die Möglichkeit eines zweijährigen V. Die Ausbildung erfolgt in den Bereichen Touristik, Flug (Fimendienst) und Schienenverkehr.

Vorabend-Check-in, auf ausgewählten deutschen Flughäfen ermöglicht die Deutsche Lufthansa ein V. Das Gepäck kann am Vorabend des Abfluges aufgegeben und die Bordkarte bereits in Empfang genommen werden. → Check-in

Vormerkung, für touristische Leistungen, die zum Zeitpunkt der Kundenanfrage noch nicht buchbar sind, weil die Prospekte und evtl. auch die Preise noch nicht veröffentlicht worden sind, kann der Kunde im Reisebüro eine V. machen lassen. Nach Erscheinen der Prospekte und Bekanntgabe des Reisepreises bekommt der Kunde auf seine Vormerkung eine Option, die er entweder kostenlos stornieren oder zu einer Festbuchung werden lassen kann.

Vor-/Nachsaison, → Off-season

Vorerkrankung, Begriff aus der Versicherungsbranche, Leiden bzw. Krankheit, die schon vor dem Abschluß eines Versicherungsvertrages in Erscheinung getreten ist. Der Antragsteller einer Versicherung ist verpflichtet, dem Versicherer eventuelle Vorerkrankungen anzuzeigen. Die Nichtbeachtung dieser Anzeigepflicht kann zur Ungültigkeitserklärung des Vertrages führen.

Voreröffnungsmanagement, Begriff aus der Hotellerie; die betriebliche Arbeitsabwicklung der Eröffnungsvorbereitung einschließlich aller Analysen und Maßnahmen von der Entscheidungsaufbereitung für den Inbetriebnahme eines Hotelprojekts. V. wird sinnverwandt auch mit Projektmanagement umschrieben.

Vorfeldbus, → Rampenfinger

Vorläufige Deckungszusage, → Deckungszusage

Vorsorgliche Buchung, bei Reiseveranstaltern gängige Praxis, nach der eine Option durch eine V.B. ersetzt wird, die sich nach Ablauf der Optionsfrist in eine Festbuchung umwandelt. Im Kreuzfahrtenbereich ist es bislang üblich, daß eine Optionsbuchung bei Nichtumwandlung in eine Festbuchung verfällt und somit den weiteren Verkauf zwischenzeitlich blockiert. → Option/Optionsvertrag

Voucher, Reisegutschein zur Vorlage und Einlösung von Leistungen z.b. bei Hotels, Fluglinien oder Reedereien. Mit dem V. hat der Inhaber einen Anspruch auf Leistungen, die er bereits vorab bezahlt hat. Die Verrechnung der Leistungsträger erfolgt entweder mit dem Aussteller des Gutscheins oder mit dessen Verband/Dachorganisation, z.B. DER-Schiffsfahrschein. Mit diesem Verfahren sind meistens Sondervereinbarungen zwischen Leistungsträger und Reisebüro bzw. Reiseveranstalter verbunden; spez. Voucher-Provision, Superprovision. → DER-Schiffsfahrscheine über START, → Leistungsträger

Voucher 2000, Grafikprogramm unter SABRE, ermöglicht den Ausdruck von Autovermietungs-, Hotel- und Agenturbelegen. →SABRE

VRML, analog zu HTML wurde Virtual Reality Modeling Language entwickelt, eine plattformunabhängige Sprache für dreidimensionale Darstellungen. Führt aufgrund begrenzter Bandbreiten und unzureichenden Prozessorleistungen im Internet derzeit noch nicht zu Interaktion und zur virtuellen Welt.

VPR International, Verband der Paketreisen-Veranstalter e.V., Sitz: Karlsruhe. Die Mitgliedsfirmen bieten vorzugsweise den Busunternehmern fertige Arrangements an, Leistungspakete mit Unterbringung, Fähren, Spezialveranstaltungen o.ä.; sie fungieren als Großhändler. Der Verband dient der Förderung der Paketreisen-Veranstalter und vertritt seine Mitglieder gegenüber der Öffentlichkeit und den Behörden. → Paketreisen

VSOE Ltd., Venice-Simplon-Orient-Express, Sitz: London, Betreibergesellschaft des Luxuszuges „Orient-Express" zwischen Paris und Venedig/Rom und in Asien Luxuszug auf der Strecke Bangkok - Kuala - Lumpur - Singapur über 2.000 km als VSOE ASIA. Betreibergesellschaft des Kreuzfahrtschiffes „Road to Mandalay" durch Myanmar (Burma) und ab 1998 Orient-Express „Great South Pacific Express" zwischen Sydney - Brisbane und Cairns. → Orient-Express

VSR, Verband der Serviermeister und Restaurantfachkräfte e.V.

VTR, Verein der Türkei Reiseveranstalter. Sitz in Frankfurt/Main. Zu seinen Aufgaben gehören: Förderung des Tourismus in der Türkei, Förderung des Zielgebiets, Ausbildungs- und Austauschprogramme, Informationsdienst an die Reisebüros.

v.v., Abk. für vice versa; bedeutet auf Fahrplänen und bei Streckenangaben von Fluggesellschaften und Reedereien „auch in umgekehrter Richtung".

VVG, Versicherungsvertragsgesetz. → Reiseversicherungen

VVV, Vereiniging Vreemdelingen Verkeer, örtlicher Fremdenverkehrsverein in den Niederlanden. → Verkehrsverein

VWDH, Verband der Wohnwagen- und Wohnmobilhersteller. Sitz in Kriftel.

Ergänzungen/Notizen

Warschauer Abkommen (WA)

WA, 1. Washingtoner Artenschutz-Übereinkommen, seit 1976 auch für die Bundesrepublik Deutschland gültig, kontrolliert weltweit die Ein- und Ausfuhr lebender bedrohter Tier- und Pflanzenarten. Daneben gelten in der Bundesrepublik noch die Beschränkungen durch das Bundesnaturschutzgesetz. 2. Warschauer Abkommen. → Warschauer Abkommen (WA)

Wachstumsprognose 2010, → TTI

Wagengattung, Bezeichnung für Reisezugwagen und Güterwagen, die gleiche verkehrsdienstlich festgesetzte Parameter aufweisen, wie z. B. bei der Wagenklasse, der Ladelänge oder der Ladefähigkeit etc. Die Wagengattung erscheint an der Außenseite des Wagens durch ein sog. Gattungszeichen aus Buchstaben. → Zuggattung

Währung, bezeichnet die Währungseinheit eines Staates, die das gesetzliche Zahlungsmittel bildet. W. bezeichnet aber auch die rechtliche Ordnung des Geldwesens eines Staates. Dabei wird nach der Deckung und ihrer Konvertibilität unterschieden. Früher waren die staatlichen Notenbanken verpflichtet ein bestimmtes Deckungsverhältnis des Geldumlaufes zu einem bestimmten Stoff (etwa Gold) zu beachten. Diese Verpflichtung besteht heute nicht mehr. Dennoch bemühen sich die Notenbanken eine hohe Deckungsquote ihrer W. in Gold, Wertpapieren etc. zu halten. Die beste Deckung einer Währung bietet nach heutiger Ansicht die Wirtschaftskraft eines Landes. → Konvertibilität

Währungsangaben, im IATA-Luftverkehr müssen alle W. immer in vorgeschriebenen Code erfolgen. Damit werden Irrtümer ausgeschlossen, z.B. DEM (Deutsche Mark), CHF (Schweizer Franken), FRF (Französische Francs).

Währungsrisiko, Risiko der durch mögliche Wechselkursänderungen hervorgerufenen Währungsverluste im Außenhandel; auch bei Termingeschäften. Durch Kurssicherungsgeschäfte kann das W. neutralisiert werden (Hedging).

Waiting List, Warteliste; bei ausgebuchten Flügen oder Kreuzfahrten werden Passagiere mit gültigem Ticket, aber ohne Platzreservierung auf Warteliste gesetzt. Bei Nichterscheinen fest gebuchter Passagiere rücken Personen von der Warteliste in der Reihenfolge der Eintragung auf die noch verfügbaren Plätze vor.

Waiver, Ausnahme-Landeerlaubnis, Regelung in Ausnahme bei Verkehrsrechtsbeschränkungen; juristisch: Verzicht. → Verkehrsrechte

Wäldchestag, Frankfurter „Nationalfeiertag" mit Volksfest im Stadtwald am Dienstag nach Pfingsten. Geschäfte, Banken und Ämter sind ab mittags geschlossen.

Walk in, engl. Bez. für den Hotelkunden, der direkt vor Ort (ohne Vorreservierung) ein Zimmer mietet.

Walt Disney Attractions, → Disneyland

Wander-Studienreisen, Wandern gehört zur ursprünglichen Form des Reisens, es erschließt eine bestimmte Kulturlandschaft zu Fuß, ohne Gepäck; nur zu wandergerechten Jahreszeiten. → Studienreisen

Wanderwege, zum Wandern bes. ausgewiesene oder bes. ausgesuchte Wegstrecken. W. werden durch bestimmte Zeichen markiert; diese Arbeit übernehmen die Wandervereine, Gemeinden und Fremdenverkehrsvereine. Das Wanderwege-Netz umfaßt siedlungsnahe Wege, Rundwege für die Kurzzeiterholung in landschaftlich schönen Gegenden, Naturparks, Wanderwege, die bestimmte Orte miteinander verbinden und Fernwanderwege, die ein Land oder sogar mehrere Länder durchqueren. W. werden in bes. Wanderkarten festgehalten, die im Handel erhältlich sind. Neben den Fuß- gibt es auch Reit- und Radwanderwege.

Warmwassertourismus, Begriff für standardisierte Pauschalreisen in die Zielländer des Mittelmeerraumes; W. steht auch für „Massentourismus". Im Unterschied dazu: die thematisch, geographisch oder zielgruppenorientierten Reiseprodukte der Spezialreiseveranstalter. → Massentourismus

Warschauer Abkommen (WA), Abkommen zur Vereinheitlichung von Regeln über die Beförderung im internat. Luftverkehr. Es regelt wichtige Rechtsfragen bei der Beförderung von Personen und Gütern, spez. den Inhalt der Beförderungsdokumente sowie Haftungsfragen seitens des Luftfrachtführers. Das W.A. ist weltweit anerkannt, es

341

Warteliste

geht zurück auf die Konferenz in Warschau 1929. Neufassungen und Aktualisierungen erfolgten in Anpassung an die Entwicklung in der Nachkriegszeit, 1955 in Den Haag, 1961 in Guadalajara, 1971 in Guatemala. → Chicagoer Abkommen, → ICAO

Warteliste, → Waiting List

Wasserflugzeuge, auch Flugboote. Der erste Wasserflieger war Henri Fabre, ein Reedersohn aus Marseille mit seiner Hydravion auf drei kufenartigen Schwimmern. in den zwanziger Jahren startete Claude Domier in Deutschland mit seiner Konstruktion Wal mit den typischen Merkmalen wie Halbschalenbauweise, Tandemordnung der Motoren, Flossenstummel am Rumpf zur Stabilisierung der Wasserfahrt, eingesetzt als Verkehrs-, Militär- und Expeditionsflugzeug. Auch von der Luft Hansa auf Nord- und Ostsee-Strecken eingesetzt unter dem Motto „Fliegt in die Bäder". Das Ende der großen Passagierflugboote kam nach dem Krieg. Heute noch eingesetzt in Südeuropa zur Waldbrand-Bekämpfung, im Such- und Rettungsdienst, für Greenpeace zur Umwelt-Beobachtung im Mittelmeer, in der Karibik zur Insel-Versorgung und im Tourismus sowie in Hamburg auf der Elbe als eine Form der Hafenrundfahrt verbunden mit einem Stadtrundflug.

Wasserkreuz, Kreuzung zweier Wasserstraßen, z.B. wird bei Minden der Mittellandkanal in einer Betonrinne über die Weser geführt. Touristische Attraktion für Ausflugsschiffe.

WATA, World Association of Travel Agencies, Weltverband der Reisebüros mit Sitz in Genf, gegr. 1949. Mitglieder sind oder können sein: Reisebüros, -agenturen, deren Verbände und Reiseinstitutionen sowie Einzelpersonen.

WATT → Wilhelmshavener Aktionskreis Tourismus

Wave, Internet-Produkt von Worldspan. In den USA unter dem Namen Worldspan Go bekannt, wird das Programm in Europa nach einer Testphase unter dem Namen Wave eingeführt. → Worldspan

Wayports, Konzept für Flughäfen „auf der grünen Wiese" in USA; damit soll dem weiteren Ansteigen der Flugpreise, das durch die Monopolisierung der Drehscheibenflughäfen (Hubs) entstanden ist, Einhalt geboten werden. Im wesentlichen sollen diese 4 bis 6 gigantischen neuen Flughäfen in dünnbesiedelten Gebieten als reine Schaltstellen für Anschlußflüge dienen. Auch geeignet zum Einsatz der neuen Supersonic-Fluggeräte in Europa und Asien. → Concorde, → Drehkreuz im Luftverkehr, → Hubs and Spokes, → Mega-Carrier

WBO, Verband Baden-Württembergischer Omnibusunternehmer e.V. des privaten Busgewerbes in Baden-Württemberg, Sitz: Böblingen-Hulb. Bei wichtigen gewerbepolitischen Problemen hat der WBO in der Vergangenheit die Schrittmacherrolle übernommen. So war er 1974 Initiator zur Gründung der GBK → Gütegemeinschaft Buskomfort, die mit der Schaffung einheitlicher und verbindlicher Qualitätskriterien für Reisebus und Busreise deutschen Busreiseveranstaltern langfristig ihre Existenz sichern will. Für die Schülerabrechnung und die wirtschaftliche Betreuung seiner Mitglieder wurde 1964 die Genossenschaft IGP gegründet. Fort- und Weiterbildung hat das vom WBO getragene, 1979 aus dem AJO-Arbeitskreis Junger Omnibusunternehmer gegründete Bildungswerk der Omnibusunternehmer e.V. übernommen. Der WBO ist bestrebt, seine Mitgliedsunternehmen bei der Verbesserung ihrer Leistungsqualität zu unterstützen. Gemeinsam mit dem IGP-Versicherungsdienst bietet der WBO ein spezielles Versicherungspaket mit der gesetzlich vorgeschriebenen Insolvenzversicherung an, kombiniert mit einer obligatorischen Reiserücktrittskostenversicherung. Weiterhin ist der WBO federführend im Bereich der Einführung von Qualitätsmanagement bei seinen Mitgliedsunternehmen. → Bildungswerk des Omnibusgewerbes e.V., → GBK

WBS Blank Software, ist als Auskunfts- und Buchungssystem Startfähig und gliedert sich in die Bereiche: Pauschaltouristik, Individualtouristik, Schiffsreisen, Bahnreisen, Bustouristik, Flug (Charter/Linie), Hotel-/Fewo-/Mietwagen, Incoming, Kalkulation, Statistik und Finanzbuchhaltung.

WCHR, internationaler SSR-Code für einen Rollstuhl (wheelchair) „for ramp". → SSR, → WCHS

WCHS, internationaler SSR-Code für einen Rollstuhl (wheelchair) „up and down steps".

WCOB, Wheelchair on board, internationaler SSR-Code im Flugverkehr für Rollstuhl an Bord.

Weltausstellung

WCT-Tour, (Wuttke Computer Technologie) Software für Verwaltungstätigkeiten eines Veranstalters der Firma Lange Computer.

WEAA, Western European Airports Association, Gesellschaft der westeurop. Flughafenverwaltungen zum Erfahrungsaustausch und gegenseitiger Abstimmung in Grundsatzfragen. Sekretariat in Stuttgart.

Webseiten, Angebotsseiten im World-Wide Web. ↪ World-Wide Web

Webserver, ein Rechner, der das vorhandene Firmennetz mit dem globalen Internet verbindet.

Wechselkurs, der ausländische W. ist der Betrag der Währung einer anderen Nation, den man für eine Einheit nationalen Geldes erhalten kann. ↪ Abwertung, ↪ Aufwertung, ↪ Euro

Wechselverkehr, Abkommen zur Zusammenarbeit verschiedener Verkehrsträger über die gegenseitige Anerkennung ihrer Fahrausweise, z.B. beim Übergang von DB auf die Schiffe der Köln-Düsseldorfer AG. Die für den Übergang erforderlichen Ergänzungsscheine werden von den Agenturen der Schiffahrtslinie ausgegeben, nicht an den Fahrkartenschaltern der DB. Bahnverkehr zwischen DB und Privatbahnen (NE), Nordseeinseln (SEE). ↪ KD, ↪ NE, ↪ SEE, ↪ Tarif

Wegsicherung, sie beinhaltet für die Verkehrsträger die Zurverfügungstellung des Weges für Transportaufgaben. Die Verkehrswege der Verkehrsträger Straßen-, Schiffahrts- und Luftverkehr werden vom Staat oder besonderen öff.-rechtl. Gesellschaften zur Verfügung gestellt. Nur die DB mußte bis zur Bahnreform für ihre Verkehrswege technisch und finanziell selbst Verantwortung tragen. ↪ Bahnreform, ↪ Bundesverkehrswegeplanung, ↪ DB, ↪ Funktionsbereiche der Transportleistungen

Weichwährungstickets, von Korrespondenz-Reisebüros werden W. in Ländern mit schwacher Währung gekauft und von dort in die Bundesrepublik geschickt. Bevor der Flugreisende sein Ticket erhält, wird der erste Coupon des Flugscheines herausgerissen. Diese illegale Methode verstößt gegen die IATA-Resolution 021 D sowie gegen die §§21 und 58 des Luftverkehrsgesetzes der Bundesrepublik und wird als Graumarkt bezeichnet. ↪ Flugpreisberechnung, ↪ Graumarkt

Weight Concept, der Gewichtstarif bei der Fluggepäckbeförderung findet Anwendung im internationalen Luftverkehr auf Routen, welche nicht in den USA oder Kanada beginnen oder enden. Das zulässige Gewicht des Freigepäcks richtet sich nach bezahltem Tarif bzw. gebuchter Flugklasse. Alle aufgegebenen Gepäckstücke dürfen zusammen folgende Gewichtshöchstgrenzen nicht überschreiten:

First/Premium Class 40 kg
Business/Executive Class 30 kg
Economy 20 kg

Diese Freigepäckgrenzen gelten für die regulären Erwachsenentarife sowie für Kinder, welche 50% oder mehr dieses Tarifs zahlen. Für das Handgepäck, das zusätzlich befördert wird, gelten Gewichts- und Volumensgrenzen. ↪ Piece Concept

Weißbuch, als W. ist der Tourismusbericht des Deutschen Fremdenverkehrspräsidiums bezeichnet worden. Er enthält eine Bestandsaufnahme des vielfältig gegliederten Wirtschaftszweigs und versteht sich als Förderungs- und Maßnahmenkatalog gegenüber Parlament und Regierung. ↪ Deutsches Fremdenverkehrspräsidium

Weiße Flotte, Bezeichnung für die Ausflugsschiffe auf Flüssen, Kanälen und Seen. ↪ Binnenschiffahrt, ↪ Passagierschiffe

Weiße Industrie, Bezeichnung für die Fremdenverkehrsindustrie eines Landes.

Welcome Dinner, erstes großes Abendessen (in Gesellschaftskleidung) an Bord von Kreuzfahrtschiffen mit Willkommensbegrüßung des Kapitäns und der leitenden Damen und Herren des Schiffes. Das W. findet meist am ersten Seetag (2. Abend) statt. Im Anschluß Bordprogramm mit Tanz in den Gesellschaftsräumen. ↪ Formal Dinner, ↪ Kreuzfahrten

Wellness, Angebot von Fitneßkatalogen als Kombination verschiedener Behandlungen wie Massagen, Aromatherapien, Autogenem Training, Bädertherapie und Ernährungsumstellung. Ziel ist Streßabbau und die Entspannung.

Weltausstellung, Internationale Ausstellung, auf der industrielle, kulturelle und wissenschaftliche Errungenschaften der beteiligten Länder vorgestellt werden; auch touristische Großveranstaltung, auf der sich die einzelnen Staaten mit einem Thema präsentieren.

Weltbank

W. finden an wechselnden Orten und in unregelmäßiger Folge statt. Die erste W., bei der alle Nationen zur Mitwirkung aufgefordert waren, fand 1851 in London statt, danach folgten vor allem europäische Städte (Wien, Amsterdam, Turin, Paris). 1928 unterzeichneten Delegierte aus 31 Ländern die erste Konvention über die Veranstaltung von W.n.; als Aufsichtsbehörde wurde das Internationale Ausstellungsbüro in Paris bestimmt. Veranstaltungsorte waren zuletzt Sevilla (1992) und Taejon/Süd-Korea (1993). Im Jahr 2000 wird Hannover die W. ausrichten zum Thema „Mensch-Natur-Technik".

Weltbank, mit ihren Schwesterinstituten IDA (International Development Association) und IFC (International Finance Corporation) finanziert die W. heute vorwiegend Projekte in Entwicklungsländern. Ihr gehören 150 Mitgliedsstaaten an, die das Kapital der Bank gezeichnet haben. Die Bundesrepublik Deutschland ist seit 1952 Mitglied. Die W. ist wie der IWF/IMF aus der Währungskonferenz von Bretton Woods hervorgegangen. → IBfRD, → IWF

Welterbe/Weltkulturerbe, → UNESCO, → World Heritage Convention

Weltgartenschau, internationale Veranstaltung alle zehn Jahre; 1992 Floriade in den Niederlanden. → Gartenschau

Welthandelsorganisation - World Trade Organisation (WTO), Nachfolgeorganisation des GATT Allgemeines Zoll- und Handelsabkommen mit derzeit 132 Mitgliedsländern (1998), Sitz ist Genf. Zu den wesentlichen Aufgaben gehört die Durchsetzung von weltweiten Freihandelsregeln. In der Handelspolitik fungiert sie neben der Weltbank und IWF Internationaler Währungsfond als dritte Säule. Einbezogen sind der Agrarbereich und frühere Abkommen wie im Textilbereich; ebenso zuständig für den Handel mit Dienstleistungen. → GATT, → IWF

Weltraum-Tourismus, zukünftige Form des Tourismus, laut Studie der NASA und der Space Transportation Association (STA) könnten ab 2003 „suborbitale Flugreisen" möglich sein. Längere Urlaubsaufenthalte sind nach dieser Studie frühestens in 40 Jahren möglich.

Weltreisen mit dem Flugzeug, gem. IATA-Tarifen über Atlantik und Pazifik führende Rundreisen mit identischem Ausgangs- und Endpunkt (RTW). Zu unterscheiden sind im wesentlichen 2 Hauptrouten:
- die Nordroute mit Flug ausschließlich auf der nördl. Halbkugel, z.B. London-Minneapolis-San Francisco-Honolulu-Tokio-Hongkong-Singapore-Bangkok-London, und
- die Südroute mit Überschreitung des Äquators, z.B. London-Los-Angeles-Papeete/Tahiti-Nandi/Fidschi-Auckland/Neuseeland-Singapore-Bangkok-Hongkong-London.

Da kaum eine Gesellschaft über ein weltumspannendes Netz verfügt, bieten jeweils 2 oder 3 Gesellschaften gemeinsam ein RTW-Ticket an. Damit kann der Kunde seine persönliche Flugweltreise zusammenstellen.

Folgende Regeln sind dabei zu beachten:
- Jeder Ort darf nur einmal berührt werden.
- Die einmal eingeschlagene Richtung - West oder Ost - muß beibehalten werden.
- Ausgangs- und Endpunkt müssen identisch sein.
- Die erste Teilstrecke muß meist 14 Tage vor Abflug gebucht werden, die restlichen Teilstrecken können offen bleiben.
- Änderungen der gewählten Streckenführung sind gegen Gebühr möglich, das Umsteigen auf andere Fluggesellschaften dagegen nicht.
- Mindestdauer beträgt meist 14 Tage, Höchstdauer 1/2 bis 1 Jahr.
- Die Zahl der Unterbrechungen ist vielfach beschränkt.

Größere Fluggesellschaften haben RTW-Flüge zu einem eigenständigen Programm entwickelt, z.T. mit Varianten. Da diese Angebote in der Regel preiswerter sind als normale Tarife, werden sie vielfach auch für Geschäftsreisen genutzt, denen ein Urlaub angeschlossen wird. → Geschäftsreisen, → Global Airline, → IATA, → RTW

Weltreisen mit der Bahn, aus geographischen Gegebenheiten sind W. nicht vollständig durchführbar. Bei Pauschalreisen (Beförderung, Übernachtung in Schlafwagen oder Hotels) kann man jedoch von Berlin über Moskau nach Shanghai sowie von San Francisco nach New York in 29 Tagen 3 Kontinente bereisen.

Weltreisen mit Kreuzfahrtschiffen, viele der großen Kreuzfahrtschiffe gehen im Winter auf Weltreise, sie sind die klassischen Verkehrsmittel für Weltreisen. Die Reisedauer liegt zwischen 80 und 130 Tagen, jedoch können auch Teilstrecken gebucht werden. → Kreuzfahrten

Weltwirtschaftsgipfel, seit 1975 jährliche informelle Treffen der Staats- und/oder Regierungschefs der G7-Länder, die die Wirtschafts-, Finanz- und Außenminister hinzuziehen, vor allem zu Fragen der Wirtschafts- und Handelspolitik in globalem Maßstab. Wachsende Bedeutung kommt dem politischem Teil der Konferenz zu, an dem seit 1993 auch die Russische Republik voll beteiligt ist. → G7-Gruppe

Weltzeit, die auf den Orten des Nullmeridians herrschende Uhrzeit, im internationalen Luftverkehr unter der Bezeichnung UTC als Bezugszeit verwendet. → GMT, → Meridian, → UTC, → Zeitzone

Werbefahrten, auch Verkaufs- oder Kaffeefahrten, die meist im Rahmen des Ausflugsverkehrs stattfinden. Diese stark verbilligten Busfahrten dienen in erster Linie der Werbung und dem Verkauf von bestimmten Waren einer Werbefirma. Bewerbung vom Schnellkochtopf bis zur Rheumadecke in einem Ausflugslokal oder einer Halle, meist verbunden mit unentgeltlicher Bewirtung. Haftungsrisiko und Verantwortung liegen zumeist bei der Werbefirma. Das Busunternehmen tritt als Leistungsträger und Reisemittler auf. Nach einem BGH-Urteil aus 1985 muß ein eindeutiger, unmißverständlicher Hinweis auf den Charakter der Fahrt bei der Ausschreibung angezeigt sein.
→ Kaffeefahrten, → Kaffeeflüge, → Leistungsträger, → Reisemittler, → Tagesausflugsverkehr

Werbegemeinschaft, befristeter Zusammenschluß rechtlich selbständiger Unternehmen zum Zweck der Verbund-, Gemeinschafts- oder Sammelwerbung. → Anschließerwerbung, → Verbundwerbung,

Werbegemeinschaft Deutsches Küstenland, → Deutsches Küstenland

Werbegemeinschaft „Die historischen Zehn", ehemalige Werbegemeinschaft der zehn deutschen Städte Lübeck, Bremen, Münster, Bonn, Trier, Würzburg, Heidelberg, Regensburg, Freiburg und Augsburg zusammen mit DB, LH und DZT im europäischen Ausland, hauptsächlich auf internationalen Messen, Travel Marts und Workshops. 1993 umbenannt in „Historic Highlights of Germany e.V." und um die ostdeutschen Städte Potsdam und Rostock erweitert. → DZT, → Historic Highlights of Germany, → Werbegemeinschaft

Werbegemeinschaft Wonderful Nine, → Wonderful Nine

Werft, Schiffsbauplatz in der Nähe eines Hafens oder eines Flusses mit allen Anlagen und Einrichtungen zum Bau oder der Ausbesserung von Schiffen.

Werkvertrag, durch den Werkvertrag, geregelt in §§631 ff BGB, verpflichtet sich der Unternehmer gegenüber dem Besteller gegen Entgelt zur Herstellung eines bestimmten Werkerfolges. Dieser kann z.B. in einer einzelnen Beförderungsleistung bestehen. Geschuldet wird im Gegensatz zu Arbeits- und sonstigen Dienstverträgen nicht die bloße Tätigkeit, sondern das durch sie herbeizuführende Arbeitsergebnis. Bis zum Inkrafttreten des Reisevertragsrechtes im BGB wurden Reiseveranstaltungen als Gesamtheit von Einzelleistungen nach Werkvertragsrecht behandelt.
→ Reisevertrag/Reisevertragsrecht

Wertpapiere, sind Urkunden über private Vermögensrechte, bei denen die Geltendmachung und Ausübung des Rechtes, das durch diese Urkunde verbrieft ist, an den Besitz der Urkunde geknüpft ist. Vertretbare Wertpapiere (Aktien, Anleihen, Pfandbriefe) werden auch Effekten genannt. Der Kapitalmarkt umfaßt den Aktienmarkt und den Renten- (Anleihen-) Markt. Die Aktien und Anleihen werden an einem eigenen Marktplatz, der Börse, gehandelt. → Aktien, → Anleihen, → Pfandbriefe

Wertschöpfung, Maß für die in einzelnen Bereichen wie Unternehmen oder Branchen erbrachte wirtschaftliche Leistung. Die W. stellt das Nettoergebnis der Produktionstätigkeit dar.

Westbound, Flugreisen in westlicher Richtung. → Eastbound

Western Transcontinental, kanadischer Transkontinentalzug, von VIA-Rail betrieben, verkehrt in vier Tagen und vier Nächten dreimal wöchentlich zwischen Vancouver und Toronto auf der 6.216 km langen Strecke in beiden Richtungen mit Anschluß ab Toronto nach Halifax (sechsmal pro Woche) und durchquert dabei fünf Zeitzonen. Deutsche Generalvertretung von VIA-Rail ist CRD-International in Ahrensburg.

Wet Lease/Wet Charter/Naßcharter

Wet Lease/Wet Charter/Naßcharter, Vercharterung von Flugzeugen einschließlich Besatzung sowie, allerdings vertragsabhängig, Übernahme der direkten Kosten wie Treibstoff, Landegebühren, Versicherungsprämien usw. im Gegensatz zu Dry Lease/ Dry Charter/Trockencharter.

Wettbewerb, als Auseinandersetzung zwischen Personen oder Gruppen, die bestimmte Leistungen erbringen. Der W. ist ein grundlegendes Kennzeichen der Marktwirtschaft. Langfristig kann nur der Leistungsfähigere bestehen, die Schwachen müssen aus dem Markt ausscheiden. Die Unternehmer sind gezwungen, diejenigen Güter anzubieten, die von den Konsumenten auch tatsächlich nachgefragt werden. Der Staat hat die Aufgabe die Funktionieren des Wettbewerbs sicherzustellen (z.B.: Gesetz gegen unlauteren Wettbewerb) (s. Kasten S. 358) → Angebot, → Dry Lease/Dry Charter/ Trockencharter, → Fusion, → Kartellamt, → Markt

WEZ, Westeuropäische Zeit, Ortszeit mit Meridian von Greenwich als Bezugsmeridian; gilt als Zonenzeit in Großbritannien, Irland, Belgien, Frankreich, Spanien, Portugal, Luxemburg, Algerien und Marokko. → Meridian, → Weltzeit

WFT, Wirtschaftsfachschule für Fremdenverkehr und Tourismus in Kall/Eifel, schließt ab mit Staatl. gepr. Betriebswirt für Fremdenverkehr und Tourismus.

Wholesaler, im herkömmlichen Sinne der Großhändler. Im Tourismus Bezeichnung für den Reiseveranstalter, der Pauschalarrangements (Pauschalreisen, Leistungspakete) an Agenturen auf eigene Rechnung verkauft. → Pauschalreisen, → Reiseveranstalter, → Retailer

Wide-Body Jet, Großraum-Flugzeug.

Wies'n, Oktoberfest, alljährlich stattfindendes Volksfest in München seit 1810. Großer Anziehungspunkt für in- und ausl. Touristen mit jährlich ca. 6 bis 7 Mio Besuchern. Wird in USA imitiert.

Wilhelm Tell Express, touristische Alpenverbindung zwischen Zentralschweiz und Tessin. Nostalgischer Raddampfer auf dem Vierwaldstättersee, Salonwagen der Schweizerischen Bundesbahnen auf der Gotthardstrecke. Verkehrt täglich von Mai bis Oktober in beiden Richtungen.

Wilhelm-Knapp-Schule, bietet über eine zweijährige Vollzeit-Fortbildung u.a. Ausbildung zum Staatl. gepr. Betriebswirt Fachrichtung Touristik, Sitz: Weilburg. Patenschaft durch NUR Touristic.

Wilhelmshavener Aktionskreis Tourismus (WATT), studentische Arbeitsgemeinschaft als Ergänzung zur theoretischen Ausbildung. Hauptziele sind u. a. die Bekanntmachung der Fachhochschule Wilhelmshaven, die Förderung der Forschung und Bildung im Tourismus sowie die Kontaktpflege zwischen Studenten und der Praxis. Mitglied bei FUTURISTA.

Willy Scharnow-Stiftung, als Stiftung für Tourismus und Jugendfragen 1953 gegründet; fördert heute vorwiegend Aus- und Fortbildung in Zusammenarbeit mit dem DRV, den Verkehrsträgern sowie Reiseveranstaltern durch Stipendien, subventionierte Seminare und Vortragsveranstaltungen sowie Studienreisen. → DRV

WIN, Worldwide Independent Network of Travel Agencies and Tour Operators, eingetragen als AG in Schaffhausen, Schweiz. Weltweite Vereinigung mittelständischer Reiseunternehmen/ -gruppierungen. Wichtigste Ziele: Internationale Gewerbepolitik im Zuge der weiteren Liberalisierung der Touristikmärkte; Umsatzbündelung bei Ein- und Verkauf touristischer Leistungen; Abschluß internationaler Abkommen zugunsten der Mitglieder. Deutsches Mitglied ist die ASR-Vertriebs-GmbH. Frankfurt/M. Zu den Gründungsmitgliedern ASR, TTS (Schweiz), ITP (Kanada), NAITA (Großbritannien), ÖVT (Österreich) und Travelsavers (USA) sind bis 1994 noch Afat (Frankreich), Toerkoop (Niederlande), Selectair (Belgien), Over (Spanien) und Sure (Süd-Afrika) hinzugekommen. U.a. WIN-Hotelführer, buchbar über START-Amadeus, Sicherung der Provisionszahlungen über HCC-Hotel Clearing Corporation. → ASR, → Consolidator, → Deregulation

Wincent, Software für Incentive-Agenturen und Spezial- und Gruppenreiseveranstalter der Firma Gruber & Team.

Windjammer, Großsegler als Drei- oder Viermastbark, z.T. touristisch vermarktet.

Wine and Dine, in USA geschäftliche oder private Bewirtungseinladung.

Wings, Arbeitstitel der geplanten Allianz zwischen Continental Airlines, Northwest Air-

Wirtschaftswachstum

lines, KLM, Alitalia, CSA, American West und Vaso. ▸ Oneworld, ▸ Qualiflyer Group, ▸ Star Alliance

Wintersaison, in der Touristik die zusammenhängende Zeit von November bis März des Folgejahres. ▸ Touristikjahr

Wintersport, der W. hat im Vergleich zu den Sportaktivitäten im Sommerurlaub nur untergeordnete Bedeutung (nach RA). Bei Ausflügen und Kurzreisen steigt sein Anteil saisonal bedingt. ▸ Kurzreisen/Kurzurlaubsreisen, ▸ Reiseanalyse (RA), ▸ Tagesausflugsverkehr

Winterurlaub, Urlaub in der Wintersaison (1.11. bis 31.3.) hat sich im wesentlichen als zusätzliche freie Zeit zu den Weihnachtsfeiertagen und zum Jahreswechsel eingebürgert. W.-Reisen stehen zahlenmäßig weit hinter den Sommerurlaubsreisen, jedoch gilt der Winterurlauber als der aktivere, da er den W. in der Regel für Wintersport nutzt. Im Winter werden weit mehr Zweit- und Drittreisen unternommen.

Win-Travel, Reisebüro-Software für Verwaltungsaufgaben unter Windows, entwickelt von der Firma DKS Software.

Wirbelsturm, zu jedem W. gehört ein Tief, um dessen Zentrum der Sturm wirbelt, während das Zentrum weiterwandert. Die Wirbelstürme haben in den verschiedenen Gebieten verschiedenen Charakter und verschiedene Namen. Im Nordatlantik und Stillen Ozean = Orkan, im Chinesischen Meer = Taifun, in Karibik und Golf v. Mexiko = Hurrikan, an den Küsten des Südatlantik = Tornado, im Indischen Ozean = Zyklon.

Wirtschaftsassistent(in) - Schwerpunkt Fremdsprachen/Touristik, staatliches einbzw. zweijähriges Ausbildungsangebot an der Berufsschule, jeweils für Abiturienten bzw. für Absolventen eines mittleren Bildungsabschlusses (z. B. Realschule). Die Teilnehmer werden auf verschiedene Tätigkeitsbereiche der Tourismusbranche vorbereitet bei Reiseveranstaltern, Reisebüros, Verkehrsämtern, Kurverwaltungen, sowie bei Ferienzentren, Hotel- und Transportunternehmen.

Wirtschaftsassistent(in) - Fachrichtung Fremdenverkehrswirtschaft, dreijähriges Ausbildungsangebot der Berufsakademie, das v. a. Abiturienten anspricht. Es beinhaltet sowohl eine theoretische, als auch eine praxisorientierte bzw. betriebliche Ausbildung (Wechselausbildung nach dem Prinzip des dualen Systems). ▸ BA-Diplombetriebswirt

Wirtschaftlichkeit, bedeutet die Erzielung eines bestimmten Ertrages mit einem Mindestausmaß an Aufwand. W. ist ein Grundprinzip des Wirtschaftens, das auf Maximalertrag ausgerichtet ist.

Wirtschaftsfaktor Tourismus, die internat. Tourismuswirtschaft (Travel & Tourism) ist einer der größten Industriezweige der Welt. Nach Schätzung des WTTC, Basis Januar 1995, beschäftigt die Branche weltweit rd. 212 Mio. Menschen, was einer Weltwirtschaftsleistung von 3,4 Billionen US-$ entspricht. Die Anzahl der Arbeitsplätze soll sich nach dieser Schätzung bis zum Jahr 2005 auf 338 Mio. erhöhen bei einem BSP-Anteil von 7,2 Billionen US-$. Der Anteil dieser Branche an der Gesamtweltwirtschaft beläuft sich dabei auf über 10% und wird mit rd. 5,5% jährl. wachsen. In Deutschland beträgt der Anteil des Tourismussektors nach Angaben des DRV aufgrund von Branchenuntersuchungen (Stand: 1997) 7% des BSP. In diesem Wirtschaftszweig sind 2,0 Mio. Menschen beschäftigt, das entspricht 6,5% aller Beschäftigten. Im Hinblick auf den hohen Anteil an Teilzeitbeschäftigten dürfte die Zahl der vom Tourismus abhängigen tatsächlich Beschäftigten in der Größenordnung von rd. 2,2 Mio. liegen. Der Wirtschaftsbereich Tourismus rangiert damit in seiner wirtschaftlichen Bedeutung vor der Land- und Forstwirtschaft und auch vor der chemischen Industrie. Er ist in seiner Bedeutung gleichzusetzen mit wichtigen Wirtschaftszweigen wie dem Maschinenbau und der Automobilindustrie. ▸ Dachverband Tourismus, ▸ DRV, ▸ WTTC

Wirtschaftswachstum, besteht in der Zunahme des BIP´s innerhalb eines bestimmten Zeitraumes. Das W. ist neben der Vollbeschäftigung und der Geldwertstabilität eines der wichtigsten Ziele der Wirtschaftspolitik. Zum Wirtschaftswachstum tragen der Einsatz neuer Maschinen und Produktionsanlagen, neue Verfahren sowie eine Erhöhung des Arbeitskräfteeinsatzes bei. Die Erhöhung der Werbeausgaben in der Tourismuswirtschaft oder Zunahmen der Urlaubsreisen tragen zum W. eines Landes bei, das sich im BIP widerspiegelt. ▸ BIP

347

Wizard, engl. Zauberer, Avis-Reservierungssystem, über Complete Access mit Amadeus verbunden. → Access, → Wizcom

Wizcom, genauer: Avis Wizard international Data Communications Network, Hotel-Reservierungs-Service der Avis Inc.

WL, Codebezeichnung für Waiting List, Warteliste. → Waiting List

WMO, World Meterological Organization, UN-Sonderorganisation mit Sitz in Genf. Zu den wesentlichen Aufgaben gehören die weltweite Zusammenarbeit auf metereologischem Gebiet zum Wohl der Schiffahrt, Luftfahrt u.a. sowie die Verbesserung der wetterdienstlichen Tätigkeit.

Wochenkarte, der DB, ermöglicht beliebige Fahrten auf DB-Strecken für eine Woche von einem beliebigen Tag an. Man unterscheidet die persönliche, die übertragbare und die Schülerwochenkarte → Monatskarte, → Jahreskarte

Wohlfahrtsökonomie, beschreibt die Beschäftigung mit Armut und Reichtum von Gesellschaften. Dabei soll geklärt werden, wie die wirtschaftlichen und politischen Rahmenbedingungen beschaffen sein müssen, um ein hohes Wohlstandsniveau zu erreichen. Die Wohlstandsökonomen sind überzeugt, daß marktwirtschaftliche Systeme grundsätzlich am besten geeignet sind, den Wohlsatnd sowohl der einzelnen Menschen als auch ganzer Gesellschaften zu verbessern. Dabei ist unstrittig, daß auch der Staat bei Fehlentwicklungen korrigierend eingreifen muß. Bei der Entwicklung der W. wird der Tourismus künftig eine tragende Rolle übernehmen. Maßstab für den Wohlstand ist grundsätzlich das Einkommen wie das Sozialprodukt eines Landes. wobei sowohl die Höhe als auch die Verteilung von Bedeutung sind. → Wirtschaftsfaktor Tourismus

Wohnanhänger, wird definiert als hinter einem Kfz mitgeführtes Fahrzeug, das für Wohnzwecke bestimmt ist. Der W. kann im Gegensatz zum Wohnmobil am Zielort abgehängt werden, um mit dem Zugfahrzeug (überwiegend Pkw) z.B. Ausflüge zu unternehmen. Ein weiterer Vorteil des W. ist die Möglichkeit, diesen auf einem Dauerstellplatz abzustellen und dort als Ferienhaus zu nutzen. → Camping- Tourismus, → Caravan

Wohnmobil, Kraftfahrzeug, das nach Einrichtung und Ausstattung zum Wohnen geeignet und bestimmt ist. Nicht nur im Führerhaus, sondern auch im Wohnbereich dient es der Personenbeförderung, im Gegensatz zum Wohnanhänger, der fast ausschließlich dem Wohnzweck dient. Im Kfz-Schein ist das W. unter der Bezeichnung „So. Kfz Wohnwagen", Sonstiges Kraftfahrzeug - Wohnwagen, eingetragen, d.h. dieses Fahrzeug gehört keiner der üblichen Fahrzeugkategorien wie Pkw, Omnibus oder Lkw an. Etwa jedes zweite Wohnmobil ist nach der Statistik ein umgebauter Volkswagentransporter. → Camping-Tourismus, → Caravan

Wohnumfeld, Wohnungsnahbereich ist der die Wohnung umgebende, geographisch nicht klar abzugrenzende Bereich. Zum W. gehören sowohl die benachbarten Wohnungen/Wohnhäuser, Straßen und Zufahrten als auch die in Wohnungsnähe liegenden privaten und öffentlichen Einrichtungen, wie Geschäfte, Dienstleistungsbetriebe, Spielplätze, Sport- und Badeanstalten, Gartenanlagen u.ä. Im W. wird der größte Teil der Freizeit verbracht. Der Freizeitwert des W. ist u.a. abhängig von Verkehrsaufkommen, Straßenführung und -ausbau, Grünflächen wie auch von Bevölkerungsdichte und -struktur, Vereinsleben, Einkaufsmöglichkeiten und weiteren Faktoren. Je nach Bezugsgröße kann auch der Nahbereich, das Stadtumland, zum W. gehören. Das Stadtumland als Nahbereich der Städte ist u.a. Ziel des Naherholungsverkehrs.
→ Naherholung/Naherholungsverkehr

Wohnungstausch, gegen eine Bearbeitungsgebühr vermitteln Spezialunternehmen diese preisgünstige Form der Urlaubsgestaltung. Dabei stellen sich Partnerfamilien wechselseitig ihre Wohnungen zur Verfügung. → Mitwohn-Zentralen, → Haus- und Wohnungstausch

Wohnwagen, Kfz-Wohnanhänger, als Unterkunft für mehrere Personen eingerichtet; bedarf der behördlichen Zulassung.
→ Caravan

Wolkenkratzer, andere Bezeichnung für Hochhaus. Häufig sind W. auch Ziele touristischer Besuche. Beispiel hierfür sind das World Trade Center und das Empire State Building in New York.

Wonderful Nine, Werbegemeinschaft der 9 historischen Städte Niedersachsens Braunschweig, Celle, Göttingen, Goslar, Hameln, Hannover, Hildesheim, Lüneburg und Wolfenbüttel. → Fremdenverkehrsverband,
→ Werbegemeinschaft

Woodside Travel Trust Incorporation (WTT), Zusammenschluß aus Travel Trust International und Woodside Travel Management Corporation. Konsortium mit weltweit mehr als 3800 angeschlossenen Reisebüros bietet diesen und deren Kunden Preisvorteile beim Einkauf von Hotel- und Flugleistungen sowie Mietwagenbuchungen und weitere globale Betreuung. Deutsche Mitglieder sind FAO Travel in Frankfurt/M. und Panopa in Essen/Bochum. Über firmeninternes Informationssystem „World Link" Anschluß an eine Datenbank. →World Link

Workshop, Fachausstellung, auch parallel oder im Anschluß an Kongresse und Tagungen. Veranstaltung ohne großen Präsentationsaufwand zum Informationsaustausch; für Fachgespräche mit Einzelnen oder Gruppen, oft mit vorreservierten Gesprächsterminen. → Travel Mart, → Fachmesse

WorldFare, Tarifsystemdatenbank unter SABRE, die eine Darstellung aller nationalen und internationalen Tarifsysteme ermöglicht. → SABRE

World Heritage Convention, 1972 wurde in der W. der Schutz des kulturellen und natürlichen Erbes der Welt festgelegt. Bislang haben sich 103 Regierungen durch die Aufnahme schützenswerter Objekte in der World Heritage List dem Schutz des kulturellen und natürlichen Erbes der Welt verpflichtet. 440 Kultur- und Naturdenkmäler sollen durch staatlichen und private Mittel erhalten werden, z. B. der nubische Tempel Abu Simbel; das Grab des Sidi Aissa in der Zentralsahara, in Deutschland u.a. die Altstadt von Lübeck.

World Link, Projektname der WTT für firmeninternes computerisiertes Informationssystem mit Anschluß an eine Datenbank., mit dessen Hilfe in kurzer Zeit die günstigsten Preise, Konditionen und freie Kapazitäten für Hotel- und Flugbuchungen abgerufen werden können. → Woodside Travel Trust Incorporation

World Medical Guide, medizinischer Auslandsreiseführer, informiert über Anschriften deutschsprechender Ärzte in aller Welt, Notruf- und Rettungswachten, Fernreisen-Impfprogramm der Apotheken u.a.

World Ocean and Cruise Line Society, Herausgeber eines Kreuzfahrtschiff-Jahrbuches „Cruise Ship Classification Guide" mit Standards/Klassifizierungen.

Worldspan, crs, seit 1982 im Einsatz, entstanden durch Fusion von Datas II, dem crs von Delta Air Lines, und Pars, dem crs von TWA und Northwest Airlines. 1998 wechselte Abacus zu SABRE. Die Anteile an Worldspan sind wie folgt verteilt: Delta 38 Prozent, Northwest 32, TWA 25, die 5 %, die bisher Abacus gehörten, sind noch nicht verteilt. Ein Zusammenschluß mit Amadeus ist geplant. → Abacus, → Datas II, → Pars

World Wide Web, wörtlich: weltweites Netz. 1992 in der Schweiz entwickeltes Hypermedia-System für das Internet. Das www ermöglicht den Zugriff auf Dokumente, die weltweit auf Servern verteilt sind. Zum Auffinden von gesuchten Dokumenten wird ein Browser benötigt. Web ist ein Standard für die Informationsbereitstellung und Übertragung aller multimedialen Dokumente über das Internet. Grundlage des www ist HTML (Hypertext Transport Language). www-Seiten sind über Internet-Adressen, die sog. URLs (Uniform Resource Locators), aufzufinden. Das verwendete Protokoll wird als HTTP (Hypertext Transport Protocol) bezeichnet. → Browser, → HTML, → HTTP, → Internet, → Server, → URL

World Zoom, → www.dienstreise.de

WTM, World Travel Mart in London, neben ITB weltgrößte Touristikmesse, alljährlich im November. → ITB

WTO, 1. Welt-Tourismus-Organisation, besteht seit 1976, Sitz: Madrid. Mitglieder sind 115 Staaten und eine Vielzahl privater Organisationen. Die Bundesrepublik Deutschland ist durch den Bundesminister für Wirtschaft vertreten. Hauptaufgaben sind: Weitere Liberalisierung im Reiseverkehr für die Industrieländer, technische Beratung der Entwicklungsländer zur weiteren Entwicklung des Tourismus und die Führung der Welt-Tourismus-Statistik. Die Organisation wird sich künftig verstärkt der touristischen Entwicklungshilfe widmen. → Beherbergungsbetriebe, → Bundesministerium für Wirtschaft (BMWi). 2. World Trade Organisation. → Welthandelsorganisation

WTTC, World Travel and Tourism Council, gegr. 1990 in London. Dieses Gremium setzt sich zusammen aus Repräsentanten von internationalen Fluggesellschaften, Touristikunternehmen und Hotelkonzernen. Zweck sind Koordination und Intensivierung der europäischen und weltweiten Tourismusinteressen.

Wuppertaler Schwebebahn

Wuppertaler Schwebebahn, Attraktion und Wahrzeichen der Stadt an der Wupper seit Anfang des Jhs. Als touristisches Angebot steht der historische „Kaiserwagen" aus den Gründerjahren für eine etwa einstündige Fahrt von 10,3 km entlang des Wupperlaufes mit Bewirtung an Bord zur Verfügung.

WWBC, World Wide Business Center, New York, gilt als Urvater der ausländischen Bürodienste.

WWF, World Wide Fund for Nature, auch als World Wildlife Fund bekannt, Sitz: Zürich (Symbol Großer Panda auf grünem Grund). Ziele dieser weltweit größten privaten Naturschutzorganisation ist die Erhaltung der natürlichen Umwelt auf Basis der Ziele der UN-Charta: Umweltschutz als wirtschaftliche, soziale, wissenschaftliche und kulturelle Aufgabe und Verantwortung aller Völker. Nationale Organisationen in über 20 Ländern weltweit. Zusammenarbeit mit UNESCO und anderen Umweltorganisationen.

WWU Wirtschafts- und Währungsunion, Europäischer Wirtschafts- und Währungsraum, in dem die Grundfreiheiten des Binnenmarktes verwirklicht sind, eng aufeinander abgestimmte Wirtschaftspolitik zwischen den Mitgliedsstaaten erfolgt, die Wechselkurse der Teilnehmerländer unwiderruflich festgelegt sind und die Geld- und Wechselkurspolitik gegenüber Drittlandswährungen nur noch einheitlich betrieben wird. Zur WWU gehört längerfristig eine gemeinsame Währung. → Euro

www, → World-Wide Web

www.dienstreise.de, Online-Produkt der START Media Plus GmbH für eine prozeßübergreifende Abwicklung von Geschäftsreisen. Das Programm löst damit seinen Vorgänger, den Travel Assistant ab. Es bietet zwei Anwendungen, die unabhängig oder in einem integrierten System eingesetzt werden können, den „Corporate Traveller" und den „World Zoom". Der Corporate Traveller wickelt die Buchungsschritte mit drei Funktionen ab. Im Administrationsmodul werden unter anderem die Reiserichtlinien und die Profile der Firmenmitarbeiter definiert, im Genehmigungsverfahren werden Abweichungen von den Reiserichtlinien optisch hervorgehoben. Im Buchungsmodul kann der Mitarbeiter im „Arrange Trip" seine Geschäftsreise individuell zusammenstellen. Im „Quick-Trip" lassen sich Standardreisen vordefinieren. World Zoom hingegen ist ein Management-Infomationssystem, mit der Möglichkeit der Darstellung der mit den einzelnen Leistungsträgern erzielten Umsätze unter Betrachtung nach Reiseziel, Unterkunft, Abflugort, Kostenstelle, Reisenden oder Flug. → START Media Plus GmbH

XBag, → Übergepäck

Ergänzungen/Notizen

Y, auf Flugscheinen die Abkürzung für „Economy-Class" = Touristenklasse.

Yacht, ursprünglich Lustfahrzeug der Seeleute für überwiegend sportliche Aktivitäten. Zu unterscheiden sind See- und Binnenyachten, Renn- und Fahrtenyachten; Kutteryachten sind bes. in Skandinavien beliebt; dienen auch zu Ausbildungszwecken bei der Bundesmarine.

Yachting, Urlaub mit Segel- und Motoryachten. Touristisch genutzt als
- Charter von Segel- und Motorbooten ohne Mannschaft, mit mind. 2 Personen
- Charter mit Mannschaft
- Einzelbuchungen über Mitseglerzentralen
- Flottillen-Segeln, mind. 3, meistens 8 Yachten segeln auf einer bestimmten Route zeitgleich.

Yield control, Buchungssteuerung; betrifft alle Maßnahmen im Reservierungsbereich, die der ertragsorientierten Auslastung vorhandener Kapazitäten dienen. Die Feinsteuerung wird durch EDV erheblich erleichtert.

Yield Management, → Yield Control

Yield, Begriff für größtmöglichen Durchschnittsertrag, z.B. pro Sitz in einem Flugzeug oder Passageertrag je Passagierkilometer (PKM).

Ykon, Hotelreservierungssystem für ca. 400 angeschlossene ital. Häuser über START, Sitz ist Padua. Ykon-Konzept beruht auf der Abrechnung mit Hotel-Scheck-System zwischen Reisebüro und Hotel.

YMCA/YWCA, Young Mens'/Womens' Christian Association, christliche Jugendherbergsorganisation, tritt als Anbieter von einfachen Unterkünften für junge Leute in Großstädten englischsprachiger Länder auf. → IYHF, → Jugendherbergen

YMHA/YWHA, Young Mens'/Womens' Hebrew Association, hebräische Jugendherbergsorganisation, bietet Übernachtungsmöglichkeiten, Mahlzeiten sowie Kurse u.ä. an. → IYHF, → Jugendherbergen

Young passenger, → UM

Youth hostel, → Jugendherberge

Ergänzungen/Notizen

Zertifizierung

Zahlgast, engl.: Revenue Passenger, 1. Fluggast, der 25% und mehr des anwendbaren Flugpreises bezahlt (ICAO-Definition). 2. Allgemeine Bezeichnung für einen Vollzahler oder Normaltarif-Passagier (zum Preis, der für eine Beförderung im Linienverkehr zu zahlen ist). → Freigast, → ICAO, → Linienflugverkehr

Zahlmeister, Purser; auf kleinen und mittleren Kreuzfahrt- und Ausflugsschiffen sowie Fährschiffen ist er der Leiter des Hotel- und Gastronomiebereichs. Er ist zuständig für die Betreuung der Passagiere, das Bordprogramm und Ausflüge sowie Abrechnungsaufgaben und Geldwechsel. Das Info-Büro befindet sich meist in der zentralen Lobby. Der 1. Zahlmeister gehört neben Kapitän und Chef-Ingenieur zum Management eines Passagierschiffes. Für den Passagier ist er die wichtigste Anlaufstelle. Zu seinen Mitarbeitern gehören: Stewards/Stewardessen aus dem Hotel- und Gastronomiebetrieb, Gästebetreuer, weitere Zahlmeister, Schreibpersonal und die Konzessionäre wie Bordfotograf, Friseur, Masseur und Bademeister, Casino- und Laden-/Boutiquen-Personal. Auf großen Kreuzfahrtschiffen untersteht der Purser/ Zahlmeister dem Hotel-Manager.

Zahlungsaufschub, → Moratorium.

Zahlungsbilanz, Bei der Z. handelt es sich um eine systematische Aufzeichnung aller ökonomischen grenzüberschreitenden Transaktionen von Inländern. Unter Inländern werden natürliche Personen mit ständigem Wohnsitz im Inland und Unternehmen, die den Schwerpunkt ihrer wirtschaftlichen Aktivitäten im Inland haben, verstanden. Die Zahlungsbilanz umfaßt insbesondere: → Dienstleistungsbilanz, → Handelsbilanz, → Kapitalbilanz.

Zahnradbahn, Eisenbahn, bei der die Lokomotivmotor über ein Zahnrad mit einer Zahnschiene verbunden ist. Z.n werden zur Überwindung großer Steigungen, zumeist als Bergbahnen für den Tourismus, eingesetzt, z.B. Zugspitzbahn (Garmisch), Pilatus-Bahn (Luzern/Schweiz).

ZAV, Zentrale Auftrags-Verwaltung; Verfahren im START-Reisebüromodus unterstützt insbes. die Abwicklung im Firmendienst. Es verwaltet Aufträge elektronisch, ermöglicht den einfachen Abruf von Firmen- und Personendaten und macht damit manuelle Arbeiten bei der Vorgangsverwaltung überflüssig. → Firmendienst

ZEB, Zentrum für Entwicklungsbezogene Bildung, Stuttgart, Kritiker der derzeitigen deutschen Tourismuspolitik. ZEB, Teil des kirchlichen Entwicklungsdienstes der Evangelischen Kirche in Deutschland, arbeitet seit 1975 zum Thema Dritte-Welt-Tourismus (Fachstelle Ferntourismus), insbesondere an Bildungsprogrammen und Informationen für Ferntouristen und in der Tourismusbranche Beschäftigte. ZEB war Mitglied im Arbeitskreis „Tourismus mit Einsicht". → Tourismus mit Einsicht (TME)

Zebra time, im Luftverkehr die mittlere Greenwich Ortszeit. → GMT

Zeitwert, Wert eines Gegenstandes zu einem bestimmten Zeitpunkt und nach Wahrnehmung seiner tatsächlichen Entwertung wegen Alter, Abnutzung und Gebrauch. → Reisegepäck-Versicherung

Zeitzone, Bereich aller Orte mit derselben Ortszeit (Local Time). Theoretisch sind je 15 Längengrade zu einer Zeitzone zusammengefaßt. Innerhalb dieser Zone gilt dieselbe Uhrzeit. → GMT, → Meridian, → Weltzeit

Zenitalregen, jahreszeitlich täglicher Niederschlag in den Tropen.

Zentrale Planwirtschaft, → Planwirtschaft

Zentrales Kurmittelhaus, eine Einrichtung, die alle Möglichkeiten zur Abgabe der für die Behandlung der nach den Indikationen des Kurortes in Frage kommenden Erkrankungen notwendigen Formen der Balneologie und Physiotherapie bietet; Verabreichung der Therapieformen mit den natürlichen ortsgebundenen Kurmitteln. Gelegentlich dem Kurhaus angeschlossen. → Kurhaus

Zeppelin, von Ferdinand Graf von Zeppelin konstruiertes Starrluftschiff. Start des ersten Luftschiffs war im Jahr 1900. → Luftschiff

Zertifizierung, Überprüfung der nach Norm DIN ISO 9000 ff. festgeschriebenen Qualitätskriterien eines Unternehmens durch ein unabhängiges Institut, das zur Zertifizierung autorisiert ist. Die erfolgreiche Zertifizierung wird nach außen durch ein Qualitätssiegel kenntlich gemacht. Dieses Siegel hat eine

Gültigkeit von drei Jahren und wird jährlich überprüft. → Qualitätsmanagement

ZGV, Zentralverband gewerblicher Verbundgruppen e.V., Sitz: Bonn. Spitzenverband der gewerblichen Wirtschaft, vertritt als Wirtschafts- und Arbeitgeberverband sowohl die wirtschafts- und kooperationspolitischen als auch die arbeits- und sozialrechtlichen Interessen seiner 500 Mitgliedsunternehmen. Die Mitgliedsunternehmen des ZGV sind Einkaufszusammenschlüsse, gewerbliche Warengenossenschaften und Verbundgruppen, denen Handels-, Handwerks- und Dienstleistungsbetriebe angehören.

Zielgebiete, Länder oder Regionen, die in einem bestimmten Zeitabschnitt von Touristen besucht werden. Man unterscheidet grob nach Inlands- und Auslandsreisen. Die WTO gliedert den Welttourismus statistisch nach folgenden Zielgebieten: 1. Europa inkl. Israel, 2. Nord-Süd-Amerika, 3. Asien und Pazifik, 4. Afrika, 5. Mittlerer Osten, 6. Südasien. → Reiseländer, → WTO

Zielgebietsbusse, von Reiseveranstaltern, Reisebüros und Sporthäusern werden Z. in den Ferienmonaten im Sommer und zur Skisaison eingesetzt. Nach exaktem Fahrplan werden an mehreren Haltepunkten einer Stadtregion die Urlauber eingesammelt und in die Feriengebiete gebracht. Die Busse sind meist über Nacht unterwegs und treffen morgens am Ziel ein. Grundsätzlich muß bei diesen preisgünstigen Reisen mit Z. ein zusätzliches Mini-Arrangement gebucht werden, z.B. Mehrbettzimmer abseits vom Zentrum am Zielort. → Ferienzielreise, → Ferienzielverkehr

Zielgruppe, Gesamtheit aller effektiven und potentiellen Personen, die mit einer bestimmten Marketingaktivität angesprochen werden soll. Soziodemographische Zielgruppenmerkmale sind z.B. Alter, Einkommen, Beruf, Region und Ortsgrößenklasse. → Soziodemographische Zielgruppenmerkmale

Zielort-Reisearrangements, Produktangebot der Paketreisen-Veranstalter, i.d.R. an Busunternehmer. → Paketreisen

Zielortagentur/Zielgebietsagentur, → Reiseleiter

Zielverkehr, → Outgoing-Tourismus

Zimmernachweis, 1. Von Fremdenverkehrsstellen getragene Büros zur Unterkunftsvermittlung. **2.** Elektronischer Z. Meist an Bahnhöfen oder anderen zentralen Punkten eingerichtete Leuchttafeln mit Fernbedienung über Postleitung, die den Belegungsstand der angeschlossenen Beherbergungsbetriebe aufzeigen. In Verbindung mit beleuchteten Weganzeigern und Telefonverbindungen ermöglichen sie dem Reisenden sofortige Zimmerreservierung.

Zimmerreservierung, → Zimmernachweis

Zimmervermittlung, → Zimmernachweis

Zinssatz, ist die prozentuale Rate, die von Schuldnern an die Gläubiger gezahlt werden muß.

Zivildienstreisen, DB-Fahrscheine für die 2. Klasse für Zivildienst-Reisende mit Gutschein des Bundesamtes für den Zivildienst.

Zodiacs, schnelle, wendige und universell einsetzbare Landungsboote, die spez. von Expeditions-Kreuzfahrtschiffen mitgeführt werden. Sie bieten bis zu 14 Personen Platz, ermöglichen das Anfahren einsamer Strände und der flachen Lagunen der Korallenatolle und können auf Urwaldflüssen eingesetzt werden.

Zollausschlußgebiet, außerhalb eines Hoheitsgebiets ist jedes Schiff finanztechnisch Zollausschlußgebiet. Damit wird zollfreier Einkauf möglich. → Duty-free/Duty-free-shop, → Zollfreier Einkauf

Zölle, sind Abgaben, die bei der Ein- oder Ausfuhr von Waren erhoben werden. Im Zuge der Liberalisierung der Wirtschaft, versucht die WTO (früher GATT) diese sogenannten Handelshemmnisse zu beseitigen. → Welthandelsorganisation

Zollfreier Einkauf, nach geltenden Bestimmungen ist jeder Gast eines Passagierschiffes/eines Flugzeuges mit gültigem Auslandsticket zum Einkauf bestimmter Artikel in begrenzter Menge an Bord und Mitnahme berechtigt. Entsprechende Bestellformulare liegen an oder werden ausgegeben. → Duty-free/Duty-free-shop, → Zollausschlußgebiet

Zollgrenzbezirk, ein bis zu 15 km tiefer Bereich entlang der Zollgrenze an der Küste von der Strandlinie aus gerechnet. Im Z. bestehen für die zollamtliche Überwachung besondere Maßnahmen und Eingriffsmöglichkeiten (z.B. Recht des ungehinderten Zugangs der Zollbediensteten zu den

Grundstücken). Bewohner des Z. unterliegen Sonderregelungen bei der Ein- und Ausfuhr von Waren vom/ins benachbarte Ausland, um den Einkaufstourismus zu unterbinden und die heimische Wirtschaft zu stärken. → Zölle.

Zollkreuzer, Zollwachtschiff, kontrolliert die Durchführung der Zollvorschriften auf See, in den Flußmündungen; „Schwimmende Zollstation" auf dem Rhein bei Neuburgweier an der Grenze Bundesrepublik Deutschland-Frankreich.

Zollpassierschein, auch Triptik oder Carnet de Passage; Bürgschaftserklärung gegenüber ausländischen Zollbehörden für nur vorübergehende Verbringung eines Kfz und/oder Bootes ins Ausland und Rückführung desselben ins Heimatland. → Bürgschaft, → Carnet de Passage, → Triptik

Zontur, Hotelverband, der die Interessen der spanischen Hoteliers entlang der spanischen Küsten sowie der Inselgruppe Balearen und Kanaren vertritt.

ZS, Tarifbezeichnung im Flugticket für Jugendtarif mit erforderlicher Studentenbescheinigung.

ZUB 100, Zugbeeinflussungssystem von Siemens, mit dem die Fahrt von Zügen ständig überwacht werden kann. Ersteinsatz bei der S-Bahn der SBB im Raum Zürich. → SBB

Zubringerdienst, bezeichnet die Verbindung durch regelmäßig verkehrende Zubringer (Busse, S-Bahn-Züge), oft zwischen einer Stadt und einem besonderen Ziel, wie z. B. einem Flughafen oder Messegelände. → Rail and Fly, → Shuttle

Zuggattung, zusätzlich zu ihren Zugnummern erhalten die Züge der DB eine nähere Bezeichnung mit Hilfe von Buchstaben. Im europäischen Personenverkehr unterscheidet man den EuroCity (EC), im Nachtreiseverkehr den EuroNight (EN) und EuroNightLine, im deutschen Binnenverkehr InterCity-Express (ICE, mittlerweile Verbindungen ins angrenzende Ausland), InterCity (IC), InterRegio (IR), InterCityNight (ICN), StadtExpress (SE), RegionalExpress (RE) und RegionalBahn (RB). Daneben gibt es spezielle Bezeichnungen für Güter- und für Dienstzüge. Die DB erstellt ein Verzeichnis der Zuggattungen und ihrer Gruppen-, Haupt- u. Unternummern. → Wagengattung

Zulu time, → Zebra time

Zusatz-Haftpflichtversicherung für Mietwagen im Ausland, Versicherung über die gesetzliche Deckung von Kfz-Haftpflichtrisiken im Ausland hinaus, soweit sie Mietwagen betreffen. → Rent-a-car

Zuschläge, 1. Allgemeine Bezeichnung für alle zusätzlich zum Normalpreis anfallenden Gebühren **2.** Aufpreis für die Benutzung von IC/EC-Zügen und zuschlagspflichtigen IR/D-Zügen.

Zwangsumtausch, Devisenpflichtumtausch für Touristen bei der Einreise in bestimmte Länder. → Devisen, → Sorten

Zweibettzimmer, Zimmer mit zwei nicht zusammenstehenden Betten für zwei Personen.

Zweikanal-Abfertigungsverfahren, Verfahren zur schnelleren und reibungsloseren Zollabfertigung auf deutschen Verkehrsflughäfen. Dabei werden die Passagiere durch Hinweistafeln über die zollrechtlichen Bestimmungen informiert und aufgefordert, zwischen zwei Durchgängen zu wählen, von denen einer als Durchgang für Reisende mit anmeldefreien Waren (grüner Kanal), der andere als Durchgang für Reisende mit anmeldungspflichtigen Waren (roter Kanal) gekennzeichnet ist.

Zweites Seerechtsänderungsgesetz, nach dem Z.S. haftet seit Juli 1986 ein Reiseveranstalter, der Kunden auf dem Seeweg befördert, neben dem Betreiber des Schiffes bis zu 320.000,- DM pro Reiseteilnehmer bei Personenschäden. Das Z.S. geht mit seinen Haftungssummen weit über die ursprüngliche Reiserecht-Regelung hinaus, wonach die vertragliche Haftung auf den dreifachen Reisepreis beschränkt war. Das Seerechtsänderungsgesetz ist zwingendes Recht. Es kann also nicht durch Allgemeine Reisebedingungen zum Nachteil des Reisenden abgeändert werden. Von dem Gesetz erfaßt sind alle Reiseveranstalter, deren Programme See- und Fährpassagen oder auch nur Beförderungen auf in- und ausländischen Binnengewässern beinhalten.

Zweitregister, auch als Zusatzregister oder Internationales Register bezeichnet, richtig: Gesetz zur Einführung eines Zusatzregisters für die deutsche Handelsschiffahrt im internationalen Verkehr. Z. werden bevor-

Zweit- und Drittreisen

zugt von traditionellen Schiffahrtsnationen eingerichtet, um den nationalen Reedereien zweierlei zu ermöglichen:
- Senkung der Betriebskosten, Steuern usw.
- bei gleichzeitiger Beibehaltung der nationalen Flagge als Arbeitsplätze und Mindeststandards sichernde Alternative zum Ausflaggen.

Kennzeichnend für ein Z. sind daneben die weit geringeren Gebühren für Registrierung und Lizenzerwerb gegenüber denen beim Nationalen und Offenen Register. Z. wurden u.a. auch von Großbritannien, Frankreich, den Niederlanden, Dänemark und Norwegen geschaffen. → Ausflaggen, → ISL, → ISR

Zweit- und Drittreisen, nach RA Reisen von mindestens 5 Tagen Dauer, die von der subjektiven Bedeutung her die zweite bzw. dritte Stelle einnehmen. → Reiseanalyse (RA), → Urlaubsreisen

Zweitwohnsitz, amtlich registrierter Aufenthaltsort mit einer Aufenthaltsdauer von mehr als 6 Wochen außerhalb des ursprünglich gemeldeten ersten Wohnsitzes. Neben der Nutzung aus dienstlichen Gründen wird der Z. oft auch als Aufenthaltsort zur Verbringung der Jahresfreizeit genutzt.

Zweitwohnungssteuer, kommunale Steuer, die bereits in mehreren Bundesländern erhoben wird. Mit Änderung des Kommunalabgabengesetzes hat allerdings der bayerische Landtag derartige Wohnungssteuern untersagt. Fremdenverkehrsorte setzen das Instrument der Z. ein, um kaufkräftigen Auswärtigen den Zugang zu erschweren und den Wohnraum ständig am Ort lebenden Einheimischen vorzubehalten, die der örtlichen Geschäftswelt mehr Ertrag bringen. → Zweitwohnsitz

Zwischen den Jahren, der Zeitraum von Weihnachten über den Jahreswechsel bis zum Dreikönigstag des folgenden Jahres; gilt als Zeit der Besinnung und der Vorschau. Neujahrsbräuche spiegeln die Geschichte des Christentums wider. In neuerer Zeit für Zweit- oder Dritturlaubsreise genutzt.

ZZ, Tarifbezeichnung im Flugticket für Jugendtarif.

ZZV, Zentrale Zimmervermittlung. Die 10 regionalen und weiteren lokalen Zimmervermittlungen in der Bundesrepublik Deutschland entwickeln oder arbeiten bereits mit eigenen crs. Zum Teil ist Anschluß an Reisevertriebssysteme (z.B. START) vorhanden bzw. geplant. → ADZ, → City Soft/German Soft

Entwicklung eines Begriffs
Wann herrscht Wettbewerb?

FVW 23. 10. 98. Um die Rahmenbedingungen für Märkte zu setzen oder korrigierend in Märkte einzugreifen, benötigen Politiker und Wettbewerbshüter Ziele. Wettbewerbsdefinitionen sind solche Ziele, an denen sich ihr Handeln ausrichtet. Die Organisation für Wirtschaft und Entwicklung (OECD) nennt in bezug auf den Luftverkehr drei Definitionen.

1. IDEALER WETTBEWERB

»Idealer Wettbewerb« ist ein sehr allgemeiner und theoretischer Begriff aus der Betriebswirtschaftslehre. Er geht davon aus, daß der Markt völlig transparent ist, das heißt, die Verbraucher haben jederzeit alle Informationen über Produkte und Preise, so daß sich kein Anbieter höhere Preise leisten kann. Es gibt keine Hürden, wenn ein neuer Anbieter in den Markt eintreten will, und keine Probleme, wenn ein nicht wettbewerbsfähiger Anbieter ausscheidet. Es gibt keinen Mangel an Produktionsmitteln wie Rohstoffen, Arbeit und Kapital.

2. UMKÄMPFTE MÄRKTE

Da der ideale Wettbewerb in der Praxis nicht erreichbar und deshalb für konkrete Maßnahmen nicht geeignet ist, wurde für einen funktionierenden Wettbewerb ein Indikator gewählt. Liefern sich die Anbieter im Markt Preisschlachten, verbessern laufend ihre Produkte und Leistungen und versuchen durch Kostensenkungen Preisvorteile zu erzielen, dann funktioniert der Wettbewerb. Selbst wenn keine neuen Wettbewerber in den Markt eintreten, werden die Marktteilnehmer diszipliniert durch die Drohung, es könnten neue Wettbewerber auftreten. Dieser Definition folgten die Wettbewerbsbehörden einige Jahre lang.

3. FUNKTIONSFÄHIGER WETTBEWERB

Tatsächlich erweist sich der Markteintritt in den europäischen Luftverkehr als schwierig. Das gilt für neue und für etablierte Fluggesellschaften, die außerhalb ihrer angestammten Märkte Strecken neu erschließen wollen. Nach der Definition des funktionsfähigen Wettbewerbs reicht die Zahl der etablierten Marktteilnehmer – selbst wenn sie klein ist –, um den Konkurrenzkampf sicherzustellen. Zudem muß der Markteintritt neuer Anbieter ohne protektionistisch hohe Kosten möglich sein. Um den Vorteil der etablierten Marktteilnehmer gegenüber Neueinsteigern hervorzuheben, nutzt die OECD den Begriff »Pfründeinhaber«.

Lieber Benutzer dieses Lexikons,

Ein Lexikon muß leben, muß die Entwicklungen in seinem Fachgebiet immer wieder nachvollziehen. Deshalb bedarf es der Mithilfe seiner Benutzer.
Ich würde mich freuen, wenn Sie immer dann von diesem Formular Gebrauch machen, wenn Sie einen Begriff vermissen oder einer Interpretation nicht ganz zustimmen können.

Günter Schroeder

An die Herausgeberin,

Ich schlage Ihnen die Aufnahme folgender Begriffe in das Lexikon der Tourismuswirtschaft vor:

_____

_____

_____

_____

_____

Name, Anschrift:

_____

_____

_____

Weitere Anregungen und Kommentare bitte auf der Rückseite.

TourCon
Hannelore Niedecken GmbH
Postfach 32 34 62
20119 Hamburg
(ab April 1999)

Mein/Unser Kommentar: